The 70th Anniversary of Shanghai Normal University

1954
上海师范大学
人文学院
SCHOOL OF HUMANITIES

上海师范大学七十周年校庆
历史学科论文集

历史文献卷

上海师范大学人文学院古籍整理研究所 编

中西書局

图书在版编目（CIP）数据

上海师范大学七十周年校庆历史学科论文集. 历史文献卷 / 上海师范大学人文学院古籍整理研究所编.
上海：中西书局, 2024. -- ISBN 978-7-5475-2309-4

Ⅰ. K-53

中国国家版本馆CIP数据核字第2024RA9175号

上海师范大学七十周年校庆历史学科论文集·历史文献卷

上海师范大学人文学院古籍整理研究所 编

责任编辑　邓益明
装帧设计　梁业礼
责任印制　朱人杰
出版发行　上海世纪出版集团
　　　　　中西書局 (www.zxpress.com.cn)
地　　址　上海市闵行区号景路159弄B座（邮政编码：201101）
印　　刷　常熟市人民印刷有限公司
开　　本　787毫米×1092毫米 1/16
印　　张　21.5　插页 14
字　　数　453 000
版　　次　2024年11月第1版　2024年11月第1次印刷
书　　号　ISBN 978-7-5475-2309-4/K·474
定　　价　168.00元

古籍整理研究所成立大会暨古典文献专业开学典礼（1983年8月）

古籍所初创时期的部分成员
左起：吴绍烈、颜克述、程应镠、徐光烈。

程应镠先生和学生在一起

古籍所成员合影（20世纪90年代初）

前排（左起）：俞钢、戴建国、程郁、金圆、孙菊园、胡静宜、许沛藻、王松林。后排（左起）：吴以宁、虞云国、陈慧星、朱瑞熙、李国强。

古籍所合影（20世纪90年代后期在扬州）

前排（左起）：所外聘人员、金圆、孙菊园、杨美琴、朱易安、王薇芸、胡静宜。第二排（左起）：张秀娟、储玲玲、所外聘人员。第三排（左起）：池洁、吴家正、瞿维弟、汤勤福、朱瑞熙、虞云国、王礼贤。第四排（左起）：戴建国、燕永成、夏广兴、李国强、张剑光、奚柳芳。

古籍所成立四十周年纪念大会合影（2023年11月）

所成立四十周年纪念大会
2023.11.25
文苑楼

《朱瑞熙文集》全八册

朱瑞熙教授

获奖证书

朱瑞熙先生

在上海市第十六届（2020—2021）哲学社会科学优秀成果奖评选中，获学术贡献奖。

特发此证书。

中共上海市委员会

证书号：20230004

朱瑞熙先生荣获上海市第十六届哲学社会科学优秀成果奖学术贡献奖

古籍所二级教授、获奖证书

戴建国教授

第八届高等学校科学研究优秀成果奖

（人文社会科学）

成果名称：从佃户到田面主：宋代土地产权形态的演变

中国社会科学　2017年第3期

主要作者：戴建国

奖项类别：著作论文奖

获奖等级：二等奖

教社科证字（2020）第0423号

中华人民共和国教育部

2020年12月10日

戴建国教授论作获教育部第八届高等学校科学研究优秀成果奖二等奖

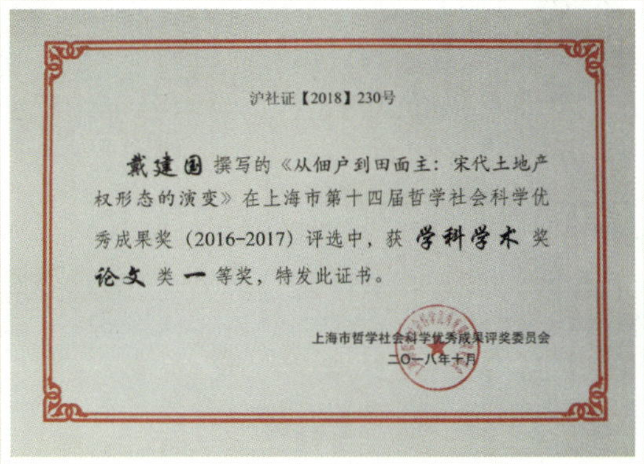

沪社证【2018】230号

戴建国撰写的《从佃户到田面主：宋代土地产权形态的演变》在上海市第十四届哲学社会科学优秀成果奖（2016-2017）评选中，获学科学术奖论文类一等奖，特发此证书。

上海市哲学社会科学优秀成果评奖委员会

二〇一八年十月

戴建国教授论作获上海市第十四届哲学社会科学优秀成果奖一等奖

俞钢教授

上海市级教学成果奖

获奖证书

获奖成果：构建海内外联动教育实践基地，创新教育硕士研究生实践能力分层次培养模式

获 奖 者：俞 钢 刘兰英 李稚勇 冯 杰 陈 晖 陆 祺 徐 红 严一平

完成单位：上海师范大学

获奖等级：一等奖

证书编号：G-1-2017169

上海市教育委员会

上海市人力资源和社会保障局

二〇一七年

俞钢教授领衔团队获2017年上海市级教学成果奖一等奖

点校本《宋史》全四十册

《中华礼制变迁史》全四册

《全宋笔记》全一〇二册

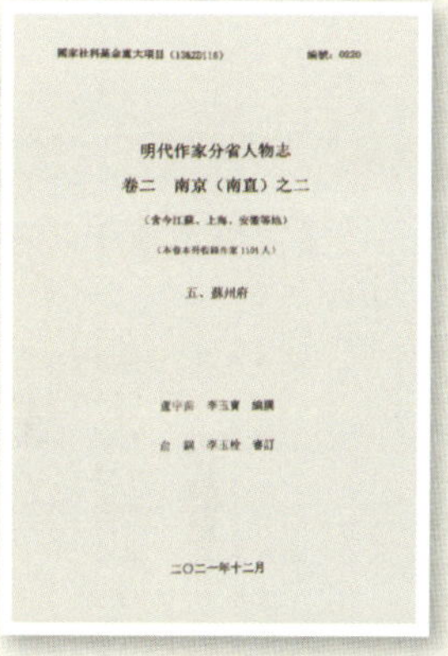
明代作家分省人物志

卷二　南京（南直）之二

五、苏州府

二〇二一年十二月

《明代作家分省人物志》刊行预定

《外国所绘近代中国城市地图总目提要》全二册

《中国国家图书馆藏山川名胜舆图集成》全十册

戴建国 朱易安 傅璇琮 周常林 编著的《全宋笔记》在上海市第十五届（2018-2019）哲学社会科学优秀成果奖评选中，获 学科学术优秀成果 奖 著作 类 二 等奖，特发此证书。

上海市哲学社会科学优秀成果评奖委员会
二〇二二年七月

《全宋笔记》获上海市第十五届哲学社会科学优秀成果奖二等奖

获奖证书

张剑光 撰写的《宋人笔记视域下的唐五代社会》在上海市第十六届（2020—2021）哲学社会科学优秀成果奖评选中，获学科学术优秀成果奖著作类二等奖。

特发此证书。

中共上海市委员会
2023年11月

证书号：20230264

《宋人笔记视域下的唐五代社会》获上海市第十六届哲学社会科学优秀成果奖二等奖

第七届高等学校科学研究优秀成果奖
（人文社会科学）

成果名称：文献通考（全十四册）
中华书局 2011年9月

主要作者：裘汝诚，戴建国，严文儒，虞云国，孙 旭，燕永成，刘 宇，许沛藻，顾吉辰，李昌宪，王 铁，金 圆，刘 磊，郑世刚，李国强，吕友仁，戴扬本，郑 明，杨立扬，李德清

奖项类别：著作奖

所属学科：历史学

获奖等级：三等奖

教社科证字（2015）第510号

中华人民共和国教育部
2015年12月10日

《文献通考》获教育部第七届高等学校科学研究优秀成果奖三等奖

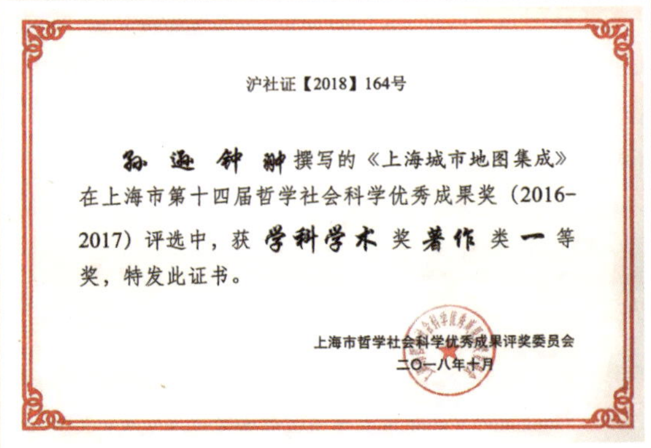

沪社证【2018】164号

孙逊 钟翀 撰写的《上海城市地图集成》在上海市第十四届哲学社会科学优秀成果奖（2016-2017）评选中，获 学科学术 奖 著作 类 一 等奖，特发此证书。

上海市哲学社会科学优秀成果评奖委员会
二〇一八年十月

《上海城市地图集成》获上海市第十四届哲学社会科学优秀成果奖一等奖

上海师范大学历史学科的传承与特色（1954—2024）

苏智良

岁月悠悠，学府芳华，上海师范大学走过了 70 年的光辉历程，上海师大的历史学科也经历了 70 载的风风雨雨，经过数代学人的呕心沥血，谱写出一曲不懈奋斗、踔厉奋发的史学华章。

一、美好的开局

历史学科的主要奠基人是程应镠先生。

1949 年时代嬗变之时，程应镠先生是光华大学的教授。1954 年 7 月，上海师范专科学校在漕河泾畔诞生，程先生从高桥中学校长任上调入本校，担任历史科主任。当时，新生的上海师范专科学校只有中文、历史、物理、数学等寥寥几个学科。1956 年，上海师专的文科升格为上海第一师范学院，程应镠先生出任历史系首任系主任，并代理过学院教务主任。当时，他的主要工作就是招兵买马，聚拢史学教学与研究的队伍。

程应镠先生慧眼识人，他主张优先引进北大、清华、燕京等名牌大学的杰出人才。所以已故的李培栋教授（曾担任本校校长助理）曾言，1956 年的师院历史系，俨然是北京名校的校友会。程先生本人是燕京大学历史系 35 级学生；中国古代史及中世纪史教研室主任张家驹先生是燕京大学 32 级学生；中国近代史教研室主任魏建猷先生毕业于无锡国学专科学校，20 世纪 30 年代初曾在燕京大学的图书馆工作过数年；世界史的徐先麟先生为清华大学历史系 33 级学生，她是安徽省的会考状元、名气很响的才女；世界古代及中世纪史教研室主任朱延辉先生是清华大学历史系 34 级学生；主攻近代外交史的季平子先生是清华历史系 35 级学生；来历史系客串教研的徐孝通先生隶属于哲学系，他是清华大学哲学系 35 级学生、金岳霖先生的弟子；还有 40 级中央大学历史系的徐光烈先生，毕业后担任美军翻译官。这些“大先生”构成了上海师院历史系的基本教师队伍，从而为历史学科的发展打下了扎实的基础。

当年，程应镠先生对历史文物情有独钟。20 世纪 50 年代初，他写信给曾经的老师、故宫博物院的沈从文先生，请其代购一批文物。沈先生在当时条件允许的范围内精挑细拣官窑瓷器数十件，还有青铜器、玉器、书画、唐卡、钱币等，这批文物遂成为我校最基本的文物珍品。1957年，历史系文物陈列室建成。2001年，以这批文物为主要馆藏的上海师范大学博物馆落成，馆中至今镌刻着程应镠先生的奠基之功。

二、曲折之发展

学校、学科、学人与国家共命运。1957年反右派斗争中，程应镠先生被错划为右派，7月即被免去历史系主任的职务，进入资料室整理资料。历史系由魏建猷先生担任系主任，张家驹先生担任系副主任。在历次政治风波中，魏先生团结同仁，凝聚人心，推动历史学科的发展。1960年9月，程应镠先生摘去"右派"帽子，重返讲台。

随着学生的增加，毕业生相继充实师资队伍，1957年王铎全、郭豫明、刘克明入职，1958年叶书宗、郭绪印、陈昌福、马洪林、孙仲发、项立岭、裴汝诚等加盟。后来，他们在各自领域均有建树，成为历史学科承上启下的重要一代。

十年"文革"中程应镠、魏建猷等前辈学者经历了艰苦的岁月。1965年1月，姚文元发表《评新编历史剧〈海瑞罢官〉》，魏建猷先生在《学术月刊》发表《海瑞一生果真是"处处事事为百姓设想"吗?》，指出姚文的4个硬伤，却被指责为"转移斗争大方向"。压力之下，程应镠被迫将吴晗来函上交。程应镠、魏建猷、张家驹等先生遭到批斗，不少教师遭受长期审查，后来又到"五七干校"参加劳动和改造。这时，政府要求整理古籍资料，历史系的不少教师总算得以返回工作岗位。

1970年，根据周总理的指示，国家重新整理标点《二十四史》，程应镠、张家驹、魏建猷、马伯煌、裴汝诚等多位教师克服困难，青灯黄卷，精心标点了《续资治通鉴长编》《宋史》《商君书》《国语》《荀子》等。

1972年，上海师范学院与华东师范大学、上海教育学院、上海体育学院、上海半工半读师范学院五校合并，改名为上海师范大学。直到1978年4月，上海师院恢复建制。所以在这特殊的6年岁月里，上海师院与华东师大同仁和学生之间有着特殊的关联，结下了深厚的友谊。

三、凝心聚力迎春天

1978年底，国家进入改革开放的新时代。魏建猷先生复任系主任，程应镠先生出任历史系第一副主任，他们合作积极，重聚力量。1978年，程应镠先生担任中国史学会理事兼副秘书长。1985年，本校古代史学科成为我国第一批硕士学位授予点。聚集江辛眉、王育民、陶樾、王春瑜、李伯勉、李培栋、王关兴等英才，程、魏两位先生以他们珠联璧合的创造性合作，促成上海师大历史学科盎然春天的到来。

程应镠先生长期担任全国高校古籍整理委员会委员和上海市古籍整理领导小组成员。1978年底，年逾花甲的程应镠先生发奋图强，主持历史系古籍整理研究室，开始策划以宋史为中心的古籍整理工作。1983年，程应镠先生在原古籍整理研究室的基础上创办古籍整理研究所，担任首任所长，并聘请马茂元、钱伯城、魏同贤、胡道静、陈伯海等一批名家参与其事。他主持《宋史》《续资治通鉴》的点校，开创了古典文献学本科专业，并成功将其申请为上海市第一批文科重点学科。

继魏建猷教授之后担任系主任的是吴成平教授，主攻印度史的吴教授为人厚道，做事公正，在师生中颇有威望。先担任党总支书记后又继任系主任的叶书宗教授学术思维敏锐，锐意创新，苏联史做得风生水起。同样，党组织的负责人如张帼瑾、马友协等也付出了辛劳。

从改革开放初期到20世纪末，高校由于经费投入严重不足，日子并不好过，但历史学科的教师们心无旁骛，全身心投入教学科研，不仅成果迭出，更培育出一代史学新人。被传为美谈的是77级本科生刘昶在程应镠教授指导下在《上海师范学院学报》1980年第4期发表《试论中国封建社会长期延续的原因》，然后该文被《历史研究》1981年第2期全文转载。中国最权威的历史学杂志转载一所普通高校本科生的论文，可以说是空前绝后，刘昶也成为那时77、78级文科生中最早有影响力的学者。不论资排辈，唯才是举，这也体现了改革开放初期良好的学术风尚。

77、78级留校（含回调）的刘昶、虞云国、周育民、范荧、邵雍、朱孝远、邢丙彦、杨康荪、丁果、李稚勇、庄韵勤、朱平平、吴忠锐等，加上曾维华、王廷洽、丁光勋、严耀中等青年教师，还有外校招聘入职的萧功秦、苏智良、裔昭印等，稍后还有叶江、俞钢、汤勤福、程郁、周春生、高红霞、张剑光、舒运国、陈恒、黄纯艳、许纪霖等，形成了一支朝气蓬勃的生力军。

四、承继传统　迈向辉煌

进入21世纪后，学科建设进入丰收期。随着唐力行、郝春文等骨干教授的相继引进，钱杭、徐茂明、尹玲玲、吴俊范、钟翀、洪煜、姚潇鸫、洪庆明、刘子奎、燕永成、陈大为、陈勇等入职。此后学科建设取得突破，在唐力行教授的统筹下，中国近现代史博士点、历史学博士后流动站、历史学一级学科博士点相继获得。2000年起，历史学科几乎全员参与了上海市第二期教改历史教科书的编写工作。2004年历史学科与中文学科共同努力，建立教育部人文社会科学重点研究基地都市文化研究中心，至今它还是上海市属高校中唯一的教育部重点研究基地。此外，非洲研究中心成为区域国别研究基地，中国史与世界史学科跻身上海市高峰高原建设学科。

如今历史学科一脉三支，枝繁叶茂。历史系、古籍整理研究所和年轻的世界史系各具特色，携手发展。

历史系的历任系主任有程应镠、魏建猷、吴成平、叶书宗、苏智良、陈恒、黄纯艳、高红霞和徐茂明。历史系保持着唐宋史研究的高度和地位，并不断开拓新的研究领域，形成新的优势方向。2019年，历史教育学科首批入选国家一流本科专业，全系上下秣马厉兵，积蓄力量，跻身全国中国史学科的前茅。

古籍整理研究所1983年组建，程应镠先生1986年担任古籍整理研究所名誉所长，此后，在朱瑞熙、范能船、虞云国、朱易安、戴建国、张剑光、钟翀等历任所长的带领下，古籍整理研究所已成为我国该领域的重镇之一。2020年，古典文献学专业入选国家一流本科专业。

中国史、世界史学科分立之后，世界史学科自然获得一级学科博士点和博士后流动站。在舒运国、裔昭印、陈恒等的先后领导下，世界史学科招兵买马，聚拢英才。2018年，世界史系建立，开始培养世界史本科生。如今，世界史系已有35名教师，其中教授12名，获人才称号的有陈恒（国家"四个一批"文化名人、国家"万人计划"领军人才、"马工程"首席专家、教育部高等学校教学指导委员会委员、历史学副主任）、蔡萌（青年长江学者）、李文硕（"万人计划"青年拔尖人才）等两代学人。

历史学科的教学科研硕果累累：获得过省部级优秀成果一等奖的就有唐力行、苏智良、戴建国、钱杭、陈恒、钟翀、李文硕等；2023年，朱瑞熙教授获得上海市人文社会科学杰出成就奖；陈恒成为全国最年轻的"马工程"教材首席专家；苏智良获得国家课程思政教学名师；《外国史学史》《世界现代史》入选"马工程"教材；"西方史学史"获评国家一流本科课程；"上海城市与红色文化"入选教育部课程思政示范课程。

12年来，历史学科共获得21个国家社科重大攻关项目，蔚为壮观。首席专家依次为戴建国（2011）、张安福（2011）、汤勤福（2012）、苏智良（2013）、唐力行（2014）、舒运国（2014）、李孝聪（2015）、刘津瑜（2015）、王旭（2016）、陈恒（2017）、黄显功（2018）、于沛（2019）、钟翀（2019）、崔红芬（2019）、吴俊范（2020）、刘子奎（2020）、宋佩玉（2020）、洪煜（2021）、梁民愫（2022）、徐善伟（2023）、张忠祥（2023）。

我以为最值得骄傲的是，我们培养了上海市60%以上的初高中历史教师，贡献了60%以上的历史特级教师。代表人物有孔繁刚（上海中学）、钱君端（敬业中学）、凤光宇（嘉定教师进修学院）、於以传（上海市历史教研员）、吴国璋（青浦中学）、朱志浩（奉贤教师进修学院）、徐雅芳（行知中学）、邵清（大境中学）、李峻（复旦附中）、施洪昌（延安中学）、姚虹（南洋模范中学）、张曦琛（市二中学）、汪辉（奉贤中学）等数十名历史特级教师和校长。数千名教师耕耘在中学讲坛，无怨无悔，为上海这座城市的世界一流基础教育作出了不可磨灭的贡献。我们为这些系友感到自豪。最近，各地的中学都在议论：名校毕业生一定就是好教师吗？有一所高中一次高薪聘任17名名校高才生，但两三年后，这些"高才生教师"基本已离职或转岗做行政。这一案例告诉世人，成为优秀教师的前提并非一张名校的文凭，而是操守和教研俱佳的本事。

历史学科毕业的还有沈渭滨（复旦大学教授）、朱孝远（北京大学教授）、臧志军（复旦大学教授）、朱淑娣（复旦大学教授）、李昌宪（南京大学教授）、刘昶（华东师范大学教授）、陈江（华东师范大学教授)、程兆奇(上海交通大学教授)、陈挥(上海交通大学教授)、吴春梅(安徽大学教授)、夏斯云(上海工程技术大学教授)等数十名大学教授,还有在美国执教的徐小群教授、盛慕真教授,以及在日本执教的叶陵陵教授,等等。历史学科还培养了数千名各界精英人才,如曾任中国台联主席的梁国扬先生、中共中央党校副校长李君如教授等。

回望70年的历程,我们要弘扬上师大历史学科的特色与学风。什么是特色呢?第一是精诚合作、相互补台。特殊年代,同事之间尽管也有分歧,但求同存异,营造了良好的团结协作、美美与共的风尚。第二是学术创新、锐意进取。几代学人的奋斗,形成了宋史、人文历史地理、世界城市史、非洲史、江南社会、上海城市史等学术特色。第三是重视教育、重视课堂,以学生发展为本。长期以来,我们已形成培育学生的明确目标:基础知识扎实、教学能力强、具有良好心理素质和德育能力、具有教书育人的情怀。为此,历史学科的教师人人热衷教学,教书育人。如李培栋、萧功秦、范荧、裔昭印、陈恒等老师的课广受欢迎。萧功秦教授讲课是我们这代学人中最富激情与思辨的,他30多载的教学生涯感染了许多学生,让他们喜欢上历史学,热爱上三尺讲台。

今天我们弦歌一堂,共同祝贺校庆、系庆70周年。我们深深怀念每一位在师大史坛上执教过的老师,深情关注着每一位从历史学科毕业的系友。如今,建校时的历史学科元老仅剩赵宗颇教授。1927年出生于东北的赵宗颇老师,1954年由东北到上海,夫人夏菊芳老师到上海师院历史系执教,赵老师则先到华东师大历史系工作,当时该系只有他和吴泽、陈旭麓等4名党员。不久,在常溪萍书记关心下,赵老师调入本校并长期担任历史系的团总支书记和党总支委员等。赵老师为人正直厚道,做事细致,对本校、本系贡献良多。祝愿97岁的赵宗颇老师健康长寿。

文苑增辉,史坛毓秀,薪火相传,勇攀高峰。衷心祝愿上海师范大学历史学科的明天更美好。

甲辰年孟夏于桃源清水居

前　言

本书是上海师范大学古籍整理研究所历史学科同仁，包括目前从事历史文献学与历史学教研工作的全体教师，以及上述相关专业的部分近年荣休教师，为纪念我校历史学科创立七十周年而共同编纂的一部论文集。作为一部教研机构的纪念文集，下面简要回顾我所的创建历史以及近年来史学相关专业的科研队伍、教学成果与研究业绩。

上海师大古籍所成立于 1983 年，前身为 1971 年学校成立的“二十四史标点组”，主要负责《宋史》的整理与点校，1978 年更名为古籍整理研究室，由程应镠先生任研究室主任。1983 年，在全国高等院校古籍整理研究工作委员会的领导下，古籍整理研究室与当时承担另一国家重大文化工程《汉语大词典》第八卷编纂工作的《汉语大词典》上海师大编纂组合并，正式成立古籍整理研究所，程应镠先生任首任所长。同年，学校建立古典文献本科专业，成为全国四个由古委会直接指导的古典文献本科专业之一。经过四十年的建设与发展，本所现有历史文献学和古典文献学两个教研室，专职教师 26 人，已成为全国为数不多的具有本、硕、博全面培养资质的古典文献学科教学科研机构，现有历史文献学、史学史与史学理论、古典文献学的硕士点和博士点。四十年来，我所为国家输送了近千名传承发展中华优秀传统文化的人才。

四十年来，本所历史文献学教研室一直致力于传统史籍整理与研究工作，形成以唐宋文献整理与研究为主的学术特色，涌现出大量优秀古籍整理作品，如《宋史》《续资治通鉴长编》《汉书补注》《文献通考》的点校本，以及《全宋笔记》的编纂和整理。教研室同仁共完成各类撰著 80 余种，获得人文社会科学研究优秀成果奖、上海市哲学社会科学优秀成果奖等各类奖项数十次，主持国家社科基金项目 30 余项，其中重大项目 4 项。

我所的历史学研究为上海师范大学历史学科建设作出了突出贡献，开创了多个学校历史上的第一。1984 年，由程应镠先生领衔申报的“古籍整理与研究”成功获批上海市首批重点学科，这也是上海师范大学建校以来的第一个重点学科。2011 年，戴建国教授领衔的“《全宋笔记》编纂整理与研究”获批国家社会科学基金重大招标项目，是本校第一项国家重大项目。此后，我所又先后承担了“《全宋笔记》编纂整理与研究”“明代作家分省人物志”“中国礼制变迁及其现代价值研究”“中国国家图书馆藏山川名胜舆图整理与研究”“外国所绘近代中国城市地图集成与研究”等国家社科重大项目及多项与历史学研究相关的国家级项目。2022 年，朱瑞熙撰著，张剑光编纂的《朱瑞熙文集》获上海市第十六届哲学社会科学优秀成果奖“学术贡献奖”，该奖是上海市哲学社会科学界的最高荣誉。

近二十年来，我所历史学科完成了多个教研岗位上的新老更替，近年来陆续荣休的有虞云国、汤勤福、程郁、戴建国、俞钢等多位老师。目前，本所（含文化典籍系）历史学科在职教师15名，其中教授4名，副教授5名，讲师6名，全部具有博士学位。除我所历史文献学、史学史与史学理论之外，本所历史学同仁还在我校历史系中国古代史、历史地理学科开展科研与育人工作。另外，我校统战部副部长赵龙副教授也长期承担我所宋史教研工作。近年来，我所历史学教学已经覆盖自先秦至近代的历史全科，本所同仁在进行传统史籍整理、坚持唐宋文献研究特色的同时，持续探索开展历史文献纵深研究、学科交叉融合研究等创新型的科研，并积极开展引进与培养复合型古籍人才的教研等工作。

本书所收的22篇论文，时代跨越先秦至近代的两千多年，内容涵盖思想、政治、法制、制度、军事、社会、宗教、教育、城市、文学、知识、文献等多个领域，资料上除了传统史籍文献之外，还涉及稿抄本、批注本，以及石刻、简牍、图版、舆图等多种材料。可以说本书所收的文稿，既反映了我所历史学科研究同仁对上海师大史籍研究学脉的薪火相承，更见证了我所老中青三代学人在古籍及相关史学求索路上常拓常新、各擅胜场的激扬意气，在学科深度交叉融合的当今学界、知识产业快速迭代的当今社会，坚持守正创新、古为今用、推陈出新、服务当代、面向未来、孜孜以求、精研学术，为赓续华夏文脉、弘扬优秀传统文化所作出的贡献。

钟　翀

2024年5月

目　录

宋元的时文
——八股文的雏形

朱瑞熙

摘　要：时文是宋元时期专供贡举和学校考试使用的特定文体，与明清时期的八股文体式有相似性，是八股文的雏形。宋元时期的时文是散文的章法、骈文的排偶和近体诗的格律三者结合的产物。三者的结合在宋代经历了很长的时间，并逐步形成了一种比较固定的格式，使用的范围前后有所变化，以本朝或前朝著名学者的经学著作作为时文的主要内容。宋元时文屡经变化，直至定型为十段文，完全是适应贡举和学校考选的需要而产生的结果。十段文到明清时发展为八股文，从内容到形式都形成固定的模式，其弊病显得更加突出。

关键词：时文　八股文　固定体式

宋元时期的时文，是专供贡举和学校考试使用的一种特定的文体。时文在宋代屡经变化，最后定型为十个段落的体式，类似明清时期的八股文。最初，时文使用于贡举“三题”[①]之一的“论”，神宗熙宁年间王安石贡举改革后，扩大使用到经义，后来又推广到医学考试的脉义和假令论方义，于是经义和论、脉义、假令论方义等都开始使用这种特定的时文文体。

时文的文体，宋初使用骈文，仁宗嘉祐前流行险怪奇僻之体，从嘉祐开始推广古散文体。南宋前、中期，学者讲求文章的章法、句法等，评点之学兴起，散文写作技巧日趋严密，终于形成了一种近似明清时期八股文的新文体——十段文。

一、北宋的时文

八股文是糅合散文的章法、骈文的排偶和近体诗的格律而构成的“三合一”新文体，它虽然正式确立于明宪宗成化年间（1465—1487），但实际上早在宋代已形成了基本格式。

---

① 据《文献通考·选举四》，在宋神宗熙宁四年前，进士科殿试共考诗、赋、论三项，称为“三题”。

从宋太祖起，沿袭隋唐以来分科考试、选举人才的制度，并逐步创立了三年一试和三级考试（殿试、省试和乡试）、别头试，考卷实行糊名弥封、眷录，以及特奏名法等，使之不断完善。从仁宗起，正式建立太学，逐步取代了国子学，各类各级学校也大量兴建。神宗和徽宗时的两次兴学运动，基本建立了三舍考选制度。从此，朝廷的三级贡举考试和太学的三舍考选制度同时实行，互为补充，成为国家主要的取士途径。

宋初以后，时文的文体屡经变化。宋初沿袭晚唐五代的靡丽之风，流行四六骈体文，称为"时文"。真宗时，杨亿、刘筠提倡以"雄浑奥衍"的文字革除其弊，[①]但堆砌典故，辞藻繁缛，依然华而不实，号为"西昆体"。仁宗天圣初（1023），欧阳修应举时，见学者"务以言语声偶擿裂，号为时文，以相夸尚"[②]。仁宗景祐初（1034）后，太学士人"各出新意，相胜为奇"，"以怪诞诋讪为高，以流荡猥琐为赡"，称"太学体"。庆历间（1041—1048），朝廷多次下诏"丁宁戒饬"[③]，但收效甚微。嘉祐二年（1057），欧阳修知贡举，极力排抑"太学体"。欧阳修倡导不受对偶、声韵和典故约束的古散文体，树立了平易流畅的文风。神宗时期的贡举改革，士人考经义和论，又逐步形成了一种新体的时文，这种文体主张"推明义理之学，兼老、庄之说"[④]。

嘉祐二年（1057）正月，苏轼参加省试，所撰《刑赏忠厚之至论》，第二段用"有一善"开头，紧接着对以第三段："有一不善，从而罚之，又从而哀矜惩创之，所以弃其旧而开其新。"以下又连用两行对句。过接几句散语后，再接连两行对句。三月，苏轼参加殿试，撰《重巽以申命论》，[⑤]文中用了许多字数不定的对句，而且出现了"官题"（考官出的题目）的痕迹。不过，苏轼并没有完全按照成格，而是自出机杼，充分表达了自己的思想，所以各篇大义的写法并不雷同。

宋神宗时期对贡举制度进行了改革，从熙宁四年（1071）起，进士科停考诗赋、帖经、墨义，改考经义，以便"除去声病偶对之文，使学者得专意经术"。士人各治《诗经》《尚书》《周易》《周礼》《礼记》一经，兼习《论语》《孟子》。每次分四场考试，第一场考本经，第二场考兼经大义十道，第三场考论一首，第四场策三道。中书、门下撰"大义式"颁行。[⑥] 经义程文每篇不得超过500字。[⑦] 同时，由王安石撰《字说》，王雱和吕惠卿、吕升卿等撰定《诗》《书》《周礼》义（即《三经新义》），刻板颁行全国，凡士子应试，"自一语以上，非《新经》不得用"[⑧]。哲宗元祐间，禁引用《字说》，改设经义和诗赋两科，停试律义。[⑨]

为了配合贡举改革，王安石特撰一些经学小论文，作为"经义式"即士子考试经义的答卷标

---

① 宋祁：《景文集》卷59《石太傅墓志铭》。
② 欧阳修：《居士集》卷41《苏氏文集序》。
③ 《续资治通鉴长编》卷158，庆历六年二月己卯。
④ 赵彦卫：《云麓漫钞》卷8。
⑤ 《宋会要辑稿》选举7之17，载仁宗御试，亲出"重巽命论"题。
⑥ 《续资治通鉴长编》卷200，熙宁四年二月丁巳。
⑦ 《宋会要辑稿·选举三》之53。
⑧ 《三朝名臣言行录》卷8《吕公著》。
⑨ 《宋史》卷155《选举一》。

准。《古今图书集成·文学典》载有王安石“经义式”，收录了《里仁为美》《五十以学易》《参也鲁》《浴乎沂》《非礼之礼、非义之义，大人弗为》《可以与、可以不与，与伤惠；可以死、可以无死，死伤勇》等六篇。其中最后两篇，均见于王安石的文集，改名为《非礼之礼》和《勇惠》，[①]正文个别文字也有所改动。以《非礼之礼》为例，该文第一段：“古之人以是为礼，而吾今必由之，是未必合于古之礼也。”紧接着就对一个第二段：“古之人以是为义，而吾今必由之，是未必合于古之义也。”[②]然后又以“盖知向所谓义者，义之常，而汤、武之事……使汤、武暗于君臣之常义，而不达于时事之权变，则岂所谓汤、武哉”与下一段“盖知向之所谓礼者，礼之常，而孔子之事……使孔子蔽于制礼之文，而不达于制礼之意，则岂所谓孔子哉”两两相对，而且不论破题、承题，照样使用对偶句式。

宋哲宗元祐间，张庭坚、马涓等四人擅名太学，号为“四俊”。张庭坚，字才叔，其经义程文尤为当时推崇。南宋吕祖谦编《宋文鉴》时，收入张庭坚的两篇经义，一篇题为“自靖人自献于先王”，另一篇题为“惟几惟康其弼直”。[③] 明人（佚名）编《经义模范》一书，也收录他的《恭默思道，梦帝赉予良弼》等经义。尤其是《自靖》一篇，被后人视为经义的范文之一。[④]《自靖》中，出现了明显的官题：“此其相戒之言曰：‘自靖人自献于先王。’”然后转入原题：“盖于是时纣欲亡而未寤也……”《恭默思道》中，第一段写道：“静而虑者诚之至，感而通者诚之形。”以此作为破题，而且第一、二句为句法相同的对句。其中也出现了明显的官题：“‘恭默思道，梦帝赉予良弼’，载于《说命》上篇。”然后转入原题。

从王安石、张庭坚的经义和苏轼的论，可以看出从仁宗到哲宗时期，还没有整齐严谨的八比，不强求对仗排偶，不完全禁止引证比喻，但已经出现了数量不等的比以及破题、承题、官题、原题等格式。这些格式是移植当时诗、赋破题等程式的结果。近体诗发展到唐代，日趋定型，在形式上要求句数和字数一定，某些句子必须对偶，应举诗中还出现了破题、颔比、颈比、腹比、后比、结尾等名目。[⑤] 北宋的论和经义不能不受到影响，逐步引入这些程式。嘉祐以后，论开始用古散文体撰写；熙宁以后，经义也加入这一行列。与此同时，论和经义又开始移植骈文的对偶句式，以及近体诗的破题、颔比等程式。三者逐渐结合在一起，开始了一种新文体的形成过程。

二、南宋前期和中期的时文

南宋前期和中期，是指高宗到宁宗时期。这一时期的贡举考试制度与北宋末年有所不同。高宗建炎二年（1128），改用哲宗元祐之制，设诗赋进士和经义进士两科。同时，略加改革，各以

---

① 《王文公文集》卷28。
② 《古今图书集成》收录此文时，可能为符合八股格式，删去了第二段，因为破、承不宜用对偶句。
③ 《宋文鉴》卷111。
④ 见倪士毅《作义要诀》。《经义模范》录宋张庭坚、姚孝宁、吴师孟、张孝祥等四人经义十六篇，其首为《自靖》一篇。
⑤ 王构：《修辞衡鉴》卷1《诗体》。

四场试士。诗赋进士，第一场考六经经义一道、《论语》或《孟子》义一道。经义进士，第一场考《周易》《诗经》《尚书》义三道、《论语》义一道，第二场考《周礼》《礼记》《春秋》义三道、《孟子》义一道。这两类进士第三场各考论一首，篇幅限500字以上。《绍兴重修通用贡举式》还规定了论和经义的体式：试卷出现以下各项中的任何一项，即义题答非所问，漏写或错写道数，论漏写题目，论少写50字，忘写“奉试”和“谨对”（义卷的首尾）、“论曰”和“谨论”（论卷的首尾），为“犯不考”式；论少写20字，或连用本朝人文集10句，即犯一“抹”，五抹便降为下等；少写10字，即犯一“点”，五点算为一抹。还规定经义和论的试卷，开头一行写“奉”字；第二行写“试某经义”或“试某论”，列出试题；第三行经义写“对云”，论写“论曰”两字开头；全篇最后，经义写“谨对”，论写“谨论”两字结束。①

这一时期时文的文体有较多的变化。高宗时，学者推崇苏（轼）文，极力仿效。孝宗时，出现了“乾（道）、淳（熙）体”②，其代表人物是叶适、陈亮等。他们师法苏轼，才辩纵横，尤其发展了政论文体。光宗绍熙年间，改崇程颐和程颢，称为“洛学”。宁宗庆元四年（1198），已经出现了经义“全用套类”，即使用现成章法、格式的现象。③

许多学者还进一步探索文章的章法、句法等，出现了评点之学，散文写作趋向规范化，其代表作为吕祖谦《古文关键》。该书《论作文法》篇提出了写散文的原则和方法，比如认为一篇文字中，必须有几行整齐处，又有几行不整齐处，或缓或急，或显或晦，缓急、显晦相间，又提出“常中有变，正中有奇”“意思新、转处多则不缓，结前生后”等等。该书收录韩愈、柳宗元、欧阳修、“三苏”、曾巩等人的论、说、书、叙，逐篇从构局、造意进行条分缕析，使读者领会开合、波澜、抑扬、反复、转换、变化、起伏、缴收等手法。魏天应编选的《论学绳尺》卷首《论诀·诸先辈论行文法》中，也收录了吕祖谦、陈亮等人的写“论”之法。吕、陈两人是从写散文体的角度，讲述作“论”的技巧。吕祖谦提出：论有各种体式，或壮健，或清快，不可一律看待；看论必须先看“主意”（中心思想），然后看过接处；作论要首尾相应，过接处要有血脉；论的片段或多，必须一开一合，方有收拾；又说：“题常则意新，意常则语新。意深而不晦，句新而不怪。笔健而不粗，语新而不常。”这些话同样也见于《论作文法》。由此足证散文写作规范与论的定格有着密不可分的关系。陈亮认为作“论”，“不必作好语言，意与理胜，则文字自然超众”，强调以思想内容为主，不必追求“诡异之体”和“险怪之体”。

这时，文章的章法和句法，与骈文的排偶、近体诗的格律，三者进一步结合，到宁宗时期终于形成了一种新的时文体式。这一体式在论方面，集中体现在《论学绳尺》一书中，在经义等方面则体现在《太医局诸科程文格》一书中。

《论学绳尺》卷首《诸先辈论行文法》，收录了南宋前中期尤其是中期的许多文人关于撰写论

---

① 丁度等：《贡举条式》。《苏轼文集》卷6《三传义》保存了当时经义的格式，正文开头皆写“对”字，最后写“谨对”。
② 周密：《癸辛杂识》后集《太学文变》。
③ 《文献通考》卷32《选举五》。

的经验，其中有陈傅良、陈亮、戴溪、冯椅、欧阳起鸣、吴琮等人。

陈傅良等人认为，冒头（又称论头、冒子）是一篇时文的“纲领”。冒头中用语“最忌圭角，忌重滞”，“贵简劲明切、圆活警策，不吃力，不费辞，不迂”。冒头中第一个段落称破题。破题是冒头的“纲领”，概括全篇的大意。用一句、两句作破题最佳，其次用三句，再次用四句。破题所用字，都是“一篇之骨”，“无虚下者，后面亦须照应”。句法要严整，“有浑厚气象”。“论之去取，实系于破题。破题不佳，后虽有过人之文，有司（按：指考官）亦不复看。”破题只能用题目上字，不能外求字代替，否则，难得合适，而且有妨下文的回顾。第二个段落是承题（接题）。承题要写得开阔，“欲养下文渐下，莫说尽为佳”，“欲抑先扬，欲扬先抑，最嫌直致、无委曲”。如果提掇得合适，“后面自不费力”，“这里差了，便一向费力”。第三个段落是小讲。小讲写时“最怕紧、怕繁絮”，最宜“径捷去得快”，但“不得苟简”，“又怕几句叠文字，每结句‘之、乎、者、也’”。要斟酌详略，照应前后，不可重复。如果是实事题，开头便要“入题”；前面和后面既已详述，入题处便用“省文法”；不详，则“入题处却不可略”。中间部分是官题，照抄考官所出考题。后面部分的第一个段落称原题。原题处于官题之后的“咽喉之地”，“推原题意之本原”。如果题下有气无力，则全篇的水平可想而知。具体写法有多种，“或设议论，或便说题目，或使比喻，或使故事”。总之，以有新意为贵。第二个段落称“讲题”。讲题又称“论腹”，用语“贵乎圆转”，在刚入讲的地方，“最要过度（渡）精密，与题下浑然”，使人读起来不感到这就是讲题。写到实事之处，要反复铺叙，又要时时“缴归题意，方得紧切”。讲题的内容以赡博为一贵。另一个段落是结尾。结尾是一篇论的“关锁之地”，尤其要“造语精密，遣文顺快”，精密则有“文外之意，使人读之而愈不穷”，顺快则见“才力不乏，使人读之而有余味”。

《太医局诸科程文格》共九卷，是宁宗嘉定五年（1212）判太医局何大任带领本局教官，搜集之前合格的程文，从中“拔颖取尤”编辑而成。所有程文，依照徽宗“崇宁之制”，分为墨义、脉义、大义、论方、假令、运气共六类。其中脉义、大义、假令论方义都采用与“论”和经义相同的体式，仅答卷首尾写“对”和“谨对”，与论的答卷首尾写“论曰”和“谨论”稍异。脉义、大义和假令论方义的正文，分为破题、承题、小讲、官题、原题、讲题、原经、结尾等段落。

首先，各道脉义的破题都写四句，其中两句与另两句对偶。承题用“盖”字或“且”字开头，句数和句式可与破题相同，也可写三句。官题的格式都是“经曰……”，照抄题目，再写“其意若此”“大意如此”或“厥理若是”。原题大都用“尝谓”“且夫”或“原夫”两字开始，讲题大都用“今也”两字开始，原经都写明“经曰”或其他医学著作的名字，结尾大都用“以此推之”或“即此推之”四字开始。这些脉义的每篇字数，多者 651 字，少者 440 字。

其次，各道大义的破题大都写四句，四句中两句与两句对偶；少数只写两句，互为对偶。承题以“盖”字或“且”字开始，也用偶句。小讲、大讲都写成多段偶句。大讲很多以“今夫”两字开始。原经一般自己发问，如“何以证之”“何则”等，然后据引多种医典和相关段落，只用散行。结尾常用“由是证之”“即此观之”开始，一般写三四句，少数写两句或五句，大都用散行，少数写成偶句。这些大义的每篇字数，多者 777 字，少者 358 字。

再次，假令论方义的破题都用四句，其中两句与两句对偶。承题大都用“盖”字开头，少数用“夫”或“且”“何则”开头，都写成偶句。小讲参用偶句和散行。官题以“伏承明问”或“今观前问”四字开始，然后照抄题目。原题常用“尝观”或“尝谓”开头，也有用“大哉，……窃原”开头。讲题常有“今夫”开始，写成多段偶句。原经则引经据典，只写散行。结尾用“以此言之”“由是推之”开始，也有用“噫”字或“吁”字开头的；句数较多，也有只写四五句的；偶句或散行皆可。这些假令论方义的每篇字数，多者 1 471 字，少者 866 字。

文学家杨万里替士子们写了十篇论，编成《程试论》。[①] 这十篇论均按《贡举条式》规定，开头用“论曰”，最末用“谨论”。在官题处，没有死板地照抄题目，而是用题目的出处引出官题。如《汉文帝有圣贤之风论》，用“魏文帝曰：‘汉文帝有圣贤之风。’有才之主与有德之主，二者同日而论之，未可也”。又如《陆贽不负所学论》，用“陆宣公自谓‘不负于所学’，其果不负所学耶”，显得比较自然，没有太明显的痕迹。另一位文学家张孝祥撰写了不少时文，明代人（佚名）所编《经义模范》一书，收录了他的五篇经义，如《俾以形旁求于天下》《我心之忧日月逾迈》《作归禾作嘉禾》等，均不见于其《于湖居士文集》。《俾以形旁求于天下》一文，破题用“贤者之在天下，虽以德而不以形”两句。冒头最后用“盖示吾爱贤之诚意尔”一句作为缴结。紧接着是照抄官题，然后以“尝谓按图不可得骏马”进入原题。思想家陈亮也有四篇论，题为《谢安比王导》《王珪确论如何》《扬雄度越诸子》《勉强行道大有功》。[②] 其写法几乎与杨万里如出一辙。如最后一篇，用“天下岂有道外之事哉”一句破题，在冒头结束后，转入官题：“汉武帝好大喜功，而董仲舒言之曰：‘勉强行道大有功。’可谓责难于君者矣。请试申之。”接着，又以“昔者……”进入原题。

大约从宋孝宗时开始，在考试六经时，考官想方设法出难题和怪题，摘取大旨相近的两段合为一题，称“关题”，或者摘取上下经文不相连的段落为一题，称为“断章”。[③] 如《尚书》义题，用“璇玑玉衡，以齐七政”，关“舞干羽于两阶，七旬，有苗格”为题，实际这两段是判然两事，略不接近，根本不相关。如《周易》义题，用“时乘六龙，以御天也。云行雨施，天下平也”，至此当断，但考官又摘取下文“君子以成德为行”一句，相连为题。实际“君子以成德为行”与下句“日可见之行也，潜之为言也”相连。[④] 宁宗初年，为防止士子预猜试题，朝廷允许考官在六经本经内，摘出文意相似、不致牵强的两段合为一题，允许考官任意选择合题或全题。[⑤] 嘉泰元年（1201）稍前，考官在命题时，往往因“显然浑成”的关题，“多已经用”，乃搜索新奇，用几段“意不相属，文不相类”而实际十分牵强的句子，当作“关题”，或者割裂上下文句，当作“断章”。所以，朝廷在该年一

---

① 《诚斋集》卷 90《程试论》。

② 《陈亮集》卷 9《论》。

③ 《宋会要辑稿·选举二》《五》。

④ 《宋会要辑稿·选举一》之 21。

⑤ 《宋会要辑稿·选举五》之 20。钱大昕《十驾斋养新录》卷 10《春秋合题》载元、明、清初经义题，仅《春秋》有合题，将两件甚至五六件事合为一题。合题与单题相对。清乾隆初始禁合题。

度加以禁绝。[①] 嘉定四年(1211),再次禁止命题断章。[②] 十五年,又一次禁止考官"强裂句读,出其所不拟,专务断章,试其所难通",但允许出关题,而且要求考官"惟意所择,不必尽拘每举句之多寡、求其字之对类,惟务明纲领而识体要"。[③] 尽管考试增加了难度,有效地防止士子预猜试题,但士子为了应考,"惟务遣文,不顾经旨",因此有些目光敏锐的官员也认识到这不是学者的过错,而是"有司实启之"。[④]

三、南宋后期的时文

南宋后期指理宗和度宗时期,文体又出现了几次变化。理宗端平间(1234—1236),江万里习《周易》,"自成一家",士子向慕,"文体几于中复"。淳祐四年(1244),徐霖以《尚书》学夺得省试状元,"全尚性理,时竞趋之,即可以钓致科第功名"。从此,非《四书》、"东、西铭"、《太极图》等"不复谈矣"。到度宗咸淳末年,江东李谨思、熊瑞等人"倡为变体,奇诡浮艳,精神焕发,多用庄、列之语,时人谓之'换字文章'",此种文体延续到宋亡。[⑤]

这一时期,为满足士人应举的需要,民间编印了大批程文的汇编。陈振孙《直斋书录解题》卷一五即载有五种程文汇编:《指南赋笺》55卷、《指南赋经》8卷,是书坊编纂的两部赋集,所选内容限于宋光宗绍熙(1190—1194)以前;《指南论》16卷(另本46卷,分为前、后两集),所选内容限于孝宗淳熙(1174—1189)以前;《擢犀策》199卷、《擢象策》168卷,前书所选内容从哲宗元祐(1086—1093)到高宗绍兴初年(1131),后书所选内容则只限于高宗绍兴末年。陈振孙指出:"大抵科举场屋之文,每降愈下,后生亦不复识前辈之旧作,姑存之以观世变。"

此外,还有谢叔孙编《诗义断法》5卷,只列拟题;[⑥]林駉编《古今源流至论》前集、后集、续集各10卷,黄履翁编别集10卷;章如愚编《山堂考索》前集66卷、后集65卷、续集56卷、别集25卷;谢维新《古今合璧事类备要》前集69卷、后集81卷;等等。当时乡塾陋儒,分类编纂,排比联贯,荟萃成书,以供场屋采掇之用,福建麻沙书坊刊本最多。这些书籍中以《古今源流至论》《山堂考索》《合璧事类》等最为精博,至今尚有较高的价值。

南宋末年,魏天应编选和林子长笺解的《论学绳尺》十卷,是一部指导时文之一"论"写作的专书。魏天应,号梅野,建安人,乡贡进士,曾受业于谢枋得。林子长,号笔峰,福建人,曾任京学教谕。此书收录宋室南渡以来省试中选的优秀的论,共356篇,每两篇立为一格,共178格,如以天立说格、顺题发明格、驳难本题格、体用贯题格、立说贯题格、题外生意格、就题发明格等。

---

① 《宋会要辑稿·选举五》之25。
② 《宋会要辑稿·选举六》之10。
③ 《宋会要辑稿·选举六》之42。
④ 《宋会要辑稿·选举五》之25。
⑤ 周密:《癸辛杂识》后集《太学文变》。
⑥ 陶福履:《常谈·经文》。

每篇程文先写清属于何格，再列题目和作者，然后说明本题的出处和立说大意、评语，有时还在正文后说明本篇与他篇的关系。正文一般都用“论曰”两字开头，最后用“谨论”两字结束。正文几乎逐句进行笺解，分析大意和前后呼应关系以及所属格式、句法等。根据各篇的笺解，可知这时论的格式，顺次为破题、接题（承题）、小讲、缴结、官题、原题、大讲（讲题）、余意、原经、结尾等十个段落。其中又以破题至缴结四个段落，总称冒头（冒题、冒子）。破题大都写三句或两句，有时也写四句，皆不用偶句。承题常用“夫”字或“盖”字开头，多者写十来句，少者写几句，一般不用偶句。小讲参用偶句和散行。冒头结束后，再写一次题目（官题），然后自己发问或提出下文的任务，如“孰能……”“请得而绎其说”“请申之”“请因其意而申之”“请申论之”等。官题后，都空一字，表示进入原题。不少程文的原题用“尝谓”“愚尝求”“尝试”“尝读”“尝因”“尝考”等开头，参用偶句和散行。大讲则常用“今夫”“今观”等开头，皆用偶句，各段偶句间或用散行过接。结尾大都用散行，少数用偶句。

值得注意的是，各论的逐句笺解中，使用了“股”“脚”等字。如陈傅良撰“为治顾力行如何”题，正文有一段写道：

> 王恢严助之策未施，而邀功之隙未开。文成五利之技未售，而神仙之好未盛。相如枚皋之赋未奏，而文章之习未胜。张汤杜周桑弘羊孔仅之徒未并进，而赋敛刑法尚文景之旧也。

笺解云：“以上数人皆言利之徒，见《食货志》。以上四股，皆是武帝后来事，只将数个‘未’字斡归初年意。末句长，方承得上三句起，此作文之法也。”[①]这是将四行句式相同，命意的轻重、文字的长短（仅第四句较长，笺解也作了说明）、声调的缓急、助词和语气词的安排等均两两相对的一组散体长联，称为“四股”。再如朱有进撰“天职天功天情如何论”题，正文原题部分写道：

> 尝谓荀子之论天，其谓有形之天邪？其谓无形之天邪？
> 如谓其无形，则以何物为言职，以何事而言功？（笺解云：交股反难天职天功。）
> 如谓其有形，则上天之载，无声无臭奚其情？（笺解云：交股反难天情。）

这里以“如谓”开始的一组排句，各称为“交股”。所谓交股，乃指交错对偶之法。《锦绣万花谷》前集卷二一《诗律》记载“交股法”说：

> 王介甫诗云：“春残叶密花枝少，睡起茶多酒盏疏。”惠洪谓“多”字当作“亲”字，盖欲以少对密、疏对亲。江朝宗谓惠洪不晓古人句格，此一联以密对疏、以少对多，正交股用之所谓蹉对也（《艺苑雌黄》）。

---

① 《论学绳尺》卷7。

以前一句诗的第四字与后一句的第七字相对，又以前一句诗的第七字与后一句的第四字相对，这种诗歌对仗中对应词参差为对的手法，称为“交股法”。

此外，王质撰“尧仁如天”题、高山撰“圣人成书成言”题、纬焯撰“邹鲁守经学”题、冯椅撰“周礼尽在鲁”题、郭拱朝撰“天道善胜如何论”题等，都有“三股”“两股”“一股”(必与另一股排偶)的用词。

这时还使用“脚”字，也代表对偶的一方。如林昌谦撰“书诗春秋出于史”题，正文中有一段如下：

> 《书》出于古史，圣人因而定之尔。《诗》出于国史，圣人因而删之尔。《春秋》出于鲁史，圣人因而修之尔。圣人固尝曰“述而不作，信而好古”。夫述而不作，则《书》定可也，《诗》删可也，《春秋》修可也。

笺解云：“总上三脚文，曰定，曰删，曰修，见得非夫子自作。”这是将一组互相对偶的排句之一称为一“脚”，从句子的长短看，与股的第一例并无差异。正文接着又写道：

> 析因夷隩，民安其业，常如唐虞之治。持盈守成，歌舞太平，常如凫鹥之世。礼乐征伐，会盟朝聘，常如三代之盛时。则《书》可无定也，《诗》可无删也，《春秋》可无修也。

笺解云：“总上三脚，应前定、删、修三字。”①又是将一组互相对偶的排句之一称为一“脚”。以上总共为六“脚”。此外，黄镛撰“汤文孔子闻知如何”题、李雷奋撰“上圣道德仁义如何”题、乔应旂撰“帝王文武德威如何”题、黄道深撰“郭林宗何如人”题等，其笺解中均用了“三脚”“二脚”等词。

从以上“股”“脚”的用法，完全看不出两者之间有多少区别，也与排句的长短了不相关。如果说用“脚”字的排句比用“股”字的要短一些，那么陈傅良撰“为治顾力行如何”题中被称为“四股”的四个排句也并不长。所以，“股”和“脚”看来可以互相通用。这说明开始用“股”来表示排偶的一方(一段或一行)的时候，尚无严格规定，所以不时代之以“脚”字。这些称为“股”或“脚”的文字，虽属排偶，但不是骈文，不用四六，也不求押韵。

元人倪士毅在《作义要诀》序中说，宋代经义程文“其篇甚长，有定格律：首有破题，破题之下有接题(接题第一接，或二三句，或四句，下反接，亦有正说而不反说者)，有小讲(小讲后，有引入题语，有小讲上段，上段毕，有过段，然后有下段)，有缴结。以上谓之‘冒子’。然后入官题，官题之下有原题(原题有起语、应语、结语，然后有正段，或又有反段，次有缴结)，有大讲(有上段，有过段，有下段)，有余意(亦曰后讲)，有原经，有结尾”。接着又说：“篇篇按此次序。其文多拘于捉对，大抵冗长繁复可厌。”这表明南宋后期的时文，分为破题至结尾等十个段落，而且大多用对偶文句，篇幅较长。《作义要诀》还引述曹泾撰《宋季书义说》的许多内容。曹泾(1234—

① 《论学绳尺》卷9。

1315)，号宏斋，歙县人，度宗咸淳四年(1268)登进士第，曾讲授于丞相马廷鸾家，马廷鸾之子马端临等皆承曹泾之学。[①]《宋季书义说》记载，原题的写法是“其文当图，其体当似”“慷慨之体，中间最不要露圭角，又不要成段对文”“大抵是唤起之后，便应一应，结一结，然后正一段，反一段，又总缴结。此为正体，其反说者不必多，比正段宜减大半”，又记载余意“乃是本题主意外，尚有未尽之意，则于此发之。须是意新，又不背主意，仍于主意有情乃可”。原经的写作方法“须是说这个题目，其来历次第如何，或是谁人做底事，他这事是如何，或是谁人说底话，他这话是如何，要推寻来因究竟，下稍结煞”。开头多是引证，中间唤出出处，然后分析来龙去脉，最后加以小结。结尾的写作“也要识体格”，不仅仅是“用事证题”而已。具体有多种格或定格，此处不一一列举。倪士毅在《论冒题》篇引用有的人所说，破题是“一篇之纲领，至不可苟”，“句法以体面为贵，包括欲其尽”。如果题目句多，则融化而“不见其不足”；如果题目字少，则敷演而“不见其有余”。接题是承接破题之意，要全部见于两三句之中，“尤不可不用工也”。他还认为冒头好像人的脸面，“着不得十分多肉”，“肉多则嫌有肥气，不雅观也”。

四、元代的时文

元代前期，尚未实行科举取士制度。直到元仁宗延祐元年(1314)，才正式开科取士。是年各地举行乡试，次年二月在礼部会试。此后，科场每三年开试一次。以《大学》《论语》《孟子》《中庸》为四书，以《周易》《尚书》《诗经》《礼记》《春秋》为五经。规定蒙古和色目人第一场试“经问”五道，汉人和南人第一场试“明经”“经疑”二问，限300字以上；经义一道，限500字以上，不拘格律。题目均摘自《四书》，考生就题命意，依朱熹《四书章句集注》作解。《诗经》也以朱熹注为主，《周易》以程颐、朱熹说为主，《尚书》以蔡沈注为主，《春秋》允许用《三传》和胡安国传注，《礼记》用古代注疏(比如汉郑玄注)。[②]

倪士毅撰《作义要诀》，专述撰写时文之一“义”的方法。倪士毅(1303—1348)，徽州路休宁县人。他在该书《序》中说，宋朝写经义，有破题、接题、小讲等“次序”，而且“拘于捉对”，“大抵冗长繁复可厌”，虽然“今之经义，不拘格律”，但也应该分为冒题、原题、讲题、结题四大段落。所以，该书的内容也按此顺序论述。冒题中还包括破题、接题等，原题中包括起语、应语、结语。讲题后，还有余意和考经(又称原经)两个段落。他认为“今日固不拘此”体式，但“遇可用处，亦宜用之，但不必拘泥”，每篇经义中的各个段落“接头”之处，要“转得全不费力”，而且要想出“新体”，不要老用“寻常套子”，要使人“不见痕迹”。

另一位元人王充耘，撰有《书义矜式》六卷。王充耘，吉水路吉水州人，元顺宗元统二年

---

① 《宋元学案》卷89《介轩学案》。

② 陶福履：《常谈·四书》。《续文献通考》卷34《选举一》。

(1334)以《书经》登第，授承务郎，同知永新州事，后弃官养母，著书授徒。[①]《书义矜式》一书，是在《书经》每篇中摘取数题，撰出程文，作为标准，实际是一部提供士人参加贡举考试之经义程式的书，虽然在经旨方面没有什么发明，但作为一时的场屋之体，堪称最工。如该书将《书经·虞书》按《尧典》《舜典》《大禹谟》《皋陶谟》等顺序各列数题，题下便是正式程文。各篇程文的格式，按照破题、承题、小讲、缴结、官题、原题、大讲、余意、原经、结尾等十个段落的顺序。破题可以用两句或四句对偶，也可以不用对偶。承题常用“盖”“夫”等字开头。官题一般照录题目，用“云云”两字代替，再写“其旨如此”。紧接着是原题，有些原题开头用“或谓”“尝谓”“夫”“昔者”等词。有些大讲开头则用“今夫”“今焉”“今也”等词，与原题的“昔者”“尝谓”等对应。少数程文不录官题，就不写“云云”两字。这些程文基本具备了八比的格式，原题、大讲、余意、原经四个段落均各用两股互相排偶的文字，过接处则仍写成散行。

后代学者认为王充耘《书义矜式》如同清代的“程墨”。另一元人陈悦道的《书义断法》，则被认为如同清代的“讲章”。《书义断法》共 6 卷，是当时“科场备用”的书籍。书中不全部照录经文，只摘录可以命题的段落，再逐句加以诠解，说明作此题的要点。

五、宋元时文的特点

从北宋开始，直到明代成化年间，经过整整 5 个世纪士大夫们的共同努力，时文终于走完了演变为八股文的历史过程。宋元时文虽然尚未发展成明清的八股文，但可以肯定已经具备了八股文的基本格式。宋元时文的特点表现为以下几点。

第一，它是散文的章法、骈文的排偶和近体诗的格律三者结合的产物。在宋代，三者的结合经历了很长的时间，所以，时文的文体屡经变化。直到仁宗嘉祐初年后，逐步流行古散文体，这种文体不受对偶、声韵和典故的约束，文句随自然而短长，同时，为了加强文章的气势和力量，又经常运用一些骈文的对偶句式。苏轼、王安石的论或经义，都反映了这一发展趋向。南宋前期和中期，主要崇尚苏文，并由叶适、陈亮等发展了政论文体。南宋中期，终于形成了一种专供考试使用的新文体。

第二，它逐步形成了一种比较固定的格式。首先是破题。苏轼所撰论和经义中，大部分破题没有用双行排比文字，但小部分已用偶句。[②] 王安石的经义“非礼之礼”题，以两个“古之人”排句为破题(见前)。张九成《横浦日新》，记载有人作《健而说》义，破题云：“君子有胜小人之道，而无胜小人之心。”清代学者钱大昕认为，宋神宗熙宁中，以经义取士，虽改变了五、七言之体，而士大夫“习于排偶，文气虽疏畅，其两两相对，犹如故也”[③]。宁宗庆元元年(1195)，朱熹撰《学校

---

① 《四库全书总目》卷 12《经部·书类二》。
② 《苏轼文集》卷 6。
③ 《十驾斋养新录》卷 10《经义破题》。

贡举私议》，指出当时学校和科举所试经义“仍作两句对偶破题”。同年，福建邵武军秋试进士，《春秋》义题的两份试卷，破题皆写四句，两两对偶。[①] 到南宋后期，破题不再准许使用偶句，而只能使用散语。《论学绳尺》所收356篇论的破题，没有一篇写成偶句，是最好的证明。其次是接题，最初没有使用散语或对句的规定。苏轼参加省试时所写《刑赏忠厚之至论》，接题即用“有一善”和“有一不善”一正一反两个排句。[②] 南宋后期，从《论学绳尺》的各篇考察，接题已不再写成对句。小讲一般也是如此。总之，整个冒头一般都改用散行了。至于官题、原题等段落，南宋中期，陈亮所撰《谢安比王导》等论，[③]都已写出官题，证明官题已成为在小讲后必备的段落之一。进入原题以后，各个段落便必须排偶。如李雷奋撰《上圣道德仁义如何》论，原题起语用两个“尝求”偶句，笺解说“以上两脚是反证”[④]。欧阳起鸣撰《太宗之美几成康》论，原题起语也用两个“史臣”偶句，笺解云“以本文治二股比并说”[⑤]。诚然，原题排偶不一定从起语开始，到应语、结语才用偶句也是可以的。至于大讲、余意、原经使用长句排偶，则已成为定规。结尾仍然使用散行。总之，到南宋后期，时文实际上已形成一定的格律，即从破题到结尾十个段落。把十段文与明清的八股文比较，可见只是大同小异而已，所以十段文正是明清八股文的雏形。元代依旧沿袭十段文的格式，只是冒头部分更多使用偶句，如破题大都写偶句，承题和小讲也参用偶句，又恢复到了南宋后期以前的体式。

以下为十段文与八股文的对照表：

顺序	十段文		顺序	八股文
1	冒头（冒题、冒子）	破题	1	破题
2		接题（承题）	2	承题
3		小讲	3	起讲（小讲、原起）
4		缴结	4	领题（入题、入手、领上）
5	官题			
6	原题		5	起股（提比、起比、提股、前股）
			6	出题
7	大讲（讲段、讲题、论腹）		7	中股（中比）

① 《朱文公文集》卷69《学校贡举私议》。洪迈：《夷坚支戊》卷7《邵武秋试》。
② 《苏轼文集》卷2《论》。据倪士毅《作义要诀·自序》，“有一不善”正是一种“反接”的格式。
③ 《陈亮集》卷9。
④ 《论学绳尺》卷3。
⑤ 《论学绳尺》卷4。

续　表

顺序	十 段 文	顺序	八 股 文
8	余意(后讲、从讲)	8	后股(后比)
9	原经(考经)	9	束股(束比)
10	结尾	10	落下

第三,它使用的范围前后有所变化。宋神宗熙宁四年以前,时文只用于论,且字数每篇限500字以上。熙宁四年改革贡举制度后,时文使用的范围扩大到经义和医学的脉义、假令论方义、大义等。直到宋末,据不断修订的"贡举条式",论仍限定为500字以上,经义的字数则不得超过500字。经义虽然限定了每篇的最高数字,但士子往往突破规定,所以出现了倪士毅所说的"冗长繁复"的现象。元代规定经义在500字以上,明经和经疑每道为300字以上,都没有限制最高数字。

第四,时文以本朝或前朝著名学者的经学著作作为主要内容。神宗时,《三经新义》和《字说》成为学校的教科书和贡举的出题范围、答题标准。哲宗元祐二年(1087),因士子治经"专守一家,不识诸儒传记之说",乃决定禁用《字说》和佛经,"以救文弊"。绍圣元年(1094),又解除《字说》之禁,专用经义试士。[①] 南宋前期,王学一度盛行,不久,准许通用古今诸儒议论,以及自出己意,而"毋拘一家之说,务求至当之论"[②]。南宋后期,开始以朱熹《四书集注》以及"东、西铭"等作为时文的主要内容。元代更规定只据《四书》出题,限用朱熹《四书集注》等。

六、宋元时文演变的原因及其利弊

宋元时文屡经变化,直至定型为十段文,完全是适应贡举和学校考选需要的结果。

随着宋代人口的不断增多和应举范围的扩大,参加贡举的士人逐步增加。但是,录取的名额总是有限的。元祐三年(1088),礼部试进士平均9.5人录取1人。宣和六年(1124),礼部试进士平均近12.5人录取1人。乡试的录取比例更低。国家虽对参加各州乡试的人数不作限制,只要符合规定,都可报名应试,但录取的人数甚少。

由于录取的名额有限,必然要在考试程式上逐步增加难度。十段文加上规定的排偶、字数限制等,写作时较为繁杂,稍有疏忽,便有被黜落的危险。宋代出现许多皓首穷经而终身布衣者,就与此有关。这是时文使用十段文体的原因之一。

诗和赋的考题可以杂出六经和诸子、历代史籍,所以极少重复。经义的题目则相反,士人专

① 《文献通考》卷31《选举四》。
② 《建炎以来系年要录》卷111,绍兴七年六月丙辰。《文献通考》卷32《选举五》。

治一经，一经中可以命题的内容是有限的。为了防止士人揣摩试题，以及增加考试难度，各地、各级考官想方设法扩大命题的范围，于是出现了断章、合题、关题等新的题式，这些题式是与十段文同步形成的。这是时文使用十段文体的原因之二。

考官的学问和见解往往参差不齐，如果批阅试卷无一定的标准，录取或黜落的任意性必然很大。为了克服这种弊病，朝廷在"贡举条式"中规定了试卷"犯不考"式、"犯点抹"式等，又规定了论的最低字数和经义的最高字数，以及命题和答题的范围，但这显然还不够，因此又规定了十段文体，这样，就使考官的判分标准有了一定的规范，减少了判分的随意性。这是时文使用十段文体的原因之三。

时文的这种新文体早在逐步形成的过程中就已反映出它利弊参半。在熙宁四年(1071)贡举改革前，贡举考试的"三题"之一——论，已经逐步采用一定的格式。从熙宁四年起，经义也参照这一格式。于是，一直到南宋末年，论和经义都逐渐演变为十段文体。与熙宁四年以前的帖经和墨义相比，采用经义和论，无疑是贡举考试方法的一次革新，应予肯定。顺便提及，有些学者认为熙宁经义开创了八股文，又有一些学者认为八股文与王安石贡举改革无关。笔者认为，以上事实证明这两种观点都不尽准确：从仁宗嘉祐初年采用"论"题，并改用古文撰写开始，就意味着迈上了向着十段文和八股文过渡的路程。熙宁四年改考帖经、墨义为经义，只是加速了这一进程。

十段文要求士人精通几部儒家经典，掌握一定的文史知识和基本文法，答题时才不致漫无程式，所以，如果不是发生由别人代笔或预知试题等舞弊，足以测出士人学问的功底。对于考官，十段文在文章的款式和格调方面提供了一个更加客观的标准，判分难以随意上下其手。再者，朝廷指定了考试的范围，明确规定了答题的内容，使士子在准备考试时有一定的范围，不致漫无目标。贡举制度的发展本身要求评卷客观化和考题标准化，十段文初步达到了这个要求。

当然，十段文也带来一些弊病，主要是重章法而忽视士子的思想见解。在王安石以经义试士不久，这种弊病就开始显现出来。士子竞趋时好，"专以《三经义》为捷径，非徒不观史，而于所习经外，他经及诸子无复有读之者"，对于古今人物、时世治乱兴衰的事迹茫然不知。[①] 士子只专一经，不通他经，不懂史学，不求新知，所以王安石晚年也发觉其过失，感叹说："本欲变学究为秀才，不谓变秀才为学究。"[②]北宋末年，欧阳澈在《上皇帝第三书》中指出经义之弊是"学者专守一经，而不该古今，务为黄老之虚词，不究经史之实录。至于历世兴亡治乱，例以为祭终为刍狗、雨后之土龙，而略不经意"，有的士人撰"尧典"二字，洋洋十多万言，实在是"荒唐虚无，不务根本"。[③] 南宋末年，方回也说："今之进士曰经义者，流弊已极，冗腐穿凿，不古也，不工也，甚者巧

---

① 朱弁：《曲洧旧闻》卷3。

② 《三朝名臣言行录》卷6《王安石》。

③ 《欧阳修撰集》卷3。

而已矣。"[①]士子难以发挥自己的见解，程文往往空洞无物，废话连篇。这是十段文的弊病之一。

十段文一旦形成，不仅内容空虚，而且形式僵化死板，只能用于贡举考试和学校考试，除此以外毫无实用价值。官员的奏章、公文、书信、著作，不论记事或说理、抒情，都无法使用。相反，四六文体却得到了广泛应用，朝廷的制诰、官员的表启，"犹不免作对"，即使欧阳修、曾巩、王安石、苏轼等大儒，"皆奋然为之"，"终宋之世不废"，称为"敏博之学"，又称"应用"。士大夫们正当"游场屋"参加科举考试，"即工时文"，等到金榜题名，即"舍时文"改"工四六"，不懂得四六，便称不上文士。[②] 十段文成了一种考试专用的文体，不切实用。这是十段文的弊病之二。

十段文到明清时发展为八股文，从内容到形式都形成固定的模式，其弊病显得更加突出，无怪乎顾炎武指出："八股之害，等于焚书，而败坏人才，有甚于咸阳之郊。"[③]这自然不是危言耸听。

（本文原刊于《历史研究》1990年第3期，摘要、关键词为新增。瑞熙附语：宋、元的时文，除诗、赋、论、经义外，还包括策。）

作者简介：

朱瑞熙，1938年生，上海嘉定人，先后就读于嘉定一中、复旦大学历史系、四川大学历史系。曾任中国宋史研究会会长、庐山白鹿洞书院院长，后任上海师范大学古籍整理研究所所长至退休。朱瑞熙长期从事宋、辽、金历史文献的整理与研究工作，作为中国宋代政治制度研究的主要奠基者，他率先提出准确评价宋朝历史地位，引发学界关注。代表作有《中国通史》（五、六、七册主要作者之一）、《宋代社会研究》、《中国政治制度通史（宋代卷）》、《辽宋西夏金社会生活史》（合著）、《疁城集》、《宋史研究》（合著）等，点校整理《白鹿洞书院古志五种》《安亭志》《南翔镇志》等古籍，标点、校释《嘉定碑刻集》（主要作者之一），担任《宋史辞典》主编、《中国大百科全书（辽宋西夏金史）》副主编、《中国历史大辞典（宋史卷）》编委等。

---

① 《桐江集》卷4《跋程君时文赞卷》。

② 刘勋：《隐居通议》卷21《骈俪一·总论》。

③ 《日知录集释》卷16《拟题》。

试论清华简《系年》的“周亡”及相关问题

杨永生

摘　要： 清华简《系年》存在着“周乃亡”与“周室既卑”两种不同的历史叙事。“周亡”指作为天下共主的周王朝的灭亡，“周室既卑”指作为诸邦之一的周邦衰落。“周亡”来源于西周晚期士大夫针对时局作出的政治预测，又经春秋时的历史反思而进一步完善。“周亡”与“周室既卑”两词并存，根源于上古多邦并存的国家结构。由“周乃亡”所指推测，“周亡王九年”指的是周幽王九年。

关键字： 周乃亡　周室既卑　多邦并存　周亡王九年

清华简《系年》是目前所见中国古代较早的述史作品之一，其对两周之际的记载与传世文献多有不同，为学者所瞩目。但研究者在考察《系年》相关史实时，却较少关注其中的“周乃亡”与“周室既卑”两种含义不同之叙事。① 本文拟从《系年》“周乃亡”入手，分析其产生原因，并对“周亡王九年”提出浅见，以求教于方家。

一

对两周之际的记载，《系年》与传世文献多有不同，为方便比较，兹列之于下：

---

① 学者对《系年》中的“周亡王九年”存在争论，主要看法有三种。其一，指周幽王死后九年，李学勤、晁福林等持此看法。其二，指携惠王死后九年，刘国忠、王晖、程平山等持此看法。其三，指周幽王九年，王红亮、李零持此看法。参见李学勤《由清华简〈系年〉论〈文侯之命〉》，《扬州大学学报》2013 年第 2 期；刘国忠《从清华简〈系年〉看周平王东迁的相关史实》，载陈致主编《简帛·经典·古史》，上海：上海古籍出版社，2013 年，第 173—179 页；王红亮《清华简〈系年〉中周平王东迁的相关年代考》，《史学史研究》2012 年第 4 期；王晖《春秋早期周王室王位世系变局考异——兼说清华简〈系年〉“周无王九年”》，《人文杂志》2013 年第 5 期；晁福林《清华简〈系年〉与两周之际史事的重构》，《历史研究》2013 年第 6 期；王红亮《由清华简〈系年〉论两周之际的历史变迁》，《史学月刊》2015 年第 2 期；程平山《两周之际“二王并立”历史再解读》，《历史研究》2015 年第 6 期；李零《读简笔记：清华楚简〈系年〉第一至四章》，《吉林大学社会科学学报》2016 年第 4 期。值得注意的是，谢乃和在讨论《诗经·雨无正》诗旨时论及东周时期的“周亡”与“周衰”观念，具有启发意义。参见谢乃和《从新出楚简看〈诗经·雨无正〉的诗旨——兼论东周时期的“周亡”与“周衰”观念》，《史学集刊》2017 年第 4 期。

《系年》第2章:“周幽王取妻于西申,生平王。王又娶褒人之女,是褒姒,生伯盘。褒姒嬖于王,王与伯盘逐平王,平王走西申。幽王起师,围平王于西申,申人弗畀,缯人乃降西戎,以攻幽王,幽王及伯盘乃灭,周乃亡。邦君诸正乃立幽王之弟余臣于虢,是携惠王。立二十又一年,晋文侯仇乃杀惠王于虢。周亡王九年,邦君诸侯焉始不朝于周。晋文侯乃逆平王于少鄂,立之于京师。三年,乃东徙,止于成周。晋人焉始启于京师,郑武公亦政东方之诸侯……楚文王以启于汉阳。”①

《系年》第3章:“周室既卑,平王东迁,止于成周,秦仲焉东居周地,以守周之坟墓,秦以始大。”②

古本《竹书纪年》:“平王奔西申,而立伯盘以为太子,与幽王俱死于戏。先是,申侯、鲁侯及许文公立平王于申,以本太子,故称天王。幽王既死,而虢公翰又立王子余臣于携。周二王并立。二十一年,携王为晋文公(侯)所杀,以本非嫡,故称携王。”③

古本《竹书纪年》:“自武王灭殷,以至幽王,凡二百五十七年。”④

《左传》昭公二十六年:“王子朝使告于诸侯曰:‘……至于幽王,天不吊周,王昏不若,用愆厥位。携王奸命,诸侯替之,而建王嗣,用迁郏鄏。则是兄弟之能用力于王室也。’”⑤

三者相较,“周亡”的说法值得注意。《系年》认为幽王身死后“周亡”,同时又说“周室既卑”。而《左传》和古本《竹书纪年》虽不如《系年》所言明确,但均未直接提及幽王亡周,尤其是《左传》中的王子朝诰书直接以平王东迁接续周室王统,显然并不认为至幽王死而周亡。其言“王嗣”“兄弟之能用力于王室”,都是说春秋周室依然是天下的共主。而古本《竹书纪年》虽未言及相关问题,但它计算西周历年,其文辞类于夏、商之亡,如“(夏)有王与无王,用岁四百七十一年”⑥“汤灭夏以至于受,二十九王,用岁四百九十六年”⑦。因此,古本《竹书纪年》将武王至幽王视为一个独立历史时代,究其实质也是在说“周亡”。

那么,“周亡”是不是指西周之亡呢?春秋战国时是否分周为西周与东周呢?“周”字较早出现在殷墟卜辞中,其时代范围主要在武丁、祖庚、祖甲三个王世,主要用作国族之名。⑧ 周原甲骨中所见之“周”,一为国名,如“周方伯”,二是地名。西周文献与金文中的“周”,一为国名,二为

---

① 清华大学出土文献研究与保护中心编,李学勤主编:《清华大学藏战国竹简(贰)》,上海:中西书局,2011年,第138页。

② 清华大学出土文献研究与保护中心编,李学勤主编:《清华大学藏战国竹简(贰)》,第141页。

③ 《左传》昭公二十六年“正义”引《汲冢书纪年》。《春秋左传正义》卷52,阮元校刻:《十三经注疏》,北京:中华书局,1980年,第2114页。

④ 《史记·周本纪》“集解”引《汲冢纪年》,见《史记》卷4《周本纪》,北京:中华书局,1959年,第150页。

⑤ 《春秋左传正义》卷52,第2114页。

⑥ 《史记·夏本纪》“集解”引《汲冢纪年》,见《史记》卷2《夏本纪》,第90页。

⑦ 《史记·殷本纪》“集解”引《汲冢纪年》,见《史记》卷3《殷本纪》,第110页。

⑧ 传统上多认为此“周”为姬姓之周,董珊分析了“周”字的写法演变,认为该“周”为妘姓之琱。参见董珊《试论殷墟卜辞之“周”为金文中的妘姓之琱》,《中国国家博物馆馆刊》2013年第7期。

地名。[①] 作地名用时,“周”为通名,可指宗周、成周、岐周等地。[②] “西周”一词最早出现在《国语·周语上》“西周三川皆震”[③],强调“西周”是为了与成周洛邑区分,突出其地理位置。孔子大概是最早使用“东周”一词者,《论语·阳货》记其言:“如有用我者,吾其为东周乎?”[④]此句的解释主要有四种。第一,兴周道于东方。第二,依据《公羊传》昭公二十六年“成周者何?东周也”,结合王子朝之乱,解“为”作“助”,指孔子将助周室。第三,同第二种说法依据相同,不过解“为”作“不为”,指若用孔子,当不会有类似王子朝之乱的危机发生。第四,解东周为衰周,指若用孔子,则不为衰周。[⑤] 此四种说法,后三种含义有相通之处,第二、三种皆有《公羊传》为据并结合当时政局,更有说服力。《论语》中还有“三代”的说法:“斯民也,三代之所以直道而行也。”[⑥]春秋人所说的“三代”自然不会把自己包括进去,“三代”指夏、商、西周。“周”亦常与夏、殷并言,如“夏后氏以松,殷人以柏,周人以栗”[⑦]“行夏之时,乘殷之辂,服周之冕”[⑧],是“三代”的另一种表述。既然以“周”来指代“西周”,正说明这时还没有出现用作历史阶段的“西周”。《公羊传》中出现“东周”与“西周”,皆指地名。《公羊传》昭公二十二年:“王城者何?西周也。”[⑨]昭公二十六年:“成周者何?东周也。”[⑩]东、西皆指方位。《战国策》有《东周策》与《西周策》,东周、西周指周显王时周分裂的两个小国,东、西仍是作地理方位言。直到汉初,“西周”与“东周”所指仍非历史阶段。《史记·周本纪》只说平王东迁,并未说两周分期,西周与东周仍是指战国时周分裂的两个小国。因此,春秋战国人并没有西周、东周的分期概念,东、西周多从地理方位言。作为时代而言,“周”指周武王建立的周王朝,“周亡”指周王朝之亡。

既然如此,《系年》为何认为周王朝结束在幽王时,而非秦灭周呢?古本《竹书纪年》为何将周武王至周幽王单独纪年呢?“周亡”的说法有何根据呢?王子朝又是从何种角度去阐述的呢?《系年》又提到“周室既卑”,“周室”与“周”又有何联系与区别呢?《系年》提到“周亡王九年”,这与“周乃亡”有何联系呢?

二

“周亡”最早出现在西周末期,是当时知识分子结合历史经验,对时局作出的政治预测。例如:

---

① 曹玮:《也论金文中的“周”》,《考古学研究(五)》,北京:科学出版社,2003年,第581—603页。
② 程平山:《宗周、“周”邑、“周庙”与岐周辨析》,《考古学研究(八)》,北京:科学出版社,2011年,第287—288页。
③ 徐元诰:《国语集解》(修订本),北京:中华书局,2002年,第26页。
④ 《论语注疏》卷15《阳货》,阮元校刻《十三经注疏》,北京:中华书局,1980年,第2524页。
⑤ 程树德:《论语集释》,北京:中华书局,1980年,第1194—1199页。
⑥ 《论语注疏》卷15《卫灵公》,第2518页。
⑦ 《论语注疏》卷3《八佾》,第2468页。
⑧ 《论语注疏》卷15《卫灵公》,第2517页。
⑨ 《春秋公羊传注疏》卷23,阮元校刻《十三经注疏》,北京:中华书局,1980年,第2326页。
⑩ 《春秋公羊传注疏》卷24,第2330页。

《国语·周语上》:“幽王二年,西周三川皆震。伯阳父曰:‘周将亡矣!……昔伊、洛竭而夏亡,河竭而商亡。今周德若二代之季矣……若国亡不过十年,数之纪也。夫天之所弃,不过其纪。’”①

《国语·郑语》:“……史伯对曰:‘……檿弧箕服,实亡周国……凡周存亡,不三稔矣!……’”②

西周三川皆震,伯阳父通过对夏商二代进行对比,大胆预测了周亡。稍后几年,史伯亦推测“凡周存亡,不三稔矣”。

伯阳父与史伯的预测得到了证实。幽王身死国灭,两周诗作中亦有相关记载。《诗·小雅·正月》“赫赫宗周,褒姒灭之”,正是这种状况的反映。③ 对春秋士大夫来说,周末一系列亡国征兆,成为资鉴的宝贵历史经验。

《国语·周语上》:“(周惠王)十五年,有神降于莘……(内史过)对曰:‘……昔夏之兴也,融降于崇山;其亡也,回禄信于聆隧。商之兴也,梼杌次于丕山;其亡也,夷羊在牧。周之兴也,鸑鷟鸣于岐山;其亡也,杜伯射王于鄗。’”④

《国语·晋语一》:“史苏曰:‘昔夏桀伐有施,有施人以妹喜女焉,妹喜有宠,于是乎与伊尹比而亡夏。殷辛伐有苏,有苏氏以妲己女焉,妲己有宠,于是乎与胶鬲比而亡殷。周幽王伐有褒,褒人以褒姒女焉,褒姒有宠,生伯服,于是乎与虢石甫比,逐太子宜臼而立伯服。太子出奔申,申人、鄫人召西戎以伐周。周于是乎亡。’”⑤

《左传》昭公二十三年:“八月丁酉,南宫极震。苌弘谓刘文公曰:‘……周之亡也,其三川震。’”⑥

从时间上看,“周亡”之说多出现在春秋初年,春秋晚期只有一例;从内容上看,可能有一定的传承。史苏论及褒姒亡周,同西周末史伯所论相类;苌弘所论周亡三川皆震,应是承伯阳父所论而来。可见,“周亡”观念直接继承自西周末期的政治预测,并经两周之际的变乱而进一步强化。此论到了春秋晚期依然存在。

与“周亡”相关,则有“三代”观念的出现。周初总结夏、殷二代经验,已将其并列而言:“我不可不监于有夏,亦不可不监于有殷。”⑦但《尚书》《诗经》中并没有“三代”的概念,在周终结之前,

---

① 徐元诰:《国语集解》(修订本),第26—27页。
② 徐元诰:《国语集解》(修订本),第460—482页。
③ 赵光贤:《〈诗·十月之交〉作于平王时代说》,《齐鲁学刊》1984年第1期。
④ 徐元诰:《国语集解》(修订本),第28—30页。此事,《左传》记载有所缩略总结。庄公三十二年:“秋七月,有神降于莘。惠王问诸内史过曰:‘是何故也?’对曰:‘国之将兴,明神降之,监其德也;将亡,神又降之,观其恶也。故有得神以兴,亦有以亡,虞、夏、商、周皆有之。’”
⑤ 徐元诰:《国语集解》(修订本),第250—251页。
⑥ 《春秋左传正义》卷50,第2102页。
⑦ 《尚书正义》卷15《周书·召诰》,阮元校刻《十三经注疏》,北京:中华书局,1980年,第213页。

“三代”并不能作为历史反思的对象出现。[1] 到了西周末期，知识分子开始将周末状况与夏、商二代对比，分析亡国之征。周幽王时伯阳父将周与夏、商对比，已有“三代”观念的雏形在内。周亡后，在对亡国教训的总结中，“三代”观念逐步成型，上引内史过和史苏的论述正是这一观念的体现。“三代”一词在史苏的论述中出现，“乱必自女戎，三代皆然”[2]，说明这一观念已经成熟。鲁成公八年，晋韩厥提到“三代之令王”；[3]鲁昭公七年，郑子产提到鲧为三代所祀；[4]鲁昭公二十八年，晋叔向说到“三代之亡”；[5]鲁定公元年，宋仲几说“三代各异物”；[6]鲁哀公六年，楚昭王言“三代命祀，祭不过望”。[7] 新见清华简《子产》中有“三邦之命”，“三邦”即夏、商、周，[8]是“三代”的另一种说法。“三代”概念的普及，说明这一模式已经深入人心。战国时有“三皇五帝、三王五霸”的历史阶段划分，[9]同“三代”概念有密切关联。“五霸”具体所指，说法不一，但作为历史阶段，代指春秋当无异议，那么“三代”所指必为夏、商、西周。“三代”观念的普及，正说明“周亡”被广泛接受。

是时，亦有认为周王朝衰而不亡，依旧为天下共主的观念存在，可简称其为“周衰”。

> 《左传》宣公三年：“王孙满：‘……成王定鼎于郏鄏，卜世三十，卜年七百，天所命也。周德虽衰，天命未改。鼎之轻重，未可问也。’”[10]
>
> 《国语·周语下》：“卫彪傒适周，闻之，见单穆公曰：‘……昔孔甲乱夏，四世而陨；玄王勤商，十有四世而兴。帝甲乱之，七世而陨。后稷勤周，十有五世而兴，幽王乱之，十有四世矣。’”[11]
>
> 《左传》昭公二十六年：“王子朝使告于诸侯曰：‘……至于幽王，天不吊周，王昏不若，用愆厥位。携王奸命，诸侯替之，而建王嗣，用迁郏鄏。则是兄弟之能用力于王室也。’”[12]

王孙满说“周德虽衰，天命未改”，认为周虽衰而不亡，仍为天下共主。彪傒认为孔甲乱夏，夏四世而亡；帝甲乱商，商七世而陨。按照这种逻辑，幽王乱周，周应该在若干世后而亡。但彪傒将春秋视为周的乱世，说明他也认为周衰而不亡。王子朝之言也是从周为共主角度出发。

---

① 刘家和：《从“三代”反思看历史意识的觉醒》，《史学史研究》2007 年第 1 期。
② 徐元诰：《国语集解》（修订本），第 256 页。
③ 《春秋左传正义》卷 26，第 1905 页。
④ 《春秋左传正义》卷 44，第 2049 页。
⑤ 《春秋左传正义》卷 52，第 2118 页。
⑥ 《春秋左传正义》卷 54，第 2131 页。
⑦ 《春秋左传正义》卷 58，第 2162 页。
⑧ 清华大学出土文献研究与保护中心编，李学勤主编：《清华大学藏战国竹简（陆）》，上海：中西书局，2016 年，第 138 页。
⑨ 如《孟子·告子下》：“五霸者，三王之罪人也。”《荀子·大略》：“诰誓不及五帝，盟诅不及三王，交质子不及五霸。”《吕氏春秋·务大》：“五伯欲继三王。”《战国策·秦策》：“五帝之圣而死，三王之仁而死，五伯之贤而死。”
⑩ 《春秋左传正义》卷 21，第 1868 页。
⑪ 徐元诰：《国语集解》（修订本），第 130—132 页。
⑫ 《春秋左传正义》卷 52，第 2114 页。

“周衰”承继自平王以来王室构建的正统性。平王自称“天王”，[①]“天王”一词又见于《五祀㝬钟》(《集成》[②]00358)：“我隹司配皇天王，对作宗周宝钟。”厉王称夷王为天王，强调周王权力来自天，平王自称天王也是此意。[③] 东迁后，平王言“文、武受命”，效法文、武，[④]宣称自己为继体之君。先王是沟通时王与天的重要依据，是周人获得统治天下合法性的代表，[⑤]平王自称继承了天命，构建起春秋王室的正统性，同时也维持了周王室名义上天下共主的地位。这种正统观念，经霸主的“尊王”运动而进一步强化。霸主在形式上需要得到王室的认可，发号施令亦须借助王命，同时有拱卫王室的义务。[⑥] 即使被视为蛮夷的吴、越，其争霸也须作出相应姿态。黄池之会上，吴为获得主盟权，去王号而称“吴伯”，盟会后又向王室“告劳”。[⑦] 上博简《吴命》亦为吴使臣向周天子“告劳”之辞。[⑧] 越王勾践主持“徐州之会”，“致贡于周，周元王使人赐勾践胙，命为伯”[⑨]。由此，王室名义上的共主地位被进一步强化。春秋晚期，吴季札评《王风》说：“思而不惧，其周之东乎！”[⑩]“周衰”观念可以说是这种精神面貌的反映。这也影响到后世儒者。孔子对《雨无正》《节南山》的评价为“上之衰”[⑪]。《春秋》“元年春，王正月”，《公羊传》解为：“元年者何？君之始年也。春者何？岁之始也。王者孰谓？谓文王也。曷为先言王而后言正月？王正月也。何言乎王正月？大一统也。”[⑫]皆强调自文王以来周之王统未绝。

综上所论，“周亡”与“周衰”观念皆渊源有自，“周亡”脱胎于西周晚期士大夫的政治预测，并经由春秋初年的历史记忆强化。“周衰”则继承自平王以来知识分子对周王室正统观念的构建，并经由霸主“尊王”运动而强化。春秋战国时，出现了“周亡”“周衰”两种观念的对垒，“周亡”多出现在春秋初年，到春秋晚期依然存在。《系年》采用“周亡”叙事，正是由于受此观念的影响。

三

《系年》言“周乃亡”，又说“周室即卑”，两词并存。类似用法见于《国语·郑语》史伯之言：

---

① 对于平王是否在幽王死前就已经称“天王”，《系年》刊布以后，有学者提出疑问。晁福林认为，如果平王逃奔西申只是避难，而没有称“天王”，那么周幽王就未必会亲率军队征伐西申。参见晁福林《论平王东迁》，《历史研究》1991 年第 6 期；《春秋战国的社会变迁》，北京：商务印书馆，2011 年，第 46 页。

② 中国社会科学院考古研究所编：《殷周金文集成》(修补增订本)，北京：中华书局，2007 年。以下简称《集成》。

③ 晁福林认为，平王称“天王”是表示其为太子的特殊地位。不过平王称王，自立门户，似更应强调其受命于天。参见晁福林《论平王东迁》，《历史研究》1991 年第 6 期。

④ 《尚书正义》卷 20《周书·文侯之命》，第 253 页。

⑤ 于凯、黄爱梅：《周人“天命”观念中“先王”的位置及作用》，《社会科学战线》2001 年第 3 期。

⑥ 孙家洲：《天子·霸主·诸侯——春秋霸政研究》，《贵州社会科学》1993 年第 2 期。

⑦ 徐元诰：《国语集解》(修订本)，第 553 页。

⑧ 王青：《春秋后期吴楚争霸的一个焦点——从上博简〈吴命〉看“州来之争”》，《江汉论坛》2011 年第 2 期。

⑨ 《史记》卷 41《越王勾践世家》，第 1746 页。

⑩ 《春秋左传正义》卷 39，第 2102 页。

⑪ 马承源主编：《上海博物馆藏战国楚竹书》，上海：上海古籍出版社，2001 年，第 136 页。

⑫ 《春秋公羊传注疏》卷 1，第 2196 页。

《国语·郑语》:“……史伯对曰:‘王室将卑,戎、狄必昌,不可逼也。……’……对曰:‘……闽芈蛮矣,唯荆实有昭德,若周衰,其必兴矣。姜、嬴、荆、芈,实与诸姬代相干也……其后皆不失祀而未有兴者,周衰其将至矣。’公(郑桓公)曰:‘周其弊乎?’对曰:‘殆于必弊者也。……檿弧箕服,实亡周国……凡周存亡,不三稔矣!……’公曰:‘若周衰,诸姬其孰兴?’……”[①]

通过分析郑桓公与史伯的问答可以发现,周不仅与异姓对言,更与诸姬封国对言,所指为周邦。兴与衰对言,其含义相反。“兴”指侯伯,[②]是诸侯之长,[③]故“衰”指失去对诸侯的实际控制力。准此,“周室既卑”指周邦衰落,不复为天下共主,其实等同于周王朝之亡,是同一内涵的不同表述。

“周”与“周室”的不同描述,根源于上古多邦并存的国家结构。

上古之时,多邦林立。依文献所记,禹涂山之会有“万国”之多。[④] 在周人记忆中,夏也存在“万邦”,“古天降下民,设万邦”[⑤]。商时天下国族仍众。《吕氏春秋·用民》:“当禹之时,天下万国,至于汤而三千余国。”[⑥]《史记·周本纪》说武王伐纣,“诸侯不期而会孟津者八百诸侯”[⑦]。以卜辞所见,称“方”之国族,陈梦家认为有45个,岛邦男计为65个,钟柏生统计为85个;分封的诸侯,董作宾认为有59个,胡厚宣则计101个,陈梦家考证为59个,岛邦男统计则达285个。[⑧]而商处在中央。黄组卜辞中有:

已巳王卜贞,……【今】岁商受【年】……王占曰:吉。

东土受年。

南土受年,吉。

西土受年,吉。

北土受年,吉。(《合集》[⑨]36975)

此辞中同时卜问“商”及四土是否受年,说明在商人的空间观念中“商”处在中央。卜辞中多见王“入于商”“入商”,这个“商”就是周人所说的“大邑商”。商人关心四土的状况,说明其自认为是四土的统治者。卜辞中还见单独卜问“商受年”的例子。宾组卜辞中有:

---

① 徐元诰:《国语集解》(修订本),第460—482页。

② 徐元诰:《国语集解》(修订本),第469页。

③ 顾颉刚:《史林杂识初编》,北京:中华书局,1963年,第21页。童书业:《春秋左传考证》(校订本),北京:中华书局,2006年,第152页。陈恩林:《先秦两汉文献中所见周代诸侯五等爵》,《历史研究》1994年第6期。

④ 《春秋左传正义》卷58,第2163页。

⑤ 清华大学出土文献研究与保护中心编,李学勤主编:《清华大学藏战国竹简(伍)》,上海:中西书局,2015年,第110页。

⑥ 陈奇猷:《吕氏春秋新校释》,上海:上海古籍出版社,2002年,第1279页。

⑦ 《史记》卷4《周本纪》,第121页。

⑧ 李雪山:《商代分封制度研究》,北京:中国社会科学出版社,2004年,第5页。

⑨ 郭沫若主编,中国社会科学院历史研究所编:《甲骨文合集》,北京:中华书局,1978年。以下简称《合集》。

癸卯卜，争贞，今岁商受年。(《合集》9661)

辛丑卜，古贞。商受年，十月。(《合集》9663)

甲辰卜，商受年。(《合集》9664)

贞商其受年，三月。(《合集》9666)

对照上引黄组卜辞，这里的“商”，指包括四土在内的商王朝。在商人认识里，“商”不仅可以指处于中央的邦国，还可以指商王朝。“大邑商”正是四方的统治者。

武王克商，“小邦周”成为天下共主。《大盂鼎》(《集成》2833)：“在武王嗣文作邦，辟厥慝，匍有四方。”《左传》昭公七年：“周文王之法曰：‘有亡荒阅。’所以得天下也。”[①]这个“四方”“天下”由万邦组成。如《尚书·洛诰》言：“曰其自时中乂，万邦咸休，惟王又成绩。”[②]又如《史墙盘》(《集成》10175)：“曰古文王……匍有上下，迨受万邦。”再如《诗·小雅·六月》：“文武吉甫，万邦为宪。”[③]周人乃是以周邦统治四方。《大克鼎》(《集成》02836)：“丕显天子，天子其万年无疆，保壁周邦，畯尹四方。”《訇簋》(《集成》04321)：“訇，丕显文、武受命，则乃祖奠周邦。”又清华简《芮良夫毖》：“邦其康宁，不逢庶难，年谷纷成，风雨时至，此惟天所建，惟四方所祇畏。”[④]都是说周邦统治“天下”。

周邦统治“天下”，那么此一代自然可以称为“周代”。周人说到夏、商，所指多是二代，而非夏邦、商邦。如上引《国语·周语上》伯阳父之言“伊、洛竭而夏亡，河竭而商亡”，指的便是夏、商二代。三代的取代关系，可认为是中央邦的更替。《尚书·召诰》记周公之言：

我不可不监于有夏，亦不可不监于有殷。我不敢知曰，有夏服天命，惟有历年；我不敢知曰，不其延。惟不敬厥德，乃早坠厥命。我不敢知曰，有殷受天命，惟有历年；我不敢知曰，不其延。惟不敬厥德，乃早坠厥命。今王嗣受厥命，我亦惟兹二国命，嗣若功。[⑤]

夏、商、周是三个并行发展的政治集团，[⑥]在周人的认识中，三个邦国获得天命有前有后。夏、商二国分别维持了天命一段时间，这段时间就是夏代与殷代。而夏、商失天命，指的是夏国、商国失去了天命的眷顾，由此夏代、商代也结束了。

周人在夏、商二代的基础上，建立起更加完善的中央政府机构。周初建国，封建亲戚故旧，授民授疆土，建立起以姬姓封国为核心的全国统治网络。在中央，周王将政府机构制度化，设官分职，世卿世禄，建立起较为系统的职官体系。中央官员不仅可以处理王畿内事务，更对“天下”具有管理权。《令彝》(《集成》09901)“王命周公子明保尹三事四方”，所谓“三事”，即《尚书·立

① 《春秋左传正义》卷44，第2048页。
② 《尚书正义》卷15《周书·洛诰》，第216页。
③ 《毛诗正义》卷10《小雅·六月》，阮元校刻《十三经注疏》，北京：中华书局，1980年，第425页。
④ 清华大学出土文献研究与保护中心编，李学勤主编：《清华大学藏战国竹简(叁)》，上海：中西书局，2012年，第146页。
⑤ 《尚书正义》卷15《周书·召诰》，第213页。
⑥ 张光直著，郭净译：《美术、神话与祭祀》，北京：民族出版社，1999年，第1—14页。

政》所说“准、夫、牧”三事，包括司法、军政、民事三类；[①]“四方”则指“诸侯：侯、甸、男”，即处理四方邦国事务。但东迁后，王室日渐衰颓，周王政令难行，甚至王位与安危亦赖诸侯保全。春秋时庶孽之乱，周王多求救于强国霸主。如王子带之乱，周襄王即告难于鲁。[②] 王室庶孽之乱大大削弱了王室势力，周王已无力控制王室子弟与王朝卿士。周匡王、定王两朝，王孙苏专政，周王无力制衡，全然听命于晋，“以天朝之贵不能处置一上卿，听命大国如属吏，典型安在哉”[③]。

“礼乐征伐自诸侯出”[④]，王室衰弱已是人所共知，但周邦与周王朝有千丝万缕的联系，往往不加区分。周太子晋言：“自后稷之始基靖民，十五王而文始平之，十八王而康克安之，其难也如是。”[⑤]太子晋将自后稷以来周人先祖皆称为“王”，但周人称王始自文王，[⑥]太子晋称先王，一方面可能出自对祖先的尊崇，另一方面也说明周邦与周王朝的界线相当模糊。在这种情况下，春秋时遂出现了“周室卑”的说法。

《国语·晋语八》：“子产曰：‘……今周室少卑，晋实继之。’”[⑦]

《曾侯與钟》：“周室之既卑，吾用燮就楚。”[⑧]

子产说“晋实继之”，即指晋为盟主。晋主诸侯盟会，“正班爵之义，帅长幼之序，训上下之则”[⑨]，在一定程度上控制了与会诸侯。周室的“卑”自然是无法控制诸侯。曾地近楚，平王东迁之后，王室无法庇护诸侯，楚乘势而起，曾成为楚之附庸。“周室既卑”类似于“周亡”，都是说周邦不再为共主，《系年》两词并用，大概是受到这种说法的影响。

综上所述，“周室即卑”指周邦衰落、不复为天下共主，“周亡”指周一代之亡，是同一内涵的不同表述。两种说法并存，根源于上古多邦林立的国家结构。周邦作为中央邦国，管理“天下”。在王权强大时，周邦建立起中央政府机构。平王东迁，诸侯力政，周已无异于普通邦国。春秋时，大概为了与周王朝区别，遂出现了“周室卑”的说法，《系年》“周乃亡”与“周室既卑”并用，都指周王朝灭亡。

四

作为对周王朝断限的基本认识，“周亡”观念影响到《系年》对两周之际具体史事的记述。记

---

① 郭沫若：《中国史稿》，北京：人民出版社，1976年，第265页。
② 《春秋左传正义》卷15，第1816页。
③ 顾栋高：《春秋大事表》卷二十《春秋王迹拾遗表》，北京：中华书局，1993年，第1694页。
④ 《论语注疏》卷16《季氏》，第2521页。
⑤ 徐元诰：《国语集解》（修订本），第96—100页。
⑥ 《礼记·中庸》：“周公成文武之德，追王大王、王季，上祀先公以天子之礼。”王季、大王为周公追王，之前祖先仍称为先公，而非先王。
⑦ 徐元诰：《国语集解》（修订本），第437页。
⑧ 湖北省文物考古研究所、随州市博物馆：《随州文峰塔M1（曾侯與墓）、M2发掘简报》，《江汉考古》2014年第4期。
⑨ 徐元诰：《国语集解》（修订本），第145页。

平王不记"天王"之称，对携王亦不加贬损，平直叙事，没有价值判断在内。[①] 其中"周亡王九年，邦君诸侯焉始不朝于周"不见于传世文献，具体含义难明。若从"周亡"观念推测，幽王之后周王朝已经不复存在，自然不会存在作为天下共主的周王，也不会存在邦君诸侯是否朝周的问题，因此"周亡王九年"指的是周幽王九年。这一推测，亦有一些旁证。

首先，从叙事顺序来看，《系年》并不严格按照时间叙事，[②]不能简单依据简文先后顺序断定时代先后。在单章中，《系年》亦出现叙事时间错乱的情况。可举第一章为例：

> 至于厉王，厉王大虐于周，卿士、诸正、万民弗忍于厥心，乃归厉王于彘，共伯和立。立十又四年，厉王生宣王，宣王即位，共伯和归于宗。[③]

宣王出生显然在共伯和十四年之前，"立十又四年，厉王生宣王"是《系年》作的插叙，打乱了线性的叙事顺序。这一状况同《系年》以事件为核心的类纪事本末史体有关，[④]"大多数的章都包含比较多的时间节点，而不同的章之间，节点又或相交叉、重叠……《系年》以事件为脉络，这种情形固难以避免"[⑤]。

对两周之际的叙事，也不可僵化理解。"邦君诸正乃立幽王之弟余臣于虢，是携惠王，立二十又一年，晋文侯仇乃杀惠王于虢"，是对携惠王之事的完整叙述，下文"周亡王九年，邦君诸侯焉始不朝于周"，则是另起一事。继言"晋文侯乃逆平王于少鄂，立之于京师"，亦非紧接幽王九年。古本《竹书纪年》记拥立平王的诸侯有申侯、许文公和鲁侯，并没有晋文侯。而且只有平王在申，幽王才会伐申。因此，《系年》说的晋文侯立平王于"京师"，最早当在幽王伐申之后。这里存在一个时间上的断裂。

其次，从时局来看，幽王时政局动荡，"邦君诸侯"的动向与之息息相关。幽王时，卿士诸侯出现了较为明显的离心倾向。以"皇父"为代表的旧派大臣出走，[⑥]很多卿士大夫也选择托庇东方。1990 年三门峡上村岭虢国墓地贵族夫人墓（M2006）出土兽叔盨，其铭为"兽叔奂父作孟姞旅盨"[⑦]，为西周晚期器。"兽"读为"单"，[⑧]是单叔奂父所作之器。单氏为姞姓，地望在今山东单县。[⑨] 同墓又出土丰伯簠，其铭为"丰伯叔父作簠，其子子孙孙永宝用"。丰为姞姓，此器可能是

---

① 程平山：《两周之际"二王并立"历史再解读》，《历史研究》2015 年第 6 期。

② 许兆昌、齐丹丹：《试论清华简〈系年〉的编纂特点》，《古代文明》2012 年第 2 期。陈民镇：《〈系年〉"故志"说——清华简〈系年〉性质及其撰作背景刍议》，《邯郸学院学报》2012 年第 6 期。

③ 清华大学出土文献研究与保护中心编，李学勤主编：《清华大学藏战国竹简（贰）》，第 137 页。

④ 李学勤：《从〈系年〉看〈纪年〉》，《光明日报》2012 年 2 月 27 日。罗运环：《清华简〈系年〉体裁及相关问题新探》，《湖北社会科学》2015 年第 3 期。

⑤ 陈伟：《清华大学藏竹书〈系年〉的文献学考察》，《史林》2013 年第 1 期。

⑥ 李锋：《西周的灭亡》，上海：上海古籍出版社，2007 年，第 221—223 页。

⑦ 李清丽：《虢国博物馆收藏的一件铜盨》，《文物》2004 年第 4 期。

⑧ 刘杜刚：《兽叔盨铭文及相关问题》，《中国文物报》2003 年 9 月 19 日第七版。程燕：《兽叔盨新释》，中国古文字学会、浙江省文物考古研究所编《古文字研究（第 25 辑）》，北京：中华书局，2004 年，第 199 页。

⑨ 刘社刚：《兽叔盨铭文及相关问题》，《中国文物报》2003 年 9 月 19 日第七版。

丰国为单国嫁女到虢所作的媵器。[①] 两器出土于三门峡西虢墓地，说明西虢积极加强与东方民族的联系，可能是为东迁所做的准备。郑桓公为幽王司徒，早已着手准备东迁，寄孥、贿于东方十邑之地。[②] 1985年河南永城县陈集乡丁集轮窑厂出土郑伯匜（《铭图》[③]14946），铭文为："郑伯作宋孟姬媵匜，其子子孙孙永宝用之。"器前有长流槽，后有龙形鋬，下有四个扁足，口沿下饰窃曲纹，腹饰瓦纹，属西周晚期。宋为东方大国，郑嫁女于宋，可能也是为东迁做的准备。

中央权力的分裂、卿士集团的离心离德，导致周王室实力极大削弱，地方势力多脱离王室控制。《左传》昭公四年："周幽为大室之盟，戎狄叛之。"[④]今本《竹书纪年》系此于幽王十年，[⑤]古本《竹书纪年》则不系年月。今本《竹书纪年》虽成书较晚，但也有参考价值。大室之盟，大概是幽王为了整合政权、剿灭平王所做的努力。幽王九年"王室始骚"[⑥]，庶孽之争加剧，平王出奔。综合古本《竹书纪年》和《系年》，平王出奔后被立于西申，称"天王"，平王与幽王二王并立。这加剧了幽王的统治危机，遂有邦君诸侯不朝之事。大室之盟即幽王应对之策。不过，这次盟会并没有收到预期效果。盟会主要目的是"讲礼于等，示威于众"[⑦]，即通过礼制、威权强化等级关系，进而控制诸侯。但幽王时周室实力衰弱，已难称有威。《后汉书·西羌传》："幽王命伯士伐六济之戎，军败，伯士死焉"[⑧]，王室军事无力，已现将倾之兆。大室之盟的结果，可能加剧了"不朝于周"的状况。《吕氏春秋·疑似》言：

> 周宅丰镐近戎人，与诸侯约，为高葆祷于王路，置鼓其上，远近相闻。即戎寇至，传鼓相告，诸侯之兵皆至救天子。戎寇当至，幽王击鼓，诸侯之兵皆至，褒姒大说，喜之。幽王欲褒姒之笑也，因予击鼓，诸侯之兵数至而无寇。至于后戎寇真至，幽王击鼓，诸侯兵不至。幽王之身，乃死于丽山之下。[⑨]

此为战国故事，然亦存史影，它透露出幽王末年王室已失去对诸侯的控制。

最后，《系年》以"周亡王九年"标明时间的用法虽不见同样的辞例，但"亡王"之称尚有所见。《国语·周语下》"此一王四伯，岂系多宠，皆亡王之后也"，指的是亡国之君。[⑩] 战国时还出现与"亡王"类似的"亡主""亡国""亡者"等说法。如《管子·枢言》："王主积于民，霸主积于将战士，

---

① 张娟、刘社刚：《丰伯簠铭文及相关史实考》，《中原文物》2014年第5期。
② 徐元诰：《国语集解》（修订本），第476页。
③ 吴镇烽主编：《商周青铜器铭文暨图像集成》，上海：上海古籍出版社，2012年。引用简称《铭图》。
④ 《春秋左传正义》卷42，第2036页。
⑤ 方诗铭、王修龄：《古本竹书纪年辑证》，上海：上海古籍出版社，1981年，第60页。
⑥ 徐元诰：《国语集解》（修订本），第477页。
⑦ 《春秋左传正义》卷46，第2071页。
⑧ 《后汉书》卷87《西羌传》，北京：中华书局，1965年，第2872页。
⑨ 陈奇猷：《吕氏春秋新校释》，第1507页。
⑩ 徐元诰：《国语集解》（修订本），第97页。

衰主积于贵人，亡主积于妇女珠玉。”[①]又如《战国策·燕策》：“帝者与师处，王者与友处，霸者与臣处，亡国与役处。”[②]再如马王堆帛书《黄帝四经·称》：“帝者臣，名臣，其实师也；王者臣，名臣，其实友也；霸者臣，名臣，其实[宾也；危者]臣，名臣，其实庸也；亡者臣，名臣，其实虏也。”[③]可以发现，《系年》《国语·周语下》所说的“亡王”指的都是具体的君主，而《管子·枢言》《战国策·燕策》《黄帝四经·称》中所见之“亡主”“亡国”“亡者”则是国家治理方式的一种类型概括，两者之间是否有关系，尚待更多材料揭示。一种可能的情况是，诸子受到史家影响，并加以总结升华。

综上所论，“周亡王九年”指周幽王九年，即公元前773年。“邦君诸侯焉始不朝于周”同幽王时政局有关。以幽王九年为定点，可以对两周之际的相关年代作一推测。周幽王九年（前773年），“王室始骚”，平王奔西申，称“天王”，双王并立，引起政局混乱，遂有“邦君诸侯焉始不朝于周”。十年，幽王大室之盟，目的是重建权威，为剿灭平王做准备，但盟会并未成功，“不朝”事态加剧。十一年，骊山之役，幽王被杀。平王大概为了摆脱弑父嫌疑而离开申，被晋文侯立于“京师”[④]。平王投奔晋，可能是因晋出兵救周。《史记·卫康叔世家》：“（卫武公）四十二年，犬戎杀周幽王，武公将兵往佐周平戎，甚有功，周平王命武公为公。”[⑤]晋亦当如此。郑武公大概被卫所救，故居卫三年。清华简《郑武夫人规孺子》“吾君（郑武公）陷于大难之中，处于卫三年”，此大难指的是周幽王、郑桓公被犬戎所杀之事。[⑥] 郑处于卫三年，即与此有关。在晋三年后，即幽王死后三年（前768），平王方东迁洛邑。

（本文原刊于《古代文明》2017年第2期，收入本书时略有改动。）

作者简介：

杨永生，男，1987年生，历史学博士、博士后，现为上海师范大学人文学院讲师，主要从事先秦史、历史文献学及中国思想史研究。在《史学月刊》《史学集刊》《古代文明》《中国史研究动态》《中国区域文化研究》、*Ancient West & East* 等国内外核心期刊发表学术论文多篇，部分文章被人大复印资料《先秦、秦汉史》转载。先后独立承担上海市哲学社会科学项目、国家哲学社会科学一般项目各1项，参与并完成国家重大项目、教育部人文社会科学研究重大攻关项目等国家级、省部级项目多项。

---

① 黎翔凤：《管子校注》卷4《宙合》，北京：中华书局，2018年，第243页。
② 范祥雍：《战国策笺证》卷29，上海：上海古籍出版社，2011年，第1684页。
③ 湖南省博物馆、复旦大学出土文献与古文字研究中心编，裘锡圭主编：《长沙马王堆汉墓简帛集成》第七册《称》，北京：中华书局，2014年，第176—177页。
④ 此“京师”为晋之京师。参杨永生《清华简〈系年〉“京师”与平王东迁》，《史学月刊》2021年第5期。
⑤ 《史记》卷37《卫康叔世家》，第1592页。
⑥ 李学勤：《有关春秋史事的清华简五种综述》，《文物》2016年第3期。

衡水之宴与南巡碑

——北魏和平二年文成帝南巡史事再考

刘 莹

摘 要：《文馆词林》中收录的高允《南巡颂（并序）》，是以和平二年北魏文成帝南巡活动为中心的颂文。作为目前关于北魏巡幸宴会的最详细的记录，《南巡颂（并序）》记录的信都衡水之宴呈现了巡幸宴会的筹备、参与人员、活动内容等要素，另一方面，也为进一步考证此年南巡路线、复原交聘宴会的仪式场景提供了契机。从《南巡颂（并序）》的记述来看，和平二年南巡已经呈现出了来自游牧政权与华夏传统的复杂的文化内涵，这既反映了北魏巡幸政治在地域上扩张的特点，也展现了其自身制度变迁的历程。

关键词：北魏 巡幸 文成帝 南巡碑

北魏时期，皇帝外出巡幸（或称“巡狩”），是一种重要的政治、军事和经济活动，在拓跋鲜卑的政权建构和治国理政中发挥着重要作用，并对中国中古时期的民族融合、国家形态和制度演进产生了深远影响。与中原王朝传统的帝王出巡、巡狩活动相比，北魏时期的巡幸活动在宣示皇威、镇抚地方、巩固统治等方面有相似之处。但是由于拓跋鲜卑特有的生业模式、民族习俗以及政治和文化特色，北魏巡幸活动又展现出独特的内容、形式和历史内涵。① 对北魏巡幸活动的研究，主要依靠文献记载和相关碑石材料。然而由于史料相对缺乏，巡幸活动的具体内容、形式及其发挥的具体作用，依然留有诸多疑问。近年来，山西灵丘文成帝南巡碑（以下简称“灵丘碑”）的发现，使得文成帝和平二年（461）对山东诸州的巡幸受到学者关注。利用碑文，学者对此

① 据佐藤智水研究，北魏巡幸活动包含对外征伐、军事防御、经济掠夺以及狩猎、祭祀、游牧等内容，并指出北魏后期巡幸活动的衰弱，反映出其生产生活方式逐渐由畜牧向农耕发展，文化习俗不断汉化。参见氏著《北魏皇帝の行幸について》，《冈山大学文学部纪要》1984年第5号。何德章指出，北魏从针对柔然的巡幸活动中获得大量畜产和兵源，推动了北魏政治、经济发展，同时指出，这一活动的消失与柔然衰落、阴山地区政治地位的减弱以及北魏政治、经济中心逐渐南移有关。参见氏著《“阴山却霜”之俗解》，《魏晋南北朝隋唐史资料》第12辑，武汉：武汉大学出版社，1993年。藤井律之考察了巡幸活动的鲜卑特色、政治理念及其在后代王朝中的历史传承。参见氏著《北朝皇帝の行幸》，前川和也、冈村秀典编《国家形成の比较研究》，东京：学生社，2005年，第370—391页。

次巡幸的路线、内容及意义进行了探索。[①] 然而由于碑阳碑文残缺,研究成果主要集中在碑阴所刻官名与人名反映的职官制度和政治结构,对于推动南巡活动本身的研究作用有限。[②]

笔者发现,唐人许敬宗编纂的《文馆词林》收录了一篇北魏高允撰写的《南巡颂(并序)》,主要内容是赞颂和平二年文成帝巡幸冀州的盛况。该文不仅可与灵丘碑文及相关文献记载互参,亦提示在文成帝南巡途经的冀州信都,可能立有与灵丘碑类似的一方南巡碑,而该文可能正是碑文的一部分。《南巡颂(并序)》的发现,为探索此次南巡活动的历史细节提供了珍贵线索。就目前来看,学界尚未注意到此文与南巡活动的关联。[③] 本文拟利用这篇颂文,结合相关史料和前人研究成果,对和平二年南巡的往返路线、飨宴活动、礼仪规程以及巡幸碑刻的历史内涵等问题加以讨论,以期进一步推动北魏巡幸的相关研究。

一、《南巡颂(并序)》与信都碑

高允出身渤海高氏,历仕太武、文成、献文、孝文四朝,是北魏著名文士。从文成帝至献文帝,"军国书檄,多允文也"[④]。和平二年,高允时任中书令。《南巡颂(并序)》收录在《文馆词林》卷346《颂·礼部五》"巡幸"条,其文曰:

维和平二年春二月辛卯,皇帝巡狩,观于方岳,灵运之所钟也。克致太平,四海清一。兴礼乐以和百姓,宣风化以协万邦。率土之人,莫不思仰皇恩,想望临幸者也。尔乃追有虞五载之文,踵先朝省方之义,整大驾,备万乘,因时而后举,清道而后行。皇太子抚军,二宫之官,率职而从。历中山,次于邺都。三月某日,东幸冀州,经始行官(宫)于衡水之滨,因其野广平之势,率其土子来之人,同心响应,不日而就。遂御春服,登观台,眺川流之玩,洁品物之新,乐天气之和,悦人徒之盛。从容周览,悠然条畅。于是群后四朝,岳牧来会,宗人致庆,殊方毕集。乃设大飨,以劳百官,逮于遐宾,至于幽隐。泛羽爵于清流,置鲜肴于槃俎。奏官悬金石之乐,作六代云门之舞。端长埒以驰逸足,昼(《适园丛书》本作"画")平砥以骋龙骥。建飞鸟于上,列素的于下。武艺之士,纵弓矢以肆其能。文藻之流,歌永言以陈其志。击雷鼓以响其音,纵倡人以唱其获。然后斑之以厚赏,锡之以筐筐(《适园丛书》本作

---

① 参见张庆捷《北魏文成帝〈南巡碑〉碑文考证》,《考古》1998年第4期;罗新《跋北魏太武帝东巡碑》,《北大史学(第11辑)》,北京:北京大学出版社,2005年。

② 参见张庆捷、郭春梅《北魏文成帝〈南巡碑〉所见拓跋职官初探》,《中国史研究》1999年第2期;川本芳昭《北魏文成帝南巡碑について》,《东アジア古代における诸民族と国家》,东京:汲古书院,2015年,第31—61页;松下宪一《北魏石刻史料に见える内朝官——〈北魏文成帝南巡碑〉の分析を中心に》,《北朝胡族体制论》,札幌:北海道大学大学院文学研究科,2007年,第57—86页;黄桢《北魏前期的官制结构:侍臣、内职与外臣》,《民族研究》2016年第3期。此外,胡鸿从语言使用的角度对《南巡碑》碑文进行了阐释,参见氏著《能夏则大与渐慕华风:政治体视角下的华夏与华夏化》,北京:北京师范大学出版社,2017年,第293—304页。

③ 笔者目力所及,仅张金龙注意到颂文与信都宴飨之间的关系,但未涉及南巡活动。参见张金龙《北魏政治史》(五),兰州:甘肃教育出版社,2008年,第143—145页。

④ 《魏书》卷48《高允传》,北京:中华书局,1974年,第1086页。

"筐篚"),所以显其功而将其意。信欢娱之至极,希代而一有。与盛礼者欣于遭遇,备视听者洽于耳目。其被服仁风,沐浴灵泽者,不可称载。

夫帝王之兴,其义不同。或以干戈,或存揖让。我后以圣哲钦明,君临四海,播文教以怀远服,彰武功以威不庭。是以遐荒慕义,宇内归心。执玉奉珍,贡其方物于门庭者,继轨而至。比之先代,于斯为盛。乃望秩山川,遍飨群神。协时月正日,同律度量衡。黜陟幽明,以熙庶绩。

礼成事毕,旋轸而还。所过郡国,皆亲对高年,存问孤寡,除不急之务,减田租之半,人年八十以上复其一人。耆老受优隆之惠,孝子蒙侍养之恩。兆庶欣欣,无不称美。鼓舞者溢于街巷,讴歌者盈于道路。虽春阳之暵,无以况其仁;云雨之施,不足齐其泽。故能登三比五,以道拯济者矣。

昔帝舜之狩,光于前典;汉章之巡,列于后颂。况今至义,逾于往时。殊恩洽于无外,而可已乎。王公卿士,咸以为宜彰盛美,勒之金石。遂铭功赞德于行宫之左,当四达之衢。播清风于不朽,垂高略于无穷。其辞曰:

天鉴有道,降命在魏。曰登紫辰,应图正位。我后承基,陶甄万类。振以宏纲,御以长辔。因时而举,省方巡狩。拯老存孤,升贤表秀。仁化风翔,高荫云覆。功济苍生,德光宇宙。顾命百寮,率兹旧典。讲武宣文,载游载践。弧矢并纵,德音竞演。岌岌胄夫,诜诜冠冕,赞道隆时,以光以显。灵泽滂流,威声远济。教有惟新,政无留滞。蠲此烦苛,除彼关税。率土归心,殊方仰惠。感述皇风,永播来裔。①

《南巡颂(并序)》这种以赞颂的四字或六字韵文结尾的骈文形式是汉代至南北朝时期常见的功德碑文体,《文选》收录的汉代《封燕然山铭》、萧梁时期《新刻漏铭(并序)》均同。② 四字韵文是"颂"的主体,"颂"之前的骈文为"序",交代刊刻此碑的背景、原因和目的。分析文章内容,可知以下信息。

其一,文中记录的巡幸事件,即北魏文成帝和平二年南巡定、相、冀三州之事。《魏书·高宗纪》载:

二月辛卯,行幸中山。丙午,至于邺,遂幸信都。三月,刘骏遣使朝贡。舆驾所过,皆亲对高年,问民疾苦。诏民年八十以上,一子不从役。灵丘南有山,高四百余丈。乃诏群官仰射山峰,无能逾者。帝弯弧发矢,出山三十余丈,过山南二百二十步,遂刊石勒铭。是月,发并、肆州五千人治河西猎道。辛巳,舆驾还宫。③

---

① 以下所引高允《南巡颂(并序)》均出自《影弘仁本文馆词林》卷346《颂十六》,东京:日本古典研究会,1969年,第102—105页,后文引用不再出注。此卷底本为高野山正智院藏弘仁钞本,抄写于日本嵯峨天皇弘仁十四年(823)。为谨慎计,同时参考许敬宗编《日藏弘仁本文馆词林校证》卷346《颂十六》,罗国威整理,北京:中华书局,2001年,第112—114页;张钧衡辑《适园丛书》第3册,扬州:广陵书社,2016年,第271页。为方便阅读,笔者对《序》部分加以分段。

② 参见赵超《中国古代石刻概论》,北京:中华书局,2019年,第668页。

③ 《魏书》卷5《高宗纪》,第119页。

《北史》所载与此大致相同。《南巡颂(并序)》所述“和平二年春二月辛卯”“历中山,次于邺都”“东幸冀州”,与《高宗纪》所记“二月辛卯”“行幸中山”“至于邺”“遂幸信都(冀州州治)”正相对应。巡幸结束后,颂序所谓“所过郡国,皆亲对高年,存问孤寡”,与《高宗纪》所载“舆驾所过,皆亲对高年,问民疾苦”亦相符合。可知《南巡颂(并序)》之“南巡”,与灵丘碑及文献记载的文成帝和平二年南巡为同一件事。

其二,高允用大段笔墨描写了皇帝到达信都后,于衡水之滨修建行宫、登台观景、举行飨宴等一系列活动。类似信息不见于《魏书》等传世文献,为我们探索此次南巡的历史细节提供了珍贵史料。

其三,颂序在极力称颂文成帝盛德之后,又说“王公卿士,咸以为宜彰盛美,勒之金石。遂铭功赞德于行宫之左,当四达之衢。播清风于不朽,垂高略于无穷”。这说明此次巡幸结束后,为彰显皇帝威德与信都飨宴盛况,王公卿士请求在“行宫之左,当四达之衢”刻石立碑纪念。换言之,极有可能在信都某处,立有一块文成帝和平二年南巡碑,而《南巡颂(并序)》应为碑文的一部分。通过比较《南巡颂(并序)》与灵丘碑碑文,也可以在一定程度上证明这一推测的合理性。

《魏书·高宗纪》记录了此次巡幸回程中,文成帝诏随行官员于灵丘“仰射山峰”,并“刊石勒铭”之事。《水经注·滱水注》记载:

> (滱水)历(灵丘)南山,高峰隐天,深溪埒谷。其水沿涧西转,径御射台南,台在北阜上。台南有御射石碑。南则秀嶂分霄,层崖刺天,积石之峻,壁立直上。车驾沿溯,每出是所游艺焉。①

《太平寰宇记》曰:

> (御射碑)即后魏文成帝和平二年南巡于此,路左有山,高七百仞,命群臣射之,不过半,帝乃射之,箭过其顶三十余仞,落山南三百步,遂刻石焉。其碑现存,阴刊从臣姓名。②

文中“御射石碑”“遂刻石焉”所指即灵丘碑。碑石实物发现于20世纪八九十年代,碑体断裂,碑阳碑文分见9块残碑。拼复后,其文开头记曰:

> 唯和平二年岁在辛丑三月丁巳朔□……
> 皇帝南巡,自定州至于邺都。所过郡国……
> 禊于衡水之滨,□射于广平之野。于时皇……
> 宋遣使庆□□[报]修聘问之义,贡殊方之□……
> ……滨。舞□□之舞,奏[金]石之乐。乐成礼毕……
> ……讴歌之声,野夫有击壤之欢□……

---

① 郦道元注,杨守敬、熊会贞疏:《水经注疏》卷11《滱水》,南京:江苏古籍出版社,1989年,第1048—1049页。
② 乐史:《太平寰宇记》卷51《河东道十二·蔚州》“灵丘县”条,北京:中华书局,2007年,第1064页。

……[刃]。兴安二年尝[拉][射]于此山，复……

……安南将军、南郡公毛法仁，宁南……

……前将军、鲁阳侯韩道仁，内[阿]……

……□宗□数百人，皆出山数丈。然□……

……而射之，整□□□□□[川]岳，箭出□……

……□□□□知事□□□固有非常□……

……□□□□[道][仁] □□□□未之闻……

（后残甚，不录）①

残存碑文的后半部分主要叙述竞射之事，前半部分与高允文颇有重合，可列表比较。

	灵丘碑录文	高允《南巡颂(并序)》
时间	唯和平二年岁在辛丑三月丁巳朔□	维和平二年春二月辛卯
路程	皇帝南巡，自定州至于邺都，所过郡国	皇帝巡狩……历中山，次于邺都。……所过郡国，皆亲对高年……
活动	禊于衡水之滨，□射于广平之野	经始行宫于衡水之滨，因其野广平之势……泛羽爵于清流，置鲜肴于槃俎……建飞鸟于上，列素的于下。武艺之士纵弓矢以肆其能……
南朝来使	宋遣使庆□□[报]修聘问之义，贡殊方之□	……殊方毕集。乃设大飨，以劳百官，逮于遐宾……是以遐荒慕义，宇内归心。执玉奉珍，贡其方物于门庭者，继轨而至……
乐舞	舞□□之舞，奏[金]石之乐。乐成礼毕	奏宫悬金石之乐，作六代云门之舞……礼成事毕，旋轸而还……
其他	讴歌之声，野夫有击壤之欢□	鼓舞者溢于街巷，讴歌者盈于道路。

据上表，高允《南巡颂(并序)》与灵丘文成帝南巡碑碑阳铭文高度相似。其中，巡幸时间均为和平二年，灵丘碑之“三月”应为到达灵丘的时间，高允记录的“二月”则是巡幸出发的时间。关于巡幸路线，两者均记为平城至定州(治中山)，再至相州邺城。此外，两者都记录了祓禊与驰射活动。关于南朝来使，灵丘碑直接记录为“遣使”“聘问”，高允文中则称作“遐宾”、贡“方物”等，用语稍有差异，意思相同。而关于乐舞以及百姓称颂的描写，两者几乎一样。灵丘南巡碑碑阳虽毁损严重，但仅存的部分也显示出该文“是一篇十分典范的华夏式碑文”。其中某些表达，

① 录文参见张庆捷《北魏文成帝〈南巡碑〉碑文考证》，《考古》1998年第4期，第79页，标点为作者所加。同时参考殷宪、董其高《〈皇帝南巡之颂〉及其书法》，殷宪、殷亦玄《北魏平城书迹研究》，北京：商务印书馆，2016年，第46页。后文引用不再出注。

如“金石之乐”“云门之舞”“击壤”等是华夏经典的常用典故。[①] 这一点与高允《南巡颂（并序）》完全一致。此外，灵丘碑碑额实际刻写的是“皇帝南巡之颂”，这与高允《南巡颂（并序）》题名亦极为相似，也从另一面增加了该文作为碑文的可能性。

需要注意的是，与灵丘碑早已在文献中有明确记录不同，《南巡颂（并序）》所谓“勒之金石”，“铭功赞德于行宫之左，当四达之衢”以及所谓“信都文成帝南巡碑”的存在，尚无其他文献或实物佐证。[②] 但根据以上考证，高允《南巡颂（并序）》所言应非虚文，即除灵丘碑外，在信都亦可能立有一块南巡碑，我们不妨将此碑姑且称为“信都碑”，而该文就是碑文之一部分。

二、巡幸路线再考

前已提及，囿于史料匮乏，后世对于北魏的巡幸，只能观其大概而难知细节。巡幸碑刻的发现补充了史籍记载之不足。根据《南巡颂（并序）》，我们对和平二年南巡的人员构成、相关政治举措特别是巡幸路线的认知，都可以获得新的推进。

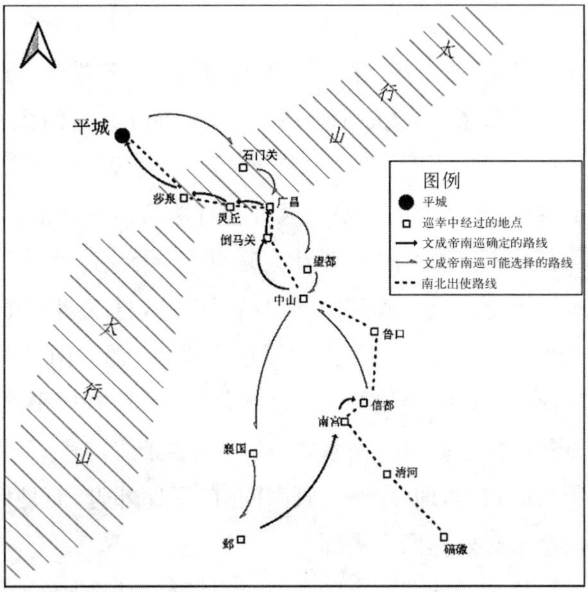

文成帝南巡及南北出使路线示意图

人员构成方面：以往认为参与和平二年南巡的人员主要是文成帝及随从官僚、护卫。据《南巡颂（并序）》所谓“皇太子抚军，二宫之官，率职而从”可知，时年 7 岁的皇太子、后来的献文帝拓跋弘亦在南巡队伍中。这与灵丘碑碑阴题名出现 10 位东宫辅官的情况相印证。

相关政治举措方面：据《魏书》记载，巡幸中“舆驾所过，皆亲对高年，问民疾苦。诏民年八十以上，一子不从役”。《南巡颂（并序）》则显示，在“所过郡国，皆亲对高

① 参见胡鸿《能夏则大与渐慕华风：政治体视角下的华夏与华夏化》，第 293—304 页。

② 据《水经注疏》卷 10《浊漳水》“（信都）城内有《汉冀州从事安平赵征碑》，又有《魏冀州刺史陈留丁绍碑》，青龙三年立。城南有《献文帝南巡碑》”（第 972 页），未记录文成帝南巡相关碑刻。对此，施蛰存认为，“《魏书·献文帝纪》不载南巡信都事，惟文成帝凡四幸信都，此必文成帝南巡碑，郦氏误云献文帝耳”（详见氏著《水经注碑录》，天津：天津古籍出版社，1987 年，第 93 页）。献文帝在位期间，多游幸于京畿地区，后期北讨柔然、吐谷浑，至于武川、阴山、河西一带。唯一一次南巡发生在延兴三年十一月，献文帝可能途经相州南达怀州，次年二月返回平城，是否驾幸冀州，无从可考。唐人贾耽《古今郡国县道四夷述》所记信都城内碑刻，并无《水经注》所谓“献文帝南巡碑”，而比后者多记了三方北魏碑，其中“李平碑”当为郦道元所能见，但亦不见于《水经注》（详见《太平寰宇记》卷 63《河北道十二·冀州》引《郡国县道记》，第 1284 页）。由此可见，《水经注》原文确有误记或漏记可能，而且无论是献文帝南巡碑还是文成帝南巡碑，至晚在唐代中期或已亡佚。

年，存问孤寡”“人年八十以上复其一人”之后，朝廷还作出了“除不急之务，减田租之半”的措施。

关于巡幸路线：张庆捷结合灵丘碑与《魏书》相关记载，对文成帝的巡幸路线进行考证，提出了平城—灵丘—中山—常山—赵郡—广平郡—邺—广平郡—邯郸—曲梁—南宫—冀州—灵丘—平城的路线。[①] 此路线大体合理，但存在两个问题：其一，平城至中山一段取道灵丘，与史书记载不合；其二，赵郡至信都一段迂回难解。出现第一个错误，是因为忽略了《魏书・礼志》的记载。造成第二个问题的原因，则在于灵丘碑碑文将南巡的路线导向了广平郡。依据高允《南巡颂（并序）》并结合《魏书》记载，可对和平二年南巡路线作进一步考证。

和平二年二月四日，文成帝从平城出发，“过石门，遣使者用玉璧牲牢，礼恒岳”[②]。北魏石门县属广宁郡，[③]石门关为“旧道出中山故关”[④]，关北有祈夷水，东北流经汉魏代城，由城南飞狐关南达广昌（今河北省保定市涞源县），便是著名的飞狐道。北魏时期，从平城前往石门关，可由繁畤、崞县、平舒东行，亦可取道上谷，南下代城后再折向西南。[⑤] 文成帝究竟选取哪条道路到达石门关已不得而知，但很可能由石门关向东，利用飞狐道经广昌前往河北地区。自道武帝天兴元年（398）开凿直道以后，直至太武帝太延元年（435），皇帝南巡以及东晋、刘宋通使，多利用这一道路，[⑥]文成帝和平二年南巡可能也选取了经过望都铁关的直道前往中山。

二月某日，文成帝抵达中山。由此南行，沿太行山东麓的襄国（今河北省邢台市）—邯郸—邺城一线是当时重要的交通路线。[⑦] 文成帝很可能也沿此线，于二月十九日到达邺城。北魏时期，邺城至信都的主要干道可能有两条：一条由邺城北行到达广平郡襄国县，再折向东北到达信都；[⑧]另一条则由邺城出发东北行，沿浊漳水到达信都。问题在于由邺城前往信都是否经过了广平郡。灵丘碑碑文称，“皇帝南巡，自定州至于邺都。所过郡国……褉于衡水之滨，□射于广平之野”，此“广平之野”似指广平郡。但《南巡颂（并序）》记载，“历中山，次于邺都。三月某日，东幸冀州，经始行宫于衡水之滨，因其野广平之势，率其土子来之人，同心响应，不日而就”。显然，灵丘碑所见“衡水之滨”“广平之野”，与《南巡颂（并序）》所述“衡水之滨”“其野广平之势”所指应相同，即“广平之野”并非广平郡郊野，而是信都城外一块平坦开阔之地。因此，从邺城到信都未必要返回广平郡。

从交通便利的角度考虑，也是第二种选择的可能性更大。北魏时期，常见由邺城东北行抵

---

① 张庆捷：《北魏文成帝〈南巡碑〉碑文考证》，《考古》1998 年第 4 期。

② 《魏书》卷 108 之 1《礼志一》，第 2739 页。

③ 《魏书》卷 106 上《地形志上》，第 2499 页。

④ 郦道元注，杨守敬、熊会贞疏：《水经注疏》卷 13《㶟水》，第 1163 页。

⑤ 参见前田正名撰，李凭、孙耀、孙蕾译《平城至河北平原的交通路线》，《平城历史地理学研究》，北京：书目文献出版社，1994 年，第 180—184 页。

⑥ 前田正名：《平城至河北平原的交通路线》，《平城历史地理学研究》，第 188—191 页。

⑦ 前田正名：《平城至河北平原的交通路线》，《平城历史地理学研究》，第 204—211 页。

⑧ 严耕望考察唐代河北平原的交通路线，认为唐代由冀州前往长安、洛阳，由“冀州南行经贝魏大道应无问题。然志书所记，冀州至长安、汴州皆取相州。按冀至洛一千一百里，而邢至洛八百四十里，其差二百六十里，正即邢冀间里距，则取相州者，必经邢州（即襄国县——引者注）也”（《河北平原南北交通两道》，《唐代交通图考》第 5 卷，上海：上海古籍出版社，2009 年，第 1647 页），北魏时期这可能也是连接冀、相的重要道路。

达信都的记载。孝昌中，葛荣围逼信都，北魏以源子雍为征北将军，由洛阳出发，北赴信都。源子雍先抵达汤阴（今河南省安阳市汤阴县），继而与李神轨、裴衍讨破安乐王元鉴于邺城。时葛荣已陷信都，源子雍上表建议坚壁清野，以待敌疲，“诏不听，遂与衍俱进。至阳平郡（今河北省邯郸市馆陶县）东北漳曲，荣率贼十万来逼官军。子雍战败被害”①。宣武帝时，常山王元晖出任冀州刺史，“下州之日，连车载物，发信都至汤阴间，首尾相属，道路不断”②，元晖由洛阳经汤阴至信都，所走路线很可能与源子雍相同。可见，这一路线不仅是北魏时期的行军路线，州官赴任亦由此往，是当时的交通要道。沿此线至南宫，再东北行，便可抵达信都。在信都逗留几日后，车驾北归，返回平城。

综上，文成帝此次南巡路线中可以确定的节点为平城—石门关—中山—邺城—信都，在信都短暂停留之后，再启程北返，路线大概为信都—中山—倒马关—广昌—灵丘—莎泉—平城。

三、衡水之宴的参与者、活动及仪式场景

宴飨是巡幸中常见的活动，北魏皇帝在征伐胜利或射猎之后，常与群臣飨宴。宴会中对群臣的颁赐奖赏，是上层贵族物质分配的重要方式。此外，北魏皇帝在巡幸中接受部落酋首朝觐、与周边政权展开外交活动的事例亦屡见于史，但类似活动在巡幸中如何进行，却缺乏详细记载。《南巡颂（并序）》关于衡水之宴的细致描述，为了解巡行中此类宴飨活动的具体过程、参与人员，以及相关礼仪规程提供了珍贵史料。

1. 刘宋来使与衡水之宴

从《南巡颂（并序）》内容可知，文成帝在信都“衡水之滨”举行了盛大宴会，而颂文的撰写及刻碑动议，都显示出皇帝驻跸信都并举行衡水之宴，在本次南巡活动中或有重要意义。值得注意的是，根据碑文，我们或可推测，举行衡水之宴的一个重要原因可能是刘宋使臣的到来。

在《魏书·高宗纪》和灵丘碑碑阳铭文中，都有刘宋使者来访的记载。从时间看，刘宋使者与文成帝相遇在三月。这与《南巡颂（并序）》所谓“殊方毕集。乃设大飨，以劳百官，逮于遐宾……是以遐荒慕义，宇内归心。执玉奉珍，贡其方物于门庭者，继轨而至”两相应证。信都是河北地区重要的交通枢纽。除西南通往相州的道路外，信都通往中山有向北与向西二线，③而

① 《魏书》卷41《源贺传附孙子雍传》，第931页。

② 《北史》卷15《魏诸宗室列传·常山王遵附元晖传》，北京：中华书局，1974年，第571页。

③ 信都通往中山至少有两条道路可选。一条经常山郡鲁口城至于中山。皇始元年（396），道武帝征讨慕容宝，曾由中山至鲁口，并于第二年正月南下，进围信都。此路线当经过位于信都北的下博县，其县东有长芦，西为衡漳，东汉光武帝亦曾由此南至信都。另一条则经由钜鹿往来于中山与信都之间。皇始二年二月，道武帝由信都出发，经赵郡杨城至钜鹿郡，再北上回攻卢奴、中山。孝明帝时，李韶由冀州刺史转任定州刺史，“及赴中山，冀州父老皆送出西境，相聚而泣”（《魏书》卷39《李宝传附孙韶传》，第887页），出冀州向西即到达堂阳县（今河北省邢台市新河县北），堂阳西衡漳水有渡旅津，联结冀、定二州，其西便是钜鹿郡之历城、杨城（今河北省邢台市宁晋县）。则此路线当先由信都向西，从堂阳西之渡旅津渡过衡漳，再由杨城北上中山。文成帝南巡结束返回平城时，可能选择了其中一条路线。

信都向南渡过碻磝津，便可抵达南朝。据学者考证，北魏前期，由中山至碻磝的出使路线存在两种可能：其一，中山—真定—高邑—鄗—滑台（—黄河）—碻磝；其二，中山—博陵（鲁口）—信都—碻磝。后者的可能性更高，是当时南北通使的重要路线。① 到唐宋时期，信都仍然是河北中部交通干线的重要一站，宋辽通使，亦经过信都。② 这条向南的干道可能也经过南宫，③如此，南朝使者自南宫到达信都后，再经由中山、灵丘抵达平城的路线，则与文成帝返程路线重合。南朝使者进入北魏境内后，信都是其到达的第一个州城，也是与文成帝巡幸路线的第一个重要重合点。因此，文成帝与南朝使者在信都相遇，既有时机的巧合，也有交通条件的因素。正因刘宋使者的参与，衡水之宴成了外交活动，也成了此次南巡中的重要事件。

2. 修建行宫

根据《南巡颂（并序）》记载，和平二年三月某日，文成帝抵达信都后，于衡水之畔开阔平坦的原野上建立行宫。北魏时代的城市、建筑遗址如今多有发现，其中可能也包括北魏行宫，但由于不能完全确定遗址的性质与功能，关于北魏行宫的具体情况知之甚少。从颂序中"不日而就"的记载来看，所谓信都行宫并非事先修建完善的宫殿建筑。近年来，吉林省西部发现了大规模的辽代春捺钵遗址，台基几百余，大小、形状亦不统一。据学者推断，这些台基为皇帝巡幸扎帐所用。④ 可见，辽代皇帝在捺钵所在地搭建的行宫，更类似于营垒。金代与元代则发现有规模较大、具有宫殿式建筑的行宫遗址。⑤ 参考辽、金、元的情况，宫殿式的行宫与"半成品式"的行宫可能在北魏时期都存在。北魏前期，皇帝频繁巡幸阴山，太武帝时便在阴山修建了广德殿。北魏占据河北之后，每代皇帝虽也巡幸山东诸州，但毕竟未成定例，也不如巡幸阴山频繁，因此信都的所谓行宫很可能只有夯筑台基等基本构件。文成帝抵达信都后，由当地官民与随从扎帐其上，搭建用于朝见、宴会、驰射等的临时场所。

行宫建成后，文成帝"御春服，登观台"，观赏山川之美，欣悦于人徒之盛。⑥ "观台"所指不明，契丹、蒙古等游牧民族及其所建政权，常在狩猎及皇帝巡幸处修建亭台楼阁等建筑。⑦ 文成帝所登"观台"是否即此，并不清楚，但肯定是某种高层建筑。皇帝登高望远，大概是宣告驾临，临视百姓的一种程序。

---

① 参见蔡宗宪《南北朝交聘使节行进路线考》，《中国历史地理论丛》2005 年第 4 期。

② 严耕望称此线为"河北平原之中部纵贯线"，由南向北大概为唐代的滑州—魏州—贝州—冀州—莫州—幽州。参见严耕望《河北平原南北交通两道》，《唐代交通图考》第 5 卷，第 1649 页。

③ 参见严耕望《河北平原南北交通两道》，《唐代交通图考》第 5 卷，第 1656 页。

④ 吉林大学边疆考古研究中心：《吉林乾安县辽金春捺钵遗址群后鸣字区遗址的调查与发掘》，《考古》2017 年第 6 期。

⑤ 例如，2017 发现的张家口市崇礼太子城遗址推测是金代行宫遗址，参见黄信等《河北崇礼太子城发现一处金代行宫遗址》，《中国文物报》2017 年 12 月 15 日。元代比较著名的行宫遗址有察罕脑儿行宫（白海行宫）遗址，参见郭郛《元察罕脑儿行宫实地考辨》，《文物春秋》1993 年第 2 期；党宝海《察罕脑儿行宫与蒙古皇室的鹰猎》，《西北民族大学学报》（哲学社会科学版）2010 年第 6 期。

⑥ 北魏无四时服制，孝明帝时，崔光曾上表曰"奉诏定五时朝服，案北京及迁都以来，未有斯制，辄勒礼官详据"，见《魏书》卷 108 之 4《礼志四》，第 2817 页。信都南巡碑所言"春服"具体如何并不清楚。

⑦ 参见陈晓伟《捺钵与行国政治中心论——辽初"四楼"问题真相发覆》，《历史研究》2016 年第 6 期。

3. 参与人员

《南巡颂(并序)》记此次宴会"群后四朝,岳牧来会,宗人致庆,殊方毕集。乃设大飨,以劳百官,逮于遐宾,至于幽隐"。结合文献、灵丘碑碑阴题名及当时的社会状况,可以大致推测出此次宴会参与者的身份构成。

据上引史料,参加此次宴会者有"群后""岳牧""宗人"与"殊方"。唐代孔颖达释"群后四朝":"是言四方诸侯各自会朝于方岳之下。"[①]北魏不行分封,并无真正的"诸侯"。但在灵丘碑碑阴从官中,有不少有爵者。其中有王爵者8人,有公爵者21人,有侯爵者9人,有子爵者24人。所谓"群后",或即此类有爵者。

"岳牧",即四岳十二牧,既是"帝所咨询",亦是"外内之官常所咨询"。[②] 由此,"岳牧"当为朝廷咨询问答之官,以及牧、守、令、长等地方官吏。在随行从官中,有侍中、中常侍、散骑常侍,以及尚书左仆射、诸部尚书、给事等中央官僚50余人。地方官中,首先当有冀州刺史。据《魏书·源贺传》,源贺曾出任"征南将军、冀州刺史","在州七年,乃征拜太尉"。[③] 源贺拜太尉在天安元年(466)三月,则其出任冀州刺史在太安五年(459),和平二年时恰在刺史之任。此时的长乐太守无明确记载,但根据《魏书》记载,太安四年前后,中书令高允之子高忱拜绥远将军、长乐太守。太安四年距和平二年仅三年,其时高忱在任的可能性较大。

州郡长官之下,又有出身于地方豪强的地方吏员。清河崔氏为冀州名族,如崔宏"少有隽才,号曰冀州神童"[④],崔浩亦曾为冀州中正。清河崔氏虽因崔浩被诛而遭受打击,但在地方政治中依然具有深厚的影响力。崔延寿曾为冀州主簿,崔逞曾孙相如在青齐平后入国,亦被举为冀州秀才。渤海高氏中,高允弟高燮曾任冀州主簿,高忱孙贵宾后除冀州治中,亦在州中担任要职。

参与盛会的应当还有长乐郡大族。如广川贾氏,贾彝与从兄润于登国十年(395)入国,贾彝子贾秀曾于太武帝时任冀州大中正,贾润五世孙景兴亦曾被辟为州主簿。又,唐代有监察御史潘玠,"世居信都",自称北齐潘乐之后。[⑤]《北史》载,潘乐"广宁石门人也。本广宗大族,魏世分镇北边,因家焉"[⑥]。潘乐是否真为广宗大族不得而知,但广宗潘氏在北魏时期确实拥有不小的地方影响力。北魏晚期有广宗人潘永基,"性通率,轻财好施。为冀州镇东府法曹行参军",后历迁转,"出为持节、平北将军、冀州防城都督、长乐太守",[⑦]与冀州刺史元孚共同抵御葛荣的进攻。其长子子礼,亦为冀州主簿。潘永基父灵虬为中书侍郎,祖辈以上不见记载。可以推想,广

① 《尚书正义》卷3《虞书·舜典》,阮元校刻《十三经注疏》,北京:中华书局,1980年影印本,第128页。
② 《尚书正义》卷3《虞书·舜典》,阮元校刻《十三经注疏》,第132页。
③ 《魏书》卷41《源贺传》,第920、921页。
④ 《魏书》卷24《崔玄伯传》,第620页。
⑤ 《元和姓纂》记作"世居信言",岑仲勉校曰"'言'误,库本作'信都'",见《元和姓纂》卷4"潘"氏"河南"条,北京:中华书局,1994年,第516页。据改。
⑥ 《北史》卷53《潘乐传》,第1921页。
⑦ 《魏书》卷72《潘永基传》,第1623—1624页。

宗潘氏虽为地方大族，但到北魏中后期，其势力才逐渐进入朝廷中央，在此之前，只是作为地方望族出任州郡吏员。冀州地方大族当然不止崔、高、贾、潘四姓，①这些地方出身的吏员，可能以官员的身份出席宴会，同时也代表地方大族与百姓。

“宗人”即小宗伯，②为“礼官之属”，“副贰大宗伯之事”。③ 此次巡幸所见之礼官有中常侍、宁西将军、仪曹尚书张益宗（即张宗之）与散骑常侍、太子少保、仪曹尚书李真奴（即李䜣），俱列名于灵丘碑碑阴。

此次盛会还有“殊方毕集”。“殊方”即远方，与后文中的“遐宾”俱指远道而来的刘宋使者。刘宋此次遣使当是对前一年北魏遣使的回访。和平元年十一月，“诏散骑侍郎卢度世、员外郎朱安兴使于刘骏”④，于十二月抵达建康。⑤ 此次出使，卢度世因“应对失衷”，北还之后遭禁锢弹劾。⑥ 由于记载寥寥，此次外交失败是否是衡水之宴的直接诱因难以判断，但向刘宋使者展示文治与武功，可能是这次盛会的目的之一。

由上可见，此次宴会的人员构成以随从行幸的从官与冀州及郡县地方官吏为主体。这也符合后文“以劳百官，逮于遐宾，至于幽隐”的描述。最后的“幽隐”则指隐逸之士，一定程度上可视为庶民中的名望之士。幽隐之士出席宴会，也是称颂帝王之德的一种表达。

4. 宴会内容

在介绍参与宴会的人员之后，高允详细记录了宴会的内容：

> 泛羽爵于清流，置鲜肴于槃俎。奏宫悬金石之乐，作六代云门之舞。端长埒以驰逸足，昼（画）平砥以骋龙骥。建飞鸟于上，列素的于下。武艺之士，纵弓矢以肆其能。文藻之流，歌永言以陈其志。击雷鼓以响其音，纵倡人以唱其获。然后斑之以厚赏，锡之以筐筐（篚），所以显其功而将其意。信欢娱之至极，希代而一有。

此段开头泛爵清流的场面，在灵丘碑中被描写为“禊于衡水之滨”。据此，张庆捷、张金龙将这场宴会视作祓禊之礼。实际上，“泛爵”“禊”的说法是因为这场宴会发生在三月的水边，或许更多

---

① 在敦煌出土的唐代姓氏文书中可以追寻到北魏冀州地方大姓的一些踪迹。例如，BD08679号文书收录了渤海郡吴、欧阳、高、刁四姓，清河郡崔、张、房、尚、傅、路、勒七姓，平原郡师、雍、封三姓，详见任继愈主编，中国国家图书馆编《国家图书馆藏敦煌遗书》第103册，北京：北京图书馆出版社，2008年，第385页。再如S.2052号文书列举了渤海郡二十八姓，清河郡十九姓，平原君八姓，详见中国社会科学院历史研究所等编《英藏敦煌文献（汉文佛经以外部分）》第3卷，成都：四川人民出版社，1995年，第210页。房氏入魏较晚，对地方政治的参与有限。北魏后期，刁、张二氏有出仕地方的记载，见《（北）魏故镇远将军光州即默县护长广太守清河张君墓铭》，贾振林等编《文化安丰》，郑州：大象出版社，2011年，第175—176页；《齐故刁主簿墓志铭》，赵超：《汉魏南北朝墓志汇编》，天津：天津古籍出版社，2008年，第430页。渤海封氏虽亦为渤海大族，但因其不甚亲附北魏朝廷的态度，在北魏前期未能获得重用，直到北魏宣武帝时期，封氏才渐被任用。另外，平原郡明氏在地方也有一定的影响力，见蔡宗宪《〈魏故辅国将军琅琊太守平原明府君墓志铭〉考释》，《早期中国史研究》第2卷第1期，2010年。

② 《尚书注疏》卷18《周书·顾明》孔颖达疏曰“上宗为大宗伯，知宗人为小宗伯也”，阮元校刻《十三经注疏》，第241页。

③ 参见《周礼注疏》卷17《春官·宗伯》，阮元校刻《十三经注疏》，第752页。

④ 《魏书》卷5《高宗纪》，第119页。

⑤ 参见《宋书》卷6《孝武帝纪》，北京：中华书局，1974年，第126页。

⑥ 《魏书》卷47《卢玄传附子度世传》，第1046页。

出于用典的考虑。“金石之乐”指钟磬之乐，“六代云门之舞”则为云门、咸池、大韶、大頀、大夏、大武六代之乐舞，其中云门为“黄帝乐也”。① 此皆为用典，实际使用的可能是鼓角或鼓吹之乐。

驰射竞技是北魏巡幸中常见的活动。始光三年(426)，太武帝幸长川，筑马射台，“王公诸国君长驰射，中者赐金锦缯絮各有差”。此年，又于祚岭“戏马驰射，赐射中者金锦缯絮各有差”。太延五年(439)，西讨沮渠氏，也曾在上郡属国城“大飨群臣，讲武马射”。② 这项竞技比拼的是武士在马匹奔驰中射中目标的技艺，需要开阔平坦的场地，场面必定壮观。在竞技中，不仅要击鼓助阵，还有倡人大声报出每人取得的成绩，即“唱其获”。最后由文成帝对获胜者班“厚赏”，赐“筐筐(篚)”，活动当达到高潮。赏赐之物即“金锦缯絮”。这种驰射活动，与文成帝返程途中在灵丘进行的竞射活动完全不同，但都展现了北魏君臣善驰射及尚武的一面。

除驰射活动以外，参与宴会的文士也通过诗赋赞美皇帝盛德，歌颂盛世太平。在正史记载中，孝文帝以前未见巡幸宴会赋诗的场景。目前所见北魏时期最早的宴会赋诗的记录出现在太武帝神䴥三年(430)，地点在平城白虎殿，此后间或有宫廷宴会赋诗的记载，但直到孝文帝太和十三年(489)，才有孝文帝幸方山灵泉池，“与群臣御龙舟，赋诗而罢”的记载。③ 和平二年“文藻之流，歌永言以陈其志”的作品今已不得而知，如果确实是汉文诗赋，那将是魏晋以来盛行的宴会诗进入北魏巡幸活动的最早记载。

如前所述，文成帝行达信都时，南朝使者也刚好抵达。从某种程度上说，这场宴会也是对使者的迎劳之宴。这种场合正是主客之间折冲樽俎、辞色交锋的重要时刻。④ 盛大的宴饮、乐舞场面，以及壮观的骑射、赋诗活动一定给宴会的参与者与旁观者留下了深刻的印象，因此才有了“信欢娱之至极，希代而一有”的赞叹。

5. 仪式场景

在赞叹宴飨活动之盛况的同时，高允也记录了宴会参与者的感受：“与盛礼者欣于遭遇，备视听者洽于耳目。”那么，所谓的“盛礼”究竟呈现出了怎样的仪式场景呢？此次宴会发生在北魏迁都洛阳之前，此时胡制与汉制并行，需要考虑到两种制度的交叉影响。由于史料所限，我们对于北魏前期的礼仪、仪式知之甚少，现举正光元年(520)柔然阿那瓌来朝的宴会情况以为参考，考察北魏时期外国使者朝见时的宴会礼仪。

正光元年初，柔然发生内乱，豆罗伏拔豆伐可汗丑奴被杀，其弟阿那瓌被拥立为主。立仅十日，阿那瓌为其族兄示发所败，与弟乙居伐南逃北魏。

九月，阿那瓌将至，明帝遣兼侍中陆希道为使主，兼散骑常侍孟威为使副，迎劳近畿。

---

① 《汉书》卷25下《郊祀志下》颜师古注，北京：中华书局，1962年，第1256页。
② 《魏书》卷4上《世祖纪上》，第71、73、89页。
③ 《魏书》卷7下《高祖纪下》，第165页。
④ 蔡宗宪：《聘使的遴选与交聘流程》，《中古前期的交聘与南北互动》，台北：稻香出版社，2008年，第118—122页。

使司空公、京兆王继至北中，侍中崔光、黄门郎元纂在近郊，并申宴劳，引至阙下。十月，明帝临显阳殿，引从五品已上清官、皇宗、藩国使客等，列于殿庭。王公已下及阿那瑰等入就庭中，北面。位定，谒者引王公已下升殿，阿那瑰位于藩王之下，又引特命之官及阿那瑰弟并二叔升，位于群官之下。遣中书舍人曹道宣诏劳问。阿那瑰启云："陛下优隆，命臣弟、叔等升殿预会。但臣有从兄，在北之日，官高于二叔，乞命升殿。"诏听之，乃位于阿那瑰弟之下，二叔之上。[①]

九月，阿那瑰到达洛阳，孝明帝即遣使郊迎、劳问，有宴飨之事。十月，于显阳殿举行正式的朝宴。作为首位入魏的敌国之主，如何安排阿那瑰的朝宴位置，给北魏的朝臣带来了不小的难题。《洛阳伽蓝记》载：

正光元年，蠕蠕主郁久闾阿那肱(即阿那瑰——引者注)来朝，执事者莫知所处。中书舍人常景议云："咸宁中，单于来朝，晋世处之王公特进之下，可班那肱蕃王、仪同之间。"朝廷从其议，又处之燕然馆，赐宅归德里。[②]

据上列史料，参加宴会的人员品级限定在从五品以上，包括"清官、皇宗、藩国使客等"。北魏后期，五品以上官职为朝廷授予，包括所有文、武要职，也恰好涵盖了五等爵位(从五品末位为散男)，是国家的政治核心群体。[③]

参与宴会的官员分为王、公以下官员与特命之官两批入殿。据太和后令，王、公均为一品，[④]开国郡公居一品之末，仪同三司为从一品之首。阿那瑰被安排在藩王之下、[⑤]仪同之上，即介于一品与从一品之间，似乎藩王所处位置在一品之末，其顺序与太和后令所见职官排序稍有不同。按照太和后令的顺序，阿那瑰绝不可能处于王与仪同三司之间，那么"藩王之下""藩王、仪同之间"该如何理解？

现依太和后令所载官品顺序，试对其场景进行复原(见《和平二年信都宴会场景构想图》)。古代天子南面，汉代以来元会宴飨百官分为东、西两列，相向而坐，南北朝时期以西为上。据以

---

① 《北史》卷98《蠕蠕传》，第3259页。

② 范祥雍：《洛阳伽蓝记校注》卷3《城南》"龙华寺"条，上海：上海古籍出版社，2011年，第160页。

③ 通常情况下，北魏五品以上官员不得板授。例如，太和二十二年(498)，诏王肃讨萧鸾，"其从肃行者，六品已下听先拟用，然后表闻；若投化之人，听五品已下先即优授"(《魏书》卷63《王肃传》，第1408页)。熙平元年(516)，梁寇晋寿，北魏命傅竖眼出讨梁将张齐，"给铜印千余，须有假职者，听六品已下板之"，《魏书》卷70《傅竖眼传》，第1559页。朝廷考课、议事、选举亦常以五品为限。例如，太和十八年，孝文帝诏制考课之制，"六品以下，尚书重问；五品以上，朕将亲与公卿论其善恶"，《魏书》卷7下《高祖纪下》，第175页；神龟元年(518)，胡国珍死赠太上秦公，张普惠上表，胡太后"召集王公、八座、卿尹及五品已上，博议其事"(《魏书》卷78《张普惠》，第1733页)，不具列。由此可见北魏后期五品以上官员群体的特殊性。

④ 《魏书·官氏志》载太和后令："太师、太傅、太保，右三师上公；王；大司马、大将军，右二大；太尉、司徒、司空；开国郡公。右第一品。"见《魏书》卷113《官氏志》，第2993—2994页。

⑤ 《通鉴》记载阿那瑰的位置曰"魏主引见阿那瑰于显阳殿，因置宴，置阿那瑰位于亲王之下"，见《资治通鉴》卷149《梁纪五》"武帝普通元年十月"条，北京：中华书局，1956年，第4661页。按，北魏宗室诸王有亲王与藩王之分，亲王指皇帝之子，藩王则为亲王子孙，地位有别。《通鉴》称阿那瑰位在亲王之下，唯此一见，《北史·常景传》亦作"藩王"，见《北史》卷42《常爽传附景传》，第1557页。此处以《北史》与《洛阳伽蓝记》所记为准。

上记载，朝宴时，亲王与藩王分处不同的位置，亲王位次上公，藩王则在一品最末一排。以此顺序为准，可对五品以上官员进行排列。因一品到五品包含官员众多，且其余品级官、爵排列的具体情况不明，此处以一品及从一品为主，分为两列。如右图所示，藩王与仪同三司位于同列且相邻的位置。阿那瑰为主宾，当东向而坐，因此有了“藩王、仪同之间”的安排。另外，阿那瑰兄弟、叔父所处的位置仅有“位于群官之下”一语，此处暂将四人分为两列。

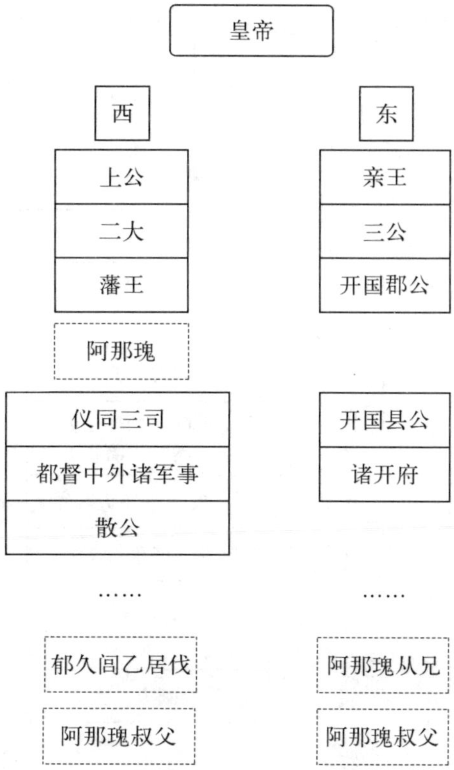

和平二年信都宴会场景构想图

作为柔然国主，阿那瑰受到了特殊礼遇，列位王、公之下，而随阿那瑰一起入魏的乙居伐及其从兄、叔父等人，在柔然虽身居高位，北魏朝宴中却只能列于群官之下，于百官之后升殿。这种安排可能是北魏宴飨来使的常例，在群官之后，根据国家地位，确定外国来使位次的先后顺序。[①] 遗憾的是，北魏的具体情况已难以确知。

正光元年的朝宴位次是否能为和平二年信都衡水之宴提供一定的参考？由于北魏前期鲜卑官制的影响，衡水宴会肯定与北魏后期的宴会存在区别。但另一方面，在华夏官制层面，北魏前、后期也具有一定的延续性。例如，一品之中，前、后令均保持了上公—王—二大—三公的顺序，北魏前期可能亦如此。文成帝崩后，献文帝继位，乙浑擅权。为把持朝政，在两个月内，乙浑快速升迁，经侍中、车骑大将军到太尉、录尚书事，再到丞相，最终“位居诸王上，事无大小，皆决于浑”[②]。可见，北魏前期三公亦在诸王之下，王之上虽有上公，但三师不掌实权，因此乙浑得以自任丞相擅权。北魏前、后期一品位次变动不大。据此，可以大概排列出信都之宴中一品官员的大概位置。

正光元年参与宴会者为五品以上清官，包含五等爵位。依此推测，参与宴会人员也当限定在与爵制相应的官品中。天赐元年（404），道武帝“减五等之爵，始分为四，曰王、公、侯、子，除伯、男二号”，“王第一品，公第二品，侯第三品，子第四品”，[③]对应前四品。而灵丘碑碑阴题名中有男爵，已为五等，应当对应一至五品。根据宫崎市定的研究，太和后令“是将以往的七品以下

① 太和五年有宋使殷灵诞与齐使车僧朗为“竞前后”而发生的暴力事件，见《魏书》卷7上《高祖纪上》，第151页；《魏书》卷98《岛夷萧道成传》，第2164页；《南齐书》卷57《魏虏传》，北京：中华书局，1972年，第988—989页。

② 《魏书》卷6《显祖纪》，第126页。

③ 《魏书》卷113《官氏志》，第2973页。

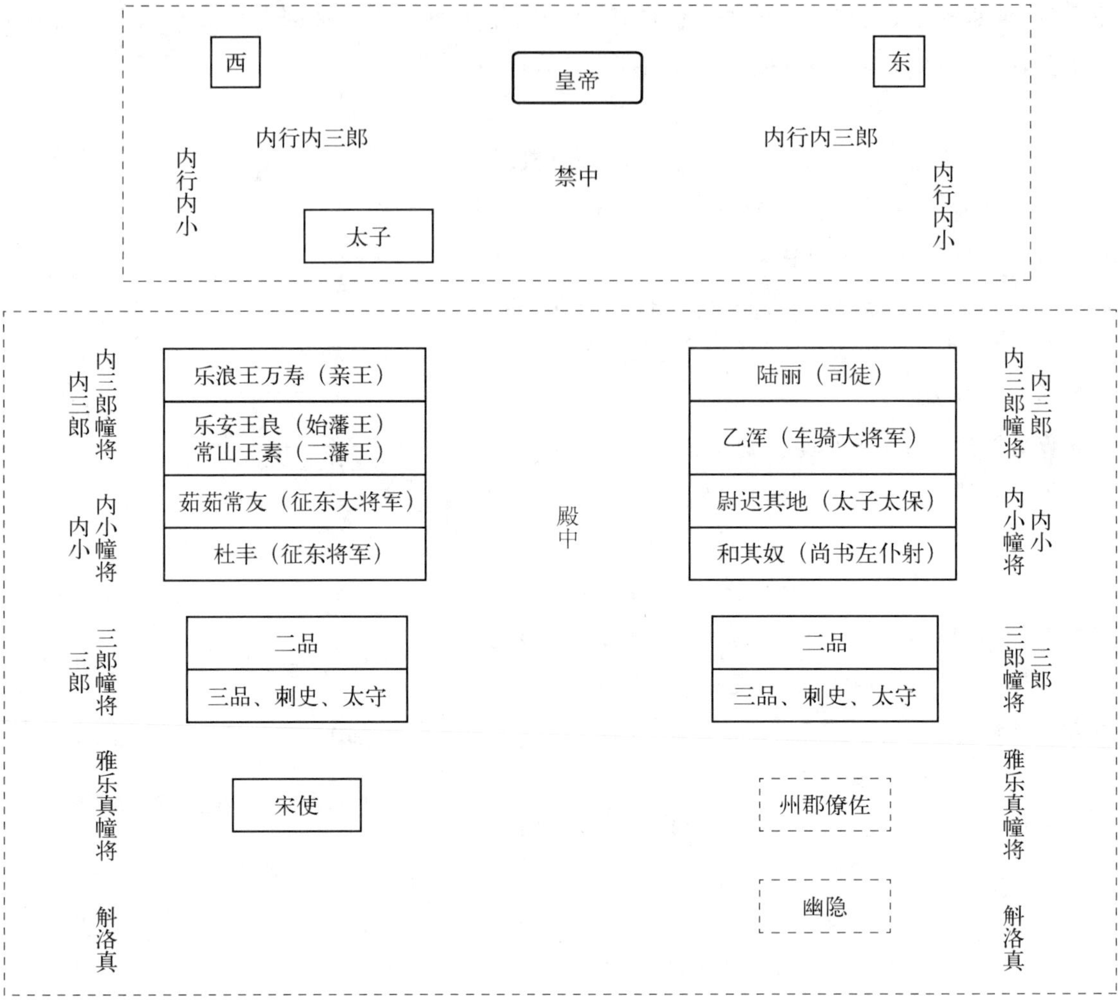

和平二年信都宴会位次构想图

切除，把保留下来的六品以上重新分成九品”，后令中的五品以上大致对应前令中的第一品至第四品中。[①] 那么，北魏前期实际可以参与宴会的官员，比北魏后期更加广泛。不过，灵丘碑碑阴题名中只见三品以上官职，出席信都之宴、列于一品之下的当是从官中的二、三品，包括首列前25人，第二列全部47人，以及第三列的前25人，[②]共97人，其中还有部分侍卫之官。此外，还有冀州刺史源贺与长乐太守。

---

① 宫崎市定：《北朝的官制与选举制度》，韩昇、刘建英译：《九品官人法研究：科举前史》，北京：中华书局，2008年，第231—325页。

② 前25人中，第9位为内都幢将，第10位至第25位可能均有内阿干之职。据已有的研究，内都幢将相当于后来的司卫监，可能在二、三品，内阿干相当于二品尚书。第二列题名虽残缺较甚，但可以确定第二列末至第三列前6人为内三郎幢将，亦即羽林中郎幢将，排在从三品的给事中、给事之上，大致为三品。参见松下宪一《北魏石刻史料に見える内朝官——“北魏文成帝南巡碑”の分析を中心に》，《北朝胡族体制论》，第57—86页；黄桢《北魏前期的官制结构：侍臣、内职与外臣》，《民族研究》2016年第3期。

群官之下当是刘宋使者。此外，考虑到在信都地方举行的宴会，代表地方大族的州郡僚佐和象征王朝德治之功的“幽隐”也可能出席，暂将其与刘宋使者共列于群官之末。

除列席的97名官员以外，其余100多名从官又如何参与此次宴会？黄桢近年对北魏早期官制结构进行了分析，指出北魏早期的禁卫武职也存在侍臣、内职的区分，分别负责禁中与殿中的护卫。灵丘碑碑阴首列内侍之官所见的殿中尚书、内都幢将—内行内三郎（即内行三郎）、内行令—内行内小均为内侍，内都幢将与内行内三郎、内行令与内行内小之间有统属关系；内三郎幢将、内三郎、斛洛真军将、内小幢将、三郎幢将、雅乐真幢将、斛洛真则为内职。根据黄桢的研究，也可以大体标示出侍卫官员的位置，只是斛洛真军将仅“明威将军斛洛真军将内三郎万忸于忿提”一人，当是由内三郎兼任，不予标出。

由此，可以得到如上宴会场景图（见《和平二年信都宴会位次构想图》）。必须说明的是，此图仅仅是以正光元年阿那瓌朝宴为参照形成的构想图，由于缺乏相关记载，很难推究细节，图中所展示的布局与当时实际情况可能仍有较大差距。尽管如此，这样的尝试也并非完全没有意义。可以推想，当文成帝决定在信都举行一场盛大的宴会时，负责巡幸礼仪的随行官员，即中常侍、宁西将军、仪曹尚书张宗之，散骑常侍、太子少保、仪曹尚书李䜣等人将参照相关典制和以往成例，对宴会的流程、仪卫、位次布局进行安排。天兴初，仪曹郎中董谧曾“撰郊庙、社稷、朝觐、飨宴之仪”①，这些关于国家、宫廷礼仪的规定应该就是宴会位次布局的基本依据。

在描述完壮观的活动场面与“盛礼”所带来的震撼之后。《南巡颂（并序）》对这一盛事得以举行的原因进行了分析。所谓“我后以圣哲钦明，君临四海，播文教以怀远服，彰武功以威不庭”，正是皇帝之盛德，正是北魏之文治武功，才使得“遐荒慕义，宇内归心”。“礼成事毕”，皇帝结束巡幸后所施行的慰劳百姓，复除租赋、徭役的政策，以及百姓对文成帝的讴歌，无疑也是皇帝施行仁政的表现。在华夏传统政治文化中，舜是巡幸文化的象征，东汉章帝的四方巡幸，也称美于当时。但在北魏朝臣看来，文成帝此次的巡幸“逾于往时”，究其原因，正在于“殊恩洽于无外，而可已乎”。因此，才有了铭刻信都南巡碑的动议，目的正在于“播清风于不朽，垂高略于无穷”。其与灵丘碑作为同一次巡幸事件的纪念碑刻，一南一北，使此次巡幸之盛事——更重要的是皇帝、王朝之盛德——流传后世。

四、北魏巡幸的特点与影响

宴会作为政治与社会文化的载体，在日常政治生活中发挥着重要作用。和平二年信都衡水之宴是北魏皇帝巡幸中的宴会，由于刘宋来使的参加，这次宴会也成为迎劳使者的交聘之宴。

---

① 《魏书》卷2《太祖纪》，第33页。《通典·礼典》中有“天子朝位”条，记录了唐代天宝三年（744）“辞见宴集，班列先后”的《公式令》，可见宴会时当有专门的位次规定，是礼仪制度的重要内容，只是唐代以前多不见记载。参见《通典》卷75《礼典·沿革·宾礼》“天子朝位”条，北京：中华书局，1988年，第2046—2047页。

作为前者，衡水之宴与其他巡幸中举行的宴会活动一样，是北魏巡幸活动的重要内容，与草原部族的经济生活、信仰、习俗有密切关系。[①] 衡水之宴举办之前搭建行宫、修筑观台，并进行驰射竞技等活动，与北方游牧民族的传统密不可分，继承了草原游牧的政治传统。

但另一方面，作为迎劳南朝来使的交聘之宴，衡水之宴也是外交场合，宴会的举行需要与之相应的"朝觐、宴飨之仪"，也受到北魏前期的政治制度的影响。文中利用北魏晚期史料制作的宴会场景构想图与实际的仪式场景必然存在差异，但可以推想，本应发生在京城宫廷的宴会和原本在宫城中举行的礼仪出现在地方，必定为来自州郡地方的宴会参与者和旁观者带来了巨大的震撼。"盛礼"之叹，当即由此而来。而在北魏的巡幸活动中，与周边部族与政权交往的事例不止一例。如太平真君三年(442)，太武帝幸阴山：

> 其时帝幸龙荒，游鸾朔北，南秦王仇池杨难当，舍蕃委诚，重译拜阙，陛见之所也。故殿以广德为名。魏太平真君三年，刻石树碑，勒宣时事。碑颂云：肃清帝道，振摄四荒。有蛮有戎，自彼氐羌；无思不服，重译稽颡。恂恂南秦，敛敛推亡。峨峨广德，奕奕焜煌。侍中、司徒、东郡公崔浩之辞也。碑阴题宣城公李孝伯、尚书卢遐等。从臣姓名，若新镂也。[②]

仇池氏杨难当于阴山朝见太武帝，也当有相应的朝觐之礼。更重要的是，杨难当朝觐后，太武帝以广德为殿名，并"刻石树碑"，称颂"肃清帝道，振摄四荒。有蛮有戎，自彼氐羌；无思不服，重译稽颡"。由此可知，外交、朝觐是北魏巡幸政治的重要内容，同时也被认为是反映皇帝、王朝盛德的表现。这一点又符合传统的华夏政治理念。结合衡水之宴与杨难当的事例不难发现，到太武、文成二帝时，北魏巡幸宴会已经具有了复杂的文化内涵。

再者，从记载来看，和平二年文成帝在信都接见刘宋来使，《魏书・高宗纪》记曰"三月，刘骏遣使朝贡"，并无特殊说明。可见，巡幸作为北魏皇帝施政的一部分，与京城、朝堂中相关政治活动所具有的功能相同。但在北魏早期，巡幸活动更多地集中在平城以北及西北地域，是北魏政权与北边诸部维持联盟与从属关系的重要形式。如明元帝永兴四年(412)、五年分别"幸北部诸落，赐以缯帛"，"自大室西南巡诸部落，赐其渠帅缯帛各有差"。[③] 神䴥四年(437)，太武帝幸漠南，北部敕勒莫弗库若于率部驱鹿，"诣行在所，帝因而大狩以赐从者，勒石漠南，以记功德"[④]。文成帝巡幸漠南，适逢"五部高车合聚祭天，众至数万，大会走马，杀牲游绕，歌吟忻忻"[⑤]等。河北、山东地域作为被征服区，早期并不是北魏的政治核心区域，也并非北魏巡幸的重点区域，但在太武、文成二朝，巡幸河北的次数显著增多。佐藤智水、何德章等学者在解释这一现象时，往

---

① 参见何德章《"阴山却霜"之俗解》，《魏晋南北朝隋唐史资料》第12辑；佐川英治《游牧と农耕の间——北魏平城の鹿苑の机能とその变迁》，《冈山大学文学部纪要》第47号；刘莹《北魏讲武考——草原传统与华夏礼仪之间》，《魏晋南北朝隋唐史资料》第35辑，上海：上海古籍出版社，2017年。

② 郦道元注，杨守敬、熊会贞疏：《水经注疏》卷3《河水》，第235—236页。

③ 《魏书》卷3《太宗纪》，第52、53页。

④ 《魏书》卷4上《世祖纪上》，第79页。

⑤ 《北史》卷98《高车传》，第3273页。

往从汉化或北魏政治、经济重心南移的角度出发。但从巡幸政治的视角来看，这种转变也可以视作北魏巡幸活动作用范围的扩大，是北魏皇帝将其针对北边、西北边诸部落的统治方式，应用在河北、山东等华夏王朝核心区域的表现。和平二年南巡中，州郡地方在衡水之宴感受到的朝廷威仪、百姓庶民对皇帝仁德的称颂，便反映出北魏皇帝与汉人建立的联系。

值得一提的是，与契丹等其他北方游牧民族建立的政权相比，巡幸政治在地域上的扩展是北魏的特殊现象。据《辽史・营卫志》，辽代四时捺钵皆有固定的地点，主要在长春州、庆州和永州地区，即辽上京一带。与此相对，北魏时期的巡幸活动并无相应的制度规定，皇帝每年巡幸的地点、时间、频率皆不相同，地域上则从早期的平城北部、西北一带，逐渐扩展至辽东、河北，再扩展至关中及青、齐一带。在这一过程中，皇帝与各新纳入北魏版图的区域建立了联系。

随着巡幸区域的扩展，北魏巡幸的仪式内容也逐渐发生着改变。《周礼》是北魏时期制礼作乐的重要参照。[①]《周礼》虽未系统记录天子巡狩礼仪，但唐人杜佑整理《周礼》及《仪礼》等相关记载，对周代巡狩礼仪进行了复原，其观点大致能反映中古时期关于周代巡狩礼仪的一般认识。而在唐代，巡狩礼仪首次出现在国家成文的礼典之中，成为吉礼的重要部分。[②] 唐制与周制之间的差异，大概能反映出中古时期对《周礼》巡狩礼仪的继承与发展。比较《通典》关于周、唐二制的记载可知，除了记述顺序稍有不同，唐代巡狩礼仪基本按周制制定，又对具体的仪式进行了细化。北魏巡幸活动的记载虽简略，但周制中的"祭所过山川""问百年""观风俗""黜陟诸侯"，及唐制中的"祭祀古先帝王、名臣、烈士"的活动也在北魏渐次出现。

以上，结合灵丘南巡碑与传世文献史料，通过分析高允《南巡颂(并序)》，再现了北魏和平二年南巡的大致经过以及衡水之宴的仪式场景。通过分析文体风格、结构及内容，不难发现，《南巡颂(并序)》实际是北魏文成帝和平二年南巡山东诸州时，于信都刻立的另一块南巡碑碑文的一部分。其所使用的典故和语词，与著名的山西灵丘南巡碑碑阳铭文高度相似并彼此呼应。利用《南巡颂(并序)》，一方面可以补充和平二年南巡的细节，另一方面也修正了学界既有的关于巡幸路线的认识。

另外，与灵丘南巡碑为纪念文成帝御射事件的目的不同，信都南巡碑的刻立是为了纪念此次巡幸中于信都举行的衡水之宴。《南巡颂(并序)》记述了此次宴会举办前的准备工作、参与者构成、宴会活动等内容，是目前所知关于北魏巡幸宴会最详细的记载。同时，这次宴会又恰逢刘宋遣使到来，这使得衡水之宴也成为迎接来使的外交场合。随行掌礼之官依据"朝觐、宴飨之仪"，在州郡地方呈现了本应在京城、宫城内举行的交聘之宴。壮观的驰射竞技、文雅的赋诗活

① 北魏时期，《周礼》在礼仪制度、宫城设计、职官制度等方面具有深刻的影响，并成为孝文帝改革的重要参照。相关研究，参见川本芳昭《五胡十六国・北朝史における周礼の受容をめぐって》，《魏晋南北朝时代の民族问题》，东京：汲古书院，1998年，第367—389页；楼劲《〈周礼〉与北魏开国建制》，《唐研究》第13卷，北京：北京大学出版社，2007年。

② 参见《通典》卷54《礼典・沿革・吉礼》"巡狩"条，第1500—1503页；卷118《礼典・开元礼纂类十三・吉礼》"皇帝巡狩"条，第3015—3025页。

动，以及盛大的礼仪场面，无一不在称颂皇帝，彰显北魏王朝文治武功、合同内外之盛德。作为北魏皇帝施政的一部分，衡水之宴展现了巡幸中外交政治展开的场景，和平二年的南巡也反映出北魏巡幸政治在地域上向山东区域扩展后，国家、皇帝与地方、人群建立起联系的过程。与此同时，北魏巡幸的方式和内容也发生了与之相应的变化，越来越具有《周礼》的色彩。从这一点来看，和平二年的南巡与衡水之宴所展现的丰富的文化内涵，恰是游牧与农耕两种政治传统的结合点，展现了北方游牧民族建立的政权在政治文化发展中的特殊历程。

（本文原刊于《历史研究》2021 年第 3 期，收入本书时对标题与内容稍作修订。）

作者简介：

刘莹，历史学博士、博士后，上海师范大学人文学院古籍所副教授，研究方向为魏晋南北朝史，在《历史研究》《中华文史论丛》《唐研究》等期刊发表论文数篇。

唐初法典编纂与法律秩序观

——以《武德律令》为中心

杨晓宜

摘　要： 本文以《旧唐书·刑法志》所载内容为主，综论唐初武德年间颁行法典的历史背景及意义。此篇史料载有编纂人员名单、唐高祖颁行法典的诏书、唐代初期法典体系的确立等内容，对于唐代法制史研究有重要的研究价值。由此本文探究法典与唐初治国蓝图的关系，分析《武德律令》在中国法制史上的历史定位，以及对于唐代初期法律体系之影响。唐代法典的制定、修订、颁布，不仅涉及皇帝的统治意识，也涉及编纂者所形成的群体关系、法典编纂者的政治背景，以及他们对于法律知识、法典制定的见解。武德年间的修法带有反省意味，以及新王朝初建的期待与威望，朝廷有意将此法典作为永垂后世的典范。法典体现了统治者的理想秩序观，也包含法典编纂者对于法律规范与体系的理解和建构。

关键词： 武德律令　法律秩序观　刑法志　唐高祖

一、前　言

法典是统治者治理国家的具体展现，统治者通过文字、法条规范、司法审判、诏告天下官民等方式将之呈现，从而建立一套治国的理想秩序。本文两大主轴分别为唐代法典编纂与法律秩序观。法典是统治者理想秩序的展现，“法典”这一概念带有经典性质，具有统治者的意志及维持社会秩序、规范百姓生活的功用。[①] 随着法典颁行，法典内容与形制影响了法律秩序观的建构。所谓法律秩序观，即皇帝以天子的身份治国，“天子受天命、治天下”，建构一套官僚体制的运作，通过颁行法典，将此“自然秩序的和谐化”具体地呈现在官方的法律体制与官制上，使人们的生活与自然法则结合，达到社会和谐的作用。法律不只约束人的行为，更重要的是教化百姓，

① 陶安：《法典与法律之间——近代法学给中国法律史带来的影响》，《法制史研究》2004 年第 5 期。

使社会各种规范与人的行为整合为一套和谐的运作规则。[①]

为探究法典与唐初治国蓝图的关系，本文以《武德律令》的编纂与颁行为核心，分析《武德律令》在中国法制史上的历史定位，以及它对于唐代初期法律体系之影响，此外，根据《旧唐书·刑法志》等相关史料，分析唐高祖武德年间颁布律令的背景、编纂者的政治背景、群体关系对法律知识和法典制定的见解。制定法典除了展现统治者的理想秩序，也包含立法者本身对于法律规范与体系的理解和建构。

对此，有四个讨论要点。一、建国之初皇帝统治与法典。从唐高祖的统治意志分析法典编纂，讨论其治国蓝图。二、唐初编纂法典的理由与依据。任何法典的编纂都有其历史背景与经典引用脉络，本文根据《旧唐书·刑法志》"序"与唐高祖颁行律令之诏书，说明唐初法典编纂的思想脉络。三、法典编纂的群体与组成。以《武德律令》编纂群体为例，分析他们的为官背景及对法律体系之建构，探讨唐初法典与唐高祖的治国理想。四、唐代法典与适用问题。《武德律令》是开启新世代的基业，法典重在当代实用，须符合时宜。从唐高祖的诏书与颁布新律令看来，唐初法典不但具有政治上的宣传效果，也具有实际运用的现实功能，据之可思考唐代统治者的权威建构与法典的关系。

二、唐高祖的统治与新法典

唐代初期，时值兵荒马乱，各项制度尚需重整、稳定，正当内忧外患之时。为宣扬国家权力的正统性，颁布律令于天下是一个重要且明显的政治意图。如《旧唐书·刑法志》指出唐初状况："百姓苦隋苛政，竞来归附。旬月之间，遂成帝业。……于时诸事始定，边方尚梗，救时之弊，有所未暇，惟正五十三条格，入于新律，余无所改。"[②]唐高祖初建新朝，登上皇位时间仓促，诸事尚未确立，百姓与社会秩序的问题亦未稳定，加上边疆仍有外患，初登皇位者须思索应变策略。颁布律令虽可诏告天下新王朝的建立，但必须考虑编纂的时间与行用问题。武德元年(618)六月下诏"废隋《大业律令》，颁新格"[③]，这是唐代第一次下诏删修律令，但目的在于废除《大业律令》，而非编纂新律令，仅颁行"新格"而已。唐高祖在法典体制上会有如此的做法，乃因时势尚未平稳，仅能以最紧急、方便的方式统治帝国，废除《大业律令》有重新拟定新律令基础的可能。

唐廷直至武德七年(624)才正式颁布新律令。[④] 唐初花费近七年的时间才平稳诸事，政事慢慢上轨道，才轮到讨论、执行律令重新编纂与颁布事宜。在此之前，仅是稍加修改《开皇律

---

① 甘怀真：《中国古代的罪的概念》，《中国古代政治史研究：皇权、礼仪与经典诠释》，台北：台湾大学出版中心，2004年，第363—390页。梁治平：《寻求自然秩序中的和谐：中国传统法律文化研究》，台北：台湾大学出版中心，2011年。

② 《旧唐书》卷50《刑法志》，第2133—2134页。

③ 《旧唐书》卷1《高祖本纪·武德元年条》，第7页。

④ 《旧唐书》卷1《高祖本纪·武德七年条》，第15页。

令》，另加上五十三条新格，入于新律，余无所改，以此作为暂且行用的律令。如《旧唐书·刑法志》载：

> 诏纳言刘文静与当朝通识之士，因开皇律令而损益之，尽削大业所用烦峻之法。又制五十三条格，务在宽简，取便于时。寻又敕尚书左仆射裴寂……撰定律令，大略以开皇为准。于时诸事始定，边方尚梗，救时之弊，有所未暇，惟正五十三条格，入于新律，余无所改。①

又《唐六典·尚书刑部》载：

> 皇朝武德中，命裴寂、殷开山等定律令，其篇目一准隋开皇之律，刑名之制又亦略同，唯三流皆加一千里，居作三年、二年半、二年皆为一年，以此为异；又除苛细五十三条。②

根据《旧唐书》与《唐六典》所载，唐高祖对于律令的删修、编纂有两次，一为武德元年"废隋《大业律令》，颁新格"，二为武德中以《开皇律令》为底本编纂新法典。然《唐六典》所述"又除苛细五十三条"为何？它与《旧唐书》记载"惟正五十三条格，入于新律"是否相同？据黄正建考证，《新唐书·刑法志》亦载为"五十三条"③，此处应作"条"，而非"格"，高祖时期尚未出现编辑诏敕而成的"格"。④

关于武德律令编纂的时间与内容，高明士、黄正建与楼劲已有分析。⑤ 高明士认为武德元年分两阶段修法，先由刘文静主持，六月公布新格，后改由裴寂修法，十一月完成五十三条格定案。然黄正建认为武德元年六月是废除《大业律令》，对《开皇律令》稍加修改后颁行，此处"新格"指加以损益的《开皇律令》。此外，唐高祖时期两次任命修撰人员，第一次是武德元年，第二次是武德六年，至武德七年完成新律令的编修，下诏颁行天下。武德七年唐高祖下诏编纂新律令，可谓替新王朝注入了一股力量，不仅展现统治者的威望与治天下的抱负，亦是新王朝建立的代表作之一。虽历时七年政权才逐渐平稳、颁行新法典，但在政治上的治理蓝图与权威性的展现，亦不失新王朝初建的威望。

唐初编纂新法典历经多次修改，编纂人员的任命与内容删修都历经了动荡与逐渐平稳的过程。为了让法典本身具有效力，使新皇帝的政治权威获得正统性，唐高祖颁行新律令的诏书亦

---

① 《旧唐书》卷50《刑法志》，第2134页。

② 李林甫等撰，陈仲夫点校：《唐六典》卷6《尚书刑部》，北京：中华书局，1992年，第183页。

③ 《新唐书》卷56《刑法志》，北京：中华书局，1975年，第1407—1409页："唐兴，高祖入京师，约法十二条，惟杀人、劫盗、背军、叛逆者死。及受禅，命纳言刘文静等损益律令。武德二年，颁新格五十三条，……已而又诏仆射裴寂等十五人更撰律令，凡律五百，丽以五十三条。"

④ 黄正建：《有关唐武德年间修定律令史事的若干问题——唐代律令编纂编年考证之一》，《隋唐辽宋金元史论丛（第3辑）》，上海：上海古籍出版社，2013年，第29—30页。对于此见解，楼劲认为此处应作"五十三条格"。参考楼劲《武德时期的立法与法律体系——说"武德新格"及所谓"又〈式〉十四卷"》，《中国史研究》2014年第1期。

⑤ 高明士：《唐代武德到贞观律令的制度》，《律令法与天下法》，台北：五南出版社，2012年，第112—163页。黄正建：《有关唐武德年间修定律令史事的若干问题——唐代律令编纂编年考证之一》，第20—33页。楼劲：《武德时期的立法与法律体系——说"武德新格"及所谓"又〈式〉十四卷"》，第35—48页。

是引经据典，说明新法的重要性，“禁暴惩奸，弘风阐化，安民立政，莫此为先”[①]。这段可呼应《旧唐书・刑法志》之“序”，“立刑以明威，防闲于未然，惧争心之将作”[②]，体现了唐初新法典对于稳定社会秩序的重要性，通过经典内容，以及儒家所说的明威、防闲，宣扬安民、教化的功用。此外，高祖诏书强调前朝律令的弊病与缺陷，表明自己身为新王朝的首位帝王，应有治理天下的抱负，总结前代制度，重新统整、增损，使法典得以永垂天下。诏书内容主在说明必须立法的理由，即安民、稳定社会秩序。虽然刑法的使用在战国、秦汉时期有其弊病，但为了国初基业的稳定，须使用法律约束天下。高祖提到“治民之道，实有未弘，刑措之风，以兹莫致”。在治民方面，表面上支持礼与教化，但尚未达到全面教化的境界，必须采用刑法。这虽是统治者的统治手法，但也意味着唐初基业面临的困难，致使高祖花费一段时间后才完成新法典的编纂。编纂新法须有依据，唐高祖总结前代法典在制定与行用上未能有效解决的问题，如魏晋法典宽严不合理、条目章节不清，隋代虽有所革新，但各式章程尚未完备，致使“览者惑其浅深，异例同科，用者殊其轻重，遂使奸吏巧诋，任情与夺，愚民妄触，动陷罗网，屡闻厘革，卒以无成”[③]。大唐作为一个新兴王朝，势必需要政治意志，重新编定新法典，展现国威。

唐高祖诏书指出前代之弊，凸显了新王朝的历史地位。此宣示犹如修史一般，刻意表现出前朝的败坏，将新王朝重新塑造成“天下归附”“爱民”“教化”等的良好形象。相似书写模式可参考贞观年间编修的《隋书・刑法志》，[④]其中指出前朝法律历史发展的过程与弊病，依序记载梁、陈、北齐、北周、隋五个朝代的法律发展。唐代人的铺述手法呈现了唐代继承南北朝及隋代的正统性，如梁律方面的记载为“乃制权典，依周、汉旧事，有罪者赎”[⑤]，又陈律部分为“得梁时明法吏，令与尚书删定郎范泉，参定律令。……自余篇目条纲，轻重简繁，一用梁法”[⑥]，北齐部分大多承继魏律而来[⑦]，至于北周律，西魏文帝于大统十年(544)撰定新法典：“魏帝命尚书苏绰，总三十六条，更损益为五卷，颁于天下。其后以河南赵肃为廷尉卿，撰定法律。”[⑧]书写者以各朝之法典制定为起始，说明彼此间的差异性与继承前朝法律制度的特性。

综观《旧唐书・刑法志》、唐高祖诏书、《隋书・刑法志》可知，唐代初期对于法律体系与法典的建构带有“承先启后”的重要定位。如唐高祖在诏书中明确指出：“补千年之坠典，拯百王之余

---

① 《旧唐书》卷 50《刑法志》，第 2134 页。

② 《旧唐书》卷 50《刑法志》，第 2133 页。

③ 《旧唐书》卷 50《刑法志》，第 2134 页。

④ 《隋书・宋天圣二年隋书刊本原跋》：“贞观三年(629)，续诏秘书监魏徵修隋史，左仆射房乔总监。徵又奏于中书省置秘书内省，令前中书侍郎颜师古、给事中孔颖达、著作郎许敬宗撰隋史。徵总知其务，多所损益，务存简正。序、论皆徵所作。……(贞观)十五年，又诏左仆射于志宁、太史令李淳风、著作郎韦安仁、符玺郎李延寿同修五代史志。凡勒成十志三十卷”。

⑤ 《隋书》卷 20《刑法志》，第 697 页。

⑥ 《隋书》卷 20《刑法志》，第 702 页。

⑦ 《隋书》卷 20《刑法志》，第 704 页。

⑧ 《隋书》卷 20《刑法志》，第 707 页。

弊，思所以正本澄源，式清流末，永垂宪则，贻范后昆。爰命群才，修定科律。”①唐高祖对于新订律令带有期待和抱负，希望此部法典能永垂后世、正本清源，作为后世用法的典范与依据。有别于前朝法典，唐初订立的法典是补充不足、删除前朝弊端的典范。此观点延续至唐高宗永徽年间编修《唐律疏议》，总编者长孙无忌于《进律疏表》中曰：“实三典之隐括，信百代之准绳。铭之景钟，将二仪而并久；布之象魏，与七曜而长悬。庶一面之祝，远超于殷简；十失之叹，永弭于汉图。”②国家法典具有继承前朝的正统性，如“将二仪而并久”“永弭于汉图”，更见唐代人在法律制度上的自信与抱负。唐代法典结合历代法律的优势，改革不良之法，创建法律体系。就法律书写的角度而言，唐初法律思想体现了他们的高度自信，是唐代人在法律书写与法典颁行上的特点。

三、唐初编纂法典的理由与依据

探讨唐代法典编纂的法律思想基础，可以《旧唐书·刑法志》序文为观察点，了解唐代对法典与法律的诠释，分析唐初关于法典颁布的想法与其实用性。《旧唐书·刑法志》之“序”曰：

> 古之圣人，为人父母，莫不制礼以崇敬，立刑以明威，防闲于未然，惧争心之将作也。故有轻重三典之异，官墨五刑之差，度时而施宜，因事以议制，大则陈之原野，小则肆诸市朝，以御奸宄，用惩祸乱。兴邦致理，罔有弗由于此者也。③

《旧唐书·刑法志》之“序”说明了唐代法典编纂的背景与理由，书写内容大抵和其他正史的刑法志相似，包含格式、用词、法律概念等。书写者首先阐释“君者为人父母”的概念，紧接着是制礼、明威。订立法典体系乃是因人群聚而产生争心，④需要通过法律、刑罚、礼来规范、约束天下官民的理想秩序。《旧唐书·刑法志》的典故和用词，可对比《汉书·刑法志》，⑤所谓君者为父母，乃出自洪范之说，强调君者应仁爱天下之民，犹如父母爱子女一般，善待人民，以爱民为出发点，进而点出君者立法的合理依据，即“制礼以崇敬，作刑以明威”。《刑法志》“序”提到君为父母之仁爱的概念，表明立法的初衷出自“爱”而非惩罚，有意将立法作刑视为不得已的做法，标示“法”

---

① 《旧唐书》卷50《刑法志》，第2135页。

② 长孙无忌编，刘俊文点校：《唐律疏议》，北京：中华书局，1983年，第579页。

③ 《旧唐书》卷50《刑法志》，第2133页。

④ 《汉书·刑法志》：“故不仁爱则不能群，不能群则不能胜物。群而聚之，是为君矣；归而往之，是为王矣。人既群居，不能无喜怒交争之情，乃有刑罚轻重之理兴矣。”所谓法律，最初是以刑罚为准则，而并非法律体系的概念，刑之出现主要在于规范人的行为。尤其在群体生活的模式之下，如何维持稳定的秩序是身为统治者最为重要的课题。人与刑罚为充分必要条件，两者缺一不可，而刑罚之订立者正是君王，通过政权与权威性的建立，使法律具有执行的效力。先以刑罚的方式出现，惩罚是一种规范行为，人群而聚之，势必制定法律来约束大众。参考《汉书》卷23《刑法志》，北京：中华书局，1964年，第1079页。

⑤ “洪范曰：‘天子作民父母，为天下王。’圣人取类以正名，而谓君为父母，明仁爱德让，王道之本也。爱待敬而不败，德须威而久立，故制礼以崇敬，作刑以明威也。”《汉书》卷23《刑法志》，第1079页。

的重要意义与发展背景。这是书写者与国家统治者的政治手法，明知刑罚伤人，但为了巩固政权、阐扬君王治天下的抱负，借用“君爱民”的思想基础，将推行刑法变成合理的治国之策。

比对各代刑法志的书写格式，可看到相似的论调与思想，如《新唐书·刑法志》“序”：

> 古之为国者，议事以制，不为刑辟，惧民之知争端也。后世作为刑书，惟恐不备，俾民之知所避也。其为法虽殊，而用心则一，盖皆欲民之无犯也。然未知夫导之以德、齐之以礼，而可使民迁善远罪而不自知也。[①]

书写者宋代的欧阳修也持有相似观点，所引用的经典依据和思想基础类似，明确指出颁行法典的最后目的为“盖皆欲民之无犯”，意即理想秩序的安排是统治者最期待的结果，百姓不乱、不争、不犯法，自然获得安稳的社会秩序。但欧阳修对于法典的想法不同，后段又提到援用“德”“礼”以取代“法”的效用，则百姓可远离犯罪之途。欧阳修刻意反驳法典编纂一贯的理由与经典依据，这与他个人的学术思想背景与性格有关。在礼与法之间如何取得平衡，一直是传统法典编纂的重要课题。[②] 传统中国的法律秩序观大多引用儒家经典学说，即爱民、明威、防闲与惧争心等，以此作为法典编纂、颁行的合理依据。

在阐明立法初衷后，《刑法志》书写者须引经据典说明刑法的使用与历史，作为统治立法的依据，此写法是参考各代刑法志而来，[③]如三典五刑、陈诸原野、肆诸市朝、[④]兴邦致理、九刑等，皆出自《尚书》《周礼》《国语》《左传》等。引经据典除了铺陈立法的历史渊源，也体现刑法使用的合理性。法典的规范与颁布就是国家权力的象征，是建构法律秩序与社会秩序的基础，如果法不正，则国家权力难以展现。《旧唐书·刑法志》“序”也表明法典须“度时而施宜，因事以议制”，可谓中国传统法典体系的特色之一。立法者在严密的法条规范之下，要根据时宜作调整，法典本身具有弹性的一面，它可依照不同时局作出适当的判决，也可通过议制、众臣讨论的方式，让法律效力发挥其作用，又有适当的解决方法。

这类概念也实践在《武德律令》的编纂上，如《旧唐书·刑法志》记载：“诏纳言刘文静与当朝

---

① 《新唐书》卷56《刑法志》，第1407页。

② 中国传统法的特色是“礼刑合一”的特质，礼是一种社会的规范或秩序的维持者，通过法典的编撰将“礼”具体化，进而阐明统治者与法律运用之间的关系。参考黄源盛《唐律中的礼刑思想》，《汉唐法制与儒家传统》，台北：元照出版社，2009年，第177—212页；梁治平《礼与法：法律的道德化》，《寻求自然秩序中的和谐：中国传统法律文化研究》，第313—360页；高明士《法文化的定型：礼主刑辅原理的确立》，柳立言主编《中国史新论：法律史分册》，台北：联经出版公司，2008年，第51—101页；马若斐《重估由汉至唐的“法律儒家化”》，柳立言主编《中国史新论·法律史分册》，台北：联经出版公司，2008年。

③ 陈俊强：《汉唐正史〈刑法志〉的形成与变迁》，《台湾师范大学历史学报》2010年第43期。

④ 出自《国语·鲁语上》：“大者陈之原野，小者致之市朝。”《汉书·刑法志》亦有引用：“大刑用甲兵，其次用斧钺；中刑用刀锯，其次用钻凿；薄刑用鞭扑。大者陈诸原野，小者致之市朝，其所繇来者上矣。”大刑施用的场所是“陈诸原野”。大刑即发动战争，对象是异族或敌国。相对于“陈诸原野”的大者，则是“致之市朝”的小者，为《国语·鲁语》的“中刑”，使用的工具是刀锯、钻凿等。刀锯泛指割断身体的肉刑，即劓、宫、刖等；钻凿泛指钻刻肌肤的肉刑，即髌、黥等。这类刑罚施行的场所或是朝或是市，对象自然包含国内的官人和庶民。《汉志》讨论的就是《国语·鲁语》的大刑和中刑，至于鞭扑之类的“薄刑”，有别于施于国的中刑和施于天下的大刑，只是施于家内的处罚。参考陈俊强《汉唐正史〈刑法志〉的形成与变迁》，《台湾师范大学历史学报》2010年第43期。

通识之士，因《开皇律令》而损益之，尽削大业所用烦峻之法。又制五十三条格，务在宽简，取便于时。”[①]又唐高祖诏书提到：“今古异务，文质不同，丧乱之后，事殊曩代，应机适变，救弊斯在。是以斟酌繁省，取合时宜，矫正差遗，务从体要。”[②]《册府元龟》曰：“武德元年既受隋禅……采定开皇律行之，时以为便。”[③]检视《武德律令》编纂的背景，可知“取便于时”“应机适变”“取合时宜”等观念。由于唐代初建时的不稳定与动荡时局，唐高祖对于法典的编纂与颁行，注重选择时机和取其便利，但因时间仓促，无法有效完成新律令的编纂，加上各方乱事未平，实无心力处理繁杂的狱讼案件。隋代《开皇律令》成为唐初重要的法典参考依据。唐高祖先引用儒家经典“爰民明威”的法律思想，再辅以适当时机采用的方便之策，解决当时法典的行用问题。

为了表明现任统治者理想的法律秩序观，势必追溯前朝立法的弊病与问题点，进而提到当朝修改律令的必要性。如《旧唐书·刑法志》记载：“自汉迄隋，世有增损，而罕能折衷。”又言隋文帝、隋炀帝在法律轻重之间失衡，造成国家灭亡，暗讽隋代皇帝滥杀无辜的历史事实。另外，唐高祖的诏书详尽地阐述了前朝在法典上的弊病：

> 自战国纷扰，恃诈任力，苛制烦刑，于兹竞起。秦并天下，隳灭礼教，恣行酷烈，害虐蒸民，宇内骚然，遂以颠覆。汉氏拨乱，思易前轨，虽复务从约法，蠲削严刑，尚行菹醢之诛，犹设锱铢之禁。治民之道，实有未弘，刑措之风，以兹莫致。爰及魏、晋，流弊相沿，宽猛乖方，纲维失序。下凌上替，政散民凋，皆由法令湮讹，条章混谬。自斯以后，宇县瓜分，戎马交驰，未遑典制。有隋之世，虽云厘革，然而损益不定，疏舛尚多，品式章程，罕能甄备。加以微文曲致，览者惑其浅深，异例同科，用者殊其轻重，遂使奸吏巧诋，任情与夺，愚民妄触，动陷罗网，屡闻厘革，卒以无成。[④]

唐高祖诏书名义上是皇帝意志的传达，但拟诏者可能是唐代朝臣，诏书除了表明唐高祖的想法，也是当时重要官员在立法思维上的展现。根据诏书内容，以下分几点说明唐初对于前代法典的批评与反省。

其一，对刑罚执行的反省。先批评秦刑过重，又言汉代仍行肉刑、不爱惜人命、使用酷刑稳定社会秩序，最后造成百姓反抗，未重视礼教仁德之风。其二，检讨法条多寡的问题。法典一开始着重于大方向的编纂体例，随着时局改变与实用性，须增补各类法条以补充原先法典不足之处。唐初诏书指出战国之后“苛制烦刑”，汉代法条严密，直至魏晋时期弊端相沿。批判法条过于严密的问题，呼应了前述唐高祖诏书提倡“务在宽简”的思维。其三，法典章令的体例混乱不一，因魏晋南北朝并未形成隋唐的统一规制，各国法典章程不同，造成执法者断案无所从，导致法条引用与理解上的错误，百姓不懂法而深受其害。不论是执法者还是百姓，法典的实用性有

---

① 《旧唐书》卷50《刑法志》，第2134页。
② 《旧唐书》卷50《刑法志》，第2135页。
③ 王钦若等编：《册府元龟》卷612《刑法部·定律令第四》，北京：中华书局，1994年，第7342页。
④ 《旧唐书》卷50《刑法志》，第2134页。

限。除了法典编纂体例的差异，也有法条严密繁琐的问题。严刑、法条严密繁琐、法典体例不清等实际问题，都是唐初立法者与统治者反省的要点，他们试图建立一个法条宽简且具实用性的法典体系，作为后世参考的典范。

唐高祖虽然刻意批判前朝法典的缺失，却在编纂《武德律令》时采用隋代《开皇律令》作为参考蓝本，两者之间实有矛盾所在。对于隋代法律的批评也延续至贞观年间《隋书·刑法志》的书写上，其重点正是检视前朝法典弊端与贬低隋代皇帝。比对《隋书·刑法志》，可知唐初武德年间到贞观年间的立法思维：

> 若乃刑随喜怒，道睽正直，布宪拟于秋荼，设网逾于朝胫，恣兴夷翦，取快情灵。若隋高祖之挥刃无辜，齐文宣之轻刀脔割，此所谓匹夫私仇，非关国典。孔子曰："刑乱及诸政，政乱及诸身。"心之所诣，则善恶之本原也。①

《隋书》为贞观三年(629)后复修而成，此段史料毫无保留地批评隋代皇帝滥用刑罚的缺失，指出"刑乱及诸政，政乱及诸身"的结果，这种倒果为因的书写模式，说明唐代书写者在法律思想方面拥有强烈的道德观。此观点来自儒家思想，引用孔子之说来证明法律与王朝之间的问题，即"刑乱造成政乱"。与其说"刑乱造成政乱"，不如说是书写者强调隋代朝政之败坏，造成了刑法混乱、法律不行的局面，书写者表达的应是"政乱及诸刑"。虽然《刑法志》之编撰主在记录法律，但其内容含有强烈的政治色彩，可知唐初官员在法律书写上所体现的意义与思想，除了通过《刑法志》引前代之例以为鉴，其背后意义是统治者如何善用刑法以达到社会的长治久安。

唐高祖在诏书上虽批判隋代法典体系的问题，但实际运作上却将《开皇律令》作为编纂蓝本，有以下几点可能的原因。其一，唐初诸事未平，取其时宜与方便，暂且引用《开皇律令》为准则再进行修改。其二，隋文帝时期"参用周、齐旧政，以定律令，除苛惨之法，务在宽平"②，符合唐高祖"务在宽简"的想法。其三，隋炀帝是批判对象，"炀帝忌刻，法令尤峻，人不堪命，遂至于亡"③。《旧唐书·刑法志》描述方式与《隋书·刑法志》相似，认为隋炀帝在法律上相当严苛，造成暴政亡国的结局。这是对隋炀帝本身的批判，不一定是针对《大业律令》。唐高祖采用《开皇律令》为编纂蓝本，两相比对下，隋文帝建构的法律秩序观较符合唐高祖的想法，加上隋炀帝为亡国之君，因而刻意将两者区分开来，体现唐朝初建的新气象及理想法律秩序观的重建。

综合而言，比对《旧唐书·刑法志》《隋书·刑法志》等史籍可知，唐代人编纂法典时，紧密结合政治因素，强调儒家仁爱之说，重视国君用法是否合理。"法典"是统治者治理国家之理想的具体展现，尤其在中国传统法的范畴里，统治者的理想通过文字、法条规范、司法审判等方式呈现，诏告天下官民。颁行法典可谓统治者对于理想秩序的期待与展现。

---

① 《隋书》卷20《刑法志》，第696—697页。
② 《旧唐书》卷50《刑法志》，第2133页。
③ 《旧唐书》卷50《刑法志》，第2133页。

四、法典编纂的群体与组成

法典的制定、修订、颁布，除了体现皇帝的统治意识，也体现立法群体的意识。唐初在法制上最具影响的事件正是编纂法典。第一次删修律令发生在武德元年(618)，根据《唐会要·定格令》：

> 武德元年六月一日。诏刘文静与当朝通识之士，因隋《开皇律令》而损益之。……其年十一月四日。颁下。仍令尚书令左仆射裴寂、吏部尚书殷开山、大理卿郎楚之、司门郎中沈叔安、内史舍人崔善为等，更撰定律令。十二月十二日。又加内史令萧瑀、礼部尚书李纲、国子博士丁孝乌等，同修之。①

第一次编纂团队有尚书令左仆射、吏部尚书、大理卿、刑部司门郎中、内史舍人(中书省)等，涉及单位有尚书省、中书省、司法部门、吏部、礼部等。因关系到法典编纂是否得当，司法单位人员占有一定比例。但史籍以"等"字作结，可能包含其他人员。在人员的添加上共有三次：一为下诏编纂新法典；二为确立编纂体系，主体为尚书省与司法单位人员；三为加上辅助编纂者，包含礼部与国子监，除了重视法律知识，也着重于参考礼制、经典学说，可看出唐初法典编纂的三个阶段过程与关注点的状况。

第二次编修发生在武德二年(619)，《旧唐书·刑法志》完整记录相关单位与人员名单，确立了《武德律令》编纂的体系与背景：

> 敕尚书左仆射裴寂，尚书右仆射萧瑀及大理卿崔善为，给事中王敬业，中书舍人刘林甫、颜师古、王孝远，泾州别驾靖延，太常丞丁孝乌，隋大理丞房轴，上将府参军李桐客，太常博士徐上机等，撰定律令，大略以开皇为准。②

所记载的编纂者有裴寂、崔善为、王敬业等。以下结合相关史料与大理寺、刑部官员的整理统计，分析立法者的背景，以及他们对于法律知识、法典制定的见解。参与编纂法典的人员，主要是武德六年第二次修法的编纂团队，列名者共十二位，所属单位包含尚书省(二位)、中书省(三位)、门下省(一位)、大理寺(二位)、太常寺(二位)、法曹参军(一位)、地方官(一位)。从所属单位推测，唐初参与立法的机构"三省"是主要的核心单位，有负责人员进行编纂、沟通、协调等。尚书省左仆射裴寂和右仆射萧瑀是主要带头编纂的领导。此类重大经典多由尚书省宰相挂名，体现了新王朝对于经典、律令的重视。加上刑部隶属于尚书省，既然牵涉法典编纂，理当由尚书省宰相负起带领之职，宰相通常为挂名，不一定实际参与编纂法典的工作。

另外，编纂法典涉及礼法问题，因而大理寺、太常寺也加入编纂工作。③ 大理寺熟悉法律，

---

① 《唐会要》卷39《定格令》，上海：上海古籍出版社，2006年，第701页。

② 《旧唐书》卷50《刑法志》，第2133—2135页。

③ 关于武德年间编纂团队之研究，参考黄正建《有关唐武德年间修定律令史事的若干问题——唐代律令编纂编年考证之一》，第31—32页；董劭伟、王建峰《唐武德时期律令制定当论》，《天水行政学院学报》2010年第1期。

又有审理案件的经验，唐高祖请大理卿崔善为协助此事。大理卿掌“邦国折狱详刑”之事。[①] 为了丰富法典内容，法律知识与经验也值得关注，故邀请大理丞房轴参与。大理丞掌参议刑辟，详正科条之事。[②] 在十二名人员中，大理寺有二位，因《武德律令》参考《开皇律令》，故将大理卿崔善为与隋大理丞房轴列入团队，他们是参与法典编纂的主力军。太常寺为主持国家礼仪的单位，熟悉礼的规范与仪式，唐代法典参考前朝律令体制，包含礼法精神，加入大理寺、太常寺协助编纂，可知其组成人员与法典性质的关系。太常寺人员有丁孝乌、徐上机，两位皆无传，无法清楚得知相关背景，仅能就所属单位进行推论，他们可能与法典的礼制部分有关。丁孝乌曾参与武德元年修法团队，时为国子博士，至武德六年迁转为太常丞，与礼制有关。此外，同为武德元年修法团队中的裴寂、萧瑀、崔善为三人，部分官职有所更动，如萧瑀由内史令（中书令）转为尚书右仆射，崔善为由内史舍人转为大理卿。[③] 第二次修法团队与第一次修法团队有共同的编纂人员，主要集中在尚书省长官（挂名者）及礼法有关部门，随着官职迁转，额外加入其他新成员。

参与人员中除了泾州别驾靖延身份不明，大多任职三省或与礼法相关部门。其中上将府参军李桐客，武德年间为李世民秦王府的法曹参军事，[④]据《唐六典·三府督护州县官吏》：“法曹、司法参军掌律、令、格、式，鞫狱定刑，督捕盗贼，纠逖奸非之事，以究其情伪，而制其文法。赦从重，而罚从轻，使人知所避而迁善远罪。”[⑤]法曹参军事、司法参军事掌理法律条文与司法诉讼的审理，[⑥]深究案情予以定夺，负有监督追捕盗贼的责任，维护当地治安。由此可知，《武德律令》编纂人员各有专精，尤以法律专业领域为主。从十二位参与人员看来，与司法单位有关者三位，比例约占25%；与礼制有关者二位，约占17%；中央官职者（三省）六位，约占50%；地方官一位，约占8%。礼法问题在唐初法典编纂上有相当大的影响力，相关人员约占42%，几近半数，他们具有一定的知识背景与实务经验，是法典编纂的主体。至于中央的三省单位，大多是挂名主编者，实质上可能未参与全面的讨论与编修，顶多参与法典检定、审阅。

---

① 《旧唐书》卷44《职官志》，第1884页。

② 《旧唐书》卷44《职官志》，第1884页。关于房轴，《旧唐书》与《新唐书》皆注明为隋大理丞，《册府元龟》并未标注朝代，其他史籍也未出现此条。为何唐高祖要让隋代大理丞参与编纂？亦或这是史籍上的衍字？因证据不足，无法言明。就以上史籍时间，《旧唐书》时间最早，可信度较高，《新唐书》参考《旧唐书》，内容相同。《册府元龟》为北宋所编，可能遗漏“隋”字。推测唐高祖将房轴列入编纂行列，应是以其司法能力为主，他曾担任隋代大理丞，至于唐高祖时期是否有担任其他官职，因目前信息不足无法证明。黄正建认为《武德律令》编纂团队可能不熟悉隋代律令，迟迟无法完成编纂工作，因而加入隋官房轴予以协助。参考黄正建《有关唐武德年间修定律令史事的若干问题——唐代律令编纂编年考证之一》，第32页。

③ 就官名而言，《旧唐书》所载和武德元年不甚相符，《唐会要》可能较为符合。由内史舍人、内史令及中书舍人、给事中可知，武德三年（620）改纳言为侍中，内史令为中书令，给事郎为给事中。参考董劭伟、王建峰《唐武德时期律令制定当论》，《天水行政学院学报》2010年第1期。

④ 《旧唐书》卷185上《李桐客传》，第4785页。

⑤ 《唐六典》卷30《三府督护州县官吏》，第749页。

⑥ 唐代司法参军掌律令格式，乃指他们具有保管、查找律令格式的职责，而非制定律令。此外，法曹“鞫狱定刑”，代表他们有审案权和判案权，是专职的司法机构。黄正建：《唐代司法参军的知识背景初探》，《唐研究（第20卷）》，北京：北京大学出版社，2014年。

《旧唐书·刑法志》列名者有十二人，查阅其他史籍，可填补未列名者。根据仁井田陞考证，还有其他人员参与法典删定。据《旧唐书·刑法志》及《册府元龟》载，有给事中王敬业，中书舍人刘林甫、颜师古、王孝远，泾州别驾靖延，大理寺丞房轴，上将府参军李桐客，太常博士徐上机；而据《旧唐书·儒学列传》所记，大理卿郎楚之、侍中陈叔达也参与删定；[①]《新唐书·韩瑗传》记载武德初大理少卿韩仲良参加律令删定。[②] 这次律令是武德七年(624)三月完成，同年四月庚子朔颁行。凡律12卷，令31卷。[③] 仁井田陞除了参考《旧唐书·刑法志》，亦查阅其他史籍补上相关参与编纂者，综观所属单位，以三省、大理寺为主，组成性质大抵相同。

《武德律令》编纂人员多为朝廷要臣，是唐初开国功臣与高祖心腹，如裴寂、萧瑀等；[④]或兼具学识渊博者，如刘林甫以才干著称，著《律议》，有丰富的法律知识背景；[⑤]颜师古博览群书，学问通博，擅长文字训诂、声韵、校勘之学，考订《五经》，通晓儒家经典学说，有助于法典上礼制的编纂；[⑥]崔善为兼善天文历算，明达时务，有疑难案件常派崔善为审理，都能巧妙地解决。[⑦]《武德律令》编纂组善用各类人才，除了开国功臣，亦包含善于法、礼者。根据表1统计，除了部分编纂人员无传，无法得知籍贯外，标明籍贯者多为北方地域出身，如蒲州(今山西省)、贝州(今河北省)、魏州(今河北省)、雍州(今陕西省)、冀州(今河北省)，集中于山西、河北、陕西一带，居于朝廷机要之处，多为唐高祖时期重臣。

表1 《武德七年律令》编纂人员[⑧]

姓　名	官　职	任职时间	籍　贯	备　注
裴　寂	尚书左仆射	武德六年。	蒲州桑原	宰相身份，精通政务。开国重臣。
萧　瑀	尚书右仆射	武德元年迁内史令(中书令)。	后梁明帝子	宰相身份，精通政务。开国重臣。

① 《新唐书》卷199《郎余令传》，第5659页："武德时，(郎)楚之以大理卿封常山郡公，与李纲、陈叔达定律令。"仁井田陞将郎余令误为郎楚之，楚之为余令之祖，武德元年任大理卿时参与第一次修法团队。参考仁井田陞撰，栗劲等编译《唐令拾遗》，长春：长春出版社，1989年，第810页。

② 《新唐书》卷80《韩瑗传》，第2739页："(韩)仲良，武德初为大理少卿，受诏与郎楚之等掌定律令。"

③ 仁井田陞：《唐令拾遗》，第809—810页。

④ 参考黄正建《有关唐武德年间修定律令史事的若干问题——唐代律令编纂编年考证之一》，第31页。

⑤ 《旧唐书》卷81《刘祥道传》，第2750页："(刘)林甫，武德初为内史舍人，时兵机繁速，庶事草创，高祖委林甫专典其事，以才干见称。寻诏与中书令萧瑀等撰定律令，林甫因著律议万余言。久之，擢拜中书侍郎，赐爵乐平男。"

⑥ 《旧唐书》卷73《颜师古传》，第2594页。

⑦ 《旧唐书》卷191《崔善为传》，第5088页："善为好学，兼善天文算历，明达时务。弱冠州举，授文林郎。属隋文帝营仁寿宫，善为领丁匠五百人。右仆射杨素为总监，巡至善为之所，索簿点人，善为手持簿暗唱之，五百人一无差失，素大惊。自是有四方疑狱，多使善为推按，无不妙尽其理。"

⑧ 表1参考《旧唐书·刑法志》《唐会要·定格令》。黄正建：《有关唐武德年间修定律令史事的若干问题——唐代律令编纂编年考证之一》，第31—32页。董劭伟、王建峰：《唐武德时期律令制定当论》，第89—92页。仁井田陞：《唐令拾遗》，第809—810页。

续 表

姓　名	官　职	任 职 时 间	籍　贯	备　　注
崔善为	大理卿	据《旧唐书·崔善为传》："武德中，历内史舍人（中书舍人）、尚书左丞。"《唐会要》载武德元年为内史舍人，《旧唐书·刑法志》载武德六年、七年间为大理卿。	贝州武城	大理卿掌邦国折狱详刑之事。崔善为兼善天文历算，明达时务。
王敬业	（门下省）给事中	据《旧唐书·刑法志》载官职为武德七年。	不明	两《唐书》无传。
刘林甫	中书舍人	武德初为内史（中书）舍人。	魏州观城	以才干著称，著《律议》。
颜师古	中书舍人	武德初（转起居舍人，再迁中书舍人）。	雍州万年	博览群书，学问通博，擅长文字训诂、声韵、校勘之学，考订《五经》。师古达于政理，册奏之工，时无及者。
王孝远	中书舍人	据《旧唐书·刑法志》载官职为武德七年。	不明	两《唐书》无传。
靖　延	泾州别驾	据《旧唐书·刑法志》载官职为武德七年。	不明	两《唐书》无传。
丁孝乌	太常丞	据《旧唐书·刑法志》载官职为武德七年。	不明	太常寺为主持国家礼仪的单位，熟悉礼的规范与仪式。武德元年曾参与第一次编修法典团队，时为国子博士。
房　轴	（隋）大理丞	据《旧唐书·刑法志》载官职为武德七年。	不明	掌参议刑辟，详正科条之事。
李桐客	上将府参军	建德平（武德初），召授秦府法曹参军。	冀州衡水	法曹参军。掌律、令、格、式，鞫狱定刑，督捕盗贼，纠逖奸非之事，以究其情伪，而制其文法。赦从重而罚从轻，使人知所避而迁善远罪。
徐上机	太常博士	据《旧唐书·刑法志》载官职为武德七年。	不明	两《唐书》无传。

唐初修法与修史团队的组成有相似之处。如《旧唐书·令狐德棻传》记载：

时承丧乱之余，经籍亡逸，德棻奏请购募遗书，重加钱帛，增置楷书，令缮写。当时唐高祖下诏曰："司典序言，史官记事，考论得失，究尽变通，所以裁成义类，惩恶劝善，多识前古，贻鉴将来。……"中书令萧瑀、给事中王敬业、著作郎殷闻礼可修魏史，侍中陈叔达、秘书丞令狐德棻、太史令庾俭可修周史，兼中书令封德彝、中书舍人颜师古可修隋史，大理卿崔善为、中书舍人孔绍安、太子洗马萧德言可修梁史，太子詹事裴矩、兼吏部郎中祖孝孙、前秘书丞魏徵可修齐史，秘书监窦琎、给事中欧阳询、秦王文学姚思廉可修陈史。务加详核，博采旧闻，义在不刊，书法无隐。①

此次修史并不顺利，直至贞观三年复修才完成。修史与修法有许多类似之处。首先，修史背景也是"时承丧乱之时"，如《武德律令》编纂背景一样，都是在特殊时期建构一套治国理路和依据，修史和修法具有相似作用，强调唐初新王朝的时代意义，具有承先启后的重要历史定位。此外，武德年间的修史人员中，有四位与修法团队相同，即中书令萧瑀、给事中王敬业、中书舍人颜师古、大理卿崔善为。除了萧瑀职称不同之外，其他三位职称皆与《刑法志》所载一样，时间应当是在武德七年左右。以上几位都是唐高祖重视的人物，他们在唐初掌有大权，通过经典、法典、史书的编纂工程，展现唐高祖初建国业的威望与理想。

综合而言，唐初修法团队的组成人员和唐高祖之间有密切关系，部分人员同时参与修史、修法团队，加上自身才能与政治实力，热衷于在新王朝初建时创建各种制度，尤其在法典颁行方面，除了展现唐高祖对于新王朝的期待，也体现立法者的行政能力与理想蓝图的建构。《武德律令》采用《开皇律令》为参考底本，实质上"法"的精神与法律秩序观大致上并无巨大改变，但对于前朝的反思与未来实践的理想蓝图，在唐高祖诏书中展露无遗，可看出唐朝初建时的危机与困难。新皇帝与众臣们如何在纷乱的朝代交替中，重申权威与治国效力，实为当时新朝廷首要解决的问题。至少从法典颁行的切入点而言，可以看到唐初对于未来发展的抱负及传统中国法的重申，一个以爱民、宽简为基础的法律秩序观，通过此思维脉络而平定当时诸多乱事，安定民心，虽是一种政治手段，但同时也是儒家思想在法典中呈现的另一种样貌。

五、《武德律令》的颁行与适用性

关于唐初法典的编纂特色，唐高祖在诏书中明确指出："今古异务，文质不同，丧乱之后，事殊曩代，应机适变，救弊斯在。是以斟酌繁省，取合时宜，矫正差遗，务从体要。"②法典重在当代实用，须符合时宜。高祖为标新立异，强调法典的实用性，要求参与人员删除繁杂的法条，矫正错误，重视当代法律适用。对于法典的适用与刑罚轻重，唐高祖与唐中期杜佑的想法可作比较分析，据《通典·刑法典》之"序"：

历观前躅，善用则治，不善用则乱。在乎无私绝滥，不在乎宽之与峻。又病斟酌以意，

① 《旧唐书》卷73《令狐德棻传》，第2597—2598页。
② 《旧唐书》卷50《刑法志》，第2135页。

变更屡作。今据摭经史，该贯年代，若前贤有误，虽后学敢言，亦庶几成一家之书尔。[①]

杜佑强调国家法律的建立与社会秩序的维护，法律的运用在于“善用”与“治”。其次，杜佑认为先贤所论多在于无私绝滥，没有真正深入分析法条宽简或严峻的问题。在《刑法典》创写体例之下，反思滥刑，也须审思法条宽简或严峻。再者，在法律裁量上，反对随意根据司法者的私心变更法条，而是在合理的法律框架下，适度调整与规划。唐高祖与杜佑在法典与法律思想上有相似之处，体现在序文和诏书中，具有“检讨前朝，开启新世代的基业与秩序观”的特点，尤其在法典的编纂上，皆提到法律适用问题，法典须符合时机，重视法的变通性。[②]

唐高祖在新王朝之初，阐扬新法典修订初衷，为出自爱民、适应时机之法。如武德七年下诏律令颁行天下：“迄兹历稔，撰次始毕，宜下四方，即令颁用。庶使吏曹简肃，无取悬石之多；奏谳平允，靡竞锥刀之末。胜残去杀，此焉非远。”[③]诏书表明了唐高祖对于法典颁行后的期待，可分为三层次说明。其一，重视官吏使用法律与断案的方式，强调吏曹简肃，使司法官吏审案能简约、严谨。其二，各项狱讼的审理必须公正无冤。其三，降低刑罚行用的比例，不忍杀生、行刑。以上几点呼应了唐高祖理想的法律秩序观——“务在宽简”。又如《贞观政要》记录贞观元年(627)太宗告诉侍臣：“死者不可再生，用法务在宽简。”[④]

就实际运作层面而言，唐高祖诏书也有相似内容，如武德四年(621)四月《检校益州夔州狱讼诏》：

> 朕君临海内，抚育黎元，一物乖所，纳隍兴虑。其益州道行台及夔州总管府，众务臻集，统摄遐长，囚徒禁系，其数不少。或控告未申，多有冤屈；或注引肆志，滥及贞良，致使文案稽延，狱讼繁拥。……其益州总管内诸州，委御史大夫无逸检校。夔州管内，委赵郡公孝恭检校。所有囚悉令覆察，务从宽简，小大以情。[⑤]

诏书为武德四年颁布，此时已根据《开皇律令》进行修改，颁行五十三条格。益州等地狱讼数量繁多，多有冤屈，官吏累积过多案件，无法有效审断。为解决依法断案造成时间延迟的问题，高祖下令派遣御史台官员进行检校，以“宽简”为首要办法，尽量降低狱讼与囚犯数量。此外，武德四年前后内忧外患仍存在，如武德三年始于益州置行台尚书省，秦王李世民又大破宋金刚于介州，宋金刚与刘武周俱奔突厥，遂平并州。而后讨伐王世充、窦建德等，部分贼寇首领一一投奔唐朝。[⑥] 在不断平定乱事的过程中，如益州这类刚收归国土之地，统治者如何有效治理

---

① 杜佑：《通典》卷163《刑法典》，北京：中华书局，2012年，第4189—4190页。

② 杨晓宜：《国家与法律：〈通典・刑法典〉的法律书写与秩序观》，《法制史研究》2014年第25期。

③ 《旧唐书》卷50《刑法志》，第2135页。

④ 《贞观政要》卷8《论刑法第三十一・第一章》，台北：黎明文化出版社，1990年，第206页。

⑤ 《册府元龟》卷151《帝王部・慎罚》，第1822—1823页。《全唐文》卷2《高祖皇帝・检校益州夔州狱讼诏》，北京：中华书局，1987年，第29页。

⑥ 《旧唐书》卷1《高祖本纪》，第10—11页。

地方是可关注的问题，尤其是当地官吏与执法者的处理态度会对新归地域的百姓产生影响。法律审理牵涉人命，应重视“宽简”“断狱允当”，唯有达到平允、公正，才能获得美称。

唐高祖《检校益州夔州狱讼诏》体现了无冤与无滞的理想法律秩序观，传统中国法即“道德原理”，融合儒、法、道三家的思想，德礼为儒家，刑罚为法家，昏晓阳秋为道家，此三种理论形构出中国传统法典。其核心理念就是道，它是德的表现，两者相辅相成。从和谐社会出发，强调道德的本质，使法生善性，内含仁义精神，使传统中国法追求整体利益与社会和谐，使之成为它的终极目标。① 无冤和无滞虽同样重要，但实质上仍有所不同。所谓“无冤”，乃指断案结果没有冤情产生，强调司法者本身的公正性与法律推理能力，主要为重大刑案，也包含民间纠纷的处理方式。“无滞”是为了减少案件累积的状况，司法者必须有效率地解决各种纷争与诉讼，避免上级官员在考核上给差评。快速解决诉讼纠纷，即无滞的表现方式，其最终目的是达到息讼、无讼的理想。此篇诏书表面上要求地方官吏速决狱讼及绝冤滥，实质上也是新王朝建立之初，在法典颁行与落实之间取得平衡与最大利益。结合唐高祖对于司法落实与法律秩序观两大面相的分析，通过法律视角审视唐初统治者面对时局与困境的解决方式，除了重视法典颁行与落实，更重要的是，在中央和地方之间建立起一条沟通、治理的管道。颁行法典正有此意，从中央颁布至地方，通过法典建构治理蓝图与法律秩序观，统治天下官民，平息各地动乱，从初建的新王朝，逐渐迈向一个全新的理想秩序。

《武德律令》编纂花费了一段时间，也是武德年间唐高祖与朝臣们对于新王朝期待的展现。虽然《武德律令》行用后仍有不佳之处，唐太宗即位后，“命长孙无忌、房玄龄与学士法官，更加厘改。戴胄、魏徵又言旧律令重，于是议绞刑之属五十条，免死罪，断其右趾。应死者多蒙全活”②。《武德律令》刑罚较重，死罪法条为数不少，体现了唐初着重于稳定社会秩序，刑罚较唐太宗时期繁多且苛重。唐太宗将部分死刑罪责减为肉刑，与大臣讨论后，因“朕复念其受痛，极所不忍”，决定不采用肉刑，加上蜀王法曹参军裴弘献驳《武德律令》不便于时者四十余事，太宗令参掌删改之。③ 此次《贞观律令》重新修订、颁布，检讨了《武德律令》刑责较重，以及不便行于当时，因而加以删定、修改，这是法典适用的现实问题。就皇权统治的理想层面而言，此时唐太宗初即位，为巩固自身政治地位的权威性，通过修法、修史等重要工程，彰显新皇帝的治国理想与政权的稳固。此做法类似唐高祖，但高祖当时未完成的修史大工程，至太宗朝才得以完成。在法典方面，两位皇帝皆强调法律适用及刑罚不可过重两大方面。因唐高祖与唐太宗取得皇位都非正统，所以在宣扬皇权的着力点上具有相似之处。

针对唐太宗批评《武德律令》一事，应重新审视此关乎政治权力还是关乎法典适用的问题。

---

① 张中秋：《传统中国法的道德原理及其价值——以〈唐律疏议〉为分析中心》，黄源盛主编《唐律与传统法文化》，台北：元照出版社，2011 年，第 393—418 页。

② 《旧唐书》卷 50《刑法志》，第 2135 页。

③ 《旧唐书》卷 50《刑法志》，第 2135—2136 页。

《武德律令》颁行不过几年光景，唐太宗即位不久便下令删定法典，另颁行《贞观律令》。《武德律令》是否“不便于时者”？或是此乃新任皇帝宣扬权力的一种方法？就《旧唐书·刑法志》关于唐高祖编纂法典一事，有以下推论。其一，唐太宗取得帝位非正统，为确立自身地位，通过颁布新法典展现其权威。其二，《武德律令》之不便于时亦有可能，诚如《旧唐书·刑法志》所载，唐高祖时期诸乱未平，修法过程略为仓促，如其诏书曰“斟酌繁省，取合时宜，矫正差遗，务从体要”，既然是取合时宜、务从体要，法典内容难免不够完整、精确，为了有效平乱，刑罚标准较为严苛亦有可能。唐太宗即位后，对于《武德律令》的反省与修改，也开启了唐代法制体系的新局面，全面检讨隋代至唐武德年间的法律弊端。[①]

六、结　论

综论唐初武德年间颁行法典的历史背景及意义，以《旧唐书·刑法志》所载内容为分析主体，史料载有编纂人员的名单、唐高祖颁行法典的诏书、唐代初期法典体系的确立等，对于唐代法制史研究有重要的参考价值。此外，上文从多方角度分析可能的历史面貌，探讨唐高祖建国背景与法典编纂的关系，以及编纂团队的组成与政治群体的联系等，这些因素影响了唐代初期法典体系的发展，也是唐代对前朝历代法典的批判与反省，进而延伸出一套法律秩序观。此法律秩序观带有儒家的德礼思维，却不失法律本身的建立与落实，在统治者、立法者与司法者交相作用下，构成了法律秩序观。就唐高祖的法律秩序观而言，因身处朝代交替纷乱之时，诸事尚未稳定，唐高祖强调“宽简”的法律特点，也延续了隋文帝编纂法典的特色，至唐太宗贞观年间的修法亦未脱离这个概念。本文认为隋代至唐初这段时期的法律秩序观，乃是反省魏晋以来分裂的法典体系，隋文帝时期编《开皇律令》，影响了唐代法典体系的建构，直至武德年间的修法仍以此为参考蓝本，可见隋唐时期每一个分段与统治者的登基，都隐含着皇帝个人的统治意志，并进一步建构法典的法律秩序观。

武德年间颁行的法典，带有反省意味，以及新王朝初建的期待与威望，唐高祖也想将此法典作为永垂后世的典范，这影响了唐律在中国法制史上的历史定位。在法律体制与新旧秩序的变换历程中，我们看到了法律秩序随着法典的变革而崩解、重建，法典的性质随着时局不断产生变化，如唐律是西晋《泰始律令》的演变结果，而后又开启了宋代法制的新面貌。每个时代面临新旧秩序的更替过程，法典与法律体系的建构亦包含在此秩序崩解与重构的过程之中，新秩序不断在旧秩序中找出应用的新方法，以便有利于法律的实践。

（本文节录自杨晓宜《唐代司法官员的法律秩序观》，上海古籍出版社，2021 年，第 50—66 页。部分内容后续有修改、增补。）

① 关于《贞观律令》的讨论参考高明士《唐武德到贞观律令的制度》，《天下法与律令法》，第 130—158 页。

作者简介：

杨晓宜，上海师范大学人文学院古籍整理研究所讲师。台湾大学历史学博士，研究方向为隋唐史、中国法制史。主持国家社会科学基金一般项目“唐代地方官员的司法实践与社会治理研究”(22BZS028)。出版学术专著《唐代司法官员的法律秩序观》《唐代的捕亡制度》，发表期刊论文十余篇。

日本藏《大唐阴阳书》钞本初探

梁辰雪

摘　要：《阴阳书》作为南北朝隋唐时期的重要文献，尽管原著已散失，但在日本公私藏书机构中发现的多种《大唐阴阳书》钞本为研究提供了珍贵资料。本研究通过对这些钞本的详细分析，发现这些钞本主要可分为两个系统：一为吉田本和小岛本系统，另一为京大本、天文台本、静嘉堂本和岛津家本系统，这两个系统均可能与天文博士安倍氏有关。学界对这些钞本的性质有两种主流见解，一认为是吕才的《阴阳书》，另一认为是《大衍历注》。钞本中所记载的七十二候和六十卦的分配方式与《大衍历》相符，表明所载内容为《大衍历注》。此外，本研究还发现，这些钞本在日本《宣明历》行用期间仍作为历注继续使用。《大唐阴阳书》钞本反映了中日在历法学领域的文化交流，也体现出了日本特有的历注传统。

关键词：《大唐阴阳书》　阴阳书　钞本　中日文化交流

引　言

《阴阳书》之名，多见于南北朝隋唐之际，现已无一传世，仅有零星引文散见于各种书籍之中。根据这些佚文及其编纂者的传记，基本可以认为其内容是以阴阳五行为基础的卜筮占验之书。隋唐时期对阴阳书的校订主要有两次，一为萧吉在隋初考订古今阴阳书，一为吕才在贞观年间（627—649）奉太宗诏刊正阴阳书。[①] 日本的公私藏书机构中，有数种题名为“大唐阴阳书”的钞本，主要为卷 32 与卷 33，内容均与历法相关，形式则近于具注历。考虑到唐与日本之间的频繁交流，加之日本 9 世纪的藏书目录《日本国见在书目录》中著录有唐代编纂的《阴阳书》，一

① 萧吉考订古今阴阳书事，参见《隋书》卷 78《萧吉传》，北京：中华书局，1973 年，第 1774—1776 页。吕才修订阴阳书事，参见《旧唐书》卷 79《吕才传》，北京：中华书局，1975 年，第 2720 页；《新唐书》卷 107《吕才传》，北京：中华书局，1981 年，第 4062 页。

直以来便有观点认为日本《大唐阴阳书》钞本即吕才编纂的《阴阳书》。[①] 另一方面，这些钞本中有几种的封面或者扉页明确题有“大衍历注”之名，故而也有学者将《大唐阴阳书》视为《大衍历注》。[②] 前贤学者对这些钞本进行的文献学的基础工作，为我们理解这些钞本的情况提供了很多帮助。但目前的研究对《大唐阴阳书》钞本的内容本身关注较少。笔者希望在调查诸钞本的基础上，从内容方面着手对钞本的性质作出进一步判断。此书是成书于中国而流传于日本的钞本，笔者也希望借此阐明中日两种文化分别对钞本产生的影响。

一、《大唐阴阳书》的著录情况

《日本国见在书目录》（下文简称为《见在目》）五行家类：“《大唐阴阳书》五十一卷。”“《新撰阴阳书》五十卷，吕才撰。”检中国唐宋书目，记载却有所不同。

《旧唐书》卷四十七《经籍志》：

> 《阴阳书》五十卷，吕才撰。　《新撰阴阳书》三十卷，王粲撰。[③]

《新唐书》卷五十九《艺文志》：

> 王璨《新撰阴阳书》三十卷。　吕才《阴阳书》五十三卷。[④]

《宋史》卷二〇五《艺文志》：

> 吕才《阴阳书》一卷。[⑤]

《日本国见在书目录》未记《大唐阴阳书》的作者，而将《新撰阴阳书》的撰者记为吕才。但据两《唐书》的记载，王粲才是《新撰阴阳书》的撰者。史书中对王粲的记载很少，其人经历并不清晰。关于吕才撰《阴阳书》的卷数，《旧唐书・经籍志》与《新唐书・艺文志》中的记载也并不相同。两书分别记载吕才编纂《阴阳书》的原委如下。

《旧唐书》卷七十九《吕才传》：

---

① 持这一观点的主要有中村璋八、山下克明、黄正建、武田时昌等人。参见中村璋八《〈大唐阴阳书〉考》，《日本阴阳道书の研究》（增补版），东京：汲古书院，2000 年，第 573—591 页；山下克明《〈大唐阴阳书〉の考察—日本の传本を中心に—》，小林春树编《东アジアの天文・历学に关する多角の研究》，大东文化大学东洋研究所，2011 年；山下克明《平安时代阴阳道史研究》，京都：思文阁出版社，2015 年，第 338—360 页；黄正建：《敦煌占卜文书与唐五代占卜研究》（增订版），北京：中国社会科学出版社，2015 年，第 210 页；武田时昌：《人文研アーカイブス（13）大唐阴阳书》，《汉字と情报》No. 13，2006 年 10 月。

② 持这一观点的主要有广濑秀雄、大谷光男及孙猛。参见大谷光男《日本古代の具注历と大唐阴阳书》，《二松学舍大学东洋学研究所集刊》22，1991 年；孙猛《日本国见在书目录详考》，上海古籍出版社，2015 年，第 1549—1554 页；中村璋八《〈大唐阴阳书〉考》，《日本阴阳道书の研究》（增补版），汲古书院，2000 年，第 573—591 页。

③ 《旧唐书》卷 47《经籍志》，第 2044 页。

④ 《新唐书》卷 59《艺文志》，第 1556—1557 页。

⑤ 《宋史》卷 205《艺文志》，北京：中华书局，1985 年，第 5262 页。

太宗以阴阳书近代以来渐致讹伪，穿凿既甚，拘忌亦多，遂命才与学者十余人共加刊正，削其浅俗，存其可用者。勒成五十三卷，并旧书四十七卷，十五年书成，诏颁行之。才多以典故质正其理，虽为术者所短，然颇合经义，今略载其数篇。①

《新唐书》卷一〇七《吕才传》：

帝病阴阳家所传书多谬伪浅恶，世益拘畏，命才与宿学老师删落烦讹，掇可用者为五十三篇，合旧书四十七，凡百篇，诏颁天下。才于持议儒而不俚，以经谊推处其验术，诸家共诃短之，又举世相惑以祸福，终莫悟云。②

唐太宗认为当时阴阳书讹伪穿凿之处甚多，而命吕才与相关学者进行修订。新修订的《阴阳书》53卷，与原有的《阴阳书》47卷合为100卷颁布于天下。《新唐书・艺文志》中的53卷，应是以此为准。而在《宋史・艺文志》中，吕才《阴阳书》只有1卷，可能到宋代吕才《阴阳书》的大部分就已经散佚了。

二、《大唐阴阳书》的钞本情况

目前笔者所见日本藏《大唐阴阳书》钞本有9种：

A 天理大学附属图书馆吉田文库本(吉田本)

B 国立国会图书馆本(小岛本)③

C 京都大学人文科学研究所本(京大本)④

D 国立天文台本(天文台本)⑤

E 静嘉堂文库本(静嘉堂本)

F 内阁文库本(内阁本)

G 东京大学史料编纂所岛津家本《大唐阳阴历书》(岛津家本)

H 茨城县六地藏寺藏《长历》(六地藏寺本)

I 东北大学和算关系文库藏《历注》(东北大学本)⑥

接下来先对其中6种题名“大唐阴阳书”的钞本情况进行简单的介绍。⑦

---

① 《旧唐书》卷79《吕才传》，第2720页。

② 《新唐书》卷107《吕才传》，第4062页。

③ 于 http://dl.ndl.go.jp/info:ndljp/pid/2539951 公开，2024年5月2日。

④ 于 http://kanji.zinbun.kyoto-u.ac.jp/db-machine/toho/html/C0070001.html 公开。关于这一钞本入藏人文研的经纬，可参武田时昌：《新城新藏博士の迷信研究——〈大唐阴阳书〉购入余话》，《汉字と情报》No.14，2007年6月。

⑤ 于 http://library.nao.ac.jp/kichou/archive/0264/kmview.html 公开，2024年5月2日。

⑥ 于 http://www.i-repository.net/il/meta_pub/G0000398wasan_4100009018 公开，2024年5月2日。

⑦ 前文提及的几位学者中，山下克明、中村璋八及孙猛对各钞本的情况进行过系统研究，中村璋八未探讨小岛本及岛津家本，山下克明及孙猛未探讨小岛本。

A　**吉田本，1 册，64 叶**

有书签，字迹漫漶，扉页写有“长历”，第 3 叶上写有“大唐阴阳书卅二 上”。其后有吉凶年、日的记载，之后是从正月开始到十二月各月六十干支的历注。六月末尾记有“历注上卷”，在吉凶年日记载之后，又记有“长历上”及卷末跋文。七月月首有“大唐阴阳书卅三 下”，十二月后写有“大唐阴阳书第卅三”。卷卅二末有“长历上 嘉历二年（1327）丁卯书写之，代代相传秘本写之”。其后又有跋文：“借修理大夫安倍有春本书写了，可深秘。天文十一年（1552）闰三月廿六日，清侍从三位入道宗尤。”宗尤是日本战国时代儒学者清原宣贤（1475—1550）的法号，清原宣贤为吉田神社神道家吉田兼俱之子，后成为清原宗贤的养子继承清原氏家业。

B　**小岛本，1 册，34 叶**

无书签，封皮和第 2 叶上均有朱印“小岛氏图书记”，原应为江户时医师小岛宝素所藏。小岛氏为江户末期幕府医官，尽心于收集医籍，兼治文献学，亦为知名藏书家。本书外封内面写有“旧唐《经籍志》阴阳书五十一卷，吕才撰，新唐《艺文志》吕才《阴阳书》五十三卷。《唐会要》贞观十五年四月十六日太常博士吕才及诸阴阳学者十余人撰《阴阳书》，凡五十三卷，并旧书行者四十七卷，诏颁下之。太宗以《阴阳书》行之日久，近代以来渐至讹伪，穿凿既甚，拘忌亦多，遂命有司总令修撰”。内封内面写有“百川学海六神之别名”及“金神七杀方”。这两处笔迹与内文不同，或为藏书者所记。内扉笔记的撰写者明显认为此书与吕才《阴阳书》有关。第 1 叶上写有“大唐阴阳书卅二 上”。余下内容大致与吉田本相同，应为同一系统的钞本。《经籍访古志》卷四天文算法类著录“《大唐阴阳书零本》二卷，天文十一年钞本，宝素堂藏”①，应即此本。②《经籍访古志》中记载此书情况云：“现存卅二卅三两卷，末记借修理大夫安倍有春本书写，天文十一年闰三月廿六日，清侍从三位入道宗尤，又记嘉历二年丁卯书写。此书两卷以阴阳头兼历博士、从五位下贺茂保宪朝臣本所传也。”③但卷卅三现况不详。

C　**京大本，1 册，27 叶**

书签外题“大唐阴阳书”，扉页上写有“大唐阴阳书卅三 下卷 开元大衍 历注”，其后为“凶会日作法”，仅存七月至十二月各月六十干支的历注。历注部分，九月“庚寅”后为“癸亥”，十月“甲辰”后为“辛酉”，可知有两处缺页。十二月后有甘露日、金刚峰日、罗刹日表，再后为“大唐阴阳书卷第卅三”的尾题以及跋文如下：“此书两卷，以阴阳头兼历博士位五位下贺茂保宪朝臣本写传也。奥注云，以春家本上下两卷比校既毕，彼本奥注，嘉祥元年（848）岁次戊辰七月朔戊午五日壬戌，从六位上历博士大春日朝臣真野麻吕者。然则数家之说符合，累代之本不谬，若合他本有错可知他误，云云。合又件本两本有犹为正。两本比较书了。但件本一历儒家仁宗、统、增命五所家

① 国书刊行会编：《解题丛书》，东京：国书刊行会，1916 年，第 70 页。
② 孙猛认为《经籍访古志》中著录“《大唐阴阳书零本》二卷”为吉田本，可能未寓目此本。《经籍访古志》中写明为宝素堂藏，与此本藏书印相符。
③ 国书刊行会编：《解题丛书》，第 70 页。

本也。令一本醍醐寺增本，专不可有错者也。”跋文后有吉凶日记载，最末写有“天文生安倍”。

D　天文台本，1册，51叶

封皮书签有残缺，残存部分可见“二十八宿吉日考入”字样。扉页有“觉秀”和“常乐院”朱印。正文部分首先是历日吉凶相关的记载，第4叶上则写有“大唐阴阳书卅二”，其后为历序以及正月到十二月各月六十干支的历注，十二月历注后有“大唐阴阳书卷卅二”。跋文与京大本基本相同，又多出数条，[①]最末条撰写于应永二十六年（1525）。此外又附加有历法相关方面的记录。

E　静嘉堂本，1册，46叶

外题和内题均为“大唐阴阳书 全”，扉页有“山田本”印，原来应为山田以文藏本。六月后有卷末跋文：“梵舜记 庆长九年十二月二十四日。”十二月后跋文与国立天文台本基本相同，但是前后历法相关的记载较天文台本略少。

F　内阁本，1册，5叶

外题和内题均为“大唐阴阳书 全”，扉页有“浅草文库”“和学讲谈所”及“书籍馆印”等印。现存的6叶为历法相关的记录，内容与静嘉堂本相近，历注部分不存。

未题名“大唐阴阳书”但内容相似的钞本有以下三种。

G　岛津家本，1册，32叶

无内、外题，扉页起为七月至十二月历注。十二月历注后写有“大唐阳阴历书卷第卅三”。在与天文台本、静嘉堂本相同的跋文之后，又多一则：“大永五年（1525）乙酉菊月十日，右件书全部并立成记历作之内悉认之。”或可据此推断该本的成书时间是大永五年。跋文后有日期吉凶相关的“年下食”表。

H　六地藏寺本

笔者未亲见此本，仅参考了东京大学史料编纂所藏《六地藏寺圣教写真帐》。钞本正文前有贞观三年（861）六月十六日太政官符“应用长庆宣明历经事”，以及元庆元年（877）七月二十二日太政官符“加行历书二十七卷事”，[②]其后写“开元大衍注抄”。历注部分较其他诸本简略。末尾无跋文。

I　东北大学本，1册，54叶

和算关系文库藏《历注》，分类为林集书，原应为林鹤一旧藏。封面有外题“历注一”以及“亮淳”。在吉凶年、日记录之后，有正月至十二月历注，较A—F本内容简略。六月末，有“已上 上卷分了”，十二月后有“下卷了”。其后为历法相关记录。

根据以上的调查，基本可以将钞本的情况总结如下。吉田本、小岛本卷末跋文相同，历注内

---

① 跋文方面，山下克明已进行过详细的研究与论证。

② 广濑秀雄曾提及日本《大唐阴阳书》钞本前有太政官符“加行历书二十七卷事”，但没有说明具体为何种钞本，或为六地藏寺本。

容基本一致，应为同一钞本系统。根据跋文，这一系统最初的底本应抄写于嘉历二年，后藏于修理大夫安倍有春之手，清原宣显于天文十一年再次抄写。京大本、天文台本、静嘉堂本以及岛津家本有共通的跋文，应当是同一系统的钞本。这一系统钞本最初的源头是贺茂保宪本，贺茂保宪本所据底本不详，但曾与大春日真野麻吕所写的“春家本上下”进行过对校。跋文作者所抄写的这一钞本为宿曜师仁宗等人的传本，另一部用作对校的钞本则藏于醍醐寺，但现状不明。

另一方面，这两个系统的钞本之间也颇有渊源。在阴阳道传承方面，贺茂保宪将历道传于其子贺茂光荣，天文道传给弟子安倍晴明。山下克明据京大本最后写有“天文生安倍”，认为这些钞本均属于安倍氏系统。[①] 吉田本与小岛本的跋文也提示其祖本出自安倍氏。[②] 中村璋八则注意到，吉田本的抄写者清原宣显（宗尤）为静嘉堂本上卷卷尾跋文中“梵舜”之祖父，由此判断静嘉堂本或也曾藏于吉田神社。[③] 但吉田本及小岛本中都可以见到宗尤之名，难以认定即为清原宣贤亲笔。《大唐阴阳书》一书经诸位历法学者之手，传抄时代自平安朝而至近世，不难想象还有更多钞本存世的可能。

三、《大唐阴阳书》与《大衍历》

前文已经提及，关于《大唐阴阳书》的性质，学界有两种观点——吕才《阴阳书》和《大衍历注》。广濑秀雄提及日本《大唐阴阳书》前有太政官符“加行历书二十七卷事”，二十七卷历书中包括《大衍历注》两卷，《大唐阴阳书》即是这两卷历注。[④] 大谷光男则认为《大唐阴阳书》只有两卷，和吕才纂《阴阳书》卷数不符，不应为一书，而应为《大衍历注》。[⑤] 孙猛据京大本跋文中提及春日真野麻吕也曾抄写此书，而大春日真野麻吕生活时期日本行用《大衍历》，因此认为残卷应该为《大衍历注》。[⑥] 中村璋八则认为《大唐阴阳书》即为吕才《阴阳书》，冠以“大唐”二字是为增加权威性。[⑦] 山下克明认为元庆元年(877)日本已经行用宣明历，施行时应该附加了历注，但如果宣明历注为现存两卷《大唐阴阳书》的话，那么元庆元年七月二十二日太政官符中加行二十七卷历书中的两卷《大衍历注》，应与两卷《大唐阴阳书》无关。而另一方面，《见在目》在历数家类，有“历例一”“历注二”，这些应该为《大衍历》的历例和历注，如果《大唐阴阳书》其中两卷为《大衍历注》的话，《见在目》中特意抽出这两卷另行著录并不合理。[⑧] 以上研究主要以《大唐阴阳书》

---

① 山下克明：《〈大唐阴阳书〉の考察—日本の传本を中心に—》，第 351 页。

② 《经籍访古志》的作者森立之、涩江全善将小岛本视为贺茂保宪所传本的依据不知为何。但二者访书之时，卷 33 尚存，若其中有此记载，则可以认为这两个系统的钞本其实源自同一祖本。

③ 中村璋八：《〈大唐阴阳书〉考》，第 585 页。

④ 广濑秀雄：《日本史小百科・历》，第 76 页。

⑤ 大谷光男：《日本古代の具注历と大唐阴阳书》，第 3 页。

⑥ 孙猛：《日本国见在书目录详考》，第 1553 页。

⑦ 中村璋八：《〈大唐阴阳书〉考》，第 589 页。

⑧ 山下克明：《〈大唐阴阳书〉の考察—日本の传本を中心に—》，第 345—346 页。

现有钞本的跋文为中心，探讨其传入日本之后的传抄情况。笔者希望考察钞本的历注部分，并对以上的观点作出回应。现存《大唐阴阳书》的钞本 A、B、C、D、E、G 中，历注部分每月月首均记有当月的月建、各神煞方位以及节气相关的内容，下面主要对其中节气相关的部分进行探讨。

这些钞本中吉田本两卷皆存，书法工整，历注部分较为完整，故录文以吉田本为底本，以天文台本进行校勘，一至六月部分以小岛本参校，七至十二月部分以京大本、岛津家本参校。

正月节，入月立春，①东风解冻、侯小过外，四日大夫蒙，六日蛰虫始振……十日卿益，十一日鱼上水(冰)，②十六日雨水……正月中獭祭鱼、公渐，月中后廿一日鸿雁来③……廿二日辟泰，廿六日草木萌动，廿八日侯需内。

(二月)节立日，惊蛰、④桃始华、侯需外，四日大夫随，六日仓庚鸣，十日卿晋，十一日鹰化为鸠，十六日春分，二月中玄鸟至、公解，廿一日雷乃发声，廿二日辟大壮，廿六日始电，廿八日侯豫内。

(三月)节立日，桐始华、清明、⑤侯豫外，四日大夫讼，六日田鼠化为鴽，⑥十日卿蛊，十一日虹始见……十六日谷雨，三月中萍浴(始)生、⑦公革……廿一日鸣鸠拂其羽，廿二日辟夬，廿六日戴胜降桑，廿八日侯旅内。

(四月)立夏日，⑧蝼蝈鸣、侯旅外，四日大夫师，六日蚯蚓出，十日卿比，十一日王瓜生，十六日小满，四月中苦菜秀、公小畜，廿一日腐草死，⑨廿二日辟乾，廿六日小暑至，廿八日侯大有内。

(五月)立节日，螳螂生、芒种、⑩侯大有外，四日大夫家人，六日鵙始鸣，十日卿井，十一日反舌无声，⑪十六日夏至，五月中鹿角解、公咸，廿一日蝉始鸣，廿二日辟姤，廿六日半夏生，廿八日侯鼎内。

(六月)立节日，温风至、小暑、⑫侯鼎外，四日大夫丰，六日蟋蟀居壁，十日卿涣，⑬十一日鹰乃学习……十六日大暑，六月中腐草为营(萤)、⑭公履，廿日土润溽暑，廿二日辟遁，廿六日大雨时行，廿八日侯常(恒)内。

---

① “正月节，入月立春”，天文台本作“立春”。
② “鱼上水”，天文台本作“鱼上冰”，据改。
③ “月中后廿一日鸿雁来”，天文台本作“廿二日鸿雁来”。
④ “节立日，惊蛰”，天文台本作“惊蛰，二月节”。
⑤ “节立日，桐始华、清明”，天文台本“清明，三月节，桐花始”。
⑥ “鴽”，天文台本作“始鴽”。
⑦ “萍浴生”，天文台本作“萍始生”，据改。
⑧ “立夏日”，天文台本作“立夏，四月节”。
⑨ “腐草死”，天文台本作“靡草荠死”。
⑩ “立节日，螳螂生、芒种”，天文台本作“芒种，五月节，螳螂生”。
⑪ “反舌无声”，天文台本作“百舌无声”。
⑫ “立节日，温风至、小暑”，天文台本作“小暑，六月节，温风至”。
⑬ “卿涣”，天文台本作“卿渔”。
⑭ “腐草为营”，天文台本作“腐草为萤”，据改。

(七月)立秋日,[1]凉风至、侯常(恒)外,四日大夫节,六日白露降,十日卿同人,十一日寒蝉鸣,十六日处暑,七月中鹰乃祭鸟、公损,[2]廿一日天地始肃,廿二日辟否,廿六日禾乃登,[3]廿八日侯巽内。

(八月)白露日,鸿雁来、[4]侯巽外,四日大夫萃,六日玄鸟归,[5]十日卿大畜,十一日群鸟养羞……十六日秋分,八月中雷乃始收声、[6]公贲,廿一日蛰虫坏户,廿二日辟观,廿六日水始涸,廿八日侯归妹内。[7]

(九月)寒露日,[8]鸿雁来宾、侯归妹外,[9]四日大夫无妄,六日雀入大水为蛤,[10]十日卿明夷,十一日菊有黄花……十六日霜降,九月中豺乃祭兽、公困,廿一日草木黄落,廿二日辟剥,廿六日蛰虫咸府(俯),[11]廿八日侯艮(艮)[内]。[12]

(十月)立冬日,[13]水始水(冰),[14]侯艮外,四日大夫既济,六日地始冻,[15]十日卿噬嗑,[16]十一日野鸡入大水为蜃,十六日小雪,十月中虹藏不见、公大过,廿一日天气上腾地气下降,廿二日辟坤,廿六日闭塞而成冬,廿八日侯未济内。

(十一月)大雪日,[17]鸡鸠不鸣、[18]侯未济外,四日大夫蹇,六日武(虎)始交,[19]十日归颐,十一日荔挺出,十六冬至,十一月中蚯蚓结、公中孚,廿一日鹿角解[20]……廿二日辟复,廿六日水泉动,廿八日侯屯内。

(十二月)小寒日,[21]雁北乡向、[22]侯屯外,四日大夫谦,六日鹊始巢,十日卿睽,十一日鸡始□□、野鸡始鸣[23]……十六日大寒,十二月中鸡始乳,公升,廿一日鸷鸟厉疫(疾),[24]征鸟

---

① "立秋日",天文台本、京大本作"立秋,七月节"。
② "公损",京大本作"同日公损"。
③ "禾乃登",天文台本作"稻登"。
④ "白露日",天文台本、岛津家本作"白露,八月节",京大本作"立节日"。
⑤ "玄鸟归",天文台本、京大本作"玄鸟皈"。
⑥ "雷乃始收声",天文台本、岛津家本作"雷乃收声",京大本作"雷及收声"。
⑦ "侯归妹内",天文台本作"侯皈妹内"。
⑧ "寒露日",天文台本、岛津家本作"寒露,九月节",京大本作"节立日"。
⑨ "侯归妹内",天文台本、岛津家本作"侯皈妹内"。
⑩ "雀入大水为蛤",京大本作"雀入木水为蛉"。
⑪ "蛰虫咸府",天文台本、岛津家本、京大本作"蛰虫咸俯",据改。
⑫ "侯艮",天文台本、岛津家本作"侯艮内",据改。
⑬ "立冬日",天文台本、岛津家本作"立冬,十月节",京大本作"节立日"。
⑭ "水始水",天文台本、岛津家本、京大本作"水始冰",据改。
⑮ "地始冻",天文台本作"地始冰"。
⑯ "卿噬嗑",岛津家本作"卿嗑"。
⑰ "大雪日",天文台本、岛津家本作"大雪,十一月节",京大本作"节立日"。
⑱ "鸡鸠不鸣",天文台本作"鹖鸟不鸣",岛津家本作"莺鸟不鸣",京大本作"鹖鹍不鸣"。
⑲ "武始交",岛津家本作"虎始交",武应为避讳字,此处据改。
⑳ "鹿角解",天文台本、岛津家本、京大本作"麋角解",据改。
㉑ "小寒日",天文台本、岛津家本作"小寒,十二月节",京大本作"节立日"。
㉒ "雁北乡向",岛津家本作"雁北乡",京大本作"雁北行向"。
㉓ "鸡始□□、野鸡始鸣",岛津家本作"野鸡始鸣",京大本作"野鸡□□,始鸲鸣"。
㉔ "鸷鸟厉疫",天文台本、岛津家本、京大本作"鸷鸟厉疾",据改。

□，[①]廿二日辟临，廿六日水泽腹坚，廿八日侯小过内。

录文中以下划线"—"标注者为七十二候，以下划线"～"标注者为卦象。

以七十二候配于各节令，可见于《吕氏春秋》《礼记·月令》《逸周书·时训解》之中，是各个季节的物候记录。而以七十二候注历始于北魏的《正光历》。《正光历》中七十二候的配历方式可见于《魏书》卷一〇七《律历志》：[②]

节　气	第　一　候	第　二　候	第　三　候
冬至	虎始交	芸始生	荔挺出
小寒	蚯蚓结	麋角解	水泉动
大寒	雁北向	鹊始巢	雉始雊
立春	鸡始乳	东风解冻	蛰虫始振
雨水	鱼上冰	獭祭鱼	鸿雁来
惊蛰	始雨水	桃始华	仓庚鸣
春分	鹰化鸠	玄鸟至	雷始发声
清明	电始见	蛰虫咸动	蛰虫启户
谷雨	桐始花	田鼠化为鴽	虹始见
立夏	萍始生	戴胜降于桑	蝼蝈鸣
小满	蚯蚓出	王瓜生	苦菜秀
芒种	靡草死	小暑至	螳螂生
夏至	鵙始鸣	反舌无声	鹿角解
小暑	蝉始鸣	半夏生	木槿荣
大暑	温风至	蟋蟀居壁	鹰乃学习
立秋	腐草化萤	土润溽暑	凉风至
处暑	白露降	寒蝉鸣	鹰祭鸟
白露	天地始肃	暴风至	鸿雁来

① "征鸟□"，诸本无。
② 《魏书》卷 107《律历志》，北京：中华书局，1974 年，第 2680 页。

续表

节气	第一候	第二候	第三候
秋分	玄鸟归	群鸟养羞	雷始收声
寒露	蛰虫附户	杀气浸盛	阳气始衰
霜降	水始涸	鸿雁来宾	雀入大水化为蛤
立冬	菊有黄华	豺祭兽	水始冰
小雪	地始冻	雉入大水化为蜃	虹藏不见
大雪	冰益壮	地始坼	鹖旦不鸣

《正光历》中七十二候的分配方式一直沿用到唐代的《麟德历》。僧一行奉唐玄宗敕改历，“推《周易》大衍之术，立衍以应之”①，撰《开元大衍历经》。开元十六年(728)《大衍历》书成，开元十七年颁于天下。

僧一行在改历的过程中，对七十二候注历方式进行了修改，其事见于《新唐书》卷二十七《历志》：“七十二候，原于周公《时训》。《月令》虽颇有增益，然先后之次则同。自后魏始载于历，乃依易轨所传，不合经义。今改从古。”②僧一行因《正光历》以来七十二候与节气之间的对应不合经义，而依照《逸周书·时训解》重新进行了分配。一行修改的结果见于《新唐书》卷三十四《历志》“大衍步发敛术 推七十二候、推六十卦”③：

恒气　月中节 四正卦	初候	次候	末候	始卦	中卦	终卦
冬至　十一月中 坎初六	蚯蚓结	麋角解	水泉动	公中孚	辟复	侯屯　内卦
小寒　十二月节 坎九二	雁北乡	鹊始巢	野鸡始夺	侯屯　外卦	大夫谦	卿睽
大寒　十二月中 坎六三	鸡始乳	鸷鸟厉疾	水泽腹坚	公升	辟临	侯小过 内卦
立春　正月节 坎六四	东风解冻	蛰虫始振	鱼上冰	侯小过 外卦	大夫蒙	卿益

① 《旧唐书》卷191《方伎传》，第5112页。
② 《新唐书》卷27上《历志》，第598页。
③ 《旧唐书》卷34《历志》，第1234页。

续 表

恒气　月中节 四正卦	初　候	次　候	末　候	始　卦	中　卦	终　卦
雨水　正月中 坎九五	獭祭鱼	鸿雁来	草木萌动	公渐	辟泰	侯需　内卦
惊蛰　二月节 坎上六	桃始华	仓庚鸣	鹰化为鸠	侯需　外卦	大夫随	卿晋
春分　二月中 震初九	玄鸟至	雷乃发声	始电	公解	辟大壮	侯豫　内卦
清明　三月节 震六二	桐始华	田鼠化为䳺	虹始见	侯豫　外卦	大夫讼	卿蛊
谷雨　三月中 震六三	萍始生	鸣鸠拂羽	戴胜降桑	公革	辟夬	侯旅　内卦
立夏　四月节 震九四	蝼蛄鸣	蚯蚓出	王瓜生	侯旅　外卦	大夫师	卿比
小满　四月中 震六五	苦菜秀	靡草生	小暑至	公小畜	辟乾	侯大有 内卦
芒种　五月节 震上六	螳螂生	鶪始鸣	反舌无声	侯大有 外卦	大夫家人	卿井
夏至　五月中 离初九	鹿角解	蜩始鸣	半夏生	公咸	辟姤	侯鼎　内卦
小暑　六月节 离六二	温风至	蟋蟀居壁	鹰乃学习	侯鼎　外卦	大夫丰	卿涣
大暑　六月中 离九三	腐草为萤	土润溽暑	大雨时行	公履	辟遁	侯恒　内卦
立秋　七月节 离九四	凉风至	白露降	寒蝉鸣	侯恒　外卦	大夫节	卿同人
处暑　七月中 离六五	鹰祭鸟	天地始肃	禾乃秀	公损	辟否	侯巽　内卦
白露　八月节 离上九	鸿雁来	玄鸟归	群鸟养羞	侯巽　外卦	大夫萃	卿大畜
秋分　八月中 兑初九	雷乃收声	蛰虫坏户	水始涸	公贲	辟观	侯归妹 内卦

续 表

恒气 月中节 四正卦	初 候	次 候	末 候	始 卦	中 卦	终 卦
寒露 九月节 兑九二	鸿雁来宾	雀入大水为蛤	菊有黄花	侯归妹 外卦	大夫无妄	卿明夷
霜降 九月中 兑六五	豺乃祭兽	草木黄落	蛰虫咸俯	公困	辟剥	侯艮 内卦
立冬 十月节 兑九四	水始冰	地始冻	野鸡入大水为蜃	侯艮 外卦	大夫既济	卿噬嗑
小雪 十月中 兑九五	虹藏不见	天气上腾地气下降	闭塞成冬	公大过	辟坤	侯未济 内卦
大雪 十一月节 兑上六	鶡鸟不鸣	虎始交	荔挺出	侯未济 外卦	大夫蹇	卿颐

也即《正光历》以"虎始交"作为冬至第一候，而这在《大衍历》中是大雪第二候。除去分配的不同之外，《正光历》与《大衍历》中七十二候的表述也不尽相同，[①]《大衍历》依据《逸周书・时训解》已经明确，《正光历》所据《易轨》虽已不存，但其主要内容不出《礼记・月令》中对物候的表述。

七十二候之外，《大唐阴阳书》中还将六十卦分配于十二月。六十卦最早用于国家正式的历法，应该是三国吴的《乾象历》。《晋书》卷十七《律历志》记载了《乾象历》中的"推卦用事日"："因冬至大余，倍其小余，坎用事日也。加小余千七十五，满干法从大余，中孚用事日也。求次卦，各加大余六，小余百三。其四正各因其中日，而倍其小余。"[②]一行引用《孟氏章句》，对《乾象历》以来主要以京氏卦气说为主的配卦方式进行了批判。

> 十二月卦出于《孟氏章句》，其说易本于气，而后以人事明之。京氏又以卦爻配期之日，坎、离、震、兑，其用事自分、至之首，皆得八十分日之七十三。颐、晋、井、大畜，皆五日十四分，余皆六日七分，止于占灾眚与吉凶善败之事。至于观阴阳之变，则错乱而不明。自《乾象历》以降，皆因京氏。惟《天保历》依易通统轨图。自入十有二节、五卦、初爻，相次用事，及上爻而与中气偕终，非京氏本旨及《七略》所传。按郎顗所传，卦皆六日七分，不以初爻相次用事，齐历谬矣。又京氏减七十三分，为四正之候，其说不经，欲附会纬文"七日来复"而已。[③]

---

① 芸始生、始雨水、蛰虫启户、靡草死、蝉始鸣、木槿荣、暴风至、杀气浸盛、阳气始衰、冰益壮、地始坼等仅见于《正光历》。鸷鸟厉疾、水泽腹坚、草木萌动、鸣鸠拂羽、靡草生、大雨时行、禾乃秀、草木黄落、蛰虫咸俯、天气上腾地气下降、闭塞成冬等则仅见于《大衍历》，也即《逸周书・时训解》。

② 《晋书》卷17《律历志》，北京：中华书局，1974年，第509页。

③ 《新唐书》卷27《历志》，第298页。

以一年为 $365\frac{1}{4}$ 日，如果以六十卦配，则每卦值 $6\frac{7}{80}$ 日，也即六日七分。京氏以坎、离、震、兑四正卦值二分二至日的话，就要将坎、离、震、兑卦之前的颐、晋、井、大畜四卦值 $5\frac{14}{80}$ 日，即五日十四分，则坎、离、震、兑值 $\frac{73}{80}$ 日。这即是《乾象历》以来的配卦方式。但僧一行认为以坎、离、震、兑四正卦值日，仅仅是为附会纬书，因此在《大衍历》中，不以四正卦值日。他又将除四正卦外的六十卦分为辟、公、侯、卿、大夫五等，每组十二卦。辟卦即为各月的主卦，以示阴阳盛衰之象，又进一步将侯卦（未济、屯、小过、需、豫、旅、大有、鼎、恒、巽、归妹、艮）分为内、外卦（参前引“大衍步发敛术 推七十二候、推六十卦”）。[1]

不难看出，《大唐阴阳书》中的七十二候及六十卦是与《大衍历》相符的。由于一行对此进行了大规模修改，这些内容在吕才编纂《阴阳书》时尚且不存，因此，将《大唐阴阳书》的钞本视为《大衍历注》更为合理。《大衍历》的配卦方式对后世影响很大。敦煌本历书中记有七十二候的写卷，主要集中于归义军时期，均采用《大衍历》中的七十二候，但未见有六十卦的记载。[2] 敦煌本以外，现存清钞本宋历《宋宝祐四年丙辰岁会天万年具注历》[3]中七十二候与六十卦的内容，也均与《大衍历》一致。

钞本中另有两处避讳值得注意。其一为七十二候中 11 月“虎始交”作“武始交”（吉田本、京大本、天文台本、岛津家本）。其二为六十卦中六月与七月中的“恒”卦作“常”卦（吉田本、小岛本、天文台本）。综合二字考虑，应当是避唐讳。“虎”改作“武”应是避唐高祖祖父李虎讳，“恒”改作“常”应是避唐穆宗李恒（820—824 年在位）讳。据此可以推测，现存钞本的祖本应该成书于唐穆宗即位以后。

四、《大衍历注》在日本的行用

日本自 7 世纪末持统朝（645—703）开始使用中国历法，当时行用的是《元嘉历》和《仪凤历》。《元嘉历》为中国南朝宋的历法，《仪凤历》即《大衍历》行用之前的《麟德历》，于唐仪凤年间（676—679）传入日本，在日本被称为《仪凤历》。此后日本又于天平宝字八年（764）改用《大衍历》，天安二年（858）起与《大衍历》并用《五纪历》。同一时期的唐朝，在《大衍历》之后，曾颁行过《五纪历》（宝应元年[762]—兴元元年[784]）、《正元历》（兴元元年[784]—元和元年[806]）、《观象历》（元和元年[806]—长庆元年[821]）和《宣明历》（长庆二年[822]—景福元年[892]）。日本方面也于贞观四年（862）再次改历，用《宣明历》，并一直沿用至贞享二年（1685）。但当时日本的《宣明历》似乎并不完整，后来又加行二十七卷历书，其事可见于元庆元年（877）七月二十二日太

① 关于卦气说的探讨，聚讼纷纭，此处暂不涉及。参考冯友兰《中国哲学史》（下），《三松堂全集》卷 3，郑州：河南人民出版社，2001 年，第 57—62 页；张培瑜、徐振韬、卢央《历注简论》，《南京大学学报》（自然科学版）1984 年第 1 期；陈侃理《京房的〈易〉阴阳灾异论》，《历史研究》2011 年第 6 期。

② 参考邓文宽《敦煌天文历法文献辑校》，南京：江苏古籍出版社，1996 年。

③ 《宋宝祐四年丙辰岁会天万年具注历》，宛委别藏本，《丛书集成三编》第 29 册，台北：新文丰出版公司，第 597—613 页。

政官符。

应加行历书廿七卷事。

大衍历经一卷　历议十卷　立成十二卷　略例奏草一卷　历例一卷　历注两卷

右得中务省解称，阴阳寮解称。头从五位下兼行历博士家原朝臣乡好牒状云。谨捡案内，依去天平宝字符年十一月九日 敕书以大衍历经勘造历日既尚矣。而贞观三年六月十六日格偁，停大衍旧历，用宣明新经者。据此新经，造进御历，渐经年序。今捡件宣明经目录，唯有勘经术之书，无相副历议之书。望请依前后格，相副大衍、宣明两经，为道业经，但勘造历日，用宣明经者。寮覆牒状，所陈有道，仍申送者，省依解状，谨请官裁者。大纳言正三位兼行左近卫大将陆奥出羽按察使，奉 敕依请。[①]

历博士家原乡好因《宣明历》无"历议之书"，请求加行《大衍历》相关的二十七卷历书。《大衍历》的历议之书能够在《宣明历》时代继续使用，应该是由于《宣明历》在"步发敛术"的历注方面直接继承了《大衍历》的内容。《新唐书》卷三十《历志》记载：

(《宣明历》)其气朔、发敛、日躔、月离，皆因《大衍》旧术，晷漏、交会，则稍增损之，更立新数，以步五星。……他亦皆准《大衍历》法。[②]

因此即使将《宣明经》相附"历注"视为"宣明历注"，其内容也应与《大衍历注》无别。《宣明历》在中国颁行时，正值唐穆宗在位。由于《大唐阴阳书》钞本中有对唐穆宗的避讳，或许可以认为这一钞本在中国的祖本，完成于中国《宣明历》行用时期，因历注方面没有新的变化，故而继承"大衍历注"之名而沿用下来。在此基础上，可以进一步推断钞本中题有"上""下"之处，并非是指《大唐阴阳书》的上下。京大本中"大唐阴阳书卷卅三 下卷 开元大衍历注"，应是指《大唐阴阳书》卷三十三，《开元大衍历注》下卷。吉田本中前半部分作"大唐阴阳书卅二 上"，后半部分作"大唐阴阳书卅三 下"，但内容连续，因此如果将其视为《大唐阴阳书》卷卅二上及《大唐阴阳书》卷卅三下，似乎不妥。吉田本扉页题有"长历"，卷三十二末尾处题有"历注 上"及"长历 上"，因此可以认为卷三十二上和卷三十三下应该是表示《大唐阴阳书》卷三十二、三十三，《历注》及《长历》上、下。此处题名为"长历"的原因，笔者推测可能是这一系统祖本的抄写者将此书的性质判定为《长历》。《大衍历》书成之后，张说上《贺大衍历表》，其中有"历数既在于圣躬，卜年又表于长历"之辞。[③]《长历》中最著名者当属《春秋长历》，是杜预研习《春秋左氏传》所作。[④] 原书明代已佚，《四库全书》纂修时从《永乐大典》中辑出杜预书十五卷为《春秋释例》，可以一窥《春秋长

① 《类聚三代格》卷17"文书并印事"，东京：吉川弘文馆，2000年，第536页。

② 《新唐书》卷30《历志》，第739页。

③ 《全唐文》卷223，张说《贺大衍历表》，北京：中华书局，1983年，第2252页上。

④ "既立功之后，从容无事，乃耽思经籍，为《春秋左氏经传集解》。又参考众家谱第，谓之释例。又作《盟会图》《春秋长历》，备成一家之学，比老乃成。"《晋书》卷34《杜预传》，第1031页。

历》之面貌，它是对《春秋左氏传》中年月朔闰进行推算的历书。[①] 若非为《春秋》所作之长历，可以想象其内容与现存《大唐阴阳书》颇有相似之处。而京大本系统的钞本，也在传抄过程中逐渐不见“大衍历注”之名，或可说明在传抄过程中，抄写者对此书性质的认识也日渐模糊。

那么这两卷之外的《大唐阴阳书》全本又为何书，是否与吕才《阴阳书》相关呢？就目前的信息，似乎无法作出明确的判断。孙猛指出现存《大唐阴阳书》卷三十二与卷三十三为《大衍历》之《历注》，确为的见，但其后称“《大唐阴阳书》著者，抄此入其书”[②]，不知其所据。《阴阳书》散佚较早，中日学者都对其作过辑佚。虽然《见在目》中未载《阴阳书》，但日本学者从日本典籍《和汉朗咏注略抄》《朝野群载》《小右记》《台记》《吉日考秘传》《历林问答集》等书中辑出的部分，均作“阴阳书云”“阴阳书曰”，而不见《大唐阴阳书》之名。[③] 或许在引用过程中略去“大唐”二字，但这些内容不见于现存《大唐阴阳书》钞本。

敦煌文献中还保留了一份题名为“阴阳书”的写本 P. 2534，首残尾全，尾题“阴阳书卷第十三 葬事”[④]。此卷残存部分记载了九月至十一月各月中“葬、殡埋、启殡、斩草”等吉凶，特别标注了“金鸡鸣”“玉狗吠”日以及五姓用事的吉凶。仅以目前所存《大唐阴阳书》钞本与 P. 2534 进行对比，二者在形式和内容上都非常相近。虽然无法论断是否为同书，但不可否认，二书在编纂思路上确实非常一致。P. 2534 最后为灭门大祸日岁月的推算表格“立成法第十二”以及“灭门大祸日立成法第十三”。写卷最后，对灭门日和大祸日进行了说明：“凡葬及斩草日值灭门日，妨害深重，不可用。若值大祸日者，被劫盗。”灭门日和大祸日均为凶日，不可在当日举行葬礼或斩草的仪式。现存《大唐阴阳书》吉田本、小岛本、京大本、天文台本、岛津家本中也有对灭门、大祸日的标注，基本都注于栏外，吉田本、小岛本、京大本为朱笔，岛津家本为墨笔，同样出现在栏外的还有“狼藉”一词。在日本阴阳道文献《历林问答集》中，有对这三种日期的解释：

> 或问：灭门、太祸、狼藉何也？答曰：《宿曜经》云，一月之内，三个之凶日，一切不可以举行。慎而能慎。若犯灭门日者，家门亡。若犯太祸日者，口舌发不休息。若犯狼藉日者，所作不宜，万事散失，凶也。[⑤]

灭门日、大祸日、狼藉日在日本也被视为凶日，但已经不限于葬事，而是“一切不可以举行”。而根据古川麒一郎对日本具注历的研究，中世后半期在具注历栏外用朱笔所写灭门日、大祸日、狼藉日的传统，最早见于 11 世纪成立的《御堂关白记》，其中写有灭门日。[⑥] 敦煌所见的具注历

---

① 参考渡边义浩《杜预の春秋长历について》，《东洋研究》155，2005 年 1 月。

② 孙猛：《日本国见在书目录详考》，第 1553 页。

③ 新美宽编、铃木隆一补：《本邦残存典籍による辑佚资料集成》，京都大学人文科学研究所，1968 年。山下克明：《〈大唐阴阳书〉の考察—日本の传本を中心に—》，第 357—358 页。

④ 参见黄正建《敦煌占卜文书与唐五代占卜研究》一书中的解题，第 70—71 页。

⑤ 《历林问答集》是应永十一年(1414)，贺茂在方基于贺茂家在关于历数的秘说《历林》十卷，而以问答形式编纂的解释历法相关知识的书籍。中村璋八：《〈历林问答集〉本文とその校订》，《驹泽大学外国语部研究纪要》7 号，1978 年 3 月。

⑥ 古川麒一郎：《序》，大谷光男等编《日本历日总览・具注历篇》(中世前期)，川崎市：本の友社，1992 年。

中，也会用朱笔在栏外注蜜日、社日、三伏日、人神、日游等，虽然蜜日有“蜜日不吊死问病”的传统，但其他特殊的吉凶日并不会在栏外标注。[①] 在栏外写灭门日、大祸日、狼藉日的做法，应该是日本方面形成的传统。[②]《宣明历》在日本一直行用至贞享二年（1685），是日本使用时间最长的历法。《大衍历注》作为参考书也一直久经行用，因此现存的《大唐阴阳书》卷三十二、三十三的钞本，也在日本历注自身的发展过程中被附加了新的内容。

小　结

常见于南北朝隋唐之际的《阴阳书》，今已全部散佚。日本公私藏书机构中藏有6种题名为“大唐阴阳书”的钞本，另有3种形式相近的历书。通过对诸钞本的调查，基本可以判定这些钞本主要分为两个系统：吉田本、小岛本为同一系统，京大本、天文台本、静嘉堂本以及岛津家本为同一系统。这两个系统的钞本，应该均与天文博士安倍氏相关。对于这些钞本的性质，学界一直以来有两种见解：吕才《阴阳书》和《大衍历注》。笔者注意到，这些钞本各月月首所记载的七十二候和卦象的分配方式与《大衍历》的记载相同。这种分配方式经僧一行大规模修改，而在吕才编纂《阴阳书》时尚不存在。因此，《大唐阴阳书》的卷三十二、三十三钞本所载内容当即《大衍历注》。《宣明历》传入日本时并不完整，因此又加行了《大衍历》的二十七卷“历议之书”。《大衍历注》能在《宣明历》行用时继续使用，是因《宣明历》在历注方面完全继承了《大衍历》的内容。《大唐阴阳书》钞本中又避唐高祖祖父李虎讳及唐穆宗李恒讳，基本可以判定现存钞本的祖本应该成立于唐穆宗即位以后。日本《宣明历》行用时期很长（862—1685），《大唐阴阳书》在这一过程中也被附加了日本在历注方面形成的新传统。

（本文初稿曾于2017年4月15日在“六朝史研究会”口头发表，修改后于2017年12月3日在复旦大学“日本古写本与中国典籍”研讨会宣读，承蒙辻正博、佐藤达郎、山口正晃、余欣等诸位老师及与会成员赐予教示，谨致谢忱。本文原刊于《敦煌写本研究年报》第12号，2018年3月。）

作者简介：

梁辰雪，上海师范大学人文学院古籍整理研究所讲师。日本京都大学博士，复旦大学文史研究院博士后。主要研究领域为隋唐史、敦煌学、中日文化交流史等。在《敦煌写本研究年报》《中华文史论丛》《域外汉籍研究集刊》及 *Religions* 等刊物发表多篇学术论文，并译有《六朝门阀》一书。

---

① 参考赵贞《中古历日文化社会意义探析——以敦煌所出历日为中心》，《史林》，2016年第3期。

② 在灭门日、大祸日、狼藉日之外，《大唐阴阳书》钞本中还有不少朱笔注释，也非源自中国的具注历传统，关于这点留待日后另文探讨。

隋唐五代江南城市的基本面貌与发展趋势

张剑光

摘　要：隋唐五代时期，江南多层次的城市格局体系基本建立。江南区域内先后共出现了18个州级以上的城市、70多座县城。江南城市渐渐发生着一些重要的变化，无论是物质结构还是社会结构，是生产和消费还是文化生活和日常生活，都在潜移默化地发展着。江南城市的设立与规模主要受制于政治需要，城市空间分布的格局已基本定型，城市发展有较大的区位优势，多数城市进行了修建整治，城市人口数量有了显著增加，城市的经济功能显著地增强，市的形态发生了较大变化，城市文化生活多样丰富。城市在政治和经济上对周围地区都有较大的影响。

关键词：江南城市　数量　城墙　经济功能　发展趋势

隋唐五代时期，江南开发呈现出了较快的态势，城市是其中一个极为重要的方面。从江南城市的发展，可以看出当时社会的发展水平、基本特点和潜在的演变趋向。隋唐五代的城市正经历着重要的变化，城市经济和文化对全国的影响越来越大，江南社会的发展与城市的变化密切相关。那么，江南城市呈现出怎样的基本面貌？与前代相比，江南城市出现了哪些变化与发展的趋势？

本文所指的江南，主要是唐代中期的宣歙、浙西、浙东三道的范围。

一、唐五代江南城市的数量和等级

隋唐五代时期，江南多层次的城市格局体系基本建立，城市建设加快了步伐。随着江南农田的开发和向丘陵山地的推进，政府不断设立新的行政机构，江南城市数量逐渐增加。政治发展的特殊性，加上唐末五代江南经济的不断发展、在全国的地位不断上升，使江南城市发生了较大的变化。江南城市根据规模和行政级别，可以分成都城、州城、县城三个等级。

1. 江南的都城

在隋唐五代这个时间段中，江南区域内共出现了两个都城，分别是南唐的金陵、吴越的杭州。作为都城，两个城市在各自国家都是最为重要的政治和经济中心，成为五代时期江南最重要的城市。从城市的政治等级、经济功能和文化功能来说，五代时期这两个都城是江南的一流城市，是江南区域内的政治、经济和文化中心。

唐末江南动荡，润州上元县由于地势重要，渐渐成为兵家相争之地。唐昭宗大顺元年(890)，在上元县设昇州。此后，在唐末军事混战中，昇州成为重要的水军基地，并在经济、文化和城市建设方面也取得一定的发展。杨吴政权建立后，以扬州作为政治和经济中心。不过在徐温专权后，统治中心向昇州转移，成为吴国的第二政治中心。天祐十四年(917)，经过徐知诰的兴修，金陵城市府舍甚盛，隐隐再现六朝时的繁盛。之后，徐知诰在金陵受吴禅，建立南唐，并定都于此。金陵之所以能够作为南唐的都城，固然与吴国后期特殊的政治环境有关，但与其地理位置上的优势应该有更重要的关系。北依长江，金陵可以避免来自北方军事集团的直接威胁，有长江天险可守，同时可以有效地控制经济特别发达的江南地区。而事实上，唐末至南唐建立时，金陵城池经过先后四次较大的修筑，已挤进江南第一流城市的规模，城市的功能和作用更加突出。成为南唐首都后，金陵不但是南唐的政治中心，而且在经济上依恃了发达的江南和淮南地区，凭借长江便捷的交通运输，成为南唐最重要的商业和手工业中心。

杭州在唐代是浙西道的一个重要城市，但其政治地位不如同处江南的润州和越州，经济发展不如苏州，交通枢纽地位不如润州，因此杭州在唐代的江南还算不上一流城市。唐末混乱，后梁龙德三年(923)封钱镠为吴越国王，建立了吴越国，而杭州就成了吴越国的都城，成为吴越国的第一城市。杭州之所以成为吴越国的都城，并被建设成江南南部地区的第一大城市，与中唐以后杭州的自身发展有直接关系。唐后期的杭州周围地区，农业生产发展，杭州城内手工业较为发达，丝织业、金银制造业、造船业、食品业、造纸业、印刷业等都很有特色。由于位于钱塘江边、江南运河的南端，杭州的交通地位重要，商品贸易十分兴旺。吴越国以杭州为都城，是综合考虑了杭州城的自然环境、军事地位、政治地位和经济的发达程度。钱氏割据政权以杭州为都城，标志着杭州超越了苏州、越州，正式成为两浙地区的政治中心，这对杭州城市的发展产生了巨大的推动作用。

2. 江南的州城

江南城市的第二层次是州级城市。

隋唐五代时期，行政区划分成州、县两级制。一般而言，州级城市不但政治级别高，而且城市规模大，城市的影响力远大于县城。州城的数量，一定程度上表明了城市发展的水准。隋开皇三年(583)，文帝“遂废诸郡”，一改南北朝州、郡、县三级地方行政制度为州、县两级制，州直接领县。灭陈后，江南政区也同样加以改革，全面推行两级制。据《隋书》卷三十一《地理志下》，隋炀帝并省后的江南地区主要有丹阳、宣城、毗陵、吴、会稽、余杭、新安、东阳、永嘉等郡。

《旧唐书》云:“自隋季丧乱,群盗初附,权置州县,倍于开皇、大业之间。贞观元年,悉令并省。”①唐太宗并省后的江南州级城市,主要有润州、常州、苏州、湖州、杭州、睦州、越州、婺州、台州、处州、宣州、歙州等。之后高宗上元元年(674)设立了温州,武周垂拱二年(686)设立了衢州,玄宗开元二十六年(738)设立了明州,代宗永泰元年(765)设立了池州。肃宗乾元元年(758)设立了昇州,上元二年(761)废。昭宗大顺元年(890),又在上元县设昇州。

吴越国和吴、南唐的地方行政仍是以州统县。两国州城的设置几乎与唐代相同,略有变化的是天福五年(940)将苏州东部地区划出,在嘉兴县设立秀州。

隋唐五代时期江南各个州级城市的发展速度并不一致,城市地位不断发生着升降变化。唐前期江南的中心城市实际有三个,即润州、宣州、越州。如景云时置都督府,四大都督府中江南一个也没有,但江南有两个中都督府,即润州和越州。开元八年置十道按察使,江南东道按察使设在润州,江南西道按察使设在宣州。开元二十一年,分天下为十五道,江南道分为江南东道和江南西道,其中江南东道治所在苏州。中唐以后,宣歙从江南西道中分出,因而江南自西至东分别为宣歙、浙西、浙东三道。宣歙观察使治所在宣州,浙西道治所在润州,浙东道治所在越州。这三州具有比一般州更高的地位,有军事和政治的原因,更因为它们在经济上是江南影响力最大的城市。

同时另一种城市的发展形式是我们必须重视的,州级城市发挥影响力不只是在政治和军事上,经济上的影响力更是日益扩大。中唐以后,经济性能较强的城市开始兴起,苏、杭的发展快于一般城市。《吴郡志》卷五十《杂志》云:“唐时,苏之繁雄固为浙右第一矣。”范成大认为苏州城市经济的水平在江南应放在第一位。刘禹锡为苏州刺史时说:“伏以当州口赋,首出诸郡。”②这是从苏州的综合经济实力上观察,比起江南其他州要更胜一筹。相比较而言,杭州的经济实力略逊于苏州,所以杜牧说:“钱塘于江南,繁大雅亚吴郡。”③按杜牧的意思,江南城市经济,以苏州为第一,杭州为第二。杭州的兴起,实际上多少削弱了越州的中心地位。唐末钱镠击败董昌,越州的经济中心地位完全让给了杭州,相反杭州由于地处两浙中心,成了吴越的都城,变为浙东与浙西交会处的一个经济中心。其次就润州来说,在经济上发挥出的作用更多地表现在交通货运上,而润州城市商业发展比不上苏州,经济上的影响力也不够。由于地理位置的重要和交通的便利,润州在唐后期表现出的政治和军事作用超过了经济上的作用,太湖北部经济中心的地位逐渐让位给苏州。宣州尽管是宣歙地区的经济中心,但随着金陵成了南唐首都,由于地理上比较靠近,宣州的经济作用有所削弱,相反金陵的经济辐射力日益加强。

我们认为,综合江南州城的实力,江南的几个经济中心城市不但对本州经济有绝对的影响作用,而且对相邻地区的经济也构成一定的影响,对周围城市有一定的经济辐射力,商业流通的

---

① 《旧唐书》卷38《地理志一》,北京:中华书局,1975年,第1384页。
② 刘禹锡:《刘禹锡集》卷17《苏州举韦中丞自代状》,北京:中华书局,1990年,第204页。
③ 杜牧:《樊川文集》卷10《杭州新造南亭子记》,上海:上海古籍出版社,2007年,第155页。

范围和流通量也超过一般州城。唐代前中期，经济中心城市主要有越州、润州、宣州。唐代后期苏杭经济发展较快，经济中心城市主要是苏、越、宣三州。润州城市经济发展不明显，所起的作用在唐末越来越小。

江南其他的州城基本位于同一层次之中，不过城市经济的发展因历史条件和地理环境的不同而快慢不一。发展较快、经济功能较强的几个城市，如常州、湖州及唐后期的明州、婺州等，是本州的经济中心，对本州经济的影响较大。江南此外的一些城市如睦、衢、台、温、处、歙、池等州虽也是本州的经济中心和交通集散地，但经济影响力有限，经济的辐射力实际仅局限于府治周围地区。

3. 江南的县城

江南城市的第三等级为县城。

县级行政机构一般都是筑城的，政府驻扎于内，而且设立商品交换的市场。因此，县城往往是县域内的政治中心，同时也是经济中心。县城的设立有个逐渐增加的过程，随着江南开发的深入，江南县城设置的数量越来越多，密度不断增高。

隋朝廓定江表后，曾经大量析置州县，隋炀帝即位后，进行了并省。根据《隋书》卷三十一《地理志下》，隋代江南的县城主要有以下这些：江都郡，有句容、延陵、曲阿；丹阳郡，有江宁、当涂、溧水；宣城郡，有宣城、泾、南陵、秋浦、永世、绥安；毗陵郡，有晋陵、江阴、无锡、义兴；吴郡，有吴、常熟、昆山、乌程、长城；会稽郡，有会稽、句章、剡、诸暨；余杭郡，有钱唐、富阳、余杭、於潜、盐官、武康；新安郡，有休宁、歙、黟；东阳郡，有金华、永康、乌伤、信安；永嘉郡，有括仓、永嘉、松阳、临海；遂安郡，有雉山、遂安、桐庐。其时江南地区共有县 45 个，扣除郡治所在的县城 9 座，实有县城仅 34 座，从数量上说，已经低于孙权时期。不过应该了解，之所以会出现这种现象，与隋朝平陈后的政策有很大关系。在隋朝打抑江南政治的总思路下，减少了州县设置的数量，而且由于战争对江南经济破坏很大，引起人口锐减，因而城市数量减少，很多城池遭到废弃。

唐朝初年，“权置州郡颇多”，县城权置的也有很多。不过唐太宗上台后，“始命并省”，取消了一部分县，并省后县的数量相对固定了下来。据《新唐书》卷四十一《地理志五》，唐代江南的县城主要有以下这些：润州，有丹徒、丹杨、金坛、延陵；昇州，有上元、句容、溧水、溧阳；常州，有晋陵、武进、江阴、义兴、无锡；苏州，有吴、长洲、嘉兴、昆山、常熟、海盐、华亭；湖州，有乌程、武康、长城、安吉、德清；杭州，有钱塘、盐官、余杭、於潜、新城、临安、唐山；睦州，有建德、青溪、寿昌、桐庐、分水、遂安；越州，有会稽、山阴、诸暨、余姚、剡、萧山、上虞；明州，有鄮、奉化、慈溪、象山；衢州，有西安、须江、常山、龙丘；处州，有丽水、松阳、缙云、青田、遂昌、龙泉；婺州，有金华、义乌、永康、东阳、兰溪、武成、浦阳；温州，有永嘉、安固、横阳、乐成；台州，有临海、唐兴、黄岩、乐安、宁海；宣州，有宣城、泾、当涂、广德、南陵、太平、宁国、旌德；歙州，有歙、黟、祁门、休宁、婺源、绩溪；池州，有秋浦、青阳、至德、石埭。唐代江南共有 93 个县，比隋代增加了一倍。由于一些州城中两县共治，如常州、苏州、越州，因此扣除 17 县设在州城外，江南共有县城 73 座。当然，明州、池州、昇州等都是唐中期和唐末期才设立的州，我们这里的统计只是整个唐朝的大概而已。

总体上看，隋唐五代江南县城的数量在不断增多，为更多的农民进入商品交换领域提供了更为便利的条件，越来越多的商贾可以轻易地贩运农产品进入市场网络。县城的增多，使江南出现了许多人口聚集点，商品交换集市遍布各地，促进了江南广大地区商业的普遍发展。

二、江南城市的发展趋势

城市是社会发展的产物，是一定生产力条件下合经济、政治、文化、地理等因素于一体的社会实体。隋唐五代江南城市的内涵在发展变化，与农村相比较，城市日渐具有人口分布的高密度性、经济生活的多样性、人员结构的复杂性、居民文化生活的丰富性等特点。因此从江南城市的发展历史中，我们可以看出社会发展的水平、基本特点和潜在的演变趋向。

隋唐五代江南城市的发展经历着重要的变化过程，无论是城市的物质结构还是社会结构，无论是城市的生产和消费还是城市的文化生活和日常社会生活，都在发生潜移默化的变化。城市经济和文化对社会的影响越来越大，社会的发展与城市的变化密切相关。那么，我们想要知道，江南城市在形态和内容上到底是怎样的？与以前的城市相比，发生了哪些变化？

1. 江南城市的设立与规模主要受制于政治需要

隋唐五代时期，城市最重要的功能是政治上的，城市是政府行政力量的据点，所以行政级别的高低对城市的发展影响较大。行政地位高的城市，规模一般就较大，经济发展速度较快，聚集的人口较多。反之，行政地位低的城市规模就小，发展速度缓慢。隋唐五代的江南城市，仍然继承了前代的传统，基本是一个个不同层级的行政治所，首都级的城市是同时代最大的城市，如吴越国的杭州、南唐的金陵。州郡级的城市一般远大于同地区的县级城市，如越州、苏州、润州等都是因为有较高的行政级别，城市规模在江南是比较大的，聚集了大量人口。可以说，凡是江南的州郡级城市，经济都是比较活跃的，对周围区域都有较大的经济和政治影响力。

隋唐五代时期江南州一级城市，从规模上说以杭州和苏州最大，两城市的范围远远大于一般城市。杭州城本只有 36 里，其发展主要是在唐末至吴越时期，因为作为都城，城市进行了大规模的建设。苏州城主要沿用了旧城，只是局部地区进行了改造，因而城市面积很大。对江南大多数的州城来说，城市按规模大小可以分为三个层次。一是 25 里左右的大城市，如南唐都城金陵，以及润州、常州、湖州和越州。这些是江南的大都市，前三者都是唐末五代重修的，显示出了它们地位的重要性，而湖州是唐初定下的规模，越州是隋朝修筑的。二是城市规模接近 20 里的，如睦州、明州、温州、台州等是中等规模的大城市。三是婺州、宣州、歙州、嘉兴、处州等规模在 10 里左右的城市，属第三档次。这几个城市由于地处丘陵地带，不具备较好的地理条件，因而面积较其他州要小一些。特别是处州，自然条件恶劣，城市范围就很小。衢州和池州都有唐后期至五代建城的记载，但具体面积不明。秀州是从县城升为州城，情况比较特殊。总体上看，江南州城的规模一般都在四边周长20里左右。

州(都城)名	罗 城 长 度	州(都城)名	罗 城 长 度
金陵	25里44步	婺州	9里100步
杭州	70里	衢州	有罗城
润州	26里17步	处州	792丈(约5里135步)
常州	27里37步	温州	18里10步
苏州	42里	台州	18里
湖州	24里	宣州	11里193步
睦州	19里	歙州	9里7步
越州	24里250步	池州	有城
明州	18里	秀州	12里

江南大多数县城的规模在170步至700步之间，相当于现在的255米至1 050米之间。一般认为，超过2里的县城是较大的县城了。除少数城市有特殊原因外，一般县城都远小于州城。

县　名	城 市 长 度	县　名	城 市 长 度
杭州盐官县	460步(原600步)	苏州常熟县	240步
杭州於潜县	452步	苏州海盐县	170步
杭州余杭县	6里200步	常州江阴县	13里
杭州新城县	2 571步(原300丈)	常州无锡县	700步(一云2里19步)
杭州富阳县	600步	常州金坛县	700步
杭州昌化县	360步	睦州寿昌县	1里20步
杭州临安县	520步(一云5里)	越州浦阳县	1里240步
润州丹阳县	560步	越州诸暨县	2里48步
苏州华亭县	160丈(320步)	越州新昌县	10里

续　表

县　名	城 市 长 度	县　名	城 市 长 度
越州萧山县	1里200步	台州黄岩县	450步
越州上虞县	1里90步	温州永乐县	1里
越州剡县	12里	温州乐清县	1里
明州象山县	105丈(210步)	歙州祁门县	5里147步
明州定海县	450丈(900步)	歙州黟县	2里350步
明州奉化县	648丈(1 296步)	歙州婺源县	9里30步
明州慈溪县	560丈(1 120步)	歙州休宁县	9里30步
台州仙居县	600步	歙州绩溪县	5里

六朝时期,江南有不少城市是因为军事目的而设立的。但到了隋唐五代之后,随着城市军事作用的淡化,纯粹在军事意义上设立的城市比较少见。除了个别阶段外,如唐末五代初年,江南总体的社会状态是比较安定的,因此,出于纯军事意义而设立的城市越来越少。一般而言,军事意义明显时,城市中的居民以军事人员为主,非军事人员的普通居民,如商人、手工业者、服务人员很少。军事性城市在江南的发展大多不能持续,这种城市要么弱化军事意义变成一般城市,要么不再发展,有的甚至遭到废弃。

2. 江南城市空间分布的格局已基本定型

江南州级城市的布局,经历了漫长的阶段,至五代时大致定型。从城市数量上说,隋唐五代时期,江南增加了部分城市,城市的密度不断增高,布局渐趋合理。

州一级城市在唐五代新增了大约三分之一。浙东新设台州、温州、衢州、明州,浙西新设秀州,宣歙新设池州。这些新增的州城主要集中在沿海地区和主要水上交通线路旁,如台州、温州、明州在沿海,衢州在钱塘江边,池州在长江边,秀州在江南运河边,城市朝沿海和重要河道方向发展的趋势特别明显。新增城市后,江南城市呈带状分布的形态比较明显,浙西地区城市群雏形已经出现,州城布局既符合政治需要,同时又渐渐符合了经济发展的需要。至此,江南地区州一级的城市相对固定了下来,城市位置没有大的变化,江南大城市的基本分布格局已经定型。北宋以后的几个朝代,江南不再增设州一级的新城市,这反映了唐五代时期州级城市布局的相对合理性。美国学者施坚雅认为长江下游的城市"主要是在唐代,该区城市体系才丰满起来,并表现出迅速的发展"。[①] 当然,也有少部分县级城市在以后的朝代曾经提高到州、府级别,但不

① 施坚雅:《中华帝国的城市发展》,施坚雅主编《中华帝国晚期的城市》,北京:中华书局,2000年,第12页。

久又被降回原级，显示这些城市的影响力有限。这说明隋唐五代设立的这些州级城市，其布局是十分合理的，州级行政单位的政治、经济实力有能力影响到辖区内的各个县城。

除前代设立的县城外，随着经济发展，江南地区新设立了一些县城。高宗武则天时江南新设 27 县，除山阴、武进、长洲设于州治所在地外，新设县城有 24 座。唐玄宗时，江南新增 12 县，肃宗、代宗、德宗时，江南新增 6 县。[①] 也就是说，唐代江南县城有一半左右是初盛唐之后渐渐设立的，城市的设立是一个渐进的过程。新立的这些县城，使江南城市密度大为增高。五代时期的江南分属吴越和吴、南唐控制，县城在数量上的变化不是很大。其时新设了一些县城，如开平二年(908)的越州新昌县，开平三年的明州望海县、苏州吴江县，吴越天宝十二年(922)的钱江县，天福三年(938)的秀州崇德县，乾祐三年(950)的昇州铜陵县，广顺二年(952)的池州东流县。此外，南唐时还设立了芜湖县、繁昌县。五代江南新设 9 县，其中 4 县是在长江南岸，可以推测是沿江商业运输的发达，促进了这些地区设县的需要。太湖东部地区和宣歙靠近长江南岸新析多个县城，说明江南开发的继续，在深度和广度上仍在推进。政府用行政手段设立城市，决定城市的级别，实际上是地区经济自身发展的需要，虽然有一定的人为因素，但更重要的是客观因素。

唐五代时期，县级城市大量增加，浙西太湖两岸及浙东沿钱塘江及沿海经济较为发达的地区县城密布，宣歙道的县城主要分布在宣州地区。江南县级城市的布局密度越来越高，随着各个地区开发的推进，新县在不断设立，同时行政区划也在不断调整。县级城市的布局相对而言是比较合理的，布局的基本特点已经形成。当然我们必须看到，在江南区域内，县城的分布并不十分均衡，北部的城市分布密度较高，而南部、西部丘陵山区城市密度相对较低。不过随着新县城的不断设立，除今浙江最南部的山区之外，江南县城的分布体系已大体形成。

3. 城市发展有较大的区位优势

江南城市设立时的区位优势，使其在隋唐五代时期处在一个向上发展的通道中。城市设立时一般都会考虑占据便利的区域地理位置，如果占据区域门户位置或区域中心位置，就会给城市的发展带来许多机会，就能产生出商品的聚集力和对周围地区的经济辐射力。因此，城市设立时一般都会考虑交通的方便与否。

江南很多城市一般都占据了有利的交通位置。如金陵依恃长江，在五代成为南来北往的转运中心，成为南唐的都城；苏州、越州、杭州都是外有江海，内有水陆交通；湖州、润州、婺州等都在太湖、长江、钱塘江及江南运河等的边上。如昇州北濒长江，可以“西引蜀、汉，南下交、广，东会沧海，北达淮、泗”，四面八方“无不通矣”，[②]水路交通十分方便。再如“东吴繁剧，首冠江淮”

① 江南新析县城的具体情况，可参看张剑光《唐五代江南工商业布局研究》，南京：江苏古籍出版社，2003 年，第 385—387 页。

② 乐史：《太平寰宇记》卷 90《昇州》，北京：中华书局，2007 年，第 1778 页。

的苏州，[1]商人云集，“合沓臻水陆，骈阗会四方。俗繁节又暄，雨顺物亦康”[2]。越州“弥地竞海，重山阻江，铜盐材竹之货殖，舟车包篚之委输，固已被四方而盈二都矣”[3]。唐朝新设立的台州、温州、衢州、明州、池州、秀州等六州，也有良好的区位优势。前两者靠近沿海，《明一统志》卷四十八《温州府》认为是“控山带海，利兼水陆”。后四州的设立与区位选择也有很大的关系。如衢州，从杭州经浙江向南进入岭南和福建，衢江是重要的水运交通要道，衢州城的设立完全是因为唐代浙东地区的西南部交通运输和商业的迅猛发展，需要有一个州级行政机构进行有效管理，所以有人称其为“浙东大郡”[4]。明州和秀州都靠近大海，沿海的制盐业和运输业的发展，促使了这两个州的设立。尤其是中唐以后，海外贸易中心渐渐南移，进入两浙沿海的商船增多，两州的设立成了政治和经济发展的必然。明州与日本、朝鲜等国的贸易，是这个城市商业发展方面最重要的，就如宋人总结的明州城的经济功能：“明之为州，实越之东部，观舆地图，则僻在一隅，虽非都会，乃海道辐凑之地，故南则闽广，东则倭人，北则高勾丽，商舶往来，物货丰衍，东出定海，有蛟门虎蹲天设之险，亦东南之要会也。”[5]池州的设立虽然带有一定的军事色彩，与当时平定农民叛乱有关，但此后池州的发展表明，这个城市的兴旺与长江交通水道密切相关。从这些州城的区位优势中我们可以看到，处在交通要道旁的江南城市，随着繁忙的运输，城市的发展速度越来越快，商品转运的数量不断增加，聚集的人口越来越多。

润州的发展最能说明城市区位优势的作用。继承了六朝京口的重要地位，到了唐代，随着江南运河的沟通，润州位于运河的入口，处于江南北部门户位置，既是军事重镇，又是漕运的关键部位，交通中枢地位相当突出，粮食运输十分繁忙。除粮食外，盐、铁、茶叶等转运也是经润州过江到达扬州。为方便运输，政府在江边比较安全的地方设置仓库、码头，成为南方经济产品过江的一个重要门户。如《景定建康志》卷十九谈到：“下蜀港，在城东北一百里，句容县北六十里。唐世置盐铁转运使在扬州……于江南岸置仓转般。今下蜀镇北有仓城基并盐仓遗址尚存，后有河入大江，里俗呼曰官港，即古漕河也。”因而时人称赞润州是“东口要枢，丹徒望邑，昔时江外，徒号神州，今日寰中，独称列岳”[6]，它是“三吴之会，有盐井铜山，有豪门大贾，利之所聚”[7]。中唐以后润州成了浙西道的治所，成为江南最重要的城市。凭借长江和江南运河的重要位置，州城内工商业发展较快。刘禹锡曾描绘润州的繁荣：“江北万人看玉节，江南千骑引金饶。”“碧鸡白马回翔久，却忆朱方是乐郊。”[8]

不过依恃交通位置而兴旺的城市，一旦交通优势地位丧失，城市的发展会受到很大影响。

---

① 董诰：《全唐文》卷693，元锡《苏州刺史谢上表》，北京：中华书局，1983年，第7110页。
② 韦应物：《韦江州集》卷7《登重玄寺阁》，四部丛刊初编本，第3B页。
③ 《全唐文》卷523，崔元翰《判曹食堂壁记》，第5321页。
④ 王溥：《唐会要》卷54《给事中》，北京：中华书局，1955年，第937页。
⑤ 张津：《乾道四明图经》卷1《分野》，《宋元方志丛刊》，北京：中华书局，1990年，第4877页。
⑥ 周绍良：《唐代墓志汇编》垂拱五〇二（无志名），上海：上海古籍出版社，1992年，第765页。
⑦ 李昉：《文苑英华》卷408，常衮《授李栖筠浙西观察使制》，北京：中华书局，1962年，第2068页。
⑧ 《刘禹锡集》卷28《重送浙西李相公》，第371—372页。

我们发现润州的发展与城市区位的因素密切相关，过度依赖交通货运的经济模式是润州失去区域经济中心城市地位的主要原因。润州的交通货运业是一种依赖型的模式，它必须仰仗扬州及扬州以北运河的畅通，仰仗北方中原地区社会不出现大的动乱。唐穆宗长庆年间，窦易直为浙西观察使，"时江、淮旱，水浅，转运司钱帛委积不能漕"①。北上的水道稍有不畅，货物就全部积聚在润州。也就是说，如果北方物资需要量减少，或者有人切断交通要道线，润州的货运就失去了作用。事实也是如此，唐代后期，藩镇动乱不断，漕运线不时被切断，润州以运输促经济的发展模式就受到了影响。唐末杨行密和朱温交恶，北上的线路完全阻断，润州江南北部门户地位受到了冲击，交通中心的地位就让给了金陵这一重新兴起的大城市。此外，由于润州是江南的北门户，位据军事要地，因而润州与江南各城市不一样之处是有着大量的驻军。尽管我们估计润州城内有人口 20 万左右，但由于所处的战略地位十分重要，城市中驻军占有相当的比例，这些人与商品市场并没有十分紧密的关系。《丁卯集》卷下许浑有《蒜山津观发军》诗，知渡口是浙西兵的重要驻扎地。有人对韩滉任浙西观察使时的军事进行了研究，认为在润州不仅有镇海军的牙军，还有浙西道三个外镇军之一的丹阳军，浙西道的总兵力在 3 万以上。② 因此我们指出："在唐后期至五代，润州的区域经济中心地位却渐渐地被分割，向南进入岭南、福建和向东与海外交通的中心移到了杭州，沿长江西进和向北通中原的作用随着金陵的崛起又为金陵所取代，城市商业经济的繁盛中唐以后又被苏州抢去了风头。换言之，润州江南区域经济中心城市的地位转移到了苏、杭和金陵地区。"③

当然，从总体上说，江南大部分的城市都处在较有利经济发展的区位，给城市的发展带来了较多的机遇。

4. 多数城市进行了修建整治

江南有不少城市在六朝时就已修建，至隋唐五代仍在使用。不过由于时间久远，对城池的要求渐渐提高，不少城市必须进行翻修扩建。从现有资料来看，大部分城市都经历过修建整新。

隋初江南出现了一次大规模的毁城行动，很多城市被废弃铲平。但同时，隋朝又对江南保留下来的一些城市进行了建设，如越州、杭州等州城，如於潜、盐官、长兴、武康等县城，都是修建于这一时期。唐初高祖武德年间修复战乱中受损的城市，出现了一股建设小高潮，如湖州、潜州、丹阳、常熟、剡县等都是在这个时期得到修建。之后，城市建设的高潮应该是在高宗武则天和玄宗时期。这个阶段不仅新析了很多县城，而且对很多城池进行了修建，如武则天时修建了无锡、黄岩、宁海、仙居，玄宗时修建了睦州、华亭、海盐、诸暨、乐清、浦阳等城市。安史之乱以后，继续有一些城市兴筑、扩修了城垣，一些州城的子城得以加固，并且增加了城墙的厚度和高度。

规模最大的修筑风潮在唐末五代时期，其原因应与日益动荡的军事、政治形势有关。当时

① 《旧唐书》卷 167《窦易直传》，第 4364 页。

② 李碧妍：《唐镇海军研究》，上海大学 2008 年硕士学位论文，第 54—55 页。

③ 张剑光、陈巧凤：《从唐至五代润州经济的发展与变化看区域经济中心的转移》，《江西社会科学》2008 年第 9 期。

许多州县城市，或扩建或改修，加宽加高城墙，深挖护城河。如唐末修治的有杭州、润州、昇州、常州、苏州、睦州、明州、婺州、衢州、歙州、池州、新城县、萧山县、上虞县等城，五代修治的有金陵、杭州、常州、苏州、温州、宣州、嘉兴州、余杭县、临安县、江阴县、定海县、新昌县、婺源县等城，有的城市经过多次修建。下面可通过列表大致看到当时城市的修建情况：①

城　市	修筑时间	修筑城墙
金陵	乾化四年(914)	罗城墙上阔二丈五尺，下阔三丈五尺，高二丈五尺；内卧羊城，阔四丈一尺
	南唐中主李璟时	高三丈
杭州	大顺元年(890)	砖砌，罗城长五十里
	景福二年(893)	罗城墙七十里
	天宝三年(910)	筑子城
润州	乾符后	罗城墙高九尺五寸
常州	景福元年(892)、吴顺义中	子城墙高二丈八尺，厚二丈，外用砖包
	天祚二年(936)	罗城墙高二丈，厚称之
苏州	乾符三年(878)	重修罗城
	龙德二年(922)	砖筑，高二丈四尺，厚二丈五尺
睦州	中和四年(884)	高二十五尺，阔二丈五尺
明州	唐末昭宗	罗城
婺州	天复三年(903)	高一丈五尺，厚二丈八尺
衢州	天复元年至天祐三年间(901—906)	罗城城墙
温州	后梁开平初	子城墙
歙州	中和三年(883)、中和五年、天祐中	罗城墙高一丈二尺
宣州	南唐末年	罗城墙
池州	约广明元年(880)、杨吴时	

① 张剑光、邹国慰：《城墙修筑与隋唐五代江南城市的发展》，《文史哲》2015 年第 5 期。

续 表

城　市	修筑时间	修　筑　城　墙
嘉兴州	天福四年(939)	罗城墙高一丈二尺，厚一丈五尺；子城墙高一丈二尺，厚一丈二尺
余杭县	钱武肃王时	高一丈三尺，下广一丈五尺
新城县	大顺二年(891)	高二丈七尺
临安县	吴越国时	
江阴县	天祐十年(913)	
定海县	开平三年(909)	
萧山县	唐末五代	高一丈八尺，厚一丈一尺
上虞县	唐末五代	高一丈七尺，厚一丈
新昌县	五代	土城，高一丈，厚一丈三尺
婺源县	昇元二年(938)	高一丈八尺
昆山度城	黄巢时	
富阳古城	吴越钱氏	高二丈一尺，阔二丈

从这些记载来看，唐末五代时期，江南有14个州和10个县，或新筑或修建了城墙。这样大规模修筑城墙的情况，在隋代、唐前期、唐中期都没有过。这样大规模建设城墙是否反映了商品经济的发展？我们认为并非如此。之所有大量城市修筑城墙，将城墙修筑得更厚实更高耸，完全是从军事角度考虑的，是为了更有效地防御外部军事力量的入侵。因此这一时期修筑城墙出现高潮，尤其是州级城市城墙的修筑，与唐末五代政局和军事形势出现的混乱局面有关，是各个政治据点自保的需要。随着这股建设高潮的出现，江南大部分的城市都筑起了城墙，而没有城墙的城市并不太多见，唐末的战乱使江南城市都建起了一定的防御设施。为了避免战争的侵袭，许多城市修建起高高厚厚的城墙作为防御工具。总的来说，大部分的江南州一级城市，都在这一时期新建新修防御设施，一般是先筑子城墙，后来又筑罗城墙，有些是分多次完成的。

江南城市在唐末以前，有一些是没有城墙的，或者有的城墙比较低矮，有的是土质的，一些州城只有子城而没有外郭城，但在唐末五代的大修建中，州城基本上都建起了罗城，县城大部分建起了高高的城墙，土质的城墙大部分换成包砖，城市的防御功能开始健全。

5. 城市人口数量有了显著增加

人是城市的主体，城市中的社会、经济、文化活动都是由人来进行的，没有人的城市也就失去了存在的意义。因此，城市人口的多少是衡量城市规模大小的一个重要指标。尽管隋唐五代时期江南城市为了保护自身的安全，筑起了高高的城墙，使城市与农村的界线十分明显，但这并不影响城市人口的增加。江南城市中聚集着大量的人口，他们以自然环境为依托，以经济活动为基础，构成了一个联系紧密的有机整体。

唐五代江南州级城市人口大多在十万以上，也有部分超大城市达二三十万。如唐代苏州是江南最为发达的大城市之一，所谓“江南诸州，苏最为大，兵数不少，税额至多”①，“甲郡标天下”②。苏州七县有十万户，如杨乘《吴中书事》云：“十万人家天堑东，管弦台榭满春风。”③刘禹锡《白太守行》也说：“苏州十万户，尽作婴儿啼。”④根据《吴地记》的记录，吴县和长洲两县有60坊60乡，共有62 061户。其中的60坊应该是两县管辖的苏州城区部分，而60乡是两县管辖的农村部分。推测吴县、长洲县60坊约有26 135户。唐玄宗天宝年间苏州平均每户为8.27人，如我们将每户平均8人作为标准，苏州城内总人口约209 080人。也就是说，唐代末年，当苏州有最高纪录的户14万时，城内人口有20万左右。由于吴县和长洲县各乡靠近州城，有部分农村人口流入城市经商或从事服务业，加上其他的一些因素使一些人口居住在城内，因此可将城区人口再上浮1万户约8万人，那么苏州城内的人口估计在30万左右。再如杭州在唐代中期，人口在10至15万，比苏州要少得多。唐代末期至吴越时，杭州人口增加较快，有可能达到20至25万，与苏州相仿。越州城内人数可能少则14至15万人，多时达16至17万人，即使在唐代一些特殊时期，有大量城外人口涌进州城内谋身，但估计常住总人口无论如何是很难突破18万的。⑤ 江南一些小州，如睦州和温州城内，约有2万5千人。

县级城市人口一般在万人以下。县城的人口数字，由于唐代史料没有具体记载，无法进行推测。但我们据嘉靖《萧山县志》卷三《户口》的记载能看到越州萧山县的户数：“唐开元户部帐，户凡二万五千八十有六。”按天宝元年，越州每户为5.87口，那么萧山县就有口147 255。但这是整个萧山县的户与口数，包括了县城和农村。《剡录》卷一《版图》记录了嵊县在南宋嘉定年间的一个户丁数，对推测萧山县城内的户口数很有类比意义：“县郭为户一千一百九十四，为丁一千八百九十五。嘉定以后，乡落为户三万二千，为丁五万六千八百一十八。”这则资料告诉了我们，当时县郭的户数只占一县全部户数的3.6%左右。假如我们把这个比例用到萧山县，那么唐开元时的萧山县城内只有903户，约5 301人。这便是发达地区一个县城的人口数。

总体上说，江南城市的人口呈现出一个逐渐增加的趋势，唐五代与六朝相比，同一级别的城市中人口数量增加较大，城市的人口密度增高。而且从总量上看，唐五代城市人口的数量远远超过六朝。

---

① 《白居易集》卷68《苏州刺史谢上表》，北京：中华书局，1979年，第1434页。

② 《白居易集》卷24《自到郡斋仅经旬日方专公务未及宴游偷闲走笔题二十四韵》，第531页。

③ 彭定求：《全唐诗》卷517，北京：中华书局，1960年，第5908页。

④ 《刘禹锡集》卷31，第420页。

⑤ 越州人口的推测，可参张剑光《唐代越州城市商品经济研究》，《绍兴文理学院学报》2010年第5期。

城市人口的增加与城市的发展有着密切的关系，一个应引起注意的事实是大量人口涌进城市。六朝出现的政治性人口向大城市的流动，在唐五代继续仍在，而且有加剧的趋势，文士聚集城市蔚然成风。同时唐代也出现了农村人口向城市转移的倾向，越来越多的农村人口流进城市。人口集中的方向以大城市为主，一般小城市未有太明显的人口增长趋势。工商业较为发达的位于交通沿线的大城市，特别是唐代的苏州、杭州，五代的金陵，成为当时流动人口的聚集中心。

城市人口流动的原因，第一是社会政治的因素。六朝时期，士族阶层中的部分精英分子喜欢向政治、经济和文化中心城市集中，到了唐代，这种集中更为快速，进入城市的士人越来越多，但凡文化人要想在个人仕途上有所作为，都来到城市寻找发展的途径。韩昇先生认为唐代前期“士族迁往城市的现象主要因为任官而出现，政治因素起着最为重要的作用，这是该时期士族向城市迁徙的基本特点”①。来到江南的出仕者，有的只是以江南城市作为跳板，想重新回到都城去，而有的在江南城市定居了下来，他们习惯于江南城市的安逸生活。安史之乱以后，大量北方士人来到江南，“士君子多以家渡江东”②，“多士奔吴为人海”③。原来习惯生活于北方城市的士人纷纷来到江南的城市，而原本从南方前往北方政治中心地区的士族也有不少回归到南方。政治上的这些变化，使越来越多的士族住进了城市。城市人口流动的第二个原因，是商品经济的发展。随着商品交换的繁盛，城市日用品消费量增大，城市周围地区越来越多的人卷入商品交换中来，许多农民进城，为城里市场提供产品，提供商品的手工业者也大量出现，人们纷纷聚居到城市，从而使城市人口结构发生了较大的变化。中唐以后，江南城市变化一个十分重要的方面就是城市人口结构改变较大，从事经济活动的人口在城市中占的比重越来越大。城市在最初形成时期，人口结构和数量一般都是以政治、军事性人口为主，随着商业、手工业和服务行业人口比重的明显加大，传统的政治、军事性人口在城市中所占的比例开始缩小，而且即使是这部分人，他们与商品经济和市场的关系也变得紧密起来，越来越依赖市场而生存。在这种情况下，城市经济性人口的比重越来越大是十分自然的事情。城市人口流动的第三个原因，是城市文化功能的加强，这吸引了大批士人向城市迁徙。南方城市文化环境优越，文化的发展有其特殊性，知识阶层往往聚集到城市寻求政治发展和心灵的慰藉。南方的偏安，使很多士人有时间和精力研求学问，探讨人生哲理。江南城市优越的教育环境，使士人受到良好教学的熏陶，在仕途上也能有所作为。士人通过科举可以博取功名，在城市可以结交政治人物，从而得到提携，因此安心居于江南城市苦读的士子越来越多。如杨遗直“家世为儒……客于苏州，讲学为事，因家于吴”④，有子杨发、杨假、杨收、杨严四人，杨发子杨乘，杨收子杨鉴、杨钜、杨镳，杨严子杨涉、杨注，杨涉

① 韩昇：《南北朝隋唐士族向城市的迁徙和社会变迁》，《历史研究》2003年第3期。

② 《旧唐书》卷148《权德舆传》，第4002页。

③ 《全唐文》卷529，顾况《送宣歙李衙推八郎使东都序》，第5370页。

④ 《旧唐书》卷177《杨收传》，第4595页。

子杨凝式，都进士及第。江南城市有一定的医疗条件，可以使士大夫们颐养身心。如李端曾任校书郎，后“移疾江南，授杭州司马而卒”[①]。实际上他是受到了南方文化和环境的吸引，才“移疾江南”的。再如元和初，有进士陆乔，“好为歌诗，人颇称之。家于丹阳，所居有台沼，号为胜境。乔家富而好客”[②]。这样的士大夫，在城市中的生活是十分优裕舒畅的。

总的来看，唐五代大量人口流进江南城市，前期主要以政治性的流动为主，渐次向经济性、文化性的流动发展。再加上北方战乱的因素导致的北方移民南来一直持续到唐末五代初，江南城市的人口在不断地流动，数量应该是很大的。城市人口的增加过程和城市人口结构的调整过程，反映出了城市经济在不断向前发展。

6. 城市的经济功能显著增强

隋代和唐前期，江南城市主要是不同层次的政治和军事中心，是各级行政机构的所在地，通常情况下工商业处于附属地位。不过，有一些城市在经济上的影响渐渐增大。江南的大城市按法律规定设立有市场，苏州、润州、金陵、越州等都有专门的商业市场。如越州城内设市，元稹有诗提到：“暮竹寒窗影，衰杨古郡濠。鱼虾集橘市，鹤鹳起亭皋（越州宅窗户间尽见城郭）。……渔艇宜孤棹，楼船称万艘。”[③]据此，可知罗城外有护城河，渔船可直至城中，众多运送商品的大船直接将货物运进城内。城中设市，市边有河道，水边有堆置货物的平地，四周是民居，市离城墙不远。江南各县都先后设立县市，专门为商人们提供经营贸易的场所。县市中心一般是个十字街，商品店铺沿街而立。通常一县一市，但事实上在江南地区常有一县两市的情况出现，这些县的商业繁荣超过了一般县。如杭州临安、常州无锡县和义兴县、歙州婺源县都有两市。江南县市的设立使广大农村地区与商品经济产生了联系，使农村集市交换网络得以渐渐建成，为更多的农民进入城市进行商品交换提供了可能，为商贾贩运销售提供了方便。

中唐以后直至五代，随着社会经济的迅猛发展和商品流通的空前活跃，城市中的商业和手工业有了更快的发展，城市纯粹的政治、军事功能发生了改变。江南城市内商业渐渐繁荣，特色手工业纷纷发展起来，各种服务业兴旺，市场在时间和空间上越来越放松，经济结构多样化。其时社会上的富豪主要集中于金陵、润州、苏州、杭州等地。唐天宝中，“多金帛”的陈仲躬家居金陵，[④]苏州“衣冠所聚，士风笃厚”[⑤]，就连唐末温州也有衣冠居住：“隋唐阐海隅之化，而江浙尽为衣冠。”[⑥]南唐时，金陵富人更为集中。宋人云：“江南当五代后，中原衣冠趣之，以故文物典礼有尚于时，故能持国完聚一方。”[⑦]城市中出现的庞大消费阶层，引导着城市发展的潮流，城市的商品消费功能不断增强。官员卷入商品经济者越来越多，他们不仅从事商业经营，而且个人消费

---

① 《旧唐书》卷163《李虞仲传》，第4266页。
② 李昉：《太平广记》卷343引《宣室志》“陆乔”条，北京：中华书局，1982年，第2717页。
③ 《元稹集》外集卷7《奉和浙西大夫李德裕述梦四十韵》，北京：中华书局，1982年，第692页。
④ 《太平广记》卷231引《博异志》“陈仲躬”条，第1772页。
⑤ 范成大：《吴郡志》卷2《风俗》，南京：江苏古籍出版社，1986年，第13页。
⑥ 张孚敬：《嘉靖温州府志》卷1《风俗》，《天一阁藏明代方志选刊》第17册，上海：上海古籍书店，1982年，第4页。
⑦ 董逌：《广川书跋》卷10《李后主蚌帖》，丛书集成初编本，北京：中华书局，1985年，第114页。

也越来越依赖于市场。由于商品交易繁盛，城市往往成为商品交换的集散地，成为市场网络中的核心地区。

经济是城市的命脉，城市的发展取决于经济的活力。经济实力的大小是决定江南城市发展到什么程度的一个重要标志。比如越州、苏州、润州、宣州、杭州等城市的丝织业，杭州、明州、温州、台州、金陵等城市的对外贸易，明州、台州、越州、苏州等城市的制盐，润州、杭州、金陵、明州等城市的交通货运，越州、婺州、温州、台州等城市的瓷器制造，宣州、润州、苏州、越州等城市的金银器制造，这些手工业和商业的发展，使城市的经济效益上升，在城市的发展过程中发挥出了越来越重要的作用。因此，手工业门类齐全、商业繁荣的城市比较具有生命力。一个依靠政治权力设置的城市，如果之后没有经济发展的强劲配合，是不可能有前途的。

隋唐五代时期，江南城市的经济功能不断增强，商品的生产和流通日趋活跃，市场活动成为城市经济的重要内容，城市的经济特性不断显现。一般来说，江南城市在区域经济体系中承担着这样几种角色。一是商品生产的中心。江南许多城市都有着自己的手工业特色产品，不但供应自己城市，而且还向周围扩散。城市不再是纯粹的商品消费的据点，而变成了生产与消费结合起来的经济中心；城市不再纯粹依靠农村的农产品支撑而生存，而是依靠自身的生产和商贸而繁荣。城市对农村的经济辐射不断增强，改变了城市周围农民的农业结构，带动了农村共同发展。二是商品流通的中心。城市市场主要是满足城市居民的消费需求，但城市市场容量大，需要的产品多，城市往往是一个地区的商品集中地，成为与周边城市联系的中心，成为商品的中转地，是商品成交的集散地。可以说江南市场的交换网络已基本形成，盐、粮食、纺织品、瓷器就是这样从江南市场被运向全国各地。三是商品消费的中心。城市代表了各个时期消费生活的最高水准，各个地区的社会上层人物大多居住在城市中，他们的消费要求质高量大，他们需要通过市场来满足他们的享受。随着江南城市人口的不断增多，江南城市的消费品不但种类较多，而且数量增加，既有来自国内其他地区的产品，更有海外的产品。

7. 城市的形态发生较大变化

隋唐五代时期，江南城市大都修筑了城墙，外有护城河，甚至还有沿城墙内外两重护城河的。稍大一点的城市，不但有内城，还修建了罗城，城市被两道高墙包围着。在封闭的城区内，政府对城市内的一切活动进行严格控制，城市管理十分严密，坊间实行宵禁，商业经营在市中进行。

随着人口增加和农村人口向城市集中，城门外往往居住着许多百姓，市的位置发生了一些变化，有的市由城墙内向城墙外移动，使经济活动向郊区和周边的乡村地带延伸。如湖州，新的商业交换地出现在城门外。贞元时刺史李词开拓东郭门置闉门，“以门内空闲招辑浮客，人多依之”。门前的运河上，元和时刺史辛秘建了一座人依桥。之后由于水陆交通的方便，这儿遂“集商为市”，成了一个自发的商品经营场所。①

---

① 谈钥：《嘉泰吴兴志》卷19《桥梁》，《宋元方志丛刊》，北京：中华书局，1990年，第4852页。

市集在百姓的生活区内出现。南唐时，金陵城内的居民住宅区出现了一些为人们日常生活服务的市集，这些市集大多在城南地区。《南唐近事》中提到鸡行，而宋代的《庆元建康续志》载："鸡行街，自昔为繁富之地，南唐放进士榜于此。"此外还有银行、花市等，戚光《金陵志》云："银行，今金陵坊银行街，物货所集。花行，今层楼街，又呼花行街，有造花者。诸市但名存，不市其物。"[①]这些原来是商业店铺和手工业作坊集中的地方，以行为名，如银行主要是打制金银器的，花行是专门制作装饰用花的。可以肯定的是，州级城市中，原来政府规定设立的市仍在，但在城内外交通便利的地方出现了许多新的市，或者说新的商业和手工业的聚集地，在五代后期渐渐演变成一片片的商业街巷，成为城市中新出现的繁华商业区域。

至于城市一般的街道巷弄中出现商店的现象越来越多，唐后期政府并没有加以限制的具体措施。李白《寄韦南陵冰余江上乘兴访之》云："堂上三千珠履客，瓮中百斛金陵春。"李白多次到金陵，流连于金陵的酒楼。金陵酒楼众多，杜牧《泊秦淮》有"烟笼寒水月笼沙，夜泊秦淮近酒家"句，[②]使我们知道唐代秦淮河边有很多酒楼，根本不在市中。

一些市的内部也在发生变化。市场是商业经营的场所，江南的市内开始有居民生活，并且建起了寺庙，市的范围和夜禁并不像唐朝都城长安那样严格。刘禹锡《采菱行》中说到苏州，"归来共到市桥步，野蔓系船苹满衣。家家竹楼临广陌，下有连樯多估客"[③]。市内建有大量竹木类的楼房，百姓居住在其中，楼前有河道，商客从河道中前来。这告诉了我们传统的市在发生变化，市虽是商业集中的地方，但也是百姓居住的区域。

市原本只能在白天经商的规定在江南显示出了比其他地区更高的灵活度。一方面主要商业活动在市中进行，白天热闹繁荣，但江南的县市以早市最为热闹。如润州丹阳县，"早市归人语，昏亭醉客眠……夜出津头火，晴昏巷里烟"[④]。大城市中，白天市场活动过后，市中的商业仍在继续，而且成为江南商业发展的传统。《稽神录》卷二云："建康有乐人，日晚如市，见二仆云：'陆判官召。'随之而去。"乐人晚上可以入市，说明市在时间上的规定发生了很大的变化，晚上可以随意进出市中。

8. 城市文化生活多样丰富

随着城市人口的增多，人口结构变得复杂多样，城市居民对精神文化提出了较高的需求。唐代的苏州、杭州、越州，南唐的金陵等大城市，文化生活日益丰富，城市中的人们对文化有着各种各样的要求。

如城市内的教育，一方面各州各县都出现了官学和私学，学校设立十分普遍，而且随着时间的推移，校舍不断翻修、扩建，学校规模不断扩大，为社会培养了大量的优秀人才，人们对教育十

---

① 张铉：《至正金陵新志》卷4《疆域志・镇市》引戚光《金陵志》，《宋元方志丛刊》，北京：中华书局，1990年，第5513页。
② 《樊川文集》卷4《泊秦淮》，第70页。
③ 《刘禹锡集》卷26，第342页。
④ 孙望辑：《全唐诗补逸》卷11张祜《丹阳新居四十韵》，陈尚君《全唐诗补编》上册，北京：中华书局，1992年，第218页。

分重视；另一方面城市教育与科举接轨，符合社会发展的潮流，同时教育和科举还与普通人对接，江南到京城参加科举考试的子弟数量众多，平民百姓也有机会跻身官员队伍，社会阶层发生流动。在唐代笔记小说中，谈江南人到长安参加科举，特别喜欢将主人公安排为苏州的年轻人。如苏州人梅权衡，“入试不持书策”①；苏州人翁彦枢，曾应进士举；②苏州人陆颙，“从本郡贡于礼部”③。常州、越州、金陵也是士子较多的城市。如《太平广记》卷二三一引《博异志》“陈仲躬”条说：“天宝中，有陈仲躬家居金陵，多金帛。仲躬好学，修词未成，乃携数千金，于洛阳清化里假居一宅。”金陵是六朝古都，文化积淀深厚。甚至处州也有士人到都城考试的，《续仙传》卷下云：“羊愔者，泰山人也。以世缘官，家于缙云。明经擢第，解褐嘉州夹江尉，罢归缙云。”

再如唐五代江南城市中的民众对佛教的信仰耐人寻味，社会各个阶层几乎达到狂热程度。佛教得到了江南地方政府的扶植和支持，地方官员与佛教感情深厚。如苏州通玄寺释慧曼，“时刺史李廉、薛通、王荣等，深相器重，永崇供觐”④。润州招隐寺朗然大师有道，御史中丞洪府观察使韦儇、吏部员外李华、润州刺史韩贲、湖州刺史韦损、润州刺史樊冕等先后向其请教，“皆归心奉信”⑤。佛教在江南城市的传播，有广泛的群众基础，这是对南朝以来之佛教继承的结果。唐代的佛教走进了江南城市百姓的生活，佛教的轮回、天堂地狱、因果报应等观念对普通百姓产生了较大的吸引力。乾元初，“会稽民有杨叟者，家以资产丰赡，甲于郡中。一日叟将死，卧而呻吟，且经数月。叟有子曰宗素，以教行称于里人。迨其父病，罄其产以求医术”，可是父亲的病还是不见好转，宗素听说“独修浮屠氏法，庶可以间其疾”，于是“即召僧转经，命工绘图铸像，已而自赍衣粮，诣郡中佛寺饭僧”。⑥ 在佛寺中设斋饭僧、通过僧人转经就能治好亲人的病，对老百姓来说，花费再多的钱也在所不惜。许多老百姓除了烧香跪拜外，还和官员一样舍宅建寺。如苏州长洲县的永寿教寺、常州义兴的大芦禅寺，都是老百姓捐献自己的房产作为寺庙。苏州开元寺有“金铜玄宗圣容”，是富商大贾“远以财施，日或有数千缗。至于梁柱栾楹之间，皆缀珠玑，饰金玉莲房藻井，悉皆宝玩，光明相辉，若辰象罗列也”。⑦ 商人不计钱财，供奉佛寺，说明整个江南的城市对佛教有着深深的依恋。佛教对江南城市各阶层民众的生活影响较大。比如已婚女性不孕的情况，除了用药医治外，向菩萨求子就成为另一种重要方式。宝应中，越州观察使皇甫政妻陆氏不孕，“州有寺名宝林，中有魔母神堂，越中士女求男女者，必报验焉。政暇日率妻孥入寺，至魔母堂，捻香祝曰：‘祈一男，请以俸钱百万贯缔构堂宇。’陆氏又曰：‘傥遂所愿，亦以脂粉钱百万，别绘神仙。’既而寺中游，薄暮方还。两月余，妻孕，果生男”⑧。

---

① 《太平广记》卷 261 引《乾䐣子》“梅权衡”条，第 2044 页。
② 《太平广记》卷 182 引《玉泉子》“翁彦枢”条，第 1359 页。
③ 《太平广记》卷 476 引《宣室志》“陆颙”条，第 3920 页。
④ 道宣：《续高僧传》卷 23《唐苏州通玄寺释慧传》，上海：上海古籍出版社，1991 年，第 298 页。
⑤ 赞宁：《宋高僧传》卷 15《唐润州招隐寺朗然传》，北京：中华书局，1987 年，第 362 页。
⑥ 张读：《宣室志》卷 8，《唐五代笔记小说大观》，上海：上海古籍出版社，2000 年，第 1051—1052 页。
⑦ 朱长文：《吴郡图经续记》卷中《寺院》，南京：江苏古籍出版社，1999 年，第 32 页。
⑧ 《太平广记》卷 41 引《会昌解颐》及《河东记》“黑叟”条，第 259 页。

此外如城市的文化创作、图书印刷收藏、游乐风俗、各类娱乐和歌舞、体育活动，都是与城市的蓬勃发展密切相关的。城市文化内涵的日渐丰富，说明城市的功能越来越齐全。

从以上这些方面来看，隋唐五代江南城市正经历着一个发展变化时期，城市的内涵日益丰富。大城市的建设已基本完成，处在一个快速上升的发展阶段；小城市的建设粗略完成，还在不断完善。城市在政治和经济上对周围地区都有较大的影响，对周围农村的辐射力增加，城市发展呈现出蓬勃的景象。当然，江南城市的形态变化毕竟还是有限度的，城市的性质没有出现根本性的大改变。但即便如此，我们也要认清这种变化带来的积极意义和影响。隋唐五代江南地区处在一个十分重要的变化时期，城市发展的轨迹对我们研究江南社会有着十分重要的意义，可以使我们更直观地评价江南开发的步伐，认识江南经济的实力。

（本文原刊于《史林》2014年第1期。）

作者简介：

张剑光，1964年1月出生，上海师范大学人文学院古籍研究所教授，博士生导师。主要学术兼职为中国唐史学会副会长、上海历史学会副会长。主要研究领域为古籍整理、唐五代史、江南史、古代疫病史等方面。

出版著作主要有《唐五代江南工商业布局研究》《唐五代农业思想与农业经济研究》《中古时期江南经济与文化论稿》《唐代经济与社会研究》《江南城镇通史（六朝隋唐五代卷）》《三千年疫情》等多部，主编《大唐王朝之谜》《中国王陵之谜》《上海：兼收并蓄的活力之都》等。出版学术随笔《学海随心》《半学术：读书与存真》。古籍整理的成果主要有：主编《上海历史文献资料丛刊》（第一辑），参与《全宋笔记》《五代史书汇编》《上海乡镇旧志丛刊》等整理工作。著作《唐五代江南工商业布局研究》《宋人笔记视域下的唐五代社会》获上海市哲学社会科学著作成果奖。有多篇论文为《新华文摘》《中国社科文摘》全文转载。编辑的《朱瑞熙文集》作为朱瑞熙先生的主要代表作，获上海市第十六届哲学社会科学学术贡献奖。

新见陈寅恪批注本《白氏长庆集·长恨歌》的主要内容与学术价值

俞　钢

摘　要： 陈寅恪批注本《白氏长庆集》，底本为《四部丛刊》线装本，现藏于上海师范大学人文学院资料室，应是陈先生诸种批注本之一，极为稀见，迄今鲜为学界了解。其中陈先生批注的《长恨歌》，乃陈批本《白氏长庆集》的重要组成部分，有数千言之多。本文首次录校陈批白集《长恨歌》的全部内容，从中足以了解陈先生的学术智慧和治学方法。通过陈批白集《长恨歌》与陈先生《元白诗笺证稿·长恨歌》的比较，笔者认为，两者存在着一定的关联，各自具有独特的学术价值和存在意义。陈批白集《长恨歌》的学术价值，主要体现在堪与笺证稿《长恨歌》对读互补、触及历来白歌陈传研究的重点问题和严谨求证的治学之道等方面，无论是对于白歌陈传的进一步研究，还是对于陈先生学术思想和方法的深入探讨，都是十分珍贵的文献资料。

关键词： 陈寅恪　《白氏长庆集》　《长恨歌》　批注　价值

陈寅恪先生批注的《白氏长庆集》，底本为《四部丛刊》线装本，共3函24册71卷，上钤有"陈寅恪印"计29枚，应是陈先生诸种批注本之一，极为稀见，现藏于上海师范大学人文学院资料室，至今仍鲜为学界了解。笔者有幸目睹了陈先生留在文本上的密密麻麻的蝇头批注，并先后发表拙文两篇，[①]作了初步介绍和释读，认为陈批本《白氏长庆集》内容丰富，用思绵密，凝聚了陈先生作为国学名师的治学风范，具有珍贵的文献和学术价值。

陈先生批注的《白氏长庆集·长恨歌》，是陈批本《白氏长庆集》的重要组成部分，批文有数千言之多，涉及了历来《长恨歌》研究的重点问题，从中足以了解陈先生的学术智慧和治学方法。陈先生曾在《元白诗笺证稿》首章《长恨歌》中指出："陈氏（鸿）之《长恨歌传》与白氏之《长恨歌》非通常序文与本诗之关系，而为一不可分离之共同结构。"[②]由此方向指引，本文释读和解析陈

① 参见拙文《陈寅恪先生批注本〈白氏长庆集〉的新发现和学术价值》，《上海师范大学学报》2009年第6期；《新见陈寅恪批注本〈白氏长庆集·琵琶引〉的释读》，《上海师范大学学报》2011年第5期。

② 陈寅恪：《元白诗笺证稿》第一章《长恨歌》，上海：上海古籍出版社，1978年，第4页。

先生批注的《白氏长庆集·长恨歌》，也兼及了陈鸿的《长恨歌传》，为了方便表述，统一称为"陈批白集《长恨歌》"，而在具体特指诗句和传文时，则稍作区分，称为"白歌"和"陈传"。本文主要录校陈批白集《长恨歌》的全部内容，并通过与《元白诗笺证稿·长恨歌》(以下简称"笺证稿《长恨歌》")的比较，简要解析其学术价值，以彰显陈先生独特的治学之道。

一、陈批白集《长恨歌》的录校

陈批白集《长恨歌》，主要批注于《四部丛刊》线装本《白氏长庆集》卷十二第12页b面至第20页b面的天头、行间和地脚处，皆墨笔写就，蝇头细草，几难辨识。据初步释读，陈批白集《长恨歌》批文有数千言之多，大致按专题线索展开，包括文献资料征引、识语、"寅恪案"等内容。鉴于陈先生批注的风格，为了准确辨识文字，本次录校对陈批白集《长恨歌》的全部内容作了适当的专题归并，大致分为9类，校核了陈先生所引文献资料的原文，辨识了识语、"寅恪案"等文字，并略加标点。此外，凡需说明之处，则以【校按】方式标示。现录校全文如下：

1. 关于杨贵妃入宫事的批注

杭世骏《订讹类编》二"杨妃入宫并窃笛事"条云：愚案《(读书)(陈注：此二字为宋本误)敏求(记)》(载)(陈注："记"字衍，"载"字在《唐大诏令》下)：开元二十三年乙亥十二月壬子朔二十四日乙亥，册立杨玄璬长女为寿王妃。开元二十八年十月，玄宗幸温泉宫，使高力士取杨氏女子于寿邸，命孙逖册度为女道士，号太真，住(为)("於"字之误)太真宫。天宝四载乙酉七月丁巳朔二十六日壬辰，册左勋卫二府右郎将军韦昭训第二女(《全唐文》三八作"第三女")为寿王妃。是日，即于凤凰园册太真宫女道士杨氏为贵妃(见《唐大诏令集》卷四十)。寅恪案：今《适园丛书》本《唐大诏令集》及《全唐文》不载凤凰园册太真宫女道士为贵妃诏。(第12页b面天头、行间和地脚)

【校按：凡标明"陈注"的括号为笔者所加，其他皆陈先生原加(下同)。据批注原意，《订讹类编》卷二"杨妃入宫并窃笛事"条"愚案《读书敏求记》载《唐大诏令》"应作"愚案敏求《唐大诏令》载"。】

《元氏长庆集》十七《灯影》七绝云：洛阳昼夜无车马，漫挂红纱满树头。见说平时灯影里，玄宗潜伴太真游。(第12页b面天头)

【校按：此条批注或与同页的《真娘墓》诗亦有关联。】

《唐会要》廿三《忌日门》：永贞元年十二月，中书门下奏：昭成皇后窦氏，按国史长寿二年正月二日崩。其时缘则天临御，用十一月建子为岁首。至中宗复旧用夏正，即正月行香废务日须改正，以十一月二日为忌。《曝书亭集》五十五《书〈杨太真外传〉后》。(第13页a面地脚)

赵与旹《宾退录》九：白乐天《长恨歌》书太真本末详矣，殊不为鲁讳。然太真本寿王妃，顾云：杨家有女初长成，养在深闺人未识。何邪？盖宴昵之私犹可以书，而大恶不容不隐。陈鸿《传》则略言之矣。（第17页b面天头）

【校按：陈传原文："杨家有女初长成，养在深闺人未识。"】

史绳祖《学斋占笔》一"诗讳·国恶"条：洪氏《容斋随笔》谓：元稹《连昌宫词》有规讽，胜于白居易《长恨歌》。然余窃谓前贤歌咏前世之事，可以直言，而当代君臣，则宜讳国恶，如陈司败问昭公知礼乎，子曰：知礼，盖为国恶讳也。司败曾不知之，乃云君取于吴，为同姓，谓之吴孟子，君而知礼，孰不知礼。何其谬哉！唐明皇纳寿王妃杨氏，本陷新台之恶，而白乐天所赋《长恨歌》，乃谓杨家有女……在君王侧。则深没寿邸一段，盖得孔子答司败遗意矣。《春秋》为尊者讳，此歌深得之。（第17页b面地脚至第18页a面地脚）

2. 关于温泉的批注

《倭名抄》：温泉，假山县有温泊，百病久病人，此水多愈矣。一云温泉和名由。（第12页b面天头）

【校按：检日人源顺《倭名类聚抄》二十卷本，卷一《水部三·河海十》载：温泉，《亘都山川记》云：假山县有温泉，百病久病人此水多愈矣，一云汤泉。和名由。[①]】

《倭名抄》佛塔具之部：温室，《内典》有《温室经》，今按温室，即浴室也，俗云由夜。（第12页b面天头）

【校按：检源顺《倭名类聚抄》卷十三《调度部上·佛塔具百六十九》无载，卷十三《调度部上·伽蓝具百七十》载：浴室，《内典》有《温室经》，今案温室，即浴室也。俗云由夜。[②]】

徐松《唐两京城坊考》一《西京·大明宫》：由紫宸而东，经绫绮殿、浴堂殿（殿前有浴堂门，见《宪宗实录》。又有北廊，见《李绛传》），宣徽殿在浴堂殿东，温室殿在宣徽殿南，见《通鉴》胡注。宣徽殿、温室殿，《汉书》八十一《孔光传》：或问光：温室省中树皆何木也。晋灼曰：长乐宫中有温室殿。（第12页b面地脚、行间至第13页a面地脚）

【校按：批注引《唐两京城坊考》原文略有增省。又检《唐两京城坊考》卷一，《宪宗实录》应为《顺宗实录》。[③]】

《南部新书·辛》云：海内温汤甚众，有新丰骊山汤、蓝田石门汤、岐州凤泉汤、同州北山汤、河南陆浑汤、汝州广成汤、兖州乾封汤、荆州沙河汤，此等诸汤皆知名之汤也，并能愈疾。骊山汤甫迩，京邑帝王时所游幸。玄宗于骊山置华清宫，每年十月车驾自京而出，至春

① 源顺撰，那波道圆校：《倭名类聚抄》卷1《水部三·河海十》，村上勘兵卫20卷刊本，上海图书馆藏。
② 源顺：《倭名类聚抄》卷13《调度部上·伽蓝具百七十》。
③ 徐松：《唐两京城坊考》卷1，丛书集成初编本，第3206册，第21页。

乃还。百官羽卫，并诸方朝集，商贾繁会，里闾填咽焉。山上起朝元阁，上常登眺，命群臣赋诗，正字刘飞诗最清拔，蒙赏之。右相李林甫怒其不先呈己，出为一尉，竟不入而卒，士子冤之。丧乱以来，汤所馆殿，鞠为茂草。《博物志》云：水源有石硫黄，其泉则温。天下山泉，由土石滋润，蓄而成泉耳。如硫黄煎铄久久，理当焦竭。汤之处皆不出硫黄，有硫黄之所不闻有汤，事可明矣。（第13页a面天头至第13页b面天头）

【校按：检《南部新书·辛》，“玄宗”作“元皇”，“车驾”作“舆驾”，“怒其不先呈己”作“怒飞不先呈己”。[①]】

《新唐书》二百二十五上《逆臣传·安禄山传》云：帝赐书曰：为卿别治一汤，可会十月，朕待卿华清宫。（第13页b面天头）

《旧唐书》三《太宗纪》：贞观十四年二月壬午，幸温汤。辛卯，至自温汤。十六年十二癸卯，幸温汤。甲辰，狩于骊山。（第13页b面天头）

《唐六典》十九：温汤：监一人，正七品下。辛氏《三秦记》云：骊山西有温汤，先以三牲祭，乃得洗，不祭则烂人肉。俗说云：秦始皇与神女戏，不以礼，神女唾之生疮。始皇怖谢，乃为出温汤洗之，立愈。《抱朴子》曰：水有温泉之汤池，火有萧丘之寒焰。汉、魏以来，相传能荡邪蠲疫。今在新丰县西，后周庾信有《温泉碑》，皇朝置温泉宫，常所临幸。又京兆府蓝田县有石门汤，岐州郁县有凤凰汤，同州有北山汤，河南府有北山汤，汝州有广成汤，天下诸州往往有之。然地气温润，殖物尤早，卉木凌冬不凋，蔬果入春先熟，比之骊山，多所不逮。（第14页a面天头至第14页b面天头）

丞一人，从八品上。温泉汤监，掌汤池宫禁之事，丞为之贰。凡驾幸温汤，其用物不支，所司者皆供之。若有防堰损坏，随时修筑之。凡王公以下，至于庶人，汤泉馆室有差，别其贵贱，而禁其逾越。凡近汤之地，润渎所及，瓜果之属先时而育者，必为之园畦，而课其树艺，成熟则包匦而进之，以荐陵庙。（第14页a面天头至第14页b面天头）

【校按：检《唐六典》卷十九，“温汤监一人”作“温泉汤监一人”，“相传能荡邪蠲疫”作“相承云能荡邪蠲疫”，“河南府有北山汤”作“河南府有陆浑汤”，“润渎所及”作“润泽所及”。[②]】

《庾子山集》十三《温汤碑》，王褒《温汤碑》，见《艺文类聚》九及《初学记》七。（第14页b面天头）

寅恪案：骊山温泉，首见于《三秦记》，辛氏未得何时人，然南北朝人多引其书，殆晋以前人也。考《周书》卷五《武帝纪上》，天和三年三月癸卯，皇后阿史那氏至自突厥，王褒、庾信俱卒于此年之后。但信作温泉碑，当在周明帝进任弘农太守时，似与周突厥后无直接关系。然在

---

① 钱易：《南部新书》辛，丛书集成初编本，第2848册，第77页。
② 李林甫等撰，陈仲夫点校：《唐六典》卷19《温泉汤监》，北京：中华书局，1992年，第529页。

天和三年以前，周、齐二国俱求好于突厥，信使来往既频，习俗输入亦易。隋唐以后，则西域胡化渐染愈久，温汤可以疗疾，或与西方医术之输入有联互之关系也。(第15页a面天头)

J. L. Doreau：

Les bains dans l'Inde antique. monuments et textes médicaux

1936

中或与《温室经》有关，俟核。(第17页b面天头)

【校按：此法文系指J. L. Doreau于1936年出版的一本著作，中译名为《浴室在古印度：古迹和医疗文本》。中文的《温室经》，则指东汉时安世高所译的《温室经》。】

3. 关于长生殿的批注

《订讹类编》五"唐寝殿皆谓之长生殿"条引范元实云：长生殿，乃斋戒之所，非私语地也。华清宫，自有飞霜殿，乃寝殿也。当改长生为飞霜。又引津阳门诗(笺)注谓：斋殿也，则斋祀之说为是，非寝殿也。七月七日之私誓，为焚香乞巧之时，亦祀双星也，故妃为方士述之。(第16页b面地脚)

《通鉴》二百七"长安四年十二月太后寝疾，居长生院"条胡注：唐寝殿，皆谓之长生殿。武后寝疾之长生殿，洛阳宫寝殿也。肃宗大渐，越王系授甲长生殿，长安大明宫之寝殿也。《长恨》"七月七日长生殿"，华清宫之寝殿也。然则，大内之寝殿通曰长生殿，则太子所居通曰长生院矣。《旧唐书》一九三《陈夷行传》：太和八年充太子侍读，诏五日一度入长生院，侍太子讲经。(第20页a面天头、行间)

【校按："《旧唐书》一九三《陈夷行传》"应作"《旧唐书》一七三《陈夷行传》"。】

4. 关于霓裳羽衣舞曲的批注

《龙城录》上"明皇梦游月宫"条：开元六年，上皇与申天师、道士鸿都客，八月望日夜，因天师作术，三人同在云上游月中。(中略)见有素娥十余人，皆皓衣，乘白鸾往来，笑舞于广陵大树之下。又听乐音嘈杂，亦甚清丽。上皇素解音律，熟览而意已传。顷天师亟欲归，三人若旋风。忽悟，若醉中梦回尔。次夜，上皇欲再求往，天师但笑谢而不允。上皇因想素娥风中飞舞袖，被编律成音，制霓裳羽衣舞曲。寅恪案：此舞独舞，王铚伪书不知此，乃云素娥十余人，误矣。(第17页a面天头)

【校按：检《龙城录》，"月宫"作"广寒宫"，"大树之下"作"大桂树之下"，"三人若旋风"作"三人下若旋风"。[①]】

---

① 柳宗元(或王铚)：《龙城录》卷上《明皇梦游广寒宫》，《景印文渊阁四库全书》，台北：台湾商务印书馆，1986年影印本，第1077册，第284页。

《唐会要》三三《诸乐》：天宝十三载七月十日，太乐署供奉曲名，及改诸乐名。（第18页a面地脚）

婆罗门改为霓裳羽衣。（第18页b面地脚）

5．关于六军的批注

《新唐书》五十《兵志》：高宗龙朔二年，始取府兵越骑、步射置左右羽林军。玄宗以万骑平韦氏，改为左右龙武军。至德二载，置左右神武军，同四军，总曰北衙六军。是玄宗时只有四军，故《旧唐书》玄宗贵妃杨氏传谓四军不散也。虽古称天子六师，故亦可称六军，但恐香山误认至德以后之制度以概天宝时，如陈鸿此传之比也。至于李义山《海外》七律之称六军，则泛引古典，不必苛责也。（第18页a面天头）

【校按：李义山《海外》七律，为《李义山诗集》卷五《马嵬》二首之一。】

《旧唐书》九《玄宗纪下》：壬寅，次散关，分部下为六军，颍王璬先行，寿王瑁等分统六军，前后左右相次。（第18页b面行间）

【校按：检《旧唐书》卷九《玄宗纪下》，"壬寅"乃天宝十五载六月壬寅。[①]】

《旧唐书》拾《肃宗纪》：丁酉，至马嵬顿，六军不进。（第18页b面行间）

【校按：检《旧唐书》卷十《肃宗纪》，"丁酉"乃天宝十五载六月丁酉。[②]】

《旧唐书》五一《玄宗杨贵妃传》：既而四军不散。（第18页b面行间）

岑刻本《旧唐书校勘》三十二：《玄宗杨贵妃传》既而四军不散，《御览》一四一作六军。按张氏宗泰云：以《新书·兵志》考之，大抵以左右龙武、左右羽林军合成四军。及至德二载，始置左右神武军补之，扈从官子弟不足，则取它色带品者，同四军也。下又云：亦曰神武天骑，制如羽林，总曰北衙六军。是至德以前有四军，无六军明矣。白居易《长恨歌传》曰六军徘徊，歌曰六军不发无奈何，盖诗人沿天子六军旧说，未考盛唐之制耳，此作四军是，因附辨于此。（第18页b面地脚）

【校按：岑刻本《旧唐书校勘》，应为岑建功刻本《旧唐书校勘记》。检此书卷三十二《玄宗杨贵妃传》"贵妃衔土陈请"条，"大抵以左右龙武"作"大抵以左右龙武军"。[③]】

《玉海》一三八《邺侯家传》：（玄宗）后以左右神武军，与龙武、羽林，备六军之数。又云：玄宗幸蜀，六军扈从者千人而已。又云：燕公请募彍骑之后，以为神武军衰矣（疑有讹夺）。似此玄宗幸蜀前，已有六军。但李繁书恐不可据。又《通鉴》至德元载六月壬辰，

---

① 《旧唐书》卷9《玄宗纪下》，北京：中华书局，1975年，第233页。
② 《旧唐书》卷10《肃宗纪》，第240页。
③ 罗士琳：《旧唐书校勘记》卷32《玄宗杨贵妃传》，清道光二十六年岑氏惧盈斋刻本，湖北图书馆藏。

既夕，命龙武大将军陈玄礼整比六军，但是泛称耳。因《通鉴》至德二载末书置神武军，意同《新志》。又《旧纪》九，天宝十五载六月壬寅，次散关，分部下为六军，颍王璬先行，寿王瑁等分统六军，前后左右相，《通鉴》亦同。故知六军之分，实自兹始。后世误会，亦由此《邺侯家传》，以为开元时已有六军，则误矣。（第 19 页 b 面天头至第 20 页 a 面天头）

【校按：检《通鉴》卷二一八"唐肃宗至德元载六月"条，"壬辰"作"甲午"。[1] 又检《旧唐书》卷九《玄宗纪下》，"前后左右相"作"前后左右相次"。[2]】

6. 关于马嵬的批注

陈批：《元和郡县图志》二《关内道京兆府兴平县》：马嵬故城，在县西北二十三里。马嵬筑城以避难，未详何代人也。

又兴平县，东至府九十里。

寅恪案：马嵬东至长安城一百十三里，此所"西出都门百余里"者也。

又同书一京兆府昭应县：华清宫，在骊山上。开元十一年初置温泉宫，天宝六载改为华清宫，又造长生殿，名为集灵台，以祀神也。（第 18 页 b 面天头）

《国史补》上：安禄山恩宠寖深，上前应对，杂以谐谑，而贵妃常在坐。诏令杨氏三夫人约为兄弟，由是禄山心动。及闻马嵬之死，数日叹惋。虽林甫养育之，而国忠激怒之，然其他肠有所自也。（第 18 页 b 面天头）

【校按：此条批注与第 15 页 a 面地脚批注同，针对马嵬驿】

杨贵妃生于蜀，好食荔枝，南海所生尤胜蜀者，故每岁飞驰以进，然方暑，经宿则败，后人皆不知之。（第 19 页 a 面天头）

【校按：检《唐国史补》卷上，"方暑"作"方暑而熟"。[3]】

玄宗幸蜀，至马嵬驿，命高力士缢贵妃于佛堂前梨树下。马嵬店媪收得锦靿一只。相传，过客每一借玩，必须百钱，前后获利甚多，媪因致富。（第 19 页 a 面天头）

《通典》七十三《州郡典》京兆府金城县下注云：开元中，改为金城，有马嵬故城。孙景安《征涂记》云：马嵬所筑，不知何代人。姚苌时，扶风丁驸以数千人保马嵬，即此也。（第 19 页 a 面天头）

【校按：检《通典》，"七十三"应为"一百七十三"。】

---

① 《资治通鉴》卷 218"唐肃宗至德元载六月"条，北京：中华书局，1956 年，第 6970 页。
② 《旧唐书》卷九《玄宗纪下》，第 233 页。
③ 李肇撰，曹中孚校点：《唐国史补》卷上，上海古籍出版社编《唐五代笔记小说大观》，上海：上海古籍出版社，2000 年，第 165 页。

7. 关于玄宗幸蜀路次的批注

《元氏长庆集》十七《东川诗好时节》：身骑骢马峨眉下，面带霜威卓氏前。虚度东川好时节，酒楼元被蜀儿眠。寅恪案：微之身到东川，尚有峨嵋之语，香山之泛用，更无论矣。（第19页a面地脚）

【校按：检《元氏长庆集》十七，“东川诗好时节”作“使东川诗好时节”。①】

《邵氏闻见后录》十八，及《岁寒堂诗话》上、《归田录》一。（第19页a面地脚）

《梦溪笔谈》二十三《讥谑》“司马相如叙上林诸水”条云：又白乐天“峨嵋山下少人行，旌旗无光日色薄”。峨嵋在嘉州，与幸蜀路次无交涉。（第19页a面地脚）

【校按：检《梦溪笔谈》卷二十三，“白乐天”后有“长恨歌云”，“路次”作“路全”。②】

8. 关于《长恨歌》文体的批注

《唐宋诗醇》二十二云：结处点清长恨为一诗结穴，戛然而止，全势已足，更不必另作收束。（第20页b面天头）

《唐诗别裁》二云：迷离恍惚，不用收结，此正作法之妙。又云：此讥明皇之迷于色而不悟也。以女宠几于丧国，应知从前之谬戾。乃犹令方士遍索，而方士因得以虚无缥渺之词为对，遂信钿后私语为真，而信其果为仙人也。天下有妖艳之妇，而成仙人者耶？（第20页b面天头）

【校按：检《唐诗别裁》，“卷二”应为“卷八”，“钿后”作“钿钗”。③】

翁方纲《石洲诗话》二：白公之为《长恨歌》《霓裳羽衣曲(舞)》诸篇，自是不得不然。不但不蹈杜公、韩公之辙也，是乃浏漓顿挫，独出冠时，所以为豪杰耳。始悟后之欲复古者，真强作解事。（第20页b面行间）

9. 其他批注

《国史补》上：安禄山恩宠浸深，上前应对，杂以谐谑，而贵妃常在坐。诏令杨氏三夫人约为兄弟，由是禄山心动。及闻马嵬之死，数日叹惋。虽林甫养育之，国忠激怒之，然其他肠有所自也。（第15页a面地脚）

【校按：此条批注与第18页b面天头批注同，针对陈传原文“时移事去，乐尽悲来”。】

骊山乃消寒之地，非避暑之所。若果以此语传之，明皇真负新垣平之诈也，呵呵。（第16页a面天头）

① 元稹：《元氏长庆集》卷17，四部丛刊初编本第122册，本卷第b页。
② 沈括：《梦溪笔谈》卷23《讥谑》，四部丛刊续编本，第53册，本卷第1a页。
③ 沈德潜选编，李克和等校点：《唐诗别裁集》卷8，长沙：岳麓书社，1998年，第182页。

【校按：陈歌原文："方士受辞与信，将行，色有不足。玉妃固征其意，复前跪致词：'请当一事，不为他人闻者，验于太上皇。不然，恐钿合金钗，负新垣平之诈也。'玉妃……徐而言曰：'昔天宝十载，侍辇避暑骊山宫……'"】

贵妃死于天宝十五载六月丙申，即六月十四日，似应作"天宝十五载以还事"方合，盖是岁七月即改元至德，故世人往往以为天宝止有十四载也。（第16页a面天头）

【校按：陈传原文："次问天宝十四年已还事。"】

"不亦"二字乙。（第16页b面天头）

【校按：陈传原文："因言太上皇，不亦久人间。"】

下"日"字，疑作"益"。（第17页a面天头）

【校按：陈传原文："皇心震悼日日不豫。"】

时明皇已由兴庆宫迁入西内，"南内"语误。（第17页a面天头）

【校按：陈传原文："其年夏四月，南宫晏驾。"】

本集五五《座上赠卢判官》七绝：把酒承花花落频，花香酒味相和春。莫言不是江南会，虚白亭中旧主人。（第18页a面天头）

【校按：白歌原文："玉楼宴罢醉和春。"】

以上为陈批白集《长恨歌》的全部录文，其中或有错读误识之处，概由笔者负责。笔者认为，释读陈批白集《长恨歌》的内容，对于我们进一步了解和认识陈先生的学术思想和治学之道，一定会大有裨益。

二、陈批白集《长恨歌》的治学特色

陈先生对《白氏长庆集》的整体批注，是他致力于研究白居易的前期资料准备和观点梳理，由陈批本到后来撰成的《元白诗笺证稿》，体现了陈先生严谨求证的治学态度。陈批白集《长恨歌》中，陈先生据史解读，综合考辨，提出新见，作了大量精细的批注；笺证稿《长恨歌》中，陈先生一方面围绕白歌与陈传不可分离赏读的文体特征而展开，指出："《长恨歌》为具备众体体裁之唐代小说中歌诗部分，与《长恨歌传》为不可分离独立之作品。故必须合并读之，赏之，评之。明皇与杨妃之关系，虽为唐世文人公开共同习作诗文之题目，而增入汉武帝李夫人故事，乃白、陈之所特创。诗句传文之佳胜，实职是之故也。此论《长恨歌》者不可不知也。"[①]另一方面则在论述

① 陈寅恪：《元白诗笺证稿》第一章《长恨歌》，第44页。

过程中融入了精要考辨，提炼了已有认识，明显可见与陈批白集《长恨歌》存在着一定的关联。因此，有必要将陈批白集《长恨歌》的重点内容与笺证稿《长恨歌》进行比较分析，以认识陈批白集《长恨歌》的学术价值。

1. 据史解读

陈批白集《长恨歌》相当一部分的内容，带有据史解读《长恨歌》叙事准确与否的性质，大体可分为两类。

一类是征引认同《长恨歌》叙事的准确性。如关于马嵬的批注，陈先生引证了《元和郡县图志》《国史补》《通典》等文献资料，简要梳理了马嵬故城的沿革和地理位置，以及马嵬驿兵变的史事，有助于准确解读白歌"千城万骑西南行""西出都门百余里"诗句。检笺证稿《长恨歌》的论述，陈先生仅征引了《元和郡县志》的记载，内容较批注少，反映出他对此问题的认识有所提炼。① 又如关于玄宗幸蜀路次的批注，陈先生直接征引了《元氏长庆集》《梦溪笔谈》的有关记载，又罗列了《邵氏闻见后录》《岁寒堂诗话》《归田录》等文献，并加"寅恪案"云："微之身到东川，尚有峨嵋之语，香山之泛用，更无论矣。"意在解读白歌"峨嵋山下少人行"诗句时应关注《梦溪笔谈》所言"峨嵋在嘉州，与幸蜀路次无交涉"之语，不必坐实。检笺证稿《长恨歌》的论述，陈先生先征引《梦溪笔谈》，后征引《元氏长庆集》，再略加考辨，逻辑思路更清晰，由此得出结论：元稹诗云"身骑骢马峨眉下"，其实他赴东川"固无缘骑马经过峨嵋山下"；白歌所云"峨嵋山下少人行"的境况也相同，与玄宗幸蜀路次无交涉，乃白歌"泛用典故"。② 显然这样表述更加完整。诸如此类，无不体现了陈先生精研《长恨歌》的独特功力。

另一类是征引指出《长恨歌》叙事的讹误。如关于六军的批注，主要针对陈传"六军徘徊，持戟不进"之语和白歌"六军不发无奈何"诗句，陈先生大量征引了两《唐书》，以及《旧唐书校勘记》《李邺侯家传》《通鉴》等文献，作了较为详尽的资料梳理，指出玄宗天宝以前只有四军，肃宗至德以后才有六军，"但恐香山误认至德以后之制度以概天宝时，如陈鸿此传之比也"，也就是说，陈传白歌所言的"六军"应为"四军"之讹误。检笺证稿《长恨歌》的论述，陈先生主要征引了《旧唐书校勘记》的考析，并简要说明了诸种文献记载讹误的原因。③ 通过两者的比较，我们不难发现，在陈批白集《长恨歌》中，陈先生对六军问题的认识已基本清晰，故在笺证稿《长恨歌》中，陈先生只是沿用和提炼了批注时的观点，前后演进之迹显而易见。又如关于长生殿的批注，主要针对白歌"七月七日长生殿，夜半无人私语时"诗句，征引《订讹类编》和《通鉴》胡注、《旧唐书》等文献，仅提出了疑问，并未阐明自己的观点。检笺证稿《长恨歌》，陈先生则征引了更多文献，从时间和空间两个视角进行了辨析，由此得出了两个明确结论：其一，玄宗临幸骊山温泉必在冬季或春初寒冷时节，绝无天宝十载七月七日玄宗与杨贵妃在华清宫之理；其二，唐代宫中长生殿

---

① 陈寅恪：《元白诗笺证稿》，第 31 页。
② 陈寅恪：《元白诗笺证稿》，第 33—34 页。
③ 陈寅恪：《元白诗笺证稿》，第 31—33 页。

虽为寝殿，但华清宫之长生殿为祀神之斋宫，不可阑入儿女猥琐。至于白居易叙写讹误的原因，陈先生指出："乐天未入翰林院，犹不谙国家典故，习于世俗，未及详察，遂致失言。"[①]显见，由陈批白集《长恨歌》初步提出疑问，到笺证稿《长恨歌》完整阐明观点，两者演进之迹十分清晰。

2. 综合考辨

在陈批白集《长恨歌》中，另有一部分内容着重于综合考辨史实，以拓展对《长恨歌》所涉社会制度文化现象的认识。如关于杨贵妃入宫事的批注，针对白歌"杨家有女初长成，养在深闺人未识"诗句和陈传相关叙述，陈先生征引《订讹类编》《唐大诏令集》《宾退录》《学斋占笔》等多种文献，进行了仔细考察。陈先生的批注，一方面倾向于《宾退录》《学斋占笔》等的评论，认为白歌陈传得"《春秋》为尊者讳"之义；另一方面试图通过史料揭示杨氏何时度为女道士和册为贵妃的史实，但并没有过多地展开。检笺证稿《长恨歌》，陈先生进一步拓宽了文献范围，在重点考辨《曝书亭集》卷五十五《书〈杨太真外传〉后》记载有误的同时，详细梳理了杨氏度为女道士和册为贵妃的时间，以为武惠妃薨于开元二十五年十二月七日，此后杨氏度为女道士（宋代已无年月日可考），天宝四载八月十七日杨太真被册为贵妃。[②] 其实，考明杨氏何时度为女道士和册为贵妃，已在解读《长恨歌》之外，只是历代文献记载多有歧异，陈先生对此公案作了综合考辨，遂成较为合理之说。

又如关于霓裳羽衣舞曲的批注，陈先生征引了《龙城录》《唐会要》，并加"寅恪案"，认为霓裳羽衣舞曲是独舞，而非众舞，由此纠正了《龙城录》记载的讹误。检笺证稿《长恨歌》，陈先生对此同样进行了综合考辨。首先，他征引白居易相关诗篇的描述，阐述霓裳羽衣曲本为舞曲，白歌作"尽日君王看不足"为是。其次，他比较了有关霓裳羽衣舞曲的考证之作，认为宋代王灼《碧鸡漫志》"所论颇精"，日本学者原藤实夫的研究专著"征引甚繁"，并概括他们依据的重要史料，一是《唐会要》，一是白居易的诗篇《霓裳羽衣舞歌》。就《唐会要》而言，陈先生征引了批注中已用的《唐会要》卷三十三《诸乐》的相关记载，认为"霓裳羽衣本名婆罗门"，"此曲本出天竺，经由中亚，开元时始输入中国"，并指出《龙城录》《逸史》等所记不可信。就《霓裳羽衣舞歌》而言，陈先生分析了此曲散序对音律特点的准确描写，且以白居易"平生颇以《长恨歌》之描写《霓裳羽衣舞曲》自诩"为证。再次，陈先生征引《六一诗话》《旧唐书》《唐阙史》《唐语林》等文献，对霓裳羽衣舞曲的演变作了梳理，认为唐文宗和宣宗时，"并有'霓裳羽衣曲'之名……或后来所制者，已非复玄宗时之旧耶"[③]。至北宋时，则霓裳羽衣舞久已不传。显然，从陈批白集《长恨歌》梳理发现问题，到笺证稿《长恨歌》考辨释解问题，陈先生对白歌"惊破霓裳羽衣曲"诗句的认识境界有了提升，这或许也是我们领悟陈先生治学之道的要义。

3. 提出新见

释读陈批白集《长恨歌》，我们发现，还有一部分内容提出了不同以往的见解，令人耳目一

---

① 陈寅恪：《元白诗笺证稿》，第 42 页。
② 陈寅恪：《元白诗笺证稿》，第 12—20 页。
③ 参见陈寅恪《元白诗笺证稿》，第 26—31 页。

新。如关于《长恨歌》文体的批注，陈先生虽然仅在篇末征引了《唐宋诗醇》《唐诗别裁》《石洲诗话》三种文献，但实际是在思考白歌陈传连体的关系，这一点或可从笺征稿《长恨歌》开篇的论述中得到印证。笺证稿《长恨歌》开篇就指出："所谓文人学士之伦，其诠释此诗形诸著述者，以寅恪之浅陋，尚未见有切当之作。故姑试为妄说，别进一新解焉。"①接着，陈先生以《长恨歌》为例，着重讨论了两个相关问题，即文体之关系和文人之关系。对于前者，陈先生征引《云麓漫钞》的记载，结合中唐政治格局变化和古文运动兴起的背景，指出小说作为一种新兴文体尤在便于创造的优点和文备众体的特征。以此新认识为出发点，陈先生分析了陈传白歌不可分离的连体关系，进而批评《唐宋诗醇》《唐诗别裁》等仅论白歌的局限，所谓"白氏此歌乃与传文为一体者"②。对于后者，陈先生征引大量史料，阐述了文人创作彼此仿效沿袭和改进增创之影响关系，由此提出："白、陈之《长恨歌》及《传》，实受李(公垂)、元之《莺莺歌》及《传》之影响，而微之之《连昌宫词》，又受白、陈之《长恨歌》及《传》之影响。其间因革演化之迹，显然可见。"③综合陈先生在笺证稿《长恨歌》中关于文体的论述，明显发现，他的认识从批注白集《长恨歌》开启，通过笺证稿《长恨歌》的梳理考析，在更大层面上延伸出了对中唐文体演化的新思考，以及对白歌陈传连体关系的新见解，体现了陈先生独特的学术眼光。

又如关于温泉的批注，主要针对白歌"春寒赐浴华清池，温泉水滑洗凝脂。侍儿扶起娇无力，始是新承恩泽时"诗句，陈先生征引了《倭名抄》《南部新书》《新唐书·安禄山传》《旧唐书·太宗纪》《唐六典》《唐两京城坊考》《汉书·孔光传》等大量中外文献，较为全面地梳理了温泉的由来、分布、官署、疗疾等方面的史料记载，其中有关温泉分布、法文版 J. L. Doreau《浴室在古印度：古迹和医疗文本》、"寅恪案"等的征引批注，不见于笺证稿《长恨歌》的记述。检笺证稿《长恨歌》，陈先生自言"止论赐浴华清池事"，着重征引《唐六典》《倭名抄》《魏书》《北齐书》《水经注》等文献，就唐代温汤监官署的设置和职能加"寅恪案"云："温泉之浴，其旨在治疗疾病，除寒祛风。非若今世习俗，以为消夏逭暑之用者也。"④就温室或温汤的由来亦加"寅恪案"指出，由东汉佛教徒安世高译《温室经》，到北周惠远撰《温室经义记》，再到唐惠净撰《温室经疏》，温汤疗疾之功用受中亚或天竺医方影响，中土此风盛行于北朝贵族间，"唐世温泉宫之建制，不过承袭北朝习俗之一而已"⑤。由此得出结论云："温汤为疗疾之用之主旨既明，然后玄宗之临幸华清，必在冬季或春初寒冷之时节，始可无疑。"⑥这也即从温泉疗疾的视角，准确诠释了白歌"春寒赐浴华清池，温泉水滑洗凝脂"的描写。笔者注意到，陈先生所言"颇疑中亚温汤疗疾之理论及方法，尚有更早于(安)世高之时者，而今不可详知矣"⑦之语，或与陈批白集《长恨歌》提及的 J. L.

① 陈寅恪：《元白诗笺证稿》，第 1—2 页。
② 陈寅恪：《元白诗笺证稿》，第 5 页。
③ 陈寅恪：《元白诗笺证稿》，第 9 页。
④ 陈寅恪：《元白诗笺证稿》，第 21 页。
⑤ 陈寅恪：《元白诗笺证稿》，第 23 页。
⑥ 陈寅恪：《元白诗笺证稿》，第 23 页。
⑦ 陈寅恪：《元白诗笺证稿》，第 22 页。

Doreau《浴室在古印度：古迹和医疗文本》一书有关。可见，就《长恨歌》所及温泉问题的认识，陈批白集《长恨歌》以梳理资料和思路为主，而笺证稿《长恨歌》则以阐述新见为主，两者对读可以起到互补作用，亦有益于加深对白歌的理解。

总之，通过陈批白集《长恨歌》与笺证稿《长恨歌》的比较，不难发现，在征引文献资料方面，前者是后者的基础，后者比前者更为精要；在观点阐述方面，前者开启了思路，后者较前者更为明晰。两者之间显而易见的演进轨迹，说明了它们既一脉相承严谨求证的治学态度，又各自具有独特的学术价值和存在意义。尤其是长期不为学界所知的陈批白集《长恨歌》，集中反映了陈先生学术思想形成和治学方法运用的过程，更加显得珍贵。

三、陈批白集《长恨歌》的学术价值

陈批白集《长恨歌》数千言，无论是征引文献，还是考辨略论，都凝聚着陈先生的学术智慧和思想火花，体现了他作为国学名师的治学风范。笔者认为，陈批白集《长恨歌》的学术价值，大致可以归纳为以下三点。

1. 堪与笺证稿《长恨歌》对读互补

陈先生特别赞赏白居易的诗文，俞大维曾指出："他特别喜好平民化的诗，故最推崇白香山。"①然而，由喜好到精研，陈先生治学明显是从研读和批注白居易诗文入手的。在陈批《四部丛刊》本《白氏长庆集》中，陈先生对白居易诗文作了大量批注，其中对《长恨歌》的批注内容最为丰富，足以反映他对白歌陈传所用的心力。

陈批白集《长恨歌》以征引大量文献为主，并略加识语或"寅恪案"进行辨析，补充或纠正白歌陈传和诸种文献相关记载的不足或讹误。尤其是对杨贵妃入宫事、温泉、长生殿、霓裳羽衣舞曲、六军、马嵬等的专题批注，与笺证稿《长恨歌》相比，多有不同之处，两者对读可以起到互补的作用。

陈批白集《长恨歌》征引的文献资料，看似分条不连贯，且大多可校核原书，却真实反映了陈先生谙熟文献的底蕴和梳理思路的过程。笔者注意到，陈先生在征引文献资料后还经常批加识语和"寅恪案"。所谓识语，就是陈先生直接批注自己的观点，如陈先生针对陈传记述："方士受辞与信，将行，色有不足。玉妃固征其意，复前跪致词：'请当时一事，不为他人闻者，验于太上皇。不然，恐钿合金钗，负新垣平之诈也。'玉妃……徐而言曰：'昔天宝十载，侍辇避暑骊山宫……'"②加识语云："骊山乃消寒之地，非避暑之所。若果以此语传之，明皇真负新垣平之诈也，呵呵。"纠正了陈传的讹误。又如关于六军的批注，陈先生在征引《新唐书》卷五十《兵志》有关记载后，加识语云："是玄宗时只有四军，故《旧唐书》玄宗贵妃杨氏传谓四军不散也。虽古称

① 俞大维：《怀念陈寅恪先生》，蒋天枢《陈寅恪先生编年事辑》，上海：上海古籍出版社，1981年，第50页。
② 白居易：《白氏长庆集》卷12《长恨歌》，四部丛刊初编本第16a—16b页。

天子六师，故亦可称六军，但恐香山误认至德以后之制度以概天宝时，如陈鸿此传之比也。至于李义山《海外》七律之称六军，则泛引古典，不必苛责也。”同样纠正了白歌的讹误。所谓“寅恪案”，就是陈先生在批注中所加的案语。检陈批白集《长恨歌》，共有5条，如关于温泉的批注，陈先生在征引文献后加“寅恪案”云：“骊山温泉，首见于《三秦记》，辛氏未得何时人，然南北朝人多引其书，殆晋以前人也。考《周书》卷五《武帝纪上》：天和三年三月癸卯，皇后阿史那氏至自突厥，王褒、庾信俱卒于此年之后。但信作《温泉碑》，当在周明帝进任弘农太守时，似与周突厥后无直接关系。然在天和三年以前，周、齐二国俱求好于突厥，信使来往既频，习俗输入亦易。隋唐以后，则西域胡化渐染愈久，温汤可以疗疾，或与西方医术之输入有联互之关系也。”精要补充了温泉的由来和演变。又如关于霓裳羽衣舞曲的批注，陈先生在征引王铚《龙城录》记载后，加“寅恪案”云：“此舞独舞，王铚伪书不知此，乃云素娥十余人，误矣。”纠正了《龙城录》记载的讹误。

在陈批白集《长恨歌》中，陈先生对一些问题的批注，往往征引甚多，且时有识语或案语，认识相对完整，新见表述清晰，成为后来陈先生一直坚持的观点。尽管这些批注的表述尚需连贯和提炼，但论证过程和结论已十分明确，为陈先生研究白居易诗文奠定了资料和认识基础，堪与笺证稿《长恨歌》对读互补。

2. 触及历来白歌陈传研究的重点问题

陈批白集《长恨歌》主要围绕白歌陈传展开，触及了历来《长恨歌》研究的诸多重点问题，为文史学界解析白歌陈传开拓了新思路。

陈批白集《长恨歌》征引文献丰富，令人印象深刻。一方面陈先生针对白歌陈传的叙述，通过广征博引加以辨析和厘清。如关于玄宗幸蜀路次的批注，针对白歌“峨嵋山下少人行，旌旗无光日色薄”诗句，陈先生征引提到了《元氏长庆集》《邵氏闻见后录》《岁寒堂诗话》《归田录》《梦溪笔谈》等多种文献的相关记载，明确指出：“微之身到东川，尚有峨嵋之语，香山之泛用，更无论矣。”即白居易的描写是“泛用”，不必坐实。又如关于温泉的批注，陈先生视野开阔，征引提到了《倭名类聚抄》《唐两京城坊考》《南部新书》《新唐书》《旧唐书》《唐六典》等，以及庾信《温汤碑》、王褒《温汤碑》、1936年J. L. Doreau出版的中译名为“浴室在古印度：古迹和医疗文本”的法文著作等众多文献记载，对温泉的由来、演变、疗疾和官署设置等问题作了仔细辨析和梳理，其中特别是对温泉疗疾功用的考察，佐证了白歌“春寒赐浴华清池，温泉水滑洗凝脂”描述的合理性，由此也纠正了陈传所叙“侍辇避暑骊山宫”一语的讹误。

另一方面陈先生还针对征引文献资料存在的歧异进行了考辨。如关于杨贵妃入宫事的批注，陈先生征引提到了《订讹类编》《唐大诏令集》《全唐文》《元氏长庆集》《唐会要》《曝书亭集》《宾退录》《学斋占笔》等相关记载，对杨贵妃入宫事进行了梳析，其中特别是在征引杭世骏《订讹类编》卷二“杨妃入宫并窃笛事”条时，不仅校出其所云“愚案《读书敏求记》载《唐大诏令》”应为“愚案敏求《唐大诏令》载”之误，还强调指出：“今《适园丛书》本《唐大诏令集》及《全唐文》不载凤凰园册太真宫女道士为贵妃诏。”这为后来陈先生在笺证稿《长恨歌》中进行详细考述，并提出断此公案的新见，做了资料辨析的准备。又如关于文体的批注，陈先生仅征引了《唐宋诗醇》《唐诗别裁》《石洲诗话》三种文献的相关记载，且批注于篇末，透露出陈先生对白歌陈传连体这种新文体的初步思考，此点可从笺证稿《长恨歌》的有关考述中得到印证。笺证稿《长恨歌》开篇论述了歌、传连体之间的关系，其中就征引了《唐宋诗醇》和《唐诗别裁》的记载，指出：“初视之，其言似皆甚允当。详绎之，则白氏此歌乃与传文为一体者。其真正之收结，即议论与夫作诗之缘起，乃见于陈氏传文中。”[①]显然，陈先生并不赞同以往的评论。在笺证稿《长恨歌》篇末，陈先生再次论及歌、传连体之间的关系，且征引了《石洲诗话》的记载，加“寅恪案”云：“覃溪之论，虽未解当时文章体制，不知《长恨歌》乃唐代‘驳杂无实’‘文备众体’之小说中之歌诗部分，尚未免未达一间，但较赵宋以来尊杜抑白强作解事之批评，独胜一筹。”[②]这里，陈先生同样指出《石洲诗话》的评论未解小说文体特点，表达了应将歌诗与传文连体理解的新见。由此，我们或可理解，陈批白集《长恨歌》征引三书的含义，即陈先生已关注到了三书的相关记载，也觉得他们的评论有所不确，但尚未提炼形成完整的表述，故仅作了文献资料的征引，他对歌、传连体这种新文体成熟的认识，在笺证稿《长恨歌》中才得以完成。

陈批白集《长恨歌》的前提，是陈先生研读白歌陈传产生的诸多疑惑，而释疑解惑不仅需要辨析大量文献资料，还需要深入思考梳理出正确的认识。可以说，陈批白集《长恨歌》提供了前辈学者治学的一个范本，值得后学之士借鉴。

3. 体现了严谨求证的治学之道

仔细辨识陈批白集《长恨歌》的内容，我们还可以发现，陈先生的批注体现了严谨求证的治学态度和方法。陈先生在《元白诗证史第一讲听课笔记片段》中提到：“中国诗虽短，却包括时间、人事、地理三点。”又云：“就白香山之诗而论，综合性尤嫌不够，需作再进一步之研究。综合起来，用一种新方法，将各种诗结合起来，证明一件事。把所有分散的诗集合在一起，于时代人物之关系、地域之所在，按照一个观点去研究，连贯起来可以有以下作用：说明一个时代之关系，纠正一件事之发生及经过，可以补充和纠正历史记载之不足，最重要是在于纠正。”[③]王永兴亦曾指出：“治史者多能注意史实或问题的时间性，但将时间、空间、人事相结合之法是陈寅恪先生特有的治史方法。”[④]显见，陈先生的治学之道，就是从一个研究专题出发，按照时间、地理或空间、人事相结合的考察思路，广征博引文献资料，进行辨析探究，以取得说明关系、补充不足、纠正史实的治学效果。陈先生这一独特的治学之道，在陈批白集《长恨歌》中得到了充分体现。

首先，从一个研究专题出发，结合时间、地理或空间、人事等因素，进行多角度梳证。如关于

---

① 陈寅恪：《元白诗笺证稿》，第 5 页。

② 陈寅恪：《元白诗笺证稿》，第 43 页。

③ 陈寅恪：《元白诗证史第一讲听课笔记片段》，《陈寅恪集·讲义及杂稿》，北京：生活·读书·新知三联书店，2002 年，第 483 页。

④ 王永兴：《陈寅恪先生史学述略稿》，北京：北京大学出版社，1998 年，第 134 页。

马嵬的批注,陈先生征引《元和郡县图志》《通典》的记载,主要考察马嵬故城的由来和地理位置,以及骊山初置温泉宫、后改华清宫的时间。又连续征引《国史补》的多条记载,考察了杨贵妃死于马嵬驿的背景、好食荔枝的个性、被缢死于佛堂前梨树下等史实。显然,陈先生的批注围绕马嵬而展开,考察的视角就是时间、地理或空间、人事。再如关于六军的批注,更为典型。陈先生征引两《唐书》的有关记载,从时间、地理或空间、人事等方面加以综合梳理,由此推出识语云:"虽古称天子六师,故亦可称六军,但恐香山误认至德以后之制度以概天宝时,如陈鸿此传之比也。至于李义山《海外》七律之称六军,则泛引古典,不必苛责也。"同时,陈先生还征引《旧唐书校勘记》《玉海》所录《邺侯家传》的有关记载,以说明《旧唐书校勘记》所校的合理性、《邺侯家传》所记的不可信并由此导致《通鉴》等史书记载的讹误。这样,陈先生从考察六军出发,较为全面地厘清了六军、四军问题。笔者认为,尽管批注不同于成文,但在研究思路和方法上有相同之处,以此来看陈批白集《长恨歌》,显然具有方法论上的指导意义。

其次,广泛征引,严谨求证。在陈批白集《长恨歌》的天头、地脚和行间狭小空间内,陈先生作了大量批注,实属不易,极为珍贵。如关于杨贵妃入宫事的批注,陈先生征引《订讹类编》的有关记载,发现其所谓"凤凰园册太真宫女道士杨氏为贵妃"的确切时间并不能坐实。于是,陈先生又通过征引《元氏长庆集》《唐会要》《曝书亭集》《宾退录》《学斋占笔》等的有关记载,试图梳理解决这一问题。尽管陈先生的批注并未给出合理结果,但他所作的广泛征引,严谨求证,对于梳理思路仍有帮助,这在他后来撰成的笺证稿《长恨歌》中得到了印证。又如关于长生殿的批注,针对陈传"天宝十载,侍辇避暑骊山宫。秋七月,牵牛织女相见之夕……"之语和白歌"七月七日长生殿,夜半无人私语时"诗句,陈先生征引了《订讹类编》、《通鉴》胡注的相关记载,虽然未加识语和"寅恪案",但他敏锐地抓住了华清宫的长生殿为斋戒之所非私语之地这一关键,看到了白歌陈传叙写的讹误和《通鉴》胡注记载的混杂,为解决这一问题厘清了思路。可见,学术研究从一开始就要注意广泛征引、严谨求证,这是治学之正道。

再次,大处着眼,小处着手。陈先生的学术博大精深,他从大处着眼、小处着手的治学方法,使他多有发他人所未发的学术新见。

就大处着眼而言,陈批白集《长恨歌》把握了白歌陈传研究的要旨,不仅解决了准确释读《长恨歌》的问题,还推及解决了一些原来含糊的社会制度文化问题,即使作某个小点的批注,也皆围绕研究主旨而展开。如关于六军的批注,就是为了梳理唐代六军建制的时间和白歌的描述是否准确,厘清这一主旨,其他相关问题就可迎刃而解。再如关于温泉的批注,陈先生主要围绕温泉疗疾功用而展开,尽管征引了中外文献的记载,但用以说明温泉可以疗疾和白歌描述合理的主旨,则是非常清晰的。

就小处着手而言,体现了陈先生严谨求证的治学态度,这在陈批白集《长恨歌》中随处可见。如关于玄宗幸蜀路次的批注,针对白歌"峨嵋山下少人行,旌旗无光日色薄"诗句,陈先生关注了峨嵋的地理位置,由此征引多种文献记载,辨明峨嵋在嘉州,白居易是泛用,实际上与玄宗幸蜀路次并无交涉。再如关于其他的批注，针对白歌陈传所言避暑于骊山宫的描写，陈先生批注识语云："骊山乃消寒之地，非避暑之所。"这就明确了温泉避寒祛病的功用。针对陈传"次问天宝十四年已还事"一语，陈先生批注识语云："贵妃死于天宝十五载六月丙申，即六月十四日，似应作'天宝十五载以还事'方合，盖是岁七月即改元至德，故世人往往以为天宝止有十四载也。"细究了杨贵妃被杀的实际时间应为天宝十五载六月。针对陈传"其年夏四月，南宫晏驾"之语，陈先生批注识语云："时明皇已由兴庆宫迁入西内，'南内'语误。"诸如此类，就是先从小处着手，关注文本所反映的一个个社会制度文化现象，然后广征博引，追根溯源，辨析含义，正如蒋天枢先生所言："先生生平读书，用思之细，达于无间，常由小以见其大，复由大以归于细；读者倘能由小以见其大，斯得之矣。先生读书，用思绵密，用语雅隽，立言不多而能发人深省。"①

据上，通过解析陈批白集《长恨歌》的内容，可以从细微之处体悟到陈先生治学之道的独特价值，这就是重视时间、地理或空间、人事相结合的深入考察，以及广泛征引、严谨求证，大处着眼、小处着手等治学方法。

概而言之，陈寅恪批注的《长恨歌》，乃上海师范大学人文学院资料室所珍藏的陈批本《白氏长庆集》的重要组成部分，有数千言之多。经过笔者仔细校核和释读，首度对陈批白集《长恨歌》的全部内容作了录校，从中足以了解陈先生的学术智慧和治学方法。通过陈批白集《长恨歌》与笺证稿《长恨歌》的比较，笔者认为，陈批白集《长恨歌》据史解读，综合考辨，提出新见，作了大量精细的批注；笺证稿《长恨歌》一方面围绕白歌与陈传不可分离赏读的文体特征而展开，另一方面在论述过程中融入了精要考辨，提炼了已有认识，明显可见两者之间存在着一定的关联，各自具有独特的学术价值和存在意义。陈批白集《长恨歌》的学术价值，主要体现在堪与笺证稿《长恨歌》对读互补、触及历来白歌陈传研究的重点问题和严谨求证的治学之道等方面，无论是对陈歌白传的进一步研究，还是对陈先生学术思想和方法的深入探讨，都是十分珍贵的文献资料。

（本文原刊于《史林》2021年第1期。）

作者简介：

俞钢，男，1958年10月生，上海人。博士，二级教授，博士生导师。历任上海师范大学古籍所副所长、人文学院副院长、图书馆馆长、研究生院常务副院长、研工部部长、中国唐史学会副会长等。先后主持或参与完成国家社科基金重大项目多项，尤其是2018年任国家社科重大项目《明代作家分省人物志》首席专家，于2022年5月以优秀等第结项。出版专著《唐代文言小说与科举制度》《唐代制度文化研究论集》等，编著《中华大典·历史典·编年分典》（隋唐五代宋辽金西夏部分）、《中华大典·历史典·人物分典》（隋唐五代部分）、《上海师范大学图书馆馆藏精品

① 蒋天枢：《陈寅恪先生读书札记弁言》，《陈寅恪集·读书札记二集》，北京：生活·读书·新知三联书店，2001年，第2页。

图录》《中国历史之谜》《中国历史悬疑系列》等，校注《北梦琐言》《齐东野语》等。在《文史》《文学评论》《中华文史论丛》《史林》等刊物上发表论文数十篇，其中多篇论文被《人大复印资料》《新华文摘》《全国高校文科学术文摘》等全文转载或部分摘引。曾获上海市教学成果一等奖、上海市哲学社会科学优秀成果著作类三等奖。主要研究领域为中国历史文献与制度文化、古文献整理与研究、隋唐五代史、唐代笔记小说与文化等。

敦煌写本《无名歌》的历史学考察

许超雄

摘　要：《无名歌》一诗描绘了百姓难以应对沉重的税赋负担，抛弃田园产业，仓皇逃向南方的场景。同时，诗歌痛诉了统治者横征暴敛，不顾百姓生死，安于享乐的丑恶面目。诗歌所描述的内容发生在唐代宗时期，反映了安史之乱后唐朝政府财政危机下的社会状况。从诗歌内容看，作者很有可能在南方亲眼见到了北方逃来的百姓，并由此写下此诗，这正与释无名的经历相吻合。相较于其他诸说，该诗作者为释无名更具有说服力。

关键词：《无名歌》　释无名　十一税　米千钱　唐代宗

一

敦煌文书 P.3620 号由《封常清谢死表闻》《讽谏今上破鲜于叔明令狐峘等请试僧尼及不许交易疏》及《无名歌》三篇文章组成，尾题有“未年三月廿五日学生张议潮写”，《敦煌社会经济文献真迹释录》对该号文书有录文。[①] 该文书的书写年代为未年三月廿五日，书写者为张义潮，即后来张氏归义军政权的建立者，书写年代当为公元 815 年，即元和十年。[②] 第一篇粘接在后两篇之上，与后两件的栏格和字体也不同，由张议潮书写的只有后两篇。[③]

第一篇《封常清谢死表闻》作于天宝十四载(755)十二月。封常清因抵抗安禄山叛军不利，被玄宗下令赐死，临死前托监军上表。[④]《旧唐书》收录有封常清的表奏，文字与 P.3620 基本上重合，其年代当无疑问。

① 唐耕耦、陆宏基：《敦煌社会经济文献真迹释录》第四辑，北京：全国图书馆文献缩微复制中心，1990 年，第 311—321 页。

② 张义潮生于己卯年(799)，其 5 岁、17 岁、29 岁时均为未年，从其作为学生学习年龄推，此处未年应该为张义潮 17 岁时之乙未年，即元和十年。姜亮夫亦认为此乙未年为元和十年，此时张义潮 14 岁。然观姜文考证张义潮生年亦为 799 年，则此时也应是 17 岁。见姜亮夫《罗振玉补唐书张义潮传订补》，《敦煌学论文集》(二)，《姜亮夫全集》第十四册，昆明：云南人民出版社，2002 年，第 314 页。

③ 朱瑶：《敦煌汉文文献题记整理与研究》，北京：中国社会科学出版社，2016 年，第 104 页。

④ 《旧唐书》卷 104《封常清传》，北京：中华书局，1975 年，第 3209—3210 页。

第二篇《讽谏今上破鲜于叔明令狐峘等请试僧尼及不许交易疏》作于建中二年(781)五月左右。鲜于叔明、令狐峘请试僧尼事见《奉天录》:

> 初,田悦叛王命……旋因于邵、令狐峘、鲜于叔明等上封事拣练僧道。恩制既行,宣示天下。田悦因此得展逆谋,伪称恩制拣点三军老少。中人已下,多怨谤焉。田悦遂调说三军,拒我王命,全军围我临洺。守将张丕练卒三千,坚壁深垒,号令严肃,甘苦皆同,吏士莫不效其死节。①

又《宋高僧传》卷一七对释无名上疏之事有所记载:

> 时德宗方纳鲜于叔明、令狐峘料简僧尼事。时名有表直谏,并停。寻时鲜于叔明、令狐峘等流南海百姓。②

田悦兵围临洺在建中二年五月,③从《奉天录》的记载可知,德宗下令淘汰僧尼与田悦围攻临洺时间相差不会太久。④ 该疏中没有提到田悦之事,仅以佛教典故及肃代时期的故事来讽谏,并没有涉及切身的现实利益。料简僧尼对于国家财政来说是有益的,政府所获得的利益比无名在疏中提及的更具有现实性,若无特殊原因,此时的德宗锐意进取,不太可能会轻易放弃这项政策。田悦以此事作为进攻临洺的借口,直接触及了皇帝神经,无名的上书正好给了德宗机会,以堵住田悦反叛的借口。该疏末有皇帝停止淘汰僧尼的敕批,如果上述推测无误,无名上书与田悦反叛的时间应该不会相差太久,该疏写于建中二年五月或不久之后的可能性最大。⑤

---

① 赵元一撰,夏婧点校:《奉天录》卷2,北京:中华书局,2014年,第52页。《资治通鉴》卷226将田悦激怒三军老少的原因归结为河北黜陟使洪经纶要求罢悦军四万,令还农,且此事置于唐德宗建中元年二月(北京:中华书局,2011年,第7395页)。按,《资治通鉴》记载田悦"出家财以赐之,使各还部伍。于是军士皆德悦而怨朝廷",还没有公开反叛,但成德将士已经对朝廷有所不满。德宗料简僧尼虽不是裁减军队,但无疑刺激了成德士兵的情绪,田悦趁机煽动士兵公开对抗朝廷也在情理之中。

② 释赞宁撰,范祥雍点校:《宋高僧传》卷17《唐洛阳同德寺无名传》,北京:中华书局,1987年,第427页。

③ 《资治通鉴》卷226唐德宗建中二年五月条,第7418页。《旧唐书·德宗纪上》将时间置于七月。司马光曾对田悦围攻临洺及之后李晟、马燧、李抱真等大破田悦于临洺的时间有所考证,可参见《资治通鉴》卷226唐德宗建中二年七月条,第7425页。今从《资治通鉴》。又《新唐书》卷210《田悦传》:"建中二年,镇州李惟岳、淄青李纳求袭节度,不许,悦为请,不答,遂合谋同叛。会于邵、令狐峘等表汰浮图,悦乃诈其军曰:'有诏阅军之老疾疲弱者。'繇是举军咨怨。悦与纳会濮阳,纳分兵佐悦。"(北京:中华书局,1975年,第5927页)记载与《奉天录》大体相同。按,《旧唐书·李纳传》:"(建中)二年,正己卒,纳秘丧,统父众,仍复为乱。比会悦于濮阳,遣大将卫俊将兵一千救悦,为河东节度使马燧败于洹水,杀伤殆尽。"(第3536页)《资治通鉴》卷227记洹水之战及李纳军于濮阳时间为建中三年正月(第7432—7434页),田悦围攻临洺发生在此之前,《新唐书》省去了进攻临洺这一部分,直接记载了建中二年末至三年初之事。

④ 元和七年(812),魏博拥立田兴知军州事,于十月乙未(初十)通过监军上书朝廷,甲辰(十九)中央便任命田兴为节度使。前后只有9天时间,如果算上宪宗君臣商议等因素,魏博至长安的交通时间更短(《旧唐书》卷15《宪宗纪下》,第443页)。当然,这种效率多用于十万火急的军国大事。但如果我们分析建中时期田悦的心态,显然是时刻关注朝廷动态,其消息的获得肯定是在第一时间,同时也在第一时间作出反应。因而,我们可以推测,德宗下令淘汰僧尼与田悦发兵围攻临洺的间隔时间也在10天左右。

⑤ 陈英英《敦煌写本讽谏今上破鲜于叔明令狐峘等试僧尼及不许交易书考释》(《敦煌吐鲁番文献研究论集》,北京:中华书局,1982年,第509—527页)对该文进行了录文和考释,并对作者和写作年代进行了研究。张军胜《敦煌写本僧无名所上谏表研究》对鲜于叔明、令狐峘上疏的时间进行了考证,对陈英英提出的写作年代为大历十四年五月到十二月间的观点提出了不同看法,认为该文作于建中二年(兰州大学2010年硕士学位论文,第14—18页)。如果联系淘汰僧尼与田悦反叛之间的关系,我们可以在张文的基础上对上疏时间作进一步考察。

上述两篇由于有史料直接证明，故其写作年代的断定没有多大困难。但关于第三篇《无名歌》的写作年代和作者，学术界却存在着不同的意见。

陈祚龙在《敦煌学海探珠》中对《无名歌》进行了录文，并认为该文为第二篇上疏的作者释无名所写，无名歌即释无名写作之歌。陈氏的主要理由在于：释无名的上疏与《无名歌》写在一起，且题中有"无名"二字，又敦煌卷中有不少释无名的作品。[①]《敦煌诗集残卷辑考》亦持陈说。[②] 此后也有学者从敦煌文献中以僧名为题的作品数量多及《无名歌》音韵与僧人诗歌相似等角度来支撑陈氏的观点。[③] 但项楚不赞同陈氏的观点，认为此诗作于安史之乱后的若干年，此处无名歌指"不知篇名作者之歌"[④]。潘重规《补全唐诗新校》将该诗置于殷济名下。[⑤]《全唐诗续拾》虽收于殷济名下，但对此提出了质疑。[⑥] 邵文实《敦煌边塞文学研究》认为作者为殷济，作于吐蕃时代。[⑦] 胡大浚、王志鹏在校注中认为该诗作于永泰元年(765)五月至大历元年(766)十一月这段时间。[⑧]

以上关于作者和年代的研究大体把握了《无名歌》的相关问题，但仍有进一步探讨的空间。本文在诸位前辈学者的基础上，结合相关史料，对《无名歌》的写作年代、写作地点及相关的历史背景作进一步分析。

二

《无名歌》在敦煌写本中有两个版本，除 P.3620 号外，又见于 P.3812 号，部分内容又见于 S.2228 号。[⑨] 由于本文研究对象为 P.3620 号，故以此号为底本，参照 P.3812 号及相关成果录文如下：

1. 无名歌
2. 无名歌：天下沸腾积年岁，米到千钱人失计。附郭种
3. 得二顷田，磨折不充十一税。今年苗稼看更弱，枌榆产
4. 业须抛却。不知天下有几人，只见波逃如雨脚。去去
5. 如同不系舟，随波逐水泛长流。漂泊已经千里外，谁人
6. 不带两乡愁。舞女庭前献酒肉，不知百姓饿眠宿。君不见城

① 陈祚龙：《敦煌学海探珠》，台北：台湾商务印书馆，1979 年，第 83 页。
② 徐俊：《敦煌诗集残卷辑考》卷中《无名歌》，北京：中华书局，2000 年，第 387—388 页。
③ 汪泛舟：《敦煌诗述异》，《敦煌研究》1999 年第 4 期，第 19 页。
④ 项楚：《敦煌诗歌导论》，台北：新文丰出版公司，1993 年，第 67 页。
⑤ 潘重规：《补全唐诗新校》，《华冈文科学报》1981 年第 13 期，第 207 页。
⑥《全唐诗》第 14 册附《全唐诗续拾》卷 18，北京：中华书局，1999 年，第 11154—11155 页。
⑦ 邵文实：《敦煌边塞文学研究》，兰州：甘肃教育出版社，2007 年，第 43 页。
⑧ 胡大浚、王志鹏：《敦煌边塞诗歌校注》，兰州：甘肃人民出版社，1999 年，第 170—171 页。
⑨ S.2228 号《乾符六年(979)十二月廿九日萧关镇进上从地涌出铭词》末有"佛(沸)腾天下，积年至岁，米千钱，人无失计"等句，徐俊认为是《无名歌》的改作，甚是。见徐俊《敦煌诗集残卷辑考》，第 388 页。

7. 外空墙，将军只是栽花竹。君看城外恓惶处，段段

8. 芧(茅)花如柳絮。海燕衝(衔)泥欲作巢，空堂无人却飞去。所

9. 在君侯勿须恼，发意害彼不自伤。世世招得恶

10. 名，当来必酬苦果。[①]

11. 未年三月廿五日学生张议潮写

首句"大卜沸腾积年岁"交代了当时战乱频繁，这只能是安史之乱以后的唐代社会。"米到千钱"当不是实指，仅表示米价很高，且出现货币计数，则此处不可能是进行实物贸易的吐蕃占领地区。值得注意的是，两税法施行后唐代出现了"钱重物轻"的局面，米价长期处于低位，[②]此处"米千钱"指钱重物轻的两税时期显得不太可能。建中定两税后，各色聚敛归于两税，两税总额分摊到管内户口，相对来说赋税压力减轻。德宗即位初期，经历了大历后期较为安定的环境，社会趋于稳定，不太可能出现米千钱的局面。比较特殊的是贞元初年天灾人祸后出现的米价暴涨局面。但此时兵祸灾荒还未平静下来，统治阶级恐怕没有什么心思悠闲地吃酒肉、栽花竹。[③]那么，本诗所述内容的年代下限就应该在建中初年定两税法以前。

从"今年苗稼看更弱，枌榆产业须抛却"看，主人公是在农作物还是未成熟的幼苗时抛弃产业外逃的，直接原因应该是官府提前来收税，那么时间应该是在春夏期间。

"去去如同不系舟，随波逐水泛长流"表明，主人公出逃应该是经过了水路。"舞女庭前献酒肉，不知百姓饿眠宿。君不见城外空墙，将军只是栽花竹"强调了享乐者为将军，应该是指跋扈的武将，这种情况相对而言在北方更为显著，此句应该是回忆主人公家乡的场景。由于资料缺乏，我们无法知道主人公出逃的具体路线，但从当时北方长期战乱、南方相对稳定的形势看，主人公的流亡方向应该是由北向南。

"附郭种得二顷田，磨折不充十一税"中"十一税"一般指赋税，[④]但《敦煌边塞诗歌校注》认为这里的"十一税"指代宗时期实行的一项税收政策，进而提出该诗大抵作于永泰元年(765)五

---

① P.3812"所在君侯勿须恼，发意害彼不自伤。世世招得恶名，当来必酬苦果"无，当非原诗所有。

② 《李翱文集校注》卷3《进士策问》："初定两税时，钱直卑而粟帛贵，粟一斗价盈百，帛一匹价盈二千……及兹三十年(元和五、六年左右)……钱直日高，粟帛日卑。粟一斗价不出二十，帛一匹价不出八百。"(北京：中华书局，2021年，第35页)从王仲荦的考证看，除奉天之难前后这段时期外，两税法实行以来，米价基本上处于低位。见《金泥玉屑丛考》，北京：中华书局，1998年，第128—132页。

③ 贞元初连年旱、蝗，度支资粮匮竭，关中仓廪竭。当韩滉的江淮米运到时，德宗甚至发出了"吾父子得生矣"的感叹。当时李晟指出"河中地区斗米五百，刍藁且尽，墙壁之间，饿殍甚重"(见《资治通鉴》卷232唐德宗贞元元年六月条、贞元二年三月条，第7573、7589—7590页)。又《旧唐书》卷141《张孝忠传》云："贞元二年，河北蝗旱，米斗一千五百文，复大兵之后，民无蓄积，饿殍相枕。孝忠所食，豆䜺而已，其下皆甘粗粝，人皆服其勤俭。"(第3857页)贞元初崔纵任河南尹，"是时兵革甫定，民耗六七"(《旧唐书》卷108《崔纵传》，第3281页)，北方诸如河北、河南等地区都卷入了德宗初期的四镇之乱，在当时灾荒之下，上至皇帝，下至地方诸侯都不太会或者没有心思花天酒地。

④ 如P.4640《阴处士碑》："蕃朝改受得前沙州道门亲表部落大使。承基振豫，代及全安。六亲当秉之饶，一家蠲十一之税。复旧来之井赋，乐已忘亡；利新益之园池，光流境(竟)岁。"P.3718《张清通写真赞并序》："佥之县宰，理物周旋。白鸟俄集，翔及青熏。曾瓦尘动咏，大论烹鲜。贞之洁已，庭鹊何喧。仓禀告实，贮积根盘。十一之税，指掌无偏。"参见郑炳林《敦煌碑铭赞辑释》，兰州：甘肃教育出版社，1992年，第34、442页。

月至大历元年(766)十一月这段时间。[①] 本诗的"十一税"与两顷田对照,不一定就是指具体的赋税,即便十一税是实指,唐代史籍中有关十一税的记载亦不止一个,因而有必要对这个问题再作进一步说明。

十一税的相关记载,史料中出现多处,今列如下:

(永泰元年五月)畿内麦稔,京兆尹第五琦请税百姓田,十亩收其一,曰:"此古什一之法也。"上从之。[②]

(建中二年五月)丙寅,以军兴,增商税为什一。[③]

(建中)三年九月……(户部侍郎赵赞)条奏诸道津要都会之所,皆置吏,阅商人财货。计钱每贯税二十,天下所出竹、木、茶、漆,皆十一税之,以充常平本。时国用稍广,常赋不足,所税亦随时而尽,终不能为常平本。

建中四年六月,户部侍郎赵赞请置大田:天下田计其顷亩,官收十分之一;择其上腴,树桑环之,曰公桑;自王公至于匹庶,差借其力,得谷丝以给国用。诏从其说。赞熟计之,自以为非便,皆寝不下。

贞元九年正月,初税茶。先是,诸道盐铁使张滂奏曰:"伏以去岁水灾,诏令减税。今之国用,须有供储。伏请于出茶州县,及茶山外商人要路,委所由定三等时估,每十税一,充所放两税。其明年以后所得税,外贮之。若诸州遭水旱,赋税不办,以此代之。"诏可之,仍委滂具处置条奏。自此每岁得钱四十万贯。然税无虚岁,遭水旱处亦未尝以钱拯赡。[④]

十一税除代宗时期外,频繁见于德宗时期。尤其是建中年间,为了应付河北用兵军费不足的局面,政府实施了各种敛财措施,[⑤]十一税便是其中之一。但如果我们看《无名歌》,"十一税"是与土地联系起来的。而建中时期十一税征收的是竹、木、茶、漆等商税,贞元九年(793)的税茶,其征收的范围和数量并不是很大,与土地联系并不是很密切,即便是建中四年(783)六月专门针对土地的大田也没有真正实施过。当然,不可否认建中时期的商税作为德宗敛财的一项措施,肯定给百姓带来苦难,但相比而言取商货僦质、税屋间架、算除陌钱恐怕更容易引起百姓愤怒,[⑥]《无名歌》没有提及这些,只提及十一税,显然不符合建中时期的情况。由此可见,《无名歌》中所指的内容不是德宗时期的十一税。

我们再回到代宗时期的十一税法。永泰元年(765)五月,第五琦建议在京畿地区施行十税

---

① 《敦煌边塞诗歌校注》,第170—171页。

② 《资治通鉴》卷223唐代宗永泰元年五月条,第7294页。

③ 《资治通鉴》卷226唐德宗建中二年五月条,第7417页。

④ 《旧唐书》卷49《食货志下》,第2125、2127、2128页。

⑤ 有关建中初期的财政问题,可参见许超雄、张剑光《唐代中期两税法"定额支用"下的国库与内库》,《南都学坛》2016年第2期,第22—27页。

⑥ 泾原兵变中,叛军进入长安时就对百姓呼告曰:"汝曹勿恐,不夺汝商货僦质矣!不税汝间架陌钱矣!"《资治通鉴》卷228唐德宗建中四年十月条,第7472页。

一，以效法古代十一之法。但在实际实施过程中，十一税成了一项害民之政。《文苑英华》收录了姚齐梧等人有关十一税的判词，今将其所判内容罗列如下：

得京兆府行什一税功臣不伏，云："赏地无国征。"

乙家于渭川有竹千亩，京兆府什一税之，云："非九谷"。

长安县征什一税，百姓诉云："取已过半，人将不农。"县官云："恐国用不足。"①

从上述所判案件中我们可以发现：1. 十一税的征收是以土地为标准，显然不符合建中时期的状况，且大大超过了单纯的田地范畴，就连千亩竹林亦成为收税对象；2. 在国用不足的情况下，即便是功臣之田也不能幸免，更何况在十一税剥削下疲于应付的普通百姓。

如果将十一税与均田制下的税收进行比较更能够清楚地看到这种剥削，以诗中二顷田为例，上述判词中十一税征收地点在京兆府。京畿地区的主要粮食为粟，关于唐代粟的亩产量，一般认为上等土地可达 2 石甚至以上，次等的约在 1 石左右，平均产量在 1 石甚至以上，②且京城地区地少人多，精耕细作程度高，产量当不会太低，今以 1.5 石计，则十一税下需交 30 石。租庸调下每丁纳粟 2 石，绢 2 匹，绵 3 两，丁男每人纳粟共 4.3 石。③ 按均田制规定二顷田当为两个丁男的授田数，但京畿地区是狭乡，授田不足，我们无法确切知道这附郭的两顷田中有多少丁男。京畿地区附郭能有两顷土地，一般家庭条件比较好，然而依然难以承受官府的赋税，可见负担之沉重。30 石放在均田制下接近 7 个丁男的缴税额（如果不包括庸调则是 15 个），一个普通家庭有这么多的成年男子几乎是很少见的。如果按照 5 口之家的标准，④即一家中有两到三个丁男，则需缴纳租庸调 8.6—12.9 石（单算租则为 4—6 石），不到十一税的一半，可见十一税率之高。

十一税政策对百姓造成的灾难引起了皇帝的重视，唐代宗在大历元年（766）十一月停止十一税，其中赦书中写道：

玉（王）畿之间，赋敛尤重，百役供亿，当甚艰辛，哀哉疲人，良深悯念，盍彻之税，著自周经，未便于人，何必行古，其什一税宜停。⑤

这道赦书承认了十一税的害民，也印证了其施行于京城。《无名歌》中所描述的官府追缴急迫，百姓苦不堪言流离失所的场景与史书中永泰元年（765）五月至大历元年（766）十一月间十一税

---

① 李昉等：《文苑英华》卷 527，卢士瞻《什一税功臣判》；同卷姚齐梧、李崟、卫俌、高杲、庄若讷、房说《税千亩竹判》；卷 551，李阳冰《税千亩竹判》，北京：中华书局，1966 年，第 2697、2699、2700、2817、2818 页。

② 胡戟：《唐代粮食亩产——唐代农业经济论述之一》，《西北大学学报》（哲学社会科学版）1980 年第 3 期，第 74—75 页。吴慧：《中国历代粮食亩产研究》，北京：农业出版社，1985 年，第 149—157 页。杨际平：《唐代尺步、亩制、亩产小议》，《中国社会经济史研究》1996 年第 2 期，第 32—44 页。

③ 据李锦绣考证，庸调的折纳关系为：绵一两 = 粟一斗 = 绢四尺。参见李锦绣《唐代财政史稿》第 1 册，北京：社会科学文献出版社，2007 年，第 20—21 页。

④ 葛剑雄主编，冻国栋著：《中国人口史》（隋唐五代卷），上海：复旦大学出版社，2002 年，第 372 页。

⑤ 宋敏求：《唐大诏令集》卷 4《改元大历赦》，北京：中华书局，2008 年，第 25 页。学林出版社点校本"玉"字作"王"（上海：学林出版社，1992 年，第 22 页），甚是，今从之。

的记载非常吻合。

如果把“十一税”当作是实指的某项税收，则代宗时期的十一税是符合诗歌内容的。但我们还需要把“十一税”置于广义的赋税含义上去考察。

联系前后文，这个“十一税”应该是与土地联系在一起，以土地为标准进行征收。两税法以前，唐代实行以土地为征收对象的税种主要有地税（一般认为地税的前身是义仓税）、青苗钱以及代宗时期的十一税。上文提到，此处“十一税”缴纳时间在春夏时期，地税的缴纳时间是在每年秋季，[①]从时间上看地税的可能性排除，只有青苗钱和十一税政策是符合的。

有关青苗钱，《册府元龟》卷五〇六《邦计部·俸禄》载：

> 初肃宗乾元已来，属天下用兵，京司百官，俸钱减耗。（代宗）即帝位，推恩庶寮，下议公卿，或以税亩有苗者，公私咸济。乃分遣宪官，税天下地青苗钱，以充百司课料。[②]

青苗钱一般在七月之前即税毕，往往与地头钱联系在一起，又称青苗地头钱。据李锦绣考证，代宗时期的青苗地头钱京兆府外的州为15文/亩，京兆府征收额最初在30—40文/亩间变化，大历八年（773）后与诸州一致。[③] 两顷田的青苗地头钱诸州为3贯，京兆地区大历八年前需6—8贯，八年后为3贯。元结在永泰二年（766）进士策中提到“往年粟一斛，估钱四百犹贵，近年粟一斗，估钱五百尚贱”[④]。米价超过千钱的情况一般在灾荒兵祸下发生。据元结所述，永泰二年粟在500文/斗以上，则永泰二年前后两顷田的青苗地头钱折合成粟为1石左右，这个税额看上去不是很高，但青苗地头钱是正税外增加的新税种，百姓的负担实际上是增加的。

以上对青苗地头钱和十一税的讨论是以正常收税时间为前提，但实际操作中，往往会出现“蚕事方兴，已输缣税；农功未艾，遽敛谷租”[⑤]的情况，则地税亦有可能。

地税由原来义仓税转变而来，原税额每亩2升，但租庸调破坏后，地税逐渐由原来用于防范灾害的特殊支用向国家财政的普遍支用扩展，[⑥]其税额也逐渐扩大。大历四、五年，政府对按亩征收的地税税额进行了规定：

> 其年（大历四年）十二月，敕：“……其京兆来秋税，宜分作两等，上下各半，上等每亩税一斗，下等每亩税六升。其荒田如能佃者，宜准今年十月二十九日敕，一切每亩税二升。仍委京兆尹及令长一一存抚，令知朕意。”
>
> 五年三月，优诏定京兆府百姓税。夏税，上田亩税六升，下田亩税四升。秋税，上田亩税五升，下田亩税三升。荒田开佃者，亩率二升。[⑦]

---

① 李锦绣：《唐代财政史稿》第2册，第78—84页。
② 王钦若等撰，周勋初点校：《册府元龟》卷506《邦计部·俸禄》，南京：凤凰出版社，2006年，第5755页。
③ 李锦绣：《唐代财政史稿》第4册，第58—75页。
④ 元结：《新校元次山集》卷9《问进士》，台北：世界书局，1984年，第140页。
⑤ 《陆贽集》卷22《均节赋税恤百姓六条·其四论税期限迫促》，北京：中华书局，2006年，第759页。
⑥ 李锦绣：《唐代财政史稿》第2册，第77—103页。
⑦ 《旧唐书》卷48《食货志上》，第2092页。

若按亩产1.5石计，大历年间的税收额一般不超过亩产的十分之一，相对而言是比较轻的。当然，如果官员在具体征收过程中横征暴敛，那是另一番场景。

需要说明的是，此处"十一税"不仅可以指土地税，还包括租庸调、户税及其他各色杂税。由于农民的收入主要来源于土地，故"附郭种得二顷田，磨折不充十一税"也可理解为农民的收入难以应付赋税负担。租庸调下每丁4.3石的负担相对来说并不重，且安史之乱以后，户口大量减少，已经难以成为主要的赋税项目（见下文）。户税在唐初所占比例不大，大历四年（769）定九等户税，"上上户四千文，上中户三千五百文，上下户三千文；中上户二千五百文，中中户二千文，中下户一千五百文；下上户一千文，下中户七百文，下下户五百文"[①]。我们不清楚2顷田主的户等，若以中等户，上文粟价500文算，户税相当于3—5石，相当于2—4亩产量，相对于代宗时期的十一而税，户税额不是很大。那么，即便十一税还包括土地以外的户税，其赋税的主要内容还是应该来源于土地。

以上分析是根据史书中相关税收的记载进行的考证。需要注意的是，在两税法确立前的这段时间，唐代的税制非常混乱，史称"自兵兴以后，经费不充，于是征敛多名，且无恒数，贪吏横恣，因缘为奸，法令莫得检制，烝庶不知告诉"[②]。由于资料缺乏，我们很难弄清楚各色征敛的具体内容。但如果我们分析史书中的描述，可以发现这些常赋外的聚敛往往是土地外的内容。

肃代之际，朝廷忙于消灭安史叛乱，此时"逆贼未平，师旅淹岁，军用匮竭，常赋莫充"[③]，《新唐书》卷五十一《食货志》云：

> 肃宗即位，遣御史郑叔清等籍江淮、蜀汉富商右族訾畜，十收其二，谓之率贷。诸道亦税商贾以赡军，钱一千者有税。于是北海郡录事参军第五琦以钱谷得见，请于江淮置租庸使，吴盐、蜀麻、铜冶皆有税，市轻货繇江陵、襄阳、上津路，转至凤翔。明年，郑叔清与宰相裴冕建议，以天下用度不充，诸道得召人纳钱，给空名告身，授官勋邑号；度道士僧尼不可胜计；纳钱百千，赐明经出身；商贾助军者，给复。及两京平，又于关辅诸州，纳钱度道士僧尼万人。而百姓残于兵盗，米斗至钱七千，鬻籺为粮，民行乞食者属路。乃诏能赈贫乏者，宠以爵秩。[④]

此时的敛财措施更多地集中在商税、矿税、过路税、僧尼钱等，同样的情况也发生在唐德宗建中年间。为应付河北用兵的军费压力，唐德宗采取的是税京师商贾、取僦柜质库、除陌钱、间架税等内容，[⑤]也没有从正税下手。中央如此，地方政府应该也应是类似的情况。

在以农业为本的封建社会，土地成为国家税收的最主要来源。政府为应付财赋不足，最先

---

① 《旧唐书》卷49《食货志下》，第2091—2092页。
② 《通典》卷7《食货·历代户口盛衰》，北京：中华书局，1988年，第157—158页。
③ 《唐大诏令集》卷115《遣郑叔清往江淮宣慰制》，第602页。
④ 《新唐书》卷51《食货志一》，第1347页。
⑤ 《旧唐书》卷12《德宗纪上》，第332页。

想到的自然是征收常赋，加大正税的剥削额或提高征收的频率。当土地的剥削额达到饱和时，他们才会把注意力集中到土地外的横征暴敛，故而《无名歌》的作者特意强调了土地不充赋税的哀叹。

三

综上所述，《无名歌》描述的“十一税”，实际上代表了唐代宗时期的一系列赋税政策，背后反映的是安史之乱后唐中央严重的财政危机。

《旧唐书·代宗纪》记载：“（永泰元年三月）岁饥，米斗千钱，诸谷皆贵……（秋七月）时久旱，京师米斗一千四百，他谷食称是。”①可是同年五月，第五琦以“畿内麦稔”为理由主张施行十一税，两者描述的情形千差万别。由《无名歌》及相关记载看，第五琦的理由显然是站不住脚的。他之所以要强行推出十一税，原因正如上述判文中官府的回答，“恐国用不足”。

上文所引肃宗即位后一系列敛财措施的背后，有一个十分重要的现实原因，即租庸调地位下降。《新唐书》卷五十二云：“自开元以后，天下户籍久不更造，丁口转死，田亩卖易，贫富升降不实。其后国家侈费无节，而大盗起，兵兴，财用益屈，而租庸调法弊坏。”②肃代之际，由于政府掌握的人口大量减少，租庸调的基础不断破坏。我们可以从政府掌握的户口数进行分析。

天宝末期，全国在籍户口约为900万左右，③到了乾元三年（760）政府控制的户口减少到了约193万户，广德二年（764）293万户，大历中（766—779）只有130万户。④ 我们取较高的广德二年算。《通典》记乾元三年课口237.079 9万，⑤广德二年户数比乾元三年增加了约二分之一，若口数也以增加二分之一算，则广德二年有课口有355.6万，按上文每丁纳租庸调4.3石粟计，则租庸收入折合成粟约1 529万石。按一个士兵一年需粮食12石，⑥其他生活消费约为口粮的两倍，即一个士兵一年需36石，⑦则租庸收入约可养42.5万士兵。朝廷用于消灭叛军的部队远远多于这个数字，光乾元二年郭子仪等九节度使围剿史思明的部队便有60万之众。⑧ 如果再加上租庸能否按时征收、地方政府是否有截留等因素，中央所能掌握的租庸数量更少。广德元年，代宗又下诏天下租庸，三户内放一户，租庸在国家财政中的地位进一步下降。可见租庸调根本

---

① 《旧唐书》卷11《代宗纪》，第279页。

② 《新唐书》卷52《食货志二》，第1351页。

③ 关于天宝十三、十四载的户口数，诸书记载略有不同，但基本上都在900万户左右。相关统计和考证，可参见《中国人口史（隋唐五代卷）》，第97—98页。

④ 以上数据参考自冻国栋对诸书记载的统计，见《中国人口史》（隋唐五代卷），第98页。

⑤ 《通典》卷7《食货七·历代盛衰户口》，第153页。

⑥ 根据《资治通鉴》卷232唐德宗贞元三年七月条“今岁征关东卒戍京西者十七万人，计岁食粟二百四万斛”的记载，可知每个士兵一年需粟12石。《唐六典》卷六都官郎中条载：配官之官户、杂户“丁口日给两升”，“诸户留长上者丁口日给三升五合”。（北京：中华书局，1992年，第194页）士兵口粮标准应比较高，若以日给3.5升合算，年口粮为12.6石，与上述12石接近。

⑦ 吕思勉：《隋唐五代史》，上海：上海古籍出版社，2005年，第701页。

⑧ 《资治通鉴》卷221唐肃宗乾元二年二月条，第7188页。

不足以支撑国家财政的需要。

此时的唐中央财政紧迫，急于扩大财政来源，于是各种非法聚敛、加征应运而生。就连代宗在取消十一税的赦书中也承认，“顷因师旅，征税殷繁，编户流离，田畴荒废”[①]。杨炎在奏疏中对安史之乱后百姓遭受沉重的赋役负担，流离失所的现象描述道：

> 迨至德之后，天下兵起，始以兵役，因之饥疠，征求运输，百役并作，人户凋耗，版图空虚。……故科敛之名凡数百，废者不削，重者不去，新旧仍积，不知其涯。百姓受命而供之，沥膏血，鬻亲爱，旬输月送无休息。吏因其苛，蚕食于人。凡富人多丁者，率为官为僧，以色役免；贫人无所入则丁存。故课免于上，而赋增于下。是以天下残瘁，荡为浮人，乡居地著者百不四五。[②]

《无名歌》中百姓无力应付官方的赋税，只得抛弃产业，背井离乡，漂泊千里，这完全与杨炎奏疏的描述相契合。

另一方面，在此国赋不充的情况下，皇帝和大臣却忙于造寺院、舍饭僧，[③]权贵将相更是招财纳贿，[④]奢靡成风，[⑤]大兴楼阁，动辄百万。[⑥] 独孤及对当时的情形有生动描述：“自师兴不息十年矣，万姓之生产，空于杼轴。拥兵者第馆亘街陌，奴婢厌酒肉，而贫人羸饿就役，刻剥及肤。长安城中，白昼椎剽，京兆尹不敢诘。加以官乱职废，将惰卒暴，百揆隳刺，如纷麻沸粥。百姓不敢诉于有司，有司不敢闻于天听。士庶茹毒饮，痛穷而无告。”[⑦]《无名歌》“舞女庭前献酒肉，不知百姓饿眠宿”一语正是对此生动的写照。

通过以上分析，我们可以认为，《无名歌》中所指“十一税”与土地有关，缴纳时间在春夏时期，根据这两点，“十一税”很有可能指青苗地头钱或永泰元年(765)五月至大历元年(766)十一月间实行的十一而税。建中行两税法后，青苗地头钱依然存在，但从当时的形势看，赋税相对减轻，似乎不太符合诗歌的语境。当然，本文也不排除官员“先期而苛敛，增额而繁增”[⑧]的情况，那么诗歌中的“十一税”亦有可能是地税及其他杂税。因此，把《无名歌》所描述内容的时间范围大致限定在唐代宗时期当没什么问题。那么，《无名歌》写作的年代当在代宗时期或之后不久的

---

① 《唐大诏令集》卷4《改元大历赦》，第25页。

② 《旧唐书》卷118《杨炎传》，第3421页。

③ 《资治通鉴》卷223唐代宗大历二年七月条对代宗君臣佞佛、耗费了大量金钱有详细叙述(第7314—7316页)。《新唐书》卷165《高郢传》亦有佞佛对国家财政危害的描述。

④ 《旧唐书》卷118《元载传》：“载在相位多年，权倾四海，外方珍异，皆集其门，资货不可胜计。故伯和、仲武等得肆其志。轻浮之士，奔其门者，如恐不及。名姝、异乐，禁中无者有之。兄弟各贮妓妾于室，倡优偎亵之戏，天伦同观，略无愧耻。”(第3414页)

⑤ 《旧唐书》卷120《郭子仪传》：“二年二月，子仪入朝，宰相元载、王缙，仆射裴冕，京兆尹黎幹，内侍鱼朝恩共出钱三十万，置宴于子仪第，恩出罗锦二百匹，为子仪缠头之费，极欢而罢。”(第3463页)又史言郭子仪“侈穷人欲而君子不之罪”(第3467页)。可见当时勋贵大臣奢靡成风，被看作是一种很正常的现象。

⑥ 《旧唐书》卷152《马璘传》云：“及安、史大乱之后，法度隳弛，内臣戎帅，竞务奢豪，亭馆第舍，力穷乃止，时谓‘木妖’。璘之第，经始中堂，费钱二十万贯，他室降等无几。”(第4067页)

⑦ 《文苑英华》卷622独孤及《直谏表》，第3220页。

⑧ 《宋史》卷174《食货上二》，北京：中华书局，1985年，第4202页。

这段时间，其作者应该是亲睹过百姓逃向南方的情景，或者自己就曾在此期间游历到南方。

据《全唐诗补编·全唐诗续拾》考证，殷济为大历、贞元间人，曾在北庭节度使幕府任职，后被吐蕃所俘，[①]事迹明显与《无名歌》中透露的信息不符。

据《高僧传》记载，释无名死于贞元九年(793)，享年七十二岁。其二十八岁于洛阳同德寺投师习学，此后“志历四方，周游五岳，罗浮、卢阜、双峰、皖公、炉岭、牛头、剡溪、若耶、天台、四明”[②]，接着就发生了建中二年(781)五月左右讽谏唐德宗之事。释无名游历到过南方，从时间上看，正好与《无名歌》所述的轨迹相符，很有可能这首《无名歌》作于释无名周游南方期间，后被无名带到北方，果如是，则《无名歌》写作时间当不晚于建中二年。

由于没有直接的材料证明，我们依然不敢百分百断言《无名歌》的作者就是释无名，“不知篇名作者之歌”亦存在着可能性。但相对而言，释无名说更具有说服力。

(本文原刊于《敦煌研究》2018年第6期。)

作者简介：

许超雄，历史学博士，现任上海师范大学人文学院古籍所讲师。研究方向为隋唐五代史、敦煌学。参与编辑《中华大典·历史典·人物分典》(隋唐五代部分)，在《敦煌研究》《史林》《中国社会经济史研究》《魏晋南北朝隋唐史资料》《中国史研究动态》《唐史论丛》等CSSCI期刊及《中国社会科学报》《解放日报》上发表多篇论文。

① 《全唐诗》第14册附《全唐诗续拾》卷18，第11152页。

② 《宋高僧传》卷17《唐洛阳同德寺无名传》，第427页。

天一阁藏明抄本《官品令》考

戴建国

摘　要： 本文对宁波天一阁所藏明抄本《官品令》进行了考证，认为此书正是久已湮没的宋代法律典籍《天圣令》。文中详细考证了这部残存令典的体例、篇目以及它所保存的《唐开元二十五年令》原文。这个残本的发现不仅对了解北宋的典章制度和人口等问题具有重要参考价值，而且对于唐史、宋史研究，尤其是唐令的研究和复原工作具有极为重要的意义。

关键词： 官品令　天圣令　唐令　唐宋史研究

在唐宋600多年历史中，统治者曾修纂过无数部法律典籍，然而，除了我们今天所能看到的《唐律疏议》《宋刑统》和《庆元条法事类》外，似乎全都失传无闻。最近，我因整理点校《庆元条法事类》而翻阅《中国古籍善本书目》，在史部职官类见到一条著录曰："《官品令》三十卷，明抄本，存十卷，二十一至三十。"这引起了我的兴趣。根据法律史常识判断，此书不会是明代所撰，很有可能是唐宋时期的法律典籍。通过朋友的帮助，我在宁波天一阁博物馆翻阅了此书。

一

是书仅一册，残本。挂签著录云："官品令三十卷，明□□□撰，存十卷，卷二十一至卷三十。乌丝栏钞本。"书签题"官品令"(脱落)。白口，单黑鱼尾，双边栏，无室名、页码，亦无题识跋语。每半页10行，行18字，双行小字注，字尚工整。篇目及篇次如下：

田令卷第二十一　赋令卷第二十二(卷终云"赋役令卷第二十二")仓库令卷第二十三　厩牧令卷第二十四　关市令卷第二十五(捕亡令附)　医疾令卷第二十六(假宁令附)　狱官令卷第二十七　营缮令卷第二十八　丧葬令卷第二十九(丧服年月附)　杂令卷第三十

民国二十九年(1940)天一阁冯贞群编《鄞范氏天一阁书目·内篇》曰："《官品令》，政书，存十卷，一册。”将其归入政书类。翻检是书，通书所载都是法律令文。毫无疑问，这是一部令典。明《大明令》以尚书六部分篇，无《官品令》篇目，因此可以排除是书为《大明令》的可能。在中国法律史上，与《官品令》相关的令典，晋、北魏、南梁、隋、唐、宋、金等朝都编修过。据《唐六典》卷六《尚书刑部》载，隋《开皇令》第一篇为《官品令》，唐《开元令》首篇亦是《官品令》。其后宋《天圣令》及金《泰和令》首篇皆为《官品令》。[①] 然而，历代书目中从未见有三十卷本《官品令》之著录。因此可以判定，这部令典的真正名称不应是“官品令”，《官品令》仅是这部令典中的一篇。

既然如此，那么它的真正书名是什么呢？我们先考察这部令典的朝代属性，继之再搞清其书名。为方便行文，以下仍暂称此书为《官品令》。

是书卷二七《狱官令》第14条载：“诸犯罪应配居作者，在京分送东西八作司，在外州者，供当处。”考仁井田陞《唐令拾遗·狱官令》第17条，同样的内容作：“诸犯徒应配居作者，在京送将作监，……在外州者，供当处官役。”天一阁藏《官品令》修改了唐《狱官令》，将“送将作监”改为“分送东西八作司”。东西八作司乃宋代的官署名。《宋会要辑稿》职官三〇之七载：“东西八作司旧分两使，止一司。太平兴国二年(977)分两司。景德四年(1007)并一司，监官通掌。天圣元年(1023)始分置官局，东司在安仁坊，西司在安定坊。”其他朝代不见有东西八作司官署记载，显然《官品令》规定的是宋代的制度。

《官品令》卷二七《狱官令》第48条载有关于刑杖的规定：

> 诸杖皆削去节目，官杖长三尺五寸，大头阔不得过二寸，厚及小头径不得过九分。小杖长不得过四尺五寸，大头径六分，小头径五分。讯囚杖长同官杖，大头径三分二厘，小头径二分二厘。

令文的规定与《唐六典》《通典》等书所载唐制不合。唐制：常行官杖大头阔二分七厘，小头径一分七厘。笞(小)杖长三尺五寸，大头径二分，小头一分半。[②] 李焘《续资治通鉴长编》卷四乾德元年三月癸酉条载北宋杖制曰：

> 旧据《狱官令》用杖，至是定折杖格，常行官杖长三尺五寸，大头阔不过二寸，厚及小头径不过九分。小杖不过四尺五寸，大头径六分，小头径五分。……讯[囚]杖如旧制。

宋制定这一制度的时间是在建立政权的第四年，其所谓“讯[囚]杖如旧制”的“旧制”应该是指唐制。《通典》卷一六八《刑法六》载唐制曰：“讯囚杖，大头三分二厘，小头二分二厘。”据此，我们已完全得知宋代常行官杖、小杖和讯囚杖的刑具规度。而天一阁藏《官品令》记载的也正与此制同。这表明此书所规定的刑具规度也是宋代的。

此书卷二六所附《假宁令》有两条令文云：

---

① 晁公武撰，孙猛校证：《郡斋读书志》卷8《天圣编敕》，上海：上海古籍出版社，1990年，第332页。《金史》卷45《刑志》，北京：中华书局，1975年，第1024页。

② 《通典》卷168《刑法六》，北京：中华书局，1988年，第4348页。

天庆、先天、降圣、乾元、长宁、上元、夏至、中元、下元、腊等，即各给假三日。

天祺、天贶、人日、中和节、春秋、三月上巳、重五、三伏、七夕、九月朔、授衣、重阳、立春、春分、立秋、秋分、立夏、立冬、诸大忌日及每旬并给休假一日。

两条令文规定的都是节假日休假之制。证诸史籍，这与宋代制度极为吻合。《宋会要辑稿》职官六〇之一五载：

国初休假之制皆按令、式，岁节、寒食、冬至各给假七日，休务五日。圣节、上元、中元各假三日，休务一日。春秋二社、上巳、重午、重阳、立春、人日、中和节、春分、立夏、三伏、立秋、七夕、秋分、授衣、立冬各假一日。……其后或因旧制，或增建庆节，旬日赐沐，皆令休务者，并著于令。

宋代的这些休假制度是载入法令的。从中不难看出其与天一阁藏《官品令》所载《假宁令》条文的一致性。《官品令》所谓天庆、先天、降圣、天祺、天贶等节是北宋前期创立的国定假日。宋人赵升《朝野类要》卷一《诸节》载：

自唐以二月一日为中和节，国朝因之，以正月三日为天庆节（原注：景德五年正月三日天书降），四日为开基节（原注：周显德七年正月四日太祖皇帝登位），四月一日为天祺节（原注：大中祥符元年四月一日天书降），六月六日为天贶节（原注：大中祥符二年六月六日天书降），七月一日为先天节（原注：后唐天成元年七月一日圣祖轩辕黄帝降），十月二十四日为降圣节（原注：大中祥符五年十月二十四日天书降）。是日禁屠宰、行刑，著为令甲。

《官品令》所载乾元节和长宁节是宋仁宗时所立节日。《宋会要辑稿》礼五七之一六曰："乾兴元年二月二十六日（仁宗已即位，未改元）宰臣丁谓等上言，请以四月十四日为乾元节。从之。……十一月九日，诏以正月八日皇太后降诞日为长宁节。"

宋仁宗之后制定的圣节尚有许多，如宋英宗即位后设立的寿圣节，以及治平四年（1067）设立的同天节等，[①]但《官品令》中没有涉及。

某一皇朝所规定的某些节假日，尤其是依据皇帝或皇太后生日以及特殊事件设立的节假日，是这一朝代所特有的制度，其后代之而起的朝代不可能全盘沿用。据此，我们可以初步判定，所谓《官品令》一书为宋仁宗在位时所修之令典。

众所周知，宋代的避讳制度十分严格，下面我们试从避讳角度来验证一下《官品令》的朝代属性。是书卷二二《赋役令》第 32 条："诸春季附者课役并理，夏季附者免课[从]役。（从）秋季以后附者课役俱免。其诈冒隐避以免课役，不限附之早晚，皆理当发年课役。逃亡者附亦同。"其中"理"字，《通典》卷六《食货·赋役下》载唐令原文作"徵"，显然是《官品令》为避宋仁宗赵祯

① 徐松辑，刘琳等校点：《宋会要辑稿·礼》57 之 17，上海：上海古籍出版社，2014 年，第 1991 页。

嫌名讳，改“徵”为“理”。① 所避“徵”例，又见于《官品令》卷二五附《捕亡令》第11条：“诸纠捉贼盗者，所[理]倍赃，皆赏纠捉之人。家贫无财可理及依法不合理借（倍）赃者，并计所得正赃，准为五分，以二分赏纠捉人。”这一令文沿用了唐制，其中的“理”字，《宋刑统》卷二八《捕亡律》将吏追捕罪人条引唐《开元令》作“徵”。《宋刑统》修成于太祖建隆四年（963），时尚无避仁宗赵祯嫌名讳“徵”之事。而《官品令》则避“徵”改为“理”字。

除此之外，《官品令》还避“通”字讳。其卷二二《赋役令》第31条“诸田有水旱虫霜不熟之处，据见营之田，州县检实，具帐申省。……其应损免者，兼计麦田为分数。”同卷第45条：“诸丁匠岁役……兼正役并不得过五十日。”这两条令文中的“兼”字，唐开元令均作“通”。②

《官品令》改“通”作“兼”，乃是避宋真宗刘皇后父刘通之讳。此避讳规定是在仁宗时定的。《续资治通鉴长编》卷九九乾兴元年（1022）十月己酉条载：“礼仪院请避皇太后父、祖讳。诏唯避父彭成郡王讳。仍改通进司为承进司。”③

《官品令》虽避仁宗讳，但不避英宗讳。此书卷二二《赋役令》第9条曰：“（谐）[诸]县令须亲知所部富贫、丁中多少、人身强弱。每因外降户口，即作五等定簿，连署印记。”其中的“署”字，并没有因宋英宗赵曙嫌名讳而改字。《庆元条法事类》卷三《名讳·文书式》列有赵曙嫌名共25字，其首即为“署”字。在宋代，自英宗朝始，签署之“署”皆避改为“书”。④ 天一阁藏《官品令》并没有改避“署”字。不避“署”字讳例，还见于是书《田令》第7条、《仓库令》第23条、《狱官令》第20条及第36条。

据上述《官品令》避“徵”和“通”字讳而不避“署”字讳例，可以确知此书修成于宋英宗前的仁宗朝，要无疑义。

接下来我们再考其书名。

仁宗天圣时期曾有过一次修令的立法活动。《宋会要辑稿》刑法一之四载：

> （天圣七年）五月十八日详定编敕所上删修令三十卷。诏与将来新编敕一处颁行。先是诏参知政事吕夷简等参定令文，乃命大理寺丞庞籍、大理评事宋郊为修令官，判大理寺赵廓、权少卿董希颜充详定官。凡取唐令为本，先举见行者，因其旧文参以新制定之。其今不行者亦随存焉。又取敕文内罪名轻简者五百余条，著于逐卷末，曰“附令敕”。至是上之。

吕夷简等人删修的令，即宋代法律史上的《天圣令》。王应麟《玉海》卷六六《天圣新修令》引《书目》云：“《天圣令》文三十卷。时令文尚依唐制，夷简等据唐旧文斟酌众条，益以新制，天圣十年

---

① 《庆元条法事类》卷3《名讳·文书式》载宋仁宗赵祯嫌名讳有“徵”字。《庆元条法事类》，哈尔滨：黑龙江人民出版社，2002年，第19页。

② 仁井田陞：《唐令拾遗》第二十三《赋役令》第11条和第4条据《白氏六帖事类集》及《唐会要》复原。东京：东方文化学院东京研究所，1933年。

③ 刘皇后父名通，避刘皇后父名讳制不久便停罢。见《宋史》卷242《章献明肃刘皇后传》，北京：中华书局，1977年，第8612页。

④ 如《庆元条法事类》卷六《批书·考课令》条：“诸命官批书印纸及取会应报己事者，听免签书。”《庆元条法事类》，第82页。

行之。”不过,《天圣令》的颁布却是在天圣七年(1029)五月。①

据上述两条史料所载,可以得知,宋天圣七年制定的《天圣令》是以唐旧令为本,参以当时的新制而成。在新定令的同时,对于没有沿用的唐旧令,以附录的方式予以保存。此外,令文后还附有从编敕中移录出来的“附令敕”。我们以此来对照一下天一阁藏本《官品令》。

《官品令》卷二七《狱官令》共收有68条令文,在第56条令文后有一指令性的说明,云:“右并因旧文,以新制参定。”在此说明之后尚列有12条令文,末尾云:“右令不行。”综观是书残存的其他9篇令文,体例莫不如此。亦即每一篇令文皆分成两大部分,前一部分令,“并因旧文,以新制参定”。即《宋会要辑稿》所说的“因其旧文参以新制定之”,是以唐令为本,根据宋代实际情况参以新制修订的。无疑这部分令是当时宋代实际在行的令。后一部分令,所谓“右令不行”,即《宋会要辑稿》所云“其今不行者亦随存焉”,是附录的不用之唐令。两相对照,这一体例与前述宋《天圣令》的体例是相同的。②

以下我们再以《通典》所载的《开元二十五年令》来印证《官品令》。《通典》卷六《食货六·赋税下》摘引的《开元二十五年令》计有17条。其中有4条杂令和2条赋役令原封不动被《天圣令》所沿用。另有3条赋役令被参以宋代新制,定为《天圣令》。有8条赋役令与《天圣令》附录的不用之唐令同(仅个别文字有出入)。

考辨至此,我们可以断言,天一阁藏所谓《官品令》,正是久已湮没无闻的宋《天圣令》,作者为参知政事吕夷简和大理寺丞庞籍等。下面我们径称此书为《天圣令》,以方便论述。

既然此书的真正书名是《天圣令》,何以变成了《官品令》?我以为这与《天圣令》制定颁布的方式有关。《宋会要辑稿》刑法一之四载:“(天圣七年)五月十八日,详定编敕所上删修令三十卷。诏与将来新编敕一处颁行。”至天圣十年,仁宗“诏以《天圣编敕》十三卷、《赦书德音》十二卷、《令》文三十卷付崇文院镂版施行”。《天圣令》是以唐令为本,参以新制修成,即使不用的唐令也以附录方式给予保存。也就是说,令的修订是在唐旧令的框架内进行的。书成之后,在当时即未以正式新名命之,而是直接以笼统的令的法律形式与《天圣编敕》合在一起颁布实施。这对当时人来讲,没有什么不便。然而,到神宗时又制定了新的《元丰令》五十卷,颁布实施,取代了《天圣令》,于是《天圣令》废弃不再行用。随着朝代的变迁,后人对当初《天圣令》的颁布实施方式已不甚明了。晁公武《郡斋读书志·后志》云:“《天圣编敕》三十卷。右天圣中宋庠、庞籍受诏改修唐令,参以今制而成。凡二十一门:官品一、户二、祠三、选举四、考课五、军防六、衣服七、仪制八、卤簿九、公式十、田十一、赋十二、仓库十三、厩牧十四、关市十五、补(捕)亡十六、疾医十七、狱官十八、营缮十九、丧葬二十、杂二十一。”晁氏著录的书名是《天圣编敕》,但其下所录篇目却非《天圣编敕》所有。《天圣编敕》“依律分门十二”③,包括目录仅十三卷,故晁氏所录篇

① 《宋史》卷9《仁宗纪》,第187页。李焘:《续资治通鉴长编》卷108“天圣七年五月己巳”。
② 原著于《天圣令》诸卷末的“附令敕”,这次新发现的《天圣令》中却无记载,可能是被抄写或刊刻者所遗弃。
③ 王应麟:《玉海》卷66《天圣新修令》,南京、上海:江苏古籍出版社、上海书店影印本,1987年,第1257—1258页。

目为《天圣令》无疑。晁氏这种张冠李戴的著录错误显然是因为不明《天圣编敕》与《天圣令》的区别，将它们混淆在了一起。对后人来说，如果《天圣令》与《天圣编敕》合在一起容易混淆的话，那么一旦它与《天圣编敕》分离流散开来，它的书名便成了问题。我猜想，早在抄写此书之时，所借以抄写的本子，或者更早一点的祖本，是单独存在的，抄写或刊刻者无法确知此书书名和作者，只好将此书的第一篇篇名"官品令"充作书名。当时，此书应不止此十卷，其前二十卷是后来佚失的。

据初步统计，新发现的《天圣令》残本各篇所载令文条数如下：《田令》载行用之令 7 条，附录不用之唐令 49 条；《赋役令》载行用之令 23 条，附录唐令 27 条；《仓库令》载行用之令 23 条，附录唐令 23 条；《厩牧令》载行用之令 15 条，附录唐令 35 条；《关市令》载行用之令 18 条，附录唐令 10 条；《捕亡令》载行用之令 9 条，附录唐令 7 条；《医疾令》载行用之令 14 条，附录唐令 22 条；《假宁令》载行用之令 23 条，附录唐令 6 条；《狱官令》载行用之令 56 条，附录唐令 12 条；《营缮令》载行用之令 26 条，附录唐令 4 条；《丧葬令》载行用之令 35 条，附录唐令 6 条；①《杂令》载行用之令 40 条，附录唐令 21 条。

以上计在行的《天圣令》令文 289 条，附录唐令 222 条，总计 511 条。整部《天圣令》共计三十卷，现存残本十卷，占三分之一，如将上述条数依此所占比例推算，《天圣令》令文总计约有 1 500 条左右。

二

新发现的《天圣令》抄本，将卷二二《赋役令》篇名误抄成"《赋令》卷第二十二"，漏一"役"字（其卷终所抄篇名却无遗漏），这与晁公武《郡斋读书志·后志》同一篇名的误载是一致的。我以为这不是巧合，很有可能两者所依据的是同一祖本。如果这一猜测不错的话，这个祖本是《天圣令》颁布后不久的抄本或刻本，其抄、刻时间当不晚于仁宗朝，因令文中宋英宗赵曙的嫌名讳没有避改。在宋代，法律是严禁私刻印行刑书的。就在《天圣令》颁布后第七年的景祐三年（1036），宋政府就有规定："禁民间私写编敕、刑书及毋得镂版。"②加之其后朝廷又修定《元丰令》五十卷，取代了《天圣令》，《天圣令》很快便停止使用了。元丰后，继之又有《元祐令》《元符令》《政和令》等。是以《天圣令》颁布后，很少有刻本、抄本流传，以至于马端临《文献通考·经籍考》在著录《天圣令》时，也只能依靠晁公武的《郡斋读书志·后志》的材料。当然，这个祖本也有可能为元、明人所刊行，最后再被传抄成我们现在所看到的本子。

由于新发现的《天圣令》是个残本，仅存十卷，因此《天圣令》究竟有多少正篇篇目，仍是个

---

① 《丧葬令》于不用唐令之后尚附有《丧服年月》，注云："其解官给假，并准《假宁令》文；言礼定刑，即与五服年月新敕兼行。"按：观《丧服年月》内容，属五服制度。

② 《续资治通鉴长编》卷 119"景祐三年七月丁亥"条，第 2796 页。

谜。《郡斋读书志·后志》卷一《天圣编敕》条载《天圣令》计二十一篇，据新发现的《天圣令》所载，我以为晁公武把附于《关市令》后的《捕亡令》列出，单独作一篇目，而没有把其他附篇目列出，是个失误。不过问题在于，晁氏所说的《天圣令》二十一门（篇）是包括《捕亡令》在内呢，还是《捕亡令》除外，其本身就有二十一门？我倾向于前者。残存的《天圣令》计十个正篇篇目（不含《捕亡令》和《假宁令》），平均每篇占一卷。此书共三十卷，如果依据晁氏所云全书有二十一篇的话，那么已佚的二十卷那部分仅有十一篇，平均每篇约占两卷。这是在许多正篇篇目之下另有附篇，从而导致卷数增加。我们已经知道《天圣令》是取唐令为本，因其旧文，参以新制修成的。即使不用的唐令也作为附录保存着。《天圣令》与唐令比较，正篇篇目减少了，但卷数却一仍唐旧，便是一个很好的说明。因此，在篇目方面，既不会增加，也不会舍弃。唯一可行的办法是以附篇形式加以合并。据《郡斋读书志·后志》载，《天圣令》中无唐《职员令》篇目。《开元令》中的6篇《职员令》可能被作为附篇附于《官品令》之后。此外，晁氏没有提到的《封爵令》《乐令》和《宫卫令》，肯定也是作为附篇存于《天圣令》中的。

《天圣令》的令文每篇都分为前后两个部分，前一部分令文“并因旧文，以新制参定”。换言之，《天圣令》所有新创令文都是在唐旧令基础上制定的。例如《宋刑统》卷一三《户婚律·占盗侵夺公私田》载唐《田令》：“诸田为水侵射不依旧流，新出之地，先给被侵之家。若别县界，新出依收授法，其两岸异管，从正流为断。若合隔越受田者，不取此令。”宋初还来不及制定法令，争田案的处理依据，完全照搬唐令，尽管唐令的一些条款已明显不适用于宋代的实际情况。经过60余年的发展，到宋仁宗天圣时期，宋政府完全有必要和有时间对唐令进行修改。《天圣令·田令》第4条就在原来旧令基础上修改为：“诸田为水侵射不依旧流，新出之地，先给被侵之家。若别县界，新出亦准此，其两岸异管，从正流为断。”《天圣令》将“依收授法”修改为“亦准此”。同时，删除了“若合隔越受田者，不取此令”。原因很简单，宋代已不实行均田收授法，是以参照本地法解决。又唐《田令》载：“诸户内永业田，每亩课种桑五十根以上，榆、枣各十根以上，三年种毕。乡土不宜者，任以所宜树充。”[①]宋代并不行均田制，故《天圣令·田令》第2条以此唐令为本，根据宋代的五等户制进行了修改和增补：

> 诸每年课种桑枣树木，以五等分户，第一等一百根，第二等八十根，第三等六十根，第四等四十根，第五等二十根。各以桑枣杂木相半。乡土不宜者，任以所宜树充。内有孤老残疾及女户无男丁者，不在此根（限）。其桑枣滋茂，仍不得非理斫伐。

新创的令文，有的对旧文改动较大，有的仅改数字，某些旧令在被改造成新令时，有些内容被裁减掉了。如《天圣令·赋役令》第1条，经改造，旧令中租调的具体数额就被删除了。倘若未合时宜不能用的，便归入附录的不用之令。当然所定新令中，也有令文并非新创而是全录唐令旧文的。例如卷二一《田令》第1条：“诸田广一步、长二百四十步为亩，亩百为顷。”此令与《通

---

① 《唐令拾遗》第22《田令》第6条，据《通典》等复原。

典》卷二《食货二·田制下》载《开元二十五年令》同。同卷《田令》第5条:"诸竞田,判得已耕种者,虽改判,苗入种人。耕而未种者,酬其功力。未经断决,强耕种者,苗从地判。"这与《宋刑统》卷一三《户婚律·占盗侵夺公私田》所载唐令同。又卷二七《狱官令》第11条:"诸流人应配者,若依所配里数,无要重城镇之处,仍逐要配之。唯得就远,不得就近。"第26条:"诸犯罪事发,有赃状露验者,虽徒伴未尽见获者,先依状断之,自外从后追究。"第27条:"诸犯罪未发,及已发未断决,逢格改者,若格重,听依犯时;格轻者,听从轻法。"分别与《宋刑统》卷三《名例律·犯流徒罪》、卷三十《断狱律·断罪引律令格式》所载唐令相同。以上数例表明,令文虽非宋代新创,然仍能适用的,《天圣令》即沿用之。从《天圣令》记载来看,北宋前期,宋在许多方面承袭了唐代制度。但在土地制度方面较少沿用唐令,这表明唐宋两朝的土地制度有着很大的差异。

宋代第一次修令是在淳化三年(992),实际上只是简单的文字校勘,诸如避讳字的勘正,谈不上是修令。陈振孙《直斋书录解题》卷七云:《唐令》三十卷、《唐式》二十卷,"本朝淳化中,右赞善大夫潘宪、著作郎王泗校勘"。《玉海》卷六六《淳化编敕》云:"太宗以开元二十六(五)年所定令、式修为淳化令、式。"其后第二次修成的《天圣令》,"以唐令为本",应是在淳化三年校勘的《开元二十五年令》基础上修定的。因此《天圣令》中所用及不用之唐令应都是开元二十五年所修令。下面以新发现的《天圣令》为例佐证之。

《唐六典》卷三"户部郎中员外郎"条:"凡丁岁役二旬(原注:有闰之年加二日),无事则收其庸,每日三尺(原注:布加五分之一)。有事而加役者,旬有五日免其调,三旬则租、调俱免(原注:通正役并不得过五十日)。"其所引《开元七年令》源于唐《武德令》。① 这条令文又见于日本《养老令·赋役令》岁役条(文字有出入)。据日本学者研究,《养老令》是以《永徽令》为直接蓝本的。② 如此,则此令文自武德七年(624)定后,经《永徽令》到《开元七年令》一直被沿用。然《开元二十五年令》对其进行了修改。《通典》卷六《食货六·赋税下》记载的这一令文是析成两条分于两处引述的。在新发现的《天圣令》中,上述令文也是分载于两条令文的。《赋役令》附录不用之唐令第22条载其一:"诸丁匠岁役功二十日,有闰之年加二日。须留役者,满十五日免调,三十日租调俱免(原注:役日少者,计见役日折免)。兼正役并不得过五十日。"第24条不用之唐令载其二:"诸丁匠不役者收庸。无绢之乡,絁、布参受(原注:日别絁、绢各三尺,布即三尺七寸五分)。"令文与《唐六典》所载《开元七年令》有差异,而与《通典》所载的两条《开元二十五年令》相同,可见《天圣令》所本之唐令为《开元二十五年令》无疑。

三

在中国古代社会,令是法律体系的一个重要组成部分,是有关国家制度的法律规范。《唐六

① 见《唐令拾遗·赋役令》引《唐会要》卷八三《租税上》和《旧唐书·食货志》。

② 池田温撰,霍存福等译:《唐令与日本令——〈唐令拾遗补〉编纂集议》,《比较法研究》1994年第1期。

典》卷六“刑部郎中员外郎”条载：“令以设范立制。”《新唐书·刑法志》云：“令者，尊卑贵贱之等数，国家之制度也。”宋神宗也曾为令下过定义：“禁其未然之谓令。”[①]《天圣令》残本的发现，为我们提供了研究北宋前期社会的重要资料。

宋代有“官户”之名目。不过宋代官户的内涵已不同于唐代官户，不再是隶属官府的贱民，而是指品官之家。但是宋初制定的法典《宋刑统》依旧承袭了唐律关于官户的法律诠释。有学者指出：“估计在仁宗以前，就已经将官户作为品官之家的法定户名，而实际上废除了《宋刑统》中有关官户的法律概念。”[②]新发现的《天圣令》完全证实了这个推断。在卷三〇《杂令》后部分不用之唐令第15条云：“诸官户、奴婢男女成长者，先令当司本色令相配偶。”又第17条载：“诸官户皆在本司分番上下，每十月都官案比。男年十三以上，在外州者十五以上，各取容貌端正者送太乐（原注：其不堪送太乐者，自十五以下皆免入役）。十六以上送鼓吹及少府监教习，使有工能。官奴婢亦准官户例分番（原注：下番日则不给粮）。”而在宋《杂令》前部分当时行用之令中已不见官户名目。又《仓库令》中也有一条涉及官户的令文：“诸官奴婢，皆给公粮。其官户上番充役者亦如之，并季别一给，有剩随季折。”附录于不用之唐令第8条。这说明，至迟到宋仁宗天圣时期，宋已停止使用唐以来官户的法律属义。这一变化，乃是当时社会发展后已不存在官户这种贱民的结果。北宋前期的司法制度规定，地方州军一级拥有死刑审判和执行权。然而由于《宋史·太祖纪》的误载及法律史料的佚缺，这一规定被曲解为死刑须经刑部审核后才能执行。死刑执行前的审核同执行后的复审，有着质的区别，前者剥夺了地方死刑终审权，而后者则承认这种权力。这是个重要的司法问题，对此，我曾有专文考证，厘正了《宋史》的讹误。[③] 新发现的《天圣令》则证实了我的看法。是书卷二七《狱官令》在行之令第5条载：“诸决大辟罪，在京者，行决之司一覆奏，得旨乃决。在外者，决讫，六十日录案奏，下刑部详覆，有不当者，得随事举驳。”令文说得很明白，在京城之内，死罪执行之前须审报，得批复乃决，而在地方州军，于死罪执行之后的60天之内报中央复查。

宋代的户多口少现象，也是学术界争论的一个问题。其中一个焦点便是宋代的户籍（即五等版簿）是否登记家庭中的每一个成员。以往由于法律资料缺乏，也因无法找到户籍的实际例证，学者们只能推断其内容。新发现的《天圣令》卷二二《赋役令》在行之令第9条曰：

> 诸县令须亲知所部富贫、丁中多少、人身强弱。每因外降户口，即作五等定簿，连署印记。若遭灾蝗旱涝之处，任随贫富为等级。差科、赋役，皆据此簿。凡差科，先富强，后贫弱；先多丁，后少丁（原注：凡丁分番上役者，家有兼丁者要月；家贫单身者，闲月）。其赋役轻重、送还远近，皆依此以为等差，豫为次第，务令均济。簿定以后，依次差科。若有增减，

① 《宋会要辑稿·刑法》1之12，第8223页。

② 朱家源、王曾瑜：《宋朝的官户》，邓广铭、程应镠主编《宋史研究论文集》，上海：上海古籍出版社，1982年，第1—32页。

③ 戴建国：《宋代刑事审判制度研究》，《文史》第31辑。

随即注记。里正唯得依符催督，不得干豫差科。若县令不在，佐官亦准此去法。

从令文可以得知：五等版簿是以县为基准，并由县令负责总其成的。除了财产以外，男口中的丁和中也要登录，但年未满 16 岁及超出 60 岁的男口不录。令文未及妇女，自然妇女也不在登记之列。五等版簿造定后便作为差科和缴纳赋税的依据。登录丁很容易理解，为何要登记中呢？我想，这是由闰年一造户籍制本身所决定的。我们知道北宋前期成丁与幼丁的年龄划分标准，基本沿袭唐制。建隆四年(963)八月修成的《宋刑统》卷一二《户婚律》载："准《户令》，诸男女三岁以下为黄，十五以下为小，二十以下为中，其男年二十一为丁，六十为老。"与此同一年，宋政府又有"男夫二十为丁"的规定，[①]但 16 岁至 19 岁为中却是没有疑问的。中无须服役，中只是丁的一种预备身份。登录中的意义，在于使官府在不造籍的年月里仍可以确知某户丁的增加数，从而在不造新籍的情况下，仍然可以据五等版簿催科督税。从中上升为丁，有一过渡期，这与宋代闰年一造五等版簿的间隔期大致相适应。我们假设某户，天圣元年登录时有一 18 岁的中，到天圣三年，这位中满 20 岁，升为丁，虽然天圣三年这一年未造五等新版簿，但依据天圣元年登录的材料，仍可推算出此户已新增一丁，这就节省了因每年造一次新籍所耗费的人力物力。由于中的登录，16 岁以下的人口也就无登录的必要。造户籍的目的是为了差科督税，因此，不服役的妇女和 60 岁以上老人也无须登录。看来以往学者关于户籍应登记主户中的所有男性成员的推断并不准确，从《天圣令》所载令文来看，男口中的黄、小和老是无须登录的。

《天圣令》残本对我们了解北宋前期的户籍制度，以及研究宋代的人口问题具有重要参考价值。法令的制订，通常滞后于现实生活。《天圣令》是以唐旧令为基础，参以宋代新制修定的，造五等版簿这一宋代新制必是在天圣七年(1029)修定《天圣令》之前已经有了，《天圣令》只不过以法律形式予以规范化。宋仁宗明道二年(1033)十月诏曰："天下闰年造五等版簿，自今先录户产、丁推及所更色役，榜示之，不实者听民自言。"[②]其中关于"丁推"的解释，颇有争议。[③] 南宋人吴曾认为"推者，推排之意，择其及丁而升之，故至今州县谓之推排，其义甚明"[④]。他指出，不能将"推"当"稚"解。参照《天圣令》，吴曾的解释不无道理。宋规定闰年造五等版簿，而景祐元年(1034)为闰年，就是说在仁宗于明道二年诏天下录户产、丁推的次年，宋才正式造五等版簿。仁宗诏令实际上是要求先做好造簿的准备工作，因此诏令中的"推"字，意思应当是依据上一次所定版簿登录的中数，进行推排(即"择其及丁而升之")后的丁数。如果"推"作"稚"解，则稚不仅仅指中，还包括 15 岁以下的小和黄，这意味着五等版簿登录的对象还包括小和黄。然而，据当时新定的《天圣令》所载，北宋的五等版簿是不登录小和黄的，这岂不相互矛盾？所以那种因避唐高宗李治音讳改"稚"为"推"的说法是讲不通的。如果说，宋初在一些文件中还沿用唐讳，那

---

① 《续资治通鉴长编》卷 4"乾德元年十月庚辰"条，第 107 页。
② 《续资治通鉴长编》卷 113"明道二年十月庚子"条，第 2637 页。
③ 参阅何忠礼《宋代户部人口统计问题的再探讨》，中州书画社编：《宋史论集》，郑州：中州书画社，1983 年。
④ 吴曾：《能改斋漫录》卷 5《丁产簿书言丁推》，北京：中华书局，1960 年，第 111 页。

么到仁宗时，宋人已没有必要再为唐人讳。《宋会要辑稿》礼三六之一四载天圣五年翰林侍读学士孙奭言："《礼》文作齐衰'期'，唐避明皇讳，改'周'，圣朝不可仍避，伏请改'周'为'期'。"这一点，新发现的《天圣令》是有明证的。如在《赋役令》第 8 条和《杂令》所附唐令第 20 条中，"期亲"的"期"，便没有再避唐玄宗讳改为"周"字。

在宋代，对释道二教定有严格的管理制度，规定三年一造帐籍，此乃沿用唐旧制，这已为学者所论证。[①] 但关于北宋造帐的令文规定，史册皆缺记载，新发现的《天圣令》卷三〇《杂令》第 39 条则有较为详细的规定："诸道士、女冠、僧尼，州县三年一造籍，具言出家年月、夏腊、学业，随处印署。案留州县，帐申尚书祠部。其身死及数有增减者，每年录名及增减因由，状申祠部，具入帐。"令文规定了帐籍的具体登录内容，为研究宋代宗教史提供了十分宝贵的资料。

从《天圣令》所载令文来看，北宋前期的度量衡制是沿用唐制的。如其《杂令》第 1 条："诸度，以北方秬黍中者，一黍之广为分，十分为寸，十寸为尺（原注：一尺二寸为大尺一尺），十尺为丈。"第 2 条："诸量，以秬黍中者，容一千二百黍为龠，十龠为合，十合为升，十升为斗（原注：三斗为大斗一斗），十斗为斛。"第 3 条："诸权衡，以秬黍中者，百黍之重为铢，二十四铢为两（原注：三两为大两一两），十六两为斤。"这些皆与《唐令拾遗·杂令》复原条一一吻合。

《天圣令》对于宋史研究的价值远不止此，这里仅撮其要者略举之。

四

唐代的法律体系是由律、令、格、式组成的，除了唐律以外，唐令也对后来的中国社会和周边国家产生过深远影响，与律一起，被誉为"东方法制史枢轴"[②]。然而遗憾的是，唐令早已失传，长期以来，中外学者为此做了不少辑佚补阙工作，并试图恢复它的面貌，其中日本学者用力尤甚。仁井田陞先生所著《唐令拾遗》在这方面取得了举世瞩目的成就，池田温先生又完成了学术界期盼已久的《〈唐令拾遗〉补》工作，取得了又一丰硕成果。

《天圣令》是在唐令基础上制定的，新发现的残本保存了大量的唐《开元二十五年令》原文，仅附录的唐令就有 222 条，这对于唐史研究以及唐令的研究和复原工作都有着极为重要的意义和参考价值。限于篇幅，这里仅就后者略述一二。

其一，《天圣令》有助于唐令篇目、条数的复原。

唐令复原的第一步工作是必须搞清唐令的篇目及其顺序。我们以往获得的唯一较确切的唐令篇目及篇次为《唐六典》记载的《开元七年令》。仁井田陞所辑《唐令拾遗》在恢复唐令原貌方面做了许多开创性的工作。然而由于资料的限制，有些问题无法确证。例如《永徽令》中是有《假宁令》的，但《唐六典》记载的《开元七年令》中却没有《假宁令》的篇目，可是有史料证明在后

---

① 汪圣铎：《宋代对释道二教的管理制度》，《中国史研究》1991 年第 2 期。

② 池田温：《唐令拾遗·后跋》，栗劲、霍存福等编译《唐令拾遗》，长春：长春出版社，1989 年，第 893 页。

来的《开元二十五年令》中又确实存在。[①] 又如《封爵令》,据仁井田陞考证,在《开元二十五年令》和此后的《天圣令》中都有,而《唐六典》所云《开元七年令》亦无其篇目记载。为此,仁井田陞猜测说:"在《开元七年令》(又云四年令)上肯定有过大的修改,理由是,同令即使简编了篇目,其条文也未必被削除,很可能被编入了其他篇目之下。"[②]新发现的《天圣令》证实了此猜测。从《天圣令》所列篇目得知,《捕亡令》附于《关市令》后,《假宁令》则附于《医疾令》后。以此推断,在《开元七年令》和《开元二十五年令》中,《捕亡令》和《假宁令》也一定是分附于《关市令》和《医疾令》后的。《唐六典》所列《开元七年令》篇目仅是正篇篇目,所以我们便看不到这两个附令。此外,《开元二十五年令》中,《封爵令》《学令》《禄令》和《乐令》也是附在其他篇目之下的。开元二十二年至开元二十五年,唐对律令格式敕进行了一次大规模整理修改,共删除了 1 324 条。就令而言,如果某篇条数删除较多,所剩不足一卷的话,删修官有可能将其附于其他篇章之后。这点可从《天圣令》得到佐证。《天圣令》卷二五所附《捕亡令》总计仅 16 条,卷二六所附《假宁令》总计 29 条,条数都明显少于其他篇章。《开元七年令》和《开元二十七年令》都是在《永徽令》基础上修改刊定的,条数有增减,但卷数是一脉相承的,并延续至《天圣令》而无变化。所以我推测《开元二十五年令》的正、附篇目总数应与《开元七年令》相同。

据《唐六典》载,《开元七年令》有 1 546 条,这是总数,各篇的条数却无记载。后《开元二十五年令》有删节,删定后的总数和各篇条数无考。《天圣令》残本的发现,为我们提供了部分篇章的确切条数。《天圣令》是取唐《开元二十五年令》为本,"因其旧文,参以新制"修成的,换言之,即使是其中的新定令,其条数与唐令也应是对应的,进而我们可推算出《开元二十五年令》总条数,即大约为 1 500 条左右。这与《唐六典》所载《开元七年令》1 546 条的数字是大致相近的。

其二,《天圣令》可正《唐令拾遗》之误。

《唐令拾遗·田令》第 2 条将《通典》卷六《食货六·赋税下》所载的两条赋役令"诸租,准州土收获早晚,斟量路程险易远近,次第分配。本州收获讫发遣,十一月起输,正月三十日内纳毕"及"应贮米处,折粟一斛,输米六斗,其杂折皆随土毛,准当乡时价"总作一条复原,但《天圣令》却把这条令文作两条,分列于《赋役令》不用之唐令第 3 条和行用之令第 2 条。这两条令文规定的内容虽相近,毕竟还是有差异的,前者主要谈的是租的输纳时间问题,后者说的是不同实物租的折输问题。据此,《唐令拾遗》这两条令的复原归类以及条属显然搞错了。[③]

《唐令拾遗·赋役令》第 3 条:"诸庸调物,每年八月上旬起输,三十日内毕。九月上旬各发本州。庸调车舟未发间,有身死者,其物却还。其运脚出庸调之家,任和顾送达。所须裹束调度,折庸调充,随物输纳,皆州司领送,不得僦勾随便粜输。"这里,仁井田陞把《通典》所引《开元

---

① 参见《唐令拾遗》,第 817—824、815 页。
② 参见《唐令拾遗》,第 817—824、815 页。
③ 池田温先生在《唐令与日本令——〈唐令拾遗补〉编纂集议》一文中曾指出此归类错误,但未发觉这原本是两条令文。见中译本《唐令拾遗》,第 908 页。

二十五年令》与日本《养老·赋役令》所引《永徽令》的内容一并合作《开元二十五年令》复原了。但是，据《天圣令》卷二二《赋役令》载，"诸庸调物"至"随物输纳"文，属附录的唐令第2条，而"皆州司领送，不得僦句，随便籴输"，实为附录唐令第5条的内容。这两条令是不能合在一起的。

以新发现的《天圣令》来对照载有唐令的《唐六典》等史书，可知这些史书在引用唐令时，不是完整抄录，常常将几条令文加以精简后一并引述，或者采用缩略法。这给唐令的复原工作造成了不少障碍，导致《唐令拾遗》出现不少错误，使复原成果与实际情况之间仍有差异。

例如，前引《唐令拾遗·赋役令》第4条据《唐六典》等书复原作："诸丁岁役二十日，有闰之年加二日，若不役者收庸，每日絁、绢各三尺，布三尺七寸五分。须留役者，满十五日免调，三十日租调俱免（原注：从[役]日少者，见役日折免），通正役并不得过五十日，遣部曲代役者听之。"此文实际上是把两条唐令混作一条了。在新发现的《天圣令》中，上述令文则分别载于所录唐令第22条和第24条。

又《唐令拾遗·仓库令》第3条引《夏侯阳算经》作："其折糙米者，稻三斛折纳糙米一斛四斗。"第6条引《唐六典》作："诸粟支九年，米及杂种三年（原注：贮经三年，斛听耗一升，五年以上二升）。"《天圣令》卷二三《仓库令》所录唐令第1条可正其误兼补其不足：

> 诸仓窖贮积者，粟支九年，米及杂种支五年。下湿处，粟支五年，米及杂种支三年。贮经三年以上，一斛听耗一升，五年以上二升。其下湿处，稻谷及粳米各听加耗一倍。此外，不得计年除耗。若下湿处，稻谷不可久贮者，折纳火米及糙米，其折糙米者，计稻谷三石折纳糙米一石四斗。

两相对照，可见《唐令拾遗》复原条显得支离破碎，由于脱"下湿处"，致复原后的令文走了样。其次，《唐令拾遗》所引第3条实际上是第6条的一部分，两者原本是一条，应合在一处复原。此类例子尚有许多。

其三，《天圣令》可补《唐令拾遗》之阙。以下试举几例。

唐代官员所授永业田，一品官以下，自六十顷至六十亩不等，这在《唐六典》等书中都有明确记载，《唐令拾遗》也已复原，但其中六品至九品官的授田数漏阙未备，而这在《天圣令·田令》附录的唐令第4条中却有清楚的记载：

> 诸永业田，亲王一百顷……六品、七品各二顷五十亩，八品、九品各二顷。……

《唐令拾遗·捕亡令》第4条："诸捉得逃亡奴婢，五日内合送官司。"此令复原不全，尚有下文。《天圣令》第二十五《捕亡令》附录唐令第4条作：

> 诸捉获逃亡奴婢，限五日内送随近官司，案检知实，评价，依令理赏。其捉人欲径送本主者，任之。若送官司，见无本主，其合赏者，十日内且令捉人送食。若捉人不合酬赏，及十日外承主不至，并官给衣粮，随能锢役。

又《唐令拾遗·杂令》第24条据《唐六典》卷六“都官郎中”条所载令文复原作:“诸官户、奴婢,元日、冬至、寒食放三日假。产后及父母丧婚,放一月。闻亲丧,放七日。”然这一杂令并不全,遗漏甚多。《天圣令》卷三〇《杂令》附录唐令第20条作:

诸杂户、官户、奴婢主作者,每十人给一人充火头,不在功果(课)之限。每旬放休假一日。元日、冬至、腊、寒食,各放三日。产后及父母丧,各给假一月。期丧,给假七日。即[官]户、奴婢老疾,准杂户例。应侍者,本司每听一人免役扶持,先尽当家男女。其官户妇女及婢,夫、子见执作,生儿女周年,并免役(原注:男女三岁以下,仍从轻役)。

此外,也有《唐令拾遗》全未收入的令文。如《天圣令·仓库令》附录唐令第4条:“诸仓出给,杂种准粟者,稻谷、糯谷一斗五升,大麦一斗二升,乔麦一斗四升,小豆九升,胡麻八升,各当粟一斗。黍谷、糜谷、秫谷、麦饭、小麦、青稞麦、大豆、麻子一斗,各当粟一斗。给末盐一升六合,当颗盐一升。”第6条:“诸在京流外官长上者,身外别给两口粮,每季一给。牧尉给五口粮,牧长四口粮(原注:两口准丁,余准中男给)。”

上述《唐令拾遗》的阙失,不知日本出版的《〈唐令拾遗〉补》是否补全。

《天圣令》可补《唐令拾遗》处甚多。如《天圣令·田令》仅附录的唐令就有49条,而《唐令拾遗》复原39条。《天圣令·仓库令》附录唐令有23条,《唐令拾遗》复原仅7条。《天圣令·厩牧令》附录唐令有35条,《唐令拾遗》复原23条。《天圣令·医疾令》附录唐令有22条,《唐令拾遗》复原11条。此外,即使《天圣令》所载宋代的在行之令,其中也大有文章可作,此不赘述。

池田温先生在《唐令与日本令——〈唐令拾遗补〉编纂集议》一文中就唐《赋役令》条文排列订正问题提出,按日本学者的研究成果,调整为《赋役令》第1条(租庸调条)之次为第4条(岁役条)、第8条(计帐条),再后为第3条(庸调输纳条)、《田令》第2条(租输纳条)。[①] 但据《天圣令》,参照《通典·食货六》,将岁役条调整为第2条是有问题的。《天圣令》把岁役条列为不用之唐令第22条,排列顺序远在庸调输纳条(列不用之唐令第2条)和租输纳条(列不用之唐令第3条)之后,这一排列顺序与《通典》摘引的《开元二十五年令》顺序大致是吻合的,因此不应把岁役条复原为第2条,起码在《开元二十五年令》中是如此。这是过分依赖《唐六典》而忽略《通典》的参考价值造成的错误。《唐令拾遗》复原的岁役条,在《通典》里原本是分成两条摘引的,却没有受到足够重视。

日本学者已注意到了日本《养老令》和《大宝令》与唐令的关系,对其进行了研究,并将研究成果卓有成效地运用到唐令复原中。《天圣令》残本的发现,为我们提供了唐令与日本令关系研究的新材料。我曾将日本《令集解》所载《养老令·赋役令》与《天圣令·赋役令》仔细对照了一下,发现前者38条令文中,有33条可在《天圣令》中找到出处。因此我们可充分利用这残存的十卷资料做进一步研究,把唐令复原工作做得更好。

---

① 见中译本《唐令拾遗》,第909页。

本文的写作目的，旨在介绍《天圣令》残本的存在，这部书的价值尚有待于海内外学者共同来挖掘。

（本文原刊于《历史研究》1999 年第 3 期。）

作者简介：

戴建国，历史学博士，二级教授，博士生导师，上海文史馆馆员。历任上海师范大学古籍研究所所长、中国宋史研究会副会长、中国法律史学会常务理事。国家社科基金重大项目“《全宋笔记》编纂整理与研究”首席专家，“点校本‘二十四史’及《清史稿》修订工程”修纂委员会委员暨《宋史》修订主持人。在《中国社会科学》《历史研究》《法学研究》等刊物发表文章 90 多篇。主编《全宋笔记》，主持点校《文献通考》。代表性著作有《秩序之间：唐宋法典与制度研究》《宋代法制研究丛稿》《唐宋变革时期的法律与社会》。成果先后获上海市哲学社会科学优秀成果一等奖、二等奖（三项）、三等奖（三项），教育部高等学校人文社科研究优秀成果二等奖，中国社科院优秀科研成果二等奖。

试论十至十三世纪中国境内诸政权的互动

虞云国

摘　要： 十至十三世纪是中国继隋唐大一统后再次从分裂走向统一的一个完整的周期。在这一历史时期，宋朝尽管被视为统一的中原王朝，但在当时中国境内，却先与辽、夏，后与金、夏成鼎分之势，最终又遭到蒙元对统一中国领导权的挑战。在这一长时段中，中国境内诸政权是在怎样的大背景下展开互动？这种互动所呈现的复杂性在汉族政权与少数民族政权中各有哪些不同表现？少数民族政权在互动中如何应对汉化与少数民族化的双重考验？这种互动在诸政权之间怎样引发连锁反应，并达致均衡态势？应该如何评价历史互动中的统一大势与民族气节？为回答这些大问题，本文以大宋史的视野，结合该时段中国境内诸政权之间政治、军事、经济、民族与文化等的多元互动，借助地缘政治学的方法论，给出了深入的辨析与独到的评议。

关键词： 地缘政治　中国境内诸政权　多元互动　民族化　汉化　民族气节

黄仁宇认为：直到近代以前，中国历史的主题是多数民族与少数民族间的冲突。[①] 证诸辽宋夏金元时期，其言甚是。当然，所谓的“冲突”，断不能只从军事上的征战攻杀去把握，其内涵丰富、广泛得多，大体与汤因比提出的“挑战与应战”的说法相近。为论述简便，本文不妨称其为“互动”。

十世纪初叶五代开始(907)，标志着李唐王朝名义上统一的最终结束，而再次完成大一统业绩的元世祖是在十三世纪末叶去世的(1294)，因而十至十三世纪是中国再次从分裂走向统一的一个完整的周期，有理由作为历史考察的合适时段。

虽然传统的观点无不认为，北宋的建立，标志着晚唐五代以来分裂割据局面的结束，标志着统一的封建国家的重建，但以辩证的观点看来，分裂与统一都各有一种相对性。宋代确实结束了晚唐五代以来的分裂割据局面，在所谓中原王朝的意义上(尽管南宋偏安江南，仍可借用这一概念的特定含义来指称它)，消除了分裂，实现了统一。

---

① 黄仁宇：《赫逊河边谈中国历史》，北京：生活·读书·新知三联书店，1992年，第157页。

但从政治地缘学角度，反观这一时期，宋朝先与辽、夏，后与金、夏成鼎分之势，在疆域的大一统方面，不仅前不能比汉、唐，后不能比明、清，而且辽、金的实控版图不比宋小，在与它们的军事角逐中，宋朝基本上没有占过上风。从大中国的视角看，把这一时期看作所谓“后三国”或者“后南北朝”的分裂时期，也是有其合理性的。

倘若把视野放宽到大中国的范围内，相对于宋朝说来，辽、金、西夏都已经不是周边附属性的民族政权，而是在政治、军事、经济诸方面都能与之长期抗衡的对等的少数民族王朝（在中古时期，就政权性质、历史跨度、疆域幅员而言，似乎只有北魏与此略相仿佛。十六国时期的民族政权大多在历史跨度和疆域幅员上条件不够，西魏、北周与五代后唐在历史跨度上仍有所欠缺，柔然、突厥则政权的稳定性大成问题）。就此而言，就不得不承认，这一时期分裂依旧是主流，大一统并未实现，宋朝确乎还称不上大一统的王朝。

然而，无可置疑，宋朝在这一时期的历史大势中具有不可替代的核心地位和领头作用。这种地位和作用并不是体现在统一大业的领导权上（很显然，大一统最终是由蒙古族建立的元朝来完成的），而是表现在政治制度、社会经济和思想文化的巨大、深远的影响上。在中华文明圈里，无论是与宋朝对峙的辽、金、西夏，还是与宋朝睦邻相处的大理国，都对宋朝所代表的先进的政治制度、社会经济和思想文化，自觉不自觉地表示出认同、追随、仿效与移植。只有以这种辩证的观点，才可能更准确地把握十至十三世纪的历史脉动。

一、诸政权互动的历史条件

政治格局的变动，是这一时期中国境内诸政权互动的重要条件。辽朝的勃兴，除了契丹社会的内部原因和耶律阿保机的个人因素，与漠北草原和中原地区历史大环境的变迁也是息息相关的。一度称雄塞外、统治契丹的突厥、回鹘已经风光不再，而晚唐五代之际中原政权衰微分裂，自顾不暇，都给辽太祖和契丹民族的登台亮相创造了前所未有的契机。倘若当时蒙古草原上已有一个强大的民族，倘若当时中原王朝之强盛统一仍如汉武帝、唐太宗之时，那么，辽太祖和契丹也许也会如流星一闪便黯然失色。

西夏党项政权的崛起，也离不开这种大环境的变化。唐末五代，党项政权羽翼未丰，以藩镇身份与中原王朝维持着臣属的关系。宋初立国二十年里，忙于统一大业，利用夏州党项牵制北汉，以使党项政权仍保持与宋的臣属关系，并逐渐丰满羽毛，扩张势力。这一过程与北宋统一进程大体是同步的，其后，统一的北宋王朝与夏州民族政权的矛盾便逐渐凸显，就有了李继迁的叛宋自立。西夏之所以能立国，李继迁与元昊的个人作用固然不容忽视，但契丹的崛起及其与北宋紧张的对峙关系，造成北宋军事实力因而大受牵制与削弱，不能专一对付西夏，也起了不可忽略的互动作用。可以说，西夏的长期立国，一个重要因素就是先后得益于宋辽、宋金的对峙。

这一时期诸政权互动，另一个重要条件，就是燕云十六州控制权的易手。在古代战争中，骑兵对于以步兵为主力的中原军队无疑具有绝对的优势；在军事地理上，长城对于北方游牧民族骑兵的南下能起到防御屏障的作用，而紧挨长城南侧的燕云十六州是长城防线赖以存在的有力依托，与长城构成唇齿相依的关系。燕云十六州划归契丹，不仅使东段千余里长城防线都成为辽朝境内的摆设，而且把长城南侧可以在军事上布防的隘塞险要也一并拱手让给了辽朝。辽朝控制了长城，占领了燕云十六州，就像把守了中原王朝的北大门一样，随时可以长驱深入，直捣中原腹地。其后，不仅华北平原，而且整个中原王朝完全敞露在北方铁骑的攻击之下，彻底处在屏障尽撤、无险可守的境地。石敬瑭割弃燕云，直接导致了宋朝在与辽的对峙中始终处于劣势地位，也间接导致了金朝能轻而易举地灭亡北宋，从而再度形成宋金之间南北对峙的局面。也可以说，两宋三百余年的外患局面都是此举的结果。

以往似乎多从中原王朝的角度来探讨燕云十六州的得失，而实际上燕云十六州划归辽朝，对契丹来说，也具有多方面的重要意义。其一，在军事地理上，这一地区成为辽朝防止中原国家长驱深入的军事屏障。其二，作为与中原文化交流的重要桥梁和窗口，其作用也是不言而喻的。其三，燕云十六州的封建农业经济对契丹立国有着举足轻重的深远影响。这种封建农业经济在契丹社会经济中始终是相对独立的，与其原先的游牧经济形成良性的互补，随着年代推移已经成为辽朝赖以立国的最重要的经济板块。一方面，它作为社会经济的先进模式，刺激和引导着头下州县乃至契丹全境的封建化进程；另一方面，它作为辽朝最先进的经济区，是契丹得以在北方立国并与中原王朝以南北朝的状态抗衡的不可或缺的经济支柱。

燕云十六州的归属，对于中原与契丹的利弊得失都是牵一发而动全身的。中原国家失去燕云，尽管在国家安全上经常处于被动挨打的地位，却不会影响其原来的社会文明程度。而辽朝(也包括以后的金朝)一旦失去这一地区，它的经济文化形态就会发生质的变化，成为类似前代突厥、柔然那样勃然而兴、倏然而灭的游牧政权。可以说，倘若没有燕云十六州，契丹充其量只是北方边境的一个民族政权(北魏如果没有中原，也只是如同柔然那样的边境民族政权)。由于燕云的并入，辽朝增加了一个具有封建传统的新板块，采用原先的头下州军的办法，显然不能长久有效地统治这一地区，于是就有了一系列更为深刻的统治政策的全面调整，包括政治制度、经济结构、法律规定和文化习俗诸方面。

实际上，不论宋辽哪一方试图控制燕云十六州，都无可非议。高梁河战败的次年，宋太宗还没有死了收复燕云的心，张齐贤有针对地说："臣闻家六合者以天下为心，岂止争尺寸之事，角强弱之事而已乎！"[①]南宋有个叫吕中的学者批评张齐贤，说他只知道辽朝不可伐，却不知道燕云所在当取，理由有二："一则中国之民陷于左衽，二则中国之险移于夷狄。"[②]前一条理由事关民族与文化问题，在当时虽是原则性的大问题，但从历史长时段来看，在民族融合和文化趋同的过

① 《宋史》卷265《张齐贤传》，北京：中华书局，1977年，第9151页。

② 吕中：《类编皇朝大事记讲义》卷5《征契丹》，《类编皇朝大事记讲义·类编皇朝中兴大事记讲义》，上海：上海人民出版社，2014年，第117页。

程中，左衽之民陷于中原，中原之民陷于左衽，都是不可避免的双向代价。后一条理由确是宋朝必取燕云的关键所在，即吕中所谓“燕蓟不取则河北之地不固，河北不固则河南不可高枕而卧”①。更何况燕云十六州原来就是从中原国家划给契丹的，宋朝志在必得也是完全合情合理。既然双方都有取得燕云十六州的历史合理性，而双方又互不相让，便只有以战争这一军事方式来解决问题。而结局是宋朝处于劣势，没能夺回控制权。这就构成了十至十三世纪中国境内诸政权互动的框架和格局。

二、中国境内诸政权在历史互动中的复杂性

1. 中原王朝在历史互动中的主要表现

在这一时期诸政权的互动中，少数民族政权较之中原王朝表现出更多的复杂性，这是因为，它在这种激烈的互动中必须实现自身社会形态的多次蜕变和急剧转型，而与之互动的中原王朝却在社会形态与文化制度上始终居于先进与优势的地位。中原王朝受到的主要是政治与军事上的冲击，这种冲击虽然不会对其社会制度产生影响，却仍会对其基本国策产生牵连的效应。两宋社会在思想文化上的收敛性趋向，就与这种冲击不无关系。

雍熙北征是宋辽冲突中规模最大的一次战役，也是宋太宗企图收复燕云的最后努力。这次军事行动的失败，使宋朝君臣将士普遍滋生出一种恐辽心理。在这种心理支配下，宋朝彻底放弃了以武力收复燕云的梦想，把战略进攻变为战略防御，对辽一味采取守势。在对外失利的情势下，宋太宗转而把统治的重点放在对内的防范和控制上，端拱二年(989)，他赞同“欲理外，先理内，内既理则外自安”的上言，②确立了宋朝一以贯之的守内虚外政策。由于收复燕云无望，宋朝北大门的键钥始终掌握在辽朝的手中，不久就有了澶渊之盟的订立。

就澶渊之盟来说，宋朝反击辽朝入侵的保卫战，本来就是正义的；而辽军处于危地，宋军只要敢于反击，完全可以取得威慑性的战果，以便在和议中占据上风。但自雍熙战败以来，宋朝君臣上下弥漫着严重的恐辽情绪，而“守内虚外”的国策也使真宗把注意力着重放在对内防范上，因而不但不敢抓住战机，反而落得纳币求和的妥协结局，订立了屈辱的城下之盟，背上了岁币的包袱。岁币不仅自此成为宋朝财政的一大负担，还在以后对西夏与对金朝的交涉中成为一种惯用的妥协方式，也直接影响到宋朝对夏、对金关系的格局。

2. 少数民族王朝对复杂民族构成与不同人文板块的应对

辽、夏、金等游牧民族政权，其建国过程与从部落联盟晚期向奴隶制国家的转化几乎是同步的，其后又在不太长的时期内开始了向封建制的过渡。参与并推进这一系列的社会剧变进程

① 吕中：《类编皇朝大事记讲义》卷5《征契丹》，《类编皇朝大事记讲义·类编皇朝中兴大事记讲义》，上海：上海人民出版社，2014年，第117页。

② 《续资治通鉴长编》卷30端拱二年正月癸巳条，北京：中华书局，1979年，第678页。

的，既有分别作为统治民族的契丹、党项、女真，也有占人口最大比重的汉族居民。作为统治阶级的少数民族贵族，在维护本民族本阶级的政治经济特权的同时，如何在民族关系上协调与汉族各阶层的政治经济利益，是关系到这些政权能否长期在北方立国并与中原王朝形成南北对峙政治格局的关键所在。类似辽朝那样具有契丹国家特色的一国两制式制度建设，在其后的西夏、西辽、金朝乃至蒙元的立国过程中也各有体现，并各具特色。

元昊颁行的西夏官制，与辽朝的南北面官制颇有相通之处，一方面采用宋制设立官职，一方面设置党项官，两个系统并行。西夏设立蕃汉二字院，汉字用于与宋往来文书，蕃书即西夏文字，用于国内以及对吐蕃、回鹘和西域诸国往来文书。

耶律大石建立的西辽也是多民族的国家，在国家制度上沿用了辽朝的南北面官制，不过，在南面地方官名上，西辽采用了类似“八思哈”这样的突厥语官名，使当地人民更易接受。在经济政策上，维持农耕和游牧的两部经济体制，在农耕地区减轻赋税以换取封建地主阶级的支持。西辽执行开明的宗教政策，允许各种宗教存在和发展，这是符合西辽境内民族复杂、宗教多样的实际情况的。

金朝的版图可以划分为三种截然不同的政治人文地区。一是原辽朝统治的东北地区，包括女真、契丹、渤海、奚族等，其中契丹、渤海等族已进入封建制，而个别民族还处于比女真更落后的氏族制时代。一是原辽朝上京以南直至燕云十六州地区，这里辽朝立国以来已处于封建制统治下。一是原宋朝淮河秦岭以北的汉族地区，是高度发展的封建社会。为了统治这三色拼成的政治版图，金太宗在政治和经济上分别采取了不同的统治方式，也可以说是一国多制。

金太宗时，在政治上沿用辽朝南北面官制。北面官指女真旧制，南面官指燕云地区的汉官制度，任命辽朝汉人大族韩企先为汉官宰相，建立三省制，治理燕云州县。对原北宋淮河以北地区的统治，金朝先是扶植傀儡政权，完全沿袭北宋的政治制度与统治方式，而后废掉了伪齐，采用了行台制度。在强化中央集权的过程中，再废行台。由于经济重心在中原汉地，统治中心却孤悬在东北上京会宁府，“以北则民清而事简，以南则地远而事繁”①，对于加强中央集权统治、有效控制中原地区、割断女真族旧势力的牵制、加速封建化进程，都是相当不利的。于是就有金主完颜亮先后迁都燕京与汴京之举。经济上，燕云在实行汉官制的同时，一再严禁女真贵族在当地俘掠奴隶，女真受田制也未推广到这一地区，封建生产关系依然存在。而伪齐国统治下的中原和陕西对北宋社会经济制度更是未作改动。在经济地理上，金朝也呈现出明显不同的三色板块。

3. 历史互动中少数民族政权的民族化倾向

然而，在诸政权互动中，少数民族政权在汉化的大趋势中，会出现一种顽强而固执的民族化倾向。对这种民族化倾向，应作具体的研究分析，不能一概视为对汉化进程的历史反动，其中也

---

① 《建炎以来系年要录》卷162绍兴二十一年岁末条引金主亮《议都燕京诏》，北京：中华书局，1988年，第2650页。

有少数民族政权保存本民族文化传统的自觉努力，虽然这种努力在汉化大潮前总是显得软弱无力与不合时宜。

元昊在所有立国措施中，一方面无不贯彻了强烈而近乎偏执的民族意识，另一方面则明显仿效他所敌视的宋朝制度和做法，看似对立的两种倾向在西夏立国措施中形成一种张力。关于前一方面，元昊下秃发令，严禁用汉人风俗结发，规定礼乐衣冠制度“悉用蕃书胡礼”。[①] 关于后一方面，元昊下令仿照唐都长安、宋都东京，在兴庆府扩建宫城，为立国称帝作准备；他一方面设立党项官，一方面采宋制立官职，汉制官以中书省和枢密院分为文武两班，最高长官分别为中书令和枢密使，后仿宋制增设尚书令，总管诸司，完全是汉化的制度。[②]

金世宗也坚决反对女真族的汉化趋势。他见到太子不知女真风俗，宗室诸王甚至不通女真文字，认定汉化将危及女真王朝的存在，于是下令设女真学，创女真进士科，立女真国子学，诸路设女真府学，建女真太学。他还禁止将女真姓改译为汉姓，并颁行女真文译本的五经和诸子，规定女真贵族不能阅读女真文经书者不得承袭猛安谋克。

金世宗在女真汉化问题上的做法，有其自己的统治思路：由于完颜亮南侵失败，金朝将与南宋长期对峙，因而不能不保持其作为统治民族的自身习俗，使尚武勇悍的民族传统不致失落退化，确保金朝立于不败之地。他没能深刻认识到女真人汉化所包含的历史必然性和所体现的历史进步性，在这一点上不仅难以比肩推动拓跋部汉化的北魏孝文帝，也远比积极推进女真人汉化的完颜亮逊色。

4. 汉化是少数民族王朝在历史互动中的主流

在历史互动中，最引人注目的现象是少数民族王朝在原有制度的基础上，改造与移植中原王朝的政治礼法制度，创造了一国两制或一国多制的模式，大力推进汉化进程，反映出少数民族政治家在治理多民族统一国家时所表现出来的令人赞叹的政治智慧。需要说明的是，汉化一词，在这里只是一种文化的意义，而不是民族学的概念，并不具有大汉族主义的内涵。

辽朝在太祖时已采用汉制，任命汉官，有汉儿司专门统管汉官系统。太宗得燕云十六州，将当地汉制政权组织纳入了辽朝地方官系统。不久，太宗颠覆后晋，也把中原王朝的官制带回辽朝，全面确立了南北面官制，并将南北面官制贯彻在地方统治中。辽朝不仅官分南北，而且律分蕃汉。蕃律施行于契丹和其他民族，汉律适用于汉人和原渤海人；不同民族之间的刑民案件，统一用汉律断案。辽初汉律沿袭唐律，中期以后则用宋律，有诏为证：“汉儿公事皆须体问南朝法度行事。”[③]其后，承天太后与辽圣宗、韩德让主持了全面的封建化改革，实行科举取士，实现蕃汉同律，推进法制汉化，改革赋税制度，完成了辽朝社会的转型。

---

① 沈括：《梦溪笔谈》卷 25，北京：文物出版社，1975 年，第 4 页。

② 其蕃汉官制可以参见吴广成《西夏书事》卷 11 与卷 13，龚世俊等《西夏书事校证》，兰州：甘肃文化出版社，1995 年，第 133 页，第 152 页。

③ 叶隆礼：《契丹国志》卷 7《圣宗天辅皇帝》，上海：上海古籍出版社，1985 年，第 73 页。

西夏的汉化过程比较曲折。夏景宗与夏毅宗(元昊与谅祚)时期,蕃礼和汉礼之争、蕃学和国学之争,反复较量,未有定局。蕃学是在立国次年元昊亲自创立的,根本目的是“以胡礼蕃书抗衡中国”[①],但实际上仍是在仿照宋朝科举取士制度,培养具有西夏特色的急需人才。但他把蕃学与汉学(即国学)对立起来,未免缺少汉唐拿来主义的恢宏气度。毅宗之子惠宗与惠宗之子崇宗,无不向慕中国制度,热衷推动汉化。但两朝都政在后族,而两代梁氏后族尽管出身汉人,却都是激烈的反汉化派,这一现象令人联想起北周宇文氏的汉化与北齐高氏的胡化。不过,先进文化,不论是异族的,还是外国的,都是抵挡不住的。既然汉文化在当时代表先进文化,夏崇宗亲政以后建立国学,正反映了这种需要。大体自崇宗以后,蕃学与汉学并重,而蕃汉礼法之争也基本消歇,汉化已上了轨道,没再出现重大波折。

相对说来,金朝封建化的进程最为深刻,其汉化的阶段性脉络也最为分明,金熙宗、完颜亮与金章宗是汉化三个阶段的积极推动者。熙宗在政治上首先废除女真传统的勃极烈辅政制,推行汉官制度,然后又颁天眷新制,深化官制改革。在法制建设上,根据本朝旧制,兼采隋唐之制,参考辽宋之法,制成《皇统制》,统一了全国法律。经济上令大批猛安谋克户南徙中原,与汉人杂处,计口给田,标志着猛安谋克制内部土地经营方式的重大改革。熙宗改制加快了女真社会的汉化步伐。

完颜亮在金熙宗的基础上进一步实行全面改革。他仿效唐宋成规,实行殿试制,把太宗以来的南北选合二为一,统一科举制。他颁布的正隆官制,是金朝政治制度史上最彻底、最全面的改革,有着北宋元丰官制的明显印记。在社会经济方面,完颜亮加大猛安谋克的南迁力度,有力推动了金朝经济的发展,加快了女真民族的汉化进程。

金章宗是金朝诸帝中汉化最深的君主,女真族的汉化也在他的统治下最终完成。他使孔子在金朝受到与南宋相同的尊崇;科举制到其在位时期已经诸科完备;他参考唐宋沿革,议定礼乐,健全礼制;他制定了堪称金朝最完备的法典《泰和律》。在社会经济上,章宗也是女真封建化的最后完成者。他以法律形式确认废止奴隶制的成果;通过规定法制,在实际上削弱或废除了猛安谋克女真户的特权;改变了女真猛安谋克圈猎习武的风俗,将围猎场所“悉与民耕”[②];允许蕃汉通婚,加速了女真民族与中原汉族的融合。

由于汉化是不可抗拒的历史趋势,不仅民族化倾向沛然莫之能御,这一大潮也裹挟着各种政治势力与各色历史人物去参与这一历史进程。金熙宗、完颜亮和金世宗时期的汉化进程就是最有力的说明。

金熙宗不但不是雄主,也难称令君,朝政大权依次被宗翰、宗幹和宗弼所把持,熙宗只是俯仰其间而已。《金史》说他“敬礼宗室大臣,委以国政”[③],作为君主的个人才具,实在不值得称

---

① 吴广成:《西夏书事》卷13,龚世俊等《西夏书事校证》,兰州:甘肃文化出版社,1995年,第152页。
② 《金史》卷10《章宗纪》,北京:中华书局,1975年,第228页。
③ 《金史》卷4《熙宗纪》,北京:中华书局,1975年,第87页。

道，但有金一代的重大改制却在熙宗朝告成。这是因为熙宗一朝，正处在金朝制度转型的关键时期。他的那些前辈、兄长们都试图在这种转型中唱主角，政争酷烈可谓空前。今人喜欢在各派中划出改革派和保守派，以至众说纷纭(例如完颜希尹究竟属于改革派还是保守派，就莫衷一是)，实在大可不必。实际上，未见哪一派是彻底反对所有改革的。整个改革就在这种复杂的政治斗争中逐步推进。这也不是熙宗有雄才大略，他还担不起这一评价，关键还是改革已成为时代的需要，各种政治派别都不可能阻挡这一进程，而一个看似平常的帝王也可以成为金朝中央集权政治体制的开创者，正应了形势比人强的说法。

完颜亮虽是杀熙宗夺帝位的，却继承了熙宗开始的汉化与改革进程，以正隆官制的颁布(这一官制实际上是唐宋官制的移植)、迁都燕京的成功和猛安谋克南迁中原为主要内容，完颜亮为推进熙宗以来的全面改革作出了决定性的贡献。在这一意义上，说完颜亮是熙宗改革的继承者，并为金世宗的大定之治完成了前期准备，是毫不为过的。

即便像金世宗那样主张民族化的君主，自己在册立皇太子诏书中就说“绍中国之建储，稽《礼经》而立嫡”[①]，这本身就是求助汉化的表现。至于整个金朝女真社会的汉化进程，即使在世宗朝仍然不可遏制，到章宗朝已基本完成。准此而论，可以说汉化是少数民族王朝在历史互动中的主流。

5. 历史互动中少数民族王朝汉化的方式、阶段与作用

无论是采用蕃汉分治的方式，还是推进全面汉化的政策，因发展时期的不同，对于少数民族政权的作用也不是可以一概而论的。

大体说来，在少数民族政权诞生的前期，采用一国两制、蕃汉分治的做法，给国内的少数民族和汉族人民的生存、发展和融合，提供了一种能够共同接受的统治形式，体现出足够的政体宽容度，不但有效缩短了境内社会演进和民族融合的磨合期，而且充分弱化了这一磨合过程中带有血和火的阵痛感，其积极有效是显而易见的。

而当少数民族王朝立足已稳，随着社会经济的发展，已进入封建化转型时期，由于蕃汉分治的政策过度保护统治民族原有的特权与利益，就会成为阻碍这一转型的消极因素。这时，进一步推进汉化的进程与政策，就完全符合历史发展的需要。在这一点上，金朝汉化的进程与政策比辽朝和西夏来得彻底(金朝一国两制仅实行于太祖、太宗两朝，而辽朝的南北面官制与西夏的蕃汉两部官制都贯彻到王朝灭亡)，因而女真族的汉化就比契丹族与党项族来得彻底。

辽、夏、金三朝汉化的基本完成，分别是在辽圣宗、夏崇宗、金章宗时期，距离它们各自的开国，大体说来都在百年左右。这一大体相似的历史跨度，似乎标志着历史互动中的某种共性。

然而，少数民族王朝的封建化及其统治民族的汉化，固然是历史的进步和社会的发展，但在

---

① 《大金集礼》卷8《大定八年册命仪》，上海：商务印书馆，1935年，丛书集成初编本，第99页。

其基本完成以后，也表现出严重的负面影响。以金朝为例，女真贵族汉化以后，逐渐失去原先骠悍善战的习性，热衷于舞文弄墨，以考取进士为最高荣誉，以世袭猛安谋克的武夫官职为莫大耻辱。而随着一般的猛安谋克屯田户的封建化进程，女真军队的战斗力在抵抗北方鞑靼的战争中已明显减弱，在与其后崛起的蒙古骑兵抗衡中，女真军队不仅没有当年勃兴时灭辽攻宋时的那种雄风，反而有一种难以克服的"恐蒙"心理，处于不断挨打的被动境地，这与女真民族的彻底汉化也有着某种联系。真可谓是也汉化，非也汉化，成也汉化，败也汉化。

三、历史互动中的连锁反应与均衡态势

这一时期历史的总体走向，最终取决于诸政权之间的多边互动。北宋、辽朝和西夏之间三国鼎足的政治格局正式形成，就是这种多边互动的结果。

宋仁宗时期的宋夏战争，宋朝三战皆北，决定全力求和，元昊立即响应，除了连年战争使西夏"军民死亡，创痍过半"[①]，没有力量继续长期的战争，还因为：其一，战争爆发后，宋朝停止岁赐，关闭榷场，西夏境内粮食、布匹、茶叶等生活必需品奇缺，严重影响了正常的社会经济生活；其二，元昊深知以贫穷落后的西夏，要全面战胜和长期占领地广人众的宋朝绝无可能，而从经济利益上看，战争掠夺远不如与宋朝维持和平获得的好处为大。

而宋、辽、夏三国关系的互动变化，也促使宋朝与西夏必须尽快与对方媾和。元昊联辽抗宋，辽朝也瞅准宋夏战争的机会向宋捞上一把。庆历二年(1042)正月，辽朝派出使者，借口辽夏为舅甥之国，责问宋朝攻夏为何不先与辽朝打招呼，指责宋朝在边境上有破坏宋辽盟约的意向与举动，要求归还当年后周世宗夺取的瓦桥关以南十县。宋朝穷于应付，更迫切要求尽快结束宋夏之间的战争状态，答应在澶渊之盟所定岁币之外增加银绢各十万两匹，一半用以替代关南租赋，一半用以答谢辽朝约束西夏。

辽朝成为宋夏战争的唯一不花本钱的大赢家，出卖了西夏，从宋朝那里得到了好处，又在宋夏两国之间充当调停者和救世主，提高了自己的政治地位。元昊受到来自辽朝的政治压力，十分不满，双方关系急剧恶化，联盟开始破裂。为了防止宋辽联合而腹背受敌，元昊在庆历四年(1044)秋天，匆忙与宋朝达成和约。其后不久，辽夏关系激化，辽兴宗亲攻西夏，元昊坚壁清野，重创辽军，而后见好就收，与辽议和。宋、辽、夏三国的鼎峙均势因此形成。

在这种历史互动中，有时个别看似无关大局的事件或现象，也会对历史的全局产生难以逆料的连锁反应。辽宋贸易中北珠风行引发的连锁反应，典型反映了这一时期诸政权互动中曲折微妙的关系。

北宋后期，生女真地区的海中出产一种"北珠"，大得东京宫闱和官场的青睐，辽朝在与北宋

---

① 吴广成：《西夏书事》卷16，龚世俊等《西夏书事校证》，兰州：甘肃文化出版社，1995年，第191页。

的榷场贸易中因北珠身价百倍而大获好处。这种北珠每年十月以后才能从海蚌中获取，但其时北国已冰天雪地，采蚌者绝对难耐此奇寒。当地有一种天鹅，以蚌为食，而藏珠于嗉囊之内。另有一种名为海东青的猛禽，来自五国部以东的海中，专门搏杀天鹅。只要能得到它，也就能够捕到天鹅，剖取北珠。辽朝便把生女真直到海滨的通道称为“鹰路”，每年派出“银牌天使”向生女真索要海东青。辽使所到之处不仅科敛诛求，还随心所欲地每晚命年轻美貌的女真妇女“荐枕”，而不问其婚嫁与贵贱，因而激起女真民族的同仇敌忾。海东青事件因东京北珠热销而引起，却成为打破契丹、女真之间长期以来主奴羁縻关系的导火索，随之而来的就是辽金政治新格局的形成，而这种新格局令北宋作出了联金灭辽的战略决策。

在诸政权的互动中，最令中原王朝刻骨铭心的历史记忆，就是作为一个游牧民族建立的统一国家，在向文明社会过渡阶段，辽、夏、金等都发动过向外掠夺财富与劳动力的战争，给周边民族和中原汉地社会经济带来了严重的破坏。而在政治军事上这种兵戎相见的互动结果，便产生了一系列的和议。由于宋朝在与北方民族政权的军事较量中没有占过上风，这些和议对宋朝来说总是脸面没处搁，显得有点屈辱。以往也总是以这一基调去评价这些和议。现在，当然仍有必要判明当时战争双方的是非曲直，但在指出这种战争的不可避免性以后，应该改变以往仅从中原王朝汉人立场出发的惯性思路，而改从这一时期相关政权的整体发展角度去思考，更大气地去省视这段历史纠葛与民族和议。

从宋辽历史的长过程来看，澶渊之盟结束了中原政权与辽朝近百年的战争状态。自此以后，政治上互以南北朝相称，使者聘问不断，经济上双方沿边的农业经济在和平环境中得以发展，而榷场贸易更是互市不绝，有力促进了两国的经济文化交流和民族融合。在宋辽金元时期，汉民族与少数民族间的冲突融合构成了历史的主题之一，绝对的平等和正义在这种冲突融合中总是难以体现，相反往往会以不平等和不公正的外表呈现在历史暂时的表象中，但从长时段来看，其间却有着历史的合理性。我们可以借用黄仁宇的一段话：“澶渊之盟是一种地缘政治(geopolitics)的产物，表示着两种带竞争性的体制在地域上一度保持到力量的平衡。”①

类似澶渊之盟这种地缘政治的平衡，也表现在宋夏之间的互动中。澶渊之盟当年，李继迁战死，宋朝在次年抓住时机与其继承者李德明议和。景德三年(1006)，双方达成了和议，其性质和效果不啻是宋辽澶渊之盟的克隆版。西夏同意约和，一是长期与宋战争也使党项民族不堪困扰；一是宋辽议和，也使西夏失去政治声援，不便一意孤行。德明在位近三十年，维护了宋夏和议，使西夏赢得了相对和平的外部环境，对医治战争创伤、巩固民族政权、发展社会经济，都起到了很好的作用。尽管宋夏之间地缘政治的短暂平衡在元昊时期一度被打破，但三方毕竟通过妥协获得了将近三十年的和平发展期。至于宋辽间的这种平衡，虽在元昊反宋时起过波折，但基

① 黄仁宇：《赫逊河边谈中国历史》，第161页。

本上没有被打破过，大体维持到宋徽宗后期联金灭辽的海上之盟。

从南宋立场看来，绍兴和议称臣、割地、纳币，无疑也是屈辱的条约，更何况当时宋朝在对金战争中还略占上风。但从另一个角度说，绍兴和议是宋金两国地缘政治达到相对平衡状态的产物，南宋即便在战争中略占上风，也未必就一定能在短时间内直捣黄龙府，把宋金边境北推到宋辽旧界。而宋金两国都已不堪连年的战争，绍兴和议是对宋金南北对峙格局的正式确认。其后，宋金关系以和平共处为主流，双方虽然也有战争摩擦，但始终没能改变这一基本格局，正是在这一相对稳定的对峙格局下，北方社会经济得到了恢复，南宋则最终完成了社会经济重心南移的历史进程。从这一意义上说，清代钱大昕以为，宋金和议"以时势论之，未为失算"[①]，还是有一定道理的。

南宋在金主完颜亮南侵失败不久，发动隆兴北伐，但也以失败而告终。与绍兴和议相比，南宋在隆兴和议中的地位有所改善。双方的让步都是基于一种新的政治地缘的实力平衡，金朝的让步是出于内部的不够稳定，宋朝的让步是出于兵戎相见的太不争气。离开这点，空谈和议是否平等或屈辱意义不大。隆兴和议以后，宋金关系再度恢复正常，直到开禧北伐才试图再次打破这种地缘政治的均衡状态。而从隆兴和议到开禧北伐的四十年间，对宋金双方来说，都是社会经济发展的最好时期。可以说，没有绍兴和议与隆兴和议，南宋经济就不可能持续高速地发展，经济重心的南移也无从谈起。

回顾完颜亮南侵的失败、隆兴北伐的失利与开禧北伐的结局，不论率先发动战争的是哪一方，从来都没能如愿以偿过。其中虽有偶然因素的作用，却也深刻表明绍兴和议后宋金对峙是一种相对稳定的地缘政治的产物，金人入主中原以后，双方"时移事久，人情习故，一旦骚动，怨嗟并起"[②]，与南宋形成了一种势均力敌的抗衡态势，虽然交手时还有上下手之分，但谁也吃不掉谁。如果没有双方国力的明显消长，或者外来力量的强力干预，平衡态势绝非那么容易打破的。这种平衡态势，随着大蒙古国的崛起才被彻底打破。

四、历史互动中的统一进程与英雄气节

与统一进程密切相关的有三个问题，一是统一大业的承担者问题，一是自卫战的作用问题，一是英雄与气节的评价问题。

时至今日，对历史上的统一问题，是不必也不应有"大汉族情结"的。对完颜亮南侵也不妨换个角度看问题。在金朝历史上，除了太祖、太宗，他可谓是唯一有统一天下的雄心大志的帝王。他曾一再声称"自古帝王混一天下，然后可为正统""天下一家，然后可以为正统"。[③] 作为

① 钱大昕：《十驾斋养新录》卷8《宋季耻议和》，北京：中华书局，1936年，第71页。
② 周密：《齐东野语》卷3《诛韩本末》，北京：中华书局，1983年，第51页。
③ 《金史》卷84《耨盌温敦思忠传》，卷129《李通传》，北京：中华书局，1975年，第1883、2783页。

少数民族出身的政治家，能有这种统一和正统的思想，不应予以否定。关键在于：完颜亮的统一之举在当时有无现实的可能性。而完颜亮的失误在于，把消灭南宋统一天下看得太易如反掌，正是这种急性子导致他的轻举妄动。在急于求成思想的驱动下，他贸然南下侵宋，欲速则不达，反而招致失败。而元世祖忽必烈再次完成统一大业，无疑是这一时期各民族冲突与诸政权互动水到渠成的历史性结局。

至于中原王朝的保卫战，既不能因为统一是大势所趋而否定其积极作用，更不能因此认为它阻碍了统一的进程。开庆元年(1259)钓鱼城之战，使南宋政权转危为安。其后十余年间，宋蒙战争未发生重大战役，这是因为忽必烈继承汗位后，专注于解决内部纷争与推进封建化进程。封建化进程弱化了蒙古军的原始野蛮性，也相应减轻了宋元易代过程对社会生产力的破坏强度。其后南宋抗击蒙元的保卫战，都起了类似的作用。此前金朝军民抵抗蒙古的战争，也应作如此观。

在英雄气节与统一大业之间，也常会出现一种悖论：因为肯定统一的必然性而对英雄气节不以为然。元世祖曾希望文天祥以对宋朝的忠诚来为新兴的元朝效忠出力，表现出一个一统天下的开国明君在网罗人才上的宽广胸怀。据说，文天祥受刑刚毕，传来了忽必烈停止处死的诏旨。但倘若文天祥腼颜改事新朝，他就不再是后人心目中一身浩然正气的抗元英雄，也就失去了流芳百世的应有价值。有人就会提出：如果元世祖的统一事业是值得肯定的，文天祥的英雄气节也是值得肯定的，那么两者怎么才能统一起来呢?

古人有三不朽之说，其上立德，其次立功，再次立言。元世祖忽必烈建立元朝，取法前代中原王朝的政治体制，挥师南下消灭了南宋，结束了自晚唐五代以来长达四五百年之久的分裂局面，再次完成了全国大统一。元朝的统一，是宋辽夏金不同政权与不同民族之间长时期政治军事冲突与经济文化融合的历史结果，反过来又为中国境内各民族之间经济文化的进一步交流，为全国范围内社会经济的进一步发展，提供了统一的空间，开拓了广阔的前景。他的不朽显然在于“立功”。

而纵观文天祥一生，任相于危难之际，却没能挽狂澜于既倒，其后毁家抗元，兵败被俘，也并没有建立惊天动地的功业。后人纪念他，主要是“名相烈士，合为一传，三千年间，人不两见”，肯定他的主要原因不是名相，而是以名相能为烈士，“虽举事率无所成，而大节亦已无愧”，[①]钦仰的是他的节概与操守。他那威武不能屈、富贵不能淫、贫贱不能移的坚贞气节，是中华民族精神遗产的重要组成部分。他的不朽无疑在于“立德”。

值得指出的是，类似文天祥的节概，在金亡之际也有充分的展现。金蒙三峰山决战中，金帅移剌蒲阿被俘，拒绝劝降，答以“我金国大臣，惟当金国境内死耳”[②]，不屈被杀。名将完颜陈和尚被俘，面对劝降，坚决不跪拜，被先后砍断膝胫、足胫，割开了嘴，仍怒骂不绝口，喷血而死。在

---

① 王炎午：《吾汶稿》卷4《望祭文丞相文》《生祭文丞相文》，上海：商务印书馆，1936年，第10、4页。

② 《金史》卷112《移剌蒲阿传》，北京：中华书局，1975年，第2474页。

抗蒙战争中，金朝也涌现了不少像完颜陈和尚这样的民族英雄。这也充分说明汉文化崇尚的民族大义已经融入了金朝文化之中，后人也应该像宣传文天祥、史可法那样去表彰他们。

（本文原刊于《中华文史论丛》总第79期，上海古籍出版社，2005年。）

作者简介

虞云国，1948年生于上海。1982年毕业于上海师范学院历史系，留校任教并获中国古代史硕士学位。曾为上海师范大学古籍研究所所长，上海市教委中国古代史重点学科带头人，日本大学人文科学研究所客座研究员，北京大学人文社会科学研究院邀访学者。现为上海师范大学教授，中国宋史研究会理事，《文史知识》编委。主要从事宋代历史与典籍的研究，兼及中国现代学术文化。代表性论著有《宋代台谏制度研究》《两宋历史文化丛稿》《细说宋朝》《南渡君臣》《南宋行暮》与《学随世转》等，编著《李宗恩先生编年事辑》(合作)、《程应镠先生编年事辑》，主编《宋代文化史大辞典》与《中国文化史年表》，整理标校《文献通考·四裔考》《菿汉三言》等古籍十余种，另有文史随笔《水浒寻宋》《从中州到钱塘》《学史三昧》《敬畏历史》等。

宋代皇宫内女性联系网探究

程　郁

摘　要：深宫中的女性，在与男性有关联之前，必先与其他女性建立各种关系。宫内女性之间的关系约有三个层次：一、同处较低层次的宫女容易结为姊妹同盟，甚至在政治上进行互助；二、较年长的贵妇培养年轻女孩，希图"恩宠"世代沿续，这些女孩或与贵妇有血缘关系，而更多的是来自底层，往往被称作"养女"；三、各层级的女官、宫女等与贵妇构成立体的多层关系，垂帘听政的皇太后会有更多的女性助手，各殿阁的部属因贵人的地位而定，一荣俱荣的反面却是一损俱损。那些无名的牺牲者从不会被史官在意。

关键词：宋代　皇宫　女性联系

在漫长的中国古代史中，有关后妃的记载，全部出自士大夫之手，故史书主要记录她们与男性即皇帝及士大夫之间的冲突或合作。然而，深入挖掘有关宫廷问题的大量文献，会发现各朝后妃之间皆有盘根错节的关系，深宫之中的每一位女性，在与男性有关联之前，必先与其他女性建立各种关系，或与她们争战，或取得她们的帮助，这一点往往被有意或无意地遗漏了，本文只能从各个角落拾取一点点零碎的记录。

本文参考的先行研究，可分作三个方面。一是有关宫廷制度方面的研究。如朱瑞熙论述宋代宫廷制度的整体状况，朱子彦、祁红伟、贾鸿源、张咏春、郭威等考述宋宫廷制度的某个方面。① 二是有关宋代后妃的研究。如方燕《宋代宫廷厌魅案初探》(《天府新论》2008 年第 4 期)反映宫廷斗争的激烈与残酷。有关个案研究，如刘广丰系列论文《北宋女主政治中的女性意识——以对刘太后的考察为中心》(《妇女研究论丛》2014 年第 6 期)、《宋代特殊政治势力与女主权力的互动——以刘太后统治时期为中心》(《江汉论坛》2015 年第 10 期)、《心态史视角下宋代的女主政治——以北宋刘太后为中心》(《中原文化研究》2018 年第 2 期)等，刘静贞《从皇后

① 朱瑞熙：《宋朝的宫廷制度》，《学术月刊》1994 年第 4 期。朱子彦：《宋代垂帘听政制度初探》，《学术月刊》2001 年第 8 期。祁红伟：《宋代追尊皇后祔庙考论》，《河南科技大学学报》2017 年 3 期。贾鸿源：《北宋皇后别庙空间布局演变研究》，《河南大学学报》2018 年第 5 期。张咏春、郭威：《宋代的仙韶院》，《中国音乐》2018 年第 4 期。

干政到太后摄政——北宋真仁之际女主政治权力试探》(鲍家麟主编《中国妇女史论集续集》,稻香出版社,1991 年 4 月),王瑞来《"狸猫换太子"传说的虚与实——后真宗时代:宋代士大夫政治下的权力博弈》(《文史哲》2016 年第 2 期),张吉寅《火灾视阈下北宋刘太后与士大夫的权力博弈》(《河北大学学报》2019 年第 4 期),廖寅、肖崇林《北宋程琳事迹辨正》(《河北大学学报》2017 年第 1 期)等文,主要观察刘太后与士大夫群体之间的权力博弈。杨果、刘广丰《宋仁宗郭皇后被废案探议》(《史学集刊》2008 年第 1 期),张明华系列论文《从曹皇后的道德自虐看北宋中期儒学复兴对宫廷女性的负面影响》(《浙江万里学院学报》2004 年第 1 期)、《北宋宫廷的〈长恨歌〉——宋仁宗与张贵妃宫廷爱情研究》(《咸宁学院学报》2010 年第 1 期)、《北宋宣仁太后垂帘时期的心理分析》(《洛阳师范学院学报》2004 年第 1 期)等,刘静贞《唯家之索——隆祐孟后在南宋初期政局中的位置》(《国际社会科学杂志》2016 年第 3 期)等关注其他后妃。三是与宫廷相关图像的研究。如李松、黎晟、苏坤、廖垚、邵晓峰、陈劲等人从艺术史观察宋代宫廷的某个方面。[①]

综上所述,先行研究主要关注真宗、仁宗及哲宗朝后妃的个案,其中有关刘皇后的研究成果数量约等于其他后妃的总和。学者注意当时的政治形势,王瑞来、刘静贞、刘广丰、张吉寅等将女主执政置于士大夫政治的视野下进行分析,对笔者有诸多启发。将这些个案联系起来,会发现许多共通的特征,由此深入观察,可窥见宋代宫廷中的女性之间存在千丝万缕的关系,而这一点未被先行研究留意。

内宫是一个庞大的机构,宋笔记记载,北宋末,"渊圣皇帝《以星变责躬诏》云:'常膳百品十减其七,放减宫女凡六千余人。'则道君朝盖以万计矣"[②]。到靖康元年(1127),金军破开封,俘虏许多女俘,宋《开封府状》载有女俘详单,去所谓"汰除不入寨者",女俘共 11 537 人,其中数千人来自皇宫。[③] 可见,至北宋末,宫中囿禁的女性仍有七八千人。在高大的宫殿群中,即使有一万多宫女,也如同蝼蚁一般静静地出没于宫殿的各个角落。

宫内女性之间的关系约有三个层次,以下详细说明。

一、平辈的姊妹同盟

同处较低层次的宫女容易结为好友,有的甚至会形成终生的互助关系。

高宗重建南宋,其生母韦氏成为南宋地位最高的女性,但在徽宗时,她的地位很低。"乔贵

---

① 李松:《写心惟难——宋人〈折槛图〉介绍》,《美术》1979 年第 3 期。黎晟:《清宫南薰殿图像考述》,《美术与设计》2017 年第 6 期。苏坤、廖垚:《宋代绘画中园林花台样式研究》,《美术大观》2020 年第 8 期。邵晓峰:《宋代帝后像中的皇室家具研究》,《中国美术研究》第 1、2 合辑,东南大学出版社,2012 年。陈劲:《〈华灯侍宴图〉的政治意涵探究》,《南京艺术学院学报(美术与设计)》2019 年第 1 期。

② 庄绰:《鸡肋编》卷下,《全宋笔记》4 编 7 册,郑州:大象出版社,2008 年,第 98 页。

③ 耐庵辑:《靖康稗史七种》,《开封府状》,台北:文海出版社,1981 年,第 55 页。

妃，初与高宗母韦妃俱侍郑皇后，结为姊妹，约先贵者毋相忘。既而贵妃得幸徽宗，遂引韦氏，二人愈相得。”[①]郑氏于政和元年(1111)才册为皇后，即郑氏为妃嫔时，乔、韦二氏便在其殿中了。乔氏曾一度得宠，大观“三年五月进贵妃”，为皇帝生有七个儿子，[②]韦氏比乔氏大六岁，比徽宗大两岁，应是乔氏的引荐才得所谓“恩幸”，只生有一个儿子赵构。

靖康元年(1126)正月，东京第一次被围，“庚辰，命张邦昌副康王构使金军”。二月，赵构归来升为节度使。十一月，金军再次来袭，“乙亥，命刑部尚书王云副康王使斡离不”。“戊寅，进龙德宫婉容韦氏为贤妃，康王构为安国、安武军节度使。”[③]时徽宗的皇子达32个，大多已成年，令赵构使金充作人质，其背景便是子以母贱。

金军攻破东京，徽宗诸子大多被掳往北漠，赵构却因出宫为使逃出生天。据说，韦氏曾占卜得吉兆。宋笔记曰：“后未知上即位，尝用象戏局子，裹以黄罗，书康王字，贴于将上，焚香祷曰：‘今三十二子俱掷于局，康王字入九宫者，必得天位。’一掷，其将子果入九宫，他子皆不近，后以手加额，喜甚。”[④]《中兴瑞应图》讲述高宗即位的神迹故事，应皆事后附会。

宋宫女俘被押往燕北，韦氏曾与乔氏共患难。绍兴宋金谈和，高宗首求还母。“至是，韦妃将还，贵妃以金五十两赠高居安，曰：‘薄物不足为礼，愿好护送姊还江南。’复举酒酌韦氏曰：‘姊善重保护，归即为皇太后；妹无还期，终死于朔漠矣！’遂大恸以别。”[⑤]

韦氏回到南宋，又与年少时的好友相遇。慕容氏与魏氏皆哲宗后宫，初并为御侍，大观二年(1108)春，进封美人。“靖康之难，六宫皆北去，惟先朝嫔御得免，乃建承庆院以处之。绍兴三年夏，以昭慈圣献皇后大祥推恩，并进婕妤，禄赐如式。久之，慕容氏进婉仪，魏氏进修容。十三年冬，修容卒。婉仪少在宫中，与显仁皇太后相厚，及太后归，就慈宁之养。”慕容氏年八十薨，赠贵妃。[⑥] 韦氏绍兴二十九年(1159)去世，亦享年八十。慕容氏与魏氏属哲宗后宫遗属，韦氏原于徽宗郑皇后殿下，身处不同的宫殿，不知因怎样的机缘成为好友，晚年相伴，共享富贵。在尔虞我诈的后宫，女性之间还会幸存一些真正的友谊。

在宋代后妃中，真宗刘皇后创造了许多宋代的第一，她似乎成为后宫绕不开的话题。有关刘皇后的研究最多，唯独没有注意她与杨太妃的关系，在平辈宫中女友中，她们是最著名的一对。

刘氏出身微贱，早岁即孤，初嫁艺人龚美，被带入京师，其身世不明，甚至姓氏可疑。她“年十五入襄邸”，时真宗尚为襄王，召入遂有宠，王乳母令斥去，真宗“使别筑馆居之。其后请于秦国夫人，得复召入”[⑦]。而杨氏亦“年十二入皇子宫。真宗即位，拜才人，又拜婕妤，进婉仪，仍诏

① 《宋史》卷243《后妃下》，第8644页。
② 《宋会要辑稿·后妃三》，上海：上海古籍出版社2014年标点本，第308页。
③ 《宋史》卷23《钦宗本纪》，第424、433页。
④ 王明清：《挥麈录》后录卷2，《全宋笔记》本，郑州：大象出版社，2019年，第91—92页。
⑤ 《宋史》卷243《后妃下》，第8644—8645页。
⑥ 李心传：《建炎以来朝野杂记》甲集卷1《哲宗妃嫔》，《全宋笔记》本，第32—33页。《宋会要辑稿·后妃四》，第331页。
⑦ 李焘：《续资治通鉴长编》卷56，真宗景德元年正月乙未，北京：中华书局，2004年，第1225页。

婉仪升从一品，位昭仪上。帝东封、西祀，凡巡幸皆从。章献太后为修仪，妃与之位几埒。而妃通敏有智思，奉顺章献无所忤，章献亲爱之。故妃虽贵幸，终不以为己间，后加淑妃”①。则刘氏与杨氏应在襄王府相遇相知，真宗即位后，她俩同获宠爱，关系却更为密切。

杨氏自始便“共赞于内谋”，刘杨之间不止有一般的姐妹情谊，更可能是政治同盟。刘氏成功爬上皇后宝座，关键的一着是令其殿下的婢女李氏生了皇子，即后来的仁宗。而刘氏竟将幼年的仁宗交给杨氏照管：“始，仁宗在乳褓，章献使妃护视，凡起居饮食必与之俱，所以拥佑扶持，恩意勤备。”②时杨氏另住一殿，这样既可使李氏看不到孩子，无从培养感情；另一方面亦使杨氏具有母亲的地位。杨氏充分利用了这个机会。司马光描述得非常生动：“上幼冲即位，章献性严，动以礼法禁约之，未尝假以颜色，章惠以恩抚之。上多苦风痰，章献禁虾蟹海物不得进御，章惠尝藏弆以食之，曰：‘太后何苦虐吾儿如此。’上由是怨章献而亲章惠，谓章献为大娘，章惠为小娘。及章献崩，尊章惠为太后，所以奉事曲尽恩意。”③

大中祥符五年（1012），尽管遭到大臣反对，刘氏还是登上皇后位，这时，她已 43 岁。真宗晚年，她寻机参与政事。“后性警悟，晓书史，闻朝廷事，能记其本末。真宗退朝，阅天下封奏，多至中夜，后皆预闻。宫闱事有问，辄傅引故实以对。”④天禧四年（1020）十一月乙丑真宗曰：“欲令太子莅政于外，皇后居中详处，卿等可议之。”⑤大臣们口头赞成，实际暗中阻挠。真宗晚年似亦有悔意：“尝盛怒语辅臣曰：‘昨夜皇后以下皆之刘氏，独留朕于宫中。’众皆不敢应，迪进曰：‘果如是，何不以法治之？’良久，上寤，曰：‘无是事也。’”⑥“天禧末，真宗寝疾，章献明肃太后渐预朝政，真宗意不能平。寇莱公探此意，遂欲废章献，立仁宗，策真庙为太上皇，而诛丁谓、曹利用等。”⑦故王瑞来认为真宗本是寇准未遂政变的后台。⑧ 政变最终失败，皇后涉险过关。根据下列史料，杨氏极为精明，刘皇后在如此复杂的局势下杀出重围，杨氏应是她的高参或助手。真宗驾崩，遗诏封杨氏为太妃，可能即刘氏的主意。

明道二年（1033），刘太后病危，“大行皇太后遗诰曰：‘皇太妃与吾同事先朝，备彰懿范。自今朝之临御，亦共赞于内谋。爰属兹辰，允当崇奉，宜尊为皇太后”⑨，而且，“与皇帝同议军国事”⑩。因大臣反对，杨氏才未成为第二个垂帘听政的太后。⑪

总之，刘后给杨氏的恩典深厚得出奇。首先，一个母亲，当然知道没有朝夕抚育便没有亲子

---

① 《宋史》卷 242《后妃上》，第 8618—8619 页。
② 《宋史》卷 242《后妃上》，第 8619 页。
③ 司马光：《涑水记闻》卷 8，《全宋笔记》本，第 102 页。
④ 《宋史》卷 242《后妃上》，第 8614 页。
⑤ 李焘：《续资治通鉴长编》卷 96，天禧四年十一月乙丑条，第 2222 页。
⑥ 李焘：《续资治通鉴长编》卷 96，天禧四年十一月己巳条，第 2224 页。
⑦ 魏泰：《东轩笔录》卷 3，《全宋笔记》本，第 19 页。
⑧ 王瑞来：《“狸猫换太子”传说的虚与实——后真宗时代：宋代士大夫政治下的权力博弈》，《文史哲》2016 年第 2 期。
⑨ 《宋会要辑稿·后妃一》，第 257 页。
⑩ 《宋史》卷 242《后妃上》，第 8619 页。
⑪ 李焘：《续资治通鉴长编》卷 112，明道二年三月乙未条，第 2610 页。

之爱，把儿子交给别的女人，甚至可能是刘氏被迫的选择；其次，二人再怎么要好，也不可能令好友的地位与自己齐平，何况人之将死，哪里还会管他人的权势？刘太后的临终遗诰很可能是杨氏的意志。

刘太后一死，人人都来踩一脚，于是各种故事满天飞。

> 昭陵以章献之崩，号泣过度。章惠太后劝帝曰："此非帝母，帝自有母，宸妃李氏已卒，在奉先寺殡之。"仁宗即以犊车亟走奉先寺。……时已遣兵围章献之第矣，既启棺，知非鸩死，乃罢遣之。①

我们又看到那位最精明的杨氏，在挑拨刘后与仁宗的关系，可能她还说过更厉害的话。杨氏虽称制未成，但仁宗还是念其抚养之情，承认其皇太后地位，刘氏的党羽几乎被翦除干净，而杨氏不仅未被疏远，反而收获更多的实利。景祐三年（1036）杨氏崩，"陪葬永定陵，祭奉慈庙"②。庆历五年（1045）"冬十月，祔章献明肃及章懿皇后于太庙（章惠别飨奉慈庙如故）"③。

杨氏在宫中的布局更为长远。"仁宗方盛年而嗣未立，以故事请杨太后选濮安懿王诸子以入禁中。英宗皇帝甚幼，初不在进名，杨后见之，抱之以归。"④英宗育于宫中，可能杨氏待他不薄，故英宗即位后，曾有大臣"请废后庙，瘗其主园陵"，为英宗拒绝。⑤ 可见，杨氏很不简单，并不像她所故意显现的那样只有小女人的谦和无能。

二、恩宠的代际传递关系

在宫内关系中，更常见较年长女性培养年轻女孩，被培养者有的与贵妇有血缘关系，更多的来自底层，被称作"养女"。

在有关宋代宫廷的图像中，后妃模样的贵妇身后往往绘有少年宫女。如图 1《宫沼纳凉图》⑥，宠妃的身后有一位年幼宫女，她双手持物，似乎准备呈递某种食物，身前桌上放着一把小宫扇，说明不久前她还曾给妃子打扇。又如《却坐图》⑦，在坐着的皇后身后亦站着一个女孩，她头梳双挂髻，显得特别年幼。太原晋祠圣母殿中亦有幼年宫女像，⑧在 42 尊侍女、宦官像中，年

---

① 王铚：《默记》，《全宋笔记》本，第 128—129 页。
② 《宋会要辑稿・后妃一》，第 249 页。
③ 陈均：《皇朝编年纲目备要》卷 15 庆历五年，北京：中华书局，2006 年，第 293 页。
④ 王鞏：《闻见近录》，《全宋笔记》本，第 7 页。
⑤ 《宋史》卷 242《后妃上》，第 8619 页。
⑥ 图 3 宋佚名《宫沼纳凉图》，绢本设色，立轴，藏于台北故宫博物院。见《故宫书画图录》，台北：台北故宫博物院，1989—2011 年，第 3 册，第 71 页。
⑦ 宋佚名《却坐图》，绢本设色，立轴，藏于台北故宫博物院。见《故宫书画图录》，第 3 册，第 83 页。
⑧ 太原晋祠圣母殿幼年宫女像，北宋元祐二年塑，见《中国美术全集》雕塑编 5《五代宋雕塑》，北京：文物出版社，1988 年，第 94 幅，第 100 页。

龄最小，她双肩瘦削，尚未完全发育，双丫髻透露出豆蔻年华的清纯，目光有几分迷惘，显得有些手足无措。这些后妃身后的少女，大约八九岁或十岁刚出头，她们又不像一般婢仆，与贵妇关系颇近。

图1　宋佚名《宫沼纳凉图》

仔细观察后妃的出身，可知得宠的妃子大多出身卑微，幼时入宫，有记录的最初等级多为侍御，年龄最小的是仁宗周贵妃，4岁即随其姑入宫，其他8到12岁不等，她们与宫内高层建立某种关系后，方才上升。据《趋朝事类》，内命妇中的第五等有十级："殿直，散直，散手，书省，小侍御，皇后阁祗候，小殿直，第三等长行，着绯、着绿女童。"[①]宋笔记曰："真庙宴近臣，语及《庄子》，忽命'秋水至'，则翠鬟绿衣一小女童。诵《秋水》一篇，闻者竦立。"[②]着绿女童等级最低，却为皇帝熟知。

真宗刘皇后是民间文学"狸猫换太子"的主角，真实的历史当然没有狸猫，但刘皇后确实抢走了李氏对儿子的抚养权，将其冠冕堂皇地占有。宋笔记载："宫中凡阁分有娠，将及七月，本位医官申内东门司及本位提举官奏闻，门司特奏。"临产前，又令太医局差产科医官宿直，本殿还有"踏逐老娘、伴人、乳妇、抱女、洗泽人等"[③]。未怀孕的后妃假冒生产难以办到，但借本宫年轻女孩引诱皇帝的现象多见，刘后不过是其中最成功者。正史曰："（李氏）初入宫，为章献太后侍儿，庄重寡言，真宗以为司寝。……已而生仁宗，封崇阳县君；复生一女，不育。进才人，后为婉仪。"[④]又宋笔记曰："章懿李后初在侧微，事章献明肃。章圣偶过阁中，欲盥手，后捧洗而前，上悦其肤色玉耀，与之言。后奏：'昨夕忽梦一羽衣之士，跣足，从空而下，云来为汝子。'时上未有嗣，闻之大喜，云：'当为汝成之。'是夕，召幸，有娠。明年诞育昭陵。"李氏比刘氏小18岁，只是刘氏殿内的侍儿，有机会亲近君主，应是刘氏的安排。

史载，仁宗即位，李氏"嘿处先朝嫔御中，未尝自异。人畏太后，亦无敢言者。终太后世，仁宗不自知为妃所出也"。明道元年（1032），李氏病重，进位宸妃，不久去世。据说在吕夷简的劝说下，刘后以皇后礼将她安葬。刘后一死，魏王便告知其生母为李宸妃，并说她"死以非命"，仁宗启棺亲视，见李氏"玉色如生，冠服如皇太后"，方才不疑刘后。[⑤] 这也说明真宗认可刘氏对仁

① 佚名编：《趋朝事类》，《全宋笔记》本，第256页。
② 张端义：《贵耳集》卷下，《全宋笔记》本，第333页。
③ 周密：《武林旧事》卷8《宫中诞育仪例略》，《全宋笔记》本，第110—111页。
④ 《宋史》卷242《后妃上》，第8617页。
⑤ 《宋史》卷242《后妃上》，第8617—8618页。

宗拥有的嫡母身份，而外朝的宰执和宗室都知道谁是仁宗的生母，刘后的做法其实是符合妾主规矩的。

真宗刘后执政十一年，仁宗的皇后自然也由太后指定，太后不选姿色冠世的王氏，"而择郭后位中宫。上终不乐之"①。刘太后一死，废郭后便成为与前辈决绝的象征。仁宗朝后妃的第一场宫斗发生于郭皇后与尚、杨二美人之间，郭后于朝堂打宠妾，"误批上颈"，后遂废。② 郭皇后被废，杨太后便屡有作为。在她的干预下，正得宠的尚、杨二美人被赶走。其后，她开始运作令陈氏为后。陈氏为寿州茶商陈子城之女，"始因杨太后纳女宫中，太后尝许以为后矣"③。杨氏的运作，因遭到士大夫群体阻拦方未成功。杨氏与陈子城的关系又可证于其他史料。天圣六年(1028)陈子城殴杀磨工，其案因中旨罢之，参知政事鲁宗道"争于帘前曰：'陈某家豪，不宜保庇。'章献怒曰：'卿安知其家豪？'鲁公曰：'若不家豪，安得关节至禁中？'章献默然"④。侍御史李应言甚至因此谪官。⑤

废郭后引发外朝喧哗，仁宗最终接受士大夫的推荐，景祐元年(1034)，册立开国大将曹彬的孙女曹氏为后。制词谓其"生于鼎族，教自公宫"，"而性禀柔闲，体含仁厚。援图史以自鉴，节环珮而有容"。⑥ 出自清南薰殿的"宋仁宗皇后"像较为常见，⑦可见曹氏脸型狭长，双颊瘦削，眉眼细长，在宋十一皇后像中属长相最一般的，连清秀也谈不上，而表情尤为肃穆。在五位垂帘听政的太后中，正史对曹皇后的评价最高，然而，这种女人却未必为皇帝所爱。

不久，张氏横空出世，幕后居然又有那位不动声色的杨太后。正史谓："妃幼无依，钱氏遂纳于章惠皇后宫寝。长得幸，有盛宠。"⑧钱氏为张贵妃生母，"章惠皇后"即杨太后。司马光说："大长公主纳后(张氏)入禁中仙韶部，宫人贾氏母养之。上尝宫中宴饮，后为俳优，上见而悦，遂有宠。后巧慧，善迎人主意。初为修媛，后册为贵妃，饮膳供给皆逾于曹后，几夺其位数矣。"⑨综合多方史料，可知张氏祖籍吴越，其祖父张颖、父亲张尧封均进士及第，8 岁时父亲去世，母亲将她卖入贵家为家伎，大长公主又将她纳入禁中，杨太后收入殿中，命贾氏为其养母，然后安排她"偶遇"皇帝，成为宫中新星。可见，张氏在宫中的后台比曹后更大。南宋建炎三年(1129)十一月"十九日，出城奉迎万寿观神御，即真宗皇帝章惠皇后及温成皇后也"⑩。温成皇后即张氏，可见她和杨氏有特殊关系，故二像一起祭祀。

---

① 王明清：《挥麈录》后录卷 2,《全宋笔记》本，第 115 页。

② 《宋史》卷 242《后妃上》，第 8620 页。

③ 李焘：《续资治通鉴长编》卷 115，景祐元年九月辛丑，第 2700 页。此条注云"此据司马光《记闻》"，今《涑水记闻》卷 9 有此条，但陈氏父作"陈子诚"。

④ 吴曾：《能改斋漫录》卷 13《真宗书鲁宗道刚直于殿柱》，《全宋笔记》本，第 113—114 页。

⑤ 李焘：《续资治通鉴长编》卷 106，天圣六年二月辛卯，第 2466 页。

⑥ 《宋大诏令集》卷 18《立曹皇后制》，北京：中华书局，1962 年，第 89 页。

⑦ 宋仁宗皇后像藏台北故宫博物院，《中国美术全集・绘画编四・两宋绘画》下册，北京：文物出版社，1996 年，第 151 幅，第 205 页。

⑧ 《宋史》卷 242《后妃上》，第 8623 页。

⑨ 司马光：《涑水记闻》卷 8,《全宋笔记》本，第 99 页。

⑩ 赵鼎：《建炎笔录》卷上，《全宋笔记》本，第 105 页。

康定元年(1040),张氏晋封五品才人,一年后升为二品修媛。谏官警告说:“张修媛宠恣市恩,祸渐已萌。”[①]曹皇后更像大观园中的薛宝钗,只是表面温婉谨慎,实际手腕高明,一旦临大事,便十分果决。庆历八年(1048)闰正月十八日,卫卒数人作乱,曹后从容布置内侍平定了叛乱。有宫女与叛卒有关系,祈于张氏已得皇帝许可免死。“后具衣冠见,请论如法,……卒诛之。”[②]然而,仁宗却借机尊崇张氏为贵妃,又引发士大夫抗言,同知谏院王贽认为此举“冀动摇中宫,阴为美人第”[③]。同年十月十八日,制以美人张氏为贵妃。十二月三日,贵妃册礼行于文德殿,规模相当于皇后。不久前真宗刘后以皇太后之尊两次驾临,尚被喋喋不休地批判,士大夫此时已无声。[④] 其间,仁宗几度起意废黜曹后,“一日语宰相梁适曰:‘废后之事如何?’适进曰:‘闾巷小人尚不忍为,陛下万乘之主岂可再乎!’谓前已废郭后也,帝意解”[⑤]。

对此,曹皇后表面上委曲求全:“张妃怙宠上僭,欲假后盖出游。帝使自来请,后与之,无靳色。”[⑥]同时,她又积极寻求更年轻的女人。宋笔记曰:范讽知开封府,富民谓子妇被收入禁中半月,“讽即乞对,具以民言闻奏,且曰:‘陛下不迩声色,中外共知,岂宜有此?况民妇既成礼而强取之,何以示天下!’仁宗曰:‘皇后曾言近有进一女,姿色颇得,朕犹未见也。’”在范讽的坚持下,仁宗令放出其女。[⑦]

曹后还育有养女。“慈圣光献皇后养女范观音,得幸仁宗,温成患之。一岁大旱,仁宗祈雨甚切,至燃臂香以祷。宫人、内珰皆左右燃之。祈雨之术备尽,天意弗答,上心忧惧。温成养母贾氏,宫中谓之贾婆婆,威动六宫,时相认之以为其姑,乃阴谓丞相,请出宫人以弭灾变,上从之。温成乃白上,非出所亲厚者莫能感天意,首出其养女,以率六宫,范氏遂被出,而雨未应。”[⑧]曹皇后的做法亦同于真宗刘后,只不过功败垂成。

曹皇后亦有成功时。英宗皇后高氏,祖上皆宋代名将,“母曹氏,慈圣光献后姊也,故后少鞠宫中。时英宗亦在帝所,与后年同,仁宗谓慈圣,异日必以为配。既长,遂成昏濮邸。生神宗皇帝、岐王颢、嘉王頵、寿康公主。治平二年册为皇后”[⑨],故“天圣中童谣云:曹门好,有好好,曹门高,有高高”[⑩]。高氏进入后宫,主要倚仗亲姨的小心经营。

英宗虽作为皇嗣养入宫中,但其地位并不稳固,方即位又精神病发作,在位四年便撒手人寰。与曹氏绵里藏针的性格相比,高氏显得较为强悍。宋笔记曰:“慈圣光献曹后以盛德著,而宣仁圣烈高后以严肃称。在治平时,英宗疾既愈,犹不得近嫔御。慈圣一日使亲近密以情镌谕

---

① 李焘:《续资治通鉴长编》卷145,第3518—3519页。
② 《宋史》卷242《后妃上》,第8621页。
③ 李焘:《续资治通鉴长编》,卷162、165,第3912、3969页。
④ 《宋会要辑稿·后妃三》,第303—306页。
⑤ 朱弁:《曲洧旧闻》卷2,《全宋笔记》本,第18页。
⑥ 《宋史》卷242《后妃上》,第8621页。
⑦ 朱弁:《曲洧旧闻》卷1,《全宋笔记》本,第10页。
⑧ 王巩:《闻见近录》,《全宋笔记》本,第13页。
⑨ 《宋史》卷242《后妃上》,第8626页。
⑩ 范镇:《东斋记事》卷1,《全宋笔记》本,第197页。

之:‘官家即位已久,今圣躬又痊平,岂得左右无一侍御者耶?’宣仁不乐,曰:‘奏知娘娘,新妇嫁十三团练尔,即不曾嫁他官家!’”[①]相较于曹氏苦求仁宗容纳,高氏年纪轻轻生有三子,自然有底气对亲姨的说教嗤之以鼻。

至和元年(1054),张贵妃突然病逝,年仅31岁。哀痛之下,仁宗给予更多的哀荣,“追册为皇后,谥曰温成”[②],并给予相当于皇后的葬礼与祭礼。以后,其养女周氏成为新宠。“周贵妃,开封人。生四岁,从其姑入宫,张贵妃育为女。稍长,遂得侍仁宗,生两公主。”嘉祐七年(1062),周氏为婕妤,仁宗下旨封其三代,司马光上疏劝谏。[③] 徽宗时,周氏加贵妃,年九十三薨。[④] 张贵妃还有从妹“张修容,英宗后宫也”,死于南宋建炎四年(1129),“年七十八”。[⑤] 可见,张贵妃在“三千宠爱在一身”时,已开始为未来布局。

实际上,曹皇后的劲敌远不止张贵妃一人,仅据正史,尚见别的贵妇在安排新人争宠。

一是仁宗乳母许氏女儿苗贵妃。史载:“天禧初,上乳母许氏为宫人所谗出宫,嫁苗继宗。”天圣二年(1024)四月丙寅,她“邀驾自陈”,时仁宗14岁,刘太后已不能忽视小皇帝的感情,于是许氏复入宫,其夫苗继宗得武官,许氏为高阳郡夫人。[⑥] 许氏“邀驾自陈”应轰动一时,更像旧戏“狸猫换太子”中仁宗生母李氏被赶出宫情节的原型。仁宗亲政后,许氏得到一国夫人封号及四字尊号,[⑦]达到乳母地位的最高处。许氏更将自己的女儿也塞给仁宗,苗氏“以容德入侍,生唐王昕、福康公主。封仁寿郡君,拜才人、昭容、德妃”。英宗育于禁中,苗氏拥佑有恩,故于英宗时升贵妃。[⑧] 母女俩皆曾抚养嗣君,可知何等精明。

仁宗朝尚有杨德妃,“天圣中,以章献太后姻连,选为御侍,封原武郡君,进美人。端丽机敏,妙音律,组紃、书艺一过目如素习”。她是刘太后在后宫布下的另一颗棋子,死于神宗朝,赠德妃。又有冯贤妃,祖父冯起为兵部侍郎,她九岁入宫,生邢、鲁国二公主,封始平郡君。其“养女林美人得幸神宗,生二王而没。王尚幼,妃保育如己子”。在禁掖始终五朝,赠贤妃。[⑨] 冯贤妃主要还是靠养女在禁掖安居近六十年。

模仿真宗刘后最成功的还是哲宗刘皇后。刘氏亦出身微贱,先于皇后入宫,“初为御侍,明艳冠后庭,且多才艺。由美人、婕妤进贤妃”[⑩]。与真宗刘后一样,执政的高太后决定哲宗的婚姻,挑太尉孟元孙女孟氏为后。孟氏十六岁入宫,高、向两太后曾亲自调教。[⑪] 哲宗亲政后,刘

---

① 蔡絛:《铁围山丛谈》卷1,《全宋笔记》本,第152—153页。
② 《宋会要辑稿·后妃一》,第250页。
③ 李焘:《续资治通鉴长编》卷197,嘉祐七年十月壬午,第4782页。
④ 《宋史》卷242《后妃上》,第8624—8625页。
⑤ 李心传:《建炎以来朝野杂记》,甲集卷1《英宗妃嫔》,《全宋笔记》本,第32页。
⑥ 李焘:《续资治通鉴长编》,卷102,天圣二年夏四月,第2355页。
⑦ 李焘:《续资治通鉴长编》,卷115、119,景祐元年、三年,第2706、2812页。
⑧ 《宋史》卷242《后妃上》,第8623页。
⑨ 《宋史》卷242《后妃上》,第8624页。
⑩ 《宋史》卷243《后妃下》,第8639页。
⑪ 王明清:《挥麈录》后录卷1,《全宋笔记》本,第79页。

氏一派炮制北宋第一次巫蛊案，终使哲宗废孟后。这之前"诞降皇子，贵妃刘氏所属嬖人之子也，刘氏以为己子"，这时欲令刘氏为后，右正言邹浩奏疏谏止，"上曰：'古有之，母以子贵，今妃之子则太子也，礼在所隆，亦何不可。'浩曰：'分不可逾，其犹冠履。如太妃之有陛下，于今日太妃而已。母以子贵，非此之谓欤？又况非其所出者乎？'"[①]邹浩说破皇子是刘氏殿下"嬖人"所生，哲宗亦承认，但士大夫反对的声势已远不及仁宗时，最终刘氏如愿登上后位。

然而，刘后运气不佳，不久幼子夭折，继而哲宗暴崩，在神宗向皇后主持下，哲宗弟继位，是为徽宗。向后要求复孟氏后位，在大臣主张下二后并存，称孟为"元祐皇后"，刘为"元符皇后"。[②] 这时，刘氏借腹生子的旧案又被翻了出来。元符三年(1100)刘氏上皇太后表云："臣妾以臣僚数有章疏，妄言妾生故越王事非其实，流言中外，谤莫能止。"[③]在党争的背景下，徽宗崇宁元年(1102)诏肯定刘氏生有皇子，邹浩再被重黜，[④]孟氏亦再度被废。

徽宗朝亦出现出身微贱的妃子取代皇后的事件。徽宗王皇后，出身官宦之家，因妃子争位，几乎陷入大狱，不久突然身死。[⑤] 而几位得宠的妃子身后，都有前朝贵妇的影子。徽宗前半期，郑贵妃与王贵妃得宠，二氏原为神宗向皇后殿押班，"徽宗为端王，每日朝慈德宫，钦圣命郑、王二押班供侍。及即位，遂以二人赐之"[⑥]。

郑氏继为皇后，但徽宗又有新宠，包括上文提到与高宗母相善的乔贵妃。徽宗后期，最得宠的是两位刘贵妃。一位刘氏谥明达，出身寒微，入宫即得大幸，生三王，为贵妃。郑后"善顺承帝意。刘贵妃薨，帝思之不已，将追册为后。后即奏妃乃其养子，乞别议褒崇之礼，帝大喜"。可见她出自郑皇后门下。而另一位刘氏谥明节，本酒保家女，先在哲宗刘皇后殿下，后被正得势的明达刘贵妃收为养女，生三皇子一公主，"政和四年，加贵妃。朝夕得侍上，擅爱颛席，嫔御为之稀进"[⑦]。

贵妇养女成功上位者可能只是百分之一或千分之一，但给予后来者以极大的启示。故有点远见的成年女性往往早作打算，培养年轻漂亮的女孩。这些年轻女性往往以养女、侍御为名目，大臣谏疏多次提到这种现象。庆历三年(1043)谏官孙沔上疏说：

> 今闻十倍增人已逾二三千，十倍添俸或至二十万，私身养女，数复过之。百司供亿，簿书可知。一岁之中，所用何极！非所以示节俭也。臣乞取索宫中诸院宫人及私身养女都大数目，呈取进止。[⑧]

---

① 李焘：《续资治通鉴长编》卷515，元符二年，第12258—12259页。
② 王明清：《挥麈录》后录卷1，《全宋笔记》本，第78—80页。
③ 李焘：《续资治通鉴长编》卷515，元符二年，第12253页。
④ 李焘：《续资治通鉴长编》卷515，元符二年，第12252页。
⑤ 《宋史》卷243《后妃下》，第8639页。
⑥ 《宋史》卷243《后妃下》，第8639—8641页。
⑦ 《宋史》卷243《后妃下》，第8645、8640页。
⑧ 赵汝愚编：《宋朝诸臣奏议》卷29，孙沔《上仁宗论宫禁五事》，第276页。

选择“私身”养女并不走正常的筛选宫女途径。英宗时，司马光指出：

> 近岁以来，颇堕旧制，内中下陈之人，竟置私身，等级寖多，无复限级。监勒牙人，使之雇买，前后相继，无时暂绝。至有军营、井市下俚妇人杂处其间，不可辩识。[①]

比妃嫔低级的内命妇也希图凭养女招来皇帝。李焘记载嘉祐八年(1063)事曰：

> (九月)己未，永昌郡夫人翁氏削一资。翁氏位有私身韩虫儿者，自言常汲水，仁宗见小龙缠其汲绠而出，左右皆莫见，因召幸焉，留其金钏以为验，仍遗之物，虫儿遂有娠。于是，逾十月不产，按问乃虫儿之诈，得金钏于佛阁土中，乃虫儿自埋之也。太后以谕辅臣，命杖虫儿，配尼寺为长发，而翁氏坐贬。[②]

外朝士大夫结党分派，内宫女性之间也有盘根错节的关系，个个“身手不凡”，并不是她们喜欢宫斗，归根结底，只能归咎于罪恶的后宫制度。

三、立体的多层次关系网络

图2为藏于辽宁博物馆的南宋佚名《女孝经图》之二《后妃章》。[③] 背景为一露台，宫伞、地毯与屏风像临时设置。右端坐者明显是皇后，其坐姿、所着翟衣与所戴九龙钗凤冠及椅背搭脑上的龙头雕刻，都与南薰殿所存的皇后像形制一致，说明亦出于宫廷画家之手。主拜者所着服色与皇后极为相似，上衣青蓝，下裳大红绣有鸟纹，只是花纹与皇后所服略有不同，头冠亦不同。《宋史·舆服志》详细记载后妃的服色与头冠，可见后与妃的服饰差别不大，如“褕翟，青罗绣为摇翟之形，编次于衣，青质，五色九等。素纱中单，黼领，罗縠褾襈，蔽膝随裳色，以緅为领缘，以摇翟为章，二等。大带随衣色，不朱里，纰其外。余仿皇后冠服之制，受册服之”[④]。这位拜伏在地者应为贵妃。

藏于北京故宫博物院的宋佚名《女孝经图·后妃章》[⑤]，绘皇后坐在靠背椅上，皇后头冠同于上图，上着宽袖交领袍，但下裳无鸟纹，她身边有三名宫女。《女孝经·后妃章》曰：“大家曰：‘《关雎》《麟趾》，后妃之德，忧在进贤，不淫其色，朝夕思念，至于忧勤。而德教加于百姓，刑于四海，盖后妃之孝也。”[⑥]妃子拜伏于地，说明妃恭后尊；皇后呆坐于宫中，表示不与妃嫔争宠。这

---

① 赵汝愚编：《宋朝诸臣奏议》卷29，司马光《上英宗论后宫等级》，第279页。

② 李焘：《续资治通鉴长编》卷199，嘉祐八年九月己未，第4827页。

③ 图2南宋佚名《女孝经图·后妃章》，绢本设色，藏于辽宁省博物馆，引自《宋画全集》第3卷第2册，第15图，第25页。全图虽题为“女孝经图”，配文却为《孝经》十八章，但其中亦有二图似为《女孝经图》，本图配文为《孝经天子章》，图则绘后妃。

④ 《宋史》卷151《舆服三》，第3536页。

⑤ 宋佚名《女孝经图·后妃章》，全图绢本设色，藏于北京故宫博物院，见《宋画全集》第1卷第5册，第99图，第194—195页。

⑥ 郑氏：《女孝经·后妃章》，丛书集成新编本，第33册，第471页下。

图 2　辽博藏南宋佚名《女孝经图·后妃章》

是士大夫理想中的后妃关系图。

二图相较，宫女的服饰有三点值得注意。首先，宫女的服色不同，应代表不同的品级。图 2 皇后身边的宫女或着绿衣或着蓝衣，故宫博物院藏《女孝经图·后妃章》中有二宫女着淡紫或谓绯色衣。《宋史·舆服志》载，徽宗政和七年（1117），臣僚言命妇未有服制，“诏有司视其夫之品秩，而定其服饰。诏送礼制局定之”①。此条指外命妇，未言内命妇。对照外朝品官服色，“三品以上服紫，五品以上服朱，七品以上服绿，九品以上服青”。“元丰元年（1078），去青不用，阶官至四品服紫，至六品服绯，皆象笏、佩鱼，九品以上则服绿，笏以木。”②女官所着不似紫色，近似绯色。

其次，皇后殿宫女与妃嫔阁宫女在服饰上有所区别。在图 2 中，皇后身边的宫女有一类似护腰的装饰，故宫博物院藏《女孝经图·后妃章》中皇后身后的宫女亦同，而图 2 中妃子身边的宫女则没有护腰，明显为另一组。《趋朝事类》载，内命妇第五等中有“皇后阁祗候”名目，这类宫人只在皇后殿内才设。《趋朝事类》中第二等第一类为女官，名义上尚司典掌应直属于尚书内省，但其他史料证明，皇太后与皇后殿有些宫人往往被封这类名目，实际是作为宫女的品级。③南宋殿内宫人品级更高，宋宁宗庆元四年（1198）十二月十三日，诏皇太后殿内人刘氏升四字国

---

① 《宋史》卷 151《舆服二》，第 3537 页。
② 《宋史》卷 153《舆服五》，第 3562、3563 页。
③ 《宋会要辑稿·后妃四》，第 326 页。

夫人。[1] 四字国夫人达正二品，尚至掌字为正六品至正九品。[2] 则皇后或太后殿宫人亦有五、六品至二品者，而妃嫔中最低等的才人仅为正五品。

再次，图中宫女的服饰基本为男装，皆头戴幞头，脚着黑靴，身着窄袖长袍，内着长裤。在故宫博物院藏《女孝经图·贤明章》[3]中，皇后身后的宫女亦着男装，与对面皇帝身后的宦官几乎相同。台北故宫博物院藏南宋陈居中绘《王建宫词图》，右廊上有两位宫女亲昵地抱在一起，前面一位戴幞头着男装，其幞头式样同于图 2。南薰殿藏宋仁宗皇后像两旁各绘一名宫女，虽然她们冠上插花，但仍着男装戴幞头，只是其幞头下垂的两脚似乎是硬脚，不同于他图。

今河南巩县的宋帝陵前尚有不少宫人石像，这些宫人像全作男装打扮。宫人石像一般着圆领广袖长袍，腰间系有革带，脚着尖头履，手持拂尘或骨朵，或叉手恭立，其所戴四脚幞头呈各种式样。[4] 这些宫人像皆身壮脸圆，年龄不小，初看会误认为是宦官，只有少数石像的脸刻得清秀一些，如永熙陵的石像。宫人像的高度约比文臣像矮 50—100 厘米，而且削肩手小，戴有耳环，还是能看出是女性。

山西晋祠中也有女官像，身穿镶红边窄袖绿袍，头戴幞头，脚着皮筒靴。其腰间所系护腰，与图 2 皇后殿女官的服饰相似。着绿袍显示为低品级女官，手执灯盏表示其职为掌灯。在晋祠现存的 33 尊侍女像中，着男服女官像有 4 尊。可见，在宋后宫中，着男服的女官仍是少数，她们大都出现在某种仪式上，而且随后妃外出。

宋代图像中着男装宫女目前很少被研究者注意。宋笔记曰："内官之贵者则有曰御侍、曰小殿直，此率亲近供奉者也。御侍顶龙儿特髻，衣襜。小殿直皂软巾，裹头，紫义襕窄衫，金束带，而作男子拜，乃有都知、押班、上名长行之号。唐陆宣公榜子集《谏令浑瑊访裹头内人》者是也，知其来旧矣。"[5]可见，宋女官着男装沿袭自唐宫，她们行礼亦作男子拜。这些女官及其他宫女，构成后妃殿阁的女性层级。

垂帘听政的皇太后会有更多的女性助手。真宗刘皇后便以仁宗乳母为名，安插自己的心腹助手林氏。"林氏，钱塘人，大中祥符初，繇刘美家入宫，天禧末，皇太后内管政事，林氏预掌机密云。"[6]亦有史料谓林氏为"太后乳母"，但皆与李遵勖相关，应循李行状之误。[7] 林氏为钱塘人，刘氏蜀人，二人应在王府相识结交，且林氏未婚，不可能为仁宗哺乳，乳母只是一个名义。如上

---

① 《宋会要辑稿·后妃四》，第 338 页。
② 佚名：《趋朝事类》，《全宋笔记》本，第 256—257 页。
③ 宋佚名：《女孝经图·贤明章》，见《宋画全集》第 1 卷第 5 册，第 99 图，第 198 页。
④ 河南省文物考古研究所：《北宋皇陵》，郑州：中州古籍出版社，1997 年，图版 26 图 2，图版 15 图 3，第 47 页图版 51 太祖永昌陵，第 80、84 页太宗永熙陵，第 90 页元德李皇后陵，第 99 页明德李皇后陵，第 123、126 页宋真宗永定陵，第 129、132 页章献明肃刘皇后陵，第 132 页章懿李皇后陵，第 133 页章惠杨皇后陵，第 154、158 页宋仁宗永昭陵，第 182、188 页宋英宗永厚陵宫人像。
⑤ 蔡絛：《铁围山丛谈》卷 1，《全宋笔记》本，第 153 页。
⑥ 李焘：《续资治通鉴长编》卷 98，乾兴元年四月庚子朔，第 2278 页。《宋会要辑稿·后妃三》，第 329 页。
⑦ 《宋史》卷 464《李遵勖传》，第 13568—13569 页。李焘：《续资治通鉴长编》卷 122，宝元元年八月庚辰，第 2878 页。

所述，仁宗真正的乳母是许氏，她曾一度被陷害出宫，天圣二年(1024)方还宫，获封高阳郡夫人。[①] 天圣六年十月“戊辰，进封乳母南康郡夫人林氏为蒋国夫人”[②]。则林氏的地位仍高于许氏。明道二年(1033)三月，刘太后崩，因李遵勖的建议，太后死党林氏被软禁，以后仁宗更照顾许氏，她很快得到一国夫人封号。而到庆历元年(1041)十二月“乙未，进封乳母晋国慈寿福圣夫人林氏为韩国贤和佑圣夫人”[③]。则林氏被软禁后至少又活了八年，还给她加了四字封号，虽然时间比许氏稍晚。王珪文集中既有林氏亦有许氏封赠制词，两相比较，谈到养护之功都差不多，只是林氏的制词有“肆予之主大器，厥功茂焉”等语颇为特别。[④] 可见，林氏曾在政治上有过作为。

仁宗曹皇后的乳母也得到国夫人称号。庆历元年(1041)“封皇后乳母长安县君周氏为汝南郡君”。皇祐五年(1053)八月“壬寅，追封皇后乳母荣国夫人周氏为鲁国夫人”。[⑤] 曹后册立于景祐元年(1034)，由年代推算，周氏应为曹皇后的乳母。按宋人习俗，小姐的乳母往往随其出嫁，并陪伴终身，周氏随曹后入宫，也会成为她的助手。

仁宗时最得宠的张贵妃乳母贾氏也是宫中有权势者。张氏自幼入宫，贾氏很可能原为杨太妃属下宫女，称其为乳母，不过是个名目。贾氏一度权势熏天，当朝宰相贾昌朝甚至认贾氏为姑姑。谏臣弹劾贾昌朝非常艰难：“温成皇后乳母贾氏，宫中谓之贾婆婆。贾昌朝连结之，谓之姑姑。台谏论其奸，吴春卿欲得其实而不可。近侍有进对者曰：‘近日台谏言事，虚实相半，如贾姑姑事，岂有是哉！’上默然久之，曰：‘贾氏实曾荐昌朝。’”[⑥]皇祐五年(1053)张贵妃死，被追册为后，贾氏获封遂宁郡君。[⑦]

神宗元丰二年(1079)，“封皇太后乳母永嘉郡夫人贾氏为燕国夫人”[⑧]。这位贾氏应是英宗高皇后的乳母。皇后及太后殿，有不少高等女官，乳母只是其中之一。高太后执政时，元祐“三年九月十一日，诏听宣胡氏、董氏并特授掌簿夫人，管干尚书内省公事，以宜笔累年、谨密无阙故也”[⑨]。令本宫宫人掌管尚书内省，应带有政治目的。

《趋朝事类》中第二等第二类中有小殿直都知和小殿直押班，第三等中有大侍御和小殿直第一等长行等，这些是各殿中等宫人。徽宗郑皇后和王贵妃，最初即任神宗向皇后殿押班，因此得以发迹。第四等中的小殿直第二等长行，及第五等中的大多数名目如侍御(有的文献称作御侍)、女童等，为各殿阁中的较低层的宫人，而各殿阁贵人还招有不少“私身养女”，她们是最底层

---

① 李焘：《续资治通鉴长编》卷102，天圣二年夏四月，第2355页。
② 李焘：《续资治通鉴长编》卷106，天圣六年十月戊辰，第2483页。
③ 李焘：《续资治通鉴长编》卷134，庆历元年十二月乙未，第3208页。
④ 王珪：《华阳集》卷31《皇帝乳母韩国贤和佑圣夫人林氏可进封秦晋国永寿佑圣夫人制》，文渊阁《四库全书》影印本，台北：商务印书馆，1986年，第1093册，第401页。
⑤ 李焘：《续资治通鉴长编》卷134、175，庆历元年十月戊子、皇祐五年八月，第3189、4227页。
⑥ 苏轼：《东坡志林》卷3《贾婆婆荐昌朝》，《全宋笔记》本，第75页。
⑦ 郑獬：《郧溪集》卷7《皇后乳母贾氏可封遂宁郡君制》，《四库全书》本，第1097册，第171页。
⑧ 李焘：《续资治通鉴长编》卷196，元丰二年正月丁亥，第7198页。
⑨ 《宋会要辑稿·后妃四》，第326页。

的宫人。

各殿阁下属的等级因贵人的地位而定，可能因其得势而得到加封升迁。理由各式各样，如因皇太后垂帘或皇帝表孝心；[①]或因皇后册封，推恩本阁；[②]又如妃嫔生儿女，阁中推恩等。[③] 服务时间长的资深宫人似乎会得到优先的提拔机会，元丰四年"十二月二十五日，诏司设吴氏特授尚宫，以景祐初承事章惠皇太后，继事太皇太后，垂五十年，故有是命"[④]。南宋给予宫人的跳升幅度更大，如嘉泰三年(1203)皇后阁中的红霞帔直升郡夫人，郡夫人为五品，而红霞帔不入品。各殿阁的高级宫人又各自有位，位下复有自己的部属，升迁时，其部属也跟着沾光。如神宗熙宁四年(1071)，真宗子周王乳母朱氏因年高特许推恩至其位下宫人与使臣；又熙宁十年(1077)诏典言季氏追封华原郡夫人，季氏为仁宗生母李氏贴身婢女，因李氏的追封而得恩典。[⑤]

后宫是一个封闭的空间，一荣俱荣的反面便是一损俱损，每一次后妃宫斗，都会使一批人成为牺牲品，可能因贵人失势而被贬、被拷打甚至失去生命。元祐年间英宗高后执政时，刘安世发现皇宫在找十名乳母，便再三进谏。[⑥] 哲宗亲政后说："宫嫔在左右者凡二十人，皆年长者。一日，觉十人者非寻常所用者，移时，又十人至，十人还，复易十人去，其去而还者，皆色惨沮，若尝泣涕者。朕甚骇，不敢问，后乃知因刘安世章疏，宣仁诘之。"[⑦]这些宫人很可能被拷打。哲宗亲政后，进谏的刘安世与范祖禹先后被远贬，得到士大夫同情，而宫内受害者不会有人关心。

如上所述，哲宗废孟后起于巫蛊案。孟后仅有一女，患病，医药无效，皇后姊遂携符水入宫欲施巫术。刘妃一派借机"阴造奇语以售谤"，遂成大狱，"捕逮宦官、宫妾几三十人，榜掠备至，肢体毁折，至有断舌者。狱成，命侍御史董敦逸覆录，罪人过庭下，气息仅属，无一人能出声。敦逸秉笔疑未下，郝隋等以言胁之。敦逸畏祸及己，乃以奏牍上"。[⑧] 亲刘妃的宦官将三十名宫人、宦官屈打成招，御史董敦逸于心不忍，故奏言："尝覆录狱事，恐得罪天下后世。"[⑨]

刘氏虽如愿当上皇后，到徽宗后期却不得不死了，年仅35岁。政和三年二月，徽宗君臣"议将废之，而太后已崩，盖为左右所逼，自即帘钩而缢焉"。其罪名为"不谨"，据说她自负其才，每曰："章献明肃大误矣！何不裹起幞头出临百官?"[⑩]徽宗早坐稳了龙椅，她不可能垂帘听政。史料中又有"宫禁不防"之语，似乎又指性关系。孟氏巫蛊案的惨烈仍记忆犹新，故刘氏一党亦畏惧报复，竟逼其自尽。

徽宗朝第一位皇后王氏，出身士大夫家庭，时"郑、王二妃方亢宠"，"巨阉妄意迎合，诬以暗

---

① 《宋会要辑稿·后妃四》，第327、336页。
② 《宋会要辑稿·后妃四》，第328、339页。
③ 《宋会要辑稿·后妃四》，第328页。
④ 《宋会要辑稿·后妃四》，第326页。
⑤ 《宋会要辑稿·后妃四》，第325、326、330页。
⑥ 李焘：《续资治通鉴长编》卷436，元祐四年十二月，第10509—10511页。
⑦ 李焘：《续资治通鉴长编》卷436，元祐四年十二月，第10520页。
⑧ 《宋史》卷243《后妃下》，第8633页。
⑨ 《宋史》卷243《后妃下》，第8634页。
⑩ 陈均：《皇朝编年纲目备要》卷28，政和三年，第707—708页。

昧。帝命刑部侍郎周鼎即秘狱参验，略无一迹，狱止。后见帝，未尝一语辄及，帝幡然怜之”。[①]“秘狱”少不了拷打下属宫人及宦者，王氏大观二年死，年仅25岁，被牺牲的宫人更不知其数。

徽宗时刘贵妃的经历更说明宫中派系斗争的残酷。明节刘氏最初在哲宗刘后殿下，刘后失势一度被赶出宫，复入宫便狠狠整治仇人，不啻一部快意恩仇记。[②] 不久，刘贵妃却在盛年不明不白地暴亡，又引发北宋宫内第二场巫蛊案，这次的主角是崔妃。刘妃死，“上尝梦明节刘妃泣诉，以为人厌胜致死”，争宠者又进谮言，[③]狱成，内侍王尧臣等“同日诛死。遂废崔妃为庶人”。[④]

高宗母韦氏久居宫中，深知各殿阁派系斗争的厉害。回到南宋，韦氏“每谓上：给使者不必分，宜通用之，盖分则自为彼我，其间佞人希旨，必肆间言，自古两宫失欢，未有不繇此者”[⑤]。但她的策略似乎并未被采用，宫人及宦者仍分属于各殿阁。

下层宫人与宦者，也可能因一时不慎而丢掉性命。真宗大中祥符八年(1015)四月，荣王宫失火，延烧宫内，火烧一天两夜，不少宫人被烧死。事后追究，“诏韩氏断手足，令众三日，凌迟处死。知情人处斩，余并等第决配”。原判处死者数百人，王旦苦谏，方部分减为流配。[⑥] 宫中每次火灾都有不少宫人受害。建炎三年(1129)七月丙戌，高宗唯一的儿子旉生病，“有鼎置于地，宫人误蹴之，仆地有声，太子即惊搐不止，上命斩宫人于庑下”[⑦]。史谓光宗李皇后生性妒悍，“帝尝宫中浣手，睹宫人手白，悦之。他日，后遣人送食合于帝，启之，则宫人两手也”[⑧]。这些受酷刑的宫人实生不如死。文献往往不载这类对下层的残酷，只是在有关记载中透露一二。

削发为尼或为道姑，亦为安置宫斗失败者的途径之一。仁宗时郭后与美人杨氏、哲宗时孟后都被迫出家，她们殿中部分宫女，也只能跟随前往。另一途径是派对方去守陵。如仁宗生母李氏、徽宗生母陈氏“守陵殿，思顾旧恩，毁瘠骨立。左右进粥、药，挥使去，曰：‘得早侍先帝，愿足矣！’未几薨，年三十二”[⑨]。元符三年正月，哲宗驾崩，皇太后谕，以照顾皇帝不周为由，降黜一批原哲宗宫中宠妃令守陵。[⑩] 陵园远离人寰，被派守陵生不如死。

1990年于洛阳邙山发现一女性墓主的壁画墓。墓室构造豪华，绘有大量壁画，且有砖雕仿木铺作与家具，说明女主人生前的教养与住房的豪华。随葬物品有金簪、银杯、玛瑙、珍珠等珍宝，一银葵花盆背面竖刻“行宫公用葵花盘二面共重八两”13字。墓室东耳室北壁绘奉茶二侍女，侍女衣着华丽，头束高髻，首饰精致，身着交领宽袖长袍，肩披帛，有墨题行书“云会”二字。[⑪]

---

① 《宋史》卷243《后妃下》，第8639页。
② 王称：《东都事略》卷14《世家二》，《二十五别史》本，济南：齐鲁书社，2000年，第113页。
③ 王明清：《挥麈录》后录卷3，《全宋笔记》本，第127—128页。
④ 《宋史》卷243《后妃下》，第8645页。
⑤ 李心传：《建炎以来朝野杂记》甲集卷一《显仁韦皇后》，《全宋笔记》本，第26页。
⑥ 李焘：《续资治通鉴长编》卷84，大中祥符八年五月辛巳，第1928页。
⑦ 李心传：《建炎以来系年要录》卷25，建炎三年七月丙戌，北京：中华书局，2013年，第592页。
⑧ 《宋史》卷243《后妃下》，第8654页。
⑨ 《宋史》卷243《后妃下》，第8632页。
⑩ 李焘：《续资治通鉴长编》卷520，元符三年正月壬辰条附注，第12383页。
⑪ 洛阳邙山宋墓壁画侍女线描，见洛阳市第二文物工作队《洛阳邙山宋代壁画墓》，《文物》1992年第12期。

考古学者认为该墓葬的时代在徽宗崇宁二年(1103)前后,并猜测女墓主应与洛阳行宫有关。棺内有一具尚完整的女性人骨,唯不见双手骨胳。这不免令人毛骨悚然。

在黑暗的内宫制度下,上自皇后下至女童,第一要务是生存,历史文献皆出自士大夫之手,故往往渲染宦官的阴险与女性的狠毒,而无论是宦官还是宫中女性,都未必天生阴险毒辣,只是不相互倾轧便不能生存,于是往往造成如此残酷的局面。而一旦失败,由于她们是最被卑视的群体,受到的惩罚也总是最残酷的。宋代朝廷的仁厚近年屡被鼓吹,笔者以为,赵家确实对士大夫更仁厚,但宫中女性尤其是下层宫女未必比前代得到更多的宽待,那些无名的牺牲者从不会被史官在意。

(本文原刊于《中原文化研究》2022年第6期,人大复印资料《宋辽金元史》2023年第2期全文转载。收入论文集时略有改动。)

作者简介:

程郁,女,1957年生。上海师范大学人文学院教授。1985年于上海师范大学取得历史学硕士学位,研究方向为宋史。1985年至2017年于上海师范大学古籍整理研究所工作。1998年至1999年于日本昭和女子大学女性文化研究所研修。2006年于复旦大学取得历史学博士学位,方向为宋元明清史。2021年至2022年任美国加州大学伯克利分校社会性别与女性研究系客座研究员。主要从事中国妇女史研究、古籍整理与宋史研究。2017年至2022年承担国家社会科学基金项目《基于图像史料的宋代女性文化研究》。代表著作为《清至民国蓄妾习俗之变迁》(上海古籍出版社,2006年)、《宋代的仕女与庶民女性——笔记内外所见妇女生活》(大象出版社,2020年)。

北宋后期策立功之争探究

燕永成

摘　要： 北宋后期围绕英宗、哲宗和徽宗策立功事件，皇太后与帝王、宰执间展开了激烈争斗，尤其是对于英宗和哲宗策立功，在政局演变不同时段被不断提及并重新认定，体现出党派斗争与权位争夺的复杂性和尖锐性。以上三次非同寻常的策立功事件之所以争议激烈并不断被重提，除事件本身因涉及帝位传承而颇为神秘复杂外，在以变革为“国是”与残酷激烈党争和政争背景下，该类事件往往与朝臣欲依附主政者巩固自身权位，主政者欲依赖、利用宰辅以稳固自身统治与推行既定路线和政策，由此形成双方相互利用、见机合作的政治格局密切关联。故策立功之争不只是朝臣间权位之争，它是该时期朝廷内部帝王、后妃与宰执间所展开的特殊政治斗争，是深度剖析北宋后期党争与变革发展演变的一把钥匙。

关键词： 北宋后期　策立功之争　党争和政争　政治格局

北宋后期，伴随变革与否政治路线以及相关政策不断推进，政见分歧严重的新、旧两党及其各自内部斗争日趋复杂激烈，加之主政者卷入其中，使得党争与政争并非仅限于官僚阶层，它已涉及朝臣和主政者间的关系与所行政治路线。其间，卷入党争与政争的宰执们出于维护并稳固自身权位以及群体利益等目的，积极选用更为特殊的斗争策略以谋求胜算，而蕴含特殊政治含义的英宗、哲宗和徽宗继位时或日后的策立功之争已不仅仅是帝位传承问题，在变革与党争双重政治背景下，它已变成统治阶层内部斗争的独特形式，它使得该时期党争与政争更加复杂化与尖锐化，是深度剖析北宋后期党争与变革发展演变的一把钥匙。可惜长期以来，学界虽对哲宗和徽宗时期策立功之争作过一些专门性研究，[①]但未能将整个北宋后期策立功之争加以贯通考察，又未将其与变革等重大现实政治问题结合起来探究，加之策立功本身隐秘复杂，官私方记

---

① 目前涉及该论题的主要研究成果有：张邦炜《宋徽宗角色错位的来由》（《四川师范大学学报》2002 年第 1 期）和《宋徽宗初年的政争——以蔡王府狱为中心》（《西北师范大学学报》2004 年第 1 期）、梁思乐《“女中尧舜”——论高后地位的演变与“宣仁诬谤”》（许振兴、蔡崇禧、梁思乐主编《研宋二集》，香港研宋学会，2014 年）、顾宏义《宋徽宗即位日记发覆》（见顾宏义《宋事论考》，华中科技大学出版社，2017 年）等等。

述与认识存在诸多真伪难辨之处。因此，该论题仍有深入探讨的必要。

一、北宋后期策立功之争的具体表现

北宋中后期继位帝王中，宗室出身的英宗虽早被仁宗养育于宫中，但仁宗晚年仍期盼皇子降生、继嗣，故议立英宗继嗣过程曲折漫长。又神宗晚年迟迟未立年幼皇子为皇太子，加之传言神宗之弟雍王赵颢窥伺帝位，使得拥立哲宗继位问题充满质疑与争议。再是哲宗暴病去世，无嗣，选立诸弟中何人继位成为当时后妃与宰执争议的焦点。总之，以上三次非同寻常的帝位传承均引发策立功之争，并且有些争论伴随政局演变还呈现出异样的判定结果。

（一）议立英宗功之争

仁宗晚年体衰多病，又无皇子继嗣，于是自皇祐时起，群臣建议养育宗室为继嗣者不在少数。其间，宰辅们在议立后为英宗的赵宗实为皇子时作用突出，但此后却引发了策立功之争。

神宗熙宁八年(1075)六月戊午，韩琦去世，因拥立英宗和神宗父子继位功，神宗亲撰“两朝顾命定策元勋之碑”[①]。不仅如此，李清臣在《韩琦行状》中记述道：“仁宗春秋高，继嗣未立，天下以为忧。虽或有言者，而大臣莫敢为议首。公数乘间伏奏，乞选立皇子。”[②]可见韩琦拥有他人无法比拟的定策功。不过到元丰三年(1080)闰九月乙卯，王尧臣之子王同老奏称：“至和三年，仁宗不豫，废朝七十余日，内外寒心者累月。……天启先臣之心，知英宗皇帝少常养育宫中，潜德日新，圣质成就，遂与(文)彦博、(富)弼等于仁宗前忘身为国，不顾忌讳，求立为嗣。……仁宗感悟，遂许立英宗为嗣。”随之神宗向文彦博求证并得其认可后，以手诏付中书：“文彦博蓄德深厚，身之功善，不自矜伐。……今缘故臣之子，明其父勋，始得信其本末。乃知援立之功，厥有攸在。嘉祐之诏，但宣之耳，其议所以褒显之。”[③]在此神宗认定文彦博、富弼和王尧臣享有“至和议立英宗为嗣”功，而嘉祐末韩琦主导的定策功仅系“宣诏”。又据史载，经王同老上言，“帝始知至和时事”。[④]

对于神宗认定的“至和议立英宗为嗣”功，韩琦子孙与门生故吏会有何反应？据文彦博《私记》记述：“初，先帝既下褒显之诏，有云‘乃知援立之功，厥有攸在。嘉祐之诏，但宣之耳’。又宰相王珪赠彦博诗，有‘功业迥高嘉祐末’之句，实叙上语。韩氏子孙、故吏，始大切齿。后忠彦自高阳入为给事中，数进见，陈其父勋，又言其初不知有至和之议，殆同老辈造为之耳。”[⑤]可见韩

---

① 李焘：《续资治通鉴长编》(以下简称《长编》)卷265，北京：中华书局，2004年，第6517页。

② 朱熹撰，李伟国校点：《三朝名臣言行录》卷1《丞相魏国韩忠献王琦》，朱杰人等主编《朱子全书》，上海：上海古籍出版社，合肥：安徽教育出版社，2002年，第12册，第350页。

③ 李焘：《长编》卷309，第7500—7502页。

④ 《宋史》卷313《富弼传》，北京：中华书局，1985年，第10256页。

⑤ 李焘：《长编》卷437，元祐五年正月庚寅注，第10539页。

琦之子韩忠彦不认可王同老所言，甚至视之为伪造。元丰六年（1083）闰六月丙申，富弼去世。朱本（指绍圣本《神宗实录》）称："弼与韩琦争立嗣及还政功，至死不通奠慰。"[①]邵伯温亦质疑："富公岂因不预定策而歉魏公哉？"[②]表明该次定策功之争在神宗时已变得颇为激烈！

神宗去世后，宣仁高太后垂帘听政，启用司马光、吕公著和文彦博等反变法臣僚，全面否定熙丰变法及其成果。其间因对变法举措存在认识差异，加之权位之争激烈，新、旧两党之间及其各自内部之斗争日趋复杂化与尖锐化，而策立功作为权位之争的重要依托，此时又被重新提及。

哲宗元祐元年（1086）十月，针对"至和议立英宗为嗣"功，御史中丞刘挚和侍御史王岩叟上奏指出，"元丰三年，故参政王尧臣子同老，上书言其父至和中与三四执政请立皇嗣，大议已尝定矣，愿发明先臣忠烈。书既入，朝廷疑之，有所询考，卒无明证确论有以信天下者。朝廷于是行疑赏于仓猝，诏下之日，公卿士大夫知当时事者，莫不谓朝廷过举。于时史官阿意迎合，又请其事书之，公论为之愤郁。今者，伏遇编修先帝一朝大典，及纂述故事以立传，臣等以谓不可不明辨直书，传信后世"，于是他俩详列九条证据，证明至和间"大议未定"，而直至嘉祐六年（1061）十月韩琦辈进说，"于是英宗为子之策，始定于君臣都俞之间矣"。[③] 同时，刘挚还曾询问高太后："不知当日英宗立为皇子，是至和间已定邪，直至嘉祐六年方定邪？不知宰相是何人？"高太后言："宫中必知是韩琦。已前文彦博、富弼辈虽曾言，只是乞选宗室贤者，几时敢指名！"[④]在此高太后肯定韩琦门生故吏之说，由此基本否定了神宗认定的结论。不仅如此，到元祐五年（1090）正月，殿中侍御史贾易在尽力搜集相关诏敕、碑志、表状、书疏、传记、谥议以及祭文等书证文献基础上，对"至和议立英宗为嗣"功再加驳正，以表明韩琦"独建大议"，并请求高太后宣示史官。高太后随之宣谕："韩琦定策功甚详悉。在仁宗朝，无敢言此事者，惟韩琦一人言之。"贾氏此时为何重提该事？据史家李焘记述："或曰：'易等为此，盖傅会忠彦，攻彦博也。'"[⑤]按此说法，实系旧党内部韩、文两派权位之争所致。

总之，发生于神宗和哲宗时的议立英宗功之争，不仅反映出神宗与高太后对该事认定存在明显分歧，亦表明不同时段朝臣间存在尖锐矛盾与激烈斗争。

（二）拥立哲宗功之争

神宗晚年因病理政困难，拥立年幼皇子传承帝位本属正常之事，但在受遗定策功论定上，高太后与宰辅以及宰辅内部争议纷呈，甚至传言神宗之弟雍王赵颢窥伺帝位，高太后有废立之谋。

其中对于宰相蔡确"自谓有定策功"之说，在神宗刚去世、高太后垂帘听政时便被揭露。史载："韩缜素怀不平，及确为山陵使，缜乃于帘前具陈确等奸状。由是东朝与外廷备知之。"即蔡

① 李焘：《长编》卷336，第8111页。

② 邵伯温撰，查清华、潘超群整理：《闻见录》卷9，《全宋笔记》第2编第7册，郑州：大象出版社，2006年，第165页。

③ 李焘：《长编》卷395，元祐二年二月丁亥，第9616—9621页。

④ 李焘：《长编》卷390，元祐元年十月壬寅，第9485页。

⑤ 李焘：《长编》卷437，元祐五年正月己丑、庚寅，第10531—10539页。

确“奸状”实由新党成员韩缜首次披露。右仆射韩缜因何“不平”？据邵伯温《辩诬》记述，“缜素不平蔡确、章惇用邢恕奸谋诬罔太母”①。此处“奸谋”实指“桃著白花事”。据《哲宗新录·宣仁圣烈皇后传》记述，元丰七年冬，神宗“谕辅臣曰：‘明年建储，当以司马光、吕公著为师保。’神宗弥留，后敕中人梁惟简曰：‘令汝妇制一黄袍，十岁儿可衣者，密怀以来。’盖为上仓猝践祚之备。……邢恕，倾危士也，少游光、公著间。蔡确得师保语，求所以结二公者而深交恕。……一日确遣恕要后侄光州团练使公绘等，二人辞不往。明日，又遣人招置东府，确曰：‘宜往见邢舍人。’恕曰：‘家有桃著白花，可愈人主疾，其说出《道藏》，幸留一观。’入中庭，红桃花也，惊曰：‘白花安在？’恕执二人手曰：‘右丞相令布腹心，上疾未损，延安冲幼，宜早定议。岐、嘉皆贤王也。’公绘等惧曰：‘君欲祸吾家！’径去。已而恕反谓后与珪为表里，欲舍延安而立其子颢，赖己及惇、确得无变”②。按此说，邢恕声称高太后与王珪欲舍哲宗而立雍王颢，而他与蔡确、章惇坚持拥立哲宗，可见该说事关哲宗能否继位。又韩缜揭露蔡确“奸状”，是否与他在策立哲宗时的表现有关？据其子韩宗武记述，“缜，元丰末知枢密院，与王珪、蔡确等同预顾命者。元丰八年，神宗服药日久，先公一日语张璪曰：‘上服药日久，建储如何？’璪曰：‘子厚多口，试说与看。’先公一日又语章惇，惇曰：‘此议甚好。’说与二相，亦以为然。一日，约集议于枢密院南厅，尽屏去人吏，止留笔砚一副，纸数张。就坐久之，皆无语。先公视王珪语曰：‘今日之议，立延安郡王为皇太子。……相公为百辟领袖，今日之议，何故都无一言？’珪云：‘诸公之议，亦珪之意，别有何疑？’张璪推笔砚纸章惇，令于纸上写‘立延安郡王为皇太子’……后神宗上仙，宣遗诏立皇太子”③。按韩宗武说法，其父在策立哲宗时最先提议并促成该事，立功最著。不过该说系自家言，可信度存疑，但表明韩、蔡二相矛盾由策立功之争所致。

同时，旧党成员刘挚极力弹击左仆射蔡确，将蔡氏宣扬有定策功作为其主要罪状之一。元丰八年(1085)十二月甲戌，侍御史刘挚言：“确之回自裕陵，即使其门下之人，扬言于众曰：‘确有定策大功，嗣皇之所倚赖，不可一日去上左右。’……恭以皇帝陛下，乃先帝之正嗣……承序继统，实应天下至公大义，自然之道也，臣下安可谓之定策？况先帝进药既久，太皇太后陛下圣志前定，先已宣谕执政以建储之事，则天下之顺道，太皇太后陛下实行之矣，顾确等辈奉承诏命而已，何策之定哉？”④随后他于元祐元年(1086)正月庚戌⑤和二月丙寅⑥奏疏中重申了该观点。由此可见刘挚否认蔡确有定策功。司马光却指出：“今陛下以神宗皇帝大渐之际，宰臣蔡确等启迪圣心，建立储贰，传授大宝，各特迁一官，固亦其宜。”⑦司马光认可蔡确定策功。旧党阵营为何论调不同？据《邢恕家传》记述：“盖挚元祐初任言责，确犹在相位，与王岩叟排击不已，司马光深

① 李焘：《长编》卷360，元丰八年十月己丑，第8630页。
② 李焘：《长编》卷351，元丰八年二月癸巳注，第8412页。
③ 李焘：《长编》卷352，元丰八年三月甲午注，第8434页。
④ 李焘：《长编》卷362，第8671—8672页。
⑤ 李焘：《长编》卷364，第8718页。
⑥ 李焘：《长编》卷365，第8761—8762页。
⑦ 李焘：《长编》卷362，元丰八年十二月壬申，第8664页。

不以为然。时傅尧俞为秘书监，温公即属令谏挚止之。且云：'蔡非久自去，何必如此形迹？'挚既以奏疏，即答尧俞云：'已做到这里，如何住得？'"①按此说，司马光早已设计好排挤蔡确之策。这或许是司马光对刘挚的说法与做法"深不以为然"的真正原因。

总之，韩缜虽公开揭露蔡确"奸状"，刘挚亦弹击不已，但司马光并不认同刘氏做法。到元祐元年(1086)闰二月己丑，当御史王岩叟极力表明蔡确"奸邪"时，哲宗言："止为他受遗。"王岩叟答道："启陛下，不可受遗后长占定此地位。况自太皇太后已定大议，此辈只是请得熟成，滥为受遗，其实何功之有？"②在此王氏直接挑明他弹击蔡确的真正意图。随即蔡确被罢知陈州，对此仍有人抱怨："台谏累有章疏论确，朝廷讫不肯正其罪，世以为恨云。"③可见有人对朝廷未指明蔡确罪状深表惋惜。

然而，到元祐四年(1089)，知汉阳军吴处厚告发蔡确所作《车盖亭诗》语涉讥讪。同年五月，蔡确坐此谪岭表，高太后告知大臣："元丰之末，吾以今皇帝所书佛经出示人，是时惟王珪曾奏贺，遂定储极。且以子继父，有何间言？而确自谓有定策大功，妄扇事端，规为异时眩惑地。吾不忍明言，姑托讪上为名逐之耳。"④在此高太后表明自己主导定策，宰执中惟王珪奏贺拥立，由此彻底否定了蔡确自谓的定策大功。不过对于高太后所定之功，此年九月戊辰，右谏议大夫范祖禹言："臣近论安焘不签书枢密院所记亲闻圣语……不书于《时政记》，乞特遣使问焘取索，降付枢密院，并乞付实录院书于元丰八年《实录》。"对其缘由，范氏指出："且天下之人具知太皇太后为社稷计，不得已而临朝，皇帝以先帝长子嗣位，事理明如日月，谁有间言？而蔡确之党妄称定策，陛下因语及确，故有宣谕，非借一焘发明圣功。而焘乃稽留训言，不即记录，怀奸不忠，废事不敬。"⑤可见，安焘迟迟不签书枢密院所记亲闻圣语，又不书于《时政记》，当与他不大认同为高太后所定有关。

那么蔡确到底有无定策功？其"自言的定策功"究竟指什么？徽宗时撰成的《哲宗实录·蔡确旧传》记述："确为右仆射，(元丰)六年秋，与中书侍郎张璪奏事崇政殿，上悲不自胜，谓确曰：'天下事止此矣！'确骇曰：'敢问所因。'上曰：'子幼，奈何！'确曰：'陛下春秋鼎盛，忽有不祥之言，不审所谓。'上曰：'天下事当得长君维持否？'确曰：'延安郡王，陛下长子，臣不知其它，臣有死而已，不敢奉诏。'上曰：'卿果能为社稷计，宜早定。'……七年春，延安郡王出侍宴集英殿，确始奏请，犹欲来春出阁，上可之。……八年正月，神宗疾弥月，皇嗣未立，中外汹汹。确始惧，乃以建储意问左仆射王珪，珪不答，确亦惧不知所出。事愈急，会确母得入禁中，钦圣宪肃皇后谕确，使外托主兵官燕达等辅立，又因内侍阎守勤谕早定。……是时，辅臣韩缜、安焘、张璪、李清臣阴持两端，噤不语，确独约门下侍郎章惇共力。癸巳，辅臣聚庭，确顾谓珪，珪亦不语。确曰：

① 李焘：《长编》卷359，元丰八年九月己酉注，第8598页。
② 李焘：《长编》卷368，第8853页。
③ 李焘：《长编》卷368，元祐元年闰二月庚寅，第8854页。
④ 《宋史》卷242《宣仁高皇后传》，第8626页。
⑤ 李焘：《长编》卷433，第10439—10440页。

‘去春，延安郡王侍宴，尝有旨来春出阁，议已定，不言何也？’惇曰：‘言之是则从，否则仆与公偕死。’珪始曰：‘上有子，何议之有？’是日日晡，议诣榻前奏曰：‘去冬得旨，皇子延安郡王来春出阁，乞立为皇太子，以系天下。’三奏，神宗三顾首肯。”可见，该说系神宗托孤定遗，非寻常定策功可比。但对该说，南宋《哲宗实录》编修官与史家李焘均认为“诬谤”。[①] 若依此说，高太后主导定策难以凸显，王珪和韩缜等实无多少功绩可言，此说显然不会被高太后和韩缜等所认同。

总而言之，哲宗元祐时执政层围绕拥立哲宗功展开激烈争斗，其中韩缜与刘挚重点对蔡确“自谓有定策功”加以揭露，高太后至后彻底否定蔡确定策功，此为日后该事被重提埋下伏笔。

元祐八年（1093）九月高太后去世，哲宗亲政，朝廷尽改元祐政治举措，恢复与发展熙丰时做法。其间，章惇除左仆射，哲宗告知曾布：“惇有定策之功，不比他人。”[②]可见章氏被提拔并独相多年，与他拥有定策功有关。同时，朝廷以重评拥立哲宗功作为重要政治议题，对蔡确在元祐时际遇重新评定，对涉及策立功的元祐执政者加以追责。

绍圣二年（1095）十一月，右正言刘拯奏称：“先帝寝疾，宰臣王珪持二心为奸，臣僚尝具弹奏。蔡确等定策、受顾命辅翼陛下，已而权臣擅政，确等继被逐，又虑他日复用为己祸也，于是因事诬毁，挤之废死之地，而后移定策之功于王珪。……伏望圣慈究珪之罪，录确之功。”[③]该奏用“移”字表明，定策功原属蔡确，是高太后给予王珪，实质上否定了高太后所认的策立功。到绍圣四年四月丁未，朝廷追贬王珪为万安军司户参军。因据三省言：“又今年二月，宫苑副使、西京第七副将高士京进状，称：‘先臣遵裕当先帝服药危疑之际，有故宰相王珪召臣亲弟承议郎士充，密议取决于先臣，欲知皇太后意所欲立。’”又御史中丞黄履曾言：“访闻两府大臣，尝议奏请皇子就傅、建储事，王珪辄语李清臣云：‘他自家事，外廷不当管他。’蔡确、章惇闻之，对众穷其所立。珪不得已，方云‘上自有子’。确、惇乃宣言于众，其议遂定。”[④]按以上说法，王珪消极应对定策，心存异图。该事缘由究竟如何？据南宋修成的哲宗《新录》记述：“上之嗣位，邢恕与蔡确等自谓有定策功，既而确死贬所，恕亦斥不用，心恨之，日夜图报复。黄履旧与恕深相得，恕诬谤宣仁圣烈皇后，履与其谋。……高士京者，遵裕假子，士京为将官，尝与恕同官。士京庸暗，恕一日置酒，从容问士京曰：‘公知元祐间独不与先公推恩否？’士京曰：‘不知。’又问：‘有弟兄无？’士京曰：‘有兄士充，死。’恕曰：‘此乃传王珪语言之人也。当是时，王珪为相，欲立徐王，遣公兄士充传道语言于禁中，知否？’士京曰：‘不知。’恕因诱士京以官爵……珪由是得罪。”[⑤]按南宋官方说法，该事系邢恕所为。同时，朝廷追贬司马光为朱崖军司户参军。因邢恕为章惇言：“元丰八年神宗晏驾，三月二十七日范祖禹自西京赴召，司马光送别于下浮桥船中，光谓祖禹曰：‘方今主少国

---

① 李焘：《长编》卷339，元丰六年九月壬申注，第8174—8175页。
② 徐自明撰，王瑞来校补：《宋宰辅编年录校补》卷10，绍圣元年四月壬戌，北京：中华书局，1986年，第619页。
③ 李焘：《长编》卷486，绍圣四年四月丁未，第11550页。
④ 李焘：《长编》卷486，第11552、11550、11549页。
⑤ 李焘：《长编》卷486，绍圣四年四月丁未，第11555—11556页。

疑，宣训事不可不虑。'"按宣训系北齐娄太后宫名，娄太后废孙立子。[1] 对于邢恕所言目的，有人认为是"觊以实宣仁徐邸之谤"[2]。

再到绍圣四年(1097)八月，朝廷专治同文馆狱。史载：

> 初，(刘)挚与吕大防为相，文及甫居丧，在洛怨望，服除，恐不得京官，抵书邢恕曰："改月遂除，入朝之计未可必。当涂猜怨于鹰扬者益深，其徒实繁。司马昭之心，路人所知也，济之以'粉昆'，必欲以眇躬为甘心快意之地，可为寒心。"其谓司马昭者，指吕大防独当国久；"粉昆"者，世以驸马都尉为"粉侯"，韩嘉彦尚主，以兄忠彦为"粉昆"也。恕以书示蔡硕、蔡渭，渭上书讼挚及大防等十余人陷其父确，谋危宗社，引及甫书为证。时章惇、蔡卞诬造元祐诸人事不已，因是欲杀挚及梁焘、王岩叟等。以为挚有废立之意，遂起同文馆狱，用蔡京、安惇杂治，逮问及甫。及甫元祐末德大防除权侍郎，又忠彦虽罢，哲宗眷之未衰，乃托其亡父尝说司马昭指刘挚，"粉"谓王岩叟面白如粉，"昆"谓梁焘字况之，"况"犹"兄"也。又问实状，但云："疑其事势如此。"[3]

按此记述，该狱由邢恕与蔡确之子蔡渭、文彦博之子文及甫联合发起，以元祐大臣谋废立为说，旨在打击刘挚、梁焘等谋害蔡确之人。

纵观以传言、书信为依据的三大案件，不仅事关王珪、司马光、刘挚和梁焘等是否拥立或者拥戴哲宗，还牵扯到高太后有无废立之谋。王明清评论道："盖自绍圣以来，大臣报复元祐私怨，造为滔天之谤，上及宣仁。"[4]对于以上诸事源头，刘跂《辨谤录》记述，李清臣说章惇元符末因奏事自言："王珪、司马光、刘挚、梁焘等行遣，皆是邢恕说与臣。"邢恕坐此被责。[5] 可见与新、旧两党宰执均有交往的邢恕，积极参与谋划以上政治案件，且扮演着特殊角色。

综上所述，哲宗元祐与绍圣时期，执政理念与政治路线迥异的当权者各自借策立功事件向对立者实施打击报复。又因策立功之争与哲宗继位直接关联，所以它既反映出哲宗与高太后间存在尖锐矛盾与斗争，又加剧了新旧两党之间及其各自内部的分化与争斗。

元符三年(1100)正月，徽宗继位，向太后垂帘听政，朝臣随即重议绍圣时期有关元祐臣僚与高太后谋废立事。刘跂《辨谤录》载，建中靖国元年(1101)，张舜民时在吏部侍郎，言："去年秋四次登对，皆乞早辨宣仁疑谤，则诸臣僚家诬构事皆释然。"徽宗言："当日诬谤自不分明，今日却不用分明辨之。"问："曾见邢恕责词否？此乃辨宣仁也。"对曰："未曾见。"[6]其中邢恕责词略云："尔操心倾危，雅意附会，造为非语，上累宣仁。既匪亲闻，又无证佐，究其所自，皆出不根。"[7]可见

---

① 李焘：《长编》卷486，绍圣四年四月辛丑，第11538—11539页。
② 徐自明撰，王瑞来校补：《宋宰辅编年录校补》卷10，绍圣四年二月乙未，第636页。
③ 《宋史》卷340《刘挚传》，第10857—10858页。
④ 王明清撰，燕永成整理：《挥麈第三录》卷3，《全宋笔记》第6编第1册，郑州：大象出版社，2013年，第271页。
⑤ 李焘：《长编》卷486，绍圣四年四月丁未注，第11558页。
⑥ 李焘：《长编》卷486，绍圣四年四月辛丑注，第11544页。
⑦ 彭百川：《太平治迹统类》卷24《元祐党事本末》下，扬州：江苏广陵古籍刻印社，1981年，第32页。

通过贬责邢恕等，朝廷对绍圣时期有关元祐臣僚与高太后谋废立事作了定性处理，且徽宗完全认可该处置。

又到徽宗亲政、蔡京专权时，朝廷倡导继志述事，恢复熙丰变法时做法。其间就哲宗继位时策立功而言，因涉及蔡京之功，故成为重要政治议题。崇宁元年(1102)二月，朝廷以蔡确配飨哲宗庙庭。[①] 其因："蔡京擅政，自谓与确同功。"[②]又据此时修成的哲宗《旧录》记述，同年八月，徽宗宣谕："是时奸臣诚有异意，朕亦亲闻皇太后德音，神考寝疾，太后令[阎]守勤谕确弟硕，使确辅立哲宗。徐王数留禁中，不肯出，魏王牵臂引去。确母入禁中，皇太后使谕确，外托主兵官燕达并知开封府蔡京。及哲宗即位，群臣多言废立。……朕时尚幼，哲宗最友爱。"按上述说法，蔡确与高太后、蔡京联合拥立哲宗，徽宗亲闻高太后言此，他还表明自己与哲宗关系非凡。但南宋成书的《新录》辨云："其间托为徽宗训辞，尤非恭顺，事皆诬诋。"[③]可见南宋官方完全否定徽宗时说法。以上说法中，蔡京以防患角色参与策立。到崇宁五年五月辛丑，朝廷赐蔡确墓道碑额曰"元丰受遗定策宰臣蔡确之墓"[④]。至"政和间，蔡京因王珪以沮郑居中之为相，故命史官述哲宗之纪。宣和间，蔡懋因蔡京以规蔡确之封王，故请上皇作蔡确之传"。此外徽宗御制有宣仁高太后和雍王二《传》。[⑤] 以上特赐碑额、御制纪传，均旨在阐明蔡确和蔡京策立功，披露王珪、雍王颢甚至高太后有谋废立意。总之，徽宗亲政时重定蔡确策立功，既与蔡京自谓有同功有关，亦与宰执间斗争紧密相连，且徽宗也参与其中。

(三) 选立徽宗功之争

元符三年(1100)正月，哲宗突然病逝，无皇子继嗣，于是在选立诸弟中何人继位问题上，向太后与首相分歧严重，甚至发生激烈争议。史载："皇太后坐福宁殿东垂帘，谓宰臣章惇等曰：'皇帝已弃天下。'惇等哭。皇太后曰：'皇帝无子，天下事须早定。'惇独厉声曰：'当立同母弟。'皇太后曰：'神宗诸子，申王长而有目疾，次即端王，当立。'惇曰：'以年则申王长当立，以礼律同母弟简王当立。'皇太后曰：'俱是神宗子，岂容分别？当立端王。'惇等唯唯承命。王入，即皇帝位于福宁殿。"[⑥]章惇为何提议简王当立，且与向太后意见相左？据史载："初，梁从政给事皇太妃阁，阴以简王属章惇。至是，太后以问从政，从政云第问章惇。后疑之，问曰：'即惇言非奈何！'从政曰：'惇宰相，其言安可不从？'后麾之去。"[⑦]按此说法，后妃与顾命大臣争夺的是策立继位帝王权归属。又据张邦炜探究可知：章惇替蔡王(即简王)争夺皇位，代表的是以蔡王为中

① 陈均编，许沛藻等点校：《皇朝编年纲目备要》卷26，北京：中华书局，2006年，第659页。
② 王称撰，孙言诚、崔国光点校：《东都事略》卷80《蔡确传》，《二十五史别史》本，济南：齐鲁书社，2000年，第678页。
③ 李焘：《长编》卷520，元符三年正月己卯注，第12359页。
④ 李埴撰，燕永成校正：《皇宋十朝纲要校正》卷16，北京：中华书局，2013年，第454页。
⑤ 李焘：《长编》卷352，元丰八年三月甲午朔注，第8441—8447页。
⑥ 王称撰，孙言诚、崔国光点校：《东都事略》卷10《徽宗纪》，第71页。
⑦ 陈均编，许沛藻等点校：《皇朝编年纲目备要》卷25，第619页。

心、以其生母朱太妃为后台的政治集团利益。[1] 确如其言，若策立简王成功，章惇会因定策功主持朝政，继续推行绍、符以来的政治路线与政策。

同时，在章惇与向太后争议谁当为帝时，知枢密院曾布抢先言："章惇未尝与臣等商议，如皇太后圣谕极当。"[2]曾布及时附议，表明鲜明政治倾向。又在提防章惇与蔡王密谋时，曾布依然表现活跃。元符三年(1100)五月，针对章惇从灵驾西行，往返近一月，又诸王皆从之事，曾布奏道："惇于定策之际失言，今日陛下于蔡邸尤当留意防检……然则西行何可不虑?"徽宗言："当更遣人防察尔。"此后经曾布与向太后精心谋划，议定不令蔡王西行，由此解决了该难题。[3] 正因如此，"惇既逐，布以定策功拜右银青光禄大夫、尚书右仆射"[4]，"章惇则以不欲立徽宗之故，故入奸党"[5]。总之，在选立徽宗继位时，首相章惇与向太后冲突激烈，他成为策立功之争失败者且结局惨淡，曾布因积极迎合向太后而为自身争得了策立功以及理想职位。

总体而论，纵观以上诸次策立功之争，既有策立同一帝王时后妃与宰臣间的争斗，也有因政局转变而重新论定此前策立功之举。北宋后期策立功之争之所以频现，除策立功本身与继位帝王关系密切外，它既与激烈党争与权位之夺相关联，也与变革时期不同执政者政治路线选择有关。

二、北宋后期策立功之争的实质

帝位传承是否顺利，新统治能否持续、稳固，与策立继位者时新老帝王、后妃以及宰执间是否紧密合作有关。一般而言，定策功拥有者往往会在权力重组时获取理想职位，故此功素来被帝位继承者与定策功拥有者所看重。尤其在北宋后期变革与党争背景下，策立功之争不仅关涉宰执权位，还涉及君臣关系以及朝廷政策走向，故具有特殊政治内涵。

首先，策立功之争既是朝臣间权位之争，更是朝臣极力争取主政者支持以便获取或者稳固自身权位的重要手段。除原本对立严重、斗争激烈的新旧两党外，即便是在旧党或者新党内部，朝臣们为赢得主政者信赖，也各自尽力表功或者极力排挤职位竞争者，以谋求理想权位。

如前所述，对于神宗认定的"至和议立英宗为嗣"功，就立刻引发韩琦子弟与门生故吏不满，他们极力争辩的目的，据文彦博《私记》记述："(韩)忠彦诉不已，先帝察其意，大望不过自欲求进，非为父勋之不明也，遂自给事中超拜礼部尚书。"[6]按照该说，韩忠彦正是凭借诉说其父之功，为自己争得了理想职位。到哲宗元祐二年(1087)二月，礼部尚书韩忠彦出守定州时，又针对

---

① 详参张邦炜《宋徽宗初年的政争：以蔡王府狱为中心》，《西北师范大学学报》2004 年第 1 期。
② 《宋史》卷 19《徽宗纪》，第 357 页。
③ 详参曾布撰，顾宏义校点《曾公遗录》卷 9，北京：中华书局，2016 年，第 262—264 页。
④ 洪业等编：《琬琰集删存》卷 3《实录・曾文肃公布传》，上海：上海古籍出版社，1990 年，第 426 页。
⑤ 黎靖德编，郑明等点校：《朱子语类》卷 130，朱杰人等主编《朱子全书》，第 18 册，第 4071 页。
⑥ 李焘：《长编》卷 437，元祐五年正月庚寅注，第 10540 页。

王同老所言至和定策事，辩析道："臣窃闻同老所奏，多引当时窃议之语，及于上前不敢明有主名，故后来富弼因转官谢表亦自谓止曾泛议建储，则今所请立英宗为嗣者，妄也。尧臣所撰诏草，既未尝进呈，即是不曾得旨，今云议定者，亦妄也。"于是他请求朝廷"特敕史臣正此差误，则仁宗与子之意明，嘉祐定策之议正"。同年三月，高太后内批："至和、嘉祐中虽或有奏立皇嗣者，岂若琦议之确？以至终成大事，琦功莫比。宜详所奏，录实编修。"可见该奏得到高太后肯定。对于韩忠彦上奏时间，李焘在编修《续资治通鉴长编》该条纪事时，未取《神宗实录》墨本所定"元丰三年闰九月二十六日"，而是在该纪事条注文中指出："按：忠彦以二月四日除定州，当即上此疏，三月乃批出耳。"[①]若该处理不误，则韩忠彦选择出守时上疏辩论其父之功，有欲博得高太后同情，为早日回朝奠定政治资本的意图。果然到次年九月辛酉，朝廷以知定州韩忠彦为户部尚书。[②] 元祐四年六月丙午，他又升任尚书左丞。对于该次任命，右谏议大夫范祖禹明确指出："陛下以韩琦功业，欲望于忠彦，臣窃以为过矣。若以韩琦之故而用忠彦，则执政非赏功之官也。"[③]可见范祖禹对韩忠彦凭借父功获得宰执职位并不认同。到元祐五年正月贾易上疏再论韩琦定策功，高太后认定仅为"韩琦一人"时，有种说法认为：贾易"盖傅会忠彦，攻彦博也"，文彦博由此罢去。[④] 可见文氏成为朝内政治斗争失利者。正缘于文、韩结怨，到哲宗亲政，朝廷对元祐政治举措以及执政者加以清算时，对于绍圣四年(1097)发生的同文馆狱，吕中记述道："而文及甫，彦博子，除都司，为刘挚论列，又挚尝论彦博不可除三省长官，及甫与邢恕书，因为躁忿诋毁之辞，谓挚等有司马昭之心，路人所知。至是，太府寺主簿蔡渭告之，乃治狱。"[⑤]可见此时文彦博之子与蔡确后人已联手对付韩氏势力了。

又当哲宗即位初，高太后与司马光推行政治更化举措，新旧两党矛盾迅速激化之时，韩缜首先揭露蔡确，倒向高太后。正缘于此，"确先罢，缜尚少留"。李焘认为："当缘发确等奸状，故东朝以为忠耳。"[⑥]此后叶祖洽对韩缜品行抨击道："然垂帘之初，内则交结张茂则、梁惟简以取宰相，外则附司马光辈逐蔡确为自安之计。"[⑦]可见韩缜为自身权位着想，在党争激化时决然脱离本党，迅即依附主政者。

再是曾布不仅在选立徽宗时抢先依附向太后，且自徽宗继位后，他仍不时在主政者面前排挤宰执章惇等。如元符三年(1100)三月，向太后有言："惇等误先帝处多。"曾布答道："只好言宣仁及大臣有倾摇废立之意，以此激怒先帝，恐无以取证，遂云'神宗非宣仁所生'。"太后言："如此教他先帝怎生不恶？"[⑧]同时，曾布向徽宗表露道："臣自先朝与惇、卞议论无一事同者。"徽宗言

---

① 李焘：《长编》卷395，元祐二年二月丁亥，第9624—9626页。
② 李焘：《长编》卷414，第10063页。
③ 李焘：《长编》卷429，第10363、10365页。
④ 李焘：《长编》卷437，元祐五年正月庚寅，第10539页。
⑤ 吕中撰，张其凡、白晓霞整理：《类编皇朝大事记讲义》卷20《小人陷君子》，上海：上海人民出版社，2014年，第353页。
⑥ 李焘：《长编》卷360，元丰八年十月己丑注，第8630页。
⑦ 李焘：《长编》卷496，元符元年三月甲戌，第11811页。
⑧ 曾布撰，顾宏义校点：《曾公遗录》卷9，第223—224页。

道："惇于定策之际，罪恶固不待言；蔡卞阴狡害政，绍圣以来，伤害人物多出于卞，其罪更大于惇。"曾布答道："陛下睿明洞照，臣无可言者，至于分别邪正如此，则臣虽退归山林，死亦瞑目。"[①]在此曾布明确与章惇、蔡卞划清界限，并将二人归入"邪"等，以表明他与新党彻底决裂。又如元符三年六月，曾布谈到欲去位，徽宗表示"卿何可言去"，曾布答道："臣幸会陛下践祚之初，受遗定策，预闻大议，在臣遭遇可谓千载一时。非不怀恋圣世，然因循尸素已久，必待如章惇、蔡卞而后去，则于臣进退之义实所未安。"徽宗言道："累与皇太后言卿在密院宣力累年，今日与众人不同，无可去之理；亦尝与言事官论及此，卿岂可去！"[②]可见当策立功拥有者曾布多次向徽宗表露心声后，徽宗作了留用承诺。总之，不论是曾布向向太后揭发同僚罪责，还是向徽宗表露忠心，其最终目的是彻底排挤昔日同僚章惇和蔡卞，并在赢得主政者支持与信赖的同时，稳固自身权位。

总体而论，在北宋后期策立功之争中，无论是神宗时的韩琦与富弼等，哲宗时的韩缜与蔡确、韩忠彦与文彦博，还是徽宗时的曾布与章惇、蔡卞，以及蔡京与郑居中等，均表明即便属同一阵营，为争夺理想权位，朝臣间不再看重与珍惜同党同派情谊，而是相互攻击，极力排挤，尽力赢得主政者信赖与支持，以获得并稳固自身权位，该现象使得党派之争更为复杂化与尖锐化。

其次，主政者通过认定策立功，或者表明主导策立，来笼络与驾驭可信臣僚，树立与发挥自身权威，由此稳固与强化统治根基。

通观北宋后期朝廷对定策功争议的处理，一般而言，主政者通过评判与认定宰执策立功，以显示自身权威。如对于"至和议立英宗为嗣"功，元丰三年（1080）闰九月乙卯，文彦博言道："如周勃、霍光乃所谓定策。自至和、嘉祐以来，中外之臣，乞立皇嗣者甚众，非独臣等尝有此论。虽常有请，事未果行。至嘉祐末，韩琦等成就大事，皆琦等功也。"神宗则指出："议论推毂于至和时，发端者为难。仁祖意已定，其后止是行前诏耳。"在此文氏虽认为定策功当归属韩琦，但神宗判定应属文氏等。同时，神宗让文彦博尽录定策本末，以便"朕将付之史官"。[③] 可见经主政者认定后，该结论还会被写进官史并形成定论。同样，元祐元年（1086）十月壬寅，刘挚询问高太后"当日立英宗为皇子是至和还是嘉祐"，高太后言是嘉祐，进而指出："韩琦之功更不说也。见说富弼没胆不敢做，神宗只称文彦博，不言有乞建储之功，不谓曾指名也。"[④]在此高太后断然否定富、文之功，表明韩琦拥有定策专功。到元祐五年正月，贾易再次上疏论韩琦定策功，当高太后认定仅"韩琦一人"时，刘挚因请翻检元祐初他与王岩叟奏疏，悉付实录院。朝廷从之。[⑤] 对于高太后认定的结论，文彦博《私记》批评道："正如今日之事，岂可使一代信史，肆自改易，使传疑

---

① 曾布撰，顾宏义校点：《曾公遗录》卷9，第246页。

② 曾布撰，顾宏义校点：《曾公遗录》卷9，第278页。

③ 李焘：《长编》卷309，第7500—7501页。

④ 李焘：《长编》卷390，第9485页。

⑤ 李焘：《长编》卷437，元祐五年正月庚寅，第10539页。

于后世，两朝圣作，擅加诋议，侮灭为不足凭，以徇朋蔽之私，而为交利之地乎？”[①]总之，主政者对于议立英宗功的不同判定，不仅涉及策立功拥有者的荣誉，还显示着主政者对策立功拥有者与受益者的亲疏程度，甚至直接关系到他们的政治前景，故素来被朝臣所看重。

除上述神宗与高太后对韩、文等定策功认定外，哲宗对章惇，以及徽宗对曾布和蔡京定策功的认定，均属主政者借以笼络可信臣僚，发挥自身权威并稳固统治的突出体现。

与此同时，高太后与向太后分别参与哲宗和徽宗策立，她们甚至表明自身主导策立。如高太后对蔡确自谓有定策功不满，还表明自己才是策立哲宗的主导者。当元祐四年(1089)五月蔡确被重责后，高太后宣谕：“皇帝自神宗长子，子继父业，其分当然。昨神宗服药既久，曾因宰执等对时，吾尝以皇帝所写佛经宣示，其时众中止是首相王珪，因奏延安郡王当为皇太子，余人无语。”[②]按此说，哲宗立为皇太子是在她有意提示下，由宰相王珪奏请完成，其余宰执并无拥立功。又如选立徽宗时，向太后是否与宰相章惇商议过、其余宰执各自反应如何，均成为事后争论焦点。据曾布记述：

> 余云：“此事非陛下所闻，当一一质正于皇太后。”上云：“蔡卞言：章惇降阶，犹云‘召五王来看’。问得内侍张琳等云，是有此语。”既至帘前，出余所录文字，太母云：“总是，只是不曾道‘如何’字。”余云：“已删去。”太母云：“若道‘如何’，却去与惇量也。”卞亦云：“曾闻‘如何’之语。”太母云：“不曾。”次呈(许)将文字，从首至尾，太母云：“不闻。”盖将云“乞宣入端王”……皆众人所不闻。……既又呈卞文字，坚云：“臣曾言‘令依皇太后圣旨’。”太母亦黾勉从之。至言：“章惇降阶语云，臣卞面折惇云：‘太后圣旨已定，更有何拟议！’”太母云：“不闻。”[③]

从争议看，除章惇态度鲜明外，向太后坚决否认说过“如何”二字，表明未与章惇商量，策立由自身决定并主导。许将和蔡卞力争的目的，是极力表明自身拥立功，以便赢得主政者认可与信赖。

总而言之，主政者通过认定或者表明自身主导策立，使得策立功拥有者或者受益者能够紧密依附于自身周围，以此显示主政者权威，稳固自身统治。

最后，北宋后期变革作为“国是”后，每当政局转换或者执政策略需要调整与巩固时，主政者对策立功拥有者或者受益者的认定与选用，便会成为政局演变或者政策变化的重要风向标。同时，主政者出于巩固自身政治成果之需，策立功事件还会成为打击政治路线分歧者的有效武器。

如前所述，哲宗即位初，高太后通过韩缜、刘挚和王岩叟奏言，否定宰相蔡确定策功，将其排挤出宰执层，由此得以顺利推行否定熙丰变法的政治更化举措。到元祐四年(1089)五月，蔡确再次被重贬新州。据史载：“辅臣于帘前共议再责蔡确，独范纯仁及王存以为不可。”[④]至该年六

---

① 李焘：《长编》卷437，元祐五年正月庚寅注，第10542页。
② 李焘：《长编》卷427，第10328页。
③ 曾布撰，顾宏义校点：《曾公遗录》卷9，第242页。
④ 李焘：《长编》卷427，元祐四年五月丙戌，第10323页。

月甲辰，右仆射范纯仁和尚书左丞王存罢。同月丙午，韩忠彦为尚书左丞。[①] 对于策立功受益者韩忠彦的任命，范祖禹明确指出："今在朝廷之人，多出于韩琦之门，虽知忠彦不协人望，以琦之故，皆莫肯言，亦乞陛下知察。"[②]又到次年二月庚戌，在同韩忠彦的权位之争中，文彦博被罢。[③] 由此表明，高太后通过认定韩琦定策功等手段，使得以韩忠彦为核心的韩氏实力紧密集结在自身周围，他们无疑成为高氏政治路线的忠实执行者，更是高氏统治的重要根基。与此类似，哲宗亲政伊始，最先选任曾备受元祐执政者打压的策立功拥有者章惇，用以表明哲宗否定元祐之政、传承熙丰变法举措的决心。

又当徽宗即位，向太后垂帘听政，政治风向发生转变时，向太后特意选用日渐脱离新党阵营的曾布和旧党代表人物韩忠彦。对于曾布，元符三年(1100)正月徽宗刚继位，向太后垂帘听政，蔡卞即上奏道："天下大计已定，惟是先帝法度、政事当持守。"曾布则言道："事止有是非，若所持守于公议为是，孰敢以为不然者。"[④]在此曾布并未呼应蔡卞，其奏对论调为此后推行调和埋下了伏笔。随后曾布曾言："元祐人愤熙、丰之人，一切摈去，已失之偏；绍圣人病元祐之人，故窜斥废黜，其偏益甚矣！今陛下方欲调一两党，但当区别邪正，使之各得其所。"[⑤]正因为曾布所献策略与时局以及主政者相合拍，故史载："上即位，召忠彦为相，惇以异议既逐，布以定策功拜右仆射。忠彦柔懦，天下事皆决于布。议以元祐、绍圣均为有失，欲以大公至正消释朋党，明年改元为建中靖国，邪正杂用。"[⑥]可见曾氏旨在推行调和之策。同样，当元符三年二月庚申韩忠彦为门下侍郎时，给事中刘拯言："韩忠彦乃驸马都尉嘉彦之兄，元祐中尝除尚书右丞，以致人言，遂除枢密府。今乃除门下侍郎，虽忠彦非他外戚比，然不能使他日不援以为例。"但朝廷下诏指出："韩琦定策元勋，忠彦纯厚旧德，岂可以嘉彦之故妨任勋贤？宜依已得指挥。"到同年四月甲辰，韩忠彦为右仆射。[⑦] 可见韩忠彦凭借其父定策功以及偏向元祐的政治倾向，被向太后选中并成为新政推行者。然而至建中靖国元年(1101)正月向太后去世，徽宗亲政后，政局又发生微妙变化。据曾布记述："忠彦尝敷陈《实录》不当削韩琦章疏。上数语人曰：'忠彦尚能主张韩琦，朕岂不能主张神宗！'"[⑧]可见徽宗借韩琦父子之事，表明继志述事之志，而拥护他执行该志者则是权相蔡京。

总之，从上述主政者选用策立功拥有者或者受益者情况看，这些被选者往往成为当时朝廷新的政治路线与政策的执行者，他们被选用这件事本身，就表明政局或者政策有所变化与调整。

同样，为巩固已有政治成果，策立功事件成为主政者打击政治路线分歧者的有力武器。元

① 李焘：《长编》卷429，第10357、10363页。
② 李焘：《长编》卷430，元祐四年七月己卯，第10386页。
③ 李焘：《长编》卷438，第10564页。
④ 李焘：《长编》卷520，元符三年正月庚辰，第12368页。
⑤ 陈均编，许沛藻等点校：《皇朝编年纲目备要》卷25，第629页。
⑥ 徐自明撰，王瑞来校补：《宋宰辅编年录校补》卷11，崇宁元年正月庚申，第692页。
⑦ 徐自明撰，王瑞来校补：《宋宰辅编年录校补》卷11，第661、662页。
⑧ 陈均编，许沛藻等点校：《皇朝编年纲目备要》卷26，第656页。

祐元年(1086)刘挚弹击蔡确自谓有定策功时，高太后并未明确治罪。但到元祐四年四月“《车盖亭诗》”案发生后，据王巩记述：“会梁焘自潞州召为谏议大夫，至京，曰：‘比过河阳，邢恕极论蔡确有策立勋，社稷臣也。’同谏官以恕之言论之，日益切直，宣仁始怒焉，泣谕执政曰：‘当时谁曾有异议，官家岂不记得？但问他太妃。’遂拟蔡相谪命。”[①]又据刘挚《行年记》记载：“今年(指元祐四年)春已来，恕遣亲信至都下，唱言于众，谓确也有受遗定策大功，不可令在外。”[②]可见此时蔡确当回朝之舆论充斥朝廷内外。同时高太后告谕执政：“确党多在朝。”[③]正是出于对蔡确作诗讥讪、宣称定策以及拥有在朝势力等考量，朝廷重贬了蔡确。此后高太后宣谕：“确罪前后不一，昨终以先朝旧相，因其自请，备朝廷礼数，令其外任；辄怀怨望，自谓有定策大功，意欲他日复来，妄说事端，眩惑皇帝，以为身谋。……若是确他日复来，欺罔上下，岂不为朝廷之害？”[④]可见高太后极为担忧日后蔡确制造矛盾，引发事端，故力主重责蔡确。又在朝廷商议贬责蔡确时，据王巩记述：“范尧夫揖王正仲，留身论之，意不解。尧夫曰：‘告官家，且劝太皇太后念蔡确是先朝大臣。’哲宗不语。”[⑤]表明范纯仁和王存欲求哲宗劝说高太后，但哲宗保持沉默。对于蔡确遭重贬之事，蔡絛言道：“元祐始责蔡丞相确过重，且终元祐不内徙而死。及绍圣初，章丞相当国，则罪元祐之臣遂深惨。”[⑥]朱熹亦指出：“后治元祐诸公，皆为蔡报怨也。”[⑦]可见蔡确被重贬竟带来严重后果。

哲宗亲政后，三省首为哲宗言“蔡确新州之冤”。到绍圣四年(1097)二月，朝廷追贬元祐臣僚，[⑧]“为蔡报怨”。同年四月，史载：“(邢恕)又造司马光送范祖禹赴召，有‘主少国疑，宣训事可虑’之语，以实后属意徐邸之谤。又诱高士京上书，告王珪尝令高士充问其父遵裕，侦太后之意欲谁立……又教确之子渭进文及甫廋语书，有‘司马昭之心，路人所知’等语以斥(刘)挚等有废立谋。”[⑨]以上三事表明高太后与元祐执政者以及王珪有废立哲宗之谋，朝廷须对其彻底清算。同年十一月，哲宗指出：“只恐元祐人复用。”[⑩]以上诸事以及哲宗所言表明，绍圣四年清算元祐党人行动，实属宰相章惇和邢恕等所为，并被哲宗认可。

总之，元祐四年重贬蔡确与绍圣四年追贬元祐党人，在时间节点上均属主政者推行各自政治路线与举措的深化期，此时由变革引发的社会矛盾日渐激化，各派政治势力借势激烈较量，主政者推行的政治路线受到多方挑战，被打压者有重新回朝之势。为巩固既有政治成果，无论是高太后借重贬蔡确打击新党，还是章惇在哲宗支持下以谋废立罪等报复元祐党人，其目的均惊

---

① 王巩撰，戴建国、陈雷整理：《随手杂录》，《全宋笔记》第2编第6册，郑州：大象出版社，2006年，第61—62页。
② 李焘：《长编》卷429，元祐四年六月庚子注，第10361页。
③ 李焘：《长编》卷426，元祐四年五月辛未，第10298页。
④ 李焘：《长编》卷427，元祐四年五月丁亥，第10328页。
⑤ 王巩撰，戴建国、陈雷整理：《随手杂录》，《全宋笔记》第2编第6册，第62页。
⑥ 李焘：《长编》卷498，元符元年五月辛亥注，第11842页。
⑦ 黎靖德编，郑明等点校：《朱子语类》卷130《本朝四》，朱杰人等主编《朱子全书》，第18册第4048页。
⑧ 《宋史》卷18《哲宗纪》，第346页。
⑨ 李焘：《长编》卷490，绍圣四年八月丁酉注，第11636页。
⑩ 李焘：《长编》卷493，绍圣四年十一月癸丑，第11694页。

人相似。

综上所述，北宋后期策立功之争无疑是深度探究党争复杂状况与变革发展演变的一把钥匙，它表明当时党争与政争并非仅属臣僚间的政治斗争，主政者明显参与其中，并且伴随着主政者对策立功的不同评判与认定，以及对可信赖策立功拥有者与受益者的选任，由此显示出了朝廷政治路线与政策导向变化。正因为在激烈党争与残酷政治生态下，朝臣间的政治信任度难以保证，主政者便成为朝臣获得理想政治前景的重要依靠甚至是唯一依靠。又定策功与继位帝王政治命运关系紧密，继位者无不看重朝臣在其中的表现，因此朝臣往往以定策功为契机，积极依附主政者，巩固自身政治地位。由此而言，朝臣间策立功之争实质是争取主政者支持并积极依附的体现。同样，主政者以认定或者评判定策功为抓手，适时利用朝臣欲依附之机，有效掌控与驾驭朝臣，使其相互牵制，排除异己，稳固自身统治。应该说，“相互利用、见机合作”成为该时期主政者与依附臣僚间关系的典型写照，并且在力争双赢中，他们联手推进着既定路线与政策。当然，北宋后期党争激烈，加之三次帝位传承与策立事件本身史事模糊不清，是非难明，主政者由此认定或者评判定策功之争往往会激化矛盾，引发不良反应。因此，在理清策立功之争及其实质时，更须以辩证分析态度看待该问题。

（本文原刊于《江西社会科学》2023 年第 9 期。）

作者简介：

燕永成，男，1967 年生。上海师范大学古籍整理研究所中国古代史专业硕士，华东师范大学历史学系史学理论及史学史专业博士，现为上海师范大学人文学院教授、博士生导师。主要从事宋代历史文献、史学史以及专题史研究。著有《南宋史学研究》和《宋代史学的繁荣与传布》，校点整理有《宋太宗实录》、《皇宋十朝纲要校正》（上下册）、《中兴两朝编年纲目》、《文献通考》之《田赋考》《市籴考》和《土贡考》，以及宋人笔记 10 余种，主编《中华大典》（历史典·人物分典·宋辽夏金总部），参编《中国史学史》教材等。先后独立承担省部级课题 4 项、国家社科基金项目 2 项，参与集体项目《全宋笔记》和“点校本二十四史及《清史稿》修订”中的《宋史》修订工作等。发表专业学术论文 30 余篇。

厉精图治，将大有为
——略论宋神宗的军事改革与对夏经略

雷家圣

摘　要：宋神宗即位后，一改宋朝以往的保守政策，积极变法推行富国强兵之策。军事上推行保甲法，试图将百姓加以组织并施以军事训练，以作为未来战争动员的基础；另推行将兵法，对军事指挥体系进行改革，将原本分隶于地方各单位的禁军、乡兵、蕃兵统一组织，编入"将"的新单位中，由各路安抚使统一指挥。此外，又设置军器监强化武器的生产与制造。经过一连串改革后，宋朝军力大增。然而元丰四年五路伐夏与元丰五年永乐之役中，宋朝因指挥不善，仍大败于西夏之手，使得神宗最后郁郁以终，无法完全实现其理想。

关键词：宋神宗　保甲法　军器监　将兵法　西夏

前　言

在中国历史上，宋朝常被称为贫弱的朝代。宋朝在与辽朝、西夏、金朝、蒙古的战争中，败多胜少，并且经常以"岁币"换取和平，因此被后世历史研究者贴上"文弱"的标记。虽然宋朝在英宗以前，有着"贫弱"的问题，但宋神宗用王安石变法，推动改革，目标即是改变贫弱的现象，追求国家的富强。《宋史・神宗纪》记载神宗"不治宫室，不事游幸，厉精图治，将大有为。……知祖宗志吞幽蓟、灵武，而数败兵，帝奋然将雪数世之耻"[①]。宋神宗如何雪耻？如何将大有为？是否成功？这是本文所欲探究者。

一、神宗初年的对夏经略

治平四年（1067）神宗初即位，当时宋朝边防的将领，知青涧城种谔擅自出兵攻占西夏绥州，

① 《宋史》卷16《神宗纪三》，北京：中华书局，1985年，第314页。

迫西夏守将嵬名山投降：

> 夏将嵬名山部落在故绥州，其弟夷山先降，谔使人因夷山以诱之，赂以金盂，名山小吏李文喜受而许降，而名山未之知也。谔即以闻，诏转运使薛向及陆诜委谔招纳。谔不待报，悉起所部兵长驱而前，围其帐。名山惊，援枪欲斗，夷山呼曰："兄已约降，何为如是？"文喜因出所受金盂示之，名山投枪哭，遂举众从谔而南。得酋领三百、户万五千、兵万人。将筑城，诜以无诏出师，召谔还。军次怀远，晨起方栉，敌四万众坌集，傅城而陈。谔开门以待，使名山帅新附百余人挑战，谔兵继之，鼓行而出。至晋祠据险，使偏将燕达、刘甫为两翼，身为中军，乃闭垒，悉老弱乘城鼓噪以疑贼。已而合战，追击二十里，俘馘甚众，遂城绥州。①

种谔的举动引起朝廷官员交章弹劾，神宗因此将种谔贬官。其后，神宗向官员侯可询问对此事的看法，侯可说道："种谔奉密旨取绥而获罪，后何以使人？"②神宗才重新恢复了种谔的官职。可见种谔之所以敢断然出兵攻占绥州，是得到神宗之同意的。

种谔之后，熙宁元年(1068)，又有王韶提出《平戎策》，王韶主张：

> 国家必欲讨平西贼，莫若先以威令制服河湟；欲服河湟，莫若先以恩信招抚沿边诸族，盖招抚沿边诸族，所以威服唃氏也；威服唃氏，所以胁制河西也。③

王韶建议朝廷招抚沿边诸族，以孤立河湟青唐城的董毡，迫使董毡归降于宋朝，然后可以围堵西夏，"急之可以荡覆其巢穴，缓之可以胁制其心腹"。

王韶上奏之后，神宗赞同王韶的建议，任命王韶为"管干秦凤经略司机宜文字"④。熙宁四年(1071)八月，宋朝设置"洮河安抚司"(按：正式名称应为"秦凤路缘边安抚司")，神宗任命王韶主其事，⑤正式开始了经营河湟的行动。

王韶在得到神宗的任命与授权之后，立即亲自前往青唐(按：此青唐指青唐部，非董毡控制的青唐城)，游说酋长俞龙珂，王韶"引数骑直抵其帐，谕其成败，遂留宿。明旦，两种皆遣其豪随以东。久之，龙珂率属十二万口内附"⑥。俞龙珂既降，熙宁五年(1072)，"八月甲申，……秦凤路沿边安抚王韶复武胜军。……壬辰，以武胜军为镇洮军。……甲辰，王韶破木征于巩令城"。当时木征之弟联结吴延征举其族二千余人与大首领李愣占、纳芝等人出降。同年十月，"戊戌，升镇洮军为熙州镇洮军节度，置熙河路。……十一月癸丑，河州首领瞎药等来降，以为内殿崇班，赐姓名包约"⑦。在王韶击败木征，迫使瞎药投降之时，宋朝正式设置"熙河路"，并命王韶"以龙

---

① 《宋史》卷335《种世衡附种谔传》，第10745—10746页。
② 《宋史》卷335《种世衡附种谔传》，第10746页。
③ 黄淮、杨士奇等编：《历代名臣奏议》卷329，上海：上海古籍出版社，1989年，第4263页。
④ 《宋史》卷328《王韶传》，第10579页。
⑤ 《宋史》卷15《神宗纪二》，第280页。李焘《续资治通鉴长编》卷226，熙宁四年八月辛酉，北京：中华书局，1981年，第5501页。
⑥ 《宋史》卷328《王韶传》，第10579页。
⑦ 《宋史》卷15《神宗纪二》，第282页。

图阁待制知熙州”[1]。按宋朝制度，一路安抚使兼知该路首府，故王韶“知熙州”即代表宋朝以王韶为熙河路经略安抚使。

熙宁六年(1073)二月，王韶更进一步收复河州，“斩千余级，木征遁走，生擒其妻子”[2]。十月，王安石献捷以闻，“辛巳，以复熙、河、洮、岷、迭、宕等州，(神宗)御紫宸殿受群臣贺，解所服玉带赐安石”[3]。

种谔受神宗之命攻占绥州，事在治平四年(1067)；王韶上《平戎策》获神宗采纳，事在熙宁元年(1068)，而王安石是在熙宁二年才担任参知政事，受到神宗重用，可见积极主张西北拓边者，是神宗而非王安石。张元教授认为：宋神宗变法的主要动因，是为了整军经武，宋神宗想用兵，先须充裕国库，就需要王安石为他理财，以达成目的。王安石的态度较积极进取，有解决财政困难的决心和办法，宋神宗真正赏识与倚重的，是王安石这方面的才华，而不是他在政治上的理想与抱负。[4] 在攻占绥州与经营熙河路之后，神宗又开始推动一系列的军事改革，期望整军经武，以图未来之大举。

二、神宗军事改革之一：保甲法

熙宁三年(1070)，开封府官员赵子几上奏：“欲乞因旧来保甲重行隐括，将逐县见管乡民的实户口都数，除病患、老幼、单丁、女户别为附保系籍保管外，将其余主客户两丁以上，自近及远，结为大小诸保，各立首领，使相部勒管辖。”[5]当时赵子几只是在开封府界实施保甲法。同年十二月，司农寺公布了《畿县保甲条制》，推行“保甲法”，规定以十家为一保，置保长一人；五十家为一大保，设大保长一人；十大保为一都保，选二人为都、副保正。“凡选一家两丁以上，通主客为之，谓之保丁。……内材勇为众所伏及物力最高者，充逐保保丁，除禁兵器不得置外，其余弓箭等并许从便自置，学习武艺。”[6]亦即两丁以上之家，选一丁充保丁，十家为一保，共十人；一大保为五十人，一都保为五百人。开封府界的保甲法开始正式推行，并逐步扩展至全国各路。

保甲法实施之后，在一段时间内与英宗治平时韩琦推行的“义勇”并行。熙宁八年(1075)十月，神宗下诏：“五路义勇每年赴州教，保甲赴县教，并自十月至次年正月终。义勇不及十指挥，保甲不及十都者，自十一月起教。各据人数，分定番次，教阅一月。”[7]当时规定在冬季农闲时(十月至次年正月)，分批次(番)进行教阅训练。训练的地点，义勇在州(由巡检负责教阅)，保甲

---

① 《宋史》卷328《王韶传》，第10580页。
② 《长编》卷243，熙宁六年三月丁未，第5912页。
③ 《宋史》卷15《神宗纪二》，第284页。
④ 张元：《从王安石的先王观念看他与宋神宗的关系》，《宋史研究集》第23辑，台北：宋史座谈会，1995年，第283—289页。
⑤ 《宋会要辑稿·兵》2之5，上海：上海古籍出版社，2014年，第8624页。
⑥ 《宋会要辑稿·兵》2之6，第8623页。
⑦ 《宋会要辑稿·兵》2之10，第8626页。

在县(由县尉负责教阅),训练时间为一个月。然而到熙宁九年四月,神宗又下诏:"河北西路义勇、保甲分三十六番,随便近村分于巡检、县尉下上番,半月一替。岁于农闲月,并下番人,并令所辖巡检、县尉择宽广处聚教五日。余四路准此。"[①]此时义勇、保甲分批次就近在村落上番,时间是半个月,河北西路分成三十六番,轮替一次时间为一年半。且上番时似不进行教阅训练,每年另在农闲时集合上番与下番之义勇、保甲,集中训练五日。据《宋会要辑稿》的记载,熙宁九年,开封府界与全国各路已经组成义勇、保甲七百一十八万余人(义勇二十四万余人,保甲六百九十三万余人),其中开封府界、河北东路、河北西路、永兴军路、秦凤路、河东路对部分保甲进行教阅,约五十六万余人,其余各路的保甲并未进行教阅训练。[②]

然而当时的训练,由地方的县尉、巡检负责,县尉、巡检既有维护地方治安之责,又要训练保甲,职事不专,难以有成。于是元丰三年(1080)开始推行"团教法"。所谓"团教法",亦即训练大保长成为教头,使之训练保丁。为了让大保长具备专业的军事素养,在"团教法"实施之前,元丰二年(1079)先实施"府界集教大保长法"[③],对大保长施以训练,在大保长训练完成后,正式实施"团教法":

> (元丰)三年,大保长艺成,乃立团教法,以大保长为教头,教保丁焉。凡一都保相近者分为五团,即本团都副保正所居空地聚教之。以大保长艺成者十人衮教,五日一周之。五分其丁,以其一为骑,二为弓,三为弩。府界法成,乃推之三路,各置文武官一人提举,河北则狄咨、刘定,陕西则张山甫,河东则黄廉、王崇拯,以封桩养赡义勇保甲钱粮给其费。是岁,引府界保甲武艺成,帝亲阅,录用能者,余赐金帛。[④]

从元丰二年十一月开始训练大保长,到元丰三年正式实施团教法,将一都保的保丁分成五团,由大保长进行训练,"五日一周之",每团的保丁训练五天,五团共计二十五天,如此五团轮流训练,每年每团保丁可轮训十五次左右(每次五天),这样的训练与以前由巡检、县尉"聚教五日"相比是严格多了。但大保长只经过了几个月的密集集训,便开始担任教头,负责训练保丁的工作,令人不禁怀疑,大保长是否真的具备教头应有的军事素质?训练保丁是否真的具有成效?

保甲法的推动究竟成效如何?宋初以来,百姓除了交纳赋税之外,还要服"差役","役之重者,自里正、乡户为衙前,主典府库或辇运官物,往往破产"[⑤]。在差役的弊端未改善的情形之下,熙宁三年(1070)十二月又推动保甲法,是"役上加役",百姓在差役之外,还要另服保甲的"兵役",负担更为沉重。熙宁三年实施保甲法将近一年之后,熙宁四年(1071)十月"罢差役法,使民出钱募役"[⑥],开始推行"募役法",从原来的"役外加役",变成了"役外加税"(保甲役外另交纳免役钱)。而地方官员又命保甲去从事管理户籍、征收赋税、修桥铺路、救火等原先差役的工作,使

---

① 《宋会要辑稿·兵》2之11,第8627页。
② 《宋会要辑稿·兵》2之12—15,第8628—8629页。
③ 《宋史》卷192《兵志六》,第4770页。
④ 《宋史》卷192《兵志六》,第4770—4771页。
⑤ 《宋史》卷177《食货上五·役法上》,第4296页。
⑥ 《宋史》卷15《神宗纪二》,第280页。

得保甲役又由原来的防备盗贼、对抗外敌的军事训练，变成了为官府服各种差役。连神宗都叹道："已令出钱免役，又却令保丁催税，失信于百姓。"[①]

此外，保甲法实行时弊端丛生，王拱辰指出保甲法的弊端，说道："时三路籍民为保甲，下户皆不免，日聚教之，提举官禁令苛急。河北保甲往往为盗贼，百十为群，州县不敢以闻。"[②]可见变法之前差役法中"上户逃避，下户承担重役"的弊端仍然继续存在。下户百姓充任保丁时，又往往为保正、保长所欺凌，司马光指出："保正、保长，依倚弄权，坐索供给，多责赂遗，小不副意，妄加鞭挞，蚕食行伍，不知纪极。中下之民，罄家所有，侵肌削骨，无以供亿，愁苦困弊，靡所投诉，流移四方，襁属盈路。"[③]下户百姓不堪重负，又不堪上级侵压，走投无路之下，甚至聚集成为盗匪。

三、军事改革之二：设置军器监

宋仁宗时，因宋夏战争失利，已有整顿军事之意，命丁度、曾公亮编集《武经总要》四十卷。[④]根据《武经总要》记载，北宋的武器，除了刀枪弓矢等冷兵器之外，在军事科技上最大的突破，就是大量将火药运用于军事战争之中。北宋军队的火器，其主要使用方式为用"炮"投掷。所谓的"炮"，即今日所谓投石机，然所投者不只石块，还包括了火药，因此杀伤性更大。《武经总要》记载的炮，包括炮车、单稍炮、双稍炮、五稍炮、七稍炮、旋风炮、虎蹲炮、拄腹炮、独脚旋风炮、旋风车炮、卧车炮、车行炮、旋风五炮、合炮、火炮等多种，[⑤]投掷的"炮弹"，则有蒺藜火球、引火球等。[⑥]

此外还有一种"粪炮罐法"："先以人清（人的粪便）砖槽内盛炼，择静晒干打碎，用筛罗细盛在瓮内。每人清一秤，用狼毒半斤、草乌半斤、巴豆半斤、皂角半斤、砒霜半斤、砒黄半斤、班猫四两、石灰一斤、荏油半斤，入镬内煎沸，入薄瓦罐，容一斤半，以草塞口。炮内放以击攻城人，可以透铁甲，中则成疮溃烂，放毒者仍以乌梅、甘草置口中，已辟其毒。"[⑦]这是一种生物战（利用粪便中的细菌）或化学战（狼毒砒霜之类）的炮弹，会使敌人皮肤"成疮溃烂"。

除了用炮施放者外，也有守城用的火药，如"霹雳火球"："用干竹两三节，径一寸半，无罅裂者，存节勿透。用薄瓷如铁钱三十片，和火药三四斤，裹竹为球，两头留竹寸许，球外加傅药。若贼穿地道攻城，我则穴地迎之，用火锥烙球开，声如霹雳然，以竹扇簸其烟焰，以熏灼敌人。"[⑧]这是一种震撼弹兼烟雾弹，将此球从洞口掷入敌人的地道中，会产生巨大的爆炸声与烟雾，达到震撼敌人、驱赶敌人的目的。可见仁宗时期，宋朝的军事科技已相当先进。

---

① 《长编》卷263，熙宁八年闰四月甲寅，第6450—6451页。
② 刘敞：《公是集》卷51《王开府行状》，文渊阁《四库全书》第1095册，台北：台湾商务印书馆，1986年，第857页。
③ 司马光：《传家集》卷46《乞罢保甲状》，文渊阁《四库全书》第1094册，第434页。
④ 《宋史》卷262《丁度传》，第9764页。
⑤ 曾公亮、丁度：《武经总要》前集卷12，文渊阁《四库全书》第726册，第414—423页。
⑥ 曾公亮、丁度：《武经总要》前集卷12，第427页。
⑦ 曾公亮、丁度：《武经总要》前集卷12，第424页。
⑧ 曾公亮、丁度：《武经总要》前集卷12，第428—429页。

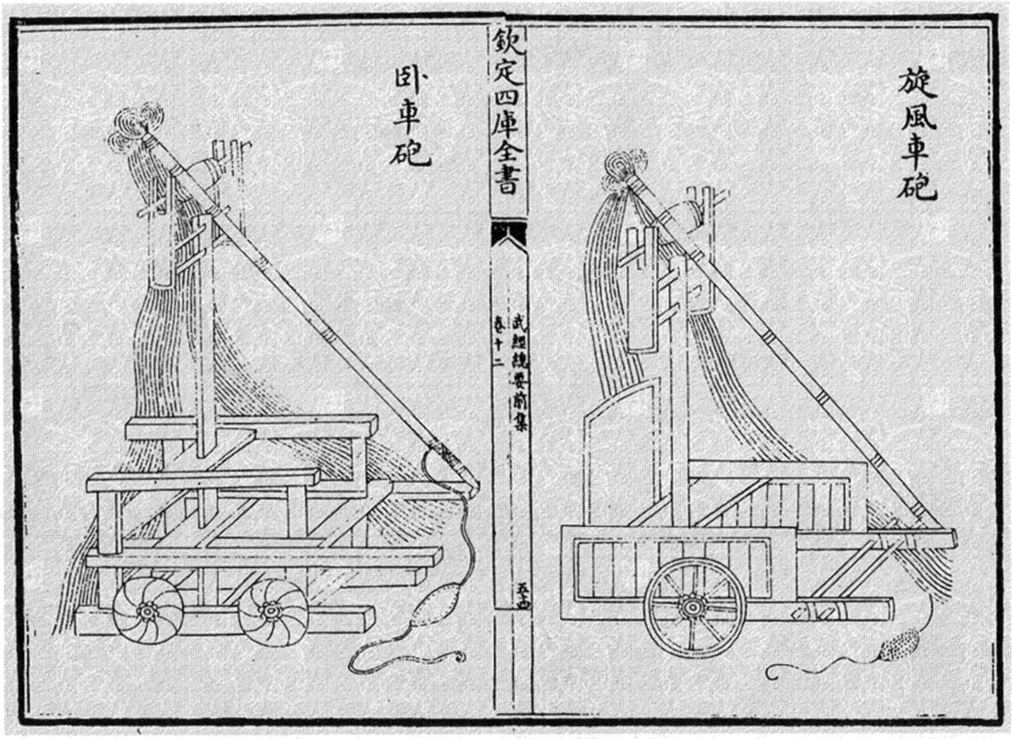

图 1　宋代的炮车

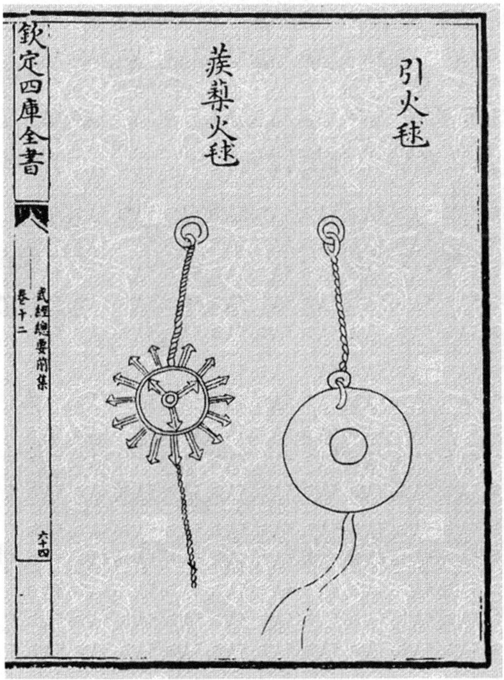

图 2　引火球、蒺藜火球

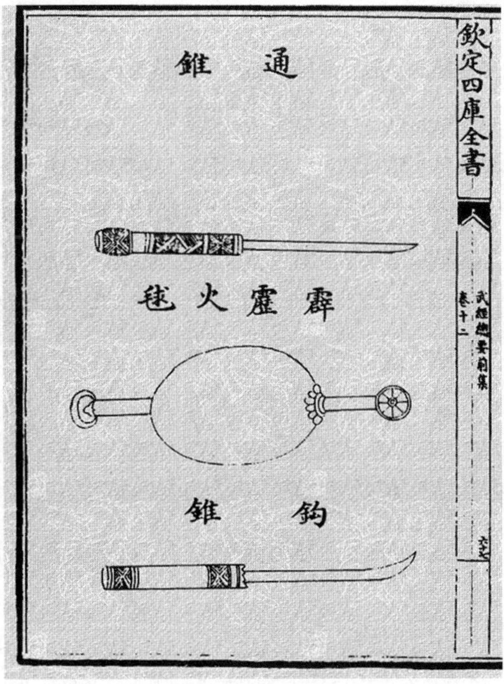

图 3　霹雳火球

神宗即位后，致力于富国强兵，对于军事方面当然非常重视，在军事武器制造上，设立了军器监。“（熙宁六年）六月己亥，置军器监。”①《宋史·职官志》记载：

国初，戎器之职领于三司胄案，官无专职。熙宁六年，废胄案，乃按唐令置监，以从官总判。元丰正名，始置监、少监各一人，丞二人，主簿一人。监掌监督缮治兵器什物，以给军国之用，少监为之贰，丞参领之。凡利器以法式授工徒，其弓矢、干戈、甲胄、剑戟战守之具，因其能而分任之，量用给材，旬会其数以考程课，而输于武库，委遣官诣所隶检察。凡用胶漆、筋革、材物必以时，课百工造作，劳逸必均，岁终阅其良否多寡之数，以诏赏罚。器成则进呈便殿，俟阅试而颁其样式于诸道。即要会州建都作院分造器械，从本监比较而进退其官吏焉。②

军器监的长官，最初名为“判军器监事”，元丰改制后称为军器监、少监，负责监督兵器制造，并且颁样式于诸路，在地方上建立作院，军器监还要负责考核作院生产的武器质量来决定作院官员的奖惩。原先兵器的制造，隶属于三司胄案（不是枢密院），由一个与军事无直接关系的机构来监督武器制造，当然得不到好的效果，现在设立专责机构军器监来负责其事。其用意良好，改革方向也算正确。

四、军事改革之三：将兵法（置将法）

北宋军制的演变，除了建国初期三衙禁军“厢都指挥使—军都指挥使—指挥使—都头/军使”的编制外，战争时期又有“都部署司”编制，有“部署”“副部署”“钤辖”“都监”等差遣。北宋在外禁军又分为“驻泊”“屯驻”“就粮”三类，各路驻泊都部署所辖，只有驻泊禁军，路分部署、路分钤辖（又称驻泊钤辖）、路分都监（又称驻泊都监）即是各路都部署辖下的统兵官。至于各州的“屯驻”“就粮”禁军，则由各州的知州（兼州部署或州钤辖）统率，其下的统兵官则为州都监（监押）、县都监（监押）、镇监押、寨监押等。这种分散部署、分散指挥的方式，导致仁宗朝宋夏战争时期，陕西各路安抚使（兼都部署）“其实一大郡守耳。……调兵赋粟，莫之适从”③，用兵捉襟见肘，宋朝因此处于不利的一方。

为了解决上述的问题，宋神宗必须推行军事改革。《宋史·兵志》记载：“熙宁之籍，天下禁军凡五十六万八千六百八十八人；元丰之籍，六十一万二千二百四十三人。”④按蔡挺的建议，推行“将兵法”，把禁军纳于新设的各“将”之下。《宋史》卷188《兵志二·禁军下》记载：

神宗即位，乃部分诸路将兵，总隶禁旅，使兵知其将，将练其士，平居知有训厉而无番戍

① 《宋史》卷15《神宗纪二》，第284页。
② 《宋史》卷165《职官五·军器监》，第3920页。
③ 吴儆：《竹洲集》卷2《论广西帅臣兼知漕计》，文渊阁《四库全书》第1142册，第218页。
④ 《宋史》卷187《兵志一》，第4579页。

之劳，有事而后遣焉，庶不为无用矣。熙宁七年(1074)，始诏总开封府畿、京东西、河北路兵分置将、副。由河北始，自第一将以下共十七将，在河北四路；自第十八将以下共七将，在府畿；自第二十五将以下共九将，在京东；自第三十四将以下共四将，在京西：凡三十有七。而鄜延、环庆、泾原、秦凤、熙河又自列将焉。在鄜延者九，在泾原者十一，在环庆者八，在秦凤者五，在熙河者九：凡四十有二。八年，又诏增置马军十三指挥，分为京东、西两路。又募教阅忠果十指挥，在京西，额各五百人，其六在唐、邓，其四在蔡、汝。

元丰二年(1079)，又增置土兵勇捷两指挥于京西，额各四百人，唐州方城为右第十一，汝州襄城为左第十二。凡马军十三指挥，忠果及土军共十二指挥。四年，又诏团结东南路诸军亦如京畿之法，共十三将：自淮南始，东路为第一，西路为第二，两浙西路为第三，东路为第四，江南东路为第五，西路为第六，荆湖北路为第七，南路潭州为第八，全、邵、永州应援广西为第九，福建路为第十，广南东路为第十一，西路桂州为第十二，邕州为第十三，总天下为九十二将。①

以往学者讨论将兵法，往往着重"兵知其将，将练其士，平居知有训厉而无番戍之劳，有事而后遣焉，庶不为无用矣"，亦即强调将兵法加强了对兵士的训练，使得宋朝军队的战斗力大幅提高。然而将兵法的作用仅止于此吗？

关于各将的人数，约数千人至 1 万人。如最初设置的 37 将，"二十万兵"②，每将平均约 5 405 人。熙宁八年环庆路设 4 将，"兵五万二千六十九"③，平均每将 13 017 人(但环庆路后改设 8 将，则平均为 6 509 人)。元丰时，东南 13 将"诸将下兵五千人处置将、副，三千二百人处置单将"④。宋哲宗元祐时，环庆路"所部三将，汉蕃兵马八千四百八十八人"⑤，平均每将 2 829 人。元符时，河东"第九将以七千人，第十三将以六千人为额"⑥。

若以神宗时期每将平均约 6 000 人计，92 将(河北，开封府界，京东、西路与陕西各路 79 将，东南 13 将)估计有 55 万 2 000 人。前面提到宋神宗时元丰年间禁军人数约 61 万人，则几乎 90%的禁军都被纳入"将"的编制之中，如此"旧酒装新瓶，换汤不换药"，把同一批禁军(以及乡兵蕃兵)纳入新的"将"编制中，就能改头换面、增加战力吗？

将兵法最重要的意义，在于将各州士兵的指挥权，透过各"将"纳于安抚使(兼都总管)的指挥之下，使得战时调动兵力不再捉襟见肘。《文献通考》记载：

凡诸路安抚(使)，逐州知州兼，以直秘阁以上充，掌总护诸"将"，统制军旅，察治奸宄以

① 《宋史》卷 188《兵志二·禁军下》，第 4627—4628 页。
② 《长编》卷 258，熙宁七年十二月辛卯，第 6305 页。
③ 《长编》卷 264，熙宁八年五月甲子，第 6457 页。
④ 《长编》卷 312，元丰四年四月丙子，第 7570 页。
⑤ 《长编》卷 479，元祐七年十二月壬申，第 11407 页。
⑥ 《长编》卷 514，元符二年八月辛卯，第 12225 页。以上各将的数字，参见王曾瑜《宋朝军制初探》(增订本)，北京：中华书局，2011 年，第 125—126 页。

肃清一道，凡兵民之政皆掌焉。[①]

安抚使（兼都总管）可以“总护诸将”，成为各“将”的上级指挥官。而原本不隶属于安抚使（兼都总管）的屯驻、就粮禁兵，也因编入各将之中，因而可由安抚使指挥调度。以泾原路为例，“屯、泊、就粮上下番正兵、弓箭手、番兵分为五将”[②]，可见不只是驻泊、屯驻、就粮禁军，甚至连乡兵（弓箭手等）、蕃兵都纳入了“将”的编制之中。虽然宋朝军队的实质战力未必得到了提升，但安抚使的权力因此大增。

五、元丰宋夏战争

（一）灵州之役

元丰四年（1081）爆发了宋夏战争，三月，西夏梁太后发动政变，软禁了国主秉常，神宗决定趁机讨伐西夏。当时宋朝大军兵分五路（熙河李宪，鄜延种谔，环庆高遵裕，泾原刘昌祚，河东王中正）出兵伐夏，五路大军亦由各“将”编组而成，见表1：

表1　元丰伐夏行营军人数及调动将兵表

行营各路	出征人数	当地将兵数	他路调来将兵	平均一将人数	资料来源
泾原路	正兵及汉蕃弓箭手共51 060人	元丰二年分为11将		4 642（共11将）	《长编》卷321，元丰四年十二月辛酉，第7741页。
环庆路	庆州蕃汉步骑87 000人	元丰二年为8将编制	元丰四年六月发开封府界、京东、西诸将军马往环庆路，有府界第七、九、十、十一，京东第六、七、八、九，京西第六将	5 117（共17将）	《长编》卷313，元丰四年六月壬午，第7594页。《长编》卷316，元丰四年九月丙午，第7651页。
河东路	兵6万人	元丰四年扩编为12将		5 000（共12将）	《长编》卷316，元丰四年九月丙午，第7650页。
鄜延路	鄜延兵54 000人，畿内7将兵39 000人	元丰元年分定9将	畿内7将	5 813（共16将）	《长编》卷316，元丰四年九月丙午，第7651页。

① 马端临：《文献通考》卷61《职官十五》，北京：中华书局，2011年，第1851页。
② 孙逢吉：《职官分纪》卷35《将官》，文渊阁《四库全书》本，北京：中华书局，1988年，第663页。

续　表

行营各路	出征人数	当地将兵数	他路调来将兵	平均一将人数	资料来源
熙河路	不详	元丰三年定熙河路战守兵马9将	秦凤4将	不详(共13将)	《长编》卷315,元丰四年八月己未,第7618页。

资料来源:翁建道:《北宋出征行营之研究》,台北中国文化大学2005年博士学位论文,第117—118页,部分文字数字有所修正。

根据上表,五路共动员69将(合本地与他路调来),如扣除每将留守人数,以每将平均出兵5 000人计算,总兵力约达345 000人,已占元丰禁军总人数61万人的一半以上,动员规模可谓空前。

另根据《宋史·夏国下》记载:

> (李)宪总七军及董毡兵三万,至新市城,遇夏人,战败之。王中正出麟州,祃辞自言代皇帝亲征,提兵六万,才行数里,即奏已入夏境,屯白草平九日不进。环庆经略使高遵裕将步骑八万七千、泾原总管刘昌祚将卒五万出庆州,(种)谔将鄜延及畿内兵九万三千出绥德城。①

熙河路李宪除羌人董毡出兵三万人外,另有"七军",实际人数不详,河东路王中正出兵六万人,环庆路高遵裕出兵八万七千人,泾原路刘昌祚出兵五万人,鄜延路种谔出兵九万三千人,总计三十二万人(尚不计李宪的"七军")。以上的统计结果与史料记载对比,结果大致符合,宋军的规模大致为32—34万人左右。

五路大军出发后,如何统一指挥,神宗却朝令夕改。元丰四年八月己未,中书、枢密院言:"王中正已措置麟府路,兼照管鄜延、环庆、泾原三路,欲令总兵官与中正议定,方得进兵。"神宗下诏兵马出界后,并听王中正节制。② 八月乙丑,神宗又批示:"已指挥秦凤一路兵付李宪节制。"③形成北方四路(河东麟府、鄜延、环庆、泾原)由王中正节制,南方熙河、秦凤合为一路由李宪节制的局面。

十二日后,八月丁丑,神宗又批示:"王中正止令遵秉宣命,节制鄜延一路诸将兵,其环庆、泾原,朝廷自专委高遵裕节制,中正更不当干预。"④环庆、泾原两路便不再受王中正节制了。

十月戊午,因鄜延路种谔在米脂城大破西夏军,神宗又遣中使谕种谔:"昨以卿急于灭贼,恐或妄进,为一方忧,故俾听王中正节制。今乃能首挫贼锋,功先诸路,朕甚嘉之。中正节制指挥,

① 《宋史》卷486《夏国下》,第14010页。
② 《长编》卷315,元丰四年八月己未,第7618页。
③ 《长编》卷315,元丰四年八月乙丑,第7624页。
④ 《长编》卷315,元丰四年八月丁丑,第7631—7632页。

更不施行。”[①]鄜延种谔此时亦不再归王中正节制。

十月壬戌，神宗又下诏：“李宪已总兵东行，泾原总管刘昌祚、副总管姚麟见统兵出界，如前路相去不远，即与李宪兵会合，结为一大阵，听李宪节制。”[②]将原来受环庆路高遵裕节制的泾原路刘昌祚部，划归熙河路李宪节制。实际上泾原刘昌祚于十月壬午已兵临灵州城（今宁夏银川市灵武市）下，[③]熙河路李宪于九月乙酉攻占兰州，[④]十一月己丑进兵至天都山（今宁夏中卫市海原县），[⑤]与刘昌祚部尚有一段距离，“结为一大阵”实属不可能。

十月丙子，神宗又批：“鄜延路行营经略司军马，已降宣不隶麟府路措置军马司节制，今两路兵相去不远，令王中正、种谔如行营相近，即应缘进讨事和同商量，择利而往。”[⑥]这道命令更令人无所适从，“如行营不相近”怎么办？“和同商量”是谁节制谁？神宗在两个月内不断下达指令，让五路大军的指挥体系分分合合，最后是五路各自为战，只有泾原刘昌祚、环庆高遵裕两路进抵灵州城下。

面对宋朝的强大攻势，西夏方面采取了坚壁清野的战略，《宋史·夏国传下》记载：

> 初，夏人闻宋大举，梁太后问策于廷，诸将少者尽请战，一老将独曰：“不须拒之，但坚壁清野，纵其深入，聚劲兵于灵、夏，而遣轻骑抄绝其馈运，大兵无食，可不战而困也。”梁后从之，宋师卒无功。[⑦]

西夏的战略，简单来说就是坚壁清野，抄截饷道。

十一月中，刘昌祚与高遵裕先后攻至灵州城下，合军攻打灵州城：

> 高遵裕攻围灵州，十有八日不能下，粮道且绝。贼决七级渠以灌我师，水至，遵裕断炮为梁以济，刘昌祚殿，手剑坐水上，待师毕济然后行。贼骑追袭，转战累日，至韦州，士争入寨，无复队伍，贼乘之，我师溃死者甚众。……遂班师。[⑧]

刘昌祚、高遵裕大军围攻灵州十八日而不能下，可见西夏防守之严。而西夏决开黄河七级渠，水淹宋军，又派兵断绝宋军的补给路线，导致高遵裕、刘昌祚两路大军惨败而归。

关于王中正的麟府路大军，“出塞二十余日，始至宥州，粮不得不乏”[⑨]，面临了严重的缺粮问题，最后大军惨败而回，“士卒死亡者近二万，民夫逃归大半，死者近三千人，随军入寨者万一

---

① 《长编》卷317，元丰四年十月戊午，第7659—7660页。
② 《长编》卷317，元丰四年十月壬戌，第7667页。
③ 《长编》卷318，元丰四年十月壬午，第7697页。
④ 《长编》卷316，元丰四年九月乙酉，第7638页。
⑤ 《长编》卷319，元丰四年十一月己丑，第7709页。
⑥ 《长编》卷318，元丰四年十月丙子，第7692页。
⑦ 《宋史》卷486《夏国下》，第14011页。
⑧ 《长编》卷320，元丰四年十一月辛丑，第7720页。
⑨ 《长编》卷319，元丰四年十一月甲申，第7701页。

千余人”[①]。

种谔的鄜延路大军，“种谔驻兵麻家平以俟折运，逾期不至，士卒益饥困，行八日次盐州，会大雪，死者十二三，左班殿直刘归仁率众南奔，相继而溃入塞者三万人”[②]。种谔的鄜延大军因此溃散。

宋朝此次五路伐夏，五路大军之中，高遵裕、刘昌祚在灵州城遭到西夏决河水攻而大败，种谔、王中正因粮尽食绝而败，只有李宪一路占领兰州，保住了宋朝此役最重要的战果。

宋军此次大败，究其原因有二。其一为宋神宗指挥不当，对五路大军的分合朝令夕改，令人无所适从，尤其对河东王中正造成了致命影响。王中正受命节制鄜延路后，认为“鄜延受我节制，前与鄜延军遇，彼粮皆我有也，乃书片纸云：止可备半月粮。”王中正认为出兵后即与鄜延路会师，故全军只携半月粮，属下官吏庄公岳等恐粮草不足，多准备了八日粮。结果种谔“既得诏不受中正节制，委中正去，鄜延（粮）不可复得”，王中正的大军“出塞二十余日，始至宥州，粮不得不乏”，面临了严重的缺粮问题，最后惨败而回。

其二是运输问题。学者李华瑞在《宋夏关系史》中指出，北宋对西夏作战的特点是以防御战为主。[③] 以防御为主的军事手段，军队的移动多是城池到城池之间的短线移动，加上将兵法实施前安抚使仅能指挥驻泊禁军，兵力有限，因此对于后勤补给的要求不高。然而将兵法实施后，宋军动员规模较以往更为庞大，需要更多的后勤补给支持，而此役宋军又是主动出击，长程奔袭至灵州城下，更加重了后勤补给的困难。我们看到王中正、种谔的大军皆因缺粮而败，高遵裕、刘昌祚大军在梁太后抄截饷道之后，“粮道且绝”，可见宋军面临的粮食运输问题非常严重。而宋朝先进的火炮武器，也因运输能力的问题而无法运至前线发挥作用，使得宋军最后以惨败收场。

那么，保甲法中的保甲是否可以作为军人参与作战？五路伐夏时，神宗命令泾原路统帅王中正“候编排本路军马毕，赴阙，于在京七百料钱以下，选募马步军万五千人，开封府界及本路共选募义勇、保甲万人，如泾原路五千人不足，于秦凤路选募”[④]。按照熙宁九年的统计数字，开封府界有保甲七万三千七百一十八人（教阅者七万六百四十二人）；秦凤等路义勇三万九千九百八十人，保甲十二万六千四百九十一人（教阅者六万三千九百五十八人）。[⑤] 神宗命王中正选募开封府界与泾原路的义勇与保甲，却不过万人，显然比例甚少，并非作战主力，可见保甲之中具有战斗力者十分有限。元丰四年八月，提举河东路义勇保甲兼提点刑狱司奏言：“准转运司牒，已定太原府、代州等义勇、保甲运粮草。”[⑥]十月乙丑，按阅三路集教义勇保甲赵卨奏言：“臣等近自

---

① 《长编》卷319，元丰四年十一月丙戌，第7704页。

② 《长编》卷319，元丰四年十一月丁酉，第7715页。

③ 李华瑞：《宋夏关系史》，北京：中国人民大学出版社，2010年，第165—167页。

④ 《长编》卷313，元丰四年六月壬午，第7594页。

⑤ 《宋会要辑稿·兵》2之12—15，第8628—8629页。

⑥ 《长编》卷315，元丰四年八月辛酉，第7620页。

晋、绛至潞州按阅，体问潞州昨转运司差夫万一千随军，坊郭上户有差夫四百人者，其次一二百人，……期会迫趣，民力实不能胜。”[①]河东转运司还是仅仅将保甲保丁当作搬运人夫来运用，且转运司犹嫌人数不足，奏请由河北抽调人夫四万人供河东路使用，神宗大怒说道：“缘本路（河东路）止系籍义勇保丁有二十一万余人，岂有供上件一军不足之理？”[②]可见从皇帝到地方官员，都认为保甲仅能充当搬运人夫，真正的战斗任务还是要禁军来执行。

（二）永乐之役

元丰四年（1081）灵州之役失败后，种谔计划转攻为守，据险修筑城堡，与西夏长期抗战，《宋史·种谔传》记载：

> （种）谔谋据横山之志未已，遣子朴上其策。帝召朴问状，擢为合门祗候。将进城横山，命徐禧、李舜举使鄜延计议。谔言：“横山延袤千里，多马宜稼，人物劲悍善战，且有盐铁之利，夏人恃以为生；其城垒皆控险，足以守御。今之兴功，当自银州始。其次迁宥州，又其次修夏州，三郡鼎峙，则横山之地已囊括其中。又其次修盐州，则横山强兵战马、山泽之利，尽归中国。其势居高，俯视兴、灵，可以直覆巢穴。”[③]

种谔“谋据横山之志未已”，希望由绥州向前部署，在横山地区修筑城堡，与西夏长期抗战，种谔希望以银州、宥州、夏州“三郡鼎峙”，形成互相支持的三角防线。于是，神宗派遣给事中徐禧、内侍省押班李舜举往鄜延路议边事，[④]与种谔进一步商定细节。

元丰五年（1082），鄜延路经略安抚使沈括主张在古乌延城筑城，“以包横山，使夏人不得绝沙漠”，而给事中徐禧则主张“于银、夏、宥之界筑永乐城”。[⑤] 徐禧说道：“银州故城形势不便，当迁筑于永乐之上，盖银州虽据明堂川、无定河之会，而城东南已为河水所吞，其西北又阻天堑，实不如永乐之形势。”[⑥]鄜延经略安抚使沈括改变心意，认同徐禧的建议，“请城永乐”[⑦]。但是种谔认为永乐山上无水泉，“极言不可”[⑧]，认为绝不可在永乐修筑城堡。

在种谔与徐禧的争论中，神宗最后采纳了徐禧的建议，命令徐禧在永乐筑城，并且将种谔留在延州。十日后，“龙神卫四厢都指挥使、凤州团练使种谔降授文州刺史”[⑨]，进一步被贬降。

元丰五年九月甲申，“永乐城成”，两日后，“丙戌，诏赐永乐城名曰银川寨”。又一日，“丁亥，

---

① 《长编》卷317，元丰四年十月乙丑，第7674页。
② 《长编》卷317，元丰四年十月乙丑，第7677页。
③ 《宋史》卷335《种世衡附种谔传》，第10747页。
④ 《长编》卷326，元丰五年五月丙午，第7859页。
⑤ 《宋史》卷486《夏国下》，第14011页。
⑥ 《长编》卷328，元丰五年七月戊子，第7895页。
⑦ 王称：《东都事略》卷86《沈括传》，济南：齐鲁书社，2000年，第722页。其后永乐城陷，“神宗以括始议，责为均州团练副使、随州安置”。
⑧ 《宋史》卷486《夏国下》，第14011页。
⑨ 《长编》卷329，元丰五年八月辛未，第7923页。

贼三十万众攻城，(曲)珍率兵御之，将官寇伟、李师古、高世才、夏俨、程博古及使臣十余人，士卒八百余人战没，贼遂围城”。[①] 至戊戌日，《长编》记载：

永乐城依山无水，下滨无定河，为井十四，筑垒营之。敌众骤至，李稷惜军食，不纳役卒，卒以所持钁锸掘垒为磴道，争先登，敌乘之，遂夺水寨。城中掘井三，及泉，仅足饮将领，于是士卒渴死者大半，至绞马粪而饮之。……是夜，大雨，敌兵四面急攻，士卒饥疲，不复能拒。夜半，城遂陷，(徐)禧及(李)舜举俱死，(李)稷为乱兵所杀，曲珍及王湛、李浦逃归，士卒得免者什无一二。[②]

神宗支持徐禧的意见，修筑永乐城堡，并赐名“银川寨”。然而永乐城堡刚完成，西夏立刻派遣大军三十万来攻，西夏军包围永乐城堡，断其水源，城内乏水，宋军军士渴死者大半，西夏军终于将永乐城堡攻陷，徐禧战死。《宋史·夏国传二》记载：“是役也，死者将校数百人，士卒役夫二十余万，夏人乃耀兵米脂城下而还。”[③]

永乐城被西夏攻陷，其中重要的原因便是城中缺水，“士卒渴死者大半”。而种谔在与徐禧争论时，便已提及永乐山上无水泉，极言其不可。在种谔与徐禧的争论中，神宗站在徐禧一边，宁可听信没有战争经验的文官徐禧，也不接纳作战经验丰富的武将种谔的建议，最后导致永乐城破的结果。

六、结　论

元丰四年(1081)灵州之役，宋朝动员了超过三十二万的大军，兵分五路对西夏发动攻击，却以惨败收场，唯一的成果是攻占了兰州。元丰五年永乐城之役，宋朝又大败，对宋神宗西北拓边的雄心壮志，不啻为一大打击。神宗曾赐李宪诏，说道：

夏国自祖宗以来，为西方巨患，历八十年，朝廷倾天下之力，竭四方财用，以供馈饷，尚日夜惴惴焉，惟恐其盗边也。若不乘此机隙，朝廷内外并力一意，多方为谋经略，除此祸孽，则祖宗大耻，无日可雪；四方生灵赋役，无日可宽；一时主边将帅得罪天下后世，无时可除。[④]

言词之中，表达了对西夏问题的忧虑，并认为灵州、永乐之役的宋军将帅作战不力，“得罪天下后世”，要将帅们戴罪立功，“多方为谋经略”，以解决西夏的祸患。元丰八年三月，宋神宗崩，哲宗即位，由高太皇太后摄政，一度废止新法，对外也采消极态度。哲宗绍圣亲政以后与徽宗时期，

① 《长编》卷 329，元丰五年九月甲申、丙戌、丁亥，第 7926—7927 页。
② 《长编》卷 329，元丰五年九月戊戌，第 7936—7937 页。
③ 《宋史》卷 486《夏国下》，第 14012 页。
④ 《长编》卷 349，元丰七年十月癸巳，第 8376 页。

则复行新法，继承神宗拓边政策，继续经略河湟，终于攻占青唐（今青海西宁），并对西夏发动攻击，然而对西夏仍未能取得决定性的胜利，直至北宋覆亡。

宋神宗推行富国强兵之策，已一改保守、文弱的面貌，在对外问题上积极进取，甚至主动出击。然而由于他指挥不当，朝令夕改，且军事制度的改革未尽完善，保甲缺乏战斗力，将兵法组成的大军面临后勤补给无法配合的问题，最后导致了宋朝在战场上的挫败。

作者简介：

雷家圣，1970 年生，台湾师范大学文学博士，现任上海师范大学古籍整理研究所副教授，硕士生导师。研究方向为宋史、中国政治制度史、中国货币史等领域。出版有《力挽狂澜——戊戌政变新探》（2004 年初版，2016 年增订本《失落的真相——晚清戊戌政变史事新探》，2019 年简体版《引狼入室——晚清戊戌史事新探》）、《宋代监当官体系之研究》（2009）、《北宋前期文官考铨制度之研究》（2010）、《聚敛谋国：南宋总领所研究》（2013）等学术专著，另在国内外期刊发表论文、书评数十篇。

有关“朱陈之辩”的几个问题

汤勤福

摘　要：南宋“朱陈之辩”中的一些问题亟待厘清。这场论辩的直接起因是陈亮被诬附和道学而入狱。陈亮一方面为脱罪而极力撇清与道学的关系，另一方面又因朱熹以醇儒自律的劝诫之言而不平，遂引发了“朱陈之辩”。论辩的核心是道统问题，而不是义利王霸之辨。朱熹认为圣学重在道德心性，核心为禀天理而弃人欲。道统自尧、舜、禹、汤、文、武、周公、孔子、孟子圣圣相传，因汉唐人欲炽盛而中绝，到宋初方由周、程等道学人士发扬光大。陈亮虽不否定德行，但偏重功业，认为汉唐功业足以接续道统。这一分歧的根本原因在于两人治史目的不同。朱熹主张先经后史，强调治史应具有明道正谊的道德价值追求。而陈亮虽也认同孔孟之道，但回避了治史对个人道德修养的问题，更强调治史的现实社会功效。这一分歧是造成双方论辩的根本原因。

关键词：朱熹　陈亮　义利　王霸　道统　治史目的

南宋时期的“朱陈之辩”是中国哲学史上的一个重大的问题，长期以来学者专家对此作过很多的研究，澄清了其中的一些问题，但仍有不少问题值得进一步研究与讨论。笔者特提出以下几点予以讨论，不妥之处还望学者专家指正。

一、关于“朱陈之辩”的起因

研讨这一问题最直接的资料是双方来往的有关信件。据中华书局点校本《陈亮集》卷二〇所载，朱陈来往的信件共23封，其中陈亮的信8封，朱熹的信15封，分别载于《朱熹集》卷二八和卷三六，实际上《朱熹集·续集》卷七中还有一封信没有收入，不过此信写于绍熙三年(1192)，与双方辩论无关。另外，上述24封信也不是朱陈双方通信的全部，至少在双方辩论中就有数封信已遗失。现根据《陈亮集》所载，编排有关双方论辩之信的顺序如下：朱信四→陈信四→朱信五、六→陈信五→朱信七、八→陈信六→朱信九→陈信七→朱信一〇→陈信八→朱信一一，共

13 封。

从上述 13 封信来分析，笔者以为引起争论的原因有两个。其一，是陈亮的“免死之计”（见陈信八）。淳熙十一年（1181）春，陈亮受诬而系狱，四月，朱熹听到陈亮出狱的传闻，便以朋友的交谊驰函表示慰问，同时也对陈亮进行规劝，认为陈亮受诬是“平日狂妄”，“自处于法度之外，不乐闻儒生礼法之论”所致，因而劝他“宜痛自收敛”，“绌去义利双行、王霸并用之说，而从事于惩忿窒欲，迁善改过之事，粹然以醇儒之道自律”，这样“培壅本根，澄源正本，为异时发挥事业之地者，益光大而高明矣”（见朱信四）。朱熹之言，纯粹从理学家的角度出发，以为陈亮系狱仅仅是个人的修养问题，故着眼点在劝陈亮提高个人的修养以“培壅本根”，以醇儒自律，放弃义利双行、王霸并用的观点。而陈亮却对此次变故另有看法：

> 如亮今岁之事，虽有以致之，然亦谓之不幸可也。当路之意，主于治道学耳。亮滥膺无须（即莫须有）之祸……凡亮今日之坐谤者，皆其虚影也……然亮自念有虚形而后有虚影，不恤世间毁誉怨谤，虽可以自立，亦可以招祸。（见陈信四）[①]

显然，陈亮已经感觉到整治他的人是针对以朱熹为首的所谓“道学家”们的，而他则是无辜受害者。具体说来，陈亮怀疑有人认为他“假秘书（朱熹）诸人之势，干与州县以求贿”，并附和道学。他认为这与淳熙九年朱熹弹劾唐仲友事件是密不可分的。陈亮的看法可以从淳熙十年给朱熹的信看出：“唐与政乃见疑相谗，是真足当田光之死矣。”（见陈信三）因为唐氏是宰相王淮的姻亲，朱熹得罪王淮，已自劾辞职，陈亮以为自己受牵连而得祸也在所不免，况且此时郑丙、陈贾等人已上书力诋程氏之学，实际暗指朱熹之学是伪学。由此，陈亮力图与朱熹划清界线：“亮之居乡，不但外事不干与，虽世俗以为甚美，诸儒之所通行，如社仓义役及赈济等类，亮力所易及者，皆未尝有分毫干涉。只是口唠噪，见人说得不切事情，便喊一声，一似曾干与耳。”（见陈信四）如此洗刷自己，无非是表白与朱熹之“道学”毫不相关。他说：“亮虽不肖，然口说得，手去得，本非闭眉合眼，矇瞳精神以自附于道学者也。”划清界线，挑起争端，无非是为了免死而已。这不是笔者的推测之词，陈亮自己也并不否认：“世以（我）相附和为党而欲加之罪者，非也。此数书亦欲为免死之计，见世之有力者（指当权者）亦使一读之。”（见陈信八）这不是十分明白的事吗？诚然，陈亮对问题确实比朱熹看得深一些，但是，笔者以为陈亮力图与朱熹等理学家划清界线的做法并不值得肯定。

陈亮力图洗刷自己的做法，还可以从他给别人的信中得到印证：

> 二年之间，一半为囚。自余奔走，人扼其喉。[②]
>
> 亮拔身于患难之中，蚤夜只为碗饭杜门计，虽天下豪俊，皆不敢求交焉。[③]

---

① 陈亮：《陈亮集》卷 20《又甲辰秋书》，北京：中华书局，1974 年，第 279—280 页。

② 《陈亮集》卷 24《祭石天民知军文》，第 367 页。

③ 《陈亮集》卷 29《复李唐钦》，第 272 页。

二月间匆匆告违，即有金陵京口之役……亮已交易得京口屋子，更买得一两处芦地，便为江上之人矣。地广则可以藏拙，人朴茂则可以浮沈。五七年后，庶几一成不刺人眼也。[①]

上述数例不正是陈亮在感觉到"人扼其喉"的危险境地中，企图在京口买一住房，不交天下豪杰而成一"不刺眼人"和"免死之计"心态的注脚吗？陈亮挑起争论，本想逃脱他人的陷害，实际上并没有达到目的，他在表示停止争论的第八封信中承认："此数书未能免罪于世俗（指当权者），而得罪于门下士多矣；不止，则楚人又将钳我于市。进退维谷，可以一笑也。"（陈信八）

引起争论的第二个原因是陈亮的"不平之气"。陈亮"为人才气超迈"[②]，"视毁誉如风而不恤"[③]，喜讽议品评人物，由于其早年得到执政周葵赏识，受到提携推崇，故陈亮得以与朝臣往来，虽无功名，却能名闻朝野。然而陈亮又很自负，对所谓"道学家"们是不屑一顾的，批评极多而且尖锐，今存《陈亮集》中保存这类语言甚多，此举两例证之：

世之学者玩心于无形之表，以为卓然而有见。事物虽众，此其得之浅者，不过如枯木死灰而止耳；得之深者，纵横妙用，肆而不约，安知所谓文理密察之道！[④]

（道学）相蒙相欺以尽废天下之实。[⑤]

从上述可见，陈亮对"道学家"们的态度并不是客观的。陈亮学无师承，自创一格，虽不反对孔子学说，然"喜谈兵"[⑥]，偏重智术事功，尤其认为自己从小练就"屠龙之技"，"亦尝思与一世豪杰之人审订其是非可否"，然而却"技成而无用，且更以取辱"，[⑦]这对陈亮来说是个极大的打击，不平之气无处发泄，加之受诬而入狱，却遭到朱熹的批评，说他"狂妄"，而且要他放弃"义利双行、王霸并用"的观点，以醇儒自律，这无疑是火上加油，于是陈亮的不平之气终于爆发出来了，下引陈信四（即引起争论的信）几段话：

司马迁有言："贫贱未易居，下游多谤议。"因来教而深有感焉。亮之生于斯世也，如木出于嵌崎之间，奇蹇艰涩，盖未易以常理论。而人力又从而掩盖磨灭之，欲透复缩，亦其势然也。

亮二十岁时，与伯恭同试漕台，所争不过五六岁，亮自以姓名落诸公间，自负不在伯恭后。而数年之间，地有肥硗，雨露之养，人事之不齐，伯恭遂以道德为一世师表，而亮陆沉残破，行不足以自见于乡间，文不足以自奋于场屋，一旦遂坐从于百尺楼下。

来谕谓伯恭相处于法度之外，欲有所言，必委曲而后敢及，则当出于其徒之口耳……亮

① 《陈亮集》卷29《复吕子约》，第270页。
② 《宋史》卷436《陈亮传》，北京：中华书局，1977年，第12929页。
③ 《陈亮集》卷18《谢罗尚书启》，第243页。
④ 《陈亮集》卷19《与应仲实》，第259—260页。
⑤ 《陈亮集》卷15《送吴允成运幹序》，第179页。
⑥ 《宋史》卷436《陈亮传》，第12929页。
⑦ 《陈亮集》卷21《与勾熙载提举》，第323页。

非假人以自高者也，攀拳撑脚，独往来于人世间，说自伤其孤另而已。[①]

这些引文已足以显示陈亮的"不平之气"了。这一点，朱熹在看信后已经发现了，因而在回信中说："细读来书，似未免有不平之气。区区窃独妄意：此殆平日才太高、气太锐、论太险、迹太露之过。是以困于所长，忽于所短，虽复更历变故，颠沛至此，而犹未知所以反求之端也。"（见朱信六）并寄手书张公集句《座右铭》为赠，以示规劝之意。陈亮虽自己承认"谓亮书中有不平之气，则诚有之矣"，但心中之气仍未平息，以为"负一世之谤，頹然未尝自辩，设死后，谁当为我明之"（陈信五）。这里的"一世之谤"，即所谓的附和道学之事。由此可见，朱陈之辩的起因，一是陈亮的免死之计，二是陈氏的不平之气。而朱熹则希望陈亮能改变以往的行为，加强道德修养，以成为一个"醇儒"。

二、朱陈之辩的核心问题

弄清朱陈之辩的起因后，接着应该分析双方辩论的核心问题。以往学术界一直把朱陈之辩的核心问题说成是双方历史观的争辩，认为陈亮持"义利双行、王霸并用"的观点，肯定汉唐角智斗力比三代进步，因而他是历史发展论者；而朱熹则崇义贬利、尊王贱霸，认为汉唐之世不如三代，故是历史倒退论者。按这种观点，是难以解释陈亮信中许多言论的，此仅摘两条证之：

来谕谓亮推崇汉唐以为三代不异，贬抑三代以为与汉唐不殊。如此则不独不察其心，亦并与其言不察矣。某大概以为三代做得尽者也，汉唐做不到尽者也。（陈信六）[②]

亮大意以为本领闳阔，工夫至到，便做得三代；有本领无工夫，只做得汉唐。（陈信七）[③]

这里，陈亮不是一再声称三代优于汉唐吗？他与朱熹的观点有什么"质"的差异呢？可见，上述的观点是大有商榷余地的。产生上述观点的原因，笔者认为是没有正确把握朱陈之辩的核心问题。那么，双方争辩的核心是什么？笔者认为是"道统"问题，即三代圣贤、孔孟传授之"道"由谁来继承，汉唐时道统是否中断，以及宋代的道学家是不是道统的继承人这些相关问题。

道统即所谓"圣学"统绪，按照朱熹的说法："盖自上古圣神继天立极，而道统之传有自来矣。其见于经，则'允执厥中'者（笔者按：见《论语·尧曰》），尧之所以授舜也；'人心惟危，道心惟微，惟精惟一，允执厥中'者，舜之所以授禹也。尧之一言，至矣尽矣，而舜复益之以三言者，则所以明夫尧之一言必如是而后可庶几也。"[④]在朱熹看来，圣学统绪是从尧、舜、禹、汤、文、武、孔子而到孟子，其传道秘诀就是上述16字，这"便是尧舜相传之道"[⑤]。朱熹认为道统是十分重要的：

---

① 《陈亮集》卷20《又甲辰秋书》，第279页。
② 《陈亮集》卷20《又乙巳春书之二》，第289页。
③ 《陈亮集》卷20《又乙巳秋书》，第292页。
④ 郭齐、尹波点校：《朱熹集》卷76《中庸章句序》，成都：四川教育出版社，1996年，第3994页。
⑤ 黎靖德：《朱子语类》卷58《问尧以天下予舜章》，北京：中华书局，1986年，第1362页。

"周公殁，圣人之道不行；孟轲死，圣人之学不传。道不行，百世无善治；学不传，千载无真儒。无善治，士犹得以明夫善治之道，以淑诸人，以传诸后；无真儒，则天下贸贸焉莫知所之，人欲肆而天理灭矣。"[①]他认为圣学道统虽不行于世间，但仍由儒家学者递相传授而如缕如丝地传承下来，尤其是到了宋初，才由周、程诸贤重新发扬光大。

在朱熹看来，圣学是从个人修身养性乃至治国平天下的不可须臾离开的至宝，是万世不变的常法，真正体现了天理，如果舍弃它，则"人欲肆而天理灭"了。朱熹从人性理论角度来论述这个问题。他继承了孟子的性善论，同时采纳了张载的"天地之性"与"气质之性"说，并作了发挥，认为天地之性（即天命之性）是人生来就具有的，故禀天理而为善，即所谓的"道心"；气质之性是人出生之时所禀之气而规定的，因人而异，故常被人欲所蔽而显现为恶，即所谓的"人心"，因而必须用后天的修养来去恶存善，摈弃人欲，恢复天理。

朱陈之辩中，朱熹信中有一段十分重要的话，节录如下：

> 人自有生而梏于形体之私，则固不能无人心矣；然而必有得乎天地之正，则又不能无道心矣。日用之间，二者并行，迭为胜负，而一身之是非得失，天下之治乱安危，莫不系焉。是以欲择之精而不使人心得以杂乎道心，欲其守之一而不使天理得以流于人欲，则凡其所行无一事之不得其中，而天下国家无所处而不当。（朱信八）[②]

这里的道心，即朱熹所说的"道心是本来禀受得仁义礼智之心"[③]，"道心，天理也"[④]；而所谓的人心，即"人欲也"[⑤]，这种人欲是"饥而思食，寒而思衣底心"，因而"虽圣人不能无人心，如饥食渴饮之类；虽小人不能无道心，如恻隐之心是"。[⑥] 在朱熹看来，"人心不全是不好"，但"人心易得走从恶处去"，因此必须"有道心，则人心为所节制"。[⑦] 由此，朱熹认为要做"惟精惟一"的修身养性的工夫，因为"惟精是不杂，惟一是始终不变，乃能允执厥中"，在大千世界中，只有"圣人不以人心为主，而以道心为主"，[⑧]行天理而弃人欲，其他人都不能如此。在讨论汉唐问题上，朱熹认为汉高祖、唐太宗等人都是人欲炽盛："高祖斩丁公，赦季布，非诚心欲伸大义，特私意耳。季布所以生，盖欲示天下功臣。是时功臣多，故不敢杀季布。既是明大义，陈平（韩）信（季）布皆项羽之臣，信布何待反而诛之？"[⑨]而"唐太宗以晋阳宫人侍高祖，是致其父于必死之地，便无君臣父子夫妇之义"[⑩]；"太宗诛建成，比于周公诛管蔡，只消以公私断之。周公全是以周家天下为

---

① 朱熹：《四书集注·孟子集注》卷14《尽心章句下》，北京：中华书局，1983年，第377页。
② 《朱熹集》卷36《答陈同甫》，第1598页。
③ 《朱子语类》卷78《大禹谟》，第2018页。
④ 《朱子语类》卷78《大禹谟》，第2018页。
⑤ 《朱子语类》卷78《大禹谟》，第2018页。
⑥ 《朱子语类》卷78《大禹谟》，第2011页。
⑦ 《朱子语类》卷78《大禹谟》，第2011页。
⑧ 《朱子语类》卷78《大禹谟》，第2009页。
⑨ 《朱子语类》卷135《历代二》，第3221页。
⑩ 《朱子语类》卷136《历代三》，第3245页。

心，太宗则假公义以济私欲者也”[1]。类似这样的评论，在《朱熹集》和《朱子语类》中是很多的，朱陈之辩中朱熹也反复强调这些观点。虽然，朱熹也承认汉唐君王有功绩，也认为他们有本领，但是他们都是以人欲为主，而非以天理为主，那就不可能继承古代圣贤的道统，如此就剥夺了汉唐君王继承道统的权利。

陈亮不同意朱熹的观点，他说：“然谓三代以道治天下，汉唐以智力把持天下……诸儒之论，为曹孟德以下诸人设可也，以断汉唐，岂不冤哉！”（陈信四）按陈亮的意见，尧舜禹之道，也传于汉唐，这是由本领“洪大开廓”的汉唐之君继承下来，而至于曹孟德之类则另当别论，他们无继承道统的资格。在陈亮看来，汉唐之君能使国与天地并立，“人物赖以生存”，故“人道”与“天道”并行不悖。从陈亮的论述中可见，他是偏重功业，也不完全否定德行，如果坚持这种观点，倒也能自成一说。遗憾的是，陈亮并未以此观点来考察所有的历史人物。如果认为功业大便可继承道统的话，为什么曹操不能继承道统？如果说曹操不能继承道统是因为他的德行不好，那么，为什么汉高祖、唐太宗就能继承道统呢？显然陈亮的论述中存在着严重的逻辑矛盾，不能自圆其说，因此陈傅良说陈亮“无修辞之功”[2]，确实是一针见血。这里再以陈亮自己的话来证明双方争论的核心问题：“使汉唐之义不足以接三代之统绪，而谓三四百年之基业可以智力而扶持者，皆后世儒者（指朱熹）之论也。世儒之论不破，则圣人之道无时而明，天下之乱无时而息矣。”[3]陈亮之语，不正是十分明确地说明了双方争论的核心问题吗？其实，陈亮所说的“亮与朱元晦所论，本非为三代、汉、唐设，且欲明此道在天地间如明星皎月”[4]一段话，也是学者们经常引用的，但这里的“道”字被解释成“历史发展的规律”，而不是上述陈亮自己所说的“三代之统绪”（即道统）之“道”，笔者以为太勉强了。值得补充的是，陈亮信中所说的破“世儒之论”，为了达到所谓平息“天下之乱”，与郑丙、陈贾攻击朱熹的言论是一致的，客观上对当时反假道学的风波起到了推波助澜的作用。

三、朱陈之辩分歧的原因

朱熹与陈亮的交锋，分歧的原因究竟是什么？笔者认为需要从两者的治史目的来分析。

朱熹一贯主张“先经后史”，“先经后史”就必须“明道正谊”。他虽然不反对治史，但反对说王道霸的治史功利说，认为陈亮的错误便在于不重视治经，缺乏自身的道德修养，而治史又只讲功利、王霸，如此治史是十分“可畏”的。在朱熹看来，治史必须像治经一样去达到治国平天下的“及人”境界，这就是治史的价值所在，这充分显示了朱熹把史学作为经学附庸的观点。那么，朱

---

① 《朱子语类》卷 136《历代三》，第 3245—3246 页。
② 《陈亮集》卷 21 附陈傅良《致陈同甫书》，第 331 页。
③ 《陈亮集》卷 3《问答一》，第 33 页。
④ 《陈亮集》卷 21《与陈君举》，第 330 页。

熹明道正谊的治史功利说有什么特点呢？笔者认为有以下几个方面值得注意。

其一，治史者懂得明道正谊的话，就会更有利于其本身的道德修养。“明道正谊”是汉儒董仲舒的话，他说：“正其谊不谋其利，明其道不计其功。”[①]而朱熹在解释这段话时说：“道、义是个体、用。道是大纲说，义是就一事上说。义是道中细分别，功是就道中做得功效出来。”[②]显然，朱熹把道与义区分为体用关系，即道是“大本”，义是“大本”的具体运用。“大本”当然是天理，在人类社会中体现为三纲五常，那是不可变易的，也就是亘古不可变易的核心。“义”是三纲五常具体的运用，因而一举一动、一静一默都必须符合“义”，即符合三纲五常，反之就“不义”，即违反三纲五常，也就是违反了天理。朱熹对“利”的态度如何呢？他在回答门人问“子罕言利，与命、与仁”时说，“这‘利’字是个监界尘糟的物事。若说全不要利，又不成特地去利而就害。若才说着利，少间便使人生计较，又不成模样”，“利不是不好。但圣人方要言，恐人一向去趋利；方不言，不应是教人去就害，故但罕言之耳”，“利，谁不要？才专说，便一向向利上去”。[③] 由此可见，他一方面承认“利”是客观存在的事物，也承认人们求利去害的合理行为，但另一方面又反对“专说”利而最终害义的行为，因为这是违背三纲五常的。朱熹赞成董仲舒的观点，强调明道正谊，认为“正其谊，则利自在；明其道，则功自在。专去计较利害，定未必有利，未必有功”[④]，强调“得道义则功利自至”，但是，他也承认“有得道义而功利不至者”，然而即使如此，也不能去追求功利，因为一提起功利两字就会产生“不顾道义”的结果。[⑤] 显然，朱熹只是避开了功利两字，把它换成明道正谊四字而已，从道德角度立论，特别强调个人的修养，认为这就是治史的“功利”。要求治史者加强道德修养，不能说完全不对，这至今仍然有可取之处，但是朱熹把道德与功利对立起来，从另外一个方面走向绝端，则是错误的。

具体到治史问题上，他反对浙学偏重史学而轻视经学的治史方法，他说：“近日又有一般学问，废经而治史，略王道而尊霸术，极论古今兴亡之变而不察此心存亡之端，若只如此读书，则又不若不读之为愈也。”[⑥]这里的“不察此心存亡之端”，就是指不从自身的道德修养入手治史，这正是朱熹所极力反对的。在朱熹看来，这种治史方法路头不正，于自己的修养毫无好处。他说：“今须先正路头，明辨为己为人之别。直见得透，却旋旋下工夫，则思虑自通，知识自明，践履自正……若见不透，路头错了，则读书虽多，为文日工，终做事不得。比见浙间朋友，或自谓能通《左传》，或自谓能通《史记》，将孔子置在一壁，却将左氏司马迁驳杂之文钻研推尊，谓这个是盛衰之由，这个是成败之端。反而思之，干你身己甚事？你身己有多多少少底事合当理会，有多多

---

① 《汉书》卷 56《董仲舒传》，北京：中华书局，1962 年，第 2524 页。
② 《朱子语类》卷 95《程子之书一》，第 2451 页。
③ 《朱子语类》卷 36《子罕言利章》，第 948—949 页。
④ 《朱子语类》卷 37《可与共学章》，第 988 页。
⑤ 《朱子语类》卷 137《战国汉唐诸子》，第 3263 页。
⑥ 《朱熹集》卷 53《答沈叔晦》，第 2683 页。

少少底病未曾去，却来说甚盛衰兴亡治乱，这个直是自欺！”[①]如此，只会造成“自家心术坏了”[②]的结果，当然也就达不到明道正谊的要求，也就失去了治史的价值所在。朱熹所批判的“浙间朋友”是指陈亮、陈傅良及叶适乃至吕祖谦等人。

正如前面指出的那样，朱熹并不反对治史，不反对去理会名物制度，但他强烈反对不做切己工夫，认为偏重于治史，只理会名物制度，那就是舍本求末，这种治史是没有价值的。朱熹曾说，“今人于制度文为一一致察，未为不是，然却于大体上欠阙，则是弃本而求末也”，“今人讲明制度名器，皆是当然，非不是学，但是于自己身上大处却不曾理会，何贵于学”。[③] 他批评：“今世文人才士，开口便说国家利害，把笔便述时政得失，终济得甚事！只是讲明义理以淑人心，使世间识义理之人多，则何患政治之不举耶！”[④]在他看来，“凡事求可，功求成，取必于智谋之末，而不循天理之正者，非圣贤之道”[⑤]。因此，朱熹强调“先经后史”的治史顺序，以为学者必须先于大本上着手，治经为主，以史为辅，否则就不是“圣贤之道”了。

值得指出的是，朱熹以为先经后史的治史顺序是不可改变的，因为只有大本正、天理明，才能对学者有帮助，这便是治史的价值所在。然而要做到大本正、天理明，必须“明道正谊”，否则路头错了，举措事业便不可能符合圣贤之道，将于世无补。显然，朱熹更强调从道德入手讨论问题，关心的是提高学者的道德修养，认为这是做一切事业的出发点。当然，这是在提倡封建的伦理纲常，但是，从历史的眼光来分析，朱熹强调这种伦理纲常是无可厚非的，因为一种道德思想体系是一定的历史条件下的产物，没有超时代的道德思想体系，他不可能超越当时的历史条件而提出更为科学的道德思想体系。问题在于这种道德思想体系在当时有无合理性，以及提倡者日常所行与这种道德准则是否一致，这便是判断其提倡的伦理道德在当时进步与否的标准。笔者认为：朱熹所处的南宋王朝，正处于中国封建社会的上升期，社会经济发展达到了前所未有的高度，由此产生的这种封建的伦理纲常仍属于一种与社会经济基本适合的道德思想体系，从总体上说，它是一种在当时历史条件下具有一定合理性的道德规范，因而没有必要以现在的眼光来指责它。当然，指出它在某一方面的缺陷也是必要的，但仍须用历史主义的眼光看待这个问题。从朱熹平时所操守的道德准则来看，他一生主张抗金而收复失地，宣扬民族气节；敢于直谏，批评弊政，宁可辞官而穷死僻壤；坚持儒家重仁义、重民生的观点，创建义仓，赈济灾民；个人生活作风严谨，因而可以说他是一个道德思想较为高尚的古代知识分子，被后人尊为“圣贤”也不是偶然的。当然，道德规范是有时代性的，到现在再完全照搬朱熹宣扬的道德规范，就像朱熹宣称的那样，把封建伦理纲常说成是万世不变的天理，那便毫无合理性了，这是应该特别指

---

① 《朱子语类》卷114《训门人二》，第2757页。

② 《朱子语类》卷73《鼎》，第1848页。

③ 《朱子语类》卷35《曾子有疾孟靖子问之章》，第917页。

④ 《朱子语类》卷13《力行》，第237页。

⑤ 《朱子语类》卷108《论治道》，第2687页。

出的。

其二，朱熹认为治史者明天理后，可以用“义理”去评判历史上的是非，也就是说，明道正谊的治史是具有现实的“功利”的。朱熹的格物穷理学说中承认：“格物亦非一端，如或读书讲明道义，或论古今人物而别其是非，或应接事物而处其当否，皆穷理也。”[①]这种“论古今人物而别其是非”，是基于明天理之上的，明天理就是明道正谊，既是前提，又是结果，这就是朱熹以理阐史、以史证理的史学观。

这里先从朱熹论读史书问题入手讨论。朱熹的学生邵浩提及“赵书记云：‘自有见后，只是看六经、《语》、《孟》，其他史书杂学不必看’”，朱熹断然回答：“如此，即不见古今成败，便是荆公之学。书那有不可读者？只怕无许多心力读得。六经是三代以上之书，曾经圣人手，全是天理。三代以下文字有得失，然而天理却在这边自若也。要有主，觑得破，皆是学。”[②]这里，朱熹确有迷信圣人和把六经地位绝对化的弊病，这是当时人的通病，但是，他又明确反对“其他史书杂学都不必看”的观点，认为只要“觑得破，皆是学”，实际上仍坚持在明道正谊的前提下，治史书、杂学仍是“学”，即具有现实的价值，这种价值便是进一步理解天理的无所不在。再举几例来论证：

> 所谓致知者，正是要就事物上见得本来道理。即与今日讨论制度、较计权术者意思功夫迥然不同。若致得吾心本然之知，岂复有所陷溺耶？正坐论事而不求理，遂致生此病痛耳。[③]

> 文字虽不可废，然涵养本原而察于天理人欲之判，此是日用动静之间不可顷刻间断底事。若于此处见得分明，自然不到得流入世俗功利权谋里去矣。[④]

上述第一例是朱熹答康炳道之信。据《宋元学案》卷七三《丽泽学案》，康氏为吕伯恭的学生，亦属浙东学派一员。吕氏开创的浙东学派偏重史学，朱熹对此是深表反对的，认为是大本不正。由此，朱熹就力辨自己治史与浙东学派治史的异同，认为自己治史是在治经之后，只是对治经的补充而已，目的在于“见得本来道理”，与仅仅“讨论制度，计较权术者，意思迥然不同”。第二例出自朱熹给吕伯恭之弟吕子约的信，其中更加明确地指出要在大本上见得分明，否则就会流入“世俗功利权谋里去”，当然，这也就失去了治史的真正价值所在了。在《朱熹集》与《朱子语类》中，朱熹对婺学（专指以吕伯恭为代表的婺州学者）和永康、永嘉学派批评是相当多的，如说“伯恭于史分外仔细，于经却不甚理会”[⑤]，“婺州朋友专事闻见，而于自己身心全无功夫”[⑥]，“婺州士友只流从祖宗故事与史传一边去。其驰外之失，不知病在不曾于《论语》上加工”，“浙间学

① 朱熹：《四书或问·大学或问》卷2，文渊阁《四库全书》本，第231页。
② 《朱子语类》卷11《读书法下》，第190页。
③ 《朱熹集》卷54《答康炳道》，第2724页。
④ 《朱熹集》卷47《答吕子约》，第2308—2309页。
⑤ 《朱子语类》卷122《吕伯恭》，第2951页。
⑥ 《朱熹集》卷49《答陈肤仲》，第2382页。

者推尊《史记》，以为先黄老，后六经，此自是太史谈之学”。[1] 实际上，朱熹没有把史学与理学区分开，企图把史学纳入理学的体系之内，这是他的理学思想所决定的。

值得指出的是，朱熹在判断历史人物、历史事件时，并不是以某人言语来判断，而是透过表象来分析问题，显示了他的卓越史识。举例如下：

> 或问：“维州事，温公以（李）德裕所言为利，（牛）僧孺所言为义，如何?”曰：“德裕所言虽以利害言，然意却全在为国；僧孺所言虽义，然意却全济其已私。且德裕既受其降矣，虽义有未安，也须别做置处。乃缚送悉怛谋，使之恣其杀戮，果何为也！”[2]

这里，朱熹并未以李德裕言利与牛僧孺言义而作直观的判断，而是通过表面现象，以他们为国（即为公）为私来作判断，显示出他超人的卓识。

朱熹还用陂塘蓄水与溉田作比喻来论述己身修养与治史的关系：

> 今人读书未多，义理未至融会处，若便去看史书，考古今治乱，理会制度典章，譬如作陂塘以溉田，须是陂塘中水已满，然后决之，则可以流注滋殖田中禾稼。若是陂塘中水方有一勺之多，遽决之以溉田，则非徒无益于田，而一勺之水亦复无有矣。读书既多，义理已融会，胸中尺度一一已分明，而不看史书，考治乱，理会制度典章，则是犹陂塘之水已满，而不决以溉田。若是读书未多，义理未有融会处，而汲汲焉以看史为先务，是犹决陂塘一勺之水以溉田也，其涸也可立而待也。[3]

这段话，也十分清楚地显示出朱熹对自身修养与治史关系的认识，体现出他对治史的价值判断。在朱熹看来，只有真正掌握住天理，才能治史，这样便可以像蓄水溉田一样，滋润禾稼，于自身修养才有价值，反之，没有掌握天理而去治史，不但不能滋润禾稼，反而使陂塘之水也干涸了，按朱熹的话来说，即“坏了心术”，这种治史当然就“堕落”到说王道霸的治史功利说中去了。朱熹以为，真正处理好两者关系也是很难的事，他在给好友张敬夫的信中说：“大率学者须更令广读经史，乃有可据之地。然又非先识得一个义理蹊径，则亦不能读，正惟此处为难耳。”[4]在这种情况下，朱熹便提出先经后史的治史顺序说。

陈亮的治史目的与历史观，究竟与朱熹有什么差别？如何理解这种差别？这是很值得研究的问题。陈亮在《上孝宗皇帝第二书》中说：“孔子伤宗周之无主，痛人道之将绝，而作《春秋》。”这一“人道”，在陈亮与朱熹辩论中常常被提及，实际是指封建纲常。陈亮在《勉强行道大有功》中说得很清楚：“夫道非出于形气之表，而常行于事物之间者也。人主以一身而据崇高之势，其于声色货利，必用吾力焉，而不敢安也。其于一日万几，必尽吾心焉，而不敢忽也。惟理是徇，惟

---

① 《朱子语类》卷122《吕伯恭》，第2956页。
② 《朱子语类》卷136《历代三》，第3249页。
③ 《朱子语类》卷11《读书法下》，第195页。
④ 《朱熹集》卷32《答张敬夫》，第1370页。

是是从，以求尽天下贤者之心，遂一世人物之生，其功非不大，而不假于外求，天下固无道外之事也。不恃吾天资之高，而勉强于其所当行而已。”而一些学者只取这段话的前两句，来“证明”陈亮具有所谓与朱熹思想对立的唯物主义因素，这实在是南辕北辙之事。如果肯定陈亮上述的“道”是指封建的纲常，那么可以看出，陈亮认为孔子作《春秋》是为了维护封建纲常——虽然陈亮混淆了孔子生活的时代与他所处的时代，但确实可以看出陈亮的真实观点。

在陈亮看来，“孔子之作《春秋》，其于三代之道或增或损，或从或违，必取其与世宜者举而措之，而不必徇其旧典。然于君臣之大义，未之有改也”[①]。这君臣大义，当然是人道——即封建纲常了。由此可见，陈亮并没有也不可能摈弃封建纲常，与朱熹一样，他也是极力维护这种纲常的，这就是陈亮的治史目的。如果我们仔细看一下现存的《陈亮集》的《问答》《中兴论》《酌古论》及其他篇目，确实可以得出这一结论。

陈亮认为读书治史要切于世用，他曾说：“自昔圣贤之生于世也，岂以一身之故而求以自见于斯世哉！适会其时，而人道之不可少者待吾而后具，则其责不可得而辞。进而经世，退而著书，亦惟所遇而已矣。”例如“贾生之一书，仲舒之三策，司马子长之记历代，刘更生之传五行”，虽有异于先秦诸儒，“其切于世用而不悖于圣人”，[②]这里可见陈亮读书治史切于世用的思想，这种有价值的思想是应该肯定的。

陈亮的历史观与朱熹相比并无先进之处。首先，他探求历史发展的规律时是以神秘主义的历史循环论作基础的。陈亮常以《易》来解说，如说“夫阴阳之气，阖辟往来，间不容息”，“天地盈虚消息之理，阳极必阴，阴极必阳，迭相为主而不可穷也”。[③] 他认为天道六十年一变，如在《与章德茂侍郎》中说：“垂象之异，村落中无从知之。渡江安静且六十年，辛巳之变，行三十年，和议再成又二十三年。老秦掀天扑地，只享十六年之安，通不过二十二年。今者文恬武嬉，宜若可为安静之计；揆之时变，恐劳圣贤之驰骛矣，不待天告而后知也。”在《与王季海丞相》一文中也有类似的“天数”的说法，这都体现出陈亮的神秘主义的历史循环论观点。其次，陈亮持英雄创世的观点。在他看来，只有才能杰出的人物才可建大功、立大业，他在《戊申再上孝宗皇帝书》中说：“臣闻有非常之人，然后可以建非常之功。求非常之功而用常才，出常计，举常事以应之者，不待智者而后知其不济也。前史有言：‘非常之原，黎民惧焉。’古之英豪，岂乐于惊世骇俗哉！”这种才能杰出者，“多只一个两个，便了一世事。超世迈往之才，岂可以人人而求之乎”。[④] 这十分清楚地体现出英雄创世的观点。

显然，陈亮与朱熹在历史观上并无多少差别，其主要差别在于治史目的上。陈亮主张治史要切于“世用”，朱熹则主张治史要切于“己用”。陈亮曾提到自己“寓临安，却都无事。但既绝意

---

① 《陈亮集》卷3《问答六》，第38页。
② 《陈亮集》卷9《扬雄度越诸子》，第95页。
③ 《陈亮集》卷19《与徐彦才大谏》，第254页。
④ 《陈亮集》卷20《又壬寅夏书》，第276页。

于科举，颇念其平生所学不可不一泄之以应机会，前日遂极论国家社稷大计以彻于上听。忽蒙非常特达之知，欲引之面对，乃先令召赴都堂审察。亮一时率尔应答，遂触赵同知之怒……内外合力沮遏之，不使得面对……岂有欲开社稷数百年之基，乃用以博一官乎”[①]。这里，陈亮所说的“平生所学”即是他在《谢赵同知启》中所说的“素所自喜，《兵法》《六韬》”[②]之类书籍。显然他读书治史都围绕着切于世用的目的。他曾强调不愿做“管萧以下规摹(模)”[③]，要做一番轰轰烈烈的大事业，这种抱负是应该肯定的，当然，由于他没有尝试的机会，我们没有必要去讨论他究竟能否成功。只是要指出的是，陈亮在《上孝宗皇帝书》及其他的一些文章中提出的拒和、迁都、练兵、聚财、贬理学、恢复宋太祖的“立国之本”(即集权)之类主张，并不比当时之人有多少高明之处。除贬理学之外，朱熹也提出过这些主张，而且比陈亮的见解要深刻得多。

陈亮切于世用的治史目的论并未摆脱孔孟之道，陈亮曾说：“秦汉以来，世有所谓英雄豪杰者，自矜其智力于夫子之外，亦可叹也已！”[④]他还说：“道之在天下，何物非道，千途万辙，因事作则，苟能潜心玩省，于所已发处体认，则知‘夫子之道，忠恕而已’非设辞也。亮少不自力，放其心而不知求；行年三十，始知此事。”[⑤]这里的道即是“人道”，也就是封建的伦理纲常，明显地体现出陈亮对孔孟之学的认同。值得指出的是，一些学者仅截取“道之在天下，何物非道，千途万辙，因事作则”数字，得出陈亮所谓具有“朴素唯物主义”的结论，笔者认为实在太断章取义了。这里再举陈亮《勉强行道大有功》作为他自己所谓的“道”的注脚：“盖人心之危，道心之微，出此入彼，间不容发，是不可一息而但已也。夫喜、怒、哀、乐、爱、恶(欲之)，所以受形于天地而被色而生者也。六者得其正则为道，失其正则为欲……一息不操，则其心放矣。放而不知求，则惟圣罔念之势也。夫道岂有他物哉？喜、怒、哀、乐、爱、恶得其正而已。行道岂有他事哉？审喜、怒、哀、乐、爱、恶之端而已。”这里的“道”不是可以清楚地看出是“人道”吗？如果将“道”换成“天理”，不就是十分典型的理学家的口吻了吗？显然，陈亮与朱熹的区别只在于朱熹强调要从“未发”中体认天理，陈亮则从“已发”处寻找孔孟之道而已，从中可以清楚地看出陈亮受到当时理学思想的影响，不过，他确实也极力想与理学划清界线。当然，这一在“已发”处寻找孔孟之道的真谛，表现出陈亮的实用的倾向，而朱熹要在“未发”处体认则具有神秘主义的倾向。这种差异导致陈亮治史切于“世用”，而朱熹治史则偏重“己用”。

综上所述，朱熹反对说王道霸的治史功利说，主张明道正谊的治史功利说，这是围绕着学者以什么态度来治史、以什么观点来评判历史这些问题而展开的。按朱熹的观点就是：学者治史必须先有较高的道德修养，以明道正谊的态度来治史，这是道德标准；在这种前提下治史，才有

---

① 《陈亮集》卷19《复何叔厚》，第269页。
② 《陈亮集》卷18《谢赵同知启》，第232页。
③ 《陈亮集》卷20《又乙巳春书之一》，第287页。
④ 《陈亮集》卷22《告先圣文》，第340页。
⑤ 《陈亮集》卷19《与应仲实》，第260页。

仁爱功利可言，才显示出治史的真正价值。而陈亮治史目的是围绕着切于世用的现实功效来展开的，他回避了治史对本身修养有无功利的问题，而强调它的现实的社会功能。由此陈亮对朱熹要他以醇儒自律是极反感的。显然，朱熹与陈亮的治史目的是有较大不同的，因此双方辩论的出发点就有明显的不同，因而就造成了双方观点上的分歧，互相论辩驳难就在所难免了。

（本文原刊于《中国哲学（第21辑）》，辽宁教育出版社，2000年。）

作者简介：

汤勤福，历史学博士。上海师范大学古籍研究所教授、博士生导师，湖南大学“朱张”讲座教授，中华朱子学会理事，中国魏晋南北史学会名誉副会长。1991年代表国家参加“国际中国哲学学会第七届年会”（德国慕尼黑），曾应邀赴加拿大拉瓦尔大学讲学。在《中国社会科学》（英）、《中国史研究》、《中国哲学》、《档案研究》、《史学史研究》、《文史》、《中华文史论丛》、《人民日报》、《光明日报》等报刊上发表论文近200篇，出版《朱熹史学思想》《宋史礼志辨证》《中华传统礼制的理论》《中华传统礼制》等14部著作，总主编《中华传统礼制的变迁》（四卷本），主编或参编专著、教材、论文集、辞典20余种，译著1种，点校古籍20余种。主持完成国家社科基金重大招标项目“中国礼制变迁及其现代价值研究”及国家社科、省部级项目多项。

职事官为重心：北宋元丰后的文官班位

任 石

摘 要： 班位是彰显官员身份、排定等级的重要手段之一。区别于北宋前期以无权责的本官为衡量基准，根据不同的等级群体官与差遣分离程度的不同采用分层的安排模式，元丰改制期间，等级结构发生了改变，以注入职掌的职事官为重心，此时，影响班位高下的基准项与优先项走向合一，班位安排的繁琐程度也随之降低。元祐以后，为使君主控御臣下的手段更多元，避免频繁的等级下调对朝臣造成较大的心理冲击，资序、贴职、前宰执、前侍从等要素再次介入等级安排之中，也使排班的原则产生了一些新的变化。

关键词： 班位 文官 身份等级 元丰改制

班位是文武百官在朝堂上的相对位置，又称朝位、朝班、班序。作为一种重要的等级安排手段，班位在以宫殿为主要场所的多种场合下，集中展示官僚群体的身份、权力与地位。官员序位排班的做法，每一个朝代都存在，但宋代的排班却颇为独特，出现了突破类别与层级界限、对各类官职混合排序的杂压、合班制度。更重要的是，经过元丰改制，职事官系统重新注入职掌、官品恢复效用之后，杂压依然持续地行用，其时，通过杂压搭建各类官职之间等级联系的做法更为普遍，①运用杂压进行排序的场合也趋于多元。②

为何会如此？推究其原因，杂压的出现，与宋代官员复合的身份构成方式密切相关。以文官为例，本官、职名、差遣（元丰后职事官、寄禄官、贴职）等多个序列共同承担标志身份的作用，实际职任不断向品秩体系渗透，二者糅合在一个统一体之内，不再平行分立。换言之，杂压没有被废罢，根源于元丰时期的官制改革，重点厘正的是设官分职之中官失其守、名实不符的弊病，但改革没有从根本上消除官与差遣的分离，③也未能改变宋代官员身份要素“一体多元”的发展

① 举例来说，在元丰以后，实有职掌的职事官可以借助杂压，与寄禄官之中的各个等级层次建立更为直接的联系。

② 如内宴座次、集议座次、经筵讲读座次、朝臣上下马次序、朝服等级等。

③ 邓小南先生指出，元丰官制改革虽然“改变了官与差遣的分离形式，却未能从根本上消除官与差遣的分离”，参见邓小南《宋代文官选任制度诸层面》，石家庄：河北教育出版社，1993 年，第 26—27 页。

趋向。

班位制度是宋代官制研究中一个相对薄弱的环节，[①]宋代班位研究的重点与难点，在于厘清排班的原则。本文尝试结合元丰改制期间等级结构的变化趋势、合班之制的重组，以及元祐以后的局部调整，讨论北宋后期排定文官[②]班位的主要原则。

一、元丰时期的结构性转变与合班之制的重组

与熙宁变法时期的情形有所不同，元丰年间，政事的主导者转换为神宗皇帝本人。这一时期由神宗主持的官制改革，表面上看，似乎是向唐代前期的制度"回归"，但实际上，从等级安排的角度观察，改革是在承袭北宋前期制度(复合身份等级——宰执、侍从、庶官)[③]的基础之上，有选择性地恢复唐代旧制(以职事官为重心)。

北宋前期，文官的班位是以无权责的本官为衡量基准，在此基础上，有选择性地叠加一系列与职任相关的插入项，[④]但决定班位的优先项并不稳定，需要在相互叠加的多重因素之中权衡、取舍；[⑤]元丰以后，这一局面发生了改变，实有职掌的职事官成为班位的衡量基准，相应地，在本官阶基础上、由散官称谓改造而成的寄禄官、贴职、资序，以及作为身份标志的前宰执、前侍从等一系列要素，演变为插入项，此时，优先项的选择还是不具备唯一性，需要权衡、取舍。不过，与北宋前期的安排模式相比，阶官与实职的功能发生了一定改变：恢复职掌的职事官一个序列，承担起元丰以前作为基准项的本官与时常充当优先项的差遣"双重"角色，使基准项与优先项从分离走向了合一。

事实上，这种结构上的调整，也在很大程度上影响了宰执、侍从、[⑥]庶官三个等级群体之中职任对于个人待遇决定作用的影响程度。北宋前期等级层次越高，差遣作用越是显著，等级层次越低，本官作用越是突出的两极分化局面，转变为优先项相对集中在职事官一个序列上，所以，等级安排以职事为重心的趋势更加明显。也正是在优先项相对稳定的前提下，元丰以后班位制度的复杂、繁琐程度要大为降低。不过，有必要指出的是，基准项与优先项的合一趋向以及

---

① 既有研究主要包括：阎步克《品位与职位：秦汉魏晋南北朝品位结构研究》，北京：中华书局，2002年；阎步克《中国古代官阶制度引论》，北京：北京大学出版社，2010年；龚延明《宋代官制辞典》，北京：中华书局，1997年；李昌宪《略论北宋前期官制中的比品与序班》，《中山大学学报》2010年第6期；李昌宪《宋朝官品令与合班之制复原研究》，上海：上海古籍出版社，2013年；陈文龙《北宋本官形成述论——唐后期至北宋前期官僚品位结构研究》第三章，北京大学2011年博士学位论文。

② 本文所讨论的文官群体，以中央文官为主。

③ 宰执，以二府成员为主，宰执的身份主要由差遣职任得以体现。侍从，是身份与职任不完全契合的等级群体，北宋前期，侍从的范畴由本官、职名、差遣三个序列共同界定。侍从官以下属于庶官的范畴。

④ 基准项，相对恒定的基础标准；插入项，灵活多变的附加因素。

⑤ 涉及北宋前期文官群体的排班原则，可参见拙文《分层安排：北宋元丰改制前文官班位初探》，《中国史研究》2018年第2期。

⑥ 元丰以后，侍从官的范围改变为由职事官、贴职、寄禄官三个序列共同界定，包括职事官谏议大夫或权侍郎以上、职名待制以上及寄禄官太中大夫以上官员。参见张祎《宋代侍从官的范围及其相关概念》，《国学研究》第34卷，第83—107页。

优先项的相对稳定，并不意味着真正地回归到了唐代旧制，因为在宋代官员一体多元的身份要素中，一系列插入项的存在，决定着作为基准项的职事官终究是影响班位的诸多因素之一。

在这一背景下，与排班安排紧密相关的合班之制的组合方式，也发生了一定的改变。从本质上来看，宋代的合班之制是一种对身份等级的排序，排定的是标志身份、参与排班的各类官职在等级秩序中的相对地位，以此作为衡量班位高下的基本依据。北宋前期，合班之制的形成原则，是以无权责的本官阶为基准项，其后，通过参比本官的相对位次，将待制以上职名、部分差遣、武阶官、环卫官、伎术官、班官等官职逐一插入，顺次相压。但在元丰之后，合班之制的组合方式，改变为以实有职掌的职事官（省台寺监）为基础，并将参与排班的寄禄官、贴职、[①]武阶官、环卫官、伎术官等官职依次插入，从而扭转了北宋前期的形成方式。在这之后，纳入合班之制的各类官职中，实际职任占据的比重明显增大。李昌宪先生曾指出，元丰以后，合班制度中重视实际职任的精神并未改变，仍然不单纯以品秩确定官位的高下，而是以紧要官压闲散官。[②] 这一论断确有道理。但不可忽略的一点是，原本抽离职事的重心序列——职事官（本官）重新注入了职掌，致使等级安排时，职任发挥着比以往更关键的作用，因此，合班制度中重视实际职任的精神，在官制改革以后要体现得更充分。

另一方面，即使在官品恢复效用以后，对各类官职混合排序的合班之制也继续存在，两套等级尺度，侧重点各有不同。官品主要是在一个纵列之内进行高下的排序，与之相对，杂压能够跨越多个序列，突破类别与层级，[③]更直接地在阶官与职任之间搭建等级联系。以南宋中期《庆元条法事类》卷4《职制门一》所载官品、杂压为例，职事官、寄禄官、贴职三个序列既纳入了官品，也纳入了杂压。但是，在合班之制中，职事官的排序原则却突破了官品秩序，品级偏低的中书省、门下省、尚书省官一般会压在品级较高的寺监官之上，[④]这与北宋前期本官阶以台省官压诸司官[⑤]的基本格局有相似之处；相应地，寄禄官也是以品级偏低的京官压在品级更高的选人之上；[⑥]唯有贴职，杂压的次序与品阶的高下能够保持一致。

正是受到官制改革的影响，元丰期间，文官群体的排班原则也发生相应的改变。元丰三年

---

① 需要指出的是，元丰以前，馆职不在杂压的范围之内，至徽宗政和六年，修撰、直阁开始纳入杂压。《宋会要辑稿·仪制》3之44，北京：中华书局1957年影印本，第1893页下栏。

② 参见李昌宪《宋朝官品令与合班之制复原研究》，上海：上海古籍出版社，2013年，第3页。

③ 例如，现有A、B两类官职，“官品”若是统一排为一品A、一品B、二品A、二品B，“杂压”则可以冲破品级与类别，将其混排为二品B、一品A、一品B、二品A。另一方面，“官品”与“杂压”所囊括的官职范围也存在一定的差异。根据庆元合班之制，爵入品而不入杂压，阁职、六院官入杂压而不入品。

④ 在庆元合班之制中，职事官以两省官、尚书省官压寺监官：a.（从四品）左右谏议大夫、权六曹侍郎在（正四品）太常卿、宗正卿、秘书监之上；b.（从六品）尚书左右司郎中在（正六品）国子司业、少府·将作·军器监、都水使者之上；c.（正七品）尚书诸司员外郎在（从六品）少府·将作·军器少监之上。

⑤ 在北宋前期，本官阶序的构成原则为机构优先，官品次之，机构内部按官品顺序排列。更具体地说，中书和门下两省、御史台及尚书省的位次要明显高于同品诸司官，“官与品轻重不相准”。参见赵冬梅《北宋前期“官与品轻重不相准”含义试释》，《北大史学（第11辑）》，北京：北京大学出版社，2005年，第219—231页。

⑥ 根据庆元合班之制，寄禄官以“京官”压“选人”：京官（正九品）承事郎、承奉郎、（从九品）承务郎在选人（从八品）儒林郎、文林郎、从事郎、从政郎、修职郎之上。

(1080)六月，神宗设立了详定官制所，作为制定新官制的专门机构。同年八月，在颁布《以阶易官寄禄新格》、正式实行新官制以前，史载：

> 诏文武官非相统摄而官同者，其序位以职，职同以服色，服色同以资序，资序同以改官，改官同以出身。[①]

这一诏令，是推行官制改革前的一项必要准备，也是对北宋前期班位制度的一种整理、合并，其主要目的在于整齐制度。根据上述内容，在职任不相统摄的官员范畴内，影响班位的各类要素优先级别为：① 本官、② 职名、③ 服色、④ 资序、⑤ 改官、⑥ 出身。而这种尽可能将优先项整合到本官之上的安排方式，是为了便于职事官恢复职掌以后，能更顺利地使其发展为承担等级待遇的重心序列。

在新制全面推行后，宋廷重新规定了执政的序位原则。宋代的执政官，主要包括副宰相与枢密院长贰。元丰五年(1082)二月，诏令："知枢密院、门下中书侍郎、同知枢密院、尚书左右丞为定班，班次以是为差。"[②]实际上，元丰改制没有废除枢密院，枢密院成员的内职身份也未予以改变。按照规定，枢密与其他执政官一同排班时，一般会优先考虑官位的高下。其后，又对同知枢密院事与尚书左右丞的班位顺序作了调整。元丰六年七月，安焘由试户部尚书除授同知枢密院事，[③]八月，李清臣自吏部尚书拜尚书右丞，[④]两位执政的班位也受到神宗的干预：

> 官制，知枢密院与门下中书侍郎、左右丞、同知枢密院同一班，不以拜命先后，同知院常在后。因景陵酌献立班，神宗见之，顾辅臣曰："安焘不当在李清臣上。"自此为定制。[⑤]

根据元丰五年(1082)的既定原则，安焘本应在李清臣之上，然而，神宗却不满意这一排序方式，强行将安焘移至李清臣之下，即令尚书右丞居于同知枢密院事之上。究其原因，神宗此举是侧重于从"人"的角度着眼，优先考虑资历的深浅，而不再拘泥于官位的高下；由神宗亲自调整过的这一顺序，也逐渐成为原则的一部分。由此可见，在班位的安排上，某些人事的因素也能凌驾于制度的规定，对排序的结果产生巨大的冲击力。

涉及其他职事官的排班原则，元丰七年(1084)十月，诏曰："应职事官以除授先后为序，同日除者以寄禄官。"[⑥]元丰官制推行以后，废罢了三馆秘阁，并罢除职事官带职，这就意味着，职名已暂时性地退出排班的原则，加上当时规定"除用职事官，不问资序高下，但随阶品，而加行、守、试以赋禄"[⑦]，导致职事官与寄禄官两个序列，进一步成为这一时期影响班位高下的核心要素。

---

① 李焘：《续资治通鉴长编》(以下简称《长编》)卷 307，元丰三年八月癸巳，北京，中华书局，2004 年，第 7452 页。
② 《长编》卷 323，元丰五年二月癸酉，第 7789 页。
③ 徐自明撰，王瑞来校补：《宋宰辅编年录校补》卷 8，北京：中华书局，1986 年，第 503 页。
④ 《宋宰辅编年录校补》卷 8，第 505 页。
⑤ 莫君陈：《月河所闻集》，《全宋笔记》第 1 编第 10 册，郑州：大象出版社，2003 年，第 314 页。
⑥ 《长编》卷 349，元丰七年十月丁亥，第 8372 页。
⑦ 洪迈撰，孔凡礼点校：《容斋随笔·四笔》卷 14《郎中用资序》，北京：中华书局，2005 年，第 800 页。

所以，执政以下职事官逐渐明确以除授先后为序，同一天除授的官员，再比较寄禄官的高低。

二、元祐以后文官排班原则的变化

由于等级安排的重心相对稳定，优先职事官的趋势也比较明显，因而在元丰期间，文官排班的原则趋于明确。不过，到元祐以后，为了应对纷繁丛脞的现实情况，保证君主控御、驱策臣下的手段更多元，宋廷开始有意识地向北宋前期的一些做法靠拢，对官制改革的内容进行调整。其后，在职事官、寄禄官之外，贴职、资序、前宰执与前侍从等要素，又一次成为影响班位的关键性因素，这也使神宗时经过整合、精简的班位安排，呈现繁琐、细密化的发展倾向。

（一）执政排序原则的调整

元丰八年（1085）三月，宋神宗赵顼去世，年幼的哲宗即位，哲宗的祖母太皇太后高氏垂帘听政。同年五月，门下相王珪去世，这一突发性的事件，也带动了宰执群体新一轮的位序变更。

> 神宗上仙，王珪病薨，蔡确迁左仆射，宣仁问确："右仆射阙，谁合做？"确对曰："以即今班序论之，即知枢密院事韩缜合做。若以祖宗故事论之，则东厅参政合做。"东厅参政，即今门下侍郎章惇也。宣仁识确语意主惇，因曰："且只依今班序。"①

蔡确由中书相升任门下相，次相的位置出现空缺，接替这一职位的可能人选主要包括知枢密院事韩缜与门下侍郎章惇二人。就班位的顺序来看，知枢密院事韩缜仅次于蔡确，本该优先，但就祖宗旧制而言，门下侍郎（参知政事）章惇理应迁补次相，经过考量，宣仁后没有遵从蔡确的意愿，而是选择了韩缜。这是一种权衡利弊的结果，也反映出朝堂之上的"班序"不仅仅是一种身份与权力的集中展示，更是迁补宰执之时重要的考虑因素之一，至少可以在必要的时候，成为一个比较恰当的借口。

元祐垂帘时期，由于政治路线的翻转，曾对神宗元丰新制的内容作出局部调整。元祐二年（1087）五月：

> 诏同知枢密院事范纯仁与尚书左、右丞理，先除授者立班在上。先是，神宗厘正官名，各有位序，以官职为次，不以除授为先后。于是特降新制。②

此时，尚书左丞、右丞分别由刘挚与王存充任。元祐元年（1086）十一月，刘挚由试御史中丞除授

① 《长编》卷356，元丰八年五月戊午注引吕本中《杂说》，第8520页。
② 《长编》卷401，元祐二年五月戊辰，第9767页。

尚书右丞，[①]二年五月，又迁为尚书左丞，同一日，王存也由守兵部尚书除授尚书右丞。[②] 不过，值得注意的是，范纯仁进入执政行列的时间要早于刘挚、王存，在元祐元年三月，范纯仁已经由试吏部尚书除授同知枢密院事。也就是说，三位执政中，官位在尚书左、右丞之下的同知枢密院事反而更资深。为了有效解决这一矛盾，戊辰日“特降新制”，把元丰时期执政“以官职为次”的原则调整为“以除授为先后”，这与北宋前期（尤其真、仁时期）的制度[③]颇为接近。然而，更耐人寻味的是，由人事因素所促成的“新原则”，最终也不免为人事因素所打破。元祐五年三月：

御史中丞梁焘言：“伏见近除韩忠彦同知枢密院，苏颂尚书左丞，续有指挥，令忠彦立班在颂之下。臣窃惑之。以官制言之，则同知枢密院在左、右丞之下；以近例言之，则同知枢密院先入者，在左、右丞之上，忠彦自合在左、右丞上。今既不依官制，又不循近例，仰惟圣意，必以颂为耆旧，故特赐此优礼。忠彦虽是晚辈，然进之在前；颂虽是旧人，然用之在后。窃以朝廷尚爵，宜正先后之次，今既不以先后次之，则是陛下特形重轻之意。”[④]

根据元丰新制，同知枢密院韩忠彦官位在尚书左丞苏颂之下，但如果遵照元祐近例，同知枢密院先除授者应在尚书左丞之上，这是两种截然不同的排序结果。优先考虑到苏颂的旧臣身份，以及为显示重用苏颂的实际意图，宣仁后强行把除授在先的韩忠彦降到苏颂之下，打破“以除授为先后”的原则。这样的安排，也激起了朝臣们的反对，御史中丞梁焘的上奏正是此意。在此期间，苏颂也曾推辞礼让，希望韩忠彦的班位在上。[⑤] 而果不其然，元祐七年（1092）六月，苏颂即自尚书左丞拜相（右仆射、兼门下侍郎），[⑥]“自左辖登庸，时以为异恩”[⑦]。到了徽宗崇宁元年（1102）七月，蔡京取代曾布除拜右仆射，[⑧]名义上也沿用了这一故事。不难看出，即使是在官制改革以后，渗透在排班过程中的权力干扰仍然不能够被彻底地排除，尤其是皇权对于宰执班位的有意干预。

（二）贴职、资序的再度介入

在元祐以后，伴随着允许职事官带职，以及“权侍郎”“权尚书”等称谓的相继出现，意味着“融于一体”的职事官、寄禄官、贴职、资序共同被纳入序班要素之中，班位制度的复杂性也进一步凸显出来。元祐元年（1086）三月，诏曰：“职事官许带职，其班序、杂压依职事官。”[⑨]对于贴职

① 《宋宰辅编年录校补》卷9，第567页。
② 《宋宰辅编年录校补》卷9，第570页。
③ 《长编》卷88，大中祥符九年九月戊申：“诏自今参知政事、枢密副使、宣徽使立位，并以先后为次。”第2014页。
④ 《长编》卷439，元祐五年三月壬申，第10574—10575页。
⑤ 苏颂撰，王同策、管成学、颜中其等点校：《苏魏公文集》卷69《辞免立班札子》，北京：中华书局，1988年，第1044页。
⑥ 《宋宰辅编年录校补》卷10，第600页。
⑦ 王明清：《挥麈录·前录》卷3，北京：中华书局，1961年，第23页。
⑧ 《宋宰辅编年录校补》卷11，第700页。
⑨ 《长编》卷373，元祐元年三月乙酉，第9038页。

存在的意义，徐度在《却扫编》之中曾有颇为精辟的论述：

余观元丰官制，既职事官各有杂压，则既上者不可以复下，故自六尚书、翰林学士而除中丞，六曹侍郎而除给舍、谏议，非不美而不免为左迁。若使带职而为之，则无此嫌矣。……及前执政入为尚书，皆带殿学士之类，既近于为官择人之义，且于人品秩无伤。①

应该说，贴职是一种相当有效的调控手段，能够在一定程度上弥补赋有实职、纳入等级体系的职事官序列迁转路线的单向性、局限性（所谓"既上者不可以复下"）；同时，针对身份相对特别的"前任执政"，贴职的存在，既足以彰显其尊崇的身份，又避免了不恰当地提高其品秩。据《长编》卷403"元祐二年七月癸丑"条载：

诏："除诸行侍郎，如未历两省及待制以上职者，并带'权'字，叙班在诸行侍郎之下，杂压在太中大夫之上，禄赐比谏议大夫，仍不赐金带，候及二年取旨。"②

另《长编》卷419"元祐三年闰十二月庚申"条：

置六曹尚书权官，俸赐依六曹侍郎守法，叙班在试尚书之下，杂压在左右常侍下，满二年取旨。③

根据这两条材料的记载，"资序"再次介入排班原则中，不可避免地加剧了这一时期班位安排的繁复程度。其中，资序低浅的权侍郎、权尚书，叙班、杂压、禄赐时的参比标准各不相同。值得注意的是，"叙班"与"杂压"是两种原则不同的排序方式：前者以朝参拜谒场合为主，需要根据官员类别、职事部门等因素组合成相应的班列；与之相对，后者是一种突破类别与层级界限的单向排队，更适用于一些非正式的谒见场合。④ 事实上，区别于北宋前期的一点是，元丰以后对资序低浅的职事官已能够独立决定班位，不再需要将"优先项"转移到寄禄官之上，或是结合寄禄官的高下来综合判定班位。这一转变的出现，恰恰是由于此时决定班位的基准项、优先项走向合一，相对集中在职事官一个序列上。

（三）特殊身份："二府旧臣"与"曾任侍从"

事实上，不只宰执、侍从具有标志身份的功能，曾经拥有过上述身份的"二府旧臣"与"曾任侍从"，也逐渐成为一种特定的身份标志，被纳入排班原则之中。元祐元年（1086）闰二月，史载：

---

① 徐度：《却扫编》卷中，《全宋笔记》第3编第10册，郑州：大象出版社，2008年，第151—152页。

② 《长编》卷403，元祐二年七月癸丑，第9801页。

③ 《长编》卷419，元祐三年闰十二月庚申，第10159页。

④ 有必要指出的是，元丰改制以后直至南宋时期，运用"杂压"进行排序的场合趋向多元化，包括：a. 品官诣尚书省六曹时上下马的顺序（《长编》卷339，元丰六年九月癸丑，第8165页）；b.（元丰时）尚书省集议座次（庞元英：《文昌杂录》卷四，《丛书集成》初编本，第44页）；c. 台谏上殿奏对班次（杨士奇、黄淮等编：《历代名臣奏议》卷一六二《建官》[侍御史李光上奏]，上海：上海古籍出版社，1989年，第2117页）；d.（淳熙年间）常朝时文武臣僚入殿的行进次序（《容斋随笔·五笔》卷四《近世文物之殊》，第877页）；e.（绍熙年间）经筵讲读的座次（彭龟年：《止堂集》卷四《论经筵讲读不当以官职杂压为序奏》，《丛书集成》初编本，第59页）。

诏："自今观文殿学士、资政殿大学士班序、杂压在六曹尚书之上。资政殿学士曾任执政官者，准此。"[①]

在合班之制中，资政殿学士的位次在六曹尚书之下，[②]但是，曾任执政官的资政殿学士，则带有"二府旧臣"的身份，等级地位高于一般的侍从官，故而立班、杂压时，将其班位统一升到六曹尚书之上。试举一例：元祐五年(1090)十二月，尚书右丞许将遭到台谏官的弹劾，被罢为资政殿学士、知定州，随后，兴龙节上寿(哲宗生日)时，许将"乞缀寄禄官班"，但诏令"立班在六尚书上"。[③] 这一安排，正是顾及许将身份的特殊性。元祐六年九月：

辛卯，诏六曹尚书曾任执政官者，立班在六曹尚书之上少前。[④]

与前一处理方式趋近，同为六曹尚书，曾任执政者的班位也往往得以优先。

再如集贤院学士，"自官制行，不复除"，元祐五年(1090)九月复置，属于贴职。

(元祐)六年[闰]八月十六日，以权工部侍郎李周为之。诏集贤院学士如曾任权侍郎已上人充者，立班、杂压并在太中大夫之上。[⑤]

政和六年(1116)以前，集贤院学士(后改名为集贤殿修撰、右文殿修撰)尚未纳入杂压，[⑥]"体制与诸直馆颇同"[⑦]。而实际上，"曾任权侍郎以上"标志着兼有"曾任侍从"的身份，简言之，集贤院学士虽然不属于侍从官的范畴，但凭借其曾为侍从的身份，也可以将班位提升到一定的高度。元祐时，这一高度达到了"太中大夫之上"[⑧]，恩数视待制，[⑨]意味着已迈入侍从的班列中。哲宗亲政以后，一改元祐的旧规定，又将班位下调至"中散大夫之上"。绍圣元年(1094)三月，史载：

诏令(今)后除集贤院学士曾任权侍郎以上者，立班、杂压、封赠在中散大夫之上，其余恩数、仪制并依中散大夫。余人立班、杂压在中散大夫之下，荫补依朝仪(议)大夫，官高者从本条。[⑩]

中散大夫在庶官的范畴内，杂压位次低于太中大夫。经过调整，曾为侍从的集贤院学士，班位降到了中散大夫之上，归入庶官的班列之中，未任侍从以上者，班位在中散大夫之下。徽宗政和年间，右文殿修撰始入杂压，其位次也远低于中散大夫。

---

① 《长编》卷368，元祐元年闰二月甲申，第8871页。
② 《宋史》卷168《职官志八》"元丰以后合班之制"，北京：中华书局，1977年，第3991—3996页。
③ 《长编》卷452，元祐五年十二月辛卯、乙未，第10841、10851页。
④ 《长编》卷466，元祐六年九月辛卯，第11128页。
⑤ 《宋会要辑稿·职官》18之11，第2760页上栏。
⑥ 《宋史》卷168《职官志八》"元丰以后合班之制"，第3991—3996页。
⑦ 《宋会要辑稿·职官》18之13，第2761页上栏。
⑧ 这一位次的确定，应是根据"权侍郎"而来。元祐二年七月已有规定，杂压时，权侍郎在太中大夫之上。参见前引《长编》卷403元祐二年七月癸丑，第9801页。
⑨ 《长编》卷465，元祐六年闰八月壬申注，第11112页。
⑩ 《宋会要辑稿·职官》18之13，第2761页上栏。

另外，由权侍郎除授帅臣（安抚使路首州知州）的官员，其恩例也依照权侍郎（侍从）。元祐八年（1093）二月，范子奇权户部侍郎不满二年即遭罢免，此时，不应除授待制，即以集贤殿修撰知庆州，而“止得庶官恩例”，但在不久之后，范子奇自诉于朝廷，故而提高了恩例的等级，依从权侍郎。①

在官制改革前后，宰执、侍从群体因获薄罪而被夺职，其现实的境遇也大为不同。

> 旧制，二府、侍从有薄罪，多以本官归班朝请而已，初无职掌，然班着、请给并只从见在官，初不以所尝经历为高下也。……元丰以阶易官，此制遂革。凡侍从以上被谪夺职，非守郡则领祠，无复留京师者。②

北宋前期，脱离差遣的在京官员一般“以本官归班”，无权责的本官则充当着“见在官”的作用，能够独立决定官员的班位、俸禄（两项基本待遇），但在其后，元丰新制“以阶易官”，新的寄禄阶难以脱离职任而单独存在，进而失去了“见在官”的意义，因此，被夺去职事官的在京官员，或出外守郡，或为祠禄官，不再留在京师。

元丰以后，另一个突出的变化在于，脱离职事的在京官员，仍旧以寄禄官序位，不过，颇为特殊的是，曾为二府旧臣或为侍从者，可以直接越过寄禄官，凭借优越的身份标志居于庶僚之上。

> 政和中，刘器之既复旧官领祠，然才得承议郎。所至与人叙位，必谨班着，不肯妄居人上。一日，谒乡人赵畯朝奉，坐未久，有张基大夫者继来。刘与之叙官，张虽辞让，既不获，又不知避去，因据上坐。刘归之明日，偶微病，人有候之者，曰：“比谒赵德进，坐于堂中，适张基大夫继至，吾官小，宜居下，遂坐德进傍，正当房门之冲，风吹吾项，遂得疾。”客至必以此告，是亦不能不介意之辞也。近岁，尝任侍从者，虽被夺职，亦偃然以达官自居，凡遇庶僚，必居其上无所屈，则非复责降之本意矣。③

这里的“复旧官”是指寄禄官（承议郎），祠禄官又为闲职，不入杂压。此段的文意，是在赞许刘安世为人谨守班仪，仅以寄禄官序位，不肯妄居人上。其后，尝任侍从的官员，虽已被夺职，仍多以达官自居，必欲居于庶僚之上。

事实上，“二府旧臣”与“曾任侍从”在宋代时常能作为“插入项”影响班位的高低，但是在元丰前后，两者的作用方式却存在一定差异：北宋前期，侍从以上“前任官”再入旧职，多位居“现任官”之上；④元丰以后，“前任官”即使不入旧职，也得以借助“二府旧臣”或“曾任侍从”的身份标志，来达到提高班位的目的。

---

① 《长编》卷482，元祐八年三月乙酉，第11465页。

② 朱弁撰，孔凡礼点校：《曲洧旧闻》卷9《苏子容刘器之之风》，北京：中华书局，2002年，第219—220页。

③ 《曲洧旧闻》卷9《苏子容刘器之之风》，第220页。

④ 周必大：《周益公文集》卷126《乞序位李彦颖下札子》载：“国朝故事，侍从而上或遇旧人再入，其序位多在见任人之上。非徒重朝廷之体，亦以兴廉逊之风。”（《宋集珍本丛刊》第50册，第87页下栏）在北宋前期，此类情况以两制居多。

(四) 阶秩与职任存在等级差距

元丰后，恢复职掌的职事官序列演变为衡量班位的基准项，相应地，寄禄官等要素则成了插入项，因此，当这二者之间存在一定的等级差距时，优先的原则往往要偏重在职任上。

以京朝官为例，宋代的封赠，包含封赠三代、二代、一代的等级区分，一般在文官群体中，寄禄官在通直郎以上，即达到朝官这一层次，遇大礼时允许封赠一代。[①] 也就是说，大礼封赠一代的依据是看寄禄官。不过，绍圣二年(1095)八月，却出现了一个新的规定，诏曰："寺监官以杂压在寄禄官通直郎之上者，虽系宣德郎，遇大礼亦许封赠。"[②]宣德郎属于京官。实际上，诏旨的主要目的，是借助杂压能突破官职类别的特点，搭建职事官与朝官之间的等级联系，在实际的操作中尽量"放宽标准"，优先照顾职任，把更多的职事官纳入封赠的范畴之内。具体来说，寄禄官没有达到朝官这一层级的寺监官，同样可以通过职事官杂压在通直郎之上的方式，获得大礼封赠的资格。这一做法突破了既有局限，将封赠的资格从寄禄官达到升朝官以上的单一标准，巧妙地转换成或寄禄官或职事官达到这一等级层次的双重标准。大观元年(1107)七月，又遇到了学官封赠的问题：

> 广亲北宅宗子博士叶莘等状："伏睹见行条令，大理评事叙位杂压在国子博士之下，遇大礼并许封赠。今朝廷置立国子博士，与宗子博士叙位杂压，即未有明文。如宗子合在国子之上，伏望详酌，特许比类，遇大礼封赠。"吏部状："契勘宣德郎任大理评事、国子博士，系寺监官，杂压在寄禄官通直郎之上，遇大礼依条合该封赠外，其宗子博士序位班在太学博士之上，系在通直郎之下，不该封赠……"诏："宗子博士序位立班在国子博士之上，余依所乞。"[③]

国子博士、宗子博士、太学博士都属于学官。由于此前大礼封赠的资格已扩展成为"双重标准"，对阶官的等级要求有所降低，因而叶莘指出，杂压在朝官之上的大理评事具备封赠的资格这一点无疑，国子博士杂压又在大理评事之上，也应当具备这一资格，那么，只要宗子博士杂压能够在国子博士之上，他们便可以顺理成章地纳入封赠的范畴。但是，对这一请求，吏部有不同的看法，吏部认为，宗子博士班位在太学博士之上，而太学博士杂压的位次要低于朝官，[④]等级相当于京官，这就意味着，宗子博士杂压也应在朝官之下，而没有达到封赠的等级要求。诏旨的裁定结果，是提高宗子博士的班位，使其升至国子博士之上，毫无疑问地获得了大礼封赠的资格。

不同于京朝官，选人是一个非常特殊的群体，在崇宁二年(1103)改定选人七阶以前，相对于京朝官而言，选人的阶秩与职任分离并不彻底。而在宋代，以选人身份出任相对较高层级的职事，是颇为常见的情形，针对这一类官员，宋廷也采用更加特殊的班位安排方式。元祐七年

---

① 《宋史》卷170《职官志十》，第4086页。
② 《宋会要辑稿·职官》9之4，第2593页下栏。
③ 《宋会要辑稿·职官》9之4、5，第2593页下栏—第2594页上栏。
④ 《宋史》卷168《职官志八》"元丰以后合班之制"，第3991—3997页。

(1091)四月，史载：

大理寺言："伏睹五月十六日纳后，文臣承务郎、使臣殿直以上并赴陪位。大理评事虽有选人补充者，缘据杂压，评事叙位在通直郎之上，欲乞特降指挥，并许陪位。庶使凡任职事官之人，皆得伸臣子之礼，及预观仪物之盛。"从之。其选人充在京职事，于杂压在承务郎之上者亦准此。①

通直郎是朝官的最低一等，承务郎是京官的最低一等。一般来说，杂压要按"从一高班"的原则，在各类系衔要素（职事官、贴职、寄禄官）之中，选取官位最高的一个官职参与序位。然而，充任职事官的选人（阶秩与职任在等级上不能对应），却不完全遵循这一既有原则，而是结合职事官的位次，作更细致的安排。同为正八品的大理评事与通直郎，杂压时大理评事在通直郎之上，这也体现着元丰以后序位排班时重职任（职事官）而相对轻阶秩（寄禄官）的基本倾向。

此外，从宋代文官群体谒见宰臣的礼仪程序上，我们也可以观察到宋人在划分等级层次时的基本思路。据《萍洲可谈》卷一：

宰相礼绝庶官，都堂自京官以上则坐，选人立白事；见于私第，虽选人亦坐，盖客礼也。唯两制以上点茶汤，入脚床子，寒月有火炉，暑月有扇，谓之"事事有"，庶官只点茶，谓之"事事无"。②

相比侍从官（两制以上）茶汤、脚床子、火炉、扇一应俱全（"事事有"），庶官却"事事无"，可见面对宰相之时，两个等级群体之间存在待遇上的差距；不止如此，在庶官的范畴内，京朝官与选人二者的等级差异也颇为明显，其中，前者允许"坐白事"，后者只能够"立白事"。事实上，身份等级的这种"结构性存在"与班位安排的等级区分方式也具有内在一致性。

还有一类情况值得注意，是带有朝官以上寄禄官的三省高级吏员。政和六年（1116）六月，史载：

新湖南转运副使聂山奏："三省都录事在元丰法不得过朝请大夫，比年有用特恩至中奉大夫者。遇春、秋内宴，其位乃在左右史、侍御史、左右司郎官之上。左右司宰属，侍御史弹治不法，左右史日侍清光，其选高矣，而都录事位其上焉，无乃未正乎？乞特改正。其寄禄官虽高，亦宜在左右司之下，庶几隆杀有别，而名分正。"诏："三省都录已转奉直大夫以上依朝请大夫班，自今特恩转奉直大夫令出职。"③

这里提到的是内廷宴会的等级安排，内宴一般要遵循杂压"从一高班"的原则来排定座次，也就是说，身为吏员的三省都录事，预宴座次主要取决于寄禄官。然而，这也带来了一个新的问题，

① 《长编》卷472，元祐七年四月丁丑，第11272—11273页。
② 朱彧撰，李伟国点校：《萍洲可谈》卷1《宰相礼》，北京：中华书局，2007年，第110页。
③ 《宋会要辑稿·职官》4之22，第2447页下栏。

阶秩过高的三省吏员，也有可能坐在等级偏低的职事官之上。元丰期间，曾对三省都录事的阶秩等级有所限制，规定不得高过朝请大夫，但徽宗政和以后，这一上限逐渐被突破，寄禄官甚至达到了中奉大夫。不同于奉直大夫，中奉大夫是庶官范畴内等级较高的寄禄官，杂压在左右司郎中、起居郎、起居舍人、侍御史之上，正是由于此，都录事坐在了台谏、史官等要近的职事官之上。这种座次高下与职任紧要程度严重脱节的状况，引起了朝廷的重视，为避免这一局面再出现，宋廷不得不控制都录事班位的上限，阶官达到奉直大夫令其出职，强行把都录事的位次控制在二史等职事官之下。

（五）逾越旧规：寺监长官班缀"视待制"

所谓"视待制"，也是一类特殊的情况：原本不属于待制，但班位及其他等级待遇却可以比拟待制来进行安排。据陆游《老学庵笔记》卷八：

> 政和以后，斜封墨敕盛行，乃有以寺监长官视待制者，大抵皆以非道得之。晁叔用以谓"视待制"可对"如夫人"，盖为清议贬黜如此。又往往以特恩赐金带，朝路混淆，然犹以旧制不敢坐狨。故当时谓横金无狨鞯，与阁门舍人等耳。①

这一类情况，主要出现在徽宗政和以后，且以寺监长官居多，通过绕开常规的申覆程序，敕命由禁中直接降出颁行（内降）。晁冲之戏称之为"如夫人"（小妾），足见其得之"非以正道"，名不正则言不顺，于是遭到了朝中清望之士的鄙夷。更有趣的是，视待制者官服的佩件出自特赐，通常与权尚书、正侍郎、直学士等侍从归为一等（即"横金"），而相对地，鞍褥的材质却不敢妄用狨毛②（"狨毛为坐"属于侍从官的一项特权）③，只能与庶官处在同一个等次，官服与坐骑的等级配备极不相称，时人以"横金无狨鞯"称之，恰源于此。另外，带特殊身份的某些官员（如内职、伎术官）往往也要"服金带"④或"佩金鱼"，以致与士大夫官服上的佩件存在一定程度的重合。针对这一现象，宝元二年（1039）闰十二月，直史馆苏绅明确提出了质疑，请求"异服章"："朝廷中有执技之人与丞郎清望同佩金鱼，内侍班行与学士同服金带，岂朝廷待贤才加礼遇之意？"⑤

徽宗后期，某些伎术官也开始获得"视待制"的待遇。如政和六年（1116）十一月，诏："大司乐马贲秩视待制，班着依旧。"⑥随后，逐渐延伸到了寺监长官的班位、恩数。宣和元年（1119）九月，诏："军器监邓之纲已降指挥，特视待制。今后应诸朝参、扈从、筵宴等并缀待制班。"⑦其间，御史中丞王安中也提出过反对意见：

---

① 陆游撰，李剑雄、刘德权点校：《老学庵笔记》卷8，北京：中华书局，1979年，第106页。

② 方以智：《通雅》卷28："狨坐，以金丝狨饰鞍坐也。"影印文渊阁《四库全书》本，第857册，第558页下栏。

③ 据《铁围山丛谈》卷2载："国朝之制，待制、中书舍人以上皆坐狨。"北京：中华书局，1983年，第38页。

④ 徽宗崇宁二年，诏："六尚局奉御，今后许服金带。"参见《宋史》卷153《舆服志五》"诸臣服下"，第3566页。

⑤ 《长编》卷125，宝元二年闰十二月，第2951页。

⑥ 《宋会要辑稿·职官》56之44，第3647页上栏。

⑦ 《宋会要辑稿·仪制》3之45，第1894页上栏。

官有定职，职有定员，名位不同，命数亦异，此先王之法、元丰之制也。今有秩视之例，非待制而视待制，非卿而视卿，凡此之类，无乃非所谓严分守、正名实者哉！此紊纲纪之一也。[①]

但是，徽宗本人的态度却颇为敷衍，御笔中即写道："臣僚所言可采，利害甚明，已行者与免改正，今后仰三省、枢密院遵守，御史台觉察弹奏，违者以违诏论。"[②]最终，徽宗不顾朝臣的反对，已降出的指挥依旧得以施行。宣和二年（1120）正月，又诏："太中大夫、将作监贾譓班缀、恩数可视待制。"[③]而直到宣和七年四月，"视待制"之制也没有彻底地被革除。[④]

结　论

班位作为一种身份、权力与地位的集中呈现，在宋代士大夫群体的心目中占据着相当重要的地位，这一点，从宋代史籍中不厌其烦地载录有关班位问题的争论，就足以窥见。不止如此，宋代的统治者也十分重视班位的安排，时常会借助"非次"提升班位的方式来彰显重用臣僚的意图；甚至连居于庙堂之高的宰相，也要绞尽脑汁来干预一些与其切身利益息息相关的臣僚班位。

总体上，元丰改制以后，文官的班位原则主要包括几方面的变化。第一，恢复职掌的职事官演变为衡量班位高下的基准项，寄禄官、贴职、资序作为插入项。京朝官出任职事官者，立班时优先职事官的除授先后，杂压则遵循着从一高班的原则，但不同于京朝官，由选人充任职事官或入杂压的在京差遣时，班位需要特殊安排。

第二，元丰时，影响班位高下的要素以职事官、寄禄官为主；到元祐年间，职名、资序的再度介入，一定程度上加剧了班位安排的复杂程度。同时，在职事官范畴内，资浅的"权侍郎""权尚书"班位均比较稳定，在京职事官差权其他职事官时，优先项一般要转回到正职事官，这也源于决定班位的基准项与优先项存在合一的趋向。

第三，元丰之后，宰执、侍从、庶官三个群体的层次区分依然存在，但北宋前期"分层安排"的基本模式、近乎"一人一面"的安排手法已发生转变，决定班位的重心（尤其是京朝官）相对集中在职事官上，优先的原则也更加齐整、统一，[⑤]大大降低了班位安排的繁复程度，这也是官制改革的重要贡献之一。

---

① 《历代名臣奏议》卷162《建官》，第2116页。

② 《宋会要辑稿·职官》56之47，第3648页下栏。

③ 《宋会要辑稿·仪制》3之45，第1894页上栏。

④ 《宋会要辑稿·职官》24之15：宣和七年四月七日，诏："大理寺奉公不挠，狱无淹留。大理卿陈迪可视待制官，令中书省取索，量度轻重，特与推恩。"第2899页下栏。

⑤ 《庆元条法事类》卷4《职制门一》"官品杂压"部分载有南宋时期各类官职排定班位的基本原则，其中，涉及在京文官的内容主要包括以下几点。a. 诸资政殿学士曾任执政官者，班序、杂压并在六曹尚书之上。b. 诸序位以职事，杂压从一高，同者，异姓为后（谓非国姓者）；次以贴职；贴职同，以服色；服色同，以资序；资序同，以封爵；封爵同，以勋；勋同，以转官先后；转官同，以出身；出身同，以齿。c. 诸选人任删定官、大理司直·评事，杂压在太学博士之下（京官序位自依本法）。第23—26页。

此时,宋廷尤其注重缩小官员进入与退出宰执、侍从行列时,过于显著的待遇差距,避免其因职事调动、等级下调而造成强烈的心理落差或不满情绪。基于此,“二府旧臣”与“曾任侍从”日益发展为一种固定的身份标志,被优先纳入序位原则之中。无论是已经罢任的宰执,抑或是职事官卸任之际未能获得待制以上贴职的侍从官,乃至于因薄罪而被夺去职事官的侍从官,都可以凭借其原有的优越身份标志,享有一部分与离任前大致相当的等级特权。

(本文原刊于《中华文史论丛》2018年第2期,内容有删改。)

作者简介

任石,北京大学历史学博士,现为上海师范大学人文学院古籍所副教授、硕士生导师。研究方向为宋史,曾在《中国史研究》《文史》等学术期刊发表论文多篇,主持国家社科基金青年项目“宋代朝会制度研究”。

南宋嘉定末年皇位继承问题新考
——以宁宗的旨意为视角

韩冠群

摘　要： 南宋嘉定末年的皇位继承是中枢政治的一件大事，从宁宗立贵诚（理宗即位前的名字）为皇子的旨意出发，可以从另一角度考察理宗的即位合法性以及史弥远在拥立过程中的作用。对宋理宗而言，证明其即位合法性的最有力证据无疑是宁宗的圣谕或圣旨。然而立其为皇子的诏书却是个孤证，并不能真正反映宁宗的本意。除此之外，不见宁宗任何明确的发言表态。宁宗虽然至死没能够立赵竑为皇太子，但宁宗中意的仍然是赵竑，而不是贵诚。他没有废赵竑、立贵诚的意愿。史弥远在拥立贵诚的过程中，发挥了主导作用，在得到杨皇后首肯后，废立得以完成。史弥远的作为改变了宁宗的既有决定，可谓是矫诏废立。

关键词： 嘉定末年　皇位继承　宋宁宗　贵诚　史弥远

嘉定十七年（1224）闰八月三日，宋宁宗崩于福宁殿，继承大统的问题成为朝臣关注的焦点。由于丞相史弥远与皇子赵竑素有嫌隙，为保全自身计，他在最后时刻拥立理宗继承皇位。对于拥立的具体过程以及理宗的即位合法性，学者已多有研究。虞云国、胡昭曦等人认为史弥远废赵竑、立贵诚是擅权矫诏废立，宁宗生前并没有废赵竑、立贵诚的意思。① 另一部分学者则坚持认为宋宁宗在生前已经有意于立贵诚，理宗即位是合法的。戴仁柱指出宁宗夫妇与史弥远一样头疼如何摆脱赵竑，他们都有废赵竑、立贵诚的意思，在驱逐济王这一件事上，“史弥远并非独干，也不是非法的”②。由于杨皇后是内廷事务的决策者，故废赵竑、立理宗是史弥远与皇后的又一次合作。他们共同促成了理宗的即位。然而细查作者的论证过程，作者举出了杨皇后对赵竑并无好感的史料，但对宁宗却并没有提出相应的材料。③ 廖健凯也认为并立两个皇子出自宁

---

① 虞云国：《宋光宗 宋宁宗》，长春：吉林文史出版社，1996 年，第 365 页。胡昭曦、蔡东洲：《宋理宗 宋度宗》，长春：吉林文史出版社，1996 年，第 9 页。

② 戴仁柱著，刘广丰、惠冬译：《丞相世家：南宋四明史氏家族研究》，北京：中华书局，2014 年，第 125 页。

③ 戴仁柱著：《丞相世家：南宋四明史氏家族研究》，第 117—125 页。

宗本意，理宗继位具有正当性，但又指出由皇子赵昀（即贵诚）继位是否出自宁宗本意则不可知。[①] 就嘉定末年的皇位继承问题而言，宁宗的本意与态度恰恰是问题的关键。如果皇帝有意立贵诚为皇位继承人，那么史弥远的废立之举就遵从了皇帝意志，是完全合法的，他也是安天下、定社稷的功臣。如果宁宗本无意于废赵竑、立贵诚，那么史弥远的所作所为就是矫诏废立的大逆不道之举。其实胡昭曦、蔡东洲两人已经注意到了这一问题，但他们只是简单带过，并没有展开讨论，而且对史料的理解有误。[②] 方震华对史弥远遴选赵与莒（贵诚）的时间作了考证，但没有涉及宁宗本意的问题。[③] 本文无意对史弥远进行道德批判，只是希望从宁宗对两位皇子的旨意和态度入手，对嘉定末年的皇位继承问题多一些廓清的认识，以期对南宋中后期的政治史研究有所裨益。

一、立皇子诏书并不反映宁宗本意

在立赵竑为皇子之前，宁宗已有数位子嗣诞生，意外的是，诸子全部夭折。庆元二年（1196）八月，宁宗听从宰相京镗的建议，取宗室子与愿养于宫中。开禧三年（1207）十一月，皇子与愿因为献言诛杀韩侂胄有功，被立为皇太子，更名帱，后又更名询。[④] 至此，宁宗的皇位继承人选才确定。然而赵询却在嘉定十三年（1220）七月去世，宁宗又一次失去皇位继承者。鉴于国本未立，宁宗决定效法当年高宗从普安、恩平两者中择一立为皇子之先例，从太祖十世孙的宗室子中，选年十五岁以上者教育之。经过一番遴选，嘉定十四年六月十三日，原本入嗣宁宗弟沂王的贵和被立为皇子，赐名竑。[⑤]

在宋代，自真宗朝以后日益受到君臣推崇的"祖宗之法"对宋代中枢政治决策的影响巨大。前朝皇帝的某些做法常常会成为继任者效仿的对象。既然宁宗是参照高宗从太祖诸孙中选拔皇子的先例，那么这一立皇子之举就非同寻常。我们可以从中解读出宁宗立皇子的实际意义。高宗朝，普安郡王伯琮、恩平郡王伯玖先后入宫受抚养，两人在二十多年时间里一直处于暗中竞争的状态。直到绍兴三十年（1160）二月，高宗才决定将两人区别对待，确立名分差别。[⑥] 二月戊辰，诏普安郡王瑗称皇子，恩平郡王璩判大宗正事，置司绍兴府，"如此则皆定矣"[⑦]。丙子，诏以皇子为宁国军节度使、开府仪同三司，进封建王。三月丁酉，"以立皇太子，命兵部尚书杨椿告

---

① 廖健凯：《权相秉国——史弥远掌政下之南宋政局》，台湾师范大学 2012 年硕士学位论文，第 55—60 页。

② 作者最明显的失误是把赵竑的身份定为皇太子，其实直到宁宗去世，赵竑一直是皇子，没有被立为皇太子。见胡昭曦、蔡东洲《宋理宗 宋度宗》，第 10 页。

③ 方震华：《转机的错失——南宋理宗即位与政局的纷扰》，《台大历史学报》第 53 期。

④ 李心传撰，徐规点校：《建炎以来朝野杂记》乙集卷 2《皇太子》，北京：中华书局，2000 年，第 528 页。

⑤ 《宋史》卷 41《理宗纪一》，北京：中华书局，1977 年，第 783 页。

⑥ 李心传编撰，胡坤点校：《建炎以来系年要录》卷 184，绍兴三十年二月甲子，北京：中华书局，2013 年，第 3559 页。

⑦ 李心传编撰：《建炎以来系年要录》卷 184，绍兴三十年二月戊辰，第 3560 页。

昊天上帝，权礼部侍郎宋棐告皇地祇，嗣濮王士輵告太庙，安定郡王令詪告诸陵”①。可知，在立赵瑗为皇子的同时，令恩平郡王赵璩出判大宗正事，置司绍兴府，由此确立了两人的名分等差，实际上就等于是立赵瑗为皇太子了，故在三月丁酉的记事中，李心传就径称“立皇太子”。高宗还为此派官员祭告天、地、太庙、诸陵寝。嘉定十四年（1221）选定赵竑为皇子也是类似的意涵。据真德秀言，当时遴选皇子的情形是“皇枝帝胄集于阙下者无虑以十数”②，最后宁宗选中了贵和。宁宗立皇子的诏书言：

> 朕以眇躬，嗣临大统……而国嗣未建，非所以严社稷，奉宗庙，朕深念焉。皇侄、福州观察使贵和，沂靖惠王之子，犹朕之子也。重厚英敏，天禀夙成，属近且贤，闻于中外，蔽自朕志，爰举恩徽，以昭立爱之义。夫计安天下，强本为先，亲亲贤贤，厥有古始，非朕所得私也。其以为皇子，改赐名竑。③

“国嗣未建，非所以严社稷，奉宗庙”“计安天下，强本为先”都表明宁宗以赵竑为皇位继承人的态度。降诏当日，宁宗命赵竑为宁武军节度使，进封祁国公。丁卯，“以立皇子告于天地、宗庙、社稷”。丙子，宁宗又降京畿囚罪一等，释放杖罪以下者。④ 宁宗的祭告天地、宗庙、社稷等行为表明这次立皇子至少在规制上是等同于绍兴三十年立皇子的。而且这次也没有另一个“恩平郡王”与其竞争，赵竑立为皇子就表明他是唯一的皇位继承人。⑤ 嘉定十五年五月，皇子赵竑升为检校少保，进封济国公。宁宗对其宠爱与期待由此可见。

同时，宁宗也没有放弃生儿子的努力。嘉定十六年（1223）正月初四，后宫传来喜讯，皇子坻诞生。对于已经五十六岁的宁宗来说，皇子的诞生自然令他喜出望外。他心中可能再次升起立亲生儿子为太子的念头。不幸的是，一个多月后的二月二十三日，皇子去世。经此打击，宁宗彻底心灰意冷，赵竑成为他唯一的寄托。在臣僚的不断奏请下，册立赵竑为皇太子提上了议事日程。然而当宁宗准备册立赵竑时，却受到史弥远和杨皇后的阻挠。赵竑立为皇子后，史弥远试图探听赵竑对他的态度，却得知赵竑在案几上书写“弥远当决配八千里”⑥。弥远遂开始思考自保之策并阻挠宁宗的册立。杨皇后也对赵竑没有多少好感，赵竑娶的吴夫人系杨皇后侄孙女，两人的屡屡不和睦使得杨皇后大为不满，甚至产生“废储之意”⑦。事实上，当时的臣僚对宁宗册立皇太子时的左右为难、犹豫不决已经有所察觉。大约在嘉定十六年，范应铃上言：“国事大

---

① 李心传编撰：《建炎以来系年要录》卷 184，绍兴三十年三月丁酉，第 3567 页。

② 真德秀：《西山真文忠公文集》卷 37《上皇子书》，四部丛刊初编本，上海：上海书店，1989 年。

③ 佚名撰，汪圣铎点校：《宋史全文》卷 30，嘉定十四年六月丙寅，北京：中华书局，2016 年，第 2586 页。

④ 佚名：《宋史全文》卷 30，嘉定十四年六月丙寅，第 2586 页。

⑤ 刘时举撰：《续宋中兴编年资治通鉴》卷 15，就径直记为：“丙寅，立贵和为皇太子，赐名竑，封祁国公。”见王瑞来点校本，中华书局，2014 年，第 370 页。但是因为刘时举的立场是反对权相的，作为太学生时就曾经参与反对史嵩之起复事件，这里的记载可能是体现其微言大义的春秋笔法。而且赵竑不可能从皇侄一跃成为皇太子，必然会有立皇子的记载。除本书之外的史籍都记载这时是立皇子而不是皇太子，也可证刘时举的记载不可信。

⑥ 《宋史》卷 243《恭圣仁烈杨皇后传》，第 8657 页。

⑦ 周密撰，吴企明点校：《癸辛杂识》后集《济王致祸》，北京：中华书局，1988 年，第 87 页。

且急者，储贰为先。陛下不断自宸衷，徒眩惑于左右近习之言，转移于宫庭嫔御之见，失今不图，奸臣乘夜半，片纸或从中出，忠义之士束手无策矣。”[①]范应铃时任军器监兼尚左郎官，不属于亲近的侍从官，但他也隐约地感到左右近习以及内廷嫔妃对宁宗立储的影响。他建议宁宗“断自宸衷”，立即确定太子人选。宁宗的反应是“为之动容”，但事后仍不见行动。宁宗性格懦弱，不具备乾纲独断的能力，加上史弥远和内廷杨皇后的不断阻挠，册立太子一事迟迟不能进行。直到去世，他都没有立赵竑为太子。对群臣而言，皇子和皇太子虽然只是一字之差，地位名分却差异巨大。这果然引发了嘉定末年的皇位继承危机。

嘉定十七年(1224)八月丙戌(二十一日)，宁宗病重，自此不视朝。闰八月丁酉(初三)宁宗去世。在此期间，皇侄贵诚被立为皇子，即皇帝位，是为宋理宗。关于立贵诚为皇子的时间，各种史料记载不一。《宋史·宁宗纪四》载：“丁酉，皇帝崩于福宁殿，年五十七。史弥远传遗诏，立侄贵诚为皇子，更名昀，即皇帝位。”[②]则立皇子、即皇位都是在宁宗去世的闰八月丁酉日，这些决定都来自史弥远所“传”遗诏。《宋史·理宗纪一》记在八月壬辰，即二十七日，载：“弥远称诏以贵诚为皇子，改赐名昀，授武泰军节度使，封成国公。”[③]《续编两朝纲目备要》记在闰八月丙申，[④]即初二。《宋史全文》卷三十同样记在闰八月丙申，[⑤]卷三十一则记在闰八月丁酉。[⑥] 但这些都是在宁宗卧病不上朝期间，非常接近他去世的时间。这就不能不让外朝士大夫心生疑惑：短短数日之内忽然改立仅是皇侄的贵诚是否为宁宗的本意？

立贵诚为皇子的诏书应该说是证明宋理宗即位合法性的一大依据，不过其文辞与撰写过程都需要仔细考辨。诏书言：

> 朕以凉菲，获承休绪。念国嗣之未建，尝以皇弟沂靖惠王之子为子矣。审观熟虑，犹以本支未强为忧。皇侄邵州防御使贵诚亦沂靖惠王之子，亦朕之犹子也，聪明天赋，学问日新，既亲且贤，朕意所属，俾并立焉。深长之思，盖欲为异日无穷之计也。其以贵诚改赐名(御讳)。[⑦]

首先，诏书所说的立贵诚为皇子的理由是宁宗对仅立赵竑为皇子尚不放心，认为“本支未

① 《宋史》卷410《范应铃传》，第12346页。
② 《宋史》卷40《宁宗纪四》，第781页。
③ 《宋史》卷41《理宗纪一》，第784页。
④ 佚名撰，汝企和点校：《续编两朝纲目备要》卷16，北京：中华书局，1995年，第302页。
⑤ 佚名：《宋史全文》卷30，嘉定十七年闰八月丙申，第2591—2592页。
⑥ 佚名：《宋史全文》卷31，嘉定十七年闰八月丁酉，第2613页。
⑦ 佚名撰，汝企和点校：《续编两朝纲目备要》卷16，第302页。这条诏书也见于佚名撰《宋史全文》卷30和卷31，与《续编两朝纲目备要》文字略有不同。《续编两朝纲目备要》作：“皇侄邵州防御使贵诚亦沂靖惠王之子，亦朕之犹子也……俾并立焉。深长之思，盖欲为异日无穷之计也。其以贵诚改赐名昀。”《宋史全文》两卷记载的文字则存在差异。卷30，嘉定十七年闰八月丙申，作：“皇侄邵州防御使贵诚，亦沂靖惠王之子，犹朕之子也……俾并立焉。深长之思，盖欲为异日无穷之计也。其以为皇子，改赐名昀。”卷31，闰八月丁酉(初三)作：“皇侄邵州防御使亦沂靖惠王之子，亦朕之犹子也……并俾立焉，盖欲为异日深长之思、无穷之计也。其以为皇子，改赐名。”这可能是因为两书，甚至《宋史全文》两卷史源不同而导致的。

强”，故需要再立一位皇子。这一理由实在令人怀疑。自嘉定十四年(1221)六月赵竑立为皇子以来，至此已经三年，其间宁宗在嘉定十六年(1223)还夭折过一个儿子，屡经丧子之痛的宁宗早就应该意识到强本的重要性，为何早不并立皇子，偏偏在病危期间才想到并立皇子，增强本支？揆之情理，实在难以说通。合理的解释恰恰指向了相反的方向，即宁宗本来就认为赵竑是自己的继承人，所以不需要再立一位皇子。而诏书的作者偏要改变这一旨意，便编造出“增强本支”的理由，生硬地添加上“深长之思，盖欲为异日无穷之计也”这句话，以便为之后的进一步行动张目、作铺垫。

其次，从诏书的撰写过程来看，该诏书是否传达了宁宗本意也是值得怀疑的。据《宋史》程珌本传，宁宗去世当晚，程珌正任职直学士院，“丞相史弥远夜召珌……弥远与珌同入禁中草矫诏，一夕为制诰二十有五”[①]。程珌《行状》言，嘉定十七年(1224)七月，“除守礼部侍郎兼直学士院薇垣，史馆兼职如故”[②]。故立贵诚为皇子的诏书极有可能为程珌所撰，而且程珌还撰写过《理宗即位大赦文》，可能都是在同一个晚上撰写的。据程珌《行状》，程珌有《洺水先生集》六十卷、《内制类稿》十卷、《外制类稿》二十卷，藏于家。但这些在元代时候已经有所散失，其曾孙程岘(字景山，号梅亭)决定重新刊刻。据程钜夫(1249—1318)《赠梅亭刻洺水集序》说，他早年曾经跟随程珌的侄子徽庵先生程若庸读书，“先生道洺水尤详”，“洺水宗欧、苏，而其学长于文章，……徽庵句辨字义，眼及文章事，读宁宗遗诏‘邵州防御使某沂靖惠王之子亦朕之犹子’，则又亟称所为文不在汉制下”。[③] 从字句上看，程若庸所说的“宁宗遗诏”实际上是立贵诚为皇子的诏书，而且就是程珌所写。此外，“遗诏”二字表明这一诏书撰写于宁宗去世的当天，即闰八月丁酉(初三)。由此可证，程珌本传的记载是比较可信的。本传记载，程珌是被丞相史弥远召入禁中草诏的，而史弥远与皇子赵竑不合是众所周知的，故遗诏多大程度上反映了宁宗的本意确实令人怀疑。而《宋史·杨皇后传》对宁宗去世当天的记载更为直接，史弥远力请杨皇后立贵诚，得到首肯后，言：“遂矫诏废竑为济王，立昀为皇子，即帝位。”[④]据此，则直到宁宗去世，贵诚的身份都是皇侄，没有被立为皇子，只是在史弥远和杨皇后的运作下才升格为皇子。换言之，立贵诚为皇子很难说是宁宗的本意。那么，除了立皇子诏书外，宋理宗或者史弥远等人还提出了哪些宁宗属意于贵诚的证据？它们是否可信？

二、宁宗立贵诚旨意的真实性及史弥远所起的作用

贵诚即位的消息公布后，朝野上下震惊，真德秀在写给丞相史弥远的信中说：“先皇帝奄弃

---

① 《宋史》卷422《程珌传》，第12617页。

② 吕午：《宋端明殿学士宣奉大夫致仕新安郡开国侯食邑一千五百户赠特进程公珌行状》，程敏政辑，何庆善、于石点校：《新安文献志》卷94下，合肥：黄山书社，2004年，第2383页。

③ 黄宽重：《程珌年谱》，《南宋史研究集》，台北：新文丰出版社，1985年，第141页。

④ 《宋史》卷243《恭圣仁烈杨皇后传》，第8657页。

群臣，皇太后以天下之母图回于内，大丞相以社稷之臣计虑于外，援立圣明，登践宸极。方其始也，四方万里，骤奉遗诏，罔知厥由，惊忧疑惑，往往而有。”[①]显然，少数主事者在短时间内舍弃已立为皇子数年的赵竑，改立原为皇侄的贵诚，却未说明其中缘由，这一做法自然让士大夫十分惊恐疑惑。但是在之后为济王鸣冤的过程中，几乎没有人对理宗的即位提出质疑。这固然是因为群臣不敢对当朝皇帝有所议论，更在于当时群臣无从得知宁宗对贵诚的态度以及史弥远对贵诚的暗中培养等内幕。多年之后，参与此事的郑清之向宋理宗进呈了《潜邸圣语》，其中记载了史弥远谋划拥立以及郑清之教导理宗的一些事件，也记载了理宗的一些圣语。士大夫和后代的历史学家可能据此才逐渐得知史弥远拥立理宗的幕后经过。宋元之际的方回曾有幸阅览《潜邸圣语》。据他说，郑清之曾经两次进呈《潜邸圣语》，第一次是在淳祐五年(1245)五月，目的是为了谋取相位；第二次是在淳祐十年四月，当时郑清之已经七十五岁，担心因年老而失去相位。[②]不管郑清之怀有怎样的目的，他给皇帝的上言不至于完全向壁虚构，而且理宗自己也是拥立过程的当事人，对拥立的前后经过也比较了解，郑清之自然不敢对此妄加改窜。故相较于晚于此书的《续宋中兴编年资治通鉴》《宋史全文》《宋史》等史籍，《潜邸圣语》的真实性应当是更高的。当然，对其隐讳、曲笔、夸大不实之处，我们也要提高警惕，仔细辨析。从此书的记载中，我们或可窥知宁宗对于贵诚的态度。

所谓宁宗有意于贵诚，全出于史弥远一己之说。我们看郑清之的一段记载：

> 上在潜邸，臣时为国录。一日，史丞相弥远以私□□净慈寺饭僧，亲戚人皆往，独留臣于寺阁上，屏去左右，密语□曰：济国公所为悖缪，恐误社稷，至今五六年，迄不□皇储之□，盖两宫之意已不在济邸矣。弥远日夜忧之，今闻沂邸皇侄，事俞两国，极其恭顺，朝谒时步履端重，仪止可观。弥远每于奏事，见主上目送之，今欲审择一讲官，以辅臣(成?)德性，且察其行事之实。遍观庶僚中，惟足下忠实谨畏，可任此责，切望留意，不可露以一线也……[③]

可知，在史弥远看来，宁宗有意于皇侄贵诚的理由在于：一则皇子赵竑已立五六年，却没有正式立为皇太子，大概宁宗和杨皇后已经不倾向于立赵竑了，而且赵竑所为“悖谬”；二是皇侄贵诚“步履端重，仪止可观”，宁宗常常“目送之”。由于没有更多的材料来验证，这里不得不采用逆向推理的方法来加以分析。

关于第一条理由，赵竑是在嘉定十四年(1221)六月立为皇子，郑清之任国子录是在嘉定十六年，在净慈寺谈话不久就兼任魏惠宪王府教授。方回考证除授时间是在嘉定十六年十一月，则赵竑立为皇子才两年多。史弥远故意说五六年显然是夸大其词。而在此期间，宁宗还生了一

---

① 真德秀：《西山真文忠公文集》卷38《上相府书》。

② 方回：《桐江集》卷7《郑清之所进圣语考一》，《续修四库全书》第1322册，上海：上海古籍出版社，1995年，第472页。

③ 方回：《桐江集》卷7《郑清之所进圣语考一》，第471页。

个儿子，他也不着急立赵竑为太子。至于“目送”贵诚的说法更是十分牵强。如果史弥远认为目送贵诚就是属意于贵诚，那么为什么史弥远不叩请宁宗本意，让宁宗明白地说清楚呢？由皇帝断自宸衷，明确说出有意立贵诚为皇子或皇太子，岂不是更为根本的措施吗？然而这里却不见宁宗说过一句话。方回也说：“弥远所谓两宫之意不在济邸者，岂不密与宰相议之？弥远于此若谓‘主上尝有密旨，令选皇侄讲官’，庶乎可信。今详清之所书，初无上旨，弥远自以己意，私嘱小臣，清之奉命承教，以‘不凡’二字密达弥远，不待甲申之秋，而济邸已亡矣。”[①]史弥远自始至终都在闪烁其词，没有提供足够的理由让人相信选皇侄讲官是宁宗的本意。

《潜邸圣语》还记载了另一件杨皇后与贵诚之间的交流事。“淳祐十年四月十三日辰时，宸批曰：嘉定癸未，进士唱名，宁考临轩，太母御看阖。朕在潜邸，侍立集英，济王忽入殿后，内侍来云：‘圣人在帘里，要看观察揖。’朕面帘立久之，以此知属意于朕已非一日。”[②]据方回言，理宗御批的背景是：“四月十三日，早朝奏事，理宗语及帘间谛视事。退朝之后，又亲批以付清之也。”淳祐十二年（1252）六月戊寅，宋理宗为史弥远撰写《神道碑》时，又一次提及此事：

> 即位前一年，一日早朝，宁宗独凝伫朕，班退，目逆之没阶。是年唱进士第，恭圣垂帘御屏后，朕与济国俱侍立殿上，少顷济国趋庑下，入中珰之次，恭圣令小黄门传教旨，命朕面帘正立良久，然后令侧侍如故。盖宁宗、恭圣以朕拜立步趋颇立礼度，又益喜，乃知宁宗、恭圣之意已深属久矣。[③]

“目逆之没阶”当即史弥远所说的宁宗常常“目送”贵诚，可知，理宗所说即来自史弥远对郑清之的描绘，并不足信。至于杨皇后垂帘谛视贵诚一事，理宗也极为重视，不仅在朝堂上与大臣提及，郑重地批给宰相，还在史弥远的《神道碑》上公开地记下此事。这表明此事对于证明理宗即位合法性意义重大。[④]

但是“帘间谛视”的记载仍让人产生很多疑惑。御集英殿唱名进士属于常规性的事务，宁宗本人出面完全可以应付，为什么还需要杨皇后出现？杨皇后不仅出现，还要长时间地“帘间谛视”贵诚，不能不让人相信这是有意安排的一幕。或可以推测，杨皇后是想向宁宗和大臣表达她倾向于皇侄贵诚的一种姿态。然而在这样刻意安排的场合中，也不见宁宗发一语。方回认为：“帘间谛视，非宁宗意也。乃弥远阴谋已定，待中宫谛视而后决也。逮得清之为讲官，有‘不凡’之目，则决然废立无疑矣。”[⑤]也就是说这件事是史弥远策划的，以“帘间谛视”的方式等待着杨皇后的确认，杨皇后一旦确认，拥立贵诚便可以实行。嘉定十六年（1223）唱进士第是在五月初

---

① 方回：《桐江集》卷 7《郑清之所进圣语考一》，第 473 页。

② 方回：《桐江集》卷 7《郑清之所进圣语考三》，第 474 页。

③ 宋理宗：《宋太师左丞相卫国忠献王神道碑》，张传保、赵家荪修，陈训正、马瀛纂《鄞县通志》，《中国地方志集成・浙江府县志辑》第 17 册，上海：上海书店，2000 年，第 638—639 页。

④ 理宗为何要在淳祐十二年为史弥远撰写的神道碑上特意记载这一件事，的确耐人寻味。特别是联系到理宗一直无子，希望传位于自己血缘最近的与芮之子的状况，更可见理宗大力宣扬此事的政治目的。

⑤ 方回：《桐江集》卷 7《郑清之所进圣语考三》，第 475 页。

二日，在选择郑清之担任贵诚讲官之前数月。等到郑清之以“不凡”二字称赞贵诚，史弥远已决然废立了。故方回认为嘉定废立一事是“中宫主之，宰相谋之，一国子录与闻之，此后世所当知也”[①]。实际上是说废立之举是杨皇后与史弥远共同合作的结果。方回的推断不无道理，但史料缺失，实际上没有足够的材料来解释杨皇后这一举动的背后原因，但若仅仅凭借“帘间谛视”就可以断定杨皇后已经属意于贵诚，也是十分牵强。即便能够说得过去，这也不能表明宁宗就属意于贵诚。

以上通过对郑清之所提供的两件事实进行逆向推理，证明宁宗并没有特别属意于贵诚，也没有厌恶、废黜赵竑的意愿。而且从目前留存史料看，基本上未见宁宗对赵竑表示反感或者不满的记载。唯一一条材料出现在宋元之际成书的《宋史全文》嘉定十七年(1224)正月条：

> 嘉定十七年正月，宰执奏事，宁宗忧形于色，历言竑溺女嬖、狎群小、傲诞淫亵数事，且密谕曰：“皇侄端重英悟，可承宗祧。欲并立为皇子，续正元良之位。”宰执奏曰：“圣意坚定如此，宗社之福。然事大体重，容少迟，精审行之。”宁宗曰：“俟瑞庆节可也。”[②]

据此，则在嘉定十七年正月，宁宗已经表达出对赵竑的强烈不满及对贵诚的钟意，准备在瑞庆节立其为皇子。瑞庆节是宁宗的生日，在十月十八日。可惜此年闰八月宁宗就去世了，立皇子一事遂无法进行。但这条史料的可靠性很值得怀疑。首先，宁宗本是资质平庸、渊默寡言之人，又缺乏明鉴识人的能力，即位几十年来一直对群臣保持缄默，为何此时忽然对宰执大臣叙说赵竑的淫亵事呢？这完全不合于宁宗的性格与能力。其次，如果本条记载可信，则这里的“宰执”当是以右丞相史弥远为首的宰执群体。众所周知，史弥远与皇子赵竑不睦，从嘉定十六年(1223)开始便暗中培养贵诚。如宁宗明确表示要立贵诚为皇子，这正符合史弥远的心理预期，为什么却不见史弥远的请求呢？反而要求宁宗“精审行之”。这也不合情理。再次，这条记载仅见于《宋史全文》理宗部分，而不见于《宋史全文》宁宗部分，也不见于《续编两朝纲目备要》。《宋史》中也未见记载。据汪圣铎研究，《宋史全文》理宗部分较多地保留了官修史书的痕迹，也保留了很多对宋理宗歌功颂德的文字。[③] 这便不能不让人怀疑这条记载很可能是官方史家对理宗的美饰话语，借由宁宗对赵竑的反感厌恶以证明理宗即位的合法性。故这一记载并不可信。戴仁柱提出的宁宗对赵竑表示反感的观点实际上没有史料依据。宁宗并无废除赵竑的情感基础和意愿。

那么，贵诚最终被拥立自然与史弥远的幕后运作密不可分。除上文所述外，关于史弥远在拥立理宗、废罢赵竑过程中所发挥的主导作用，需要提供更直接的材料来证明。郑清之有一封奏札对史弥远在宁宗去世那一夜的具体活动作了详细记录。郑清之首先说道：“初潜之建继照，

---

① 方回：《桐江集》卷7《郑清之所进圣语考三》，第475页。

② 佚名：《宋史全文》卷31，嘉定十七年正月，第2613页。

③ 汪圣铎：《试论〈宋史全文〉理宗部分的史料价值》，《文献》2005年第4期。

虽出于宁考之定见，陛下之无心，而实基于故相史弥远之忠虑，培根沃膏，非一日矣。"明确指出宋理宗被选为皇子乃至最后登基虽然出于宁宗的"定见"，实际上得力于史弥远的忠诚和暗中培养。这句话委婉地表达出史弥远的主导作用。理宗对此心知肚明，郑清之也不再多言，直接转入即位当夜的叙述：

臣恐其密有启白，俾臣男易服来往于济门之外，伺察动静。忽以赫递报济，将入禁中，已促前马矣。弥远亟遣人谕以朝廷方举行奏告礼，不宜深夜骇惊睹听，济乃掩关就寝，弥远始获一意区处。诘旦，事节惧有属垣者，即撤去屏障。今四面洞然，就坐中堂，拟定进封节次指挥，讨论垂帷典故，商确诏文语意，虽韦蝇莫知也。晓钟动，弥远趋朝如常时，密疏椒房集禁，乞于帘前有所陈说。既见，力请舍昏立明，以决大计。慈圣答曰："此先帝素志也"。……代邸一节，在下者独弥远、宅之与臣知之……①

据郑真辑《四明文献集》载，此奏札上于淳祐十年(1250)十月，时任左丞相兼枢密使的郑清之请求理宗让史弥远配享宁宗庙廷，并回顾了当时惊心动魄的一幕。可知，宁宗去世时，连其他执政都不知道，只有史弥远父子和郑清之父子参与其中。但是却有人将此讯息告知了皇子赵竑，而不是贵诚。或许，在当时人看来，皇子赵竑是皇位的继承人，理应得知此事。史弥远派人阻止赵竑入宫，才获得策划拥立贵诚的宝贵时间。待上朝时，在杨皇后面前"力请舍昏立明，以决大计"，杨皇后以"先帝素志"来回答，废罢赵竑、拥立理宗的整个活动才顺利完成。但是"舍昏立明"一词，固然可以理解为郑清之对宋理宗的恭维之词，却也透露出宁宗生前并没有废赵竑、立贵诚的意思，赵竑本来就比贵诚有优先的皇位继承权。否则就无须如此紧张忙碌地策划拥立了。值得注意的是，宰相史弥远与杨皇后的帘前谈话直接关乎皇位更替，是国之大事。按照宋代的史馆制度，君臣之间奏对的言辞应由臣僚如实记下后，录送史馆，以备修撰日历、起居注之用。如太宗去世后，吕端和李皇后在皇位人选上的争论就见于国史。但是史弥远却没有这样做。郑清之言："当时帘前所奏之语，臣尝见弥远录本，自合进呈，付之史馆，而弥远以言功为嫌，止藏于家。"是否真的如郑清之所言，史弥远是因为要避免邀功之嫌而不进呈呢？目前所见材料并不支持郑清之的说法。方回曾言，史弥远对自己拥立理宗一事颇为得意，事后对郑清之说："先公兼两邸讲官，能识孝宗于二王并立之中，极力辅成，为艺祖得神孙，为天下得英主。今日舍昏立明于一夕之间，以继孝宗之圣事，体难易又与先公不同。"②其父史浩曾经作为宋孝宗的老师，对孝宗多有教诲。这对于孝宗最终击败恩平郡王伯玖而成为皇位继承人颇有功劳。史弥远自诩自己所做的事情已经超过父亲史浩当年作为。这当然是史弥远对自己在拥立贵诚即位过程中主导作用的最直接供述。试问如此令史弥远自豪、正值得大书特书的事情，为什么会缺乏记录，且他拒绝载诸史册呢？这不能不令人怀疑两人交谈的内容是否不利于理宗的即位，甚至

① 郑清之：《乞将史卫王配享宁宗奏札》，李之鼎《安晚堂集辑补》，四明丛书本，扬州：广陵书社，2006 年。
② 方回：《桐江集》卷 7《郑清之所进圣语考一》，第 471 页。

存在着某些幕后利益交换，所以史弥远才拒绝进呈。而现存史料如《宋史》本传中依然留有史弥远与杨皇后联合操作、更换皇位人选的记录。[①] 理宗本纪中虽不可能详细记录，但理宗一直对自己的即位合法性有着超乎寻常的敏感。雪川之变爆发后，史弥远传旨赐死济王赵竑。这件事激起了士大夫的极大不满。大批士大夫前赴后继为济王鸣冤多年，但理宗始终拒绝为济王平反，并拒绝为其立子嗣。景定元年(1260)四月，理宗准备立其弟与芮之子孟启为皇太子，受到右丞相吴潜的反对。吴潜直言："臣无弥远之材，忠王无陛下之福。"[②]这使得宋理宗大为恼怒，十余天后吴潜被罢相。可见理宗对于自己即位合法性的敏感与不容质疑。这也反证了史弥远对其即位大有拥立之功。

结　语

宋理宗的即位过程可以分为前后两个阶段：由皇侄而变为皇子，从而拥有皇位继承人的资格，之后击败同为皇子的赵竑，最终登上皇位。本文的考证正是依照这一次序进行的。在贵诚身份不断提升的过程中，宁宗的态度与旨意实为最关键的因素。在立贵诚为皇子的诏书中，无论是诏书的公布时间、撰写过程，还是提供的并立皇子的理由都不合情理，无法让人相信这是宁宗的本意。其次，郑清之《潜邸圣语》记载的史弥远等人提供的宁宗属意于贵诚的理由，也都出于史弥远的一己之说。对宋理宗而言，证明其即位合法的最有力证据无疑是宁宗的圣谕。然而自始至终，都不见宁宗明确的发言表态。史弥远认为宁宗常常"目送"贵诚，但也不敢直接请示宁宗。这表明宁宗的意愿仍然在皇子赵竑，而不是贵诚。史弥远得知宁宗此意，故不敢明白请旨。杨皇后"帘间谛视"贵诚实际上是表明杨皇后对贵诚的中意，但是这一场合也始终不见宁宗的表态。宁宗虽然性格懦弱，容易受人左右，自己选立的皇子赵竑一直受到阻挠，没能够立为皇太子。但是他一直对赵竑比较认可，没有废黜赵竑的情感基础和意愿。而对史弥远与杨皇后极力推动的贵诚，宁宗的态度始终暧昧，缄默不语，没有明确表示认可。以至于到他去世时，贵诚的身份很可能仍然是皇侄而不是皇子。赵竑与贵诚的身份等差始终存在，这似乎表明宁宗实际上是倾向于立赵竑的。郑清之对拥立理宗即位过程的详细记录也直接证明史弥远在拥立理宗即位过程中的主导作用。若从皇帝的意志出发，史弥远的作为改变了宁宗的决定，可谓是矫诏废立，大逆不道。但宁宗毕竟没有确立皇太子，在制度上也就没有绝对的、唯一的皇位继承人选，这恰恰给了史弥远和杨皇后幕后运作的空间。史弥远和杨皇后内外联合拥立新君也是有先例可循的，符合宋代的祖宗家法，至少在运作流程上很难质疑。故当时朝臣虽然对拥立的结果

---

① 如《宋史》卷41《理宗纪一》言："弥远使杨谷、杨石入白杨皇后，称遗旨以皇子竑开府仪同三司，进封济阳郡王、判宁国府，命子昀嗣皇帝位。"(第784页)这里，史弥远只是派杨谷、杨石告知杨皇后，自己宣布了宁宗遗诏。而《宋史》卷243《恭圣仁烈杨皇后传》记载，杨皇后是在史弥远的胁迫下被迫同意更换皇位继承人选的(第8657页)，卷246《镇王竑传》则侧重于记录史弥远在宁宗去世当夜紧张策划拥立理宗的过程，可与郑清之的奏札相互参证(第8736页)。

② 脱脱等撰：《宋史》卷418《吴潜传》，第12519页。

很震惊，但也无可奈何。

嘉定末年的皇位继承人选问题，不仅关系到到底由赵竑还是贵诚继承皇位，更多地牵涉到皇权与相权的权力分界问题。即皇位继承人的选择必须始终体现皇帝的最高意志，而不是宰相的好恶。就此而言，史弥远是借由杨皇后的权威而行一己之私，暗中更换了皇位人选。这一举措虽然可以掩人耳目于一时，实质上仍是由少数人操纵了皇位继承。士大夫群体，特别是要求更多政治参与的理学士大夫对此深怀不满。本来对史弥远长期当政产生的不满情绪继续积聚。嘉定末年的皇位继承问题表面上得到了妥善解决，实则令朝野上下的积忿暗流涌动、继续发酵。这在霅川之变后，借由为济王鸣冤的旗号得到了集体爆发。理学士大夫与以史弥远为首的当政者最终决裂，并深刻影响了之后的政局走向。

（本文原发表于《江西社会科学》2016 年第 7 期。）

作者简介：

韩冠群，中国人民大学历史学博士，上海师范大学师资博士后出站并留校，现为上海师范大学人文学院古籍所副教授，研究方向为宋代政治史、社会史。

今存《永乐大典》之宋元城市图渊源考辨

钟　翀

摘　要：《永乐大典》今存残卷之中收录了"（汀州）郡城"图、"建武军图"，以及"安南国图""潮州路城图""元河南志图"这四种颇有研究价值的宋元城市地图。本文通过对这些地图图式与内容表现的综合考察，详细考订成图年代，同时，利用图、文合勘手段，深入辨析《大典》所引相关宋元志书及其记载，查证这四种宋元城市图的摹录底本与图源文献，并据此归纳《大典》之地志编例与地图采录原则。在此基础上，对于历来争议较多的《大典》所收洛阳城地图进行多角度探讨，确认此图当源于元《河南志》。

关键词：城市地图　宋元时代　《永乐大典》　摹录型古地图　历史地图学

成书于明永乐六年（1408）的《永乐大典》（下文简称《大典》），其地理文献的征引多采自宋元或明初方志，汇集了大量城市古地图，不过由于此书之大部既已散佚，更为可惜的是有清一代并未重视对书中方志类文献的着意辑录，以致这些城市古地图大多已成绝响，幸存八百余卷之中可见者寥寥。有鉴于此，本文意在搜集查考此种存数不多的古舆图遗珍，俾有济于中古城市史地研究。

作为辑录型的类书，《永乐大典》所摹录的宋元城市地图的来源主要是当时南京文渊阁所储之宋元志书，但这些前代的志书现已久佚于世，使得历来对于此种地图的由来与创作背景并不十分明确。前辈学人黄燕生曾对今存《大典》之中的地图整体状况作过精要考录。① 不过此前的研究并非专为城市地图，加之近年以来城市史地研究的推进，尤其是以"唐宋变革期城市革命"为命题的论争，亟须针对中古时期的城市图文史料开展深入挖掘，同时，随着《大典》府州地志类的文本辑佚与史源分析的研究推进，我们也对该书的编纂体例及其所采录方志的史料特性有了更为全面的认知，因此时至今日，对其中的城市古地图重加考辨亦属必要。

本文意欲研讨的"城市古地图"这类专题图，按笔者此前提倡，主要是指能够比较清晰表现

---

① 黄燕生：《〈永乐大典〉地图考录》，《文献》1988 年第 4 期。

城市或其局部的格局及其内部构造、可供较详细复原研究之用的一类地图。[①] 据此定义检视《大典》之今存诸卷，可收集到的城市地图应有 11 幅(组)，其中广州、湖州、绍兴、抚州、滕州等图均依明初志书摹录，确证为宋元城市地图的只有“(汀州)郡城”图、“建武军图”，以及“安南国图”“潮州路城图”“元河南志图”这样的 4 幅/组，明初之图俟别作一文再论，基于上述研究的迫切，本文先行将 4 种宋元图详加考察如下。

一、“建武军图”“安南国图”与南宋《淳祐建武志》

今《大典》存卷 8506、8507 原装一册，系“十九庚”韵“宁”字下《南宁府》之一、二两卷，按卷首的目次及《永乐大典目录》，[②]可知《大典·南宁府》篇原有 6 卷 23 事目，今存两卷自“建置沿革”至“土贡”10 个事目，所幸其首卷 8506 收录了包含“建武军图”(图 1)、“安南国图”两幅城市图在内的 8 种古舆图。

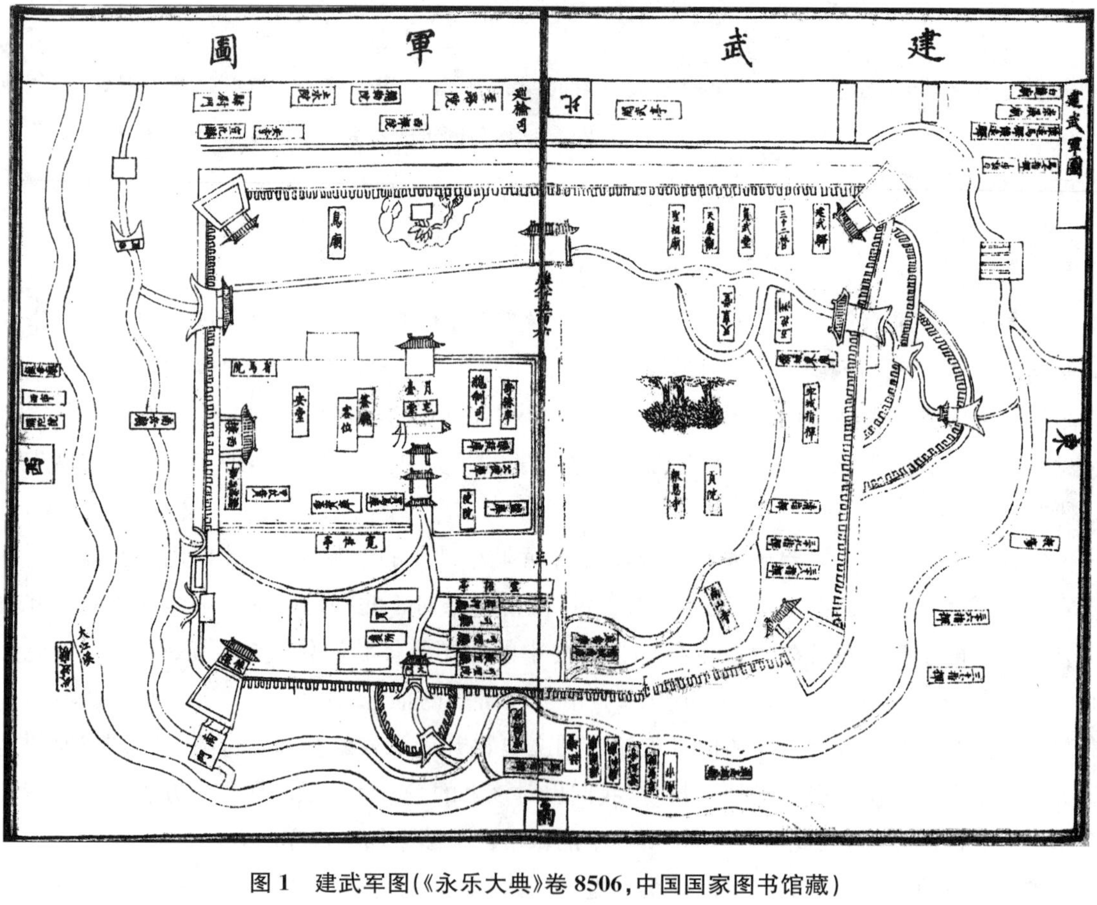

图 1　建武军图(《永乐大典》卷 8506，中国国家图书馆藏)

① 钟翀：《宋元版刻城市地图考录》，《社会科学战线》2020 年第 2 期。
② 《永乐大典》第 10 册《永乐大典目录》，影印清道光《连筠簃丛书》本，北京：中华书局，1986 年。

关于这两幅城市地图的绘制年代与图源文献，姜纬堂断言“据所标地名及衙署、驻军名目等，可断其为宋代，具体说是南宋时的地图”，但姜文并未具体说明其地名依据为何。[①] 黄燕生则据地图的图式与建置沿革等表现也认定为宋图，并推测其出自宋《邕州志》，[②]不过对于该图的图源文献与具体的史料依据等问题，尚需结合《大典·南宁府》篇中所载同时代即宋代的志书内容来作一考证。

在《大典·南宁府》存卷之中，出现了“邕州志”“重修邕州志”“建武志”“重修建武志”这样4种与这两幅图相关的宋志书名，不过由于《大典》编者在引书之际往往增省书名，这4种宋志很可能也有同书异名的情况。[③] 关于这个问题，考虑到《大典》编纂时开馆文渊阁，尽取其藏书而参用之，[④]故可利用《文渊阁书目》记载的南宁宋志来加以核对。为此查阅该书目，可见其中的历代“旧志”仅列“《邕州志》一册、《建武志》二册”两种。[⑤] 此著录所云邕州、建武两志，应即《大典》编纂时采录之本，循此思路进一步核对《大典·南宁府》中的相关记述，则从内容、记事年代来看，“邕州志”“重修邕州志”并无明显区别，当是同一种宋志，而“重修建武志”仅出现了一次，在卷8507“至到”条目中以方位图形式记述该军驻地，该处图注为“建武军境，……至京四千六百里，至行在六十一程，至静江府十五程”，按其中的建置叙述，显见其与“建武志”同为南宋之志，应该就是《建武志》原书的全称。按此推断，那么问题就成了两图究竟出自宋《邕州志》还是宋《建武志》了。关于这一疑问，笔者以为还是应该立足于《大典·南宁府》所记载的与此图相应的原始宋志材料，从中寻求解决图、志合一这个问题的“本证”。

先以今存《大典》所引的《建武志》记载观之，其记事之晚见者多在淳祐年间，推测成书当在彼时。这一推测的有力证据是其中的“赋税”目之“永平寨”条(载《大典》卷8507)提及“每年四季起解比旧额减半，自集相崔文清倅邕，经今三四十年，遵为定例云”。按文中“经今”之意当指此志撰述之时，“集相崔文清”即清献公观文殿大学士崔与之，“倅邕”当指他通判邕州，时在开禧三年(1207)，[⑥]以之推四十年正在淳祐七年(1247)。而在《大典》存卷中，征引《建武志》之最晚见者载于“城郭”目(《大典》卷8507)，记录了淳祐六、七年间与八、九年间的两次修筑城池之事，当指董槐、李曾伯在广西帅臣任上为备蒙古军由西南对进的“斡腹之谋”而在邕修城之举。[⑦] 值得留意的是，此处文中提到淳祐六、七年修城之际，曾建“甲仗库一、备城库二”，而在“建武军图”中可见“甲仗库”一处及“备城南库”“备城西库”两处的标注，即时描绘了当时新筑工事的动态，图、文

---

① 姜纬堂：《〈永乐大典·南宁府志〉及其价值》，《学术论坛》1986年第5期。

② 黄燕生：《〈永乐大典〉地图考录》，《文献》1988年第4期。

③ 《大典》在编纂辑录过程中，对于征引书名的著录并不严谨，由此造成许多同书异名甚至异书同名的现象，也往往带来查证史源的混乱，此点已有不少学者指摘，可参见蒲霞《〈永乐大典〉所收方志的特点和价值——以〈徽州方志〉为中心》，《合肥学院学报》2011年第6期；吴榕青《〈永乐大典·潮州府〉卷外潮州旧志辑校》，《中国地方志》2021年第5期等。

④ 顾力仁：《永乐大典及其辑佚书研究》，台北：文史哲出版社，1985年，第19页。

⑤ 杨士奇：《文渊阁书目》卷19，《丛书集成初编》本，上海：商务印书馆，1935年，第247页。

⑥ 何忠礼：《崔与之事迹年表》，《文史(第41辑)》，北京：中华书局，1996年，第123—140页。

⑦ 覃旺：《“斡腹之谋”与南宋末年广西城池建设》，《广西地方志》2020年第2期。

记录高度契合，亦可作为“建武军图”源于该志之力证。而与之相对的，通检《大典·南宁府》所引《邕州志》相关记述，则其最晚记事只及“隆兴以来”（载《大典》卷 8506），且其中并无类似与地图对应的即时文字记载。两相对比，由此推断“建武军图”当为淳祐年间所修南宋《建武志》之附图，按今存宋元方志的命名惯例，故可定此种图源文献为《淳祐建武志》。

至于“安南国图”，虽因图中地物标注的贴签大量空白而难以考究图上内容表现，但其图式（如图名、方位标注等形式）与“建武军图”相同，而与同卷所收其他的地图如“南宁府图”等差异甚大，因此推测也很可能与“建武军图”一并出自南宋所纂之《淳祐建武志》。

二、“（汀州）郡城”图与南宋《开庆临汀志》

本图见于《大典》卷 7889，为《汀州府》下一幅描绘汀州城的古地图（图 2-1）。今存《大典·汀州府》卷 7889 至 7895 凡七卷，厘为 33 事目，首尾连贯，内容完整，其中除少量征引明初《大明清类天文分野书》、元人所撰《江浙须知》《元一统志》等书之外，大部分内容均录自南宋《临汀志》，故被誉为“唯一比较完整保存在残本《大典》中的宋代方志”[①]。而据《大典》卷 7895 所载《临汀志》序跋，宋代汀州志凡三修，创修在隆兴二年（1164），二修于庆元四年（1198），开庆元年（1259）为三修，由时任知州的胡太初命州学教授赵与沐等重修，原书凡 15 卷，序跋均署开庆元年，故以目前学界的命名规则，可将其称为《开庆临汀志》。

《大典》卷 7889 与“郡城”图同载者尚有“郡境”“郡治”及南宋汀州下属宁化、莲城等六县之图（县图均不具图名），共计 9 幅图。这套图中，“郡境”等多幅图上“莲城县”不作元至正六年（1346）后改名的“连城县”；“郡治”图上标注有“山堂”与“山中佳处”两处，关于这两处，按《大典》卷 7892“廨舍”目下“山堂”条引《临汀志》云：“在州宅后正北，旧有双松奇石，名双松堂，……淳祐间郡守卢公同父以双松摧折，改今名。堂后跨子城，创小亭，曰‘山中佳处’，皆自书扁。”由此确证此图并非隆兴或庆元修志时郡治之貌，只能是绘制于淳祐之后；此外，同卷“仓场库务”目下“甲丈库”条引《临汀志》有“在州衙西庑楼上，今楼名‘武备’”之语，亦与“郡治”图中“武备楼”的标注相应，这些都表明“郡治”图只可能是淳祐以后所修《开庆临汀志》的附图。而从这 9 幅图的类型与编排来看，也与《宝庆四明志》《嘉定赤城志》等今存宋志所附地图十分相似，比较符合南宋志书的舆图编绘规制，并且，舆图的绘制风格统一，图中属县、四至道里标注与《大典》所载《临汀志》记述相合，这些也都印证了包含“郡城”图、“郡治”图在内的这套图，可能都是自宋志原图摹录而来。这个推断是否成立？下面着重来分析“郡城”图的内容表现。

① 关于此志体例与《大典》辑录此志情况，方健《〈开庆临汀志〉研究——残本〈永乐大典〉中的方志研究之一》一文考据甚详，载《历史地理（第 21 辑）》，上海：上海人民出版社，2006 年，第 366—383 页。

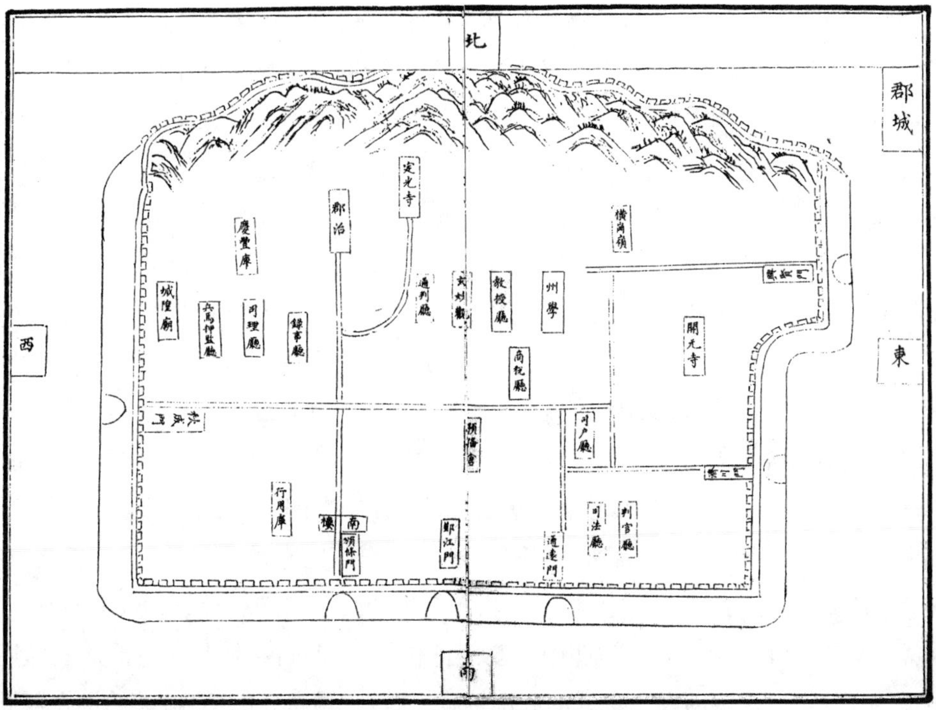

图 2－1　(汀州)郡城(《永乐大典》卷 7889，中国国家图书馆藏)

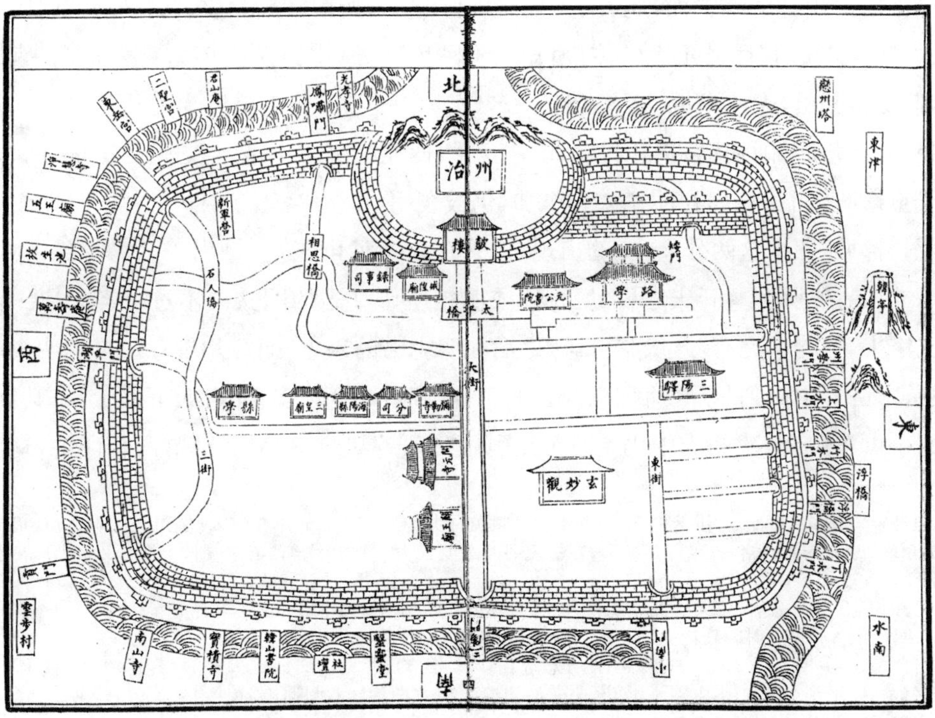

图 2－2　(汀州)郡治(《永乐大典》卷 7889，中国国家图书馆藏)

总体上看，“郡城”图所表现的地物年代与《大典》所引《开庆临汀志》中记述的年代大体一致，如关于城门，《临汀志》卷7890提及自宋治平三年(1066)筑城以来开有颁条、鄞江、通远、济川、兴贤、秋成六门，这与图上标注一致，并不反映入明以后的城门变更[①]；图中的郡治、通判厅、录事厅、兵马押监厅、州学、开元寺、定光寺等标注，也与宋志所记相符，反映了南宋汀州的建置，如《临汀志》云“商税厅，在府治东福寿坊正街，务隶焉”(载《大典》卷7895)，而嘉靖《汀州府志》卷六“税课司”条则说“宋端平初设于城东济川门内，名商税务，国朝改为税课”[②]，图中标“商税厅”而非“税课司”，当为宋制。加上前述同一套图中还有“郡治”图所绘“山堂”“山中佳处”(图2-2)等特定年代的标注，这些均指向“郡城”图系源于开庆修志之际所绘宋志原图。

不过，值得注意的是“郡城”图中的“预备仓”“庆丰库”这两处标注，绝非南宋《开庆临汀志》原图应有之物。按“预备仓”这一处在《大典·汀州府》七卷中未见记载，而明初的预备仓制度，自洪武二十一年(1388)六月明太祖下令推动创立，至洪武二十四年始在各地大规模推行。[③] 嘉靖《汀州府志》卷六《公署·廨舍》提到“预备仓：在府治东察院布政司之后，宋有省仓，在鄞江门内，有常平仓在省仓内，端平间郡守李华又设均济仓于开元寺左，……元无考，国朝改预备仓，计若干廒，仓官廨舍二所”[④]。此处未说明国朝改预备仓年代，但同卷叙其属县清流县“预备仓”系洪武二十四年创，正是各地创设预备仓的高潮，府城内这一预备仓的出现，大约也在与其属县置预备仓相近的洪武二十四年左右，而图中仅见于鄞江门内的这一处“预备仓”标注，从位置上看很可能是据原宋代省仓改置而来。又，《大典·汀州府》所引《临汀志》文中未见有“庆丰库”记载，仅在卷7892“衙门”目引元代《江浙须知》提及“库一处，本路庆丰库官吏六员名，官三员，省差二员，监支纳一员，大使一员，路差副使一名，攒典一名”。显见该库为元代所创。弘治《八闽通志》提到“(汀州府)国朝洪武初因其旧创建正堂，西北为庆丰库，后堂之后为架阁库，永乐八年知府宋忠重修”[⑤]，可见该库在明初洪、永之时仍被袭用。

因此，“郡城”图中这两处仓、库的出现，似乎存在两种可能，一是出于《大典》编者或抄手的径改或添绘，二是利用了《开庆志》之后元修或明初所修汀志的图文。不过，从《大典·汀州府》七卷的文字来看，均未见有《开庆临汀志》之后元明志书的迹象，而汀州现存最早的明嘉靖《汀州府志》卷首“凡例”中提到“今之所据以为去取者，惟宋事之存独多，元有天下九十年，其制产人文无片纸只字可考”[⑥]，且嘉靖志中仍不时可见引用“宋志”却绝少元代记载，两相印证，这两处仓、

① 嘉靖《汀州府志》卷3《城池》：“洪武四年，汀州卫指挥同知王珪塞颁条门，止开五门，改济川为丽春，改秋成为通津，改通远为镇南，改鄞江为广储，改兴贤为朝天。”载《天一阁藏明代方志选刊续编》第39册，上海：上海书店出版社，2014年，第178—179页。

② 嘉靖《汀州府志》卷6《公署》，《天一阁藏明代方志选刊续编》第39册，第362页。

③ 陈旭：《明代预备仓创立时间新论》，《农业考古》2010年第1期。

④ 嘉靖《汀州府志》卷6《公署》，《天一阁藏明代方志选刊续编》第39册，第362页。

⑤ 黄仲昭修纂，廖宗刚等据中国国家图书馆藏明弘治刊本点校：(弘治)《八闽通志》卷42《文职公署·汀州府》，福州：福建人民出版社，2006年，第1204页。

⑥ 嘉靖《汀州府志》卷首《凡例》，《天一阁藏明代方志选刊续编》第39册，第23页。

库的窜入，似应以第一种可能即《大典》在摹绘宋志“郡城”图之际的篡改为解。《文渊阁书目》卷十九著录的涉汀“旧志”有“《临汀志》二部，各二册”，这应该就是编纂《大典·汀州府》之时所采录的《开庆临汀志》，此外还有一部“《汀州府长汀县志》三册”也很有可能作为参考。即便如此，从图上衙署祠庙、城门围郭等地物所呈现的南宋汀州城整体风貌，到诸如“山中佳处”那样一些南宋淳祐年间经在任官吏之手创建的个性化营造的存在，无不透露出《大典》之“郡城”图在摹绘之际应是取材于南宋《开庆临汀志》的原图，这一点是毫无疑问的。

三、“潮州路城图”与元《至顺三阳图志》

《大典》存卷5343首列地图6幅，这些地图均无标题，为行文之便，笔者按图中内容暂拟图名为“潮州府境图”“海阳县图”“潮州路城图”“潮州路总图”“揭阳县图”“程乡县图”。关于这套地图，黄燕生曾利用图中地名沿革，考证其中的“潮州府境图”等4幅为明初所绘。[①] 另外的“潮州路城图”“潮州总图”两图，据成一农考定为元代之作，而“潮州路城图”是其中唯一的城市地图（图3），成文推测该图“极有可能出自元代的《三阳图志》”，并据另一元代的“潮州总图”中梅州

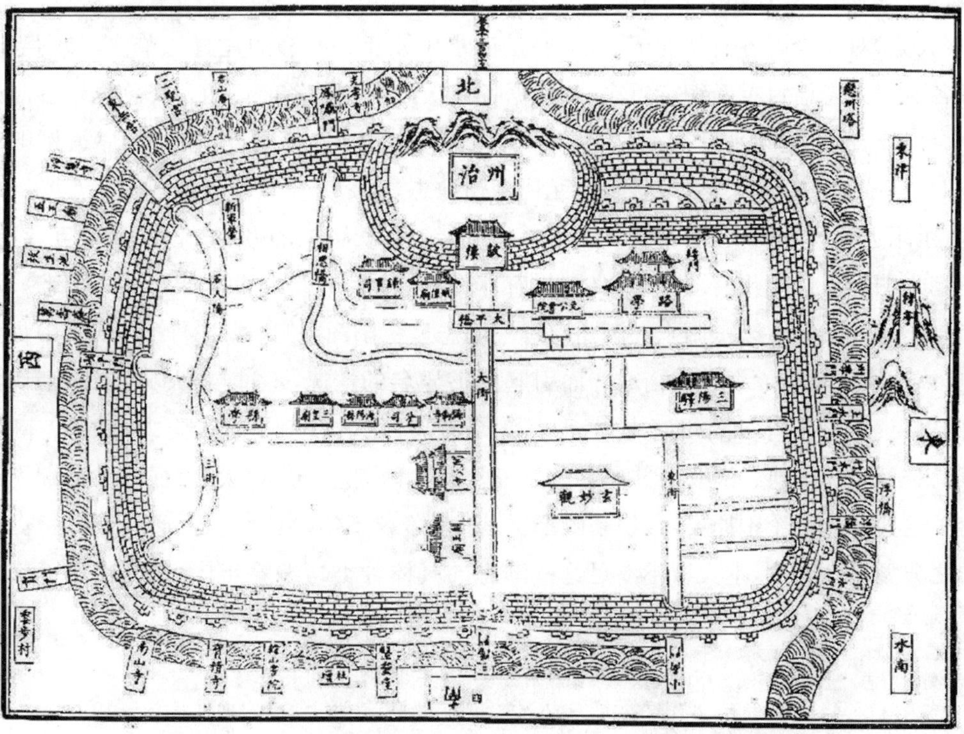

图3　潮州路城图（《永乐大典》卷5343，中国国家图书馆藏）

---

① 黄燕生：《〈永乐大典〉地图考录》，《文献》1988年第4期。

的归属与改隶变化，推断这两幅元代地图的绘制“极有可能在元贞元年至延祐四年之间”。[①] 上述判定较为合理，不过对于“潮州路城图”的图源文献与成图年代，尚需进一步的分析加以特定。

从“潮州路城图”的内容表现来看，图中宋代地物不多，而元代的特征性地物则大量可见，如至元二十一年(1284)所创之录事司、廉访分司，至元二十三年(1286)所创之宝积寺，以及元代独有的“路学”，等等，这些在上述成一农文中俱已查考，需要补充的是图中“新军营”这一处，按《大典》卷5343引《三阳志》所述之澄海第六指挥营、清化营等本州宋代独有军营，均未在此图中出现，而《大典》同卷引《三阳图志》又云“元革命，制度一新，……万户府、千户、镇抚、百户衙皆在子城之西，军营列布焉”，此记载中的“入元后制度一新的军营”，其位置正与图中仅有的一处军营标注——位于子城之西的“新军营”相对应。

此外，关于图中所现11座城门，今《大典》存卷未见记载，现存最早的嘉靖《潮州府志》亦不述城池，但乾隆《潮州府志》提及“绍定、端平间，知军州王元应、许应龙、叶观相继甃筑完之，为门十一”[②]。可见这是南宋中期以后的形制，而到明初洪武五年(1372)前后，潮州城门就已改筑为7座了；[③]还有，像图上所见元至元间建于城内正街之左的三阳驿，在明洪武八年被迁到了县学之右，[④]这些皆与明初潮州城状貌不合，加之前述同卷尚有元代“潮州总图”的存在，如此种种表现，均可证此图作于元代殆无疑问。

按《大典》对于全国各府州的记述，主要是以永乐元年(1403)的建置为单位，参酌当时文渊阁所藏各府州方志篇目重新编定目次，并依据各目次的主题采择前代的官修总志及各府州志书抄撮拼合而成，此点近年来已在治《大典》学者之间渐成共识。[⑤] 因此，按《大典》编例即可推察这幅“潮州路城图”应是《大典》编者采自元代潮州地志，那么究竟又是何种潮志呢？

据《永乐大典方志辑佚》的整理[⑥]及吴榕青[⑦]的统计，《大典》征引之潮志，其名目竟有《潮州图经》《潮州图经志》《潮州府图经志》《(潮州府)图经志》《潮州志》《潮州府志》《三阳志》《潮州三阳志》《潮州府三阳志》《续三阳志》《潮州府续三阳志》《三阳图志》这样12个之多，其中肯定存在因《大典》著录不审，对原书名或衍或夺而引起同书异名的情况，不过与《大典》史源密切相关的《文渊阁书目》也著录有“《潮州府志》一册、《潮州图志》二册、《潮州府三阳志》二册、《潮州三阳志》二册、《三阳志》一册、《潮州府并属县志》一册”共6种潮志，显示《大典》征引多种潮志或为事实。有关这些潮志的个中原委，自饶宗颐撰文[⑧]以来争议不绝，莫衷一是，形成了《大典》征引一地方志之典型复杂案例，本文暂不涉足这些潮志的具体种类与编纂年代，只要聚焦于确定其中

① 成一农：《〈永乐大典·潮州城图〉成图时间考》，《中国地方志》2008年第4期。
② 乾隆《潮州府志》卷之6《城池》，中国国家图书馆藏清乾隆二十七年(1762)刊本。
③ 《永乐大典》卷5343引《图经志》云“洪武元年冬，指挥俞辅统兵来潮，越四年，因旧基而再兴，……为门七”。
④ 嘉靖《潮州府志》卷2，《日本藏中国罕见地方志丛刊》，北京：书目文献出版社，1991年，第190页。
⑤ 黄燕生：《〈永乐大典〉征引方志考述》，《中国历史文物》2002年第3期。
⑥ 马蓉等点校：《永乐大典方志辑佚》第四册，北京：中华书局，2004年，第2602—2785页。
⑦ 吴榕青：《〈三阳志〉〈三阳图志〉考辨》，《韩山师范学院学报》1995年第1期。
⑧ 饶宗颐：《〈三阳志〉考》，《潮汕文化论丛·初集》，广州：广东高等教育出版社，1992年，第1—4页。

与"潮州路城图"对应的元代之志即可解决问题。

《大典·潮州府》篇之下原有三卷，厘为"总图""建置沿革""城池""户口""田赋""历代序文"等 25 个事目，今存载有地图的首卷 5343 及尾卷 5345，合计 17 目。通览《潮州府》这两卷文字，发现实际征引之书并不算多，主要是《大明清类分野书》《元一统志》《舆地纪胜》《方舆胜览》等地理总志以及 5 种当地的潮志——即《图经志》《三阳志》《三阳图志》《旧图经》《郡县志》，卷首的这 6 幅地图，应该也是取材于这 5 种当地潮志的。

详审《大典·潮州府》这两卷内容，就会发现其编纂上的一些特点：例如，以征引条目计之，卷 5343 引《三阳志》192 条、《三阳图志》36 条、《图经志》148 条，5345 卷引《图经志》诗文 53 篇、《三阳志》诗文 86 篇，除此之外两卷合计征引宋《旧图经》及明《郡县志》的不过数条，①因此《大典》在编纂此篇之际，毫无疑问其最重要的参考资料就是《三阳志》《三阳图志》与《图经志》这三种了，而逐一查核《大典·潮州府》之中这三种潮志的记述，很容易可以判断《三阳志》记事至南宋咸淳三年（1267）州守牟潆在任之时，《三阳图志》记事至元至顺三年（1332）潮州路总管王玄恭在任之际，《图经志》记事至洪武十年（1378），②所以从体例上看，这三种主要的参用文献在《大典·潮州府》篇中的分担功能非常明确——该篇以事先编定的"总图""建置沿革"等 25 目次为纲，起首则引明《图经志》概述历史与现状，再引宋《三阳志》详述历代至南宋末年之史实，最后引元《三阳图志》补记前代（即元代）之事，其他偶有援引《元一统志》《舆地纪胜》《旧图经》等书的不过数条，足见《图经志》《三阳志》《三阳图志》这宋元明三代潮志作为本篇编纂之基础素材与核心史料之功用。

上述推论还有一个显证。在《大典·潮州府》首卷 5343 之末"历代序文"下，收录了《三阳图志》所载"潮州府志书序"与《三阳志》所载"潮州图经序"这样两类序文。前者题为"洪武八年十有二月林仕猷作"，按其序文云：

> 潮郡乘曰《三阳图志》，图则明而易见，志则久而不忘，郡之有此，其来尚矣。自宋历元，其山川城郭、风土人物，与夫社稷学校、钱粮户口之类，靡不具载而无遗。其板藏于宣圣庙之万卷楼，至正末毁于兵，太半虽存，已非完璧。民间所藏全本仅有一二，仕于此者往往索取而去，其书由是而废，良可惜已。皇明……潮入版籍八年于兹，广东佥宪赵公巡历至郡……首问郡志，知其废失，慨然以兴复为公内事。令邑长鲍与侃旁求博采，得其坏烂残缺之余以足成之，间有文义不属与其冗官不稽者删而去之，锓梓以永其传。

由此确认，《三阳图志》系元代所纂并曾刊刻，而且直至明初，此书的大部分版片仍得以留存，按

① 此处征引条数统计援引陈香白《〈永乐大典〉"潮"字号残卷概说》，《文献》1983 年第 1 期。

② 从《大典》辑录顺天、凤阳、杭州、广州等府州方志的情况，可知明初洪武十年前后朝廷曾命各府州统一编纂方志，其时所修之志在《大典》中多称为某府/州"图经志"或"图志"或"志"，至于《大典·潮州府》卷 534"户口""田赋"两目所引《图经志》中列出了永乐元年数据，应考虑是《大典》编者补录"新志"（即《文渊阁书目》所载《潮州府并属县志》）的窜入。参见杜来锁《〈文渊阁书目〉中畿辅旧志与新志修撰时间考》，《河北经贸大学学报》（哲学社会科学版）2015 年第 4 期。

序文叙事及此序题为“潮州府志”，推知这部元代的《三阳图志》在明洪武八年（1376）曾经得到重新整理，并与当时新修的“潮州府志”一并付印，而新修之志从年代上看，与上述明初洪武年间朝廷在广东乃至全国各府州推动的“图经志”编纂运动非常接近，故推断很可能就是构成《大典·潮州府》三种基础资料之一、在《大典》中被称为“图经志”的这部明初潮志。另外，“《三阳图志》……图则明而易见”一言也透露出了元志收有地图这一事实。至于“历代序文”所收的另外一篇“三阳志潮州图经序”，实际上是由南宋淳熙二年（1175）常祎倡修《潮州图经》之序、绍定与端平年间两次续修之序这样3篇序文组成的，按序言记述及南宋末年潮州城内书板庋藏等情况，推知南宋初淳熙二年创修并付梓的《潮州图经》，至宋末咸淳三年（1267）曾历经多次递修或增补，[①]该志及其递修增补的“续志”极有可能统一以“三阳志”之名为《大典·潮州府》撰辑时所参用。综上所考，《大典·潮州府》的“历代序文”目下收录的这些潮志序文，实际上正是宋《三阳志》、元《三阳图志》与明《图经志》这三种潮志的序文，也可以说是《大典》编者对该篇所用这三种核心史料的一个交代和说明。

至此，则可明确元“潮州路城图”必定取材于元代的《三阳图志》，关于此志的编纂，马明达曾细绎《大典·潮州府》所录之《三阳图志》各处文字，发现凡记某事之兴废沿革时，多以元潮州路总管王玄恭在潮理政的元至顺年为其时间下限，间有稍早于至顺的泰定纪年之事，但没有一例是至顺以后的，同时，言语之中多处透露出对王玄恭在称谓上礼敬有加，明显不同于其他前代郡守，这也正是《三阳图志》修于王玄恭理潮时期的力证。[②] 王玄恭治潮在至顺二年（1331）至元统元年（1333）间，又《大典》中该志纪事止于至顺三年（1332），则可确定此种元“潮州路城图”的图源文献为《至顺三阳图志》。

四、“河南志图”与元《河南志》

基于上述三种宋元城图及其关联方志的考证结论与启发，下面再来分析现存《大典》的最后一种宋元城市地图——《大典》存卷9561所收的一组洛阳城市古今地图。关于该组地图及其所依托文献——《大典》辑本之《河南志》的成图成书背景，历来聚讼纷纭，向为我国城市史地研究之一大难点，不过，笔者以为上文所获得的对《大典》府州类舆图编例的认知，或将有助于我们对

① 《大典》卷5343引《三阳志》之“书籍”目中开列了当时尚见存于郡（当指州衙）、濂溪书院、郡学等处的书板34种，该书目中可见“《许东涧应龙集》二百二十板”，其作者当指曾于绍定五年（1232）出知潮州并续纂潮志的南宋名臣许应龙（1168—1248），而该书目的最后还在州衙等三处藏板之外追加了“《牟心斋读史诗古瀛丁集》五十板”一种，按可考的南宋知州牟姓仅有咸淳二年（1266）来任的牟濚，有理由推测该书目反映的是咸淳年间州城之中的藏板状况，当是来源于续记至宋末牟濚在任之时的《三阳志》。不过，此处提及的潮志藏板仅有“《潮阳图经古瀛乙丙集》三百二十五板”一种，由此推测自南宋初淳熙二年《潮阳图经》以来的历次续修，以及《大典·潮州府》所集中征引的、记事至咸淳年间牟濚在任之时增补的《三阳志》，实际上很可能或是以递修形式的续梓附刻甚或手书续记形式的增补稿本，这就造成了后世“续三阳志”的多个版本以及书目上的混乱。

② 马明达：《元代潮州路总管王玄恭事略》，《潮学研究（第2辑）》，汕头：汕头大学出版社，1994年，第83—105页。

这一组洛阳城图的重新审视与准确评判。

《大典》存卷 9561 为“河南布政司”首卷，该卷除起首的三叶简述“郡邑”“衙门”“户口”“税粮”之外，其余篇幅全为地图，共收录“河南府总图”“河南府洛阳县之图”“河南府新安县之图”等 15 幅明初河南府范围内的府州县境域图，以及“周王城图”“西晋京城洛阳宫室图”“唐宋河南府城阙街坊图”(图 4)、“宋城阙图”“河南府路廨宇图”“河南郡邑山川图”等 18 幅以古都洛阳及其周边山川形势为主题的地图，合计收图 33 幅。其中后一组地图主要表现自周迄元的洛阳历代城郭宫苑变迁，属于城市历史与现状地图的汇编，也将是下文考察的重点。

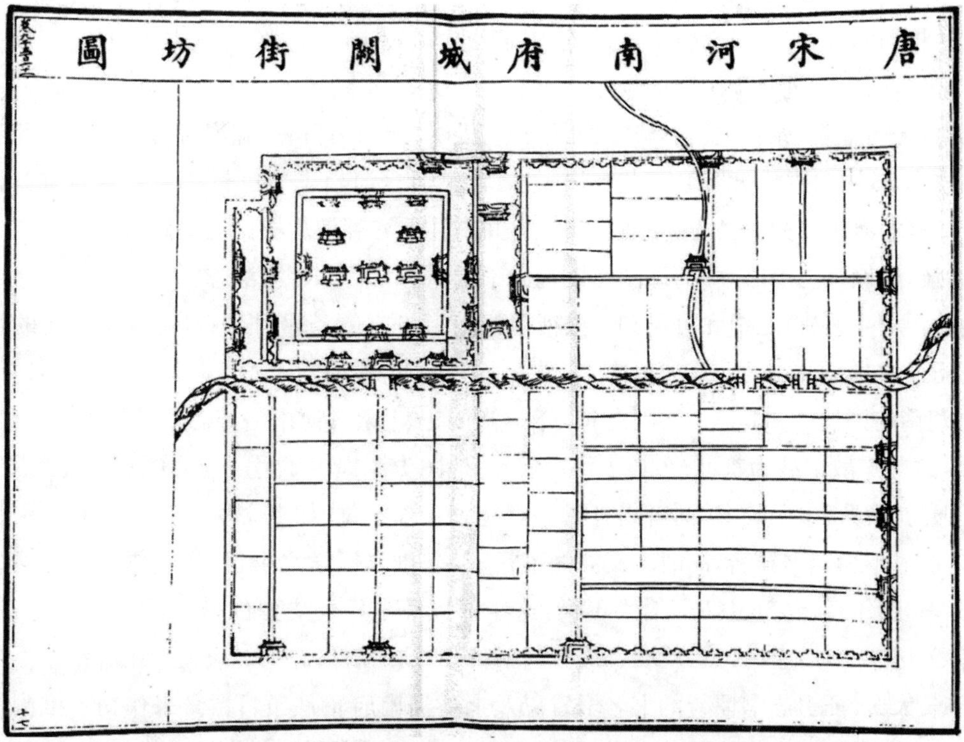

图 4　唐宋河南府城阙街坊图(《永乐大典》卷 9561，日本东洋文库藏)

关于这套河南府图的成图年代与图源文献尚未形成一致的意见。由于洛阳作为汉唐故都具有显赫地位，清嘉庆年间，地理学家徐松自《永乐大典》抄摹出了其中的 12 幅地图(今存国家图书馆，题为“宋次道洛阳志图”)，并且还从《大典》辑录了与这些地图密切关联的一册“志书”——即他认为的北宋宋敏求所撰《河南志》，此后直至当代，围绕该册“河南志”抄本究为何书以及它与《大典》存卷这套 33 幅地图的纠葛等问题，都曾引发不小的论争，成为我国城市史地研究上一桩引人瞩目的公案。

由于《大典》的这套 33 幅地图原件尚存，而与之相关的《大典·河南府》却已卷帙尽佚。据《永乐大典目录》仅知原《河南府》下为卷 9562 至 9589 共 28 卷，徐松所辑之“河南志”仅为《大典·河南府十七·古迹》篇目的内容，这一部分按字数推算最多也就9578至9579两卷，只不过是原《大典·河南府》篇下与汉唐洛阳城关系最为密切的一小部分内容。因而，相较于前文所考邕、汀、潮等图，《大典·河南府》有图无文，难以简单施展图文合勘的“本证”手段，这大大增加了确定地图史源的困难。

尽管如此，黄燕生利用地图所表现的图式与州县建置变化，认为这33幅地图明显可分两组：一组即上述“河南府总图”及所属14州县之图，具有明初舆图的特征，推测当是《大典》所引的“明《河南府志》的卷首舆图部分”；另一组即“周王城图”以下的18幅图，因其中存在“河南府路廨宇图”，且18幅图图式一致，当断为《大典》所收元《洛阳志》的部分内容。[①] 此见解颇为精辟，不过，将图源系于明《河南府志》、元《洛阳志》的大胆推断，以及作为城市地图的18幅图渊源为何等问题，则仍有进一步深究的余地。

《大典·河南府》原卷虽已尽皆亡逸，但仍可借《文渊阁书目》一窥当时《大典》为编此卷征引的相关志书，该书目卷十九“旧志”载“《洛阳志》十三册、《河南志》五册、《河南志》二册”，卷二十“新志”则有“《河南府并属县志》一册、《河南府并属县志》三册”。根据上文针对潮州等图查考获知的《大典》编例，《河南府》中的地图应该也源于这5种“新”“旧”河洛志。

此外，今存《大典》之中尚可见到一些征引河南府方志的条目，根据对《大典》存卷的辑佚与笔者查阅，可知除了徐松所辑《河南志》之外，今存《大典》总计征引《河南志》25条、《河南府志》17条、《河南府图经志》11条、《洛阳志》61条、《洛阳记》1条、《河南洛阳志》1条、《河南府洛阳县志》1条，这些零散记载为查证《大典·河南府》之地图史源提供了另一重要线索。[②] 考虑到文渊阁藏书即为《大典》参用之书，两者当有明确对应关系。不过，如上文所言《大典》对征引书名著录不审，造成不少同书异名，同时，《文渊阁书目》本非供人研学之书目，而其作为宫廷藏书的底帐，对于书名、作者、卷数也往往语焉不详，这些都扰乱了相关史源的查证，因此，围绕着“河南志”这种关键志书，对于《大典》所引、《文渊阁书目》所载之河洛志的对应关系还需作一番考究。

根据《大典》征引志书惯行的书名增省以及上述河南府辑佚条目数量来作初步推测，《洛阳记》《河南洛阳志》《河南府洛阳县志》均仅辑得1条，与辑录甚夥的《洛阳志》之间形成强烈反差，暗示着它们之间应该存在因书名增省而产生的同书异名关系；《文渊阁书目》中有名为《河南志》的同名“旧志”两部，考虑该书目所言“旧志”系前代或明初之志，[③]则两者之一当为《大典》常见征引的前代所纂之《河南志》无疑(应该也就是徐松着意辑录的那一册“河南志”之史源)，另一种则应为明初所纂之《河南府志》或《河南府图经志》的省称。

验证上述推测的最佳之策是核对《大典·河南府》原卷，但由于原书尽失，仅存部分内容的

---

① 黄燕生：《〈永乐大典〉地图考录》，《文献》1988年第4期。

② 马蓉等点校：《永乐大典方志辑佚》第三册，第2074—2100页。该书漏辑的《河南志》19条，笔者据美国国会图书馆藏《永乐大典》卷11981(参见 https://www.loc.gov/item/2018421663/)补充。

③ 关于《文渊阁书目》所载“旧志”的编纂年代，参见杜来锁《〈文渊阁书目〉中畿辅旧志与新志修撰时间考》，《河北经贸大学学报》(哲学社会科学版)2015年第4期。

徐松辑本却又未抄录《大典》所引书名，因此只能退而求其次，以今存《大典》辑录河南府相关志书记载最为集中的卷 11981 来加以甄别。该卷为十九梗“岭”字，辑录全国各地方志所载之山岭，其中有《河南志》所载山岭 19 条、《河南府志》载山岭 1 条、《洛阳志》载山岭 1 条，由此可见这 3 种河洛地志在《大典》编纂中应为并存的关系。

循此思路，首先分析卷 11981 中出现的《河南志》一书。从上述的条目数统计也可推察，至少在该卷征引的 3 部河洛志之中，《大典》编者的辑录当以《河南志》为最主要的参考引书，另两种则仅作为补充说明之用，由此推断该书当是一部内容详备的成熟地志。清嘉庆时徐松抄录的“河南志”，应该也是他以此书名为准则，命抄书手从当时尚存的《大典·河南府》篇中辑出了他最关心的部分内容。关于这个徐松辑本以及此后晚清缪荃孙以此为底本刊行的藕香零拾丛书本、当代高敏校注本的性质，历来治洛史者多有争议，主要形成了以缪荃孙、高敏等为代表的“元河南志”说，①以周生春、党宝海等为代表的“宋敏求河南志加元代记载窜入，或《大典》辑录窜入”说，②之所以会出现重大分歧，归根究底是因为徐松抄本没有抄录《大典》原书中以朱书注明的引文出典，而《大典·河南府》原卷尽失以致难以对勘。不过，这个难题实际上还可考虑另辟蹊径：依据上述今存《大典》对《河南志》的征引条目以及该志与《文渊阁书目》的对应关系来迂回求证。下面笔者试申论之。

关于徐松所辑“河南志”的主体内容及编纂体例出自宋敏求《河南志》这一点，应无太多疑问，上述论争的焦点在于：徐松辑本中出现的诸如“河南府路罗城”“八思巴帝师殿”等少量元代记载，究竟是徐松抄录不审以致抄落所引元志书名，还是恰恰说明该“河南志”原来就有元代记录、原本就是元代所编？对于这一点，笔者认为上述《大典》存卷 11981 可作为一观察窗口，此卷系《大典》原书，因此清晰区别了朱书的征引之书名以及该书名之下的墨书引文。因此，可以分明无误地看到该卷所引《河南志》的 19 条之中，可见缑氏、福昌、长水、伊阳等县相关记录，其建置正处于宋敏求在洛撰写《河南志》的时间之内；③特别值得注意的是，该卷在“拖刀岭”条下起头便引《河南志》说“在汝宁府信阳州扳倒井南”，按汝宁府为元至元三十年(1293)因汝南水患大减而改蔡州命名(图 5)，《大典》在撮录诸书之际确有漏记书名的情况，不过此条记录系单引《河南志》，可排除漏记的发生；类似的情况还可见于《大典》卷 7513“敖仓”条，起首引《河南志》云“郑州河阴县敖仓故地”，按郑州下辖河阴县当在金代以降，如此则证实该种《河南志》原书之中确有

---

① 高敏：《藕香零拾丛书本〈元河南志〉书后》，《郑州大学学报》(哲学社会科学版)1979 年第 3 期。

② 周生春：《四库全书史部地理类提要辩证》，《浙江学刊》1996 年第 3 期。党宝海：《〈元河南志〉质疑》，《历史地理(第 17 辑)》，上海：上海人民出版社，2000 年，第 398—407 页。

③ 关于《河南志》的成书年代，可据《续资治通鉴长编》等记载宋敏求知河南府时间，推断为皇祐三年(1051)到至和元年(1054)间，参见张保见《宋敏求〈河南志〉考——兼与高敏、党宝海先生商榷》，《河南图书馆学刊》2003 年第 5 期。按缑氏县于北宋熙宁八年(1075)废县为镇；福昌县于北宋熙宁五年(1072)省入寿安县，元祐元年(1086)复置，金改属嵩州，元初并入宜阳县；长水县在宋为河南府下属县，元废；伊阳县在宋属河南府，金为嵩州治，蒙古至元三年(1266)废，故以上诸县均在宋敏求撰书之时可见，相关建置沿革参见周振鹤主编《中国行政区划通史》(修订本)之《宋西夏卷》《辽金卷》《元代卷》，上海：复旦大学出版社，2017 年。

金元记载的推测，亦可一洗徐松率录《大典》之疑冤。并且，经笔者进一步查证，可知若以《大典》现存征引该志的条目来看，则无论是徐松辑本还是存卷辑佚，均没有晚于元代的记录，因此可确认《大典》所参用的此种《河南志》当是最终编订于元代无疑。

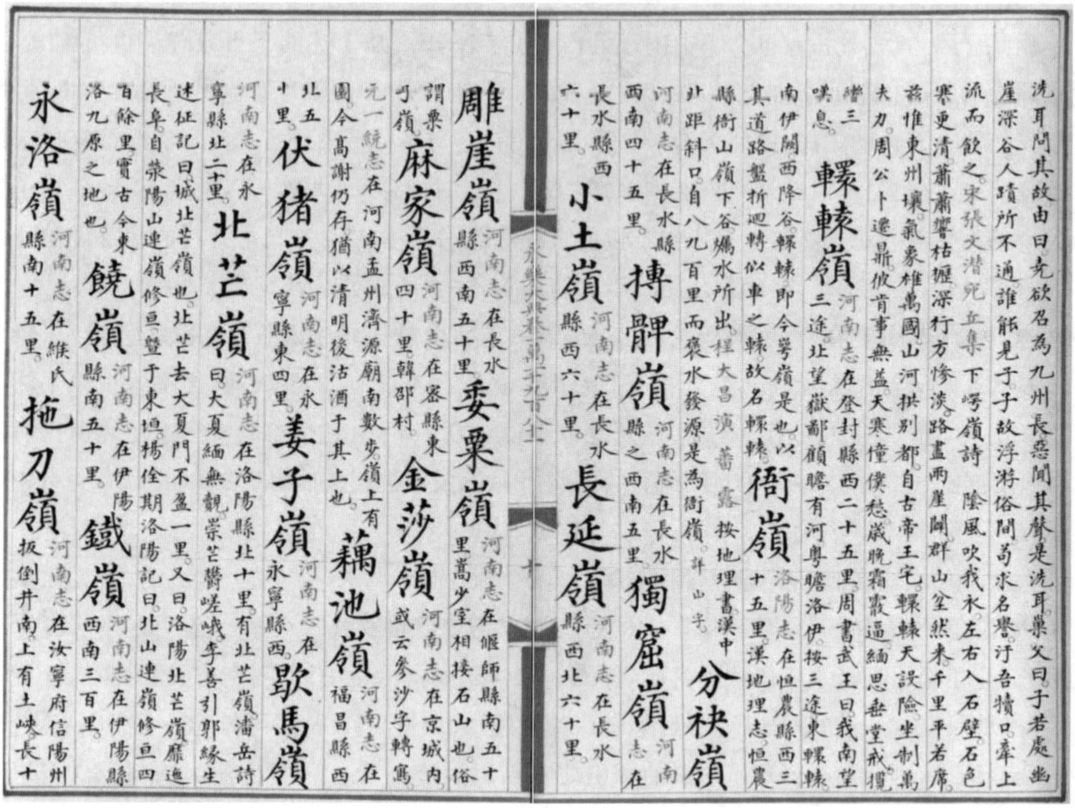
洗耳問其故由曰堯欲召為九州長惡聞其聲是洗耳巢父曰子若處幽
崖深谷人蹟所不通誰能見子子故浮游俗間求名譽汙吾犢口牽上
流而飲之。宋張文潜宛丘集下嶍嶺詩　陰風吹我衣左右入石壁石色
寒更清蕭蕭響枯蜒深行方慘淡路盡兩崖闢群山坌然來千里平若席
茲惟東州壤氣象雄萬國山河拱別都自古帝王宅轘轅天設險坐制萬
夫力周公卜遷鼎彼肯事無益天寒憧僕愁歲晚霜霰逼緬思垂堂戒攬
轡三嘆息。
轘轅嶺 河南志在登封縣西二十五里周書武王曰我南望三塗北望嶽鄙顧瞻有河粵瞻洛伊按三塗東轘轅南伊闕西降谷轘轅即今嶍嶺是也以其道路盤折迴轉似車之轅故名轘轅
衙嶺 洛陽志在恒農縣西三十五里漢地理志恒農縣衙山嶺下谷嬀水所出程大昌演蕃露按地理書漢中北距斜口自八九百里而褒水發源是為衙嶺許山字
分袂嶺 河南志在長水縣西南四十五里
摶髀嶺 河南志在長水縣之西南五里
獨窟嶺 河南志在長水縣西六十里
小土嶺 河南志在長水縣西六十里
長延嶺 河南志在長水縣西北六十里
雕崖嶺 河南志在長水縣西南五十里
委粟嶺 河南志在偃師縣南五十里嵩少室相接石山也俗謂粟子嶺
麻家嶺 河南志在密縣東四十里韓邵村
金莎嶺 河南志在京城內或云參沙字轉寫元一統志在河南孟州濟源廟南數步嶺上有園今髙謝仍存猶以清明後沽酒于其上也
藕池嶺 河南志在福昌縣西北五十里
伏猪嶺 河南志在永寧縣東四里
姜子嶺 河南志在永寧縣西
歇馬嶺 河南志在永寧縣北二十里
北芒嶺 河南志在洛陽縣北十里有北芒嶺潘岳詩曰大夏緬無覿崇芒鬱嵯峨李善引郭緣生述征記曰城北芒嶺也北芒去大夏門不盈一里又曰洛陽北芒嶺靡迤長阜自滎陽山連嶺修亘暨于東垣楊佺期洛陽記曰北山連嶺修亘四百餘里實古今東洛九原之地也
饒嶺 河南志在伊陽縣南五十里
鐵嶺 河南志在伊陽縣西南三百里
永洛嶺 河南志在緱氏縣南十五里
拖刀嶺 河南志在汝寧府信陽州扳倒井南上有土峽長十

图 5　《永乐大典》卷 11981 所引《河南志》之“长水县”“拖刀岭”等条，美国国会图书馆藏

再看卷 11981 中作为补充引书的《河南府志》与《河南府图经志》。由于该卷之中两志分别只有 1 条记载，难以考究其成书年代，不过只要扩大查阅《大典》今存之卷，即可简单判定两志年代。在此各举一例，如《大典》卷 3587 引《河南府志》的“兵屯”条提及“本府所属军屯计三十五所，洛阳县李密保五屯、杜村保三屯、……嵩县……”，显是明代建置；卷 13824“万回寺”条引《河南府图经志》云“在旧阌乡县南二里”，亦为明初废阌乡县之语，由此可知两志均为明代方志。

此外，在《大典》卷 13824 的“少林寺”条中，分别引用了《河南府志》与《河南府图经志》，其引前书云“少林寺在缑氏县西南二十里”，引后书则云“少林寺在登封县西北二十里”，按缑氏县在北宋熙宁八年（1075）废县，从这样的表述上来推测两志成书的先后关系，[①]即《河南府志》《河南

① 类似如《大典》所引《河南府志》条目较多出现寿安、伊阙等宋代古县之名（均见于《大典》卷 13824），与之相对的，所引《河南府图经志》条目则多见孟津、宜阳等金元以后的新县称呼（均见于《大典》卷 13824）。

府图经志》很可能分别对应《文渊阁书目》所载"旧志"的两种《河南志》之一、"新志"的两种《河南府并属县志》之一。无论如何,这两个书名并现于《大典》之同卷同叶同一词条,亦可证其必为明初不同年代所修的两部志书,这是没有疑问的。

如此看来,《大典》存卷 9561 所收的这两组古地图,其中的 15 幅明初河南府属州县境域图当出自明初所纂之《河南府志》或比之稍晚编纂的《河南府图经志》。而后一组 18 幅洛阳城市古今图,只能认为是取材于《大典·河南府》之中最常征引的,或者说构成《大典·河南府》篇目核心史源的这一部元代的《河南志》了,否则无法解释其中摹绘年代最晚的一幅地图止于元"河南府路廨宇图"。无论如何,这组地图若是出自明初的《河南府志》,那么对于编纂该志的大明地方官来说,作为其日常办公的中枢机构——"衙署之图",倘若仅满足于纯粹采纳元志之图是不可想象的。

那么,这组洛阳城图是否有可能源自上述《大典》存卷所征引的《洛阳志》一书呢?此前研究曾以现藏国家图书馆、题为"宋次道洛阳志图"的全唐文馆摹抄本来推论这组洛阳城图源自《洛阳志》。该摹抄本确是自《大典》摹录了这组洛阳城图的部分地图,并且"洛阳志"之名也确实见于《文渊阁书目》,即卷十九"旧志"提到的"《洛阳志》十三卷"。按《文渊阁书目》所云"旧志"多为前代或明初之志,而《大典》存卷辑佚条目中可见《洛阳志》最晚记事为元至正八年(1348)"重修绘贤堂记"条(载《大典》卷 7237),因此也不能排除《大典》之洛阳城图源出此志的可能。不过,从下面几点来看,窃以为上述元《河南志》仍是最有可能之图源文献。其一,被认为是徐松命人自《大典》摹出的国图藏本题为"宋次道洛阳志图",按"次道"为宋敏求之号,正说明摹绘者认定这些地图源自敏求的《河南志》,而取名"洛阳"只不过是"河南府城"之借称,而且,徐松本人在他所著《唐两京城坊考》序言里也承认"于《永乐大典》中得'河南志图'"[①];其二,虽自当今仅存《大典》中辑出的《洛阳志》记事止于元末,但《大典》存卷中尚可见《河南洛阳志》一种,征引其中的"三贤堂"条提及"元末兵革,塑像已毁,祠堂至今犹在"(载《大典》卷 7236),此种叙事当为明人口吻,该志也有可能就是《洛阳志》的全称,所以不能排除此种《洛阳志》成于明初的可能;其三,最为重要的是,从徐松辑本来看,《大典》存卷的这套地图,自周及宋,其图序编次与其所采录的这部元《河南志》体例相应,可以很好地诠释志文内容,起到配图作用,反观《大典》辑佚的《洛阳志》则没有这方面的支持证据。综上分析,笔者更倾向于这组洛阳城图最大可能还是《大典》编者自上文考订的元《河南志》转录而来,因此,上述徐松在《唐两京城坊考》序中称其为"河南志图"也正是恰当的。

我们还可就元人绘制这套"河南志图"的背景作一点推考。从宋敏求所撰另一部与《河南志》体例相似的《长安志》中可以看出,敏求的《河南志》原本并无附图,不过,徐松辑本的体例与大量记录均源于敏求之《河南志》。并且,《大典》存卷所收的这 18 幅图之中,有不少描绘唐宋洛

① 徐松:《唐两京城坊考》,北京:中华书局,1985 年。

阳城市形态的细节也为现代考古所证实，[①]这些细节恐非元人可以简单绘图，因此，有理由推测宋敏求所撰的《河南志》，在其后的数个世纪里仍会得到递修或陆续的增补，这也许就是今人在《大典》所引此书或徐松辑本中见到少量金、元记述的原因，也是《大典·河南府》下这18幅地图之中既有自古以来的洛阳城图，也在最后出现了元代洛阳图的原因所在。考虑到元代有李好文作《长安图记》(今称《长安志图》)的实例，在同样的都是为都城旧志作图的风习之下，元人为曾经的旧京——河南府路城绘制这么一套古今城市变迁之图，也是完全可能的。

通过对《永乐大典》今存之邕、汀、潮、洛四种宋元城市古地图的考辨，可以观察到《大典》在撰辑各府州地志、采择各种地理文献、摹录其中城市地图之时所表现出来的一些编例和特点：如此类城市古地图一般均以《大典》之府州附图的形式出现，而《大典》的府州地理编纂，是以永乐初的建置为单位，设立沿革、至到、城郭等多个细目辑录各类地志予以编排的；其常用的参考资料，除若干全国地理总志之外，往往重点征引该府州的数种方志，通常会优先选取明初由政令推动各府州编纂的"图经志"，同时也会选取数种前代方志作为记述该府州史地沿革的主要材料；此类府州地理的撰辑，其首卷通常绘有一套该府州的地图，其中的地图大多自该府州既编方志摹录而来，一般会优先采用明初新志之图来表现现状，在明初之志舆图未备的情况下，也可能部分采录宋元等前代方志中的古地图来使舆图部分保持完整，这就是《大典》留下了一些宋元城市地图的原因所在。从这个意义上说，自宋元原书描摹，复承嘉靖录副之递传，又经晚清兵燹之劫余，辗转留存至今的这四种中古城市地图，其生涯本身就是吾国地图史上的一段传奇。

（本文原刊于《社会科学战线》2022年第10期，本次发表略作修订。）

作者简介：

钟翀，1971年生，浙江大学历史地理专业硕士，日本京都大学历史地理学博士(2000—2006年)，历任上海师范大学副教授、教授(2015年至今)，历史系历史地理学科带头人(2018年至今)，古籍整理研究所副所长、所长(2021年至今)。

研究领域为历史人文地理，主要方向为聚落历史地理与历史文化地理，近年专注于城市历史形态学、古地图与近代城市地图等研究。先后承担国家社科基金重大项目子项目、国家社科基金一般项目、国家自然科学基金、浦江人才计划等科研项目。

至今已出版专著《北江盆地》、编著与译作《旧城胜景》《近代江南城镇地图萃编》《上海城市地图集成》《温州古旧地图集》《敦煌 民族 语言》及古籍点校本《诸蕃志》《洞天清录》等11种，论文及各类译文等百余篇。

① 王书林：《左图右史 图史相因——〈河南志〉对唐宋洛阳城研究价值的再认识》，《中国地方志》2019年第4期。

中国古代阅读史史料领域的新拓展
——以元末陶宗仪笔记杂说阅读策略为例

沈　畅

摘　要： 元末陶宗仪所纂原本《说郛》作为阅读摘钞，是其笔记杂说阅读活动的忠实记录，更是中国古代阅读史有关具体阅读行为的典型史料。通过对原本《说郛》的分册目录及品种来源的考察发现，陶宗仪的笔记杂说阅读活动在阅读策略上产生了双重转变：一方面是阅读方式上专题阅读由盛而衰，另一方面则是阅读来源上间接阅读由盛而衰。二者展现的互动关系深刻体现了阅读条件的改善对阅读观念与阅读策略的影响。对陶氏笔记杂说阅读活动的探析充分说明，包括知识存入在内的知识获取与再生产各环节是中国古代阅读史史料领域拓展的新方向。

关键词： 中国古代阅读史　知识存入史料　陶宗仪　《说郛》　阅读策略

一、引　言

阅读史是研究历史上真实发生的读者阅读行为的一门学科。目前，中国古代阅读史的研究在群体一般性的宏观层面已由王余光等学者进行过充分研究。① 但戴联斌已经指出，中国古代阅读史学科想要继续健康地发展下去，必须深入进行具体个案的研究，②以充实中国古代阅读史的史实构建。而中国古代阅读史具体个案深入研究亟待解决的问题就是对真实阅读行为深度记录史料的发掘。由于中国古代很早就进入默读时代，阅读行为具有很强的私密性，当时公共图书馆发展的极度滞后又导致缺少包括借书记录在内的对真实阅读活动直接实时记录的史料。韦胤宗曾经对批校本的阅读史史料价值与研究方法进行过细致分析，为开拓中国古代阅读史史料领域作出了突出贡献。③ 然而，现今存世的批校本基本为清代以来的产物，对清代以前

① 王余光主编：《中国阅读通史》，合肥：安徽教育出版社，2017 年。
② 戴联斌：《从书籍史到阅读史：阅读史研究理论与方法》，北京：新星出版社，2017 年，第 65 页。
③ 韦胤宗：《阅读史：材料与方法》，《史学理论研究》2018 年第 3 期，第 109—117、160 页。

更长期阅读史的研究则难以普遍取材于批校本。为此,要想打破中国古代阅读史史料缺乏的困局,必须对史料的领域进行拓展。

阅读的直接目的是获取知识,但阅读仅是"知识获取与再生产"中重要的知识获取环节,直接阅读行为的结束并不是阅读的终止与完结,更不是知识获取与再生产的完成。阅读行为对知识再生产的后续影响主要产生在知识再生产中时序相承的两个环节,分别是对阅读所获知识的笔录及整理(即"知识存入")与利用对已获取知识的理解创造生产新的知识(即"知识产出")。所以,中国古代阅读史史料的领域应该由学界已经广泛关注的以读书日记为代表的实时记录与以史传记录为代表的行为追记,拓展到"实时记录—知识存入—知识产出—行为追记"四个时序相承的维度,从而涵盖"知识获取与再生产"的全过程。当前,在中国古代阅读史中,知识获取阶段实时记录的直接史料较为匮乏,行为追记史料又由于其为事后回忆的性质,可信度过低,为此,我们可以尝试发掘知识再生产过程中知识存入与知识产出的相关史料。知识存入史料,是指"阅读摘钞"一类对所阅读具体知识的摘钞记录;知识产出史料,主要是对具体阅读内容评论的记录,显然,批校本就是知识产出环节颇具代表性的史料类别。这两种史料中有关具体知识的记录,均可不同程度地逆推出前期阅读行为的细节,同时也展现了该行为的真实后续影响,正是具有毫不逊色于阅读实时记录价值的阅读史史料。

但由于知识产出环节与知识获取环节在连续性上存在着间隔,且知识产出的行为本身就是主动再生产的过程,故而对前期知识获取的反映程度弱于知识存入环节。作为知识获取与再生产过程中发生时序上与知识获取环节即阅读行为相衔接的一环,知识存入环节与知识获取即阅读行为的关系最为密切;同时,由于知识存入是对知识获取环节的成果即阅读所得知识的直接加工,其取材与成果均是阅读所得知识,所以再生产程度远较知识产出要低,而对前期知识获取的反映较为充分。因此,在知识获取与再生产全过程中,知识存入史料是整体价值仅次于实时记录史料的阅读史史料。这正是拓展中国古代阅读史史料领域工作最应关注的方向。

元末明初名儒陶宗仪(1316—1403?)是隐逸士人的代表人物,他所纂原本《说郛》是元代以前笔记杂说的重要摘钞汇编,这一阅读摘钞性质的文献正是陶宗仪阅读笔记杂说活动的知识存入记录。由于原本《说郛》的编纂即陶宗仪笔记杂说阅读活动发生的时间是元末,这正是尚没有日记等阅读实时记录史料及批校本等知识产出史料大量存留的中古时期,而原本《说郛》本身的内容和编排对阅读摘钞特点的展现非常突出,因此原本《说郛》是亟须拓展阅读史史料领域的历史时期中极具代表性的阅读史知识存入史料。利用原本《说郛》研究陶宗仪笔记杂说阅读活动的面貌与特点,不仅对了解元末隐逸士人阅读活动具有重要意义,更可以以原本《说郛》的阅读史研究为例,彰显知识存入史料的阅读史史料分析方法与研究路径,从而探索中国古代阅读史史料领域的开拓方向。

二、史料问题：作为阅读摘钞的原本《说郛》

（一）原本《说郛》的编次面貌

原本《说郛》现今存世共有 17 部钞本，但无刻本存世，且各钞本的编次面貌并不完全一致，甚至有不分类本与分类本的差异。不过，在原本《说郛》存世各重要钞本中存有分册目录，即在明弘治十三年(1500)钞本、明弘治十八年钞本、涉园旧藏明钞本、涵芬楼旧藏明钞本、明世学楼钞本这 5 部钞本中，卷 1、9、16、25、34、42、50、59、64、71、76、91 各卷之前，常存有涵盖此后数卷的目录，且在分册目录首常有"说郛目一""说郛目二""说郛目三"等首题。笔者通过分析比较分属不同版本分支的这 5 部钞本上分册目录的状态，确定各钞本面貌几乎一致的分册目录均来源于其祖本，即明弘治九年(1496)郁文博校定本，并根据分册目录与作者题名在前 70 卷同时出现，而后 30 卷虽有分册目录却无作者题名的情况，考定前 70 卷的分册目录源自陶宗仪原稿，后 30 卷的分册目录出自辑补后 30 卷者所增。① 因此，分册目录所展示的正是陶宗仪原纂、后人辑补的原本《说郛》固有编次。

至于陶宗仪原纂部分至何处为止，昌彼得根据原本《说郛》的收书内容与宋左圭所编丛书《百川学海》的比较研究，明确指出原本《说郛》卷 68 以后多据《百川学海》钞录，而前 67 卷虽有与《百川学海》品种重复的部分，所据亦不同于《百川学海》，故卷 68 以后即为后人所补。② 除此之外，还有一份重要的内证。虽然明弘治十八年钞本、涉园旧藏明钞本、涵芬楼旧藏明钞本 3 部卷 64 前分册目录均至卷 70 为止，与卷 71 前第一个后补分册目录衔接，但明弘治十三年钞本与明世学楼钞本卷 64 前的分册目录只到卷 67 为止，且这两本此处分册目录卷 67 部分之后均有留空，由于这是原稿的分册目录，在原稿上应当是位于一册之首，由首叶首行写起，从这处分册目录的内容量看，尚不至于跨叶，故而显然不是限于纸幅省去或因跨叶而失去分册目录的卷 68—70 部分。由于明弘治十三年钞本与明世学楼钞本共属一个与其他三个钞本所属不同的版本分支，且笔者已经考得，明弘治十三年钞本分支整体上更接近其祖本面貌，③所以可以推断此分支的两个钞本之所以缺失这一分册目录的卷 68—70 部分，应该是因为郁文博整理时所见陶宗仪原稿此处的分册目录已经没有了卷 68—70 部分，与陶宗仪原稿实际存书一致，作为较为原始的版本分支，明弘治十三年钞本分支整体继承了陶宗仪原稿的这一情况。待其他三个钞本的祖本钞出时，这一分册目录的卷 68—70 部分已经被补写。这一分册目录部分缺失现象，充实了昌彼得提出的卷 68 以后即为后人所补这一论断的证据。由于今传原本《说郛》卷 68 以后均为

---

① 沈畅：《论明钞本〈说郛〉中的分目录及作者题名——兼论分目录与书册制度的关系》，《书目季刊》第 51 卷第 4 期，第 83—95 页。

② 昌彼得：《说郛考》，台北：文史哲出版社，1979 年，第 15—17 页。

③ 沈畅：《明弘治十三年钞本〈说郛〉的重新发现及其文献价值——兼论原本〈说郛〉的版本源流》，《中国典籍与文化》2019 年第 1 期，第 33—42 页。

后人辑补，故而讨论陶宗仪为编纂原本《说郛》所进行的真实笔记杂说阅读活动，应当以原本《说郛》分册目录所展示的前 67 卷为据。

（二）原本《说郛》是陶宗仪笔记杂说阅读活动的忠实记录

对今传原本《说郛》编次面貌的考定，一方面确认了陶宗仪原纂部分的范围，亦即可以作为陶宗仪笔记杂说阅读活动史料的范围，另一方面确定了陶宗仪原纂部分的原始面貌。但要将原本《说郛》作为阅读史史料进行充分的阅读史研究，还必须确定原本《说郛》与陶宗仪真实阅读活动的关系，即原本《说郛》作为阅读史史料的性质。

昌彼得曾经指出，原本《说郛》存在着标注互见省钞现象，如卷 23《宾退录》、卷 24《湘山野录》两录花蕊夫人诗，后者仅录前者所无的 4 首而于条末大字注“又廿八篇见《宾退录》，此不更钞”，由此可以看出，原本《说郛》确为陶宗仪的读书笔录。①

除此之外，还有一类证据可以证明原本《说郛》是陶宗仪阅读活动的记录，即原本《说郛》中的同书复见现象。经统计，在原本《说郛》前 67 卷中，有 34 种书重复出现。其中有 29 种因隶于前 7 卷内新拟的类名下，致使其书名不见于分册目录。在不见于分册目录的同书复见中，卷 3《谈垒》所录张洎《贾氏谈录》3 则全见于卷 9 所录，而较卷 9 所录为简，但未作任何删并处理。重复次数最多的是宋叶绍翁《四朝闻见录》，卷 3《谈垒》第 35 种录《四朝闻见录》5 则，后隔《宾退录》《实宾录》两种，复录 4 则，卷 53 末又录 15 则并叶氏自序，一书三见且其中两处同处一卷之内。然陶宗仪非但没有对三处《四朝闻见录》进行统一处理，即使同一卷内相距极近且均出自删节本的两处也未加以合并。②

另外 5 种见于分册目录的同书复见品种则更能说明问题。由于这 5 种同书复见的品种见于陶宗仪所编的分册目录，其同书复见的情况是十分显眼的。如卷 14 录张师正《倦游杂录》14 则，卷 37 复录张师正《倦游录》8 则，二者相比，有 4 则相同，前后两处出现了内容重复现象；又如卷 31 录《侯鲭录》29 则，卷 39 复录 3 则，相隔仅 7 卷即重复，且在原稿相邻两册。特别是卷 6 与卷 15 两处《广知》，此书名不见著录，实为陶宗仪新辑，但两处《广知》的编纂体例并不相同。卷 6《广知》是自宋曾慥《类说》及其他唐宋旧籍辑出的 22 种书的 88 则条目，每种书均以书名提行居首。③ 而卷 15 末种《广知》则是自宋张师正《倦游录》、唐窦维鋈《广古今五行记》各摘钞 1 则内容，并以小字注出处于条末，尤其是《倦游录》1 则，内容较现知另一出处《类说》卷 14 所引为详，当同前卷《倦游杂录》一样是钞自原书。故而，从资料来源和编排体例两方面都可以看出，卷 15《广知》明显不是卷 6《广知》的补遗部分，而是独立于卷 6《广知》的新辑类目，只不过恰巧同名，但陶宗仪未对自辑的两种《广知》进行区分。可见，即便编定了分册目录，陶宗仪对如此一目了

---

① 昌彼得：《说郛考》，第 11—12 页。
② 昌彼得：《说郛考》，第 77 页。
③ 昌彼得：《说郛考》，第 123 页。

然甚至出现内容复见的同书复见现象仍未作处理，特别是对自辑不同性质类目出现的取名重复这样重大的状况竟也未予处理，这既不符合作为著作定本的编排严谨要求，也不符合作为秘本资料的翻检便利需要。因此，这种同书复见特别是不同性质的自辑类目取名重复的现象，正说明除了编写便于翻检的分册目录外，陶宗仪并未对阅读摘钞所得的《说郛》原稿进行二次编辑整理。

而且，在重复出现的品种中，有 15 种 18 处提示复见及合并的文字，其中 12 种 15 处是书名下的小注。小注最为复杂的是在卷 3 及卷 53 共出现 3 次的《四朝闻见录》，卷 3《谈垒》内第 35 种《四朝闻见录》书名下小注"又四条见后"[①]，提示该卷第二处的存在，卷 3《谈垒》内第 38 种《四朝闻见录》书名下小注"当并入前同处"，卷 53 第 2 种《四朝闻见录》书名下小注"又九条在第三弓内当并入此"，其意似乎是卷 3 两处合并后再移并入第 53 卷。虽然这类写在书名下的小注极有可能不是陶宗仪所注，而是郁文博之前的整理者所标，但这种虽对同书复见提示合并却未实施的情况，进一步佐证了原本《说郛》中的同书复见是未经编辑整理的原始面貌。

除了以小注在书名下标示复见外，更重要的是 3 种 3 处以大字在所钞内容后标示复见。其中最典型的是卷 2 倒数第 3 种《东皋杂录》在正文内第 4 则"资暇集"后正文内大字标示"又四条见后"，这有可能是陶宗仪钞录完卷 3《谈垒》内第 21 种《东皋杂录》后欲在卷 2《东皋杂录》处标示，因其后已连钞《渑水燕谈录》，只得在正文内便于下笔处补写。此处即使将标示写在正文内，也未以小注标在书名下而破坏所钞书的首题，亦可反证前述书名下小注标示复见应当不出自陶宗仪之手。这种在所钞内容中大字标示复见的情况，与昌彼得所揭异书互见内容大字末注的情形相同，当为陶宗仪原标。陶宗仪既然已经用大字标示复见，说明他对同书复见的现象是有所发觉的，但他仅用大字标示而未进一步处理，这又进一步证实原本《说郛》前 67 卷陶宗仪原纂部分的同书复见是其原貌。

原本《说郛》出现这样一批同书复见的书目，虽然陶宗仪已经对此有所发觉，却仍未进行处理，正说明现今所见与源自陶宗仪原稿的分册目录相同的书目次序是没有经过陶宗仪二次整理的，它反映的正是陶宗仪实际阅读笔记杂说并进行摘钞的真实进度。这种同书复见，正是陶宗仪在阅读中出现了重复阅读的情况造成的。当陶宗仪在不连贯的两个时间段对同一部书分别进行阅读时，其阅读摘钞的成果便放置在了原本《说郛》的不同位置。所以，原本《说郛》是陶宗仪笔记杂说阅读的忠实记录，这正是展现陶宗仪阅读活动真实进程与阅读策略难得的阅读史一手史料。

---

① 由于原本《说郛》至今尚无充分反映其真实面貌且较为完善的整理本，本文所引原本《说郛》内容均为笔者据前述 5 部明钞本及中国国家图书馆藏明淳南书舍钞本共 6 部原本《说郛》钞本合校勘定，因此对来自原本《说郛》的引文不另出参考文献。

三、陶宗仪笔记杂说阅读策略的双重转变

（一）从追摹洪迈到自出机杼：阅读方式的转变

1. 阅读进程中的专题阅读：从主流到消逝

依据陶宗仪原编的前 67 卷分册目录，并结合前 67 卷的实际内容可以发现，原本《说郛》陶宗仪原纂部分在收书品种上有一个很明显的转变，即专题阅读的消逝。

原本《说郛》前 67 卷陶宗仪原纂部分共钞录笔记杂说 589 种，其中前 7 卷独占 236 种，接近半数，似乎头重脚轻，很不协调。但原本《说郛》陶宗仪原纂的前 67 卷共计 100 万字，前 7 卷仅有 13 万字，在字数上则分布较均衡。如果看陶宗仪原编分册目录，在卷 1 首的前 8 卷分册目录中，前 7 卷一共仅有 53 种。除了卷 1 钞录宋洪迈《经子法语》内容中所收 14 种秦汉经、子著作作为小注附在“经子法语”标题下外，卷 2《古典录略》后自《三坟书》至《晏子春秋》计 27 种、卷 3《谈垒》后自《明皇杂录》至《四朝闻见录》计 39 种、卷 4《墨娥漫录》后自《风土记》至《仇池笔记》计 54 种、卷 6《读子随识》后自《尹文子》至《淮南子》计 11 种、卷 6《广知》后自《续博物志》至《名山志》计 22 种、卷 7《诸传摘玄》后自《神仙传》至《韩诗外传》计 23 种，共计 176 种不见于分册目录，这与前 67 卷中其他 399 个品种见于分册目录的情况明显不同。由于分册目录出自陶宗仪手笔，所以应该是陶宗仪将这 176 种未编入分册目录的品种分别隶属于其前的名目下，与卷 1《经子法语》统摄 14 种秦汉经、子著作的情况相仿，也就是说“经子法语”“古典录略”“谈垒”“墨娥漫录”“读子随识”“广知”“诸传摘玄”是分别统摄这 190 个品种的 7 个大标题。

再从这几个大标题所统摄品种的性质来看，在《古典录略》统摄的 27 种中，前 22 种都是汉人解经著作，且主要是纬书，后 5 种《吴越春秋》《晋阳秋》《齐春秋》《九州春秋》《晏子春秋》虽然都是史书，但均有《春秋》之名，因此，《古典录略》统摄 27 种均为经解；《谈垒》统摄的 39 种的书名均以“录”为尾，且绝大多数都是笔记杂说；《墨娥漫录》统摄的 54 种的书名均以“记”为尾，且前 35 种均为地方史；《读子随识》统摄的 11 种均为书名以“子”为尾的诸子著作；《广知》统摄的 22 种的书名均以“志”收尾；《诸传摘玄》统摄的 23 种的书名均以“传”为尾，且除末种《韩诗外传》为经传外，其余均是传记。可见，这 6 个大标题正是 6 个专题。昌彼得已经指出，与《经子法语》为宋人洪迈所纂不同，“古典录略”“谈垒”“墨娥漫录”“读子随识”“广知”“诸传摘玄”不见于历代书目著录，应当是陶宗仪自拟标题。[①] 因此，统摄 176 个品种的几个大标题正是陶宗仪有意识进行的专题阅读活动。

当然，这前 7 卷内还杂有 46 种书，并未被归入专题之内，而是以与阅读专题同样的地位列入分册目录。由于原本《说郛》陶宗仪原纂部分基本体现了陶宗仪笔记杂说阅读的真实阅读进

---

① 昌彼得：《说郛考》，第 44、64、81、114、123、133 页。

度，故而这46种书应该是陶宗仪非专题性的“一般阅读”读书笔记摘钞，且这部分一般阅读是与专题阅读同时进行的，也就是说，陶宗仪在从事专题阅读时是有一般阅读穿插其中的。

但是从第8卷开始直至第67卷末，一共353个阅读品种，全部见于陶宗仪原编的分册目录，而且全部是前人著作，无一例外。其中虽然有一些以类相从的痕迹，如卷66所录《酒谱》《竹谱》《续竹谱》均为谱录、卷46末《墨子》《子华子》《曾子》《尹文子》《孔丛子》及卷47《公孙龙子》《鬻子》《邓析子》《韩非子》均为先秦诸子、卷15中间《相鹤经》《相贝经》《土牛经》《质龟论》《养鱼经》《禽经》均为格物著作，却不再有刻意标示新大标题的专题性质。可以说，从第8卷开始，陶宗仪完全放弃了刻意的专题阅读。专题阅读由主流到消逝，是陶宗仪笔记杂说阅读进程中阅读方式的一个重要转变。

2. 专题阅读消逝的实质：阅读方式走向成熟

原本《说郛》的第1种是卷1的《经子法语》，它是宋人洪迈摘录14种群经诸子著作的警语并注以原文的摘钞著作。陶宗仪将《经子法语》摘钞为卷1一整卷，参照原本《说郛》对陶宗仪笔记杂说阅读进程的忠实反映程度，可以确定摘钞《经子法语》是陶宗仪以“说郛”为题的笔记杂说阅读活动的开始。由于洪迈的《经子法语》就具有一定的专题阅读或专题摘钞性质，摘钞《经子法语》应该就是陶宗仪专题阅读的肇始，而《经子法语》的经子专题性质更是此后陶宗仪专题阅读实施的模板。

在这个问题上还有一个重要的佐证，那就是卷2的《古典录略》。《古典录略》在阅读次序上紧接《经子法语》，这个出自陶宗仪设计的专题摘钞以汉人经解为主要内容，正是洪迈《经子法语》中数量最大的群经部分的辅翼。而且《古典录略》所录之书大多最晚至两宋便已亡佚，为元末陶宗仪所不得见。同时，据昌彼得考证，《古典录略》所录文字，大多见于《北堂书钞》《艺文类聚》《初学记》《太平御览》等隋唐类书(《太平御览》虽纂于宋初，实以前代类书为蓝本合编缀补而成)以及《文选注》《续汉书注》等唐人古注，甚至其中至今尚有传本的《春秋繁露》《吴越春秋》《晏子春秋》，《古典录略》都是从类书钞出。[①] 所以，陶宗仪钞纂《古典录略》很有可能是以“经解”为目，通过翻阅类书、古注，进行有目的的摘钞汇编，这明显有追摹洪迈《经子法语》的痕迹。

在《古典录略》之后，陶宗仪又进行了以杂史(即笔记杂说)为专题的《谈垒》、以地方史为专题的《墨娥漫录》、以诸子为专题的《读子随识》、以“志”书为专题的《广知》、以传记为专题的《诸传摘玄》共计5次专题阅读活动。但从卷8开始，追摹自洪迈的专题阅读模式被陶宗仪放弃，他的笔记杂说阅读方式转向不刻意追求专题性质的一般阅读，从而彻底摆脱了步武洪迈的约束，打开了自出机杼的新局面。阅读方式的格局由小专题彻底变为海纳百川式的大格局，意味着陶宗仪形成了独特且成熟的阅读方式。作为“众说之郛”的《说郛》，明显有了与洪迈各擅胜场乃至青出于蓝的追求。

---

① 昌彼得：《说郛考》，第44—57页。

（二）从辗转钞录到务求原书：阅读来源的转变

进一步深绎原本《说郛》前67卷所录各书的内容发现，原本《说郛》陶宗仪原纂部分在阅读钞录所使用的来源文献即“阅读来源”上有个明显的转变，这就是据他书称引辗转钞录这种间接阅读的自盛而衰。

据考证统计，在原本《说郛》陶宗仪原纂的前67卷所录的589种笔记杂说中，可以确定不是钞录自原书，而是从唐宋类书、晋唐古注及宋人曾慥《类说》的称引中辗转钞录的共有103种。其中，除了钞自《艺文类聚》和《类说》的4则《抱朴子》在卷8外，其余102种均在前7卷内，换言之，这102种没有超出分册目录第一册的范围。同时，与分册目录对比，包括《抱朴子》在内的103种由他书转引的品种都不见于分册目录。由于各本卷8的《抱朴子》在题名上既无卷数，又无作者朝代、字号、籍贯，与卷20《西京杂记》、卷43《神仙传》这两部葛洪著作（《西京杂记》由于旧题汉刘向著，故误题“汉葛洪”）及卷8前一种《房庭事实》标明卷数及作者朝代、字号、籍贯不同，再加上这4则内容转引自《艺文类聚》和《类说》而非钞自原书，故而前人已经怀疑这4则《抱朴子》为卷6《读子随识》的错简。[①] 若如此，则这103种由他书转引的品种都是前述陶宗仪后6个专题阅读的子目。

不过，前7卷见于分册目录的46种非专题的一般阅读品种，以及卷8以后陶宗仪原纂部分见于分册目录的353种阅读品种虽也时有被《类说》收录的情况，但据昌彼得研究，原本《说郛》的这一部分基本是从原书钞录的，无一自《类说》转录。[②] 可见，陶宗仪在专题阅读以外的一般阅读中基本没有间接阅读的现象，甚至是有意避开《类说》的。而且，在一般阅读的399个品种中，有53种可以确定为传世祖本，另有4种仅见原本《说郛》孤传。由此可以推断，陶宗仪的间接阅读在时间上基本是伴随着专题阅读一起产生与消逝的。

1. 从间接阅读的摘钞质量看其消逝

陶宗仪间接阅读的来源主要是唐宋类书、晋唐古注及宋人曾慥《类说》。现分别从《类说》与类书、古注两方面进行分析。

据统计，原本《说郛》前67卷中有34种出现同书复见，其中有19种是源自《类说》的间接阅读与依据原书的直接阅读复见。这一部分重复阅读恰恰是陶宗仪自己使用两种不同来源的阅读材料对相同阅读品种进行阅读而形成的阅读成果，属于原本《说郛》的内部证据，故而是考察陶宗仪利用间接阅读进行摘钞的质量最具代表性的案例，本文就以此为重点进行考察。

将前述源自《类说》的间接阅读摘钞与复见的直接阅读摘钞进行比较发现，虽然复见阅读品种中复见条目并不多，但参照来源文献传世版本或宋人著作的引文，这批间接阅读钞录的内容整体比直接阅读钞录的简略。如卷6《广知》录《宣室志》8则，均较《太平广记》所引为略，系据《类说》转钞。其中，“进士曹唐”一则《太平广记》卷349引自《灵怪集》，此系《类说》误引，尤是明

---

① 陶宗仪：《说郛》卷8，明世学楼钞本。

② 参见昌彼得《说郛考·书目考》对原本《说郛》所录各书的分别考证。

证。卷41复录8则,其中见于《类说》的仅首末两则,这两则就是也见于卷6所引的“白瑶宫”“石铭”。二者相比,“白瑶宫”则卷41有246字,卷6仅有66字;“石铭”则卷41多达345字,卷6仅有69字。两相比较,自《类说》转钞者均仅存梗概。最为明显的是,陶宗仪对张洎所著《贾氏谈录》的阅读钞录,卷3《谈垒》自《类说》钞录4则,卷9又自原书钞录序及正文9则,而卷3所录4则在卷9俱被复录,二者相比,卷3所录4则均简略,其中李德裕“厄在白马”一则,卷3所录只53字,仅具梗概,而卷9则有189字,始末完整。

而据唐宋类书与晋唐古注进行的间接阅读除了因转钞产生的钞录简略外,张冠李戴是更加突出的问题。如卷6《读子随识》在《慎子》名下录2则,首则系录自《艺文类聚》卷18所引《尹文子》文,盖因《艺文类聚》所录下一则为《慎子》而误钞,[①]次则则是《艺文类聚》卷88所引《苏子》文,亦是误引。[②] 更为突出的例子是卷2《古典录略》中《孝经援神契》一目中所录22则,其中竟然杂有明标为《孝经左契》与《诗含神雾》之文。盖“又《左契》曰:天子孝而龙负图、地龟出书也”一句与前一则出自《孝经援神契》的“德至水泉则黄龙见,君之象也”在《艺文类聚》卷98前后相邻,[③]“《诗含神雾》曰:德化充塞,照润八冥则鸾臻”一句与前一则出自《孝经援神契》的“德至鸟兽则麒麟臻、凤皇翔、鸾凤舞”在《艺文类聚》卷99前后相邻。[④] 陶宗仪均因相连而误钞入。这是由于在利用动辄近百卷的类书来前后翻检分散的引文时,其工作必然琐碎繁重,陶宗仪出现漏看书名在所难免。

从以上数例可以看出,陶宗仪利用间接阅读进行的阅读摘钞因受限于阅读材料而摘钞质量较低,《类说》引书删节过甚是源自《类说》的间接阅读钞录简略的根本原因,而据类书分散称引进行的经、纬、诸子间接阅读出现了张冠李戴,则与类书将群书内容拆散以类相从的体例有直接关系,故而陶宗仪在利用类书进行阅读摘钞时,必然伴随着琐碎繁重的阅读体验。由于在进行间接阅读的同时,陶宗仪还进行了一批钞录字数远超间接阅读的直接阅读,即前7卷内见于分册目录的46种非专题直接阅读品种,所以陶宗仪的间接阅读是与直接阅读交叉进行的。在间接阅读节略琐碎的阅读体验与直接阅读完整系统的阅读体验不断对比的过程中,陶宗仪出于对阅读摘钞质量的追求而萌生放弃间接阅读的想法也就在情理之中了。

2. 阅读来源转变外因的分析

对于陶宗仪笔记杂说阅读活动中间接阅读的消逝,究其原因,有内外两个方面:其相关摘钞的质量不佳仅是其内部原因,阅读条件的变化则应是间接阅读在卷8戛然而止的外部致因。目前虽无明确的文献记载,但结合陶宗仪生平行实及前人研究成果,可以进行较为合理的分析。

昌彼得根据孙作《南村小传》胪列陶宗仪著作以《说郛》冠首而先于《南村辍耕录》,且《南村

① 欧阳询撰,汪绍楹标点:《艺文类聚》,上海:上海古籍出版社,1982年,第324页。
② 欧阳询:《艺文类聚》,第1528页。
③ 欧阳询:《艺文类聚》,第1704页。
④ 欧阳询:《艺文类聚》,第1709页。

辍耕录》多取资《说郛》所录文献，以及《说郛》内称“皇元”的情况，推定《说郛》成于元代，且早于《南村辍耕录》刊行的元至正二十六年(1366)冬松江入明之前。[①] 而且，昌彼得认为孙作《南村辍耕录序》所言陶宗仪积累十载之说实指《南村辍耕录》多有取资的《说郛》编纂事。[②] 这一判断是符合《南村辍耕录》的性质及同原本《说郛》的关系的。由孙作《南村辍耕录序》所署元至正二十六年上推十载为元至正十六年(1356)，是年陶宗仪定居松江凤凰山南之南村，并结识夏颐贞、夏文彦、孙道明等人。前一年即1355年，陶宗仪避兵于松江，从而结束多年的颠沛生活。[③] 可见，陶宗仪开始编撰《说郛》的时间正是他由乱转安，并开始结识当时松江藏书名家孙道明、夏文彦等辈之时。而此前陶宗仪颠沛流离于两浙之时，在湖州还遗失了珍藏的吴镇画图、吴叡书文的《砚山图》，足见当时生活之艰，几可谓身无长物。[④] 由于《说郛》开始编撰的时候正是陶宗仪结束颠沛生活、定居松江前后，当时可读书籍不多，陶宗仪在阅读摘钞洪迈《经子法语》后，受其启发，遂借助类书和宋人曾慥《类说》，以专题形式进行间接阅读摘钞，并利用可见到的书籍同时进行直接阅读摘钞。由于据他书转录笔记杂说的间接阅读的阅读体验与摘钞质量并不甚好，待到结识松江各藏书名家，可借读书籍数量剧增，具备了良好的阅读条件后，陶宗仪便下定决心彻底放弃间接阅读这一阅读方式，转而专据笔记杂说原书进行直接阅读。昌彼得指出，原本《说郛》卷32《拊掌录》、卷65《临汉隐居诗话》二书的传世版本均源于孙道明手钞本，原本《说郛》所录《拊掌录》六成以上条目为孤传，必出自孙钞原本，[⑤]足以证明孙道明等人的丰富藏书对《说郛》编纂的助益。因此，生活的安定、可借读书籍的丰富，应当是陶宗仪在笔记杂说阅读暨《说郛》编纂中放弃据他书转录的间接阅读的外部客观因素。

应该说，原本《说郛》陶宗仪原纂部分间接阅读的消逝，是内部阅读体验及摘钞质量不佳与外部阅读条件改善合力的结果。间接阅读与直接阅读阅读体验优劣的强烈对比，明显是间接阅读消逝这一阅读来源转变的诱因，而可借阅书籍激增这一阅读条件的改善则为阅读来源转变提供了可能与实施保障。

(三) 专题阅读与间接阅读的互动关系

在原本《说郛》陶宗仪原纂的前67卷所记录的其笔记杂说阅读活动中，有明确意识的专题阅读与集中的间接阅读都大体在卷8戛然而止，这应该不是巧合，而是展现了陶宗仪笔记杂说阅读中专题阅读与间接阅读的一种互动关系，这从以下两方面可以看出。

首先，前7卷的一般阅读在阅读来源上明显排斥曾慥的《类说》，而《类说》在前7卷专题阅读中却至少被采用60次。事实上，前7卷内见于分册目录的46种非专题阅读品种中，有10种

---

① 昌彼得：《说郛考》，第12—13、437—439页。
② 昌彼得：《说郛考》，第437—438页。
③ 昌彼得：《说郛考》，第432—434页。
④ 陶宗仪：《南村辍耕录》，北京：中华书局，1959年，第80页。
⑤ 昌彼得：《说郛考》，第439页。

的书目也见于《类说》。但是原本《说郛》这 10 种所钞条目与《类说》仅偶有重复，二者重复条目不但颇有异文，且又多以《说郛》钞录更为完整，故原本《说郛》这 10 种明显不是钞自《类说》。如卷 2《朝野佥载》38 则，其中 18 则为独见，其余 20 则虽与 50 卷本《类说》卷 36 所摘钞 65 则间有重复，但详略大不相同，如二书第 1 则“金牛御史”，《类说》仅摘录 25 字，《说郛》则有 58 字。卷 4《封氏闻见记》所录 9 则中也仅有“烧尾”一则为《类说》卷 6 所载者节引。卷 7《戎幕闲谈》为此后各本之祖，所录 6 则中仅有 2 则与《类说》卷 44 所录者重复，这 2 则非但异文颇多，且“李迪”1 则《类说》仅为节引。可见，陶宗仪在专题阅读进行期间一同进行的一般阅读，是有意避开专题阅读所倚重的《类说》的。

其次，专题阅读中的专题名目受到了《类说》编次的启发。卷 3《谈垒》钞录 38 种笔记杂说，其中 25 种录自《类说》，经与保存宋本面貌的上海图书馆藏清影宋钞 50 卷本《类说》的编次对比，这 25 种基本集中在影宋钞本《类说》卷 11 至卷 17 这批“录”字收尾的书目中，《谈垒》专钞“录”书与《类说》这 7 卷“录”书连排不会没有关系。《类说》中卷 20《博物志》《续博物志》《物类相感志》《宣室志》、卷 21《博异志》《独异志》《徂异志》《括异志》、卷 22《南越志》《北里志》《翰林志》《续翰林志》这连续 3 卷的次序，与原本《说郛》卷 6《广知》自第一种开始由《类说》钞录的品种顺序基本一致，从中也可以看出《类说》卷 20—22 的编排同《广知》以“志”为钞录范围的联系。而原本《说郛》卷 7《诸传摘玄》的前 5 种神仙传除了《仙传拾遗》外，就是对《类说》卷 2 的钞录调整，从中可见《类说》对《诸传摘玄》这一专题的诱导。所以，陶宗仪的专题阅读与间接阅读具有很强的关联性。如果说阅读钞录洪迈《经子法语》令陶宗仪萌发了步武洪氏的意图，开始辑存经纬佚文以成《古典录略》，那么，作为陶宗仪间接阅读重要来源的曾慥《类说》，它的编排归类则为陶宗仪其他专题阅读的专题名目提供了很大的启发与借鉴。

从穿插在专题阅读间的一般阅读对《类说》的排斥，以及《类说》的编次对陶宗仪专题阅读专题名目的影响来看，陶宗仪笔记杂说阅读中的专题阅读与间接阅读明显具有互动关系，即专题阅读在资料和形式上受以《类说》为代表的间接阅读材料的滋润，间接阅读则专为专题阅读服务。而专题阅读与间接阅读同时在卷 8 戛然而止的情况，又可结合昌彼得所考证的陶宗仪编纂《说郛》的经历进行分析，即专题阅读与间接阅读的互动关系很有可能是因阅读条件的限制而产生的。虽然陶宗仪在阅读摘录洪迈《经子法语》后，受其影响开始利用类书、旧注辑录经纬成《古典录略》以步武洪迈，然后揽入曾慥《类说》，继续进行《谈垒》等新的专题阅读，但从卷 2 便开始出现的一般阅读专以直接阅读为阅读来源，说明陶宗仪其实早前就认识到了直接阅读的价值相对于间接阅读是更有优势的，故而间接阅读实际是陶宗仪在阅读条件不佳时维持专题阅读的手段。待在松江安定下来，具备了良好的阅读条件时，陶宗仪果断放弃间接阅读，而可借读图书数量的陡增又促使他摆脱专题阅读的小藩篱，最终确立了海纳百川式的一般阅读的大格局。

四、结　语

利用源自陶宗仪原稿的原本《说郛》前67卷的分册目录，并结合对原本《说郛》前67卷陶宗仪原纂部分品种来源的分析可以发现，陶宗仪在为编纂《说郛》而进行的笔记杂说阅读活动中，明显存在着阅读方式上由专题阅读转向一般阅读、阅读来源上由间接阅读转向直接阅读的双重转变。这种双重转变，既留存着陶宗仪笔记杂说阅读观念转变的痕迹，同时也是陶宗仪阅读条件显著提升的结果。陶宗仪笔记杂说阅读活动中这种阅读策略的双重转变，是中国古代阅读史中有关阅读条件对阅读观念及阅读策略影响问题难得的典型个案，展现了元末战乱之中士人真实的阅读生存状态。

由于有关中国古代阅读史，特别是其中具体阅读活动的直接记录史料极其贫乏，对中国古代阅读史的深入研究就有赖于对史料领域的进一步开拓。以原本《说郛》这一阅读摘钞为史料，对陶宗仪笔记杂说阅读活动进行的研究，正是对中国古代阅读史研究在史料与研究领域上的开拓作出的有益尝试。作为对在阅读活动中所获取知识的记录，原本《说郛》所展现的陶宗仪笔记杂说阅读活动的进程，使得我们能够据此逆向发掘还原陶宗仪笔记杂说阅读活动的过程面貌，进而探讨其相关阅读策略，这对探索阅读史研究中利用知识存入史料逆向分析研究前期阅读活动具体情况的研究路径，乃至开拓包含“知识获取与再生产”全过程的中国古代阅读史史料领域视野，具有一定的示例作用。

（本文原刊于《北京社会科学》2023年第9期。）

作者简介：

沈畅（1988—　），男，安徽蚌埠人，文学博士，博士后。入选2019—2020年度上海市“超级博士后”激励计划。现为上海师范大学人文学院讲师。主要从事目录版本学、唐宋文史文献研究。发表论文10余篇，现主持国家社科基金一般项目1项。

论四库馆臣对宋人笔记分类的早期认知
——从《四库全书初次进呈存目》谈起

赵　龙

摘　要：《四库全书初次进呈存目》是"四库学"研究的重要文献之一，处于四库馆臣纂修分类稿与《四库全书总目》的过渡阶段，有承上启下的特点。《四库全书初次进呈存目》撰者在对前代书目分类批判继承的基础上，搭建起较为完整的图书分类体系，反映了四库馆臣对传统学术史和学术体系的基本建构。《四库全书初次进呈存目》残本著录宋人笔记95种，并对这些笔记的书名、著者、版本及真伪等问题作了考订辨析，也就部分笔记在传布过程中的卷帙篇幅、文字增删等情况进行了简要分析。考察《四库全书初次进呈存目》的著录情况，有助于探讨四库馆臣对宋人笔记的早期认知，进而全面窥探其对宋人笔记的接受与批判。

关键词：宋人笔记　四库馆臣　《四库全书初次进呈存目》　分类　认知

笔记作为一种文体，是指"随笔记事而非刻意著作之文"[①]。宋人笔记所载内容十分丰富，几乎涵括宋代政治、经济、军事、文化及社会生活等诸方面，"其关于历史事件或人物的记载与正史所云往往差异颇大，而这种差异其实极具深意，故而能引起清人的极大关注，尤以四库馆臣为典型"[②]。自20世纪80年代以来，文渊阁、文津阁、文澜阁《四库全书》，文溯阁《四库全书》书前提要及《四库全书初次进呈存目》(以下简称《存目》)等被陆续影印或点校出版，"四库学"文献日益丰富，相关研究成果不断涌现。清乾隆时期四库全书馆开馆以来，四库馆臣对宋人笔记的著录及整理成果颇丰，审视并观照这些成果，对推动今人研究宋人笔记变得愈发重要。自2003年以来，随着《全宋笔记》项目整理成果的不断积累，学界关于宋人笔记的研究维度也愈加多重。本文即着眼于《存目》，探讨四库馆臣对宋人笔记分类的早期认知，以就教于方家。

① 上海师范大学古籍整理研究所编：《全宋笔记》第1编第1册，"编纂说明"，郑州：大象出版社，2003年，第1页。
② 赵龙：《清代四库馆臣对宋人笔记的接受与批判——以阁本提要及〈四库全书总目〉为中心的考察》，《宋史研究论丛(第十八辑)》，保定：河北大学出版社，2016年，第526页。

一、《存目》著录宋人笔记概况

《存目》是一部重要的"四库学"文献，约撰成于清代乾隆年间，见著录于《"国立中央图书馆"善本书目》，[①]直到21世纪初，才逐渐引起学界关注。不过，学者们多聚焦于《存目》的成稿时间、编纂性质等层面，研究成果还处于解决《存目》的初步问题。[②]《存目》今存提要1 878篇（1 869篇完整，余9篇属残篇）：经部365篇、史部425篇、子部467篇、集部621篇，[③]其中包含95种宋人笔记，分别是：

孙光宪《北梦琐言》、周羽翀《三楚新录》、乐史《广卓异记》、龙衮《江南野史》、佚名《五国故事》、钱易《南部新书》、田况《儒林公议》、司马光《涑水记闻》、强至《韩忠献公遗事》、旧题苏轼《仇池笔记》、杨延龄《杨公笔录》、黄休复《茅亭客话》、佚名《青琐高议》、沈括《梦溪笔谈》、米芾《海岳名言》《画史》、孔平仲《珩璜新论》、王巩《甲申杂记》《闻见近录》《随手杂录》、李廌《师友谈记》、邵伯温《闻见前录》、释惠洪《冷斋夜话》、叶梦得《岩下放言》《避暑录话》、彭乘《墨客挥犀》、李格非《洛阳名园记》、张礼《游城南记》、王谠《唐语林》、何薳《春渚纪闻》、黄伯思《东观余论》、陈东《靖炎两朝见闻录》、佚名《建炎复辟记》、赵叔问《肯綮录》、马永卿《懒真子》、朱弁《曲洧旧闻》、洪皓《松漠纪闻》、龚明之《中吴纪闻》、施德操《北窗炙輠录》、朱翌《猗觉寮杂记》、徐度《却扫编》、王观国《学林》、王灼《碧鸡漫志》、姚宽《西溪丛语》、王铚《默记》、释祖秀《华阳宫纪事》、佚名《窃愤录》《南渡录》、沈作喆《寓简》、曾敏行《独醒杂志》、邵博《闻见后录》、庄季裕《鸡肋编》、孟元老《东京梦华录》、龚颐正《芥隐笔记》、费衮《梁溪漫志》、吴曾《能改斋漫录》、洪迈《容斋随笔》、陆游《老学庵笔记》、周必大《淳熙玉堂杂记》、周煇《清波杂志》、王明清《挥麈录》、陈善《扪虱新话》、赵彦卫《云麓漫抄》、陈鹄《西塘耆旧续闻》、王楙《野客丛书》附《野老记闻》、李心传《建炎以来朝野杂记》、葛洪《涉史随笔》、叶绍翁《四朝闻见录》、赵与旹《宾退录》、张端义《贵耳集》、岳珂《桯史》、孙奕《示儿编》、俞文豹《吹剑录》、刘昌诗《芦浦笔记》、王应麟《困学纪闻》、周密《齐东野语》《癸辛杂识》《澄怀录》《志雅堂杂抄》、赵升《朝野类要》、施清臣《东洲几上语》《枕上语》、陈郁《藏一话腴》、俞德邻《佩韦

---

① 《"国立中央图书馆"善本书目》上册甲编卷2，台北：台北中华丛书委员会，1957年，第125页。

② 夏长朴先后发表《四库全书总目研究的新资料——台北"国图"所藏四库全书初次进呈存目》（见《第二届中国古文献与传统文化国际学术研讨会会议论文集》，2011年）、《〈四库全书初次进呈存目〉初探——编纂时间与文献价值》（《汉学研究》第30卷第2期，2012年）二文，重点探讨了《存目》的编纂时间。刘浦江《〈四库全书初次进呈存目〉再探——兼谈〈四库全书总目〉的早期编纂史》（《中华文史论丛》总第115期，2014年）一文，利用四库档案文献分析《存目》的来历及成稿时间，特别讨论了《存目》与提要分纂稿之间的关系。江庆柏《〈四库全书初次进呈存目〉著录而〈四库全书总目〉未收提要考》（《版本目录学研究》，北京：北京大学出版社，2015年）一文，就《总目》未收而见于《存目》的14篇提要逐一考订。赵永磊《〈四库全书初次进呈存目〉编纂性质考略》一文，认为《存目》属于四库馆总纂官汇整诸提要的原稿残存，并非进呈乾隆皇帝御览之作。除以上论文外，台湾商务印书馆于2012年，将台北"国家图书馆"藏乾隆间钞本《存目》影印出版，后江庆柏、赵望秦等先后对《存目》进行了整理校证，为学界深入探究本书提供了必要的文献支撑。

③ 江庆柏：《四库全书初次进呈存目》"整理凡例"，北京：人民文学出版社，2015年。

斋辑闻》、俞琰《书斋夜话》、吴自牧《梦粱录》、车若水《脚气集》、刘一清《钱塘遗事》、罗璧《识遗》、徐铉《稽神录》、旧题张师正《括异志》、佚名《言行拾遗事录》、佚名《五色线》、黄震《黄氏日抄》。

以上提要分布于《存目》的史部别史类、诏令类、传记类、地理类、史评类、故事类、杂史类，子部小说家类、类书类、杂家类、杂艺类、考证类、儒家类，集部诗文评类。后来成书的《四库全书总目》(以下简称《总目》)共著录宋人笔记252种，实际收入《四库全书》197种，存目55种。① 由于现存的《存目》不完整，与《总目》就数量上的比较不具备计量学意义，因此，本文关于《存目》和《总目》著录宋人笔记的比较研究，限定于二者均有著录的宋人笔记上。

二、《存目》与《总目》类分宋人笔记异同比较

(一)《存目》的分类成就

《四库全书凡例》曰："古来诸家著录，往往循名失实，配隶乖宜。不但《崇文总目》以《树萱录》入之种植，为郑樵所讥，今并考校原书，详为厘定。"②这里，四库馆臣指出了传统书目著录的一个顽症，即图书分类时，存在忽略内容而仅据书名错误类分至某类的现象。目前，学界关于四库馆臣对图书分类的研究多集中于《总目》所取得的成就，而于《存目》所取得的成绩有所忽略。事实上，《存目》诸提要的撰者在对前代书目分类作了认真批判分析的基础上，已经建立起较为完整的图书类分体系。为下文表述之便，现将《存目》与《总目》的分类列表如下。

表一 《存目》与《总目》分类异同表③

部　　类	《存目》分类	《总目》分类
经部	易类	易类
	书类	书类
	诗类	诗类
	礼类	礼类
	春秋类	春秋类
	孝经类	孝经类

① 赵龙：《谈〈四库全书总目〉对宋人笔记的著录》，《图书馆工作与研究》2013年第5期。
② 《四库全书凡例》，载《纂修四库全书档案》，上海：上海古籍出版社，1997年，第2714页。
③ 本表据江庆柏等整理《四库全书初次进呈存目》(第4—6页)绘制。

续　表

部　类	《存目》分类	《总目》分类
经部	总经解类	五经总义类
	四书类	四书类
	乐类	乐类
	小学类	小学类
史部	正史类	正史类
	编年类	编年类
		纪事本末类
	别史类	别史类
	杂史类	杂史类
	诏令类	诏令奏议类
	传记类	传记类
	史抄类	史钞类
		载记类
	时令类	时令类
	法令类	
	地理类	地理类
	职官类	职官类
		政书类
	目录类	目录类
	金石类	
	史评类	史评类
	故事类	
	谱牒类	
	起居注类	

续　表

部　　类	《存目》分类	《总目》分类
子部	儒家类	儒家类
	兵家类	兵家类
	纵横家类	
	法家类	法家类
	农家类	农家类
	医家类	医家类
		天文算法类
	术数类	术数类
	杂艺类	艺术类
	考证类	
		谱录类
	墨家类	
	名家类	
	杂家类	杂家类
	类书类	类书类
	小说家类	小说家类
	道家类	道家类
	释家类	释家类
集部		楚辞类
	别集类	别集类
	奏议类	
	总集类	总集类
	诗文评类	诗文评类
	词曲类	词曲类

由于传世《存目》已非完本，并未见如《总目》中每部类之前所撰的“总序”“小序”之类，从而无法直接观察《存目》的分类原则，但通过上表所列类目的比对可见，《存目》的分类大体为《总目》所继承。换而言之，《总目》的分类是建立在《存目》的基础之上而再有所调整。如《存目》的经部“总经解类”类目名称，在《总目》中被修改为“五经总义类”。至于修改的缘由，四库馆臣认为清徐乾学刻《九经解》，“顾湄兼采总集经解之义，名曰‘总经解’，何焯复斥其不通，盖正名若是之难也”。又考《隋书·经籍志》，“于统说诸经者，虽不别为部分，然‘论语类’末称‘《孔从》《家语》《尔雅》诸书并五经总义附于此篇，则固称‘五经总义’矣。今准以立名，庶犹近古，《论语》《孝经》《孟子》虽自为书，实均五经之流别，亦足以统该之[矣]。其校正文字及传经诸图并约略附焉，从其类也”[①]。由此观之，四库馆臣将“总经解类”改为“五经总义类”，不但继承了前代书目在经部中设置易、书、诗、礼、春秋、乐、孝经等小类的传统，而且也是根据经学发展的实际情况作出的及时总结。该类目的设置，“是建立在对经学史发展进行全面分析的基础之上的，体现了传统经学学术的特点和演变的规律”[②]。

次如经部“四书类”的设立。四库馆臣认为有“四书”之名，当始自南宋淳熙时朱熹将旧《礼记》中的《大学》《中庸》二篇拆出，与《论语》《孟子》并列，成为宋以降重要的儒家经典。故“从《明史·艺文志》例，别立‘四书’一门，亦所谓礼以义起也”[③]。《存目》创立“四书类”类目，反映了四库馆臣对宋儒重义理的学术特征有较为准确的把握，也体现了“四书类”设置的合理性，因而被《总目》所承继。

再如《存目》史部“金石类”的设置，此目虽被后来的《总目》统一归入“目录类”，但仍可见四库馆臣对前代书目分类的批判继承。《总目》“目录类”小序曰：“金石之文，隋、唐《志》附‘小学’，《宋志》乃附‘目录’。今用《宋志》之例，并列此门，而别为子目，不使与经籍相淆焉。”[④]在此认知基础之上，四库馆臣进一步对“金石类”与“目录类”并列的原因作出解释：

> 《隋志》以秦会稽刻石及诸石经皆入小学，《宋志》则金石附目录。今以集录古刻条列名目者，从《宋志》入目录。其《博古图》之类，因器具而及款识者，别入谱录。石鼓文音释之类，从《隋志》别入小学。《兰亭考》《石经考》之类，但征故实，非考文字，则仍隶此门，俾从类焉。[⑤]

综上所述，从《存目》分类到《总目》对《存目》类分成果的吸收与取舍，体现了四库馆臣对图书分类的认知不断深化。换句话说，《存目》各类目的设立说明四库馆臣批判继承并发展了前代书目类分图书的基本框架和方法，反映了四库馆臣对传统学术史和学术体系的基本建构，而《存

① 纪昀、陆锡熊、孙士毅：《钦定四库全书总目》，北京：中华书局，1997 年，第 422 页。
② 张传峰：《〈四库全书总目〉学术思想研究》，上海：学林出版社，2007 年，第 4—5 页。
③ 《钦定四库全书总目》，第 454 页。
④ 《钦定四库全书总目》，第 1128 页。
⑤ 《钦定四库全书总目》，第 1151 页。

目》的类目设置又被《总目》承继并加以取舍，从而使其成为传统目录学著作之集大成者。

(二)《存目》对宋人笔记的类分

本着“考校原书，详为厘定”的精神，在《存目》中，四库馆臣在总结前代书目著录宋人笔记的成功经验与失败教训的基础上，创建了独到的分类体系，而这一分类体系与《总目》著录又存在一些差异。为行文之便，特制《存目》与《总目》涉及宋人笔记的分类对比表如下。

表二 《存目》与《总目》分类对比表

笔记名＼分类	《存目》分类	《总目》分类
孙光宪《北梦琐言》	子部小说家类	同《存目》
周羽翀《三楚新录》	史部别史类	史部载记类
乐史《广卓异记》	子部类书类	史部传记类存目
龙衮《江南野史》	史部杂史类	史部载记类
佚名《五国故事》	史部别史类	史部载记类
钱易《南部新书》	子部小说家类	同《存目》
田况《儒林公议》	史部杂史类	子部小说家类
司马光《涑水记闻》	史部杂史类	子部小说家类
强至《韩忠献公遗事》	史部诏令类传记类	史部传记类存目
旧题苏轼《仇池笔记》	子部杂家类	同《存目》
杨延龄《杨公笔录》	子部杂家类	同《存目》
黄休复《茅亭客话》	子部小说家类	同《存目》
佚名《青琐高议》	子部小说家类	子部小说家存目
沈括《梦溪笔谈》	子部小说家类	子部杂家类
米芾《海岳名言》《画史》	子部杂艺类	子部艺术类
孔平仲《珩璜新论》	子部考证类	子部杂家类
王巩《甲申杂记》《闻见近录》《随手杂录》	史部杂史类	子部小说家类
李廌《师友谈记》	子部杂家类	同《存目》

续 表

笔记名 \ 分类	《存目》分类	《总目》分类
邵伯温《闻见前录》	史部故事类	子部小说家类
释惠洪《冷斋夜话》	集部诗文评类	子部杂家类
叶梦得《岩下放言》《避暑录话》	子部杂家类	同《存目》
彭乘《墨客挥犀》	子部杂家类	子部小说家类
李格非《洛阳名园记》	史部地理类	同《存目》
张礼《游城南记》	史部地理类	同《存目》
王谠《唐语林》	子部小说家类	同《存目》
何薳《春渚纪闻》	子部小说家类	子部杂家类
黄伯思《东观余论》	子部考证类	子部杂家类
陈东《靖炎两朝见闻录》	史部杂史类	史部杂史类存目
佚名《建炎复辟记》	史部杂史类	史部杂史类存目
赵叔问《肯綮录》	子部考证类	子部杂家类存目
马永卿《懒真子》	子部杂家类	同《存目》
朱弁《曲洧旧闻》	子部杂家类	同《存目》
洪皓《松漠纪闻》	史部杂史类	同《存目》
龚明之《中吴纪闻》	史部地理类	同《存目》
施德操《北窗炙輠录》	子部杂家类	子部小说家类
朱翌《猗觉寮杂记》	子部考证类	子部杂家类
徐度《却扫编》	史部杂史类	子部杂家类
王观国《学林》	子部考证类	子部杂家类
王灼《碧鸡漫志》	子部杂艺类	集部词曲类
姚宽《西溪丛语》	子部考证类	子部杂家类
王铚《默记》	史部杂史类	子部小说家类
释祖秀《华阳宫纪事》	史部地理类	史部地理类存目

续 表

笔记名 \ 分类	《存目》分类	《总目》分类
佚名《窃愤录》《南渡录》	史部杂史类	史部杂史类存目
沈作喆《寓简》	子部杂家类	同《存目》
曾敏行《独醒杂志》	子部杂家类	子部小说家类
邵博《闻见后录》	子部杂家类	子部小说家类
庄季裕《鸡肋编》	子部杂家类	子部小说家类
孟元老《东京梦华录》	史部杂史类	史部地理类
龚颐正《芥隐笔记》	子部考证类	子部杂家类
费衮《梁溪漫志》	子部杂家类	同《存目》
吴曾《能改斋漫录》	子部考证类	子部杂家类
洪迈《容斋随笔》	子部考证类	子部杂家类
陆游《老学庵笔记》	子部杂家类	同《存目》
周必大《淳熙玉堂杂记》	史部故事类	史部职官类
周煇《清波杂志》	子部杂家类	子部小说家类
王明清《挥麈录》	史部杂史类	子部小说家类
陈善《扪虱新话》	子部杂家类	子部杂家类存目
赵彦卫《云麓漫抄》	子部考证类	子部杂家类
陈鹄《西塘耆旧续闻》	子部杂家类	子部小说家类
王楙《野客丛书》附《野老记闻》	子部考证类	子部杂家类
李心传《建炎以来朝野杂记》	史部故事类	史部政书类
葛洪《涉史随笔》	史部史评类	同《存目》
叶绍翁《四朝闻见录》	史部杂史类	子部小说家类
赵与旹《宾退录》	子部杂家类	同《存目》
张端义《贵耳集》	子部小说家类	子部杂家类
岳珂《桯史》	史部杂史类	子部小说家类

续　表

笔记名 \ 分类	《存目》分类	《总目》分类
孙奕《示儿编》	子部考证类	子部杂家类
俞文豹《吹剑录》	子部杂家类	子部杂家类存目
刘昌诗《芦浦笔记》	子部考证类	子部杂家类
王应麟《困学纪闻》	子部考证类	子部杂家类
周密《齐东野语》	子部杂家类	同《存目》
周密《癸辛杂识》	子部杂家类	子部小说家类
周密《澄怀录》	子部小说家类	子部杂家类存目
周密《志雅堂杂抄》	子部杂家类	子部杂家类存目
赵升《朝野类要》	史部故事类	子部杂家类
施清臣《东洲几上语》《枕上语》	子部杂家类	子部杂家类存目
陈郁《藏一话腴》	子部考证类	子部杂家类
俞德邻《佩韦斋辑闻》	子部杂家类	同《存目》
俞琰《书斋夜话》	子部杂家类	同《存目》
吴自牧《梦粱录》	史部杂史类	史部地理类
车若水《脚气集》	子部杂家类	同《存目》
刘一清《钱塘遗事》	史部杂史类	同《存目》
罗璧《识遗》	子部杂家类	同《存目》
徐铉《稽神录》	子部小说家类	同《存目》
旧题张师正《括异志》	子部小说家类	子部小说家类存目
佚名《言行拾遗事录》	史部传记类	史部传记类存目
佚名《五色线》	子部小说家类	子部小说家类存目
黄震《黄氏日抄》	子部儒家类	同《存目》

根据以上列表，在《存目》和《总目》中，四库馆臣对宋人笔记分类的认知差异主要集中在“别史类”“类书类”“杂史类”“杂艺类”“故事类”“考证类”“传记类”“杂家类”“小说家类”诸类目。为

使行文更加直观，特将《存目》与《总目》就上表所列诸种笔记类分的异同，分述如下。

一是《存目》关于宋人笔记的分类被《总目》所接受。如朱弁《曲洧旧闻》、尤袤《遂初堂书目》入小说类，[①]《直斋书录解题》入小说家类，[②]马端临《文献通考》亦入子部小说家类。[③]《存目》提要云：

> 《文献通考》载弁《曲洧旧闻》一卷，《杂书》一卷，《骫骳说》一卷。此本独《曲洧旧闻》，已十卷。然此本后[从]宋槧影钞，每卷末皆有"临安府太庙前尹家书籍铺刊"字，又"惇"字避光宗讳，皆缺笔。盖南宋旧刻，不应有误，必《通考》讹"十卷"为"一卷"也。案：弁以建炎丁未使金被留，越十七年乃归。而书中有腊月八日清凉山见佛光事，云岁在甲寅；又记秘魔岩事，其地在燕京；又记其友述定光佛语，云俘囚十年，则书当作于留金时。然皆追叙北宋遗事，无一语及金，故曰《旧闻》。《通考》列之小说家。今观其书，虽有神怪、谐谑数条，然所记多当时祖宗盛德及诸名臣言行，而于王安石之变法、蔡京之绍述、分朋角立之故言之尤祥(详)。盖意在申明北宋一代兴衰治乱之由，深于史事有补，实非小说家流也。惟其中间及诗话、文评及诸考证，不名一格，不可目以杂史，改入之杂家类中。[④]

在上述提要中，四库馆臣认为《曲洧旧闻》除记载少量"神怪、谐谑"之事外，所载其他内容多意在"申明北宋一代兴衰治乱之由，深于史事有补"，实非小说家之流；又因此书内容间涉诗话、文评及考证类，亦"不可目以杂史"，故而归入杂家类。这一分类思想，被后来的《总目》所继承，并无太大改动。

二是《总目》推翻《存目》关于宋人笔记的分类，重新加以类分。以下分两种情况叙述。

1. 大类发生变化，分述如次。

(1) 由史部改入子部。如邵伯温《闻见前录》，《存目》入史部故事类，《总目》改入子部小说家类。关于《闻见前录》，《存目》提要云：

> 是书成于绍兴二年。前十六卷记太祖以来故事，而于王安石新法始末及一时同异之论，载之尤详。其论洛、蜀、朔三党相攻，惜其各立门户，授小人以间；又引程子之言，以为变法由于激成，皆平心之论。其记灯笼锦事出文彦博之妻，于事理较近。其记韩、富之隙，由撤帘不由定策，亦足以订强至家传之讹。周必大跋《吕献可墓志》，谓伯温是书颇多荒唐，凡所书人及其岁月，鲜不差误。殆好恶已甚之词，不尽然也。十七卷多记杂事，其洛阳、永乐诸条，多寓麦秀黍离之感。十八卷至二十卷皆记邵子之言行，而殇女转生，黑猿感孕，意欲神奇其父，转涉妖诬。又记邵子之言，谓老子得《易》之体，孟子得《易》之用，文中子以佛为西方圣人，亦不以

---

① 尤袤：《遂初堂书目》，海山仙馆丛书本。
② 陈振孙：《直斋书录解题》，上海：上海古籍出版社，1987 年，第 333 页。
③ 马端临：《文献通考》，北京：中华书局，2011 年，第 6056 页。
④ 赵望秦：《四库全书初次进呈存目校证》，西安：陕西师范大学出版社，2016 年，第 931 页。

为非，似乎附会。至投壶一事，益猥琐不足纪。盖亦择焉不精者，取其大旨可尔。[①]

上述文字基本被《总目》所承袭，但四库馆臣最终认为该书虽有“故事”之名却无“故事”之实，转改入子部小说家类。[②]

次如赵升《朝野类要》，《存目》提要云：

> 其书征引朝廷故事，以类相从。一班朝，二典礼，三故事，四称谓，五举业，六医卜，七入仕，八职任，九法令，十政事，十一帅幕，十二降免，十三尤难，十四余纪，逐事又各标小目，而一一详诠其说，体例近蔡邕《独断》。宋至今五六百年，其一时吏牍之文，与缙绅沿习之语，多与今殊。是书逐条解释，开卷厘然，亦有功于考证者也。[③]

此书在《存目》中入史部故事类，后来四库馆臣认为是书“较之小说家流资嘲戏、侈神怪者，固迥殊矣”[④]，于《总目》中改入子部杂家类。

复如徐度《却扫编》，《存目》入史部杂史类，《总目》入子部杂家类。《存目》提要虽批评此书中“《新唐书》载事倍于《旧书》，皆取小说，因欲史官博采异闻，则未免失之泛滥。此书上卷载‘叶梦得所记俚语’一条，中卷载‘王鼎嘲谑’一条，下卷载‘翟巽诙谐’一条，为例不纯，自秽其书，是亦嗜博之证矣”，但也认可该书所记“皆国家典章、前贤故事，言颇详核”，以为是“说部中之有裨史学者”，“大致纂述旧闻，足资掌故，与《挥麈》诸录、《石林燕语》可以鼎立，而文简于王，事核于叶，则似为胜之云”。[⑤]《存目》对本书的评价基本被《总目》所沿袭，但因不符“杂史类”体例，又因其“纂述旧闻，足资掌故”，而被《总目》改置子部杂家类。[⑥]

最后如田况《儒林公议》、司马光《涑水记闻》、王巩《甲申杂记》《闻见近录》《随手杂录》、王铚《默记》、王明清《挥麈录》、叶绍翁《四朝闻见录》、岳珂《桯史》等，《存目》入史部杂史类，《总目》改入子部小说家类。以司马光《涑水记闻》为例，《存目》提要云：

> 光尝与刘恕议取实录、正史，旁采异闻，作《资治通鉴后纪》，此编盖以备《后纪》之用也。其中，间载流俗传闻之说、朝士诙谐之语，不必尽关史事者。疑当日随笔札记，尚未及一一刊削也。后其曾孙侍郎伋以所书吕夷简事，欲毁其板，而陈振孙《书录解题》又深以伋之毁板为非，聚讼纷纭，迄无定论。要其可据者多，未可以一二小节废也。[⑦]

而《总目》提要认为：“是编杂录宋代旧事，起于太祖，讫于神宗。每条皆注其述说之人，故曰《记闻》。或如张咏请斩丁谓之类，偶忘名姓者，则注曰‘不记所传’，明其他皆有证验也。间有数

---

① 赵望秦：《四库全书初次进呈存目校证》，第678—679页。
② 《钦定四库全书总目》，第1861页。
③ 赵望秦：《四库全书初次进呈存目校证》，第685—686页。
④ 《钦定四库全书总目》，第1589页。
⑤ 赵望秦：《四库全书初次进呈存目校证》，第418—419页。
⑥ 《钦定四库全书总目》，第1614页。
⑦ 赵望秦：《四库全书初次进呈存目校证》，第420—421页。

条不注者，或总注于最后一条以括上文，或后来传写，不免有所佚脱也。其中所记，国家大政为多，而亦间涉琐事……盖本光未成之稿，传写者随意编录，故自宋以来，即无一定之卷数也。今参稽厘订，凡一事而详略不同可以互证者，仍存备考。”①认为此书体例与史部杂史类不符，故改入子部小说家类。

(2) 由集部改入子部。如释惠洪《冷斋夜话》，《存目》入集部诗文评类，而《总目》改入子部杂家类。子部杂家类及集部诗文评类在《存目》及《总目》中俱有设立。关于“诗文评类”的设置，《总目》云：

> 文章莫盛于两汉，浑浑灏灏，文成法立，无格律之可拘。建安、黄初，体裁渐备，故论文之说出焉，《典论》其首也。其勒为一书传于今者，则断自刘勰、钟嵘。勰究文体之源流，而评其工拙；嵘第作者之甲乙，而溯厥师承，为例各殊。至皎然《诗式》，备陈法律；孟棨《本事诗》，旁采故实；刘攽《中山诗话》、欧阳修《六一诗话》，又体兼说部。后所论著，不出此五例中矣。宋、明两代，均好为议论，所撰尤繁。虽宋人务求深解，多穿凿之词；明人喜作高谈，多虚憍之论。然汰除糟粕，采撷菁英，每足以考证旧闻，触发新意。《隋志》附总集之内，《唐书》以下则并于集部之末，别立此门。②

《冷斋夜话》所载虽十之七八为诗话，然四库馆臣经考订后认为该书“杂记见闻”，虽“晁公武诋此书多诞妄伪托者”，“然惠洪本工诗，其论诗实多中理解。所言可取则取之，其托于闻之某某，置而不论可矣”，改属子部杂家类。③

(3) 由子部改入集部。如王灼《碧鸡漫志》，《存目》入子部杂艺类，提要曰：“其书核叙乐府源流，最为详析，犹可以考见宋代歌词梗概，实亦《乐府解题》之类也。”④《总目》改入集部词曲类。《总目》词曲类小序交代了该类目设置之由，其云：

> 词、曲二体在文章、技艺之间。厥品颇卑，作者弗贵，特才华之士以绮语相高耳。然三百篇变而古诗，古诗变而近体，近体变而词，词变而曲，层累而降，莫知其然。究厥渊源，实亦乐府之余音、风人之末派。其于文苑，同属附庸，亦未可全斥为俳优也。今酌取往例，附之篇终。⑤

而“词曲类”在《存目》与《总目》的集部均有设立，四库馆臣就此书所载内容详加考述后，认为不符杂艺类之属，故改置入词曲类。⑥

2. 大类不变而同一大类内子目分属发生变化，概括如下。

(1)《存目》入史部别史类，而《总目》改入史部载记类，如周羽翀《三楚新录》、佚名《五国故

---

① 《钦定四库全书总目》，第1847—1848页。
② 《钦定四库全书总目》，第2763页。
③ 《钦定四库全书总目》，第1610页。
④ 赵望秦：《四库全书初次进呈存目校证》，第824页。
⑤ 《钦定四库全书总目》，第2779页。
⑥ 《钦定四库全书总目》，第2897页。

事》等即是。

《总目·史部总叙》曰:“史之为道,撰述欲其简,考证则欲其详。莫简于《春秋》,莫详于《左传》……然则古来著录,于正史之外,兼收博采,列目分编,其必有故矣。”总括群书后分为十五类,其中“正史”“编年”[“纪事本末”]“别史”“杂史”“诏令奏议”“传记”“史抄”和“载记”等类,“皆参考纪传者也”①。关于“别史类”类目的设置,四库馆臣认为“《汉艺文志》无史名,《战国策》《史记》均附见于《春秋》。厥后著作渐繁,《隋志》乃分《正史》《古史》《霸史》诸目。然梁武帝、元帝《实录》列诸《杂史》,义未安也”,而宋代陈振孙《书录解题》创立的“别史类”,“义例独善”,很好地处理了“上不至于正史,下不至于杂史者”,故从其例,“命曰‘别史’,犹大宗之有别子云尔。包罗既广,六体兼存。必以类分,转形琐屑”。② 关于“载记类”类目的设置,《总目》“载记类”小序言:梁人阮孝绪《七录》立“伪史”一目,《隋书·经籍志》改称“霸史”,后马端临《文献通考》兼用二名,“然年祀绵邈,文籍散佚,当时僭撰久已无存,存于今者大抵后人追记而已。曰‘霸’曰‘伪’,皆非其实”,故于类目不设“伪史”“霸史”,而“采录《吴越春秋》以下述偏方僭乱遗迹者,准《东观汉记》《晋书》之例,总题曰‘载记’,于义为允”。③

上列二种笔记,陈振孙《直斋书录解题》皆入“伪史类”。④《存目·三楚新录》提要云:“宋修仁令周羽翀编。三楚者,长沙马殷、武陵周行逢、江陵高季兴据楚地称王者三家也。一国为一卷。欧阳修《五代史记》亦撮其大纲。”⑤《存目·五国故事》提要云:“不著撰人名氏。五国谓吴杨行密,南唐李昪,蜀王建、孟知祥,汉刘龑,闽王审知也。郑樵《通志》列之‘霸史’类中。余寅作序,颇讥之,以为欧阳修之弃余。盖小说家流,非史体也。中于南汉称彭城,于留从效姓称娄,钱塘厉鹗跋以为吴越后人入宋所作,避武肃王讳。然此书体例丛杂,本无一定,《闽·王延翰传》内称其妻为博陵氏,未闻吴越讳崔也,盖不可考矣。”⑥至《总目》,四库馆臣认为此类笔记“曰‘霸’曰‘伪’,皆非其实”,又认为“上不至于正史,下不至于杂史者”,可入“别史类”,故《存目》及前代书目关于《三楚新录》《五国故事》的分类均不妥,特别是《五国故事》,四库馆臣认为实为“小说之体”,“记录颇为繁碎”,“然考古在于博征,固未可以琐录废也”,而将它们列入史部载记类。⑦

(2)《存目》入史部杂史类,《总目》改入史部载记类,如龙衮《江南野史》等;亦有《存目》入史部杂史类,《总目》改入史部地理类者,如孟元老《东京梦华录》、吴自牧《梦粱录》等。

“杂史”类目始创于《隋书·经籍志》,被后世书目所接纳。四库馆臣认为:“载籍既繁,难于条析。义取乎兼包众体,宏括殊名……然既系史名,事殊小说,著书有体,焉可无分。”四库馆臣沿用《隋书·经籍志》例,立“杂史”类。“凡所著录,则务示别裁。大抵取其事系庙堂,语关军国,

① 《钦定四库全书总目》,第611页。
② 《钦定四库全书总目》,第686页。
③ 《钦定四库全书总目》,第903页。
④ 陈振孙:《直斋书录解题》,上海:上海古籍出版社,1987年,第138页。
⑤ 赵望秦:《四库全书初次进呈存目校证》,第396页。
⑥ 赵望秦:《四库全书初次进呈存目校证》,第397页。
⑦ 《钦定四库全书总目》,第910页。

或但具一事之始末，非一代之全编，或但述一时之见闻，只一家之私记”，可入“杂史类”。“若夫语神怪，供诙啁，里巷琐言，稗官所述”，宜入“杂家类”“小说家类”。[①] 龙衮《江南野史》，《存目》提要云：“其书皆记南唐事，用纪传之体，而不立纪传之名……叙次冗杂，颇乖史体。然其中如孙晟、林文肇诸传与《五代史》颇有异同，可资考证。”[②]由于该书属“述偏方僭乱遗迹”者，不符杂史类体例，故《总目》改入载记类。

关于“地理类”的设置，《总目》曰：

> 古之地志，载方域、山川、风俗、物产而已，其书今不可见。然《禹贡》《周礼·职方氏》，其大较矣。《元和郡县志》颇涉古迹，盖用《山海经》例。《太平寰宇记》增以人物，又偶及艺文，于是为州县志书之滥觞。元明以后，体例相沿。列传侔乎家牒，艺文溢于总集。末大于本，而舆图反若附录。其间假借夸饰以侈风土者，抑又甚焉。王士禛称《汉中府志》载木牛流马法，《武功县志》载织锦璇玑图，此文士爱博之谈，非古法也。然踵事增华，势难遽返。今惟去泰去甚，择尤雅者录之。凡芜滥之编，皆斥而存目……若夫《山海经》《十洲记》之属，体杂小说，则各从其本类，兹不录焉。[③]

《东京梦华录》为宋人孟元老追述北宋徽宗崇宁至宣和年间都城开封城市面貌的笔记体著作，“自都城、坊市、节序、风俗及当时典礼、仪卫，靡不核载”[④]。吴自牧《梦粱录》则是仿《东京梦华录》体例，以淳祐、咸淳《临安志》及作者耳目所闻所见为素材，记述南宋都城临安“郊庙宫殿，下至百工杂戏之事。委曲琐悄，无不备载”[⑤]。故此二书被四库馆臣改入“地理类杂记之属”。

(3)《存目》入子部小说家类，《总目》改入子部杂家类，如沈括《梦溪笔谈》、何薳《春渚纪闻》、张端义《贵耳集》、周密《澄怀录》等；亦有与前述相反者，即《存目》入子部杂家类，《总目》改入子部小说家类，如彭乘《墨客挥犀》、施德操《北窗炙輠录》、曾敏行《独醒杂志》、邵博《闻见后录》、庄季裕《鸡肋编》、周煇《清波杂志》、陈鹄《西塘耆旧续闻》、周密《癸辛杂识》等。

关于“小说”，《总目》认为其兴起于汉武帝时，“迹其流别，凡有三派，其一叙述杂事，其一记录异闻，其一缀辑琐语也”。四库馆臣认为唐宋以后，小说虽“诬谩失真、妖妄荧听者固为不少，然寓劝戒、广见闻、资考证者亦错出其中”，又“博采旁搜，是亦古制，固不必以冗杂废矣”，是而设“小说家”类，“甄录其近雅驯者，以广见闻”。[⑥]

关于“杂家类”，黄虞稷《千顷堂书目》云“前代艺文志列名法诸家，后代沿之，然寥寥无几，备数而已”，故删而并入杂家。[⑦] 四库馆臣则以为：“杂之义广，无所不包。班固所谓‘合儒、墨，兼

---

① 《钦定四库全书总目》，第 711 页。
② 赵望秦：《四库全书初次进呈存目校证》，第 436 页。
③ 《钦定四库全书总目》，第 923 页。
④ 《钦定四库全书总目》，第 966 页。
⑤ 《钦定四库全书总目》，第 968 页。
⑥ 《钦定四库全书总目》，第 1834 页。
⑦ 黄虞稷：《千顷堂书目》，上海：上海古籍出版社，2001 年，第 323 页。

名、法'也。变而得宜，于例为善。今从其说，以立说者谓之'杂学'，辨证者谓之'杂考'，议论而兼叙述者谓之'杂说'，旁究物理、胪陈纤琐者谓之'杂品'，类辑旧文、涂兼众轨者谓之'杂纂'，合刻诸书、不名一体者谓之'杂编'。"①基于此，四库馆臣认为前代书目及《存目》将《梦溪笔谈》归为小说家类并不妥当，而将其改入杂家类。

(4)《存目》入子部杂艺类，《总目》改入子部艺术类。如米芾《画史》《海岳名言》等。在《旧唐书·经籍志》出现以前，有关艺术的著作大多归入乙部(史部)，并无专门类目。至《旧唐书·经籍志》，其丙部有"杂艺术"，收录《投壶经》《大小博法》等18部图书，这些图书又多与游艺类活动有关；书画类著作如《名手画录》等则被收入乙部"杂四部书目"中。② 入宋后，欧阳修、宋祁等撰《新唐书》时，其《艺文志》丙部(子部)亦设"杂艺术"类目，但将游艺类和书画类著作混合排列。③ 此后的书目基本秉承了《新唐书·艺文志》编目思想，将有关艺术的著作编入子部，子目或曰杂艺类，或曰艺术类。《存目》子部"杂艺类"的收书范围仍未超出前代书目对这类著作的理解，然在编纂《四库全书荟要》时，四库馆臣的认知发生了变化，《四库全书荟要总目提要》载：

> 前史志艺术者条目猥繁，至于博弈杂戏，罔不备载，抑亦鲜所别择矣。孔子言"为之犹贤乎已"，正为"无所用心"者极加针砭，岂徒使游戏之辈得所借口哉？惟夫涉略文艺，可以怡神悦目，涤除俗虑，为益良厚，故曰艺也而进乎道。④

显然，四库馆臣对前代书目"杂艺类"著录"博弈杂戏"的游艺类著作非常不满，并认为只有"可以怡神悦目，涤除俗虑，为益良厚"的"涉略文艺"类图书方可归入"杂艺类"。江庆柏认为四库馆臣在《四库全书荟要》中所表现出来的这一观点，"带有正统卫道者的味道"⑤。姑且抛开是否捍卫正统，单从今天图书分类的标准来看，四库馆臣将"游艺类"与"文艺类"著作区别对待的做法，是具有先进性的。关于"艺术类"类目的设置，《总目》云：

> 古言六书，后明八法，于是字学、书品为二事。左图右史，画亦古义，丹青金碧，渐别为赏鉴一途。衣裳制而纂组巧，饮食造而陆海陈，踵事增华，势有驯致。然均与文史相出入，要为艺事之首也。琴本雅音，旧列乐部，后世俗工拨擫，率造新声，非复《清庙》《生民》之奏，是特一技耳。摹印本六体之一，自汉白玄朱，务矜镌刻，与小学远矣。射义、投壶，载于《戴记》。诸家所述，亦事异礼经，均退列艺术，于义差允。至于谱博奕、谕歌舞，名品纷繁，事皆琐屑，亦并为一类，统曰杂技焉。⑥

---

① 《钦定四库全书总目》，第1563页。
② 刘昫：《旧唐书》卷46《经籍志上》，北京：中华书局，1975年，第2011—2045页。
③ 欧阳修、宋祁：《新唐书》卷59《艺文志三》，北京：中华书局，1975年，第1559—1562页。
④ 江庆柏：《四库全书荟要总目提要》，北京：人民文学出版社，2009年，第342页。
⑤ 江庆柏：《〈四库全书〉子部图书分类研究》，杜泽逊主编《儒家文明论坛(第1期)》，济南：山东人民出版社，2015年，第152页。
⑥ 《钦定四库全书总目》，第1479页。

通观上引，《总目》所设“艺术类”似乎并未汲取《荟要》的观点，而是回到了《存目》“杂艺类”原点，只是将“杂艺类”之名改为“艺术类”，又分书画、琴谱、篆刻、杂技等子目，以便更具包容性。故米芾关于书画史论的《画史》《海岳名言》等著作被四库馆臣类分至艺术类子目“书画”下，也就不难理解了。

(5)《存目》入子部考证类，《总目》改入子部杂家类。如孔平仲《珩璜新论》、黄伯思《东观馀论》、赵叔问《肯綮录》、朱翌《猗觉寮杂记》、王观国《学林》、姚宽《西溪丛语》、龚颐正《芥隐笔记》、吴曾《能改斋漫录》、洪迈《容斋随笔》、赵彦卫《云麓漫抄》、王楙《野客丛书》、孙奕《示儿编》、刘昌诗《芦浦笔记》、王应麟《困学纪闻》、陈郁《藏一话腴》等。

关于《存目》设置“考证类”类目的原因，笔者虽然无法从《存目》本身直接获知，但《四库全书荟要总目》却设有“考证类”，其曰：

郑樵撰《通志》二十略，其一曰《校雠》，斯考证之学所由重也。儒者综贯百家，上下千载，详识其同异得失之故，而断之于心、笔之于书，使心目昭然，不为前人所揜，则可谓善学者矣。明《永乐大典》中敕修《五经大全》，采取《困学纪闻》中说经诸条分载之为考异，而又不著其所出，掠美罔上，荒陋实甚。兹全取应麟书与吴缜《纠缪》之作为一类。或谓缜书有激而作，近于求疵索瘢，不若应麟之抒其心得，是在平心以读之耳。[①]

上述所引，指出了“考证类”类目的性质。虽然《总目》最终并未采纳“考证类”类目，但在“杂家类”下设有“杂考类”子目，引文所见的《困学纪闻》即出现在了《总目》“杂考类”子目下。至于《总目》没有继承《存目》设立“考证类”类目的原因，江庆柏认为“或许因历史上的主流分类法并无这一类目名称，或许‘考证类’这一名称包容性不大，所以最后归并到‘杂家类’这一大类之下了”[②]。笔者倾向于认为：随着学术史的发展，“考证类”类目延展性有限，不足以涵盖此类典籍；相比较而言，“杂考类”名称更具兼容性，故而被四库馆臣纳入《总目》分类体系。

(6)《存目》入史部故事类，《总目》改入史部职官类，如周必大《淳熙玉堂杂记》；或改入史部政书类，如李心传《建炎以来朝野杂记》等。“故事类”类目之名可追溯至《旧唐书・经籍志》，[③]而《旧唐书・经籍志》乙部“故事类”又因循《隋书・经籍志》史部“旧事篇”。《隋书・经籍志》曰：

古者朝廷之政，发号施令，百司奉之，藏于官府，各修其职，守而弗忘。《春秋传》曰“吾视诸故府”，则其事也……晋初，甲令已下，至九百余卷，晋武帝命车骑将军贾充，博引群儒，删采其要，增律十篇。其余不足经远者为法令，施行制度者为令，品式章程者为故事，各还其官府。搢绅之士，撰而录之，遂成篇卷，然亦随代遗失。今据其见存，谓之旧事篇。[④]

---

① 江庆柏：《四库全书荟要总目提要》，第 339 页。
② 江庆柏：《〈四库全书〉子部图书分类研究》，杜泽逊主编《儒家文明论坛（第 1 期）》，第 149—150 页。
③ 刘昫：《旧唐书》卷 46《经籍志上》，第 1987 页。
④ 魏徵：《隋书》卷 33《经籍志二》，北京：中华书局，1973 年，第 967 页。

据此，“品式章程者”是为“故事”。《存目》沿用前代书目所设类目，而四库馆臣又认为“前代官制，史多著录，然其书恒不传”，而“建官为百度之纲，其名品职掌，史志必撮举大凡，足备参考。故本书繁重，反为人所倦观。且惟议政庙堂，乃稽旧典”。“大抵唐宋以来一曹一司之旧事与儆戒训诰之词”，可入“职官类”，该类目下又分“官制”“官箴”二子目，“以稽考掌故，激劝官方”①。而周必大《淳熙玉堂杂记》专记翰林故事，可与《馆阁续录》《容斋随笔》等“互相稽考，南渡后玉堂旧典亦庶几乎厘然具矣”②。因合“一曹一司之旧事”，而改属职官类之“官制”目下。

关于“政书类”类目的设置，《总目》“政书类”小序曰：“志艺文者有故事一类。其间祖宗创法，奕叶慎守者，[是]为一朝之故事；后鉴前师，与时损益者，[是]为前代之故事。史家著录，大抵前代事也。”四库馆臣认为《隋志》载汉武故事、《唐志》载魏徵故事等，“循名误列，义例殊乖”。又考钱溥《秘阁书目》设“政书类”，“谨据以标目，见综括古今之意焉”③。而李心传《建炎以来朝野杂记》分甲乙二集载南宋高、孝、光、宁四朝史事，时间跨度从建炎元年（1127）至嘉泰二年（1202）。此书虽有杂记之名，然体例为会要体。故四库馆臣将其归入政书类通制之属，并加按语云：“纂述掌故，门目多端。其间以一代之书而兼六职之全者，不可分属，今总而汇之，谓之‘通制’。”④

结　语

综上而言，从书目编纂角度看，《存目》对宋人笔记进行分类的同时，对部分笔记传布过程的卷帙篇幅、文字增删等情况进行了简要分析，也就笔记的书名、著者、版本及真伪等问题进行了考订辨析。书名考释方面，如周羽翀《三楚新录》，《存目》言“三楚”者，乃“长沙马殷、武陵周行逢、江陵高季兴据楚地称王者三家也”⑤；佚名撰《五国故事》，书名所及“五国”者，谓“吴杨行密，南唐李昪，蜀王建、孟知祥，汉刘龑，闽王审知也”⑥。著者考订方面，如《北梦琐言》作者孙光宪，《存目》考曰：“《十国春秋》作贵平人，而自题乃称富春。考光宪自序，言生自岷峨，则当为蜀人，其曰富春，盖举郡望也。仕唐为陵州判官，旋依荆南高季兴为从事，以文学知名。后劝高继兴以三州归宋，太祖嘉之，授黄州刺史以终。旧以为五代人，误矣。”⑦《南部新书》作者钱易，《存目》考曰：“旧本卷首题钱后人，盖以《姓谱》载戴氏出钱铿也。易字希白，吴越王钱倧之子。真宗官至翰林学士。”⑧版本考订方面，如司马光《涑水记闻》，《存目》提要虽较《总目》要简略许多，但对

① 《钦定四库全书总目》，第 1058 页。
② 《钦定四库全书总目》，第 1061 页。
③ 《钦定四库全书总目》，第 1076 页。
④ 《钦定四库全书总目》，第 1087 页。
⑤ 江庆柏：《四库全书荟要总目提要》，第 396 页。
⑥ 江庆柏：《四库全书荟要总目提要》，第 397 页。
⑦ 江庆柏：《四库全书荟要总目提要》，第 1029—1030 页。
⑧ 江庆柏：《四库全书荟要总目提要》，第 1032 页。

是书版本作了重要交代，其曰："此书世有二本，一本不分卷，一本作十卷，与《通考》合。"真伪考辨方面，如《仇池笔记》，《存目》辨曰：

> 旧本题宋苏轼撰。疑好事者集其杂帖为之，未必出轼之手著。观下卷"杜甫诗"一条云："杜甫诗固无敌，然自'致远'已下句，甚村陋也。"其为偶阅杜诗，批于"致远终恐泥"句上之语，显然无疑，他可以类推矣。又如"蒸豚诗"一条，记醉僧事，及"解《杜鹃诗》"一条，解杜鹃有无义，亦皆不类轼语，疑并有所附会窜入也。①

作为四库全书馆臣所撰分纂稿的统稿，《存目》不仅是南北七阁《四库全书》书前提要及《四库全书总目》撰成的基石，也完整串起从四库馆臣最初各自撰写的分纂稿至《总目》，使后世学人可以管窥诸种提要彼此之间的关联。四库馆臣对宋人笔记的提要撰写，从最初分纂稿的初步加工，到《存目》的进一步整理，都为《总目》宋人笔记提要的深度凝练奠定了良好基础，也为今人探究四库馆臣对于宋人笔记的学术认知变迁提供了独特视角。虽然《存目》所载宋人笔记提要还存在内容不够精审、文字不够简洁，甚至舛误之处，却难以掩盖《存目》本身所散发出来的深邃的学术光芒，《存目》的学术价值还有待学人深耕发掘。

（原文刊于《河北大学学报》[哲学社会科学版]2020年第4期。）

作者简介：

赵龙（1982— ），男，安徽当涂人，历史学博士，副研究馆员、硕士研究生导师，研究方向为历史文献学、宋代政治制度史。

① 江庆柏：《四库全书荟要总目提要》，第927页。

近代苏南义庄的家族教育

陈　勇

摘　要：近代苏南义庄普遍重视家族教育，其组织方式主要有三种：自办庄塾，助束脩之资，对求学应考者给予经济补贴和奖励。义庄对受助子弟实行严格的考勤及督查制度，具有鲜明的地域和时代特色。至清末废科举、兴学堂，义庄顺应时代变化，扩大助读、施教范围，接受新学制，更新教育内容，开始由传统向近代转型。新式义庄家族教育为苏南教育的近代化及这一地区近代初等教育的发展打下一定基础，对于今天的教育发展与慈善事业也有一定的借鉴意义。

关键词：苏南　义庄　家族教育　庄规　组织管理

家族教育作为传统社会一种教育形式，是以本族子弟为主要教育对象，旨在进行以破蒙扫盲、伦理化育、应试科举或升学为目的的教育。近代苏南地区[①]家族教育十分发达，成为当时基础教育的重要组成部分。家族教育一般由宗祠或义庄负责组织管理，尤其因义庄具有较强的经济能力，庄规严密，管理规范，更具有典型性。目前学术界研究江南家族教育的论著甚多，以往有关族学的研究很少专门关注义庄和族学的关系，而有关义庄的研究，又很少系统探讨其中的家族教育问题，所以对近代苏南地区义庄中的家族教育进行系统、深入的考察确有必要。深入考察义庄家族教育的运作路径、发展状况及近代嬗变，对于管窥近代苏南家族的生活图像，进而透视苏南社会的发展变迁，具有一定的价值。

一、义庄的教育功能与投入

北宋皇祐二年（1050），范仲淹在家乡吴县置义田，建义庄，救恤族人，为义庄之开端。明清

① “苏南”今指江苏省南部地区，但历史上也曾包括今上海地区。从康熙六年（1667）江苏建省制，至1927年，上海地区一直为江苏省所管辖，直到1927年南京国民政府析上海、宝山、嘉定、松江四县置上海市，才从江苏分离出来。考虑到本文涉及上海地区的义庄当时均属江苏辖制范围，故文中所论及的近代“苏南”包括历史上的松江府，特指镇、常、苏、松、太地区，即今天的镇江市、常州市、无锡市、苏州市、上海市及其所辖地区。

以降，义庄之设遍及全国，苏南地区尤为兴盛。冯桂芬称义庄“自明以来，代有仿行之者，而江以南尤盛”。[①] 俞樾也说：“吴中为文正故里，义庄尤盛。余自侨寓姑苏，见搢绅之家，义庄林立。”[②] 据不完全统计，从康熙时期到19世纪末20世纪初，苏、松、常出现的大大小小义庄有200多个。[③] 刘铮云仅就清代苏州府一地进行统计，得出义庄数为167个，[④]范金民则估计“清末苏州实有义庄当在200个之谱”[⑤]。若加上同期镇江府、常州府、松江府的义庄，苏南义庄的实际数量将更为可观。

义庄奉祭祀、赡孤贫、兴教育，旨在为家族发展担当起承继过去、改变现状和创造未来的责任。然而三者相较，其深意所在，仍在“兴学育才”。义庄兴学肇始于范仲淹，“范文正公尝建义宅，置义田、义庄，以收其宗族。又设义学以教，教养咸备，意最近古”[⑥]。范氏义庄、义学对后世家族的兴教模式及宗族制度的发展影响深远。已有研究成果表明，宋元明时期的宗族学校以宋代范氏义学为始，伴随义庄、义田的设置而进行，主要作为新宗族制度形态的一部分存在。[⑦] 清代推行孝治的宗族政策，《圣谕广训》倡导士民“立家庙以荐蒸尝，设家塾以课子弟，置义田以赡贫乏，修族谱以联疏远”[⑧]，将“设家塾”“置义田”作为敦睦族群社会的重要手段，进一步推动了义庄宗族制度和家族教育的发展。林济考察明清苏州地区的宗族社会，发现在其独特的社会发展与文化发展条件下，出现了以义庄宗族为特色的宗族形态与宗族文化。[⑨] 其实，这种现象在近代苏南地区是普遍存在的。清朝中后期，义庄的广泛普及已成为“江南宗族社会中引人注目的现象”，而“作为义庄事业的一部分，常设庄塾于其中，尤其在江苏的江南地区，更是成为风尚”。[⑩] 当时无论是家资未丰的素族之门，还是财力雄富的望姓巨族，都把建义庄、办教育看成家族发展的大事，是振兴家族、保持家族长盛不衰的重要手段。无锡邹鸣鹤记述苏南家族置义田、办义塾的盛况：“人文渊薮之地，士兴于学，民兴于业，义田义塾之设，比比皆是。”[⑪]

近代苏南义庄，田产少则数百亩，多则达数千亩。据潘光旦等土改期间的调查，吴县有义田义庄的家族多至64家，共占有义田78 067亩，平均每个义庄占有千亩有余的土地；常熟县有义田义庄家族共90例，除亩数未详的6例外，其余84例合占义田63 804亩，每1例平均约得近

---

① 冯桂芬：《显志堂稿》卷4《武进盛氏义庄记》，沈云龙编《近代中国史料丛刊续编》第79辑，台北：文海出版社，1981年，第406页。
② 俞樾：《春在堂杂文》三编卷1《镇海李氏养正义庄记》，沈云龙编《近代中国史料丛刊》第42辑，台北：文海出版社，1969年，第480页。
③ 参见冯尔康《论清朝苏南义庄的性质与族权的关系》，《中华文史论丛》1980年第3辑。
④ 参见刘铮云《义庄与城镇——清代苏州府义庄之设立及分布》，《“中央研究院”历史语言研究所集刊论文类编》（历史编·明清卷四），北京：中华书局，2009年，第638页。
⑤ 范金民：《清代苏州宗族义田的发展》，《中国史研究》1995年第3期。
⑥ 牟巘：《义学记》，《范仲淹全集》（下），成都：四川大学出版社，2002年，第1188页。
⑦ 参见常建华《宗族志》，上海：上海人民出版社，1998年，第388、394页。
⑧ 《圣谕广训》，《景印文渊阁四库全书》，台北：台湾商务印书馆1986年影印本，第717册，第594页。
⑨ 参见林济《长江流域的宗族与宗族生活》，武汉：湖北教育出版社，2004年，第118页。
⑩ 韩凝春：《清代江浙族学研究》，张国刚主编《中国社会史评论（第1卷）》，天津：天津古籍出版社，1999年，第80页。
⑪ 邹鸣鹤：《世忠堂文集》卷3《鹅湖华氏家塾文钞序》，同治二年刻本，第32页a。

760 亩，但潘氏认为“总额决不止此”。[①] 再据华东军政委员会、土地改革委员会 1946—1950 年的调查，无锡荡口区的 12 个义庄，占有土地 13 751.6 亩，占全区总田亩(144 368.25 亩)的 9.52%。[②] 雄厚的义庄田产为家族助学兴教提供了强有力的经济支撑。多数家族的教育经费直接从义庄租息中开支，如吴县韩氏义庄，前后置田 2 300 余亩，“以之赡族与劝学”[③]。无锡荡口华老义庄，1934 年义庄租米用诸地方教育 50 石，子孙学杂费 122.13 石，合计占当年支出的 16.1%。[④] 也有家族为保证助学经费不受其他支出影响，专门划出部分庄田充作学田，租息专供族中子弟读书、应试及延师之用。吴县娄关蒋氏义庄“置田三百亩，以赡族中读书子弟”[⑤]。常熟杨氏敦本义庄“别置田一千余亩，专给本支读书应试之费”[⑥]。常熟归氏义庄置“书田千亩有奇”，以助子弟读书之用。[⑦] 同治七年(1868)，武进盛康创办拙园义庄，置义祭田 1 100 余亩，其家室费夫人、王恭人认为“义庄不可无读书田”，遂捐出各自名下田产共 300 亩，“永为盛氏读书田”。[⑧]

苏南义庄兴学形式多样，主要有办庄校、提供学习经费、资助子弟应考费用并给予及第奖励三种形式。经费充裕的义庄多是三者并施，经费较少的一般采用后两种做法。常熟张氏孝友义庄于光绪三十二年(1906)开办孝友初等小学，民国元年(1912)改办高等小学，自民国元年起至十年止共捐银 42 591 元。[⑨] 无锡村前胡氏义庄捐胡氏初级中学暨完全小学，“房屋田地及现金共十八万余元”[⑩]。1931 年，无锡寨门严氏义庄集资 35 830 元，充当严氏小学的办学经费，使这所老校更具规模。[⑪] 长洲彭氏谊庄制订了从启蒙教育到出国留学的全面资助方案：1920 年谊庄决算收入为 6 235 元，在这一年的支出项中，庄校 900 元，津贴学费 714 元，两项合计 1 614 元，占收入的四分之一强；1921 年收入预计为 6 500 元，用于校款的支出为 900 元，用于津贴学费的为 700 元，两项合计共 1 600 元，约占收入的四分之一。[⑫] 从彭氏谊庄经费的分割比例来看，对教育的投入远远超过对族人的赡养开支。广德、溧阳钱氏士青义庄的助学份额更高，占义庄收入的六成，“每年收租除完粮、祭祀、夫马等费外，专备赡给本支贫苦子弟奖学金之用”[⑬]。更有甚者，川沙同本堂义庄统核义庄基本金 5 万元，“而用诸教育义举者，在五分之四以上”[⑭]。当然，

---

① 参见潘光旦、全慰天《苏南土地改革访问记》，北京：生活・读书・新知三联书店，1952 年，第 55、59、64 页。
② 参见陈翰笙、薛暮桥、冯和法编《解放前的中国农村》第 3 辑，北京：中国展望出版社，1989 年，第 336 页。
③ 民国《吴县志》卷 31《公署四・义庄附》，南京：江苏古籍出版社 1991 年影印本，第 473 页。
④ 华东军政委员会土地改革委员会编：《江苏省农村调查》，1952 年内部资料，第 262 页。
⑤ 民国《吴县志》卷 31《公署四・义庄附》，第 471 页。
⑥ 光绪《常昭合志稿》卷 17《善举・义庄》，南京：江苏古籍出版社 1991 年影印本，第 252 页。
⑦ 归令望纂修：常熟《归氏世谱》卷 8《义庄志附》，光绪十四年刻本，第 29 页 a。
⑧ 盛康：《续捐读书田记》，盛文颐主修：武进《龙溪盛氏宗谱》卷 23《义庄录》，民国 32 年木活字本，第 16 页 a。
⑨ 参见《呈大总统请奖张氏孝友义庄匾额文并指令》，《教育公报》1922 年第 5 期，第 4 页。
⑩ 《教育部褒奖捐资学者》，《湖北教育厅公报》1931 年第 9 期，第 6 页。
⑪ 参见谈汗人主编《无锡县志》卷 23《教育》，上海：上海社会科学院出版社，1994 年，第 828 页。
⑫ 参见江庆柏《明清苏南望族文化研究》，南京：南京师范大学出版社，1999 年，第 92 页。
⑬ 钱文选编：《士青义庄录・保管士青义庄委员会细则》，民国 37 年铅印本，第 18 页 a。
⑭ 张志鹤：《为同本堂义庄请奖呈县文》，民国《川沙县志》卷 12《祠祀志・家庙》，上海：上海书店出版社 1991 年影印本，第 250 页。

义庄每年的教育支出比例与义庄规模、田产丰歉程度、族中读书人数的多少、是否办有学校等因素密切相关，各个义庄之间存在一定的差异。据华东军政委员会调查，太湖东山的席义庄，有田926亩，教育开支仅为6石米，占总收入的1.71%、支出的3.03%，而叶义庄有田1 850亩，全年助务本小学250石米，占总收入40%强。①

苏南义庄之所以如此重视家族教育，固然与重文兴教的社会风气分不开，同时也是对族人进行伦理教化的需要。中国传统教育，素本"化民成俗，其必由学""建国君民，教学为先"之理，而达"教化""治化"之目的。如果说义庄给予义米钱粮是对族人身体之救助，那么办庄塾、书院等则是对族人精神之塑造，使其知君臣之义、上下尊卑、父子之序、夫妇之别，成为符合社会伦理规范之人。而让义庄家族倾心教育的根本原因，则在于教育是义庄实现其永续家族繁荣梦想的切实路径。因为教育的首要任务是培养家族人才，而人才是家族兴旺发达的根本。在传统社会，人才的标准就是科举仕进。一旦家族子弟科举及第，不仅自身的命运得到改变，整个家族的社会地位也会随之提高，家族的发展就会走向良性循环。义庄给予义米钱粮并不能保证贫穷族人永久衣食无虞、赡养是济，教育才是久远之图。王鸣盛在《王氏宗祠碑记》中说："义庄之设，合族之贫者日给以米，赡其身焉，俾无饥而止耳。然而立国以养人才为本，教家何独不然？今合族子弟而教之，他日有发名成业，起为卿大夫者，俾族得所庇庥，则无义庄而有义庄也。"②黄炎培在川沙《同本堂义庄记》中指出："夫不教而养，曷若教之使自养？能自养，则子孙愈繁，其生产以互助而愈大。"③他们都肯定了苏南家族奉行"教"重于"赡"这一教育理念。即义庄之设，不仅仅在于"专祭祀而恤宗族"，更重要的在于兴学育才。唯有如此，才能实现其收族、保族的根本目的。

二、家族教育的组织与管理

苏南义庄组织家族教育的主要方式，或自办庄塾，延师以课子弟，或助子弟束脩之资，使其自行从师。此外，对求学应考子弟，义庄还通过经济上的补贴和奖励，激励他们树立读书向上之心。义庄管理庄塾的日常教学，对受助子弟实行严格的考勤及督查制度，庄规严密，奖惩分明，对家族教育实行有效的管理和运作。

（一）义庄对家族教育的组织

义庄族学一般为培养子弟破蒙识字、粗识文义、知晓伦常，从而为以后习业或科考做准备，学制上多呈蒙学状态。然而近代苏南义庄培养家族人才的最高目标是科举及第或升学入仕。因此，有条件的义庄，多建有经、蒙二馆，实行经学、蒙学两段式教育。经馆或书院着重于举业训

① 参见华东军政委员会土地改革委员会编《江苏省农村调查》，第257页。
② 光绪《青浦县志》卷3《建置·坛庙》，上海：上海书店出版社1991年影印本，第84页。
③ 民国《川沙县志》卷12《祠祀志·家庙》，第251页。

练。吴县陈氏义庄家塾，“先开两斋，曰经塾、曰蒙塾”[①]。宜兴陈氏义塾延请三位塾师，“一训蒙，一教经，一诲作诗文”，基础教育和科考并重，希冀子孙“庶几文章华国，诗礼传家，先世之簪缨可勿替尔”。[②] 龙溪盛氏在建义庄之前，宗祠义学仅有蒙师。光绪壬午年，盛氏在拙园义庄之东建人范书院，选拔族中俊秀子弟，延聘品学兼优之师为之讲授，希望子弟“刻励奋兴，咸归于范。其处也，束脩自好，砥砺廉隅，不失为读书种子；其出也，通经致用，显亲扬名，为宗族光宠”[③]。

有了庄塾，还需延聘优秀教师，才能培养造就家族人才。义庄遴选塾师，对其德行、声望、学问均有很高要求。苏州陆氏认为“子弟一生成败，悉系于训蒙之师”，相信“师道立则善人多”，故对延师之事尤为慎重，“必求人品端方学问通彻者，以礼延之，为诸弟子表率”。[④] 常熟归氏对塾师的名望甚是在意，“务延宿学有望乡先生主席于家”[⑤]。武进盛氏对教师的性情、敬业精神有所考虑，“凡延师，务择耐性坐定，屏除一切应酬者，方与幼学有益”[⑥]。宜兴陈氏择师标准则是德大于才，认为“塾师宜请品行端方之士，一步一趋皆足为后生取法，子弟始能受益，至于浮华之士，虽文章美富不必延之”[⑦]。

除办学外，义庄还采用资学、助考和奖优的方式，为本族贫寒孤苦子弟提供读书、应试或游学经费，支持和鼓励他们走仕进之路。义庄提供的助学经费主要包括束脩、膏火、游学津贴等项。束脩是学生付给教师的薪水报酬，即后来新式学校的学费。入庄塾者由义庄径送塾师，学生免费入塾；未设庄塾或读书子弟离塾较远者，可到义庄申领经费，就近入学。如常熟邹氏“族中无力读书者，自膳至塾就读”，“远居者每年给束脩银三两，听便从师”。[⑧] 义庄给予学费补助，一般根据子弟入读学校的级别而定。苏州鲍氏义庄规定：“初小学时每一学期补助银四元，高小每一学期补助银八元，中学每一学期补助银十六元。如升学日高，随时量定贴补。”[⑨]膏火是义庄发给十五六岁以上孤苦贫寒子弟的习举业读书补助。对于家族中的“读书种子”，义庄会格外培植。吴中叶氏对“十六岁以上真能刻苦向学者，加给膏火钱二千四百文”[⑩]，具有明显的选拔资助意味。而苏州延陵义庄“至十六岁以上，有志功名从师肄业者，每年给膏火七十制钱六两”的规定更为直白，[⑪]膏火是给有志科举者的。

---

① 民国《吴县志》卷31《公署四·义庄附》，第468页。
② 陈荷莲主修：宜兴《陈氏宗谱》卷3《义塾规条》，光绪二十四年木活字本，第4页a、5页b。
③ 盛康：《人范书院记》，盛文颐主修：《龙溪盛氏宗谱》卷23，第42页a。
④ 陆锦赒等纂修：苏州《陆氏葑门支谱》卷13《庄塾规条》，光绪十四年刻本，第61页b。
⑤ 归衔：《书田规条后记》，归令望纂修《归氏世谱》卷8《义庄志附》，第38页a。
⑥ 盛文颐主修：《龙溪盛氏宗谱》卷23《现行事宜》，第6页a。
⑦ 陈荷莲主修：《陈氏宗谱》卷3《义塾规条》，第4页b。
⑧ 《常熟邹氏隆志堂义庄规条》，王国平、唐力行主编《明清以来苏州社会史碑刻集》，苏州：苏州大学出版社，1998年，第232页。
⑨ 《传德义庄规条》，王国平、唐力行主编《明清以来苏州社会史碑刻集》，第274页。
⑩ 叶德辉等纂修：《吴中叶氏族谱》卷63《赡族规条》，第65页a。
⑪ 《延陵义庄规条》，王国平、唐力行主编《明清以来苏州社会史碑刻集》，第277页。

科举时代由于交通不便、路途遥远，应试对于贫苦子弟而言实非易事，所以义庄把助考事宜作为家族教育中的一项重要内容。多数义庄的此项资助面向所有应考子弟，其中包含浓厚的奖赏成分，以示劝学。考费资助一般包括路费、卷资等项开支。如武进盛氏"院试给卷资"①，苏州东汇潘氏发"乡试路费四两，会试路费八两"②。但多数义庄并不细分条目，只笼统规定县试、府试、院试、入泮、乡试、会试、殿试等给钱多少。汪氏耕荫义庄规定"应县府试各给考费制钱一两，院试给制钱二两，岁科试给制钱二两，乡试给制钱八两，会试给制钱三十两"③。潘氏松鳞义庄在废科举后，对助考一项还进行相应的改革。据《大阜潘氏支谱》载，"应试旧有考费，试而获售，又有奖励之费。今科举已停，亦应酌量变通。如应考外郡外省中学以上之官立学堂，外郡照五贡给钱六千文，外省照乡试给钱十千文"，"如咨送京师大学堂，照北闱乡试给钱二十千文"，"如咨送出洋游学，东洋照会试给钱三十千文，西洋照会试加三之一，给钱四十千文"，④表现出无论社会怎样变迁，重教之志不变的文化望族风范。

同助学、助考相对应，义庄还通过丰厚的奖赏来激励子弟，措施主要有文会、月课的花红及获取各级功名后的奖赏等。汪氏耕荫义庄季月望日在庄中考课，"作文者首名给制钱二百文，二名给一百五十文，三名给一百文。读书者首名给一百四十文，二名给一百文，三名给六十文"。应试奖励也不薄，"凡入泮者奖给制钱四两，乡试中式奖给制钱十六两，会试中式奖给制钱三十两，殿试奖给制钱三十两，恩拔副优岁贡奖给制钱八两"。⑤ 江庆柏曾对苏南望族的助学经费作过估算，认为每年资助每名子弟的经费约相当于一个雇农的半年收入，或相当于一人全年所需的口粮，有的家族可能还要高于此。⑥ 若再加上科举及第的丰厚奖励，一个潜心读书的士子，可没有任何经济顾虑。如此看来，明清苏南地区之所以成为"人文渊薮""学甲天下"之衢，也就不难理解了。

苏南义庄的旧式族学，一般是为族中贫寒而无力延师之子弟所设，也有少数惠及邻里和姻亲子弟。对享受免费教育或助学经费的子弟，义庄均有一定的年龄、家庭条件和亲疏关系等方面的条件限制。

首先，在年龄方面，义庄家族子弟的破蒙年龄多在六到九岁之间，到十五六岁时应出塾习业。丹徒倪氏规定："凡族姓子弟年六岁以上无力读书者，准其父兄家长送塾肄业。"学生限十六岁出学谋生，"如其资质聪颖可期造就者，或留塾，或附他校"。⑦ 葑门陆氏也有相似的庄规："自

① 盛文颐主修：《龙溪盛氏宗谱》卷23《应行未行事宜》，第5页b。
② 潘绍膺纂修：苏州《东汇潘氏族谱》卷6《荥阳义庄规条》，光绪十九年刻本，第4页b。
③ 汪体椿等纂修：《吴趋汪氏支谱》卷末《平阳汪氏耕荫义庄赡族规条》，宣统二年木活字本，第10页b。
④ 潘家元纂修：苏州《大阜潘氏支谱》附编卷2《松鳞庄续订规条》，民国16年铅印本，第23页。
⑤ 汪体椿等纂修：《吴趋汪氏支谱》卷末《平阳汪氏耕荫义庄续定赡族规条》《平阳汪氏耕荫义庄赡族规条》，第30页a、11页a。
⑥ 参见江庆柏《明清苏南望族文化研究》，第95页。
⑦ 倪思九主修：《丹徒倪氏族谱》卷6《家塾规条》，民国12年刻本，第3页a、第6页a。

九岁至十五岁均可入塾。若十六岁以后，有可造之材，务为竭力成全。”[①]一般而言，义庄是把庄塾教育作为家族的义务教育对待的，等就学子弟到了十五六岁时，再从中筛选出读书种子，予以特别培养，这类似于今天的“精英教育”。可见，庄塾一般把普遍资助对象的年龄上限定在十五六岁，但资质聪颖有望及第或升学者不受此限，义庄会予以特别培植或资助。

其次，义庄的资助对象多为家庭贫寒、无力延师的宗族子弟。太仓王氏“族中寒苦子弟无力从师读书者，父兄报庄注册”，每年由义庄供给束脩费用。[②] 常熟席氏“贫族无力延师者，悉听入塾教读”[③]。而昭文俞氏、常熟顾氏义庄“设义塾以课本族子弟”[④]。与前面诸庄相比，恬庄杨氏则显出不同气象。杨氏建塾较早，在乾隆癸巳设义学于道院，乾隆己亥又另设学于杨氏宗祠，“族中子弟入焉，而义学如故”。二学之用，“俱取给义庄田中”。而先设的义学的教育对象为“里中无力攻书子弟”，宗祠之学则为“族中无力读书者”而设。[⑤] 可见，义庄的资助对象也有少数情况延及无力读书的姻亲或邻里子弟。

当然，苏南义庄对子弟教育的资助同赡养孤贫一样，强调嫡系优先兼及远疏的原则。义庄初建之时，一般只资助建庄者后裔或其高祖以下子姓。无锡杨氏称“义庄之设原为赡族，而亲亲之谊尤为特重，必有加惠，庶得远近亲疏之别”，因而对其建庄支下五服以内子孙，“另贴考试等费”。[⑥] 无锡高氏义庄对族中无力读书者，资助其到高小毕业为止，但“本支英俊子弟愿入中学或专门各校肄业有志乏力者，由义庄酌加津贴”[⑦]。“本支”指的就是建庄者后裔支派，其余则为支外宗族子弟。义庄是宗法遗意的产物，赡济事宜强调服差支派之别，自有其局限性，但其在近代演进过程中，还是有向疏远延伸的趋势，具有社会性慈善的一面。伴随新学的兴起，此种趋势日益显著。

（二）对家族教育的管理

无论是对庄塾内的生童，还是在族外就学子弟，义庄都有一套完整而严密的管理体系。庄塾的日常教学由义庄委派司事管理，庄正负有监管之责。吴江施氏庄塾一切事务“即由司帐兼任，不设管学，以节经费”[⑧]。嘉定曾氏“塾中各项事宜由庄长另派监塾一人专管”，此外，每月朔望，庄长亲自到塾稽察，“既联宾主之情，复考诸生之业”。[⑨]

作为子弟读书之地，“家塾务宜清净”。为不使诸生分心外驰，庄祠严格限制外人进入塾屋，

---

① 陆锦瞯等纂修：《陆氏葑门支谱》卷13《庄塾规条》，第61页b。
② 王寿慈纂修：太仓《太原王氏宗谱》卷6《二原庄祠规条》，民国6年稿本，第12页b。
③ 席彬纂修：常熟《席氏世谱载记》卷12《义庄规条》，光绪七年木活字本，第3页a。
④ 光绪《常昭合志稿》卷17《善举·义庄》，第253、256页。
⑤ 参见杨希淓《恬庄小识》，扬州：广陵书社，2007年，第85、90、92页。
⑥ 《无锡杨氏义庄赡族规条》，清末稿本，第3页a。
⑦ 高鼎业纂修：武进《高氏大统宗谱》卷1《续议义庄规则》，民国15年铅印本，第2页b。
⑧ 施则敬等编：《吴江施氏义庄汇录》，民国5年铅印本，第6页b。
⑨ 嘉定《曾氏瑞芝义庄全案》卷下《义塾规条》，光绪二十六年义庄藏版，第1页。

力求为子弟营造良好的学习环境。如亲属有事探望在塾肄业子弟，“须先通知司事告知塾师方可出见，不得率意进塾言谈，致碍塾规”。即便是司事和塾师也受到一定约束，“司事无故亦不得辄入，若塾师亲友往来，应于课毕另室接谈，并不得耽误课读”。[①] 对庄塾中的学生，义庄制订了严格的考勤制度和庄塾纪律。学生旷课、逃学，庄规处罚甚严。即便请假，也是在非常特殊的情况下才会得到允许。如果学生惰学不堪教化，庄祠将丝毫不留情面，予以斥退或停发资助。葑门陆氏庄塾对“不帅教之徒，一经察出，饬令在香案前罚跪一炷香，严申训诫”[②]。丹徒倪氏对受学子弟请假规定得近乎苛刻，只在“遇有父母疾病或死丧及不得已事故，经家庭通知司事陈明塾师，准与假归并限定时日，其余亲友庆吊，概不得令学生出任应酬”[③]。

为使助学、助考经费落到实处，苏南家族的庄规都制定相应的后续监管措施。大阜潘氏由于历年贴费助子弟读书“未见实效”，决定学龄子弟“均由各支总查明，令择师附学，据实具报，给与领据，按六节支付，全送塾师，不得留存别用”。[④] 张氏孝友义庄对发给束脩、膏火之资的子弟，“不从师者停给，二十岁不赴院试者停给，无故不赴试及三十岁不入泮者停给”[⑤]，以示惩诫。对于领钱而不读书、领费而不赴考者，几乎所有义庄都制定了严厉的处罚措施。润东刘氏规定：“倘领贴学之资而游戏如故，俟查确，不独贴资停给，即月支赡恤亦从此罚停。”[⑥]无锡高氏义庄对“已领而不赴试者”，令其“将费缴还，不缴者簿上注明，永远不给”。[⑦] 科举废止后，义庄家族的教育资助主要集中在助学上。义庄以子弟每学期的成绩单或赴庄考试的成绩作为领取学费及奖励的条件，对于接受高等教育或留学海外的子弟，则要求必须以按期毕业甚至取得学位作为资助资格。嘉定练西黄氏规定读中学以下子女，每学期要到庄祠进行学业实验，“实验时每次奖金之额以银十圆为度”，但“不应学业实验至二次者，停给补助金”。[⑧] 大阜潘氏要求获得学士、硕士和博士学位者“当将证书送验发还”[⑨]。无锡蔡氏义庄规定得更为周详：“凡中学大学补助费，分两期各于年暑假后学期开始时支给，中学生须提示上学期之学校正式成绩报告单，大学生须提示学校证明书，必及格升级方得领取，如总平均不满六十分或本学期所选各课程有四分之一不及格者，均停止补助，继续两年不进级者，永远停止。留学外国者，每学年一次支给，于额定年限内责其报告学业。”[⑩]显然，黄氏、潘氏和蔡氏义庄已把奖优融于助学之中。

义庄资助族外就学的子弟，平时主要通过房长或支总进行管教。为及时掌握子弟的学业情况，同时也为选拔“读书种子”并加以时时激励，科举废除前的苏南义庄流行文会、月课制度。所

---

① 倪思九主修：《丹徒倪氏族谱》卷6《家塾规条》，第5页a。
② 陆锦瞤等纂修：《陆氏葑门支谱》卷13《庄塾规条》，第60页b。
③ 倪思九主修：《丹徒倪氏族谱》卷6《家塾规条》，第4—5页。
④ 潘家元纂修：《大阜潘氏支谱》附编卷2《松鳞庄增定规条》，第11页a。
⑤ 张汝南纂修：常熟《清河张氏支谱》，“开办庄规”，不分卷，民国20年铅印本，第1页b。
⑥ 刘志勤等纂修：润州《润东顺江洲刘氏重修族谱》卷3《义庄事略》，民国4年木活字本，第38页a。
⑦ 高鼎业纂修：《高氏大统宗谱》卷1《义庄规条》，第2—3页。
⑧ 黄守恒纂修：嘉定《练西黄氏宗谱》卷13《义田志》，民国4年铅印本，第30页a。
⑨ 潘家元纂修：《大阜潘氏支谱》附编卷2《松鳞庄续订规条》，第25页a。
⑩ 蔡樾纂修：无锡《蔡氏蓉湖支谱》卷9《义庄津贴学费简章》，民国20年念修堂铅印本，第35页b。

谓文会就是在大小试年，每月在庄祠中举行一次对本族准备应试子弟的科举模考。武进盛氏“凡大小试年分，院内每月举会文课，先期邀订，辰集酉散，掌庄出题。备中饭四簋，早晚点各一次。穷日之力，课以一文一诗，不准给烛，次日将课卷送耆宿评定甲乙，优者酌与花红”①。这是一项有针对性的举业应试训练，因实效性强，备受义庄家族的推崇。葑门陆氏称：“生今之世，时文岂可忽哉！士既身列胶庠，尤当志存上达。今义庄内于每月朔望订集宗支长幼，举行文社。”②同治庚午年，大阜潘氏将庄中大小试年按月举行的会课制改为“每年每月举行”，自光绪丁丑年始，潘氏又“延请名师到庄，每月三期，讲贯竟日”。③

相对文会而言，查课督学的形式更为普遍。它是面向族内所有生童的，一般在每年的春秋祭日或仲月朔日定期举行。有的义庄查课按月进行，称之为月课。义庄根据生童平日所学，由掌庄出题考核，优者酌与花红，目的是督查学业，并作为给发学习资助的依据。武进盛氏“每逢春秋祭日，支总带领本支学徒，并携所读之书，赴庄试以背诵、写字、作文，优者加奖。如实系可造者，再酌加修金，冀得日新之益。其学业荒落及规避不到者，停减贴费”④。大阜潘氏起初是每仲月朔日在庄中查课，对那些远居子弟，要求“支总以时督查，不限何月朔望，每年两次到庄查课候奖”。光绪十一年(1885)，潘氏认为“按季一查，尚嫌疏旷”，“改为每月朔日”，庄中“分别查课，登记课程册”，其远在乡塾者，“由各支总随时督查，每逢仲月朔日，到庄听候一同查课”。⑤不过，无论文会还是月课，都具有强制性，受助子弟必须参加，无故不到就会被停减贴费甚至取消资助资格。随着科举制的废除，文会制度遂成历史陈迹，但查课督学形式仍被一些义庄家族保留下来。

三、家族教育的近代化递嬗

鸦片战争后，随着国内外形势的巨变，传统教育越来越不能适应社会形势，改革传统教育、发展新式教育渐成朝野共识。戊戌维新期间，光绪帝下令各省府厅州县的大小书院一律改为兼习中学、西学之学堂，废除八股，改试策论。1902 年，清政府颁布《钦定学堂章程》，第二年又颁布《奏定学堂章程》。1905 年，清政府下诏“自丙午科始，停止各省乡、会试及岁、科试”⑥，科举制度遂成为历史陈迹。

科举入仕原本是苏南义庄开展家族教育所追求的主要目标，然而科举制的废除切断了义庄扶助子弟读书仕进的阶梯，在“世变日新，竞吞益急”的新形势下，受商业浪潮冲击最早的苏南地

---

① 盛文颐主修：《龙溪盛氏宗谱》卷 23《拙园义庄增定规条》，第 36 页。
② 陆锦瞷等纂修：《陆氏葑门支谱》卷 13《会课规条》，第 56 页 a。
③ 潘家元纂修：《大阜潘氏支谱》附编卷 2《松鳞庄续定规条》，第 19 页 a。
④ 盛文颐主修：《龙溪盛氏宗谱》卷 23《拙园义庄增定规条》，第 33 页 a。
⑤ 潘家元纂修：《大阜潘氏支谱》附编卷 2《松鳞庄增定规条》《松鳞庄续定规条》，第 11、19 页。
⑥ 赵尔巽等撰：《清史稿》卷 107《选举志二》，北京：中华书局，1977 年，第 3135 页。

区，越来越多的义庄家族逐步走向开放，把兴办新式学堂，或资助子弟接受新式教育，甚至出国留学，作为家族教育新的追求目标。有学者指出："得风气之先的江浙大部分地区，在清末民初就迅速接受并采纳了新的教育思想，以引人注目的进度和包容度推广了新式教育体制。族学的变易和发展，是其中卓有成效的篇章。"[①]比较而言，苏南义庄家族因经济实力雄厚，重教意识强烈，由传统的家族教育向近代新式教育的转变较其他家族要快得多，建立的新式学校也多于其他地区。见下表：

表1　晚清光、宣之际苏南义庄创办新式学校情况

校　名	创办时间	校　址	提供经费的义庄	资料来源
育材中西义塾	1896年	上海县大东门	王氏义庄	《续修王氏家谱》卷5
瑞芝中西义塾	1899年	嘉定西门外	曾氏瑞芝义庄	《曾氏瑞芝义庄全案》
承志学堂	1900年	无锡北坊前	倪氏义庄	《无锡县志》卷23
严氏私立经正小学校	1902年	无锡寨门	严氏义庄	《无锡县志》卷23
胡氏公学	1902年	无锡堰桥	胡氏义庄	《无锡县志》卷23
私立彭氏两等小学堂	1903年	吴县十全街	彭氏谊庄	民国《吴县志》卷28
养蒙小学	开办时间不详，1904年停办	吴县黄鹂坊	陈氏义庄	民国《吴县志》卷28
私立果育两等学堂	1905年	无锡荡口镇	华氏义庄	《无锡县志》卷23
观善小学	1905年	东张市	王氏义庄	《重修常昭合志》卷9《学校志》
孝友初等小学	1906年	常熟旱北门内居儒街	张氏孝友义庄	《教育公报》1922年第5期
私立培养两等小学堂	1906年	吴县黄鹂坊	陈氏义庄	民国《吴县志》卷28
济阳小学	1906年	无锡淘沙巷	蔡氏义庄	《蔡氏蓉湖支谱》卷9
秦氏公学	1906年	无锡城中六箭河	秦氏义庄	《锡山秦氏宗谱》卷首下

① 韩凝春：《清末民初学制变革中的江浙族学》，《天津师大学报》1996年第6期。

续 表

校　名	创办时间	校　址	提供经费的义庄	资料来源
人范初等小学堂	1906年	武进河路湾	盛氏拙园义庄	上海图书馆盛宣怀档案：091011－3
沈氏两等小学堂	1907年	周庄镇后港	沈氏义庄	民国《吴县志》卷28
私立松鳞两等小学堂	1907年	元和县悬桥巷	潘氏松鳞义庄	民国《吴县志》卷28
汪耕荫初等小学堂	1908年	郡庙西斑竹巷	汪氏耕荫义庄	民国《吴县志》卷28
又新小学	1908年	荡口七房桥村	钱氏怀海等三所义庄	钱穆《八十忆双亲·师友杂忆》
知新学校	光绪年间	黄埭镇	周义庄、范义庄、尤义庄	《黄埭志》卷3
胡氏学堂	光绪年间	堰桥镇	胡氏义庄	《江苏省农村调查》，第249页
谊育小学	1909年	陈埭桥	邹氏义庄	《重修常昭合志》卷9《学校志》
茀江小学	1909年	白茆新市	陆氏义庄	《重修常昭合志》卷9《学校志》
钱氏私立崇义小学	1909年	金山县钱圩镇	万裕义庄	《金山县教育月刊》，1929年第11期
杨氏小学	1910年	田庄	杨氏义庄	《重修常昭合志》卷9《学校志》
简易识字学塾（两所）	宣统年间	黄埭镇、浒关镇	吴氏义庄	《黄埭志》卷3

上表所列25例义庄新式学校，其中9例建于清末废科举之前，16例紧随其后，也在民国成立之先。辉煌的家族科举史并未成为苏南望族教育转型难以逾越的藩篱，相反，正因他们拥有较优越的政治、经济、文化地位，视野开阔，最先涉足新学。上海附贡生候选州判王维泰，1896年在王氏宗祠开办"育材中西义塾"，[①]这是上海最早的民办新式中学堂，时人称"国中以私人设

① 1895年王维泰在松江创办中西学塾，第二年迁至上海大东门王氏宗祠内，取名"育材中西义塾"。1901年，育材中西义塾改名为上海王氏育材学堂。1904年，更名为民立南洋中学堂，即今之上海南洋中学。

立中西学校陶冶人才者，公实为之始”[①]。上海著名商绅曾铸紧随其后，于1899年在嘉定创办瑞芝中西义塾。1900年无锡北坊前倪氏义庄开办的承志学堂，则成为锡金乡区开办学堂之始。[②]两年后，无锡举人严毓芬等“鉴于私塾之不良”，在家塾的基础上创办了严氏经正学堂。同年，从日本留学归国的胡雨人与其兄在堰桥创办胡氏公学。1905年，无锡荡口华家由义庄出资创办私立果育两等学堂，是清末无锡乡间一所著名的新式学堂，后来为纪念学校的创办人老校主华鸿模，改名为“鸿模学校”。果育学校设在一座华氏祠堂内，分高、初两级。钱穆的哥哥钱挚入高级小学一年级，他则入初级小学一年级，在果育小学读了4年书。[③] 据统计，1902年全国仅有16所私立学堂，其中江苏14所，苏南占11所，浙江、湖南各1所。[④] 这些数字表明，在全国地方兴办新式学校的浪潮中，苏南义庄家族开风气之先，走在时代前列。

在急剧变革的清末民初，那些经历欧风美雨洗礼且思想开明的士绅，或既受旧学熏染又已接受新式教育的家族精英，在民族危机的压力与谋求家族发展的动力驱使下，教育观念逐步发生改变，成为倡办新式教育的开风气者。在他们推动下，苏南义庄家族顺应时代潮流，逐步扩大助读、施教范围，改造旧式族学，接受新学制，更新教育内容，进行教育组织和管理方式的变革，使家族教育逐步融入国民教育之中。

（一）家族教育的社会化嬗变

传统家族教育和近代社会化教育的根本区别在于：前者奉行宗法原则，以造就家族人才为最高目标；后者奉行开放性原则，以满足人的受教育权、培养近代社会新型人才为宗旨。晚清以降，部分义庄开始将教育赡助范围由本族向乡里姻亲子弟扩展，有的还惠及家族中的女性，办学规模不断扩大，甚至辐射周边地区，初步具有近代教育慈善和社会化教育的内涵。

道光二十七年(1847)，上海王氏置义庄恤宗族，并拟用义庄余租“增设义塾，课族中子弟读书上进”[⑤]。后因庄款无多，事业未成。晚清之际，列强掀起瓜分狂潮。王维泰“目见政界种种败征，遂决意倡导青年摒时文，讲实学，兼习外国语言文字，为他日出身救国张本”[⑥]。经过族中长者公议，决定在“省园中”设“中西义塾，先尽族人，次及外客”。塾设二蒙馆、二经馆、二西馆，“以班次分，犹经蒙之递进也”，目的在于培养贯通中西的新式人才。光绪丁酉年(1897)春，中西义塾开塾，“四方来者，讲舍为塞”。王氏“再就园中退息山庄改建洋楼七楹，添请名师，广设学

---

① 许苏民：《未叟王公墓志铭》，王师曾纂修(上海)《续修王氏家谱》卷2《世传》，民国13年铅印本，第50页a。

② 参见无锡县教育局编纂《无锡县教育志》，上海：上海科学技术文献出版社，1992年，第37页。

③ 钱穆在《师友杂忆》中说：“无锡一县在江南开风气之先，如俟实东林两学校，远在前清光绪戊戌政变前，为全国地方兴办新式学校之开始。规模皆极宏伟，科学仪器亦极齐备。皆由地方人士私赀兴办。但戊戌后，两校皆遭毁，否则亦它日之南开也。然风气已开，即余之幼年，早获投入新式小学读书，亦受此风气之赐。”钱穆：《八十忆双亲・师友杂忆》，北京：生活・读书・新知三联书店，1998年，第269页。

④ 参见光绪三十三年学部总务司编《第一次教育统计图表》，沈云龙编《近代中国史料丛刊三编》第10辑，台北：文海出版社，1986年，第37—38、484页。

⑤ 王师曾纂修：上海《续修王氏家谱》卷5《世产・义庄规条》，第6页a。

⑥ 王植善：《叔考柳生公行状》，上海《续修王氏家谱》卷2《世传》，第47页a。

额，以餍众望”。王氏希冀塾中学生“他日学有成效，由官长咨送大学堂，考验用备折冲御侮之选，其有补自强大计非浅鲜矣”。[①] 王氏能将家族办学与国家富强和民族命运相结合，表现出强烈的社会责任意识，其视野已远非昔日族学可比。

嘉定曾氏不仅将教育对象扩大到异姓，还专门设学教授佃户子弟。光绪二十五年(1899)，曾铸“因时制宜”，“于庄屋中特设瑞芝中西义塾”，“以培俊异之材”。除施教本宗子弟外，“有余额许外姓子弟之聪颖者附读”。尤值称道的是对于耕种庄田的佃户子弟，义庄在“各田庄分设蒙学堂五、六所，延师授读”，“凡佃户子弟来读者，愿贴修金多寡不计，无力不出者听。如子弟中有资质可造者，由师挑送本庄中西义塾，以示鼓励，而培人材”。[②] 曾氏此举固然有优顾佃户，使之安业之意，但推广教育、引领风气之功实难抹杀。

锡山秦氏将庄塾改为公学，由培养家族仕进人才转向“作育新民”。秦氏义庄乾隆年间就有书塾，光绪三十二年(1906)改办公学。秦毓钧《公学因革记》记录了这一转变过程。该文云：“世变风移，西学东来，苏省当瀛海之冲，邑人群以兴学为亟。牧卿五叔知非蹈常袭故所能作育新民……因时制宜，改设公学。”[③]秦氏之言说明书塾改为公学既是时势变迁、西学东渐的结果，更是“作育新民”的时代需要，反映了苏南义庄对家族教育进行自我调适的能力在不断增强。

无锡荡口华氏、武进盛氏的义庄学校，不仅造就本族子弟，还满足乡里乃至周边地区求学者的需要，并对异姓贫寒子弟一体施与救助，从为宗族育材转向为社会育材。光绪年间，荡口华芬远创建华芬义庄，开办怀芬书屋，为华氏子女提供教育场所。其子华耕乐扩大书屋规模，更名为耕余书塾，兼收镇上外族子女免费入读。光绪三十一年(1905)，华鸿模在耕余书塾原址创办私立果育两等学堂，生源来自周边地区，学生入学不收学费，免费供给住宿，并设立奖学金，考入高一级学校的学生，可凭录取通知书去新义庄领取学杂费。义庄除提供华氏子弟留学的全部费用外，外姓优秀学生的留学费用，经华芬庄主华绎芬同意，也如数发给。[④] 历史学家钱穆、科学家钱伟长之父钱挚曾受惠就读该校。盛氏人范小学，到抗战前学校拥有初级、高级班及幼儿园，共有500多名学生。不仅盛氏清寒子弟免费入学，供膳宿，并提供进入高一级学校的助学金，外姓学生，如家境困难，经家长申请、级任老师批准，学费也可半免或全免。[⑤]

义庄设立女学或资助家族女子读书，则表明苏南家族教育的开放性进一步增强。无锡村前胡氏鉴于国家动荡不安无意办学，胡壹脩、胡雨人兄弟借家族义庄之力于1902年创办胡氏公学，并设立女子部，兴无锡女学之首。[⑥] 荡口华氏也建有鹅湖女校，以满足女子求学的需求。长洲彭氏1903年改庄塾为私立彭氏两等小学堂，“兼收外姓学生”，提出了“男女平权”的口号。彭

① 王维泰：《育材书塾初定章程序》，上海《续修王氏家谱》卷5《世产》，第19页a。
② 嘉定《曾氏瑞芝义庄全案》卷下《义塾规条》，第7页b。
③ 秦毓钧：《公学因革记》，秦涌涛等修：《锡山秦氏宗谱》卷首下，1928年木活字印本，第75页a。
④ 参见黄振源《果育学堂和鸿模高等小学》，《无锡县文史资料》第6辑，1988年，第37、40页。
⑤ 参见盛景馥、郁静之《人范小学校史之回忆》，《常州文史资料》第6辑，1986年，第107页。
⑥ 参见胡琰《从胡氏公学到堰桥中学》，《无锡县文史资料》第1辑，1984年，第51页；《胡壹脩先生记略》，《无锡县文史资料》第8辑，1990年，第66页。

氏认为女子“同为子弟应一视同仁支给学费”，但鉴于庄款有限，若概照男子支给，恐力有不逮，“公议女子以高小学卒业为限，比照男生一律支给学费”，视“女生以具有普通学识为本庄应尽之义务”，[①]彰显了义庄家族社会观念的进步。

传统的义庄族学多附设庄祠内，一般规模不大，有名额限制，多在5人以上20人以内。[②] 废科举后，新式义庄学校招生范围、办学规模不断扩大，逐渐打破原有的限制。1902年无锡严氏在其庄祠内建立经正学堂，初仅为一“六七蒙童咿唔”之书塾，到1922年已具备“学级由初等而高等，学生由二十而二百”的规模，学生来自无锡、江阴、宜兴、武进、上海等地。[③] 私立彭氏两等小学堂“学生百余人，分甲乙丙丁等班”[④]，除本地生源外，还有无锡、泰县、江宁、宿迁、太仓、嘉定甚至湖南、浙江的学生。[⑤] 鸿模高等小学共有五个班级，即预科一班，一至四年级各一班，学生近200人，施教区域波及本县的杨尖、严家桥、安镇、洪声、后宅、硕放、甘露和常熟的相城、洞港泾，以及江阴的顾山，吴县的南桥、北桥等地。[⑥] 无锡私立蔡氏小学系完全小学，“男女兼收，分六级”，到1927年时，“在校学生约320人”。[⑦] 而无锡胡氏公学鼎盛时学生竟多达“一千多名，且有很多寄宿生，房屋有六十多间”[⑧]。从新式义庄学校招生规模、施济范围的扩大化可以看出，近代苏南义庄狭隘的宗法意识在逐渐削弱，家族教育由原来服务宗族逐步转向社会化教育的方向。

（二）家族教育目的和内容的近代转化

传统义庄家族教育的主要目的，一是科举仕进，光耀宗族；二是对子弟进行伦理教化，使之知晓忠孝节义，亦为将来执业谋生之借。教育的主要内容则是儒家经典，按照“首德行次文艺”的方针进行。步入近代后，由于苏南地区先开风气，工商业比较发达，教育变革也把握住了先机。

首先，在“读书最高”的近代苏南，义庄家族普遍重视习业教育，标志其价值取向和施教内容发生一定的变化。“习业”也就是学习和掌握某一行业的生产或经营技能，在中国古代通常为贫寒无力读书之子弟务农之外的另一谋生途径。近代以降，苏南义庄家族的习业教育往往是作为童蒙教育的延续来进行的。贫寒宗族子弟到了“及冠”年龄前后，在继续深造无望的情况下，义

---

① 彭文杰等修：吴县《彭氏宗谱》卷12《续纂庄规》《庄事商榷书》，民国11年衣言庄刻本，第29页a、33页a。

② 如苏州彭氏庄塾“学徒不及五人，不设塾”（作者不详：苏州《彭氏宗谱》卷12《庄规》，光绪九年衣言庄刻本，第22页a），葑门陆氏庄塾因只请一师，“定以十人为率”（陆锦晭等纂修：《陆氏葑门支谱》卷13《庄塾规条》，第60页b）。

③ 参见《无锡严氏私立经正学校二十周年纪念册》，“经正义庄之缘起”“高等科国民科历届毕业生姓氏录、高等科现在各级生姓氏录”，1922年，吴县教育局档案I05－001－0574，苏州档案馆藏。

④ 章慰高自述，章希圣补记：《自述教育生活小史》，《苏州史志资料选辑》第31辑，2006年，第199页。

⑤ 参见《民国十年吴县私立彭氏学校校友会年刊·校友会会员录》，1921年，吴县教育局档案I05－001－0391，苏州档案馆藏。

⑥ 参见黄振源《果育学堂和鸿模高等小学》，《无锡县文史资料》第6辑，第39、40页。

⑦ 蔡樾纂修：无锡《蔡氏蓉湖支谱》卷9《蔡氏小学校叙略》，第75页b。

⑧ 华东军政委员会土地改革委员会编：《江苏省农村调查》，第250页。

庄就停止对他们的读书资助，往往会转向提供习业资助，帮助他们掌握一门谋生自立的技艺。义庄对习业的资助名目不一，多少不等。有的叫铺程钱，有的叫治装费，大概包括行李、路费、生活补贴之类。如嘉定练西黄氏“习工商业者给治装费”①，长洲唯亭顾氏改习他业者“由庄支铺程钱”②。此外，有的义庄在子弟习业期间或结束时尚有关书钱、贺钱给发；对因习业机构的原因导致的习业未成，多数义庄还会再行资助。

科举望族对子弟读书仕进的重视是自始至终的，但对习业教育的支持却有一个转变过程。大阜潘氏松鳞义庄建于道光十二年(1832)，提出给予子弟习业资助却在同治七年(1868)。建于道光二十九年(1849)的吴趋汪氏耕荫义庄，到咸丰六年(1856)才在续定赡族规条中议及习业给费问题。③ 其实，这一现象并非偶然，在清代苏南义庄家谱资料中，义庄对习业的资助多出现在咸丰、同治朝以后的庄规中，越往后期，越是普遍，同、光之际，已成为家族教育的重要组成部分。而且，与义庄资助子弟的应试经费相比，其对习业子弟的资助力度也毫不逊色。请见表2：

表2　四个苏南科举望族对子弟习业及科考乡试的资助情况

义　庄	庄规制定时间	习业资助	乡试资助	资料来源
陆氏丰裕义庄	咸丰五年	铺程钱制钱4两、关书钱16两、习成4两	考费8两、中式16两	《陆氏葑门支谱》卷13《赡族规条》
汪氏耕荫义庄	咸丰六年	制钱6两，同治十一年年加给2两	制钱8两	《吴趋汪氏支谱》卷末《平阳汪氏耕荫义庄续定赡族规条》
潘氏松鳞义庄	同治七年	铺程钱4千文、关书钱16千文、习成4千文	考费10千文、中式10千文	《大阜潘氏支谱》附编卷2《松鳞庄增定规条》
彭氏谊庄	光绪四年	铺程钱4千文、关书钱10千文、习成4千文	考费10千文、中式10千文	《彭氏宗谱》卷12《庄规》

由上表可知，科举巨族大阜潘氏资助一子弟习业共需费用24千文，已超过同期资助乡试中举子弟的20千文，其他几家的资助比例也都大致相仿，义庄对子弟习业教育的重视程度由此可见一斑。可以说，随着近代商品经济的发展、科举制度的衰落及经世致用思潮的高涨，即便科举望族亦将习业教育视为不能应举子弟谋求生存发展的必要阶梯，重视程度不亚于科考，并自觉地将其纳入家族发展的战略之中。

---

① 黄守恒纂修：《练西黄氏宗谱》卷13《义田志》，第30页b。
② 顾来章等纂修：长洲《重修唯亭顾氏家谱》附卷《庄规》，光绪二十九年刻本，第31页b。
③ 参见汪体椿等纂修《吴趋汪氏支谱》卷末《平阳汪氏耕荫义庄续定赡族规条》，第31页a。

如前所述,"习业教育"虽然古已有之,但是在近代历史条件下其价值取向和施教内容也发生较大变化。在清末民初的苏南地区,一些文化望族转向工商业领域,较先前更加重视习业教育。南汇傅祖荫堂、川沙同本堂义庄为满足贫寒孤苦子弟的习业需求,自办习艺所或工艺厂,以培养子弟谋生技能,在组织形式、层次和规模上都超过以往的家族习业教育水平,初步具有近代职业培训学校的特征。同本堂义庄设置于 1913 年,其《义庄章程》云:"族中贫苦子弟毕业于国民学校后,即须习业谋生,义庄能附设习艺所,以收容之,尤为便利。"①傅祖荫堂义庄也说:"直系亲属有贫苦子弟毕业于国民学校后即须习业或习艺谋生,本堂应介绍或设小工厂以收容之。"这里的"小工厂"即指附设于其义庄的"工艺厂"。傅氏认为,子弟"有良田千顷,不如薄技在身",②反映了民国时期苏南义庄家族积极支持子弟转向工商业领域谋求发展的现状。

近代苏南义庄家族普遍重视习业教育,与当时这一地区工商家族的参与推动也是分不开的。东山叶氏、川沙陆氏、南汇傅氏、嘉定曾氏、丹徒倪氏等皆以商业起家,致富后建庄兴学。无锡杨氏则官商并进,1897 年杨宗濂、杨宗瀚兄弟创办业勤纱厂,成为无锡最早的民族资本机器纺织厂。荡口华家虽是苏南一带著名的文化望族,但晚清以来也积极投资工商业,果育学堂的创办者华鸿模在无锡城中办有碾米厂,③"积产遍城乡";其孙私立鸿模学校校董华绎之办有华氏农场,"养蜂事业,蜚声江浙太湖流域"。④ 义庄、教育、实业逐渐成为苏南家族多元并举而又互为倚撑的新的发展目标。在以实业带动教育、以教育促进实业理念的驱使下,苏南地区的习业教育在近代的历史条件下呈现出新的面貌和特征,实开近代职业教育之先河。

同时,从近代苏南义庄对子弟习业表现出的深度关切,亦可管窥义庄家族在近代转型期积极面世的教育心态。这集中表现在以下几点。第一,凸显出苏南义庄家族务实进取的教育观。在继续追求读书兴族道路的同时,苏南家族也很清醒地认识到不是每个子弟都能走通这座独木桥,在掌握基本的文化知识后,习业谋生当是更多子弟的生活出路。科举望族葑门陆氏、龙溪盛氏、大阜潘氏都认为:"习业谋生足以自立,与读书应试无异,亦应推广成就。"⑤崇明朱氏的重视程度更高,称子弟"习业为终身养生之计"⑥。就连世代簪缨的长州彭氏也提出了"读书不成者,习业亦足以谋生"的主张。⑦ 第二,反映了苏南义庄注重对子弟因材施教。读书应试的成功与否,除却后天努力外,与先天资质、兴趣也不无关系。苏州皋庑吴氏认为:"族中子弟成丁之后,或读书上进,或习业谋生,各父兄当因材而教。"⑧因这种教育理念的盛行,近代苏南工商领域从

---

① 《同本堂义庄章程》,民国《川沙县志》卷 12,第 252 页。

② 傅恭弼续修:南汇《傅氏续修家谱》"傅祖荫堂义庄绪言""傅祖荫堂义庄章程",不分卷,民国 28 年油印本,第 71 页 b、78 页 a。

③ 参见钱穆《八十忆双亲・师友杂忆》,第 53 页。

④ 钱穆:《华君绎之家传》,《钱宾四先生全集》第 53 册《素书楼余渖》,台北:台湾联经出版事业公司,1998 年,第 169 页。

⑤ 《陆氏葑门支谱》卷 13《赡族规条》,第 9 页 b。《龙溪盛氏宗谱》卷 23《拙园义庄增定规条》,第 33 页 a。《大阜潘氏支谱》附编卷 2《松鳞庄增定规条》,第 12 页 a。

⑥ 作者不详:崇明《朱氏家乘》"义田规条",清刻本,第 3 页 b。

⑦ 苏州《彭氏宗谱》卷 12《庄规》,第 23 页 a。

⑧ 吴大赝纂修:苏州《皋庑吴氏家乘》卷 10《义庄规条》,光绪七年刻本,第 2 页 b。

业人员的文化素质普遍较其他区域为高，与苏南工商业的兴盛和众多实业巨擘的涌现，当有一定的关系。第三，工商皆本的职业价值观念得到普遍认可。苏南是中国资本主义萌芽最早的地区，有不少新兴义庄家族就是靠工商业起家。清后期，原为地主的义田掌握者也有不少转化成为工商业者。即便像武进盛氏这样的科举望族，在晚清工商业领域中逐步崭露头角者也并不鲜见，商、绅阶层逐渐互为一体。义庄家族对"末业"概念的抛弃，反映了其早期职业平等意识的萌芽。

其次，废除科举前后，义庄族学的教育内容也逐渐由儒家经典向科学教育方向转变。新式学堂开始缩减传统读经课程的内容，增添自然科学、社会科学及体操、图画、英文等体现近代意义的课程，逐步向近代教育过渡。

嘉定曾氏瑞芝中西义塾，教学分经、蒙界限，课程有中文、西学之别。中文初学，"先识字讲书，次造句作论，次四书经文"。西学"先习英文、算学、格致，其余各国文字及医律等专门名家之学"。曾氏对肄业子弟的要求是"文艺超越，中西并进"，①反映出当时受西学激荡最烈的上海，义庄家族既有对科举的不舍，也有对新学强烈的渴求，转折过渡迹象十分明显。

无锡为全国兴办新学最早的地区之一，早在1898年就办有竢实、三等两所公立新式学堂。光绪二十八年(1902)，邑绅严毓芬等"步两校之后尘"，在无锡寨门创办严氏私立经正学校，经费由严氏书塾及义庄、六祭三公帐承担。学校开设经班和蒙馆，"学科为国文、读经、算术、历史、地理、图画、英文、体操，蒙馆减读经、英文二科"。光绪三十三年(1907)科举已停，校设初等一班，"学科定修身、国文、算术、历史、地理、格致、手工、图画、体操"。1912年增设高等科，"学科为修身、国文、算术、历史、地理、理科、手工、图画、唱歌、体操、英文，初等科减历史、地理、理科、英文而增乡土"。该校"以留意儿童身心之发育、授以国民道德之基础及人生必需之智识技能为宗旨"，经过20年的发展，成绩斐然，"四方负笈而来者日益多，毕业而去者，由中学而大学而出洋肄业亦实繁"。②

作为科第相继、簪缨盈门的长洲彭氏，虽然在科举的窠臼里浸润历久，但实现近代转身也快，反映了文化型家族吸纳新知的能力。该族于光绪二十九年设立私立彭氏两等小学堂，其学制、施教内容及办学目的读其校歌即一目了然："彭氏谊庄小学校，两等分科教；科学般般晓，大家铸就文明脑。"③时任该校首席教员的章慰高在自述中回忆说，学校"授修身、读经、国文、历史、地理、格致等课，每日午前教四小时，而算术、英文、体操，则于下午教学"④。其时，科举巨族倡办新学，困难不在于经费，而在于家族发展定位的弃旧从新。当彭氏将"科学""文明"的字句写进校歌里时，其教育的转型已基本完成。相比之下，丹徒倪氏家族教育的近

① 嘉定《曾氏瑞芝义庄全案》卷下《义塾规条》，第6页b。
② 《无锡严氏私立经正学校二十周年纪念册》，第37、39、45、32、1、2页。
③ 《民国十年吴县私立彭氏学校校友会年刊》"吴县私立彭氏高等小学校国民学校校歌"。
④ 章慰高自述，章希圣补记：《自述教育生活小史》，《苏州史志资料选辑》第31辑，2006年，第199页。

代转型，则显得较为缓慢。1922年该族制订的《家塾规条》中还有"学课授《孝经》《论》《孟》，次及五经、历史及应用书算，以启迪普通学识为宗旨"[①]。既有新学，也有旧知，凸显出新旧交替时期教育的复杂局面。

总体而言，清末苏南义庄家族的教育教学重心已发生较大改变，教育目的亦由科举仕进逐步转向国民教育。关于此点，江阴章氏在宣统三年(1911)所定"学阶叙录"可资佐证："科举之士其目的所在无非求合乎有司之程序而已，学堂则有三育并重，或肄业普通，或研究专科，方将进而益上。苟能于小学各校以上精勤毕业，大之固可成博通中外之才，小亦足具完全国民资格，非专骛荣利者所可同日语也。"[②]

(三) 家族教育逐步被纳入地方教育管理体系

在历代各级政府批示义庄咨请立案的公文中，均把学产作为义庄公产的一部分加以保护，并对兴学有力者给予表彰。但在清末新政之前，义庄兴教为家族私事，尚未发现政府主动对其进行干预。新政阶段，清政府倡办新学，废除科举，改良私塾，设置管理机构，开始对族学加以整饬约束。光绪二十九年(1903)颁布的《奏定学堂章程》规定：凡私立小学堂，"其建设时须禀请地方官核准，若遇停止时，应将其停止之缘由报明地方官查考"[③]。同年，江苏巡抚端方在苏州设立江苏学务处，规定"所有省城及各府州厅县高等、中小学堂暨民间私设学堂，以至出洋游学各生统归学务处经理稽查、考核"[④]，明确了官方对民间学堂的管理职责。1910年，学部要求各地劝学所"就义庄或宗祠内设立"的书塾等私学进行调查，劝导其改良，[⑤]对义庄家族的兴教取向进一步施加影响。

民国时期，政府亦十分重视义庄的教育功能。1916年内务部甚至发文各省，要求捐建义庄时要注重教育事业，作为国家教育之辅助，[⑥]但在倡导义庄兴教的同时，政府对私立学校的管束也日益严密。其实早在1912年，教育部要求"凡私立小学校之设置，须经县行政长官许可，其废止及变更时亦同"[⑦]。对私立学校的日常教学管理，各级教育部门也按时督查指导，逐步将其纳入地方教育管理体系之中。果育小学为更改校名、提前举行毕业试验事宜，皆须呈请教育司备案、核准。[⑧] 据严氏经正学校的"大事记"和"历届调查员评语表"的记载，该校每

① 倪思九主修：《丹徒倪氏族谱》卷6《家塾规条》，第3页。

② 章咏裘等纂修：《江阴章氏支谱》卷5《学阶叙录》，宣统三年活字印本，第30页a。

③ 舒新城编：《中国近代教育史资料》上册，北京：人民教育出版社，1961年，第417、432页。

④ 端方：《端忠敏公奏稿》卷4《设江苏学务处》，沈云龙编《近代中国史料丛刊》第10辑，台北：文海出版社，1967年，第410页。

⑤ 参见舒新城编《中国近代教育史资料》上册，第110页。

⑥ 参见《学事一束：内务部通咨各省捐建义庄请注重教育》，《教育杂志》第8卷第5号，1916年5月，第33页。

⑦ 参见舒新城编《中国近代教育史资料》上册，第450页。

⑧ 《指令无锡县知事呈私立果育高等小学校变更校名请备案由》，《江苏教育行政月刊》1914年第9期，第25页。《指令无锡县知事呈报私立鸿模高等小学校拟举行毕业试验先期呈送课表及学生履历请予核准由》，《江苏教育行政月刊》1914年第13期，第63页。

年都要接受教育会调查员、县视学、劝学所所长、省视学等的检查。无锡蔡氏小学的《立案公牍》也提到，该校由蔡义庄补助经费已历二十余年，“其中办学情形具详，历届省县视学评语有案可稽”①。显然，视学制度并非虚设，各级调查员作出的报告具有行政约束力，能起到一定的督导作用。

此外，金山县发生的一桩义庄学校停办事件，也反映了民国政府对义庄学校的管理、地方初等教育的现状及义庄学校的社会作用等方面的情况。金山县钱圩镇钱氏万裕义庄设有崇义小学，办学20年来，成绩卓著。1929年，该校因庄产管理权涉讼而停办。按说一义庄私校的停办不是大事，但在当时却引起金山县教育局的高度重视，并呈文县政府、江苏教育厅，请求饬令续办。金山教育局的呈文云，钱圩镇“除镇西区之崇实小学二教室外，镇上儿童均入该私校肄业。今一旦骤然停办，在势必有多数儿童失学”，“若欲弗使此多数儿童失学，由职局接办，则一完全小学，全年经费为数甚巨，当此教育经费竭蹶万分之时，维持现状已觉捉襟肘见，忽又添增巨款支出，实属无法挹注”。显然，问题的关键就在于崇义小学是该镇最大的学校，在地方教育上的作用不可小觑。由于政府教育经费的极度匮乏，学校停办后大量失学儿童无处就读，怕引起地方民众的不满。此外，呈文还提出庄校必须续办的另一个理由：“查前第四中山大学训令第四十二号，凡关于各姓祠产庄产，得依其租额之多寡，酌提成数，充拨教育经费。但自能设学者，得令并设学，并监督其经济之出入等语。且私立学校之停办或改组，须由主管机关核准。”可见，兴学助教此时已成为政府赋予义庄应尽的义务，而义庄学校的兴废属于政府教育主管部门的监督约束范围，由他们“核准”。所以金山教育局呈文最后称，无论“对于法令方面而言”，“即对于该校历史上、地位上、教育预算上着想，均有继续办理之必要”。金山教育当局的呈请得到了江苏教育厅、金山县政府“转饬续办”的指令。② 比较而言，崇义小学在当时义庄学校中规模并不算大，人数达数百甚至千人之庄校在苏南地区亦不乏见。此事件的结局显示出义庄学校不仅成为当时苏南乡村不可或缺的教育资源，而且地方政府及教育行政部门的确对其进行了严格有效的管理。

毋庸置疑，义庄创办新式族学对苏南教育的近代化起到了一定的推动作用，但仍需指出的是，由于新式学堂不少是从旧有的私塾转化而来，在经费、师资和教学管理上也存在着种种问题，制约了其发展。一些族学附设在庄祠里，学校规模较小，因经费、设施及师资短缺，只能采用复式教学。如秦氏初等小学校，有学生103人，“共编两教室，均系复式，一、四年级合一教室，二、三年级合一教室”③。同时，一些义庄学校因管理不善而出现的盗卖学产之事也时有发生。吴县汪氏耕荫小学的门窗被不肖族人盗卖殆尽，出现了“一、二、三、四年级教室正对北风，作业不适”的窘境。教师不能按时教学，学生几同放任自流，管理极为混乱，以致吴县教育部门在

① 蔡樾纂修：《蔡氏蓉湖支谱》卷9《立案公牍》，第77页a。
② 参见《本局呈县政府、教育厅文：为崇义小学无端停办由》，《金山县教育月刊》1929年第5卷第11期，第49—50页。
③ 参观团：《参观无锡学校笔记：私立秦氏初等小学校》，《吴县教育杂志》1914年第3期，第29页。

1935 年第一学期所作的视导报告中发出了“该校有类腐败私塾，实有彻底改组之必要”的严厉批评。[①]

四、结 语

近代以来，苏南地区义庄林立。除承担祭祀、救济族中孤贫外，还有一个重要职能就是设庄塾，兴义学，开展家族教育。义庄希冀通过普及教育以雍睦化族，培植家族人才，既光门第又庇宗族。由于义庄为地方士绅有力者所建，拥有较强的经济基础和文化资源，督管得法，奖惩有力，与其他私立教育相比，其家族教育更富有生机与活力。在官办教育资源极其匮乏的近代社会，苏南义庄为普及地方教育，尤其在资助贫穷族人接受文化教育方面发挥了重要作用。可以说，义庄实质上部分地承担了政府的教育功能，成为推广教育、宣扬教化的重要组织。苏南的望姓大族，正是通过义庄、义学，培养了一代代的人才，支撑了家族的兴旺，又反过来促进家族的崇文重教之风。

在晚清学制改革之前，作为宗族制度的重要组成部分，苏南义庄家族教育仍然延续传统宗族教育的路径，继续发挥传统社会教化的功能。但是，由于近代社会结构的巨大变迁，苏南义庄的家族教育从形式到内容都发生了种种变化，这种变化伴随着清末废科举、兴学堂和“私塾改良运动”加速了它的进程。“近代族学的变化，是新的学制要求与旧有族学资源相互‘妥协’的产物，更确切些说，是一种顺应时势的文化的调整和重组，族学在调和中趋同于近代教育体制的要求。”[②]政府兴办新学需要师资、经费、场所，这些资源无法在短时间内一蹴而就，借助传统族学成为势之必然。而近代苏南为先开风气之区，士绅的文化担当意识和视野较其他区域为强，义庄由族学而新学，由科举而“作育新人”，既有应变的压力，也有自变的内驱力。清末私塾改良运动就是由江、浙、沪等地的民间士绅首先发起的。苏南义庄家族教育的嬗变有力地促进了地区教育的转型步伐，为苏南教育的近代化以及这一地区的近代初等教育打下了一定的基础。

诚然，近代苏南义庄中的家族教育仍然带有浓厚的宗法遗意，“族学最大的获益者还是族中的绅士，他们的子弟是族学的主要教育对象，同时绅士通过族学进一步对所在乡族实行社会控制，成为社区的支配者”[③]。但也不可否认，义庄的助学兴教提升了近代苏南地区人口的整体素质，契合了苏南商品经济发展的需要，为经济和文化之间的良性互动起到了推动作用；作为家族式的“希望工程”，义庄的教育救助确实为孤寒子弟提供了向上流动的阶梯，在和谐人际、安抚人心、活化社会结构以及社会自我调节等方面都起到了独特的作用。近世苏南义庄家族的重教取向、兴教模式、管理理念及与时俱进的品质，对今天教育的多元化和发展教育慈善事业，也不乏

---

① 参见孟毓琪、卫光炯《二十四年度第一学期吴县教育视导报告》，《吴县教育》1936 年第 4 卷第 4 期，第 33 页。
② 韩凝春：《清末民初学制变革中的江浙族学》，《天津师大学报》1996 年第 6 期。
③ 冯尔康等著：《中国宗族史》，上海：上海人民出版社，2009 年，第 261 页。

启示和借鉴意义。

（本文原刊于《历史研究》2011 年第 5 期，与李学如博士合写。此次收入论文集，在内容上又略有增补。）

作者简介：

陈勇，1995 年毕业于华东师范大学，获历史学博士学位。现为上海师范大学人文学院古籍研究所教授、博士生导师，兼任中国史学会史学理论研究会常务理事、上海历史学会理事、上海市儒学研究会理事。著有《唐代长江下游经济发展研究》《钱穆传》《国学宗师钱穆》《钱穆与 20 世纪中国史学》等著作，主编《国史纲要》《民国史家与史学》《中国传统学术的近代转型》等书，发表论文 100 多篇。主持和参加国家社科基金项目、教育部人文社科基金项目、国家社科基金重大项目子课题、教育部人文社科重点研究基地重大项目等多项。曾获第二届全国青年优秀社会科学成果奖、上海市第十一届哲学社会科学优秀成果奖、四川省第七次哲学社会科学优秀成果奖等奖项。

“收回文化租界”的尝试：抗战时期“部定大学用书”之中国历史教材

苏晓涵

摘　要：“部定大学用书”的中国历史教材的采编、审查，是抗战时期国民政府教育部整顿高等教育，尤其是历史教育的重要手段。其中既有大学编辑用书委员会、史地教育委员会等政府机构间的合作，又吸纳学界不同流派著名学人参与，由朱希祖、钱穆、缪凤林、萧公权等负责书目规划和教材审查。教育部的本意是借此促进人文社科学术“本土化”及高等教育“标准化”，但该套教材因牵涉中国历史上的民族、文化等诸多重要议题，引发学术争论，加上印刷、经费等限制，最终未能达到“收回文化租界”的目标。从中不仅可以看出民国大学历史教育发展的复杂曲折，更揭示了中国在逐渐融入近代世界知识体系的过程中，于学术制度和知识观念等方面呈现的大量矛盾、断裂和转换。

关键词：学术本土化　大学课程标准化　大学用书采编　著作审查意见

1938年接任国民政府教育部长的陈立夫，曾评价彼时大学教学及课程设置等问题：“我发现这些大学都像外国租界。这个完全采用德国学制，那个完全采法国学制，其他不是采美国制，即是英国制，但是中国学制的又在哪里？课程五花八门，毫无标准，有关中国历史的部门最为缺乏，学政治或经济的不谈中国政治或经济制度史，谈农的不谈中国农业史。”“我于是下了决心，请了专家订定大学课程标准，分‘必修’‘选修’两种，把中国人应知的各部门历史材料放入必修科，无教材的奖励写作，使中国的大学像一座中国的大学，我排除了一切的障碍，收回了文化的租界。”①

随着抗战军兴，这种希冀改变“文化租界”式的教育现状、整顿高等教育过分倚重西方学制的格局、着手统一教材和课程设置的想法，不独存在于政府要人胸中，亦在学术文化界、出版界的诸多实践中有所体现。就历史学科而言，陈立夫强调，欲达成此目的，最为要紧者，在于编纂、

① 陈立夫：《从根救起》，台北：三民书局，1970年，第65页。

审查、出版一套大学中国历史教材，以符合“历史地理的教育，实在是我们革命建国教育的中心科目”的要求。[①] 可见，历史教育成为整顿高等教育的重点领域，史学类教材也因此在“部定大学用书”中占有重要位置。

目前，学界的研究多集中于对“部定大学用书”整体情况的介绍，而考察该丛书，尤其是史学类用书的编纂、审查及出版等具体过程的研究尚不多见。[②] 实际上，借助近年新现“大学用书编辑委员会”及“史地教育委员会”相关未刊档案文书以及钱穆、缪凤林、萧公权等对部分史著的审查意见，参之以关联学人之日记、书信及文集资料，厘清“部定大学用书”的具体规模和编纂、审查的详情，不仅能让我们观察现代社会条件下人文学术、高等教育与政治的微妙关系，亦可以对中国近代学术转型的复杂过程作一细致理解。

一、标准化与本土化：中国历史教材策划过程及规模

1938 年，教育部拟定《文、理、法三学院各学系课程整理办法草案》，对大学各科系课程进行整顿。该草案强调“规定统一标准”的原则，即各院系之选修、必修课程须一律采用部定标准。[③]

在历史学科方面，课程草案由朱希祖负责起草，蒋廷黻、雷海宗和徐则陵等专家负责审查。[④] 朱希祖认为，课程设置的重点原则在于“中外历史不宜偏重，普遍史必须完备”等项。[⑤] 与朱希祖看法相同，在审查意见中，各专家也表示：

> 选修科……拟请增法文、日文、俄文、德文四门。因法文、日文关于吾国史学考古学之著作为数颇多，可资参考。元史及边疆史，俄文著作亦可参阅。德文关于史学方法之著作颇精。此四种外国文，史学系学生可斟酌研究上之需要，任选一种。法文或日文，至少须修十二学分，每学期三学分，共学两年。有志加入史学研究部者，可在大学时选俄文或德文，各二十学分，每学期五学分，共两学年。入研究部后，再继续修十学分，当有参考德文或俄文著作之能力矣。[⑥]

朱希祖等学人提出课程规划需要中西兼重，以促进学术研究的理念，与教育部希望大量增补与中国社会、历史相关材料的整顿思想有所不同。

---

① 蒋中正：《革命的教育》，《中央周刊》第 1 卷第 13 期，1938 年。

② 关于“部定大学用书”的研究主要有：苏超纲《国立编译馆与“部定大学用书”》，叶再生编《出版史研究（第 3 辑）》，北京：中国书籍出版社，1995 年，第 189—197 页；张林、乌力吉《“部定大学用书”的编辑与民国高等教育（1940—1949）》，《江南大学学报》2018 年第 5 期；吴涛《“部定大学用书”编辑出版过程之历史考察》，《教育史研究》2019 年第 3 期；张林等撰《正中书局与民国时期大学教科书的发展（1931—1949）》，《信阳师范学院学报》2020 年第 2 期。

③ 教育部教育年鉴编辑委员会：《第二次中国教育年鉴》，上海：商务印书馆，1948 年，第 495 页。

④ 教育部编：《大学科目表》，重庆：正中书局，1940 年，第 11—12 页。

⑤ 朱希祖：《大学文学院历史学系必修选修科目表审查意见》，周文玖选编《朱希祖文存》，上海：上海古籍出版社，2006 年，第 206 页。

⑥ 《大学文学院历史学系必修选修科目表审查意见·丙》，日期缺，《教育部档案》：五-5661(4)-77～88，南京：中国第二历史档案馆。按：以下凡标《教育部档案》者，皆藏于中国第二历史档案馆。

1938—1939年间，教育部陆续颁布《文理法三学院共同科目表》《文理法工农商各学院分系必修及选修科目表》。[①] 教育部次长顾毓琇公开强调：

> 大学用书之是否应用西文原本与学术研究之进步，不能成为正比例，似已为学者多数之意见，用中文写成一套大学用书，其价值不一定少于西文书籍，反之，吾人往往因用原文西书之故，增加初年级学术学习之困难，且有许多学科，应加本国材料者，亦因此未能加入，致于所学习者不能完全适应现时中国社会之需要。故为建设国家起见，用中文写成一套大学用书，亦有必要。[②]

事实上，为推动这种高等教育本土化观念的落实，且配合新课程体系的教学，1940年3月，教育部决定成立大学用书编辑委员会。[③] 该委员会由53人组成，既包括章益、蒋廷黻、顾毓琇等政府官员，也包括朱光潜、茅以升、李四光、孟宪承等大学校长、院系所长及著名教授。[④] 编辑委员会根据学院科系的不同而设置分组委员会，如文学院师范学院分组委员会等。1942年，原直属教育部的大学用书编辑委员会改隶国立编译馆，继续负责大学教材的编审工作。

编纂一套重视中国历史的大学教材，是其工作重点。其中，既有各院校共同必修科目用书，如《中国通史》《中国文化史》等，亦有各院校相同科目用书，如《中国史部目录学》《中国史学史或史学方法》等，还有历史系必修科目用书，如《中国断代史》等，另有哲学系选修科目《中国美术史》等。[⑤] 大学编辑用书委员会原规划在教材采编办法方面分为三类，即公开征稿、采编成书及特约编著，分别根据不同情况、依据不同科目实施。[⑥] 这三种不同方法征集书稿的时限，在三个月到一年间。[⑦] 在收到上述三类方法征集的书稿后，即行审查。审查程序分为初审、复审、校订三个环节：先由国立编译馆负责初审；初审合格后，依其门类由该会分组委员会公推委员或专家三人审阅，多数认为合格者，为复审合格书稿；最后由复审委员或专家公推专家一人校订之。[⑧]

面临较为庞大的中国史学类教材编纂计划，大学编辑用书委员会并未按原规划独立采编，

---

① 教育部编：《大学科目表》，第49页。

② 《教育部大学用书编辑委员会第一次全体会议记录》，1940年9月6日，《教育部档案》：五-1452-4。

③ 滕大春：《教育部大学用书编辑委员会工作概况》，《教育通讯》(汉口)1941年第4卷第18期。

④ 《教育部大学用书编辑委员会第一次全体会议记录》，1940年9月6日，《教育部档案》：五-1452-4，按：该会当然委员为教育部司长吴俊升、章益，秘书刘季洪，科长陈东原，教科用书编辑委员会主任委员许心武，国立编译馆馆长陈可忠，主任郑鹤声、庚清桂、翟恒等九人。受教育部的委派，吴俊升、陈可忠、许心武三人为该会常务委员。

⑤ 《大学用书书目表》，日期缺，《教育部档案》：五-1454-20。

⑥ 《大学用书编辑委员会常务委员会第二次会议记录》，1940年8月3日，《教育部档案》：五-1452-24。按：公开征稿多适用于"分系共同必修科目用书之编辑，先定以三个月为征稿，其间应征者应先送编辑大纲及编辑计划，经审查合格后，予以经济上之便利，编就后乃须经审查合格，逾三个月无应征者即特约编著。文化团体亦可应征编辑大学用书，惟该团体有无应征资格须经常务委员会会议决定之"。采编成书指的是分别选录已出版的大学丛书及其他合于部定大学课程科目者，交由常委会及专家圈选，并履行审查手续。特约编著主要是针对各院共同必修科目以及其他未能征集到书稿的科目，由常委委员会推荐并选定专家进行约稿。

⑦ 《教育部大学用书编辑委员会第一次全体会议记录》，1940年9月6日，《教育部档案》：五-1452-10。

⑧ 《教育部大学用书编辑委员会书稿审阅办法》，1940年9月6日，《教育部档案》：五-1452-9。

而是在教育部的指示下，积极开展与其他机构的合作。其中重要者，是获得教育部史地教育委员会的支持。

在大学用书编辑委员会设立一个月后的1940年4月，史地教育委员会成立，吴俊升、陈可忠、许心武三位大学用书编辑委员会的常务委员兼任史地教育委员会的当然委员。为了进一步推进两个机构的合作，陈立夫又聘史地委员会主任委员兼秘书黎东方任大学用书编辑委员会委员兼秘书。①

两个委员会合作的重点主要集中于中国史学类的编纂，1940年5月14日，史地教育委员会举行第一次会议议定编纂"中国史学丛书"。② 先分三辑，甲辑"中国断代史"十册，乙辑"中国分门史"二十册，丙辑"中国历史通论"及甲、乙两种大学教本《中国通史》五册。③ 同年9月6日，因史地教育委员会的编纂实践在先，故由吴俊升等提议，经大学用书编辑委员会第一次会议决定，将《中国通史》部分交由史地教育委员会负责编辑，即与"中国史学丛书"丙辑并案办理。④ 三日后，在大学用书编辑委员会第四次常务委员会议上，吴俊升等再度建议："大学医学院各科目用书及各学院一部分史地用书，可由本部医学教育委员会及史地教育委员会负责编辑，书稿之初审、复审及校订等项手续均由各该会委托专家办理，合格书稿，呈部时由本会常务委员会审查通过，经签呈部长、次长核定后为大学用书，并由本会将大学用书编辑体例送各该会参考。"⑤该提议经审议通过。

至此，通过吴俊升、黎东方、陈可忠等同时任职于两个委员会的关键人物之勾连，"中国史学丛书"已渐趋与部定大学用书中中国历史教材的编纂计划相融合。

据1940年度到1942年度史地教育委员会的两份工作报告来看，至1942年6月，在原出版计划中，部分书籍的撰稿人经过该会函商后有所改变，如《两宋辽金史》撰者由姚从吾改为金毓黻，《中国国民经济及财政史·财政篇》撰者由翁之镛、罗仲言改为罗仲言，《中国伦理思想史》撰者由张君劢改为黄建中，《中国外交史》撰者由张忠绂改为陈石孚，《中国历史通论》撰者由陈立夫、黎东方改为黎东方。另增设三本，分别是谷霁光的《中国军事史》、刘阶平的《中国工业史》和蒋复璁的《中国版本史》。⑥ 同时，中国史学书籍中的一少部分，仍由大学用书编辑委员会按照规定独立进行采编。1941年4月17日，大学用书编辑委员会第六次常务委员会议论采选成书的情况，有通过初审、复审进入校订的书籍两种：冯承钧译《多桑蒙古史》、夏曾佑著《中国古代史》。至1941年12月，又有王凤喈《中国教育史》以"公开征稿"渠道入选。⑦

---

① 滕大春：《教育部大学用书编辑委员会工作概况》，《教育通讯》（汉口）第4卷第18期，1941年。

② 《史地教育委员会三年来工作总报告之一》，1941年度到1942年6月，《教育部档案》：五-467-15。按：关于史地教育委员会的研究，参见胡逢祥《史地教育委员会与抗战史学》，《历史教学问题》2020年第5期。

③ 《史地教育委员会三年来工作总报告之一》，1940年度到1941年6月，《教育部档案》：五-467-10。

④ 《教育部大学用书编辑委员会第一次全体会议记录》，1930年9月6日，《教育部档案》：五-1452-4。

⑤ 《大学用书编辑委员会第四次常务委员会会议记录》，1940年9月9日，《教育部档案》：五-1452-28。

⑥ 《史地教育委员会三年来工作总报告》，1940年度到1942年度，《教育部档案》：五-467-10～15。

⑦ 《教育部大学用书编辑委员会书稿交代清册》，1941年12月31日，《教育部档案》：五-1452-178。

1943年6月12日，教育部令“以史地教育委员会所编中国史学丛书各册，多与大学史地各系科目相通，应着印列入‘部定大学用书’”，将史学类书籍的编纂，复收归“大学用书编辑委员会”管理，并规定“凡尚未送部之初稿，其审稿付酬一概照部定大学用书之办法办理，其经费亦归本会统筹”[①]。“大学编辑用书委员会”随即对已编或正在撰写的中国史教材进行汇总统计，其中，既有钱穆、缪凤林、顾颉刚、黎东方、吕思勉等学人编写的五种作为各科系“共同必修科目用书”的中国通史类教材，亦有郭廷以、吴晗、邵循正等史家撰著的三十六种作为“史学系必修及其他科系选修科目”的断代史及中国政治史、宗教史、文学史、史学史等专史。

同月，大学用书编辑委员会还议定“中国史学丛书·丁辑”各册目录及撰稿人，有李济《中国考古学》、翁文灏《中国地质学》、董作宾《甲骨学》、吴其昌《钟鼎学》、马衡《中国碑铭学》、蒋复璁《中国版本学》、卫聚贤《中国古钱学》、傅斯年《中国历史目录学》、罗香林《中国谱系学》及黎锦熙《方志学》等十种，并均以“特约编著”备案。[②] 其中除傅斯年以“事冗不克编著”辞聘外，其余书籍得以纳入采编范围。[③]

事实上，政府、学界围绕历史学系课程设置、教材采编筹划问题而产生的争论或合作，其关注点均在于历史教育的标准化和本土化。一方面，为落实“收回文化租界”的目标，政府成立“大学用书编辑委员会”“史地教育委员会”等机构，希望以行政力量整顿高等教育，尤其是历史教育，推行标准化历史知识；但另一方面，各机构为制订可供大学使用的统一史学课程标准，以及编纂出版通史、断代史、专史专题等诸多中国历史教材，不得不倚重学界力量，聘请四十多位专家参与，终成颇为可观的出版定案。饶有意味的是，观念多元的诸多民国史家，在面对较为整齐划一的课程标准时，纷纷从自身立场出发来编写教材，使得教材的编写和审核成为一场各抒己见、颇难调和的学术碰撞，从而又在某种程度上与政府推行部定大学用书之中国历史教材的初衷相悖。

二、难以落实的审核：围绕教材而各抒己见

除了倚重史地教育委员会及著名学者的力量外，教育部更希望通过审查等程序，促使大学用书，尤其是中国历史教材达到“适应现实中国社会之需要”。教育部于1940年颁布“大学用书审阅办法”，规定审查程序。次年颁布“大学用书审查标准”，其中含“内容选材”与“形式规范”等两方面的条文。[④] 但条文过于笼统粗浅，难以有实际规范撰稿及审查的功效。

在对史学类著作的审查中，教育部不得不借助著名史家的力量。1940年9月6日，大学用

① 《国立编译馆大学用书编辑委员会第十七次常务委员会会议记录》，1944年4月6日，《教育部档案》：五1452－125～126。
② 《国立编译馆大学用书编辑委员会第十四次常务委员会议记录》，1943年6月10日，《教育部档案》：五－1452－102。
③ 《国立编译馆大学用书编辑委员会第十五次常务委员会会议记录》，1943年9月30日，《教育部档案》：五－1452－133。
④ 《大学用书编辑委员会第六次常务委员会记录》，1941年4月17日，《教育部档案》：五－1452－33。

书编辑委员会第一次会议上，由吴俊升、许心武、陈可忠三位常务委员提议，聘任史学系各审查校订专家如钱穆、缪凤林、沈刚伯等共计三十六人。[①]

审查实施的效果，教育部虽言“多数著者对于审阅人意见尚能接受”[②]，但涉及学术观点，著者和审阅人之间的意见往往难以调和。这种情况在钱穆对金毓黻《宋辽金史》、蓝文徵《隋唐五代史》和夏曾佑《中国古代史》三著的审查中，尤为突出。

《宋辽金史》原在教育部史地教育委员会计划之“中国史学丛书”中，定名为《两宋辽金史》，撰者原定姚从吾，后改聘金毓黻。[③] 金毓黻对宋辽金诸史的研究兴趣，大概萌发于其早年致力东北史研究之时，“傥富于研究辽金史之兴趣，则对于东北史，亦不能不有相当之注意，于是研究辽金史饶有兴趣，而研究东北史才有兴趣矣”[④]。1938年11月9日，金毓黻于中央大学开授“宋辽金史课程”，并撰写《宋辽金史讲疏》。[⑤] 其后不断修改，终在1943年应史地教育委员会之聘而完成《两宋辽金史》(第一次稿)，计约八万五千字。[⑥] 经大学用书编辑委员会议定，该书拟作文学院历史学系中国断代史一科用书(该科为第二、三学年必修，共计8—12学分)。[⑦] 1943年，书稿送钱穆审阅校订。

钱穆首先肯定了金著的学术价值：“大体就宋、辽、金、夏各方大事扼要叙述，绝不枝蔓，又于叙事中兼及考订断制，融铸一贯，极为得体。”[⑧]随后，钱穆笔锋一转，针对金书中所表露的“秦汉、隋唐诸文化皆有胡、汉二元成分”之论断提出异议。金毓黻书中的观点是，七国争雄之时，秦居西戎，自成殊俗，至汉承秦统，则秦汉文化颇与戎族有关，其政治制度亦含二元，一为周制，一沿戎俗。钱穆在审查意见中认为：“秦汉制度异于姬周，不得谓之‘沿戎俗而二元’也。此层关于中国文化史者甚大，最好改正。”[⑨]钱穆就此指出：

> 隋唐政制多上本北周，然不得谓之“胡汉二元”。若言文教风俗，北方门阀之势，始终未替中国文化传统，始终未中绝南北，双方大同小异，此固有之，即谓北方染有胡风，然对整个

---

① 《教育部大学用书编辑委员会第一次全体会议记录》，1940年9月6日，《教育部档案》：五-1452-16。按：专家分别为：中史：陈垣、顾颉刚、萧一山、金毓黻、丁山、钱穆、缪凤林、姚从吾、尹石公、向达、黎东方、郑鹤声、蒋廷黻、陈恭禄、张荫麟、雷海宗、吕思勉、傅斯年；外史：沈刚伯、陈受颐、刘崇鋐、何炳松、李承钧、杨人楩、陈衡哲；考古学：徐炳昶、徐中舒、冯汉骥、马衡、梁思永；师范学院史地学系之地理组：胡焕庸、黄国璋、蒙文通、马衡、王庸、张其昀。

② 《三十一年度工作检讨》，1942年7月至1943年2月，《教育部档案》：五-467-19。

③ 《史地教育委员会三年来工作总报告之一》，1941年度到1942年6月，《教育部档案》：五-467-15。

④ 金毓黻：《东北通史》上编，五十年代出版社，1944年，第3页。按：关于金毓黻与宋辽金史研究，参见李玉君、张新朝《金毓黻先生与辽金史研究》，《史学史研究》2016年第3期。

⑤ 金毓黻：《静晤室日记》第6册，沈阳：辽沈书社，1993，第4148页。

⑥ 《三十一年度工作检讨》，1942年7月至1943年2月，《教育部档案》：五-467-19。

⑦ 《国立编译馆大学用书编辑委员会第二十次常务委员会会议记录》，1945年3月23日，《教育部档案》：五-1452-159。

⑧ 《钱穆：金编〈宋辽金史〉校订意见》，(年份缺)12月10日，《教育部档案》：五-1457(2)-201。按：钱穆此份审查意见，年份缺失，原件仅署12月10日。1944年4月6日，大学用书编辑委员会第十七次常务委员会议有“金著稿件收到，在修订中”(《教育部档案》：五-1452-125)。1945年3月23日，该会第二十次常务委员会议中(《教育部档案》：五-1452-159)，有“金毓黻著《宋辽金史》第一册(特约，拟作文学院历史学系中国断代史一科用书，第二、三学年必修，八—十二学分)业已审校修订完毕，作者并函复二点”。据此可推测，该审查意见应该为1943年12月10日所作。

⑨ 《钱穆：金编〈宋辽金史〉校订意见》，(年份缺)12月10日，《教育部档案》：五-1457(2)。

中国文化传统绝无动摇。隋唐时代只能认为中国传统文化之中兴，似不当又以“胡汉二元”说之。本书以秦汉为“汉戎二元”文化，又以隋唐为“汉胡二元文化”，恐非史实，关系极大，望能斟酌改写。[1]

从意见中可见，钱穆针对金毓黻著中涉及“民族与文化”的部分提出不同意见，认为金毓黻将汉民族与中国境内其他民族对立二元划分是不顾史实。同样的观点，钱穆在对蓝文徵《隋唐五代史》的审查中体现得更为直接。蓝文徵撰写此著之时，恰值其应萧一山的邀请，赴四川三台任东北大学历史学系主任。[2] 1942 年 7 月至 1943 年 2 月间，该著“第一次稿”完成，计约十三万二千字。[3] 1943 年送交钱穆审查。[4] 这部书被后人誉为“（蓝文徵）最为精心的著作”[5]，钱穆在肯定稿本“用思精博，取材宏赡”的同时，仍然对蓝著中所涉历史上的民族问题提出了自己的意见。

蓝文徵在书稿总叙中提出，在春秋战国时代，杂居内地夷蛮、戎狄诸族，尽被诸夏所同化，结为一种新民族，肇成秦汉之弘规，为民族初度大融合。魏晋以后，诸塞外民族入据中原，与汉族血胤融合，凝为一种新汉族，即隋唐五代新民族之基干，为民族再度大融合。经过两度融合，胡汉二族互相塑造，以此新民族为主体，才有唐代文治武功俱臻极盛的局面。据此，蓝文徵指出，“血液繁复，民族乃益优秀”，并认为“民族新生”之关键在于融合。[6]

针对蓝文徵反复标举的“新民族”观点，钱穆在校订意见中反驳道：

今日之中国人，实属古代中国人之嫡系子孙，其民族之重要素质，殆无大变，此则为同样重要之事实，此处所云新民族、新汉族、隋唐五代民族云云，似谓此一时期之中国民族已与前一时期显然不同，下语轻重之间，似须斟酌。[7]

钱穆认为，近代埃及与希腊人，因历史上屡遭异族入侵而血统混杂，但未见二者较之古埃及、希腊人更为优秀。至于“是否血液愈繁复而民族愈趋优秀”，他指出：

中国民族之伟大，在能不断同化异民族于自己传统之内，而并非与异民族相杂化而成新民族也。此处屡言新民族、新汉族、民族新生，又称之为隋唐民族，似均可商。至东汉以下之衰运，及隋唐一代之隆盛，著史者似应从政治、经济、人文各方面叙说之，不宜专一推本于民族血液之新陈，此层似关系殊大，特献浅议以供参讨。[8]

---

① 《钱穆：金编〈宋辽金史〉校订意见》，（年份缺）12 月 10 日，《教育部档案》：五－1457(2)－201～203。
② 汤承业：《蓝文徵先生的学业与道业——兼论蓝先生的学术思想》，《“国立编译馆”馆刊》（台北）1978 年第 7 卷第 1 期。
③ 《三十一年度工作检讨》，1942 年 7 月至 1943 年 2 月，《教育部档案》：五－467－19。
④ 《大学用书编辑委员会第十七次常务委员会会议记录》，1944 年 4 月 6 日，《教育部档案》：五－1452－125。
⑤ 汤承业：《蓝文徵先生的学业与道业——兼论蓝先生的学术思想》，《“国立编译馆”馆刊》（台北）1978 年第 7 卷第 1 期。
⑥ 蓝文徵：《隋唐五代史》（上编一册），上海：商务印书馆，1946 年，第 25—30 页。
⑦ 《钱穆：蓝著〈隋唐五代史〉校订意见》，日期缺，《教育部档案》：五－1457(1)－132。按：此审核意见日期亦缺失，1944 年 4 月 6 日，大学用书编辑委员会第十七次常务委员会议有“蓝著稿件收到，在修订中”（教育部档案：五－1452－125），结合蓝文徵著作的出版时间，大致可推测，其时间应与钱穆对金毓黻的审查意见所作时间相近。
⑧ 《钱穆：蓝著〈隋唐五代史〉校订意见》，日期缺，《教育部档案》：五－1457(1)－133。

在钱穆看来，分析隋唐时期繁荣原因，应从社会、文化、经济等层面着手，而不应着重强调“民族血液之新陈”。面对钱穆的批评，金毓黻在回复教育部时一方面表示“钱君指示各节颇多扼要，深表感谢，凡可以修正之处，无不立即为改易”，另一方面亦坚持自己的观点，言：“拙作‘秦汉制度含有西戎成分’……鄙人不愿轻为改变，且此节仅以证明唐宋制度之含有两系，并非本书正文，故亦不事详论。”①同样，蓝文徵亦未根据钱穆的审查意见对《隋唐五代史》作出修改。

由此可见，无论是金毓黻的《两宋辽金史》还是蓝文徵的《隋唐五代史》，钱穆对两书中的民族问题均提出异议。钱穆反复强调历史上汉族的主体性以及汉族和少数民族的从属关系，其背后蕴含了时人对中国历史上民族问题认知的明显差异。这种差异既涵盖了学者在学术观点方面的异见，也反映了近代民族观念所导致的对中国历史上的民族问题的不同解读，更有着现实政治的直接间接影响，而这些问题在一定程度上已经超出了教科书所能够阐释清楚的范围，也凸显了推行“本土化”历史知识过程中的种种困难。

稍早于对金、蓝二人著作的审查，钱穆曾写了对夏曾佑《中国古代史》的审查报告。该书原名《最新中学中国历史教课书》，1904 年至 1906 年间由商务印书馆分三册陆续出版，1933 年复收入商务印书馆“大学丛书”，合为一册，改称《中国古代史》。② 1941 年 4 月，由大学用书编辑委员会以“采编成书”的形式选入，并送交时在成都齐鲁大学国学研究所的钱穆校订。钱穆对此书的关注，始于 1913 年任教私立鸿模学校时。因他希望入北京大学，且知夏书为北大教本，“故读之甚勤”，“且得益最大”，乃至在随后教学过程中，“每常举夏氏书为言”。③ 至 1934 年 4 月，钱穆以“公沙”署名，于《大公报》图书副刊上发表《评夏曾佑〈中国古代史〉》一文，虽指出夏曾佑书中讹误，但对夏曾佑“文简于古人而理富于往籍，其足以供社会之需乎”的著史理念十分欣赏，并以此为扭转国内史学风气的良方，倡言：“愿国内学人全以夏氏之言写史，以夏氏之言读史。”④此番钱穆于成都再度审读此书，其态度较前稍有变化：

> 内中明白错误已列举二百余条。其大关节目之处，原作者已作古，无法商讨，若代为改动，则牵一发而动全身，殊难下手。爰再附校后记一篇附刊原书之末，使读者知所审择。⑤

大学用书编辑委员会第十次常务委员会根据钱穆的意见商议三条应对方案：“（一）原书暂不采用。（二）校订费照送。（三）《校后记》可函商商务印书馆于该书再印时排入。”⑥并致送钱

---

① 《金毓黻致教育部函》，日期缺，《教育部档案》：五－1457(2)－206。按：此函日期缺，但据 1945 年 3 月 23 日，该会第二十次常务委员会议中(教育部档案：五－1452－159)，有“金毓黻著《宋辽金史》第一册(特约，拟作文学院历史学系中国断代史一科用书，第二、三学年必修，八一十二学分)业已审校修订完毕，作者并函复二点”，结合钱穆 1944 年 12 月 10 日所作审查意见，可以推测，该函当作于 1944 年 12 月至 1945 年 3 月间。

② 李红岩：《夏曾佑传略》，《史学理论与史学史学刊》2006 年卷。

③ 钱穆：《八十忆双亲・师友杂忆》，北京：生活・读书・新知三联书店，2018 年，第 89—90 页。

④ 公沙(钱穆)：《评夏曾佑〈中国古代史〉》，《图书季刊》第 1 卷第 2 期，1934 年。

⑤ 《钱穆函教育部大学用书编辑委员会复夏著审查意见》，日期缺，《教育部档案》：五－1452－78。按：此函虽缺日期，却在 1942 年 7 月 25 日《教育部大学用书编辑委员会第十次常务委员会议记录》(《教育部档案》：五－1452－78)中，大致可推测其应作于此前不久。

⑥ 《教育部大学用书编辑委员会第十次常务委员会议记录》，1942 年 7 月 25 日，《教育部档案》：五－1452－78。

穆校订费二百元。[1] 夏书因此而未能入选大学用书，但这又并非钱穆初衷，他晚年在回顾此事时曾感慨：

> 列举其书中谬误，皆小节，如年岁地名等，显系夏氏钞录时疏失，凡一百七十余条。编译馆见余校正繁多，遂终止前议，此书不予重印。其实余素重此书，不意此书乃竟因余之细校订而失其再为广播流传之机会，此亦人事因缘之甚难言者。[2]

囿于史料之限制，钱穆《校后记》已无从寓目。但值得注意的是，同为大学用书史学类审查人的缪凤林曾在20世纪30年代撰文，直言夏书虽颇有可取之处，但“深觉真正的大学国史教本，决非翻印三十年前的中学教科书所能敷衍了事”[3]。可见夏书翻印所引起的争议，在于审核专家间对于“中国历史教材标准”理解的差异，决非钱穆一人的校订及评价所能扭转，这或许亦是他晚年的感慨“人事因缘之甚难言者”。

在冯友兰、萧公权等学者著作的选用和审查过程中，也出现类似情况。《中国哲学史》一书，原经史地教育委员会决定聘任陈立夫撰写，后改选冯友兰成书，1941年送汤用彤审核。[4] 汤用彤在审查意见中，虽表示“审阅之后，觉其内容形式两方面俱能适合教育部部定大学用书标准，堪作大学教本”，但对书中若干具体学术问题提出不同意见：“第二篇虽标以经学时代，但汉宋明诸儒之于‘六艺’本原精神，南北朝隋唐佛学家之于梵典本来面目，异同如何，因著者于‘群经’自身未尝论列就谈‘经学’，此中本末原委之解如何，颇令读此不甚了了，至南北朝之玄学是否应纳在‘经学’范畴之下，尤值得考虑也。”并直言冯友兰书中“多据孤证立论，殊难令人悦服”。[5] 冯友兰在收到此份意见后，致函教育部表示：“（审查意见）谓原书于‘群经自身未尝论列’，按原书所谓‘经学时代’者，不过借‘经学’之名以谓汉以后‘旧瓶装新酒’之思想耳，并非欲讲旧日所谓‘经学’也。从此观点来看，则未论群经梵典似未为不可，而南北朝玄学亦以‘旧瓶装新酒’，恰是此时代之产物也。”同时，对于“孤证立论”质疑，以“非孤证也，不过前人已说过之证未皆列举耳”为反驳。[6] 同样，1943年，萧公权的《中国政治思想史》送缪凤林审查，缪凤林在审查报告中，虽对是著推崇备至，却亦和黎东方一起针对萧书“立论未妥”之处加以商讨。萧公权在致谢之余，亦含蓄表示欲坚持原本观点。[7]

由此可见，审查过程伴随着审查人和著者之间不易调和的各种不同见解，其矛盾虽反映在著述本身，恐也难言没有学术之外的人事纠葛等其他因素，而这些都使大学用书的确定增加了更大的难度。此外，因时值抗战，寄送书稿及往复意见颇耗时间，且有邮包丢失之虞。1942年，

---

① 《复审表》，1942年6月9日，《教育部档案》：五-1455-15。
② 钱穆：《八十忆双亲·师友杂忆》，第90页。
③ 缪凤林：《大学丛书本国史两种》，《图书评论》第2卷第8期，1934年。
④ 《教育部大学用书编辑委员会书稿交代清册》，1941年12月31日，《教育部档案》：五-1446(1)-178。
⑤ 《冯著〈中国哲学史〉第一审查意见》，1944年11月30日，《教育部档案》：五-1457(1)-30。
⑥ 《冯友兰致教育部函》，1944年11月30日，《教育部档案》：五-1457(1)-32。
⑦ 萧公权：《问学谏往录》，台北：传记文学出版社，1972年，第127—129页。

大学用书编辑委员会通过决议，“为便利工作进行及节省邮资起见，本会书稿拟多请附近专家审校”[①]。至1943年，为了节省审查时力，加快出版，由黎东方提议，简化审查环境复审和校订的程序，“如第一复审人认为不合格，而第二复审人认为合格时，则请第三复审人兼办校订手续，如第一第二两复审人均认为不合格时，则不予校订案”[②]。在校订环节，当审阅人与著者出现不同意见时，是否改动书稿的决定权随之移归大学用书编辑委员会常务委员手中。[③]

事实上，正如萧公权的回忆，大多数著者不认同的审查意见，最终也未能增订入著作中。[④]虽然教育部欲借审查等行政措施来确保“标准化”“本土化”历史知识的推行，却不得不邀请观念杂陈的诸多著名学人践行审查，使得著者与审核者间往往争鸣大于共鸣，难以协调。

三、失败的尝试：印制及推行的困境

除了审核过程中不同意见难以调和外，还存在着书籍的印刷问题。因为部定大学用书之中国史学教材，编印计划宏大，随着1941年开始进行的征稿及审查工作，教育部决定付印过审书稿，并“暂定由正中、商务、中华及科学图书公司四家承印”[⑤]，因中国历史教材多集中于史地教育委员会“中国史学丛书”中，至1943年方收入大学编辑用书委员会，故而由史地教育委员会单独交由商务印书馆印制。但对于彼时商务印书馆的印制能力，该会亦多质疑：

> 商务印书馆重庆工厂之印刷能力甚低，只允每三月印十万字，今后亟待大量出书，此点不无困难。如交由其他书局印行，不仅影响原定契约，亦难获得多数著者之同意。本会一度向造纸学校商洽代印后交商务印书馆发行，但该校索价甚昂，商务有所不愿，且该校要求于版权页列出“代印”之字样，商务所不能接受。[⑥]

事实上，商务印书馆在战时确实难以如约承印如此大量的书籍。随着战事的进一步发展，尤其是上海与香港沦陷后，中华书局、世界书局和大东书局等出版机构先后于重庆设立印刷厂，同时四川亦有大量报社成立。[⑦] 文化机构数量剧增，带来的是印刷所需纸张短缺。[⑧] 商务印书馆王云五曾感慨：“教育界与文化界之视精神食粮仅次于口腹食粮。且后方各地之出版力量薄弱，存书亦不甚丰。”[⑨]从中可见，部定大学用书之中国历史教材的庞大编纂计划，与实际印刷间有着难以协调的困境。

---

① 《国立编译馆大学用书编辑委员会第十二次常务委员会议记录》，1942年12月17日，《教育部档案》：五-1452-93。
② 《国立编译馆大学用书编辑委员会第十四次常务委员会议记录》，1943年6月10日，《教育部档案》：五-1452-108。
③ 《教育部大学用书编辑委员会第一次全体会议记录》，1940年9月6日，《教育部档案》：五-1452-4。
④ 萧公权：《问学谏往录》，第129页。
⑤ 《大学用书编辑委员会第六次常务委员会会议记录》，1941年4月17日，《教育部档案》：五-1452-33。
⑥ 《三十一年度工作检讨》，1942年7月至1943年2月，《教育部档案》：五-467-19。
⑦ 钟宪民：《最近重庆市图书出版概况》，《出版界》（重庆）创刊号，1943年12月。
⑧ 卢徐明：《纸张与战争：全面抗战时期四川的纸张紧缺及其社会反应》，《抗日战争研究》2019年第4期。
⑨ 王云五：《八十自述》（上册），《王云五全集》（第15册），北京：九州出版社，2013年，第229页。

1944年6月15日，即将卸任教育部长一职的陈立夫，在检查了大学编辑用书委员会的工作后，对中国历史教材的采编及审查的进度颇为不满，随即针对审查、付印等环节出现的问题提出解决办法。在审查方面，他强调"审校手续应力求迅速"，将复审和校订程序合并，两位复审人即是校订人，复审校订通过，即由教育部审批付印，并指示"审核人选尽量约请居住渝市附近之人，借省时力"。他建议"于该会设置入院专家八人，则每一稿到会，可以立即完成审核手续之一半，只需再请馆外专家一人审校，即可后续本人修订工作，进行当更感顺利"。

针对付印问题，他指示"编译馆及该会必要时可于今夏以后成立排字室"，"今夏以后，如按照计划，赶征分院必修用书，书局排印如此大量书籍，恐难合拍，故该会殊有自行筹备成立排字室之必要"。① 但该项建议因需教育部拨款二十万而未获批准。② 实际情况是，1944年教育部曾规划于"各系共同必修科目"中印制五种中国通史教材，于"各系必修及选修科目"中印制专史三十六种。但至1946年，仅由商务印书馆及正中书局合力刊行约十种。可见，虽然教育部为了推广"标准化""本土化"的历史教材确实作了许多努力，但实际效果并不明显。

时人曾有观察：抗战以来的历史教育，"一般人对本国历史知识仍甚贫乏，最显著的例，即各级学校学生历史程度之低，有出人意料者。由大学招生考试和高普考等各种考试的历史成绩来看，不但令人寒心，并且令人害怕，主考人或阅卷人多慨乎言之"③。闻一多曾于1946年回忆道："大学的课程，甚至教材都要规定，这是陈立夫做了教育部长后才有的现象。这些花样引起了教授中普遍的反感。"④闻一多的言论，含蓄点出了教育界不欲采用"部定大学用书"，亦有对彼时陈立夫执掌的"CC系"不满之意。同时，国立西南联合大学教授也一致提出："今教授所授之课程，必经教部之指定，其课程之内容亦须经教部之核准，使教授在学生心目中为教育部一科员之若，在教授固已不能自展其才，在学生成启轻视教授之念。"⑤可见，部定大学丛书之中国历史教材虽未如国定本教科书一样，因涉及"党化"内容而招致教育界尖锐批评，⑥但在民国大学奉行自由教学的情况下，这种统编课程和教材的做法，依然招致了史地教育界的普遍不满。

因战时条件限制，仓促上马的"部定大学用书"之中国历史教材等项目，采编、审查、排印等诸项工作均难合拍，加之教育部借助行政力量，一再简化审查程序，加快教材的印制，这种做法又削弱了审查的学术公信性，使得其沦为教材编制过程中的常规程序性工作，从而影响了中国历史教材的学术严谨性。同时，学界针对这套"标准化""本土化"课程标准及教材的争议，虽是集中于学术本身，或也反映出对陈立夫等政客企图借课程改革来牢笼学界的不满。

---

① 《部长训示本会工作改进方法八点》，1944年6月15日，《教育部档案》：五-1452-137。
② 《国立编译馆大学用书编辑委员会第十八次常务委员会议记录》，1944年6月15日，《教育部档案》：五-1452-144。
③ 徐文珊：《抗战以来中国史学之趋向》，孙本文等编《中国战时学术》，重庆：正中书局，1946年，第132页。
④ 朱自清、郭沫若等编：《闻一多全集》(己册)，上海：开明书店，1948年，第21页。
⑤ 王学珍等编：《国立西南联合大学史料》(总览卷)，昆明：云南教育出版社，1998年，第18页。
⑥ 徐天震：《所谓"国定本教科书"》，《大夏周报》第24卷第7期，1947年。

四、结　论

抗战时期，部定大学用书的中国历史教材的采编、审查，本意在于以“本土化”“标准化”的历史知识，扭转“我们的大学不是在这里为中国造人材，反在这里为英美造人材”的境况。[①] 颇具讽刺意味的是，这套中国历史教材并未达到国民政府“收回文化租界”的期望，反而囿于学术观点争议、编印难、经费短缺及政学冲突等问题而颇难推广，未有实效。个中缘由，值得深思。

使高等教育“本土化”的呼声，不独存在于民国史学界。20 世纪 20 年代，时人曾对中国高等教育进行批评：“教授的材料，教授的方法，教授所用的语言，无一不是外国的，自然科学是如此，社会科学也是如此。……这些纯‘洋化’的留学生，硬拿外国的原本书塞进学生肚子里去，硬把外国适应的教育来教育中国人。”[②]1926 年，何廉在对北京、南京、上海等地高校进行考察后，发现各高校政治学、社会学乃至经济学等科课程，大多照搬照抄美国高校课程，且教授所用教材资料多取自外国，其中很少分析本国情形。[③] 可见，“本土化”问题，成为当时人文社科学术的关注重点。在对中国历史教材进行编写和审核的过程中，既有不同学人运用“国家”“国民”等取自西方的概念工具来讨论中国历史上的民族问题、文化问题时的观念交锋，又有针对中国通史等科目教材体例标准、内容多寡而进行的学术商榷，从中可窥民国大学历史教育“本土化”情况之复杂。

在教育部看来，实现学术“本土化”的有效手段，是推行学术“标准化”，即用行政力量加强对高等教育的统一管理，包括制定新课程标准和编写新教材，重视中国通史和专史、专题的教育，把中国历史的相关材料编入历史学、政治学、社会学、经济学等科目。学界对此却有不同的意见，1938 年，在审核历史学科课程设置草案时，朱希祖曾建议教育部：“大学与中学异，中学课程表必须整齐划一，不可参差，大学别延请人材，不能一致，设备方面，亦不能一律，院系开设之多少，与必修、选修即有伸缩之关系，图书仪器多少，亦与设立科目多少有关，故不能制定一表，以整齐划一也。”在朱希祖看来，高等教育，尤其是历史教育，教育部只宜规定原则，具体课程应允许各大学依实际情况开设，如果强制统一，“则非将各大学经费、院系之多少一律，及图书仪器之至少限度一律，教授待遇及薪水一律不可”。朱希祖就此指出：本土化的问题，不在于强制统一课程设置及教材，“国家不特设机关以培植大学教授人材，朝毕业于国外大学，而夕即执教于中国大学，贻笑外人，诳耀学子，虽画一课程表，亦何能奏其效？不揣其本，而齐其末，恐未能有当也”[④]。这种看法一方面反映出近代中国各大学发展本就自具特色，加之抗战时局动荡，各校图

① 蒋廷黻：《中国社会科学的前途》，桑兵等编《近代中国学术思想》，北京：中华书局，2008 年，第 266 页。
② 祝冷然：《南开教育的破产》，《京报副刊》第 32 号，1925 年 1 月 10 日。
③ 浦薛凤：《音容宛在》，北京：商务印书馆，2015 年，第 125 页。
④ 朱希祖：《大学文学院历史学系必修选修科目表审查意见》，周文玖选编《朱希祖文存》，第 206 页。

书资料乃至师资力量等情况不一，就高等教育发展而言，应是“不齐而齐”“惟齐不齐”；另一方面更凸显了，实现学术“本土化”，并非强制订立新课程标准和推行新教材就能解决，其关键在于建立健全大学教师聘任、晋升等一系列激励知识生产的学术制度。

这场“收回文化租界”的尝试，在由观念转化为制度并落实的过程中，实际充满了因时因地因人而变化调整的妥协，兼有学术“本土化”和“标准化”之间的缠绕联结，从中不仅可见民国教育发展，尤其是历史教育发展中复杂曲折的一面，更能看出，在逐渐融入近代世界知识体系的过程中，中国在知识观念和学术体制方面呈现的大量矛盾、断裂和转换。

（本文原刊于《史学理论与史学史学刊》，2023 年上卷。）

作者简介：

苏晓涵，1992 年生，中共党员，河南南阳人，现为上海师范大学中国史师资博士后。硕、博士均毕业于华东师范大学历史学系，研究方向为中国史学史、美国中国学等。曾在《史学月刊》《史学理论与史学史学刊》《中国史研究动态》等 CSSCI 刊物发表论文多篇，其中多篇文章被《人大报刊复印资料·历史学》、中国历史研究院官网等全文转载或收入目录索引。主持中国博士后科学基金一项，另参与多项国家级、省部级项目研究。

论中国古代“治世”的概念、内涵及其影响

秦中亮

摘　要:“治世”是中国古代国家治理追求的最高形态之一。早期“治世”概念为道、儒、法、墨诸家并用,后被佛教化用,最终主要成为儒家治国的理念。“治世”的内涵具有一整套理论体系,物阜民丰、户口大蕃、任用君子、德治刑措、重文备武、四夷来朝等是最主要的内涵。“治世”这一概念,还催生出了一系列衍生内涵,并与之成体系,比如治世之音、治世之礼、治世之文、治世之诗、治世封禅、治世祥瑞。“年号加盛世”的组合概念,古人使用得极少。在典籍之中,盛世主要运用在“唐虞盛世”“三代盛世”等三代时期,“开元盛世”古人称为“开元之治”,鲜有“康乾盛世”的提法,“年号加盛世”的概念多为今人对古代国家物阜民丰状态的概括。作为概念的“盛世”运用多于“治世”可能还要到近代以后。“三代之治”与“贞观之治”是对后世影响最大的两套治世体系:前者是虚构可层累的概念,往往被学人借用为申说自身治国理想的工具;后者实际发生过,是古人艳羡与师法的对象。

关键词: 中国古代　“治世”　国家治理

“治世”是中国古代国家治理追求的最高形态之一,①它的内涵与理论体系发源于先秦的道、儒、法、墨等诸家,经汉唐佛教元素的摄入、发展,最终成熟于宋。“治世”既有想象与现实结合的“三代之治”,同时也有可资效法的“文景之治”“贞观之治”。它既关系到中国古代政治层面上的国家治理,同时又与经济、文化、思想、外交等诸多方面相涉。关于“治世”相关问题的检视,备受前贤时彦所重。② 特别是随着简牍、帛书、敦煌文献、墓志等材料的出土,晚近以来关注“治世”“盛世”等问题的成果日渐丰硕。

关于“治世”的理解古今存在较大的扞格,古人讲“一治一乱”,习惯用治与乱来理解世界。而今人则多称“由盛而衰”,知识体系中盛与衰的成分更浓。值得玩味的是,今人常提“开元盛

---

① 关于治理的相关概念,可参考卜宪群《中国古代“治理”探义》,《政治学研究》2018 年第 3 期。

② 相关论述可参阅卜宪群《说盛世》,《学习时报》2017 年 3 月 24 日第 A3 版;刘后滨《从贞观之治看中国古代政治传统中的治世与盛世》,《北京联合大学学报》(人文社会科学版)2003 年第 2 期。

世""康乾盛世",古人则很少运用这些概念。① 古人不用"开元盛世",用的是"开元之治"。清人很少用"康乾盛世"。那么这种观念的错位是怎么形成的?本文拟在分析中国古代"治世"的概念、内涵、影响的基础上,通过对比"治世""盛世"等概念的差异,来检视从古而今关于"治世"的观念变迁。

一、中国古代"治世"与"盛世"的概念

"治世"这一概念最早出现于何时已不可确考,《邓析子》《子华子》《管子》《韩非子》《尹文子》《庄子》《诗序》等先秦、秦汉典籍皆有记载。"治世"的词义主要有两种:一是治理国家或社会,二是治理国家之后的一种理想社会形态。本文主要检视第二种词义。早期记载之中,有段记载值得注意:"治世位不可越,职不可乱,百官有司,各务其形。上循名以督实,下奉教而不违。所美观其所终,所恶计其所穷。喜不以赏,怒不以罚,可谓治世。"②

由于黄老之学是西汉早期国家治理的主体思想,在春秋至西汉之初,道家对于"治世"的阐释影响更大,儒家的影响略微小一些。大概在南北朝时期,佛教的许多经典诸如《大智度论》《妙法莲华经》《金光明经》,开始化用"治世"概念,这一趋势之余烈下至唐代,《法苑珠林》《法藏碎金录》等就是代表。当然,因为是对他来之学的本土化,佛教的"治世"与道、儒的"治世"并不完全一样。大概也是在魏晋之际,人们也认识到了道、儒与佛的差异,"孔、老治世为本,释氏出世为宗"③。随着儒学的进一步发展,尤其是理学的勃兴,"以佛修心,以道养生,以儒治世"④开始成为宋人的主流意识。明清之际,这种意识进一步巩固,"老养生,释明死,儒治世"⑤似已成不刊之说。道家试图通过治世之良法来寻求"治世"的理想社会形态,最终全然被儒家所运用。

作为概念的"治世",其对应最多的概念为"乱世"。孟子言:"天下之生久矣,一治一乱。"⑥韩非子也发问:"而世一治一乱者何也?"⑦后世沿袭孟子之说者众,由此引申"治世之所以短,而乱世之所以长",影响甚大。⑧ 荀悦则将国家形态分为治、衰、弱、乖、乱、荒、叛、危、亡九类。⑨"治世"还与"末世"相对应,所谓"末世衰主"⑩"末世庸民"⑪。除此以外,治世—衰世—乱世体

① 盛世的相关论述,可参考王曾瑜《试论国史上的所谓"盛世"》,《丝毫编》,保定:河北大学出版社,2009 年,第 16—29 页。
② 邓析撰,王恺銮校正:《邓析子校正·无厚篇》,上海:商务印书馆,1935 年,第 3 页。
③ 《南齐书》卷 54《顾欢传》,北京:中华书局,1972 年,第 933 页。
④ 李心传撰,徐规点校:《建炎以来朝野杂记》乙集卷 3《上德三·原道辨易名三教论》,北京:中华书局,2006 年,第 544 页。
⑤ 贺长龄、魏源等编:《清经世文编》卷 1《学术一·性功》,北京:中华书局,1992 年,第 43 页。
⑥ 朱熹撰:《四书章句集注·孟子》卷 6《滕文公章句下》,北京:中华书局,2011 年,第 252 页。
⑦ 王先慎撰,钟哲点校:《韩非子集解》卷 17《诡使第四十五》,北京:中华书局,1998 年,第 410 页。
⑧ 吕不韦撰,陆玖译注:《吕氏春秋》卷 16《先识览第四·观世》,北京:中华书局,2011 年,第 526 页。
⑨ 荀悦撰,龚祖培校点:《申鉴》卷 1《政体》,沈阳:辽宁出版社,2001 年,第 3 页。
⑩ 《后汉书》卷 31《陆康传》,北京:中华书局,1965 年,第 1113 页。
⑪ 葛洪撰,张松辉译注:《抱朴子内篇》卷 10《明本》,北京:中华书局,2011 年,第 331 页。

系，在理学兴起之后，也多被治国者所遵承。

揆诸古籍，“治世”“之治”的概念运用极广，主要集中在三个时间段：三代、汉代、唐代。“三代之治”“唐虞之治”“尧舜之治”在古籍中呈现较多。“周公之治”“成康之治”“周召之治”“召公之治”“成周之治”常在典籍中和“三王之治”共现。欧阳修就在《新五代史》中强调“尧、舜、禹、汤、文、武、周公”之治世。[①] “尧、舜三王之治”[②]最被宋、明二代儒生所推崇。

汉代“文景之治”“孝宣之治”“光武之治”影响最广，尤其是西汉初年的四帝治世景象最被后世所钦慕，“高文景武之治”也常被论者所言及。[③] 唐代的“贞观之治”“开元之治”是年号加“之治”概念运用较为广泛的两种，其中“贞观之治”则稳居首席。“永徽之治”“开元天宝之治”也在典籍中出现。与汉初四帝一样，贞观至开元也被古人理解为一个整体，《新唐书·崔祐甫传》载：“时议者韪其谟谋，谓可复贞观、开元之治。”[④]除此以外，“元嘉之治”“开皇之治”“雍熙之治”“嘉祐之治”“元祐之治”“嘉靖之治”也具有一定的影响。

相形于“治世”“之治”的概念，中国古人用“盛世”较少。刘后滨就注意到，古人的知识体系中，没有对“盛世”概念的具体界定。[⑤] 在史乘中较早出现，并且跟现在盛世概念最为相近的是：“今宠禄初隆，百僚观行，当尧舜之盛世，处光华之显时。”[⑥]由《后汉书》记载可知，盛世前面往往加“之”。“商周之盛世”“成周之盛世”“三王之盛世”“唐虞之盛世”，也常见于汉后之典籍。“盛世”在史乘中最常见的是对天下太平、物阜民丰景象的描述，比如常被引用的《杜工部集》中的“忆昔开元全盛日，小邑犹藏万家室”[⑦]。除了“太平盛世”这一组合以外，古人也常用“生逢盛世”“幸逢盛世”“欣逢盛世”“亲逢盛世”“遭逢盛世”“恭逢盛世”“躬逢盛世”“身逢盛世”等。

“盛世”这一概念起初就是“治世”的代名词。卜宪群就说：“从语义上看，我国历史上盛世与治世的含义是同一的，盛世即治世，治世即盛世，二者可以互称。”[⑧]如“唐、虞盛世”[⑨]“三代盛世”[⑩]，古人频繁使用的“唐虞三代盛世”[⑪]也只是宋之后学人从“唐虞之治”“三代之治”“唐虞三代之治”化用而来。《四书文》《四库全书总目》《西堂杂俎》等文献中出现“盛世之音安以乐”，[⑫]

---

① 《新五代史》卷63《前蜀世家第三·王建》，北京：中华书局，1974年，第795页。

② 范祖禹：《范太史集》卷35《中庸论五首》，《景印文渊阁四库全书》，台北：台湾商务印书馆，1986年，第1100册，第392页。

③ 黄淮、杨士奇等编：《历代名臣奏议》卷69《法祖》，上海：上海古籍出版社，1989年，第958页。

④ 《新唐书》卷142《崔祐甫传》，北京：中华书局，1975年，第4668页。

⑤ 刘后滨：《从贞观之治看中国古代政治传统中的治世与盛世》，《北京联合大学学报》（人文社会科学版）2003年第2期。

⑥ 《后汉书》卷52《崔骃传》，北京：中华书局，1965年，第1719页。

⑦ 杜甫撰，王学泰校点：《杜工部集》卷4《古诗三十六首·忆昔二首》，沈阳：辽宁教育出版社，1997年，第65页。

⑧ 卜宪群：《说盛世》，《学习时报》2017年3月24日第A3版。

⑨ 《宋史》卷348《萧服传》，北京：中华书局，1977年，第11024页。

⑩ 袁说友：《东塘集》卷19《跋李允蹈思故山赋》，《景印文渊阁四库全书》第1154册，第386页。

⑪ 杨简著，董平校点：《杨简全集·慈湖先生遗书》卷9《论礼乐》，杭州：浙江大学出版社，2016年，第2044页。

⑫ 方苞编，王同舟、李澜等校注：《钦定四书文校注·钦定清朝四书文》卷5《诵诗三百一节》，武汉：武汉大学出版社，2009年，第785页。纪昀等纂：《四库全书总目提要》卷190集类四十三《总集类五·御定千叟宴诗四卷》，石家庄：河北人民出版社，2000年，第5198页。尤侗撰：《西堂杂俎》卷上《子击磬于卫论》，上海：大达图书供应社，1935年，第136页。

也是从"治世之音安以乐"[①]套用而来。宋代开始,"盛世"这一概念最常搭配的是"太平盛世",《张右史文集》等数十人的文集皆有提及"太平盛世"。[②] 而古人讲"太平之治"更多,说"太平治世"也不少。"汉唐盛世"这一概念也是从宋代开始沿用,《梅溪集》《六典通考》等都有运用,然而,"汉唐之治"则运用得更早、更广,影响更大。

龚自珍有言:"盛世之盛,唐之开元、元和,宋之庆历、元祐,明之成化、弘治,尚近似之哉。"[③]这种总体性把握古代盛世的表述,明清时期是有的。但是,常被当下提及的"开元盛世""仁宗盛治""永乐盛世""康乾盛世"等皆鲜见于史乘。"年号加盛世"的组合概念,古人使用得极少,大多是今人根据史乘中物阜民丰记载而附会所成。盛世之中最常被今人言及的是"开元盛世"与"康乾盛世","开元盛世"在古籍中称为"开元之治",当下严谨的文史论文也多运用"开元之治"。[④]

就笔者寓目所及,"康乾盛世"在清人的史乘、文集中鲜有呈现。"乾隆盛世"[⑤]"乾嘉盛世"[⑥],有清一代各被使用过几次而已,并没有形成清人共识性的概念。"康乾盛世"这一概念的形成,可能是因为"盛世滋生人丁,永不加赋"[⑦]的影响。这一句在清代使用极为广泛,常见于雍正至光绪年间的各省通志、各府府志、各县县志。或许,这一套从中央到地方的文本书写,使得后世形成了"康乾盛世"的印象。随着白寿彝总主编《中国通史》、史仲文和胡晓林主编《中国全史》的推广,"康乾盛世"这一概念才越来越被今人所接受。[⑧] 正如卜宪群所言:"盛世是一个历史概念,也是一个文化概念,也是政治文明上的一个重要概念。"[⑨]"盛世"这一概念逐渐泛化使用的过程,也是一种文化概念接受史的过程。

二、中国古代治世理论体系的内涵

"治世"有着丰富的内涵,是相关研究检视最多之处。然而,"治世"除了基本内涵以外,还有一些衍生的内涵,基本内涵与衍生内涵共同构成了"治世"的理论体系。

爱民与安民是"治世"最为核心的内涵,这是学界的共识。史载"先王治世,贵在爱民,省徭轻赋,以宁天下,除烦就约,以崇简易"[⑩],"治世莫若爱民,养身莫若寡欲"[⑪],"古之治世,百姓各

---

① 吕不韦撰,陆玖译注:《吕氏春秋》卷5《仲夏纪第五·适音》,北京:中华书局,2011年,第144页。
② 张耒:《张右史文集》卷45《皇太后谥册文》,上海:商务印书馆,1936年,第325页。
③ 龚自珍著,夏田蓝编:《龚定庵全集类编》卷2《四先生功令文叙》,北京:中国书店,1991年,第40页。
④ 胡如雷:《唐"开元之治"时期宰相政治探微》,《历史研究》1994年第1期。乌廷玉:《论唐玄宗和"开元之治"》,《社会科学战线》1980年第1期。周东平:《论睿宗朝的政治改革与开元之治的关系》,《厦门大学学报》(哲学社会科学版)1990年第2期。
⑤ 俞樾著,徐元点校:《春在堂诗编》丁戊编第16《寿君殉难诗》,杭州:浙江古籍出版社,2017年,第473页。
⑥ 刘锦藻撰:《清朝续文献通考》卷270《经籍十四》,上海:商务印书馆,1936年,第10143页。
⑦ 刘锦藻撰:《清朝续文献通考》卷25《户口一》,第7761页。
⑧ 刘焕性:《"康乾盛世"之说的由来》,《清史研究》2003年第1期。
⑨ 卜宪群:《说盛世》,《学习时报》2017年3月24日第A3版。
⑩ 《后汉书》卷31《陆康传》,第1113页。
⑪ 李焘撰:《续资治通鉴长编》卷11,宋太祖开宝三年三月,北京:中华书局,2004年,第244页。

安其所"[①]。除此以外，还要富民，"古之治世者，必以富民为先"[②]。总体而言，就是要通过轻徭薄赋、与民休息来达到富民的目的，从而建立治世。当然，治世与乱世，人民的状态也不一样，"治世之民从善者多……乱世之民从善者少"[③]，"治世之民恬以熙，乱世之民愁以郁"[④]。

成康治世之时，"刑措不用"[⑤]，刑罚是"治世"的重要内涵。"治世刑重，乱世刑轻"[⑥]，"刑称罪则治；不称罪则乱。故治则刑重，乱则刑轻"[⑦]，主要是讲究刑与罪的对称。当然，刑罚的使用还要辅以德教，"王者承天意以从事，故任德教而不任刑。刑者不可任以治世，犹阴之不可任以成岁也"[⑧]，"人君之治也，先礼而后刑。治世之民，从善者多，上立德而下服其化，故先礼而后刑也"[⑨]，这一点《续资治通鉴长编》记载最为明确："刑法者治世之具，而不可独任，必参之以德教，然后可以言善治矣。"[⑩]这一系列的刑与德教的配合，最终目的还是"刑措"，就是置刑法而不用从而达到天下大治。

"汉文时，刑措不用，兵革不试"[⑪]，刑措的同时不用兵是"治世"的另一内涵。"治世尚文，而乱世用武"[⑫]似乎是一种古人较为普遍的认知，然而，不用兵的同时也要有充足的武备。《武备论》载："人有常言曰：兵者，治世之所讳也。治世之士不言兵，治世之民不执兵……治世虽未尝好战也，亦未尝忘战也。虽未尝用兵也，亦未尝去兵也。"[⑬]只有这样，才能在"与民休息"的同时，又做到文武结合，共同建构治世，所谓"文武并用，诚治世之良图，保邦之要务也"[⑭]。例如，文景之治"与民休息，六十余岁，民众大增，是以太仓有不食之粟，都内有朽贯之钱"[⑮]，开皇之治"户口大蕃，民得休息"[⑯]。其中，《新唐书》对贞观之治的描绘最为全面："天下大治。蛮夷君长袭衣冠，带刀宿卫。东薄海，南逾岭，户阖不闭，行旅不赍粮，取给于道。"[⑰]后世又在《新唐书》的基础上，结合唐太宗年间的史载，为"贞观之治"的内涵加了两条内容："米斗三钱，岁断死狱仅二十有九。"[⑱]由此可观，"治世"的基本内涵就是物阜民丰、户口大蕃、任用君子、德治刑措、重文备武、四夷来朝的太平景象。

---

① 黄淮、杨士奇等编：《历代名臣奏议》卷34《治道》，第457页。
② 陆陇其撰：《三鱼堂文集》外集卷3《修省》，《景印文渊阁四库全书》第1325册，第227页。
③ 严可均辑：《全晋文》卷47《法刑》，《全上古三代秦汉三国六朝文》，北京：中华书局，1958年，第1730页。
④ 赵维寰撰：《雪庐焚余稿》卷7《收人心策》，《四库禁毁丛刊》集部第88册，北京：北京出版社，1997年，第496页。
⑤ 《汉书》卷56《董仲舒传》，北京：中华书局，1964年，第2507页。
⑥ 李焘撰：《续资治通鉴长编》卷214，宋神宗熙宁三年八月，第5214页。
⑦ 王先谦撰，沈啸寰、王星贤整理：《荀子集解》卷12《正论篇第十八》，北京：中华书局，2012年，第320页。
⑧ 《汉书》卷56《董仲舒传》，第2502页。
⑨ 严可均辑：《全晋文》卷47《法刑》，《全上古三代秦汉三国六朝文》，第1730页。
⑩ 李焘撰：《续资治通鉴长编》卷53，宋真宗咸平五年十一月，第1167页。
⑪ 马端临撰：《文献通考》卷234《经籍六十一》，北京：中华书局1986年影印本，第1863页。
⑫ 李贽撰：《李贽文集》第7卷《〈孙子参同〉序》，北京：社会科学文献出版社，2000年，第448页。
⑬ 王霆震编：《古文集成前集》卷43《武备论》，《景印文渊阁四库全书》第1359册，第306页。
⑭ 黄训：《名臣经济录》卷41《题武举事》，《景印文渊阁四库全书》第444册，第241页。
⑮ 《后汉书·郡国一》，第3388页。
⑯ 朱轼撰：《史传三编》卷53《王伽传》，《景印文渊阁四库全书》第459册，第881页。
⑰ 《新唐书》卷97《魏徵传》，第3870页。
⑱ 王祎撰：《王忠文公集》卷14《续志林并序》，北京：商务印书馆，1936年，第394页。

在这些基本内涵之外，“治世”还催生了一系列体系化的内涵。“治世之音”是治世理论体系中被古人申论较多的部分。《诗序》载：“治世之音安以乐，其政和。乱世之音怨以怒，其政乖。亡国之音哀以思，其民困。”[①]《吕氏春秋》所记略有不同：“治世之音安以乐，其政平也；乱世之音怨以怒，其政乖也；亡国之音悲以哀，其政险也。”[②]《史记》与《诗序》记载相同，引文之后又说：“声音之道，与正通矣。”[③]《通典》关于乐的部分，有更为详尽的描述：“《礼记》云‘大乐与天地同和’。‘治世之音安以乐，其政和。’故制十二和之乐，合三十二曲，八十有四调。”[④]北宋初则“改乐章十二‘顺’为十二‘安’，盖取治世之音安以乐之义”[⑤]。其后，诸多典籍皆沿袭《诗序》之说，影响甚大。

中国古人认为“礼乐治世之本”[⑥]，有“治世”之乐，自然也应有“治世”之礼，“好礼法”是“治世”与“乱世”的区别之一。[⑦] 早在春秋战国时期，《邓析子》就阐明了“治世”应该用什么样的礼：“治世之礼，简而易行，乱世之礼，烦而难遵。”[⑧]《文子》中也说：“老子曰：‘治世之职易守也，其事易为也，其礼易行也。’”[⑨]可知“易行”是“治世礼”最基本的内容。

“治世”还应有与之成套的文和诗。《朱子语类》载：“有治世之文，有衰世之文，有乱世之文。六经，治世之文也。如《国语》委靡繁絮，真衰世之文耳。是时语言议论如此，宜乎周之不能振起也。至于乱世之文，则《战国》是也。然有英伟气，非衰世《国语》之文之比也。”[⑩]其后黄震《作文》、林章《六经治世之文》、夏言《请变文体以正士习等事疏》皆袭用成说。“治世”之诗往往跟“治世”之音搭配：“治世有治世之诗，其音安以乐者，本乎治而成，因其成而歌，君臣民物相感以永其和，安用歌乱世亡国之诗于庭为哉？又如乱世之时，人思治世而为诗。”[⑪]

治世“礼”的外延是封禅，因而封禅也有封禅礼之说。[⑫] 东汉张纯有言：“自古受命而帝，治世之隆，必有封禅，以告成功焉。”[⑬]宋人华镇也认为“治世盛时莫不登封泰山”[⑭]。清人宋翔凤袭取张纯之说。[⑮] 封禅多在“圣君”治世之时，这是古人的共识，当然，中国历史上的一些封禅是廷臣为迎合帝王心思进行鼓动的结果，并不能径视之为治世。

---

① 卜商撰，朱熹辨说：《诗序》卷上《大序》，上海：商务印书馆，1937 年，第 1 页。
② 吕不韦撰，陆玖译注：《吕氏春秋》卷 5《仲夏纪第五・适音》，第 144 页。
③ 《史记》卷 24《乐书》，北京：中华书局，2013 年，第 1181 页。
④ 杜佑撰：《通典》卷 143《乐三》，北京：中华书局，2016 年，3642 页。
⑤ 《宋史》卷 126《乐一》，第 2939 页。
⑥ 黄宗羲撰：《宋元学案》卷 2《泰山学案》，《黄宗羲全集》第 3 册，杭州：浙江古籍出版社，2005 年，第 140 页。
⑦ 项安世撰：《项氏家说》卷 7《论诚敬》，上海：商务印书馆，1935 年，第 86 页。
⑧ 邓析撰，王恺銮校正：《邓析子校正・转辞篇》，上海：商务印书馆，1935 年，第 14 页。
⑨ 文子撰，李德山译注：《文子译注》卷 9《下德》，哈尔滨：黑龙江人民出版社，2002 年，第 235 页。
⑩ 黄士毅编，徐时仪、杨艳汇校：《朱子语类汇校》卷 138《作文上》，上海：上海古籍出版社，2014 年，第 3259 页。
⑪ 林岊撰：《毛诗讲义》卷 11《诗序一》，《景印文渊阁四库全书》第 74 册，第 231 页。
⑫ 参见周善册《封禅礼与唐代前半期吉礼的变革》，《历史研究》2015 年第 6 期。
⑬ 《后汉书》卷 35《张纯传》，第 1197 页。
⑭ 华镇：《云溪居士集》卷 26《乞东封札子》，《景印文渊阁四库全书》第 1119 册，第 586 页。
⑮ 宋翔凤撰：《过庭录》卷 4《古礼巡守封禅》，北京：中华书局，1986 年，第 73 页。

“治世”的表征是祥瑞出现，“嘉瑞祯祥是政治清明、人民乐业的太平治世的征兆”[①]。关于这一点，扬雄根据先秦、秦汉典籍重申的“凤凰在治”说影响最大：“或问：君子在治？曰：若凤。在乱？曰：若凤。或人不喻。曰：未之思矣。曰：治则见，乱则隐。”[②]后世蹈袭扬氏之说甚众，“凤灵鸟至，谓舜时来仪，文王时鸣于岐山”[③]，“鸾与凤凰三者，皆神俊之鸟，治世则见，乱世则隐”[④]，甚至有人称“不闻凤之鸣则非治世矣”[⑤]。为什么凤会成为“治世”的经典意象？因为“古之人多以凤凰比贤者、君子”[⑥]，一个君子涌现的时代自然就是“治世”。

需要说明的是，物阜民丰、户口大蕃、任用君子、德治刑措、重文备武、四夷来朝是“治世”的基本内涵，并不意味着“治世”必须同时具备这些内容。卜宪群就将“盛世”“治世”的核心内涵精练地归纳为以民为本、选贤任能、礼法合治。[⑦] 比如“文景之治”就不具备四夷来朝的内涵。“治世”所催生出来的“治世之音”“治世之礼”“治世之文”“治世之诗”“治世封禅”“治世祥瑞”也不是“治世”的必需事物，而应该将它们理解为衍生事物。具备这些内涵，自然也不能推导出就是“治世”，比如宋真宗有封禅就不能推论为就是“治世”。由于“治世”相配套的音、礼、文、诗、封禅、祥瑞的出现，是在不同历史时期逐步层累而成，因而作为体系化的“治世”内涵也应该用层累的视角动态视之。

三、中国古代“治世”理念对后世的影响

关于中国古代较有影响力的“治世”，以下几段材料值得注意：“三代以下称治者三，文景之治再传而止贞观之治”[⑧]，“三代而下称治世莫如文、景”[⑨]，“自秦以来，治世之主，几乎三代者，唐太宗而已”[⑩]。显然，“三代之治”“文景之治”“贞观之治”对后世的影响最大。其中，“贞观之治”的影响又略大于“文景之治”：“贞观之治比隆三代”[⑪]，“贞观之治可几三代之盛”[⑫]，“贞观之治超越于汉”[⑬]，“贞观之治有逾两汉”[⑭]。甚至有人认为：“唐代以后，治国者往往不再把五帝三王视为楷模，而是把贞观之治视为典范。”[⑮]

---

① 冯尔康：《所谓“祥瑞”》，《紫禁城》1982年第2期。
② 扬雄著，李守奎、洪玉琴译注：《扬子法言译注》卷6《问明》，哈尔滨：黑龙江人民出版社，2003年，第84页。
③ 刘玑撰：《正蒙会稿》卷3《三十第十一》，上海：商务印书馆，1936年，第103页。
④ 汪瑗撰，董洪利点校：《楚辞集解》，北京：北京古籍出版社，1994年，第170页。
⑤ 林之奇撰，陈良中点校：《尚书全解》卷33《君奭》，北京：人民出版社，2019年，第570页。
⑥ 李樗、黄櫄撰：《毛诗集解》卷33，《景印文渊阁四库全书》第71册，第629页。
⑦ 卜宪群：《说盛世》，《学习时报》2017年3月24日第A3版。
⑧ 王夫之撰：《宋论》卷1《太祖》，上海：商务印书馆，1936年，第20页。
⑨ 郎瑛撰：《七修类稿》卷17《义理类·文景诏》，上海：上海书店出版社，2009年，第170页。
⑩ 吕祖谦编：《宋文鉴》卷124《策问七首》，长春：吉林人民出版社，1998年，第1092页。
⑪ 黄淮、杨士奇等编：《历代名臣奏议》卷205《听言》，第2702页。
⑫ 沈初撰：《兰韵堂文集》卷1《房杜论》，《清代诗文集汇编》367，上海：上海古籍出版社，2010年，第496页。
⑬ 胡缵宗撰：《愿学编》卷下，《续修四库全书》938《子部·儒家类》，上海：上海古籍出版社，1996年，第440页。
⑭ 章如愚撰：《群书考索》续集卷50《舆地门·历代》，北京：书目文献出版社，1992年，第1204页。
⑮ 刘后滨：《从贞观之治看中国古代政治传统中的治世与盛世》，《北京联合大学学报》（人文社会科学版）2003年第2期。

“三代”一词，先秦诸子使用较多，“三代圣王”[①]“三代暴王”[②]以及他们各自的治理理念，也是先秦诸子经常对比的概念。到了汉晋，则有“三代之道”[③]“三代之礼”[④]“三代之风”[⑤]的提法，隋唐之后又出现了“三代之制”[⑥]“三代之法”[⑦]等诸多概念，呈现了明显的层累建构特点。其中，《净德集》中的《三代论》[⑧]集中反映了古人对于三代的认知与想象，文中强调“三代之治”注重仁、义、礼、乐、法制等内容，而具体实践则是政、兵、财、士四端。因而“三代之治”的影响，着重体现在后世对三代仁、义、礼、乐、法制的崇慕与追求。同时，古人常常运用三代之事申说自身的治理理念，如魏徵说：“五帝、三王不易民以教，行帝道而帝，行王道而王。”[⑨]古人对于三代的认知与加工也不是全然的虚造，往往要结合前人论述，进而建构自身关于三代认知的知识谱系。

“文景之治”对后世的影响，主要体现在宽仁恭俭，“至武帝之功烈，犹以不遵文景之恭俭为恨”[⑩]，“汉莫盛于文景。文帝宽仁恭俭，而仅得黄老清净之遗；景帝综核严明，而不无刑名深刻之习迹，其内治宫庭，外修典物，盖亦驳乎，多可议焉”[⑪]，而“轻徭薄赋”“与民休息”也成为“治世”的主要内涵。“文景之治”的重要影响之一，就是后世习惯将“文景之治”与高、惠的统治联合在一起，将汉初的黄老之学与“文景之治”相对应，“汉初文景之治皆黄老之治也”，进而认为“治世”的出现需要与之相匹配的理论指导。

关于“贞观之治”的记载，后世多援引《新唐书》：

> 帝即位四年，岁断死二十九，几至刑措，米斗三钱。先是，帝尝叹曰：“今大乱之后，其难治乎?”……（魏徵）答曰：“此不为圣哲论也。圣哲之治，其应如响，期月而可，盖不其难。”……封德彝曰：“不然。三代之后，浇诡日滋。秦任法律，汉杂霸道，皆欲治不能，非能治不欲。徵书生，好虚论，徒乱国家，不可听。”徵曰：“五帝、三王不易民以教，行帝道而帝，行王道而王，顾所行何如尔。”……德彝不能对，然心以为不可。帝纳之不疑。至是，天下大治。蛮夷君长袭衣冠，带刀宿卫。东薄海，南逾岭，户阖不闭，行旅不赍粮，取给于道。帝谓群臣曰：“此徵劝我行仁义，既效矣。惜不令封德彝见之！”。[⑫]

这段材料有三点值得我们注意：其一，太宗能始创唐之盛世，主要得益于魏徵的谏诤，太宗与魏徵是“贞观之治”的主要人物；其二，魏徵进言的核心思想是“仁义”；其三，对于魏徵的仁义

---

① 墨子撰，方勇译注：《墨子·尚贤中》，北京：中华书局，2011 年，第 58 页。
② 墨子撰，方勇译注：《墨子·尚贤中》，第 61 页。
③ 《汉书》卷 28 下《地理志下》，第 1662 页。
④ 《汉书》卷 48《贾谊传》，第 2250 页。
⑤ 《汉书》卷 6《武帝纪》，第 212 页。
⑥ 杜佑撰：《通典》卷 17《选举五·杂议论中》，第 421 页。
⑦ 杜佑撰：《通典》卷 31《职官十三·历代王侯封爵》，第 862 页。
⑧ 吕陶撰：《净德集》卷 15《三代论》，上海：商务印书馆，1935 年，第 163—164 页。
⑨ 《新唐书》卷 97《魏徵传》，第 3870 页。
⑩ 陆游撰：《渭南文集》卷 3《上殿札子三首·三》，《陆放翁全集》，北京：中国书店，1986 年，第 17 页。
⑪ 黄淳耀撰：《陶庵全集》卷 8《圣人之心与天为一》，《景印文渊阁四库全书》第 1297 册，第 741 页。
⑫ 《新唐书》卷 97《魏徵传》，第 3869—3870 页。

治国，封德彝是主要反对者。再结合《新唐书·魏徵传》，里面记载了许多国家治理的理念，其中"治世"要用君子、远小人是核心思想，还延伸出了"任善人则国安，用恶人则国弊"①。"赞曰"部分又强调魏徵品质最典型的特征——"直"，而他劝谏太宗的核心内容为用君子治世："徵之谏，累数十余万言，至君子小人，未尝不反复为帝言之，以佞邪之乱忠也。"②基于这种反复的塑造，《新唐书》给后世最大的观感是：太宗能够开创贞观之治，主要得益于擅长纳谏、实行偃武修文的仁义之政、运用君子治国。

早在南宋，叶适就对比两《唐书》，发现《新唐书·魏徵传》的一些文本制作痕迹。③ 实际上，《旧唐书》关于"贞观之治"的记载较为简略："是岁，断死刑二十九人，几致刑措。东至于海，南至于岭，皆外户不闭，行旅不赍粮焉。"④其中没有魏徵与封德彝争衡的记载。封德彝在贞观元年(627)就谢世，是否有与魏徵颇具临场感的争衡，可以存疑。封德彝"险佞内挟"⑤"事持两端"⑥，一生多反复之举。以在品德上呈小人之态的封氏来与谏臣魏徵对质，进而反差式凸显魏徵的形象，不得不说《新唐书》在材料选择上颇有用心。此外，唐人书写"贞观之治"的形成，多提"房、杜、褚、魏"的功绩，⑦经《新唐书》的制作，则魏徵居于他人之上，甚至成为最典型的象征。经过如此制作，一个典型化的"贞观之治"故事就形成了。加上欧阳修学坛文宗的影响，北宋之后《新唐书》逐渐取代《旧唐书》在知识界传播，后世自然风从《新唐书》的记载。

"贞观之治"一直是后世效法的对象，唐代的玄宗、宣宗就格外崇慕太宗，⑧宣宗还有"小太宗"之誉，宋代之后"每读太宗事，未尝不慕之"⑨的类似话语充斥于典籍。唐太宗纳魏徵用仁义治国而创"治世"，对后世影响很大，蔡戡就说："三代以还，善纳谏之君无若唐太宗，善谏之臣无若魏徵。"⑩北宋以降，凡言及"贞观之治"，大多会谈魏徵与"贞观之治"的关系："自古惟唐太宗能导人使谏，所以致贞观之治"⑪，"魏郑公一言而行仁义，遂致贞观之治"⑫，"唐太宗善纳谏，当时之臣，若魏徵、王珪亦善谏，故有贞观之治"⑬，"太宗以魏徵之言，为是而力行之，卒致贞观之治"⑭。其中，举措较为激进的是强至，他甚至上抗章《代唐公乞录用魏郑公裔孙札子》。⑮

---

① 《新唐书》卷97《魏徵传》，第3880页。
② 《新唐书》卷97《魏徵传》，第3885页。
③ 叶适言："按旧史言，惟有魏徵劝朕偃革兴文，布德施惠，中国既安，远人自服，朕从其语，天下大宁，绝域君长，皆来朝贡，九夷重译，相望于道，皆魏徵之力。盖旧史既已著语，而新史又转易之，不知当时本说定云何也。"见叶适撰《习学记言序目》卷40《唐书三·列传》，北京：中华书局，1977年，第599页。
④ 《旧唐书》卷3《太宗本纪下》，北京：中华书局，1975年，第41页。
⑤ 《新唐书》卷100《封德彝传》，第3930页。
⑥ 《旧唐书》卷63《封德彝传》，第2411页。
⑦ 董诰等编：《全唐文》卷799《文中子碑》，北京：中华书局1983年影印本，第8388页。
⑧ 可参阅秦中亮《"永王李璘事件"发微——关于"玄肃之争"学说的再检视》，《学术月刊》2017年第11期。
⑨ 佚名撰，汪圣铎点校：《宋史全文》卷24下《宋孝宗二》，北京：中华书局，2016年，第2036页。
⑩ 蔡戡撰：《定斋集》卷1《进贞观谏录札子》，《景印文渊阁四库全书》第1157册，第566页。
⑪ 方大琮撰：《铁庵集》卷4《进故事·端平三年十月上进》，《景印文渊阁四库全书》第1178册，第618页。
⑫ 李纲撰，王瑞明点校：《李纲全集》卷78《奉诏条具边防利害奏状》，长沙：岳麓书社，2004年，第802页。
⑬ 余继登辑：《皇明典故纪闻》卷10，北京：书目文献出版社，1995年，第548页。
⑭ 张四维撰，张志江点校：《条麓堂集》卷11《附录》，《张四维集》，上海：上海古籍出版社，2018年，第265页。
⑮ 强至撰：《祠部集》卷13《代唐公乞录用魏郑公裔孙札子》，上海：商务印书馆，1935年，第183—184页。

唐太宗运用君子治国对后世也极具影响。章如愚在《群书考索》中列举太宗的十八学士，只有"许敬宗一小人"，并详细论述了君子可以治国，小人足以误邦。① "有一代兴王之君，必有一代兴王之臣"②，太宗运用君子治国，也被引申为纳贤，"太宗亲贤纳谏，躬致太平"③。而纳贤之中，最为重要的是宰相可以得人，"房、杜，唐之贤相也，辅相太宗，弼成贞观之治"④，"如玄龄、如晦，同心运谋，弼成贞观之治"⑤。在地方治理上，太宗注重刺史的人选也被后世反复申说："唐太宗曰：'为朕养民者，惟在都督刺史。朕常书其名于屏风，得其善恶之迹皆注于名下，以备黜陟。'是以贞观之治，几于三代。"⑥亲君子与循吏，远小人，运用贤相、贤臣，《愿学编》就从"贞观之治"出发，详细申论了"治世"的用人体系。⑦

四、结　语

综上所述，无论是"治世"的概念还是内涵，都有一个动态演化的过程。而在内涵上，"治世"除了物阜民丰、户口大蕃、德治刑措等基本内涵，还有衍生的体系化内涵。"治世"衍生的音、礼、文、诗、封禅、祥瑞，具有层累建构的特点，是一个逐渐完成的过程。需要说明的是，中国古人并没有强烈的对"治世"体系化的认知，并不是说"治世"一定要同时出现音、礼、文、诗、封禅、祥瑞，而是说古人认为在"治世"就应该有与"治世"相配套的音、礼、文、诗、封禅、祥瑞等内容，这些内容"治世"可全部兼而有之，也可以只有其中一种或几种。

在"治世"的影响方面，以"三代之治"与"贞观之治"影响较大。由于"三代之治"的记载过于模糊，因而呈现了层累建构的特色，不同时代的古人都会借助"三代之治"来申说自身的治国理念。特别是将"三代之治"和"周公之治"并言，而唐太宗又致力于对周公之政的模仿，提出了"不井田、不封建、不肉刑，而欲行周公之道，不可得也"⑧。这样一来，"贞观之治"不仅是现实中可供效法的对象，在思想上也和三代周公之治保持了一致，因而对于后世的国家治理理念影响极大。刘后滨所论"唐代以后，治国者往往不再把五帝三王视为楷模，而是把贞观之治视为典范"⑨，无疑具有一定的合理性。同时也应该看到，"三代之治"依然保持了自身的理论价值，哪

① 章如愚撰：《群书考索》后集卷2《官制门》，北京：书目文献出版社，1992年，第465页。

② 徐有贞撰：《武功集》卷2《登瀛稿·汉元功与唐凌烟功臣优劣论》，《四库明人文集丛刊》，上海：上海古籍出版社，1991年，第52页。

③ 李濂撰：《嵩渚文集》卷40《唐太宗论下》，《北京图书馆古籍珍本丛刊》第101册《集部·明别集类》，北京：书目文献出版社，1999年，第466页。

④ 李濂撰：《嵩渚文集》卷40《房杜论下》，《北京图书馆古籍珍本丛刊》第101册《集部·明别集类》，第469页。

⑤ 李春芳撰：《李文定公贻安堂集》卷3《唐十八学士图后跋》，《泰州文献》第4辑，南京：凤凰出版社，2015年，第236页。

⑥ 范祖禹撰：《范太史集》卷22《转对条上四事状》，《景印文渊阁四库全书》第1100册，第270页。

⑦ 《愿学编》言"唐前有房、杜，乃有贞观之治；后有姚、宋，乃有开元之治。宰相于人国，所系不大哉"，见胡缵宗撰《愿学编》卷下，《续修四库全书》第938册《子部·儒家类》，第456页。

⑧ 王通撰，阮逸注：《中说》卷10《录唐太宗与房魏论礼乐事》，南京：江苏古籍出版社，2017年，第105页。

⑨ 刘后滨：《从贞观之治看中国古代政治传统中的治世与盛世》，《北京联合大学学报》(人文社会科学版)2003年第2期。

怕到了清朝，它依然被作为“重农抑商”的理论基础。[1] 应该说，一直到近代，三代、周公之治作为神话与记载的结合体，依旧在时人的精神世界里扮演了不可或缺的角色。

（本文原刊于《厦门大学学报（哲学社会科学版）》2023年第1期，收入论文集时略有改动。）

作者简介：

秦中亮，安徽南陵县人，上海师范大学人文学院副教授，研究方向为隋唐五代史、历史文献学。主持国家社科基金项目、教育部人文社会科学研究项目等省部级以上项目多项，相关成果发表于《文学评论》《政治学研究》《中国史研究》等刊物，论文获省哲学社会科学优秀成果奖。

① 《清史稿》卷150《交通二·轮船》，北京：中华书局，1977年，第4457页。